中國國家圖書館編

國家圖書館藏敦煌遺書

第一百三十八冊　北敦一五〇五二號——北敦一五〇九七號

北京圖書館出版社

圖書在版編目(CIP)數據

國家圖書館藏敦煌遺書·第一百三十八册/中國國家圖書館編;任繼愈主編.—北京:北京圖書館出版社,2010.12

ISBN 978-7-5013-3700-2

Ⅰ.國… Ⅱ.①中…②任… Ⅲ.敦煌學-文獻 Ⅳ.K870.6

中國版本圖書館 CIP 數據核字(2010)第 208843 號

書　　名　國家圖書館藏敦煌遺書·第一百三十八册
著　　者　中國國家圖書館編　任繼愈主編
責任編輯　徐　蜀　孫　彦
封面設計　李　璀

出　　版　北京圖書館出版社　(100034　北京西城區文津街 7 號)
發　　行　010-66139745　66151313　66175620　66126153
　　　　　66174391(傳真)　66126156(門市部)
E-mail　btsfxb@ nlc. gov. cn(郵購)
Website　www. nlcpress. com → 投稿中心
經　　銷　新華書店
印　　刷　北京文津閣印務有限責任公司

開　　本　八開
印　　張　54.75
版　　次　2011 年 3 月第 1 版第 1 次印刷
印　　數　1-250 册(套)

書　　號　ISBN 978-7-5013-3700-2/K·1663
定　　價　990.00 圓

編輯委員會

主　編　任繼愈
常務副主編　方廣錩
副　主　編　李際寧　張志清
編委（按姓氏筆畫排列）　王克芬　王姿怡　吳玉梅　周春華　陳　穎　黄　霞（常務）　黄　建　程佳羽　劉玉芬

出版委員會

主　任　詹福瑞
副主任　陳　力
委　員（按姓氏筆畫排列）　李　健　姜　紅　郭又陵　徐　蜀　孫　彦

攝製人員（按姓氏筆畫排列）

于向洋　王富生　王遂新　谷韶軍　張　軍　張紅兵　張　陽　曹　宏　郭春紅　楊　勇　嚴　平

原件修整人員（按姓氏筆畫排列）

朱振彬　杜偉生　李　英　胡玉清　胡秀菊　張　平　劉建明

目錄

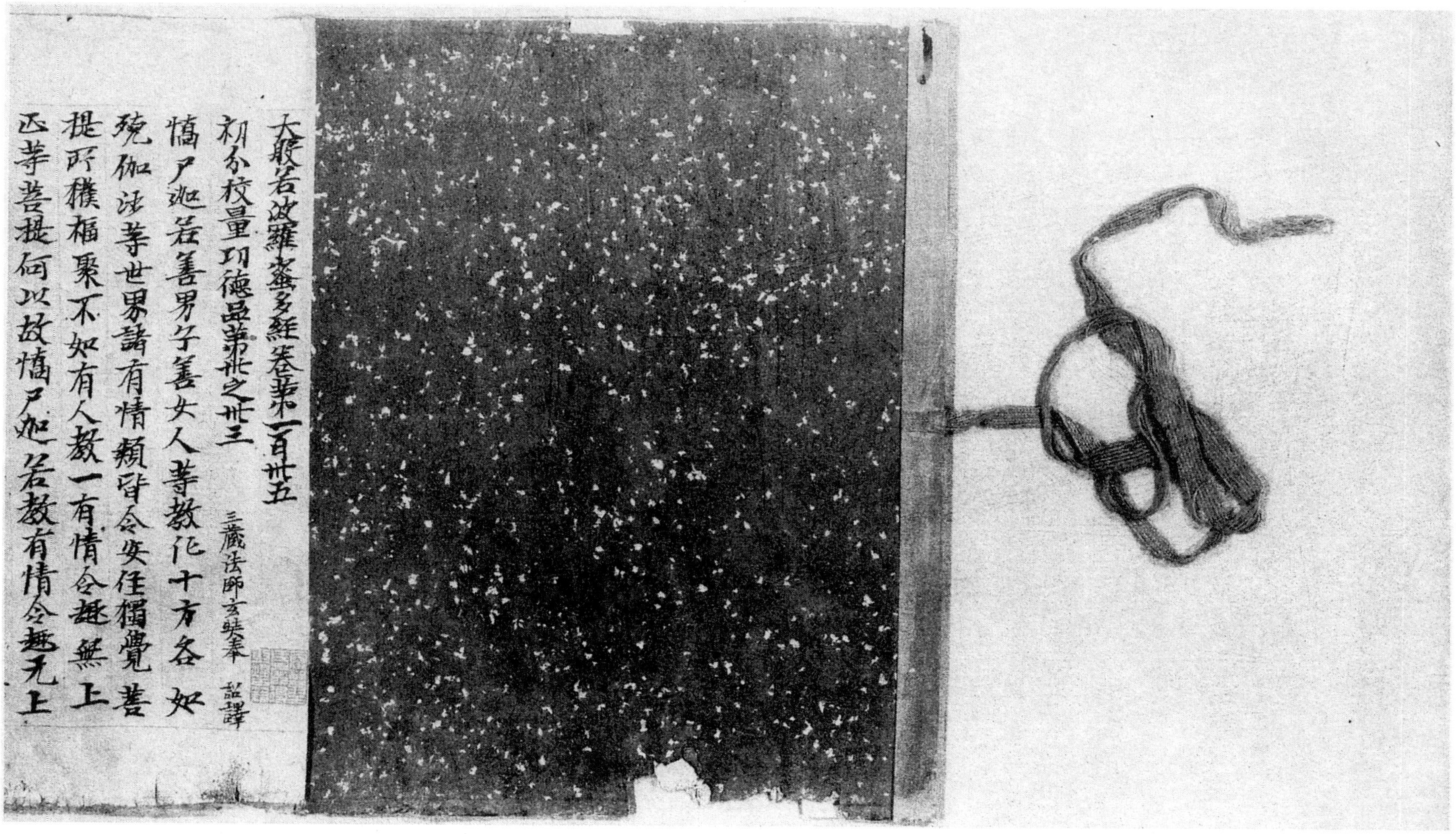
大般若波羅蜜多經卷第一百卅五
初分校量功德品第卅之卅三　三藏法師玄奘奉　詔譯
憍尸迦若善男子善女人等教化十方各如
殑伽沙等世界諸有情類皆令安住獨覺菩
提所獲福聚不如有人教一有情令趣無上
正等菩提何以故憍尸迦若教有情令趣无上

BD15052 號　大般若波羅蜜多經卷一三五　（19–1）

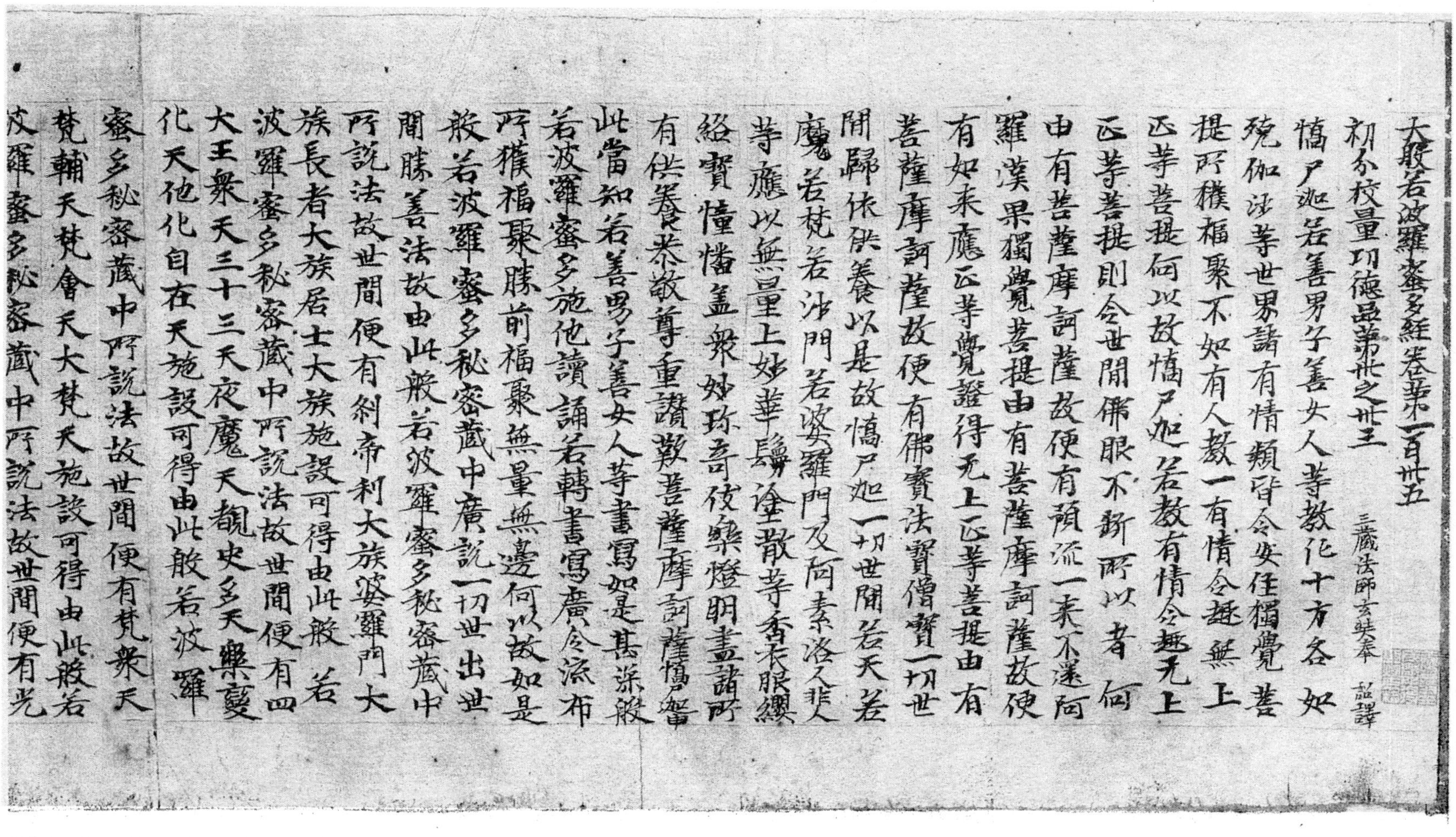
大般若波羅蜜多經卷第一百卅五
初分校量功德品第卅之卅三　三藏法師玄奘奉　詔譯
憍尸迦若善男子善女人等教化十方各如
殑伽沙等世界諸有情類皆令安住獨覺菩
提所獲福聚不如有人教一有情令趣無上
正等菩提何以故憍尸迦若教有情令趣无上
正等菩提則令世間佛眼不斷所以者何
由有菩薩摩訶薩故便有預流一來不還阿
羅漢果獨覺菩提由有菩薩摩訶薩故便
有如來應正等覺證得无上正等菩提由有
菩薩摩訶薩故便有佛寶法寶僧寶一切世
間歸依供養以是故憍尸迦一切世間若天若
魔若梵若沙門若婆羅門及阿素洛人非人
等應以無量上妙華鬘塗散等香衣服纓
絡寶幢幡蓋衆妙珍奇伎樂燈明盡諸所
有供養恭敬尊重讚歎菩薩摩訶薩憍尸迦
當知若善男子善女人等書寫如是甚深般
若波羅蜜多施他讀誦若轉書寫廣令流布
所獲福聚勝前福聚無量無邊何以故如是
般若波羅蜜多秘密藏中廣說一切世出世
間勝善法故由此般若波羅蜜多秘密藏中
所說法故世間便有刹帝利大族婆羅門大
族長者大族居士大族施設可得由此般若
波羅蜜多秘密藏中所說法故世間便有四
大王衆天三十三天夜摩天覩史多天樂變
化天他化自在天施設可得由此般若波羅
蜜多秘密藏中所說法故世間便有梵衆天
梵輔天梵會天大梵天施設可得由此般若
波羅蜜多秘密藏中所說法故世間便有光

BD15052 號　大般若波羅蜜多經卷一三五　（19–2）

大王衆天三十三天夜魔天覩史多天樂變
化天他化自在天施設可得由此般若波羅
蜜多秘密藏中所說法故世間便有梵衆天
梵輔天梵會天大梵天施設可得由此般若
波羅蜜多秘密藏中所說法故世間便有光
天少光天無量光天極光淨天施設可得由
此般若波羅蜜多秘密藏中所說法故世間
便有淨天少淨天無量淨天遍淨天施設可
得由此般若波羅蜜多秘密藏中所說法故
世間便有廣天少廣天無量廣天廣果天施
設可得由此般若波羅蜜多秘密藏中所說
法故世間便有無繁天無熱天善現天善見
天色究竟天施設可得由此般若波羅蜜多
秘密藏中所說法故世間便有空無邊處天
識無邊處天無所有處天非想非非想處天
施設可得由此般若波羅蜜多秘密藏中所說
法故世間便有布施波羅蜜多淨戒波羅
蜜多安忍波羅蜜多精進波羅蜜多靜慮波
羅蜜多般若波羅蜜多施設可得由此般若
波羅蜜多秘密藏中所說法故世間便有內
空外空內外空空空大空勝義空有為空無
為空畢竟空無際空散空無變異空本性空
自相空共相空一切法空不可得空無性空
自性空無性自性空施設可得由此般若波
羅蜜多秘密藏中所說法故世間便有真如
法界法性不虛妄性不變異性平等性離生
性法定法住實際虛空界不思議界施設可
得由此般若波羅蜜多秘密藏中所說法故
世間便有苦聖諦集聖諦滅聖諦道聖諦施

BD15052 號　大般若波羅蜜多經卷一三五　（19–3）

法界法性不虛妄性不變異性平等性離生
性法定法住實際虛空界不思議界施設可
得由此般若波羅蜜多秘密藏中所說法故
世間便有苦聖諦集聖諦滅聖諦道聖諦施
設可得由此般若波羅蜜多秘密藏中所說
法故世間便有四靜慮四無量四無色定施
設可得由此般若波羅蜜多秘密藏中所說
法故世間便有八解脫八勝處九次第定十
遍處施設可得由此般若波羅蜜多秘密藏
中所說法故世間便有四念住四正斷四神
足五根五力七等覺支八聖道支施設可得
由此般若波羅蜜多秘密藏中所說法故世
間便有空解脫門無相解脫門無願解脫門
施設可得由此般若波羅蜜多秘密藏中所
說法故世間便有五眼六神通施設可得由
此般若波羅蜜多秘密藏中所說法故世間
便有佛十力四無所畏四無礙解大慈大悲
大喜大捨十八佛不共法施設可得由此般
若波羅蜜多秘密藏中所說法故世間便有
無忘失法恒住捨性施設可得由此般若波
羅蜜多秘密藏中所說法故世間便有一切
智道相智一切相智施設可得由此般若波
羅蜜多秘密藏中所說法故世間便有一切
陀羅尼門一切三摩地門施設可得由此般
若波羅蜜多秘密藏中所說法故世間便有
預流一來不還阿羅漢及預流向預流果一
來向一來果不還向不還果阿羅漢向阿羅
漢果施設可得由此般若波羅蜜多秘密藏
中所說法故世間便有獨覺及獨覺菩提施

BD15052 號　大般若波羅蜜多經卷一三五　（19–4）

若波羅蜜多秘密藏中所說法故世間便有
預流一來不還阿羅漢及預流向預流果一
來向一來果不還向不還果阿羅漢向阿羅
漢果施設可得由此般若波羅蜜多秘密藏
中所說法故世間便有獨覺及獨覺菩提施
設可得由此般若波羅蜜多秘密藏中所說
法故世間便有一切菩薩摩訶薩及諸菩薩
摩訶薩行施設可得由此般若波羅蜜多秘
密藏中所說法故世間便有一切如來應正
等覺及諸無上正等菩提施設可得
復次憍尸迦置此十方各如殑伽沙等世界
諸有情類若善男子善女人等教化十方一
切世界諸有情類皆令修學四靜慮四無量
四無色定五神通於意云何是善男子善女
人等由此因緣得福多不天帝釋言甚多世
尊甚多善逝佛言憍尸迦若善男子善女人
等書寫如是甚深般若波羅蜜多施他讀誦
若轉書寫廣令流布是善男子善女人等所
獲福聚甚多於前何以故憍尸迦如是般若
波羅蜜多秘密藏中廣說一切無漏之法聲
聞種姓補特伽羅修學此法速入聲聞正性
離生得預流果得一來果得不還果得阿羅
漢果獨覺種姓補特伽羅修學此法速入獨
覺正性離生漸次證得獨覺菩提菩薩種姓
補特伽羅修學此法速入菩薩正性離生漸
次修行諸菩薩行證得無上正等菩提憍尸
迦如是般若波羅蜜多秘密藏中廣說一切
無漏法者所謂布施波羅蜜多淨戒波羅蜜

BD15052號　大般若波羅蜜多經卷一三五　（19–5）

覺正性離生漸次證得獨覺菩提菩薩種姓
補特伽羅修學此法速入菩薩正性離生漸
次修行諸菩薩行證得無上正等菩提憍尸
迦如是般若波羅蜜多秘密藏中廣說一切
無漏法者所謂布施波羅蜜多淨戒波羅蜜
多安忍波羅蜜多精進波羅蜜多靜慮波羅
蜜多般若波羅蜜多內空外空內外空空空
大空勝義空有為空無為空畢竟空無際空
散空無變異空本性空自相空共相空一切
法空不可得空無性空自性空無性自性空
真如法界法性不虛妄性不變異性平等性
離生性法定法住實際虛空界不思議界無
漏四靜慮四無量四無色定八解脫八勝處
九次第定十遍處四念住四正斷四神足五
根五力七等覺支八聖道支空解脫門無相
解脫門無願解脫門五眼六神通佛十力四
無所畏四無礙解大慈大悲大喜大捨十八
佛不共法一切智道相智一切相智一切陀
羅尼門一切三摩地門及餘無量無邊佛法
皆是此中所說一切無漏之法憍尸迦若善
男子善女人等教一有情住預流果所獲福
聚猶勝教化如是十方一切世界諸有情類
皆令修學四靜慮四無量四無色定五神通
何以故憍尸迦諸有修行四靜慮四無量四
無色定五神通不免地獄傍生鬼趣若諸有
情住預流果便得永脫三惡趣故況教令住
一來不還阿羅漢果所獲福聚而不勝彼憍
尸迦若善男子善女人等教化十方一切世
界諸有情類皆住預流一來不還阿羅漢果

BD15052號　大般若波羅蜜多經卷一三五　（19–6）

何以故[illegible]
無色定五神通不免地獄傍生鬼趣若諸有
情住預流果便得永脫三惡趣故況教令住
一來不還阿羅漢果所獲福聚而不勝彼憍
尸迦若善男子善女人等教化十方一切世
界諸有情類皆住預流一來不還阿羅漢果
所獲福聚不如有人教一有情令其安住獨
覺菩提何以故憍尸迦獨覺菩提所有功德
勝預流等百千倍故憍尸迦若善男子善女
人等教化十方一切世界諸有情類皆令安
住獨覺菩提所獲福聚不如有人教一有情
令趣無上正等菩提何以故憍尸迦若教有
情令趣無上正等菩提則令世間佛眼不斷
所以者何由有菩薩摩訶薩故便有預流一
來不還阿羅漢果獨覺菩提由有菩薩摩訶
薩故便有如來應正等覺證得無上正等菩
提由有菩薩摩訶薩故便有佛寶法寶僧寶
一切世間歸依供養以是故憍尸迦一切世
間若天若魔若梵若沙門若婆羅門及阿素
洛人非人等應以無量上妙華鬘塗散等香
衣服纓絡寶幢幡蓋衆妙珍奇伎樂燈明盡
諸所有供養恭敬尊重讚歎菩薩摩訶薩憍
尸迦由此當知若善男子善女人等書寫如是
甚深般若波羅蜜多施他讀誦若轉書寫
廣令流布所獲福聚勝前福聚無量無邊何
以故如是般若波羅蜜多秘密藏中廣說一
切世出世間勝善法故由此般若波羅蜜多
秘密藏中所說法故世間便有刹帝利大族
婆羅門大族長者大族居士大族施設可得
[illegible]

BD15052 號　大般若波羅蜜多經卷一三五　（19–7）

以故如是般若波羅蜜多秘密藏中廣說一
切世出世間勝善法故由此般若波羅蜜多
秘密藏中所說法故世間便有刹帝利大族
婆羅門大族長者大族居士大族施設可得
由此般若波羅蜜多秘密藏中所說法故世
間便有四大王衆天三十三天夜摩天覩史
多天樂變化天他化自在天施設可得由此
般若波羅蜜多秘密藏中所說法故世間便
有梵衆天梵輔天梵會天大梵天施設可得
由此般若波羅蜜多秘密藏中所說法故世
間便有光天少光天無量光天極光淨天施
設可得由此般若波羅蜜多秘密藏中所說
法故世間便有淨天少淨天無量淨天遍淨
天施設可得由此般若波羅蜜多秘密藏中
所說法故世間便有廣天少廣天無量廣天
廣果天施設可得由此般若波羅蜜多秘密
藏中所說法故世間便有無繁天無熱天善
現天善見天色究竟天施設可得由此般若
波羅蜜多秘密藏中所說法故世間便有空
无邊處天識無邊處天無所有處天非想非
非想處天施設可得由此般若波羅蜜多秘
密藏中所說法故世間便有布施波羅蜜多
淨戒波羅蜜多安忍波羅蜜多精進波羅蜜
多靜慮波羅蜜多般若波羅蜜多施設可得
由此般若波羅蜜多秘密藏中所說法故世
間便有內空外空內外空空空大空勝義空
有為空無為空畢竟空无際空散空无變異
空本性空自相空共相空一切法空不可得
空无性空自性空无性自性空施設可得由

BD15052 號　大般若波羅蜜多經卷一三五　（19–8）

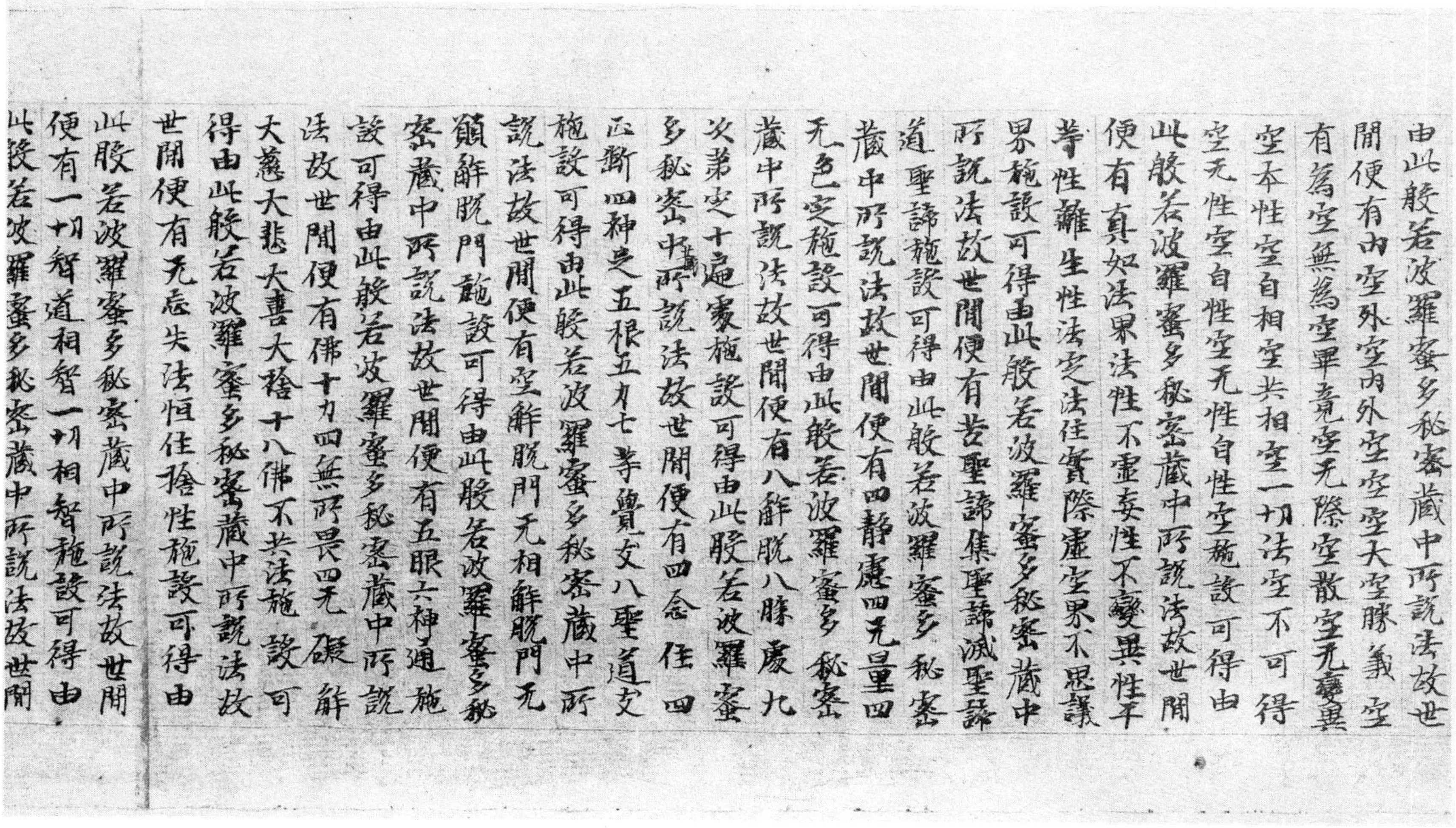

由此般若波羅蜜多秘密藏中所說法故世
間便有內空外空內外空空空大空勝義空
有爲空無爲空畢竟空無際空散空无變異
空本性空自相空共相空一切法空不可得
空无性空自性空无性自性空施設可得由
此般若波羅蜜多秘密藏中所說法故世間
便有真如法界法性不虛妄性不變異性平
等性離生性法定法住實際虛空界不思議
界施設可得由此般若波羅蜜多秘密藏中
所說法故世間便有苦聖諦集聖諦滅聖諦
道聖諦施設可得由此般若波羅蜜多秘密
藏中所說法故世間便有四靜慮四无量四
无色定施設可得由此般若波羅蜜多秘密
藏中所說法故世間便有八解脫八勝處九
次第定十遍處施設可得由此般若波羅蜜
多秘密藏中所說法故世間便有四念住四
正斷四神足五根五力七等覺支八聖道支
施設可得由此般若波羅蜜多秘密藏中所
說法故世間便有空解脫門无相解脫門无
願解脫門施設可得由此般若波羅蜜多秘
密藏中所說法故世間便有五眼六神通施
設可得由此般若波羅蜜多秘密藏中所說
法故世間便有佛十力四無所畏四无礙解
大慈大悲大喜大捨十八佛不共法施設可
得由此般若波羅蜜多秘密藏中所說法故
世間便有无忘失法恒住捨性施設可得由
此般若波羅蜜多秘密藏中所說法故世間
便有一切智道相智一切相智施設可得由
此般若波羅蜜多秘密藏中所說法故世間

BD15052號　大般若波羅蜜多經卷一三五　（19–9）

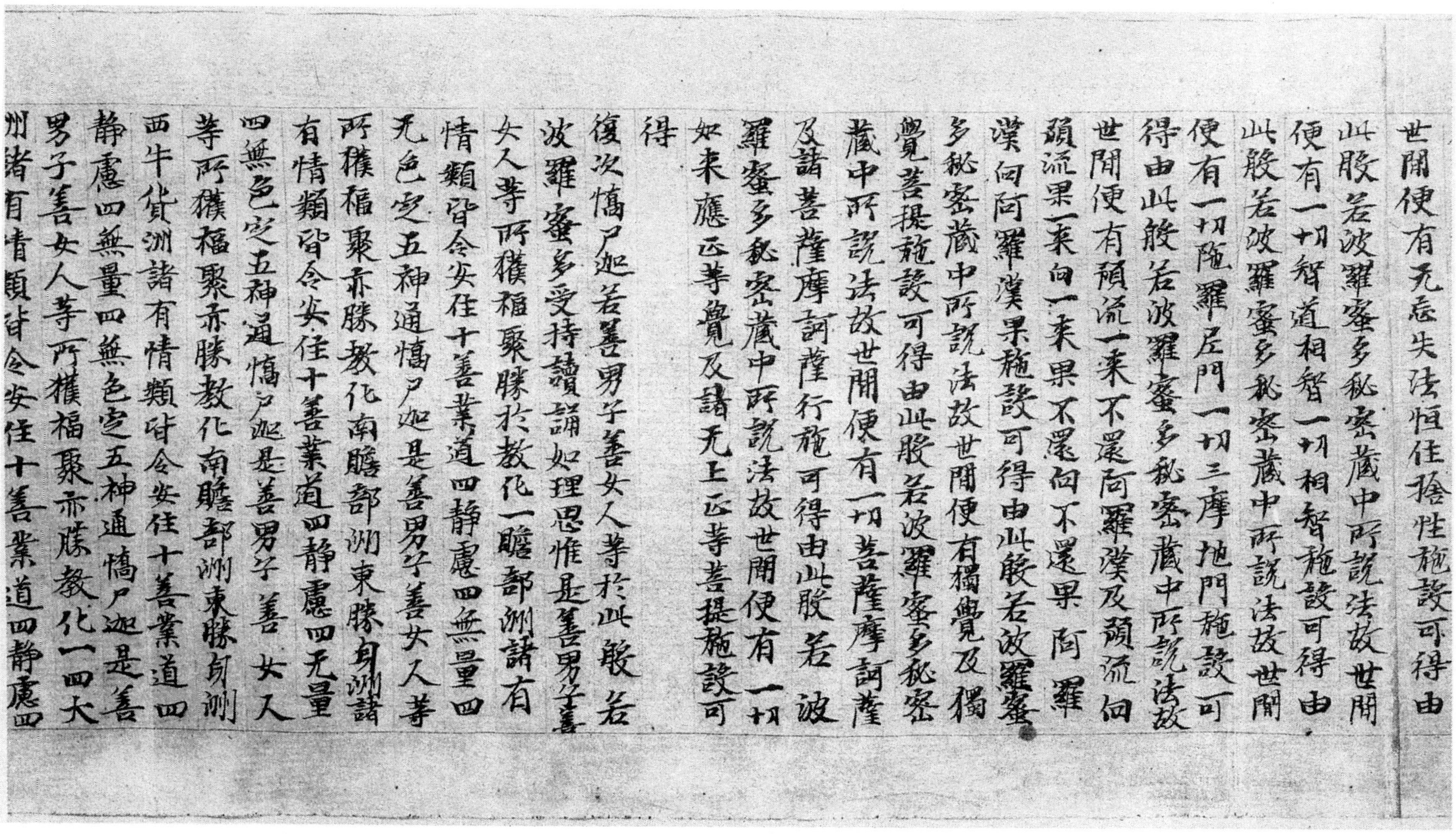

世間便有无忘失法恒住捨性施設可得由
此般若波羅蜜多秘密藏中所說法故世間
便有一切智道相智一切相智施設可得由
此般若波羅蜜多秘密藏中所說法故世間
便有一切陁羅尼門一切三摩地門施設可
得由此般若波羅蜜多秘密藏中所說法故
世間便有預流一來不還阿羅漢及預流向
預流果一來向一來果不還向不還果阿羅
漢向阿羅漢果施設可得由此般若波羅蜜
多秘密藏中所說法故世間便有獨覺及獨
覺菩提施設可得由此般若波羅蜜多秘密
藏中所說法故世間便有一切菩薩摩訶薩
及諸菩薩摩訶薩行施設可得由此般若波
羅蜜多秘密藏中所說法故世間便有一切
如來應正等覺及諸无上正等菩提施設可
得
復次憍尸迦若善男子善女人等於此般若
波羅蜜多受持讀誦如理思惟是善男子善
女人等所獲福聚勝於教化一贍部洲諸有
情類皆令安住十善業道四靜慮四無量四
无色定五神通憍尸迦是善男子善女人等
所獲福聚亦勝教化南贍部洲東勝身洲諸
有情類皆令安住十善業道四靜慮四无量
四無色定五神通憍尸迦是善男子善女人
等所獲福聚亦勝教化南贍部洲東勝身洲
西牛貨洲諸有情類皆令安住十善業道四
靜慮四無量四無色定五神通憍尸迦是善
男子善女人等所獲福聚亦勝教化一四大
洲諸有情類皆令安住十善業道四靜慮四

BD15052號　大般若波羅蜜多經卷一三五　（19–10）

四無色定五神通憍尸迦是善男子善女人
等所獲福聚亦勝教化南贍部洲東勝身洲
西牛貨洲諸有情類皆令安住十善業道四
静慮四無量四無色定五神通憍尸迦是善
男子善女人等所獲福聚亦勝教化一四大
洲諸有情類皆令安住十善業道四静慮四
無量四無色定五神通憍尸迦是善男子善
女人等所獲福聚亦勝教化小千世界諸有
情類皆令安住十善業道四静慮四無量四
無色定五神通憍尸迦是善男子善女人等
所獲福聚亦勝教化中千世界諸有情類皆
令安住十善業道四静慮四無量四無色定
五神通憍尸迦是善男子善女人等所獲福
聚亦勝教化三千大千世界諸有情類皆令
安住十善業道四静慮四無量四無色定五
神通憍尸迦是善男子善女人等所獲福聚
亦勝教化十方各如殑伽沙等世界諸有情
類皆令安住十善業道四静慮四無量四無
色定五神通憍尸迦是善男子善女人等所
獲福聚亦勝教化十方一切世界諸有情類
皆令安住十善業道四静慮四無量四無色
定五神通憍尸迦此中如理思惟者謂以非二非
不二行覺於此般若波羅蜜多受持讀誦
如理思惟復以非二非不二行覺於静慮精
進安忍浄戒布施波羅蜜多受持讀誦如理
思惟憍尸迦復以非二非不二行覺於内　空　如
理思惟復以非二非不二行覺於外　空　内
外空空空大空勝義空有為空無為空畢竟
空無際空散空無變異空本性空自相空共

BD15052號　大般若波羅蜜多經卷一三五　（19–11）

如理思惟復以非二非不二行覺於静慮精
進安忍浄戒布施波羅蜜多受持讀誦如理
思惟憍尸迦復以非二非不二行覺於内　空　如
理思惟復以非二非不二行覺於外　空　内
外空空空大空勝義空有為空無為空畢竟
空無際空散空無變異空本性空自相空共
相空一切法空不可得空无性空自性　空無
性自性空如理思惟憍尸迦復以非二非　不
二行覺於真如如理思惟復以非二非　不二
行覺於法界法性不虚妄性不變異性平等
性離生性法定法住實際虚空界不思議界
如理思惟憍尸迦復以非二非不二行　覺於
苦聖諦如理思惟復以非二非不二行覺於
集滅道聖諦如理思惟憍尸迦復以非二非
不二行覺於四静慮如理思惟復以非二非
不二行覺於四無量四无色定如理思惟憍
尸迦復以非二非不二行覺於八解脱如理
思惟復以非二非不二行覺於八勝處九次
第定十遍處如理思惟憍尸迦復以非二非
不二行覺於四念住如理思惟復以非二非
不二行覺於四正斷四神足五根五力七等
覺支八聖道支如理思惟憍尸迦復以非二
非不二行覺於空解脱門如理思惟復以非
二非不二行覺於無相無願解脱門如理思
惟憍尸迦復以非二非不二行覺於五　眼如
理思惟復以非二非不二行覺於六神通如
理思惟憍尸迦復以非二非不二行覺於佛
十力如理思惟復以非二非不二行覺於四
无所畏四無礙解大慈大悲大喜大捨十八

BD15052號　大般若波羅蜜多經卷一三五　（19–12）

二非不二行覺於無相無願解脫門如理思
惟憍尸迦復以非二非不二行覺於五眼如
理思惟憍尸迦復以非二非不二行覺於六神通如
理思惟憍尸迦復以非二非不二行覺於佛
十力如理思惟復以非二非不二行覺於四
无所畏四無礙解大慈大悲大喜大捨十八
佛不共法如理思惟憍尸迦復以非二非不
二行覺於無忘失法如理思惟復以非二非
不二行覺於恒住捨性如理思惟憍尸迦復
以非二非不二行覺於一切智如理思惟復
以非二非不二行覺於道相智一切相智如
理思惟憍尸迦復以非二非不二行覺於一
切陁羅尼門如理思惟復以非二非不二行
覺於一切三摩地門如理思惟憍尸迦復以
非二非不二行覺於菩薩摩訶薩行如理思
惟憍尸迦復以非二非不二行覺於無上正
等菩提如理思惟
復次憍尸迦若善男子善女人等於此般若
波羅蜜多以無量門廣為他說宣示開演顯
了解釋分別義趣令其易解所獲福聚勝
自受持若讀若誦如理思惟如是般若波羅蜜
多所獲功德憍尸迦所言般若波羅蜜多義
趣者謂此般若波羅蜜多非二非不二非有
相非无相非入非出非增非減非染非淨非
生非滅非取非捨非執非不執非住非不住
非實非不實非相應非不相應非和合非不
和合非因緣非非因緣非法非非法非真如
非非真如非實際非非實際如是義趣有无
量門憍尸迦若善男子善女人等能廣為他
宣說般若波羅蜜多甚深義趣令易解者所

生非滅非取非捨非執非不執非住非不住
非實非不實非相應非不相應非和合非不
和合非因緣非非因緣非法非非法非真如
非非真如非實際非非實際如是義趣有无
量門憍尸迦若善男子善女人等能廣為他
如是般若波羅蜜多甚深義趣令易解者所
獲福聚勝自受持若讀若誦如理思惟如是
般若波羅蜜多所獲功德无量倍數復次憍
尸迦若善男子善女人等自於般若波羅蜜
多受持讀誦如理思惟以無量門為他廣說
宣示開演顯了解釋分別義趣令其易解是
善男子善女人等所獲福聚過前福聚无量
无邊
尒時天帝釋白佛言世尊諸善男子善女人
等應以種種巧妙文義宣說開示如是般若
波羅蜜多佛言憍尸迦如是如是如汝所說
諸善男子善女人等應以種種巧妙文義宣
說開示如是般若波羅蜜多憍尸迦若善男
子善女人等能以種種巧妙文義宣說開示
如是般若波羅蜜多是善男子善女人等成
就无量无數无邊不可思議大功德聚憍
尸迦若善男子善女人等盡其形壽以无量
種上妙花鬘塗散等香衣服瓔珞寶幢幡蓋
眾妙珍奇伎樂燈明盡諸所有清淨樂具供
養恭敬尊重讚歎十方無量无數世界一切
如來應正等覺有善男子善女人等自於般若
波羅蜜多受持讀誦如理思惟復依種種巧
妙文義以无量門為他廣說宣示開演顯了
解釋分別義趣令其易解是善男子善女人
等所獲福聚甚多於前何以故憍尸迦由彼

養恭敬尊重讚歎十方無量无數世界一切
如來應正等覺有善男子善女人等自於般若
波羅蜜多受持讀誦如理思惟復依種種巧
妙文義以无量門為他廣說宣示開演顯了
解釋分別義趣令其易解是善男子善女人
等所獲福聚甚多於前何以故憍尸迦由彼
過去未來現在一切如來應正等覺皆學般
若波羅蜜多已證无上正等菩提當證无上
正等菩提今證无上正等菩提
復次憍尸迦若善男子善女人等无量无數
无邊大劫以有所得而為方便脩行布施波
羅蜜多無量無數无邊大劫以有所得而為
方便脩行淨戒波羅蜜多无量无數无邊大
劫以有所得而為方便脩行安忍波羅蜜多
无量无數无邊大劫以有所得而為方便脩
行精進波羅蜜多无量无數无邊大劫以有
所得而為方便脩行靜慮波羅蜜多无量无
數无邊大劫以有所得而為方便脩行般若
波羅蜜多有善男子善女人等於此般若波
羅蜜多以无所得而為方便受持讀誦如理
思惟復以種種巧妙文義經須臾間為他辯
說宣示開演顯了解釋分別義趣令其易解
所獲福聚甚多於前憍尸迦此中所言有所
得者謂善男子善女人等脩布施時作如是
念我能惠施彼是受者此是施果施及施物
彼行施時名住布施不名布施波羅蜜多以
有所得為方便故若善男子善女人等脩淨
戒時作如是念我能持戒為護於彼此是戒
果及所持戒彼持戒時名住淨戒不名淨戒

BD15052號　大般若波羅蜜多經卷一三五　（19–15）

念我能惠施彼是受者此是施果施及施物
彼行施時名住布施不名布施波羅蜜多以
有所得為方便故若善男子善女人等脩淨
戒時作如是念我能持戒為護於彼此是戒
果及所持戒彼持戒時名住淨戒不名淨戒
波羅蜜多以有所得為方便故若善男子善
女人等脩安忍時作如是念我能脩忍為護
彼故此是忍果及忍自性彼脩忍時名住安
忍不名安忍波羅蜜多以有所得為方便故
若善男子善女人等脩精進時作如是念我
能精進為脩斷彼此精進果精進自性彼脩精
進時名住精進不名精進波羅蜜多以有所
得為方便故若善男子善女人等脩靜慮時
作如是念我能脩定脩是定境此靜慮果靜
慮自性彼脩定時名住靜慮不名靜慮波羅
蜜多以有所得為方便故若善男子善女人
等脩般若時作如是念我能脩慧彼是慧境
此般若果般若自性彼脩慧時名住般若不
名般若波羅蜜多以有所得為方便故憍尸
迦是善男子善女人等以有所得為方便故
不能圓滿布施淨戒安忍精進靜慮般若
波羅蜜多尒時天帝釋白佛言世尊菩薩摩訶
薩云何能滿布施淨戒安忍精進靜慮般若
波羅蜜多佛言憍尸迦若菩薩摩訶薩脩布
施時不得施者受者施果施及施物以无所
得為方便故能滿布施波羅蜜多若菩薩摩
訶薩脩淨戒時不得持者所護戒果及所持
戒以无所得為方便故能滿淨戒波羅蜜多
若菩薩摩訶薩脩安忍時不得能忍所護忍

BD15052號　大般若波羅蜜多經卷一三五　（19–16）

[illegible]
得為方便故能滿布施波羅蜜多善菩薩摩
訶薩脩淨戒時不得持者所護戒果及所持
戒以无所得為方便故能滿淨戒波羅蜜多
若菩薩摩訶薩脩安忍時不得能忍所護忍
果及忍自性以无所得為方便故能滿安忍
波羅蜜多若菩薩摩訶薩脩精進時不得勤
者所為勤果精進自性以无所得為方便故
能滿精進波羅蜜多若菩薩摩訶薩脩靜慮
時不得定者定境定果靜慮自性以无所得
為方便故能滿靜慮波羅蜜多若菩薩摩訶
薩脩般若時不得慧者慧境慧果般若自性
以无所得為方便故能滿般若波羅蜜多憍
尸迦諸善男子善女人等應以如是无所得
慧及以種種巧妙文義宣說般若波羅蜜多
應以如是无所得慧及以種種巧妙文義宣
說靜慮波羅蜜多應以如是无所得慧及以
種種巧妙文義宣說精進波羅蜜多應以如
是无所得慧及以種種巧妙文義宣說安忍
波羅蜜多應以如是无所得慧及以種種巧
妙文義宣說淨戒波羅蜜多應以如是无所
得慧及以種種巧妙文義宣說布施波羅蜜
多何以故憍尸迦於當來世有善男子善女
人等為他宣說相似般若波羅蜜多初發无
上菩提心者聞彼所說相似般若波羅蜜多
心便迷謬失於中道是故應以無所得慧及
以種種巧妙文義為發无上菩提心者宣說
般若波羅蜜多憍尸迦於當來世有善男子
善女人等為他宣說相似靜慮波羅蜜多初
發无上菩提心者聞彼所說相似靜慮波羅

多何以故憍尸迦於當來世有善男子善女
人等為他宣說相似般若波羅蜜多初發无
上菩提心者聞彼所說相似般若波羅蜜多
心便迷謬失於中道是故應以無所得慧及
以種種巧妙文義為發无上菩提心者宣說
般若波羅蜜多憍尸迦於當來世有善男子
善女人等為他宣說相似靜慮波羅蜜多初
發無上菩提心者聞彼所說相似靜慮波羅
蜜多心便迷謬失於中道是故應以无所得
慧及以種種巧妙文義為發无上菩提心者
宣說靜慮波羅蜜多憍尸迦於當來世有善
男子善女人等為他宣說相似精進波羅蜜
多初發无上菩提心者聞彼所說相似精進
波羅蜜多心便迷謬失於中道是故應以无
所得慧及以種種巧妙文義為發无上菩提
心者宣說精進波羅蜜多憍尸迦於當來世
有善男子善女人等為他宣說相似安忍波
羅蜜多初發无上菩提心者聞彼所說相
似安忍波羅蜜多心便迷謬失於中道是故應
以无所得慧及以種種巧妙文義為發无上
菩提心者宣說安忍波羅蜜多憍尸迦於當
來世有善男子善女人等為他宣說相似淨
戒波羅蜜多初發无上菩提心者聞彼所說
相似淨戒波羅蜜多心便迷謬失於中道是
故應以无所得慧及以種種巧妙文義為發
无上菩提心者宣說淨戒波羅蜜多憍尸迦
於當來世有善男子善女人等為他宣說相
似布施波羅蜜多初發无上菩提心者聞彼
所說相似布施波羅蜜多心便迷謬失於中
道是故應以无所得慧及以種種巧妙文義

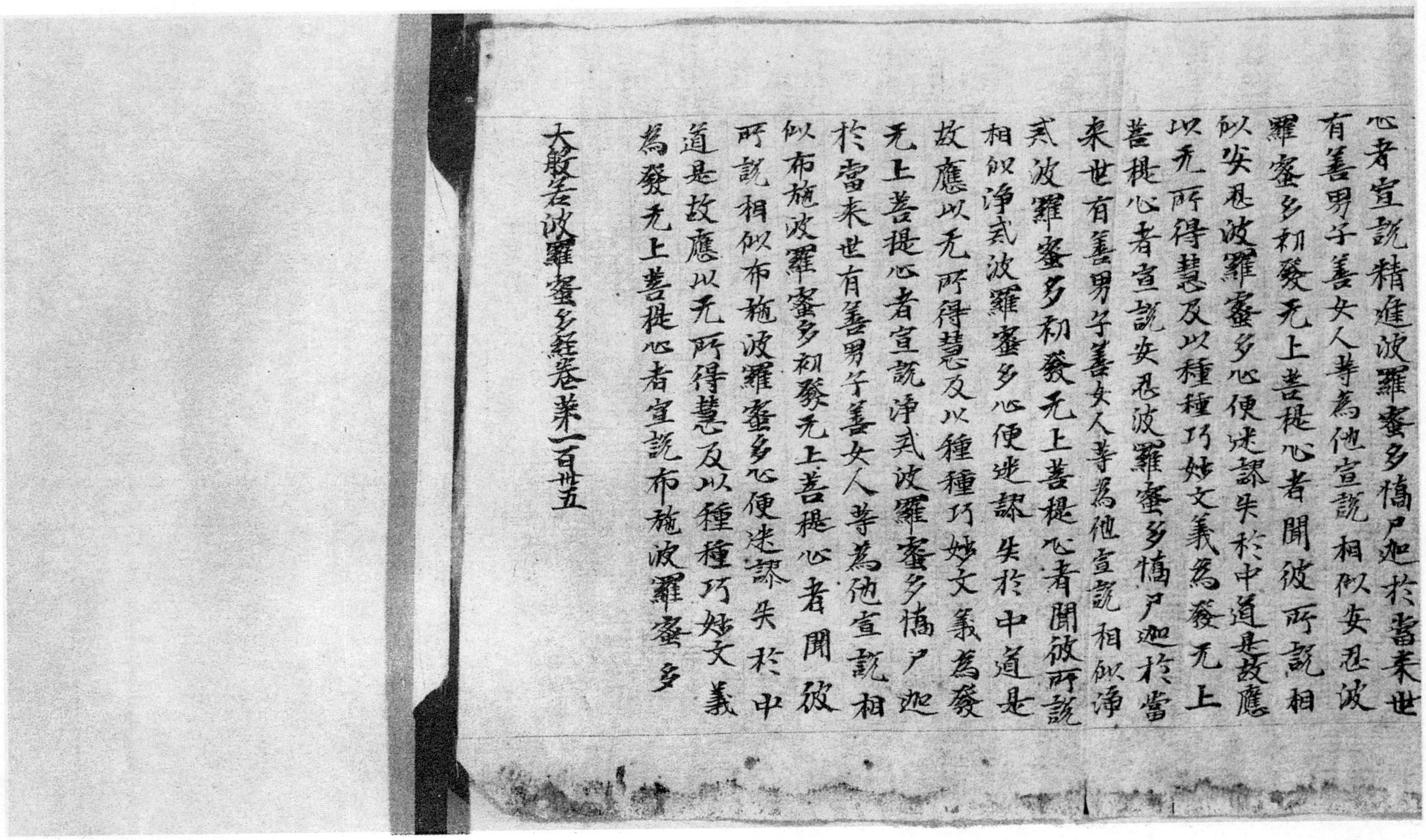

BD15052 號　大般若波羅蜜多經卷一三五　（19–19）

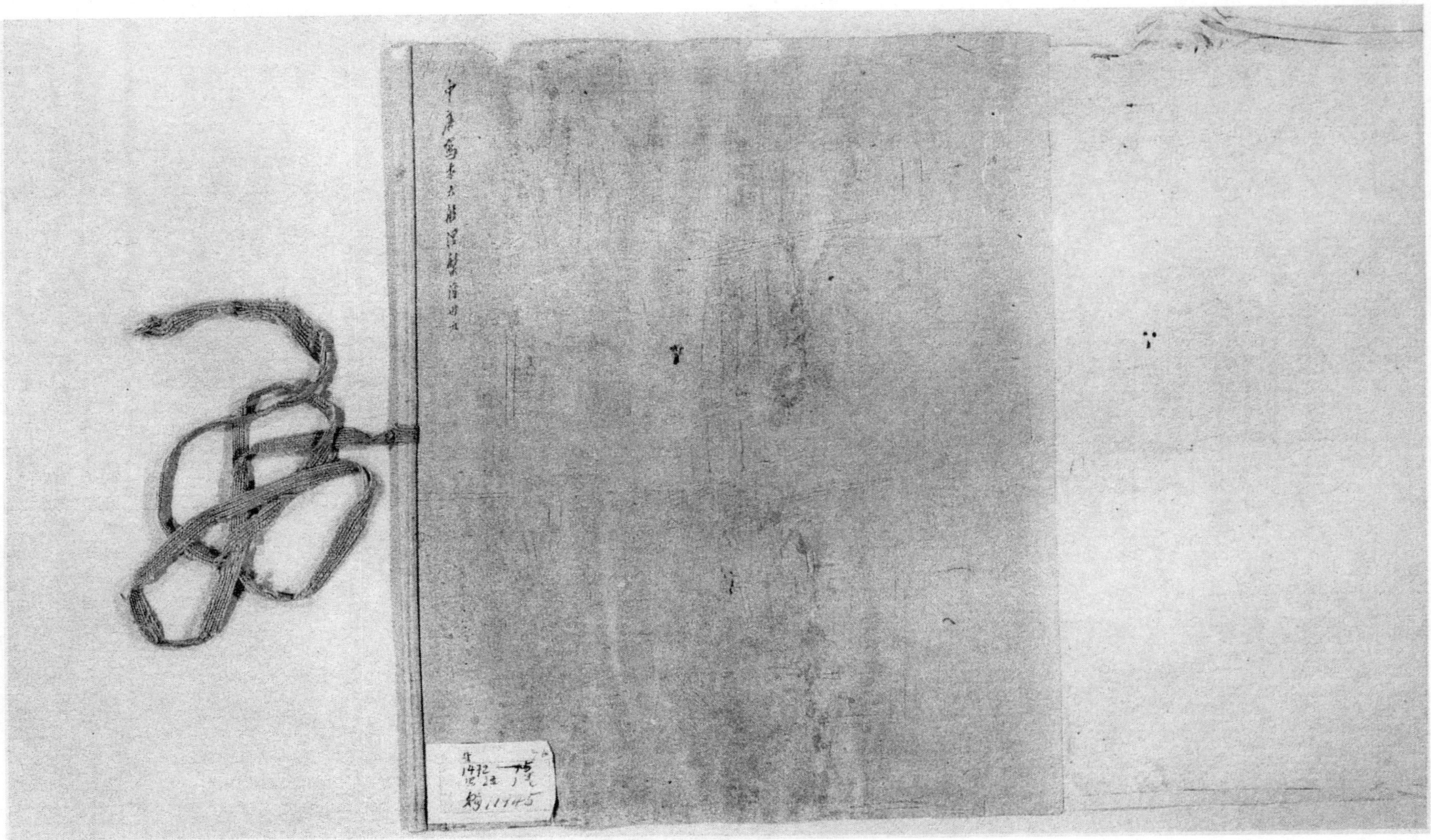

BD15053 號背　護首　（1–1）

大般涅槃經憍陳如品上第十三　三九
尒時世尊告憍陳如色是无常因滅是色獲
得解脫常住之色受想行識亦是无常因滅
是識獲得解脫常住之識憍陳如色即是苦
因滅是色獲得解脫安樂之色受想行識亦
復如是憍陳如色即是空因滅空色獲得解

BD15053 號　大般涅槃經（北本）卷三九

（30–1）

大般涅槃經憍陳如品上第十三　三九
尒時世尊告憍陳如色是无常因滅是色獲
得解脫常住之色受想行識亦是无常因滅
是識獲得解脫常住之識憍陳如色即是苦
因滅是色獲得解脫安樂之色受想行識亦
復如是憍陳如色即是空因滅空色獲得解
脫非空之色受想行識亦復如是憍陳如色
是无我因滅是色獲得解脫真我之色受想
行識亦復如是憍陳如色是不淨因滅是色
獲得解脫清淨之色受想行識亦復如是憍
陳如色是生老病死之相因滅是色獲得解
脫非生老病死相之色受想行識亦復如是
憍陳如色是无明因因滅是色獲得解脫非
无明因色受想行識亦復如是憍陳如乃至
色是生因因滅是色獲得解脫非生因色受
想行識亦復如是憍陳如色者即是四顛倒
因因滅倒色獲得解脫非四倒因色受想行
識亦復如是憍陳如色是无量惡法之因所
謂男女等身食愛欲愛貪瞋嫉妬惡心慳心
揣食識食思食觸食卵生胎生濕生化生五
欲五蓋如是等法皆因於色因滅色故獲得
解脫无如是等无量惡色受想行識亦復如
是憍陳如色即是縛因滅縛色獲得解脫无
縛之色受想行識亦復如是憍陳如色即是
流因滅流色獲得解脫非流之色受想行識

BD15053 號　大般涅槃經（北本）卷三九

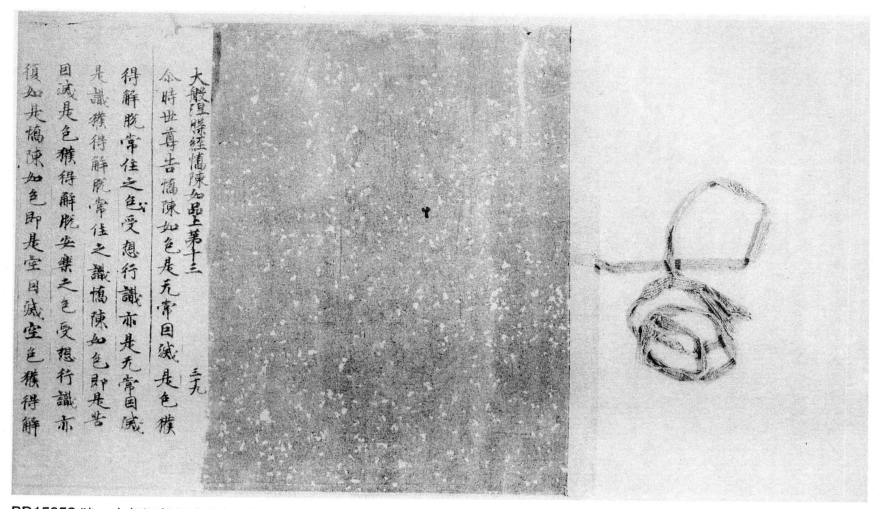

（30–2）

欲五蓋如是等法皆因於色因滅色故獲得
解脫无如是等无量惡色受想行識亦復如
是憍陳如色即是縛因滅縛色獲得解脫无
縛之色受想行識亦復如是憍陳如色即是
流因滅流色獲得解脫非流之色受想行識
亦復如是憍陳如色非歸依因滅是色獲得
解脫歸依之色受想行識亦復如是憍陳如
色是瘡疣因滅是色獲得解脫无瘡疣色受
想行識亦復如是憍陳如色非寂靜因滅是
色獲得涅槃寂靜之色受想行識亦復如是
憍陳如若有人能如是知者是名沙門名婆羅
門具足沙門婆羅門法憍陳如若離佛法
无有沙門无婆羅門亦无沙門婆羅門法一
切外道虛假詐稱都无實行雖復作相言有
是二實无是處何以故若无沙門婆羅門法
云何而言有沙門婆羅門法我常於此大衆
之中作師子吼汝等亦當在大衆中作師子
吼尒時外道有无量人聞是語已心生瞋恚
瞿曇今說我等衆中无有沙門及婆羅門亦
无沙門婆羅門法我當云何廣設方便語瞿
曇言我等衆中亦有沙門有沙門法有婆羅
門婆羅門法時彼衆中有一梵志唱如是言
諸仁者瞿曇之言如狂无異何可撿挍世間
狂人或歌或儛或哭或咲或罵或讚於怨親
所不能分別沙門瞿曇亦復如是或說我生

門婆羅門法時彼衆中有一梵志唱如是言
諸仁者瞿曇之言如狂无異何可撿挍世間
狂人或歌或儛或哭或咲或罵或讚於怨親
所不能分別沙門瞿曇亦復如是或說我生
淨飯王家或言不生或說生已行至七步或
說不行或說從小習學世事或說我是一切
智人或時處宮受樂生子或時猒患呵責德
賤或時親脩苦行六年或時呵責外道苦行
或言從彼鬱頭藍弗阿羅邏等稟承未聞或
時說其无所知曉或時說言菩提樹下得阿耨
多羅三藐三菩提或時說言我不至樹无所
剋獲或時說言我今此身即是涅槃或言
身滅乃是涅槃瞿曇所說如狂无異何故以
此而愁憂耶諸婆羅門即便荅言大士我等
今者何得不愁沙門瞿曇先出家已說无常
苦空无我等法我諸弟子聞生恐怖云何衆
生无常苦空无我不淨不受其語今者瞿曇
復來至此娑羅林中為諸大衆說有常樂我
淨之法我諸弟子聞是語已悉捨我去受瞿
曇語以是因緣生大愁苦尒時復有一婆羅
門作如是言諸仁者諦聽諦聽瞿曇沙門名
脩慈悲是言虛妄非真實也若有慈悲云何
教我諸弟子等自受其法慈悲果者隨順他
意今違我願云何言有若有說言沙門瞿曇
不為世間八法所染是亦虛妄若言瞿曇少

門作如是言諸仁者諸聯諸聯[illegible]
脩慈悲是言虛妄非真實也若有慈悲云何
教我諸弟子等自受其法慈悲果者隨順他
意令違我願云何言有若有說言沙門瞿曇
不為世間八法所染是亦虛妄若言瞿曇少
欲知足今者云何奪我等利若言種姓是上
族者是亦虛妄何以故從昔已來不見不聞
大師子王殘害小鼠若使瞿曇是上種姓如
何今者惱亂我等若言瞿曇具大勢力是亦
虛妄何以故從昔已來亦不見聞金翅鳥王
與烏共諍若言力大復以何事與我共鬪若
言瞿曇具他心智是亦虛妄何以故若具此
智以何因緣不知我心諸仁者我昔曾從先
舊智人聞說是事過百年已世間當有一妖
幻出即是瞿曇如是妖惑今於此處娑羅林
中將滅不久汝等今者不應愁惱尒時復有
一居揵子荅言仁者我今愁苦不為自身弟
子供養但為世間癡闇无眼不識福田及非
福田棄捨先舊智婆羅門供養年少以為愁
耳瞿曇沙門大知呪術因呪術力能令一身
作无量身令无量身還作一身或以自身作
男女像牛羊象馬我力能滅如是呪術瞿曇
沙門呪術既滅汝等當還多得供養受於安
樂尒時復有一婆羅門作如是言諸仁者瞿
曇沙門成就具足无量功德是故汝等不應
與諍大衆荅言癡人云何說言沙門瞿曇具

BD15053 號　大般涅槃經（北本）卷三九

（30–5）

沙門呪術既滅汝等當還多得供養受於安
樂尒時復有一婆羅門作如是言諸仁者瞿
曇沙門成就具足无量功德是故汝等不應
與諍大衆荅言癡人云何說言沙門瞿曇具
大功德其生七日母便命終是可得名福德
相耶婆羅門言罵時不瞋打時不報當知即
是大福德相具身具足三十二相八十種好
无量神通是故當知是福德相心无憍慢先
意問訊言語柔濡初无麁獷年志俱盛心不
卒暴王國多財无所愛戀捨之出家如棄涕
唾是故我說沙門瞿曇成就具足无量功德
大衆荅言善哉仁者瞿曇沙門實如所說成
就无量神通變化我不與彼捔試是事瞿曇
沙門受性柔濡不堪苦行生長深宮不綜外
事唯可濡語不知伎藝書籍論議請共詳辯
正法之要彼若勝我我當給事我若勝彼彼
當事我尒時多有无量外道和合共往摩伽
陁王阿闍世所王見便問諸仁何來汝等各
各脩習聖道是出家人捨離財貨及在家事
然我國人皆共供養敬心瞻視无相犯觸何
故和合而來至此諸仁者汝等各受異法異
戒出家不同亦復各各自隨戒法出家脩道
何因緣故今者一心而共和合猶如葉落旋
風所吹聚在一處說何因緣而來至此我常
擁護出家之人乃至不惜身之與命尒時一
切諸外道衆咸作是言大王諦聽大王今者

BD15053 號　大般涅槃經（北本）卷三九

（30–6）

何因緣故今者一心而共和合猶如葉落旋
風所吹聚在一處說何因緣而來至此我常
稱讚出家之人乃至不惜身之與命尒時一
切諸外道衆咸作是言大王諦聽大王今者
是大法橋是大法礦是大法秤即是一切功
德之器一切功德真實之性正法道路即是
種子之良田也一切國土之根本也一切國土
之大明鏡一切諸天之形像也一切國人之
父母也大王一切世間功德寶藏即是王
身何以故名功德藏王斷國事不擇怨親其
心平等如地水火風是故名王為功德藏大
王現在衆生雖復壽短王之功德如昔長壽
安樂時王亦如頂生善見忍辱那睺沙王耶
耶帝王尸毗王一叉鳩王如是等王具足善
法大王今者亦復如是大王以王因緣國土
安樂人民熾盛是故一切出家之人慕樂此
國持戒精懃脩習正道大王我經中說若出
家人隨所住國持戒精進懃脩正道其王亦
有脩善之分大王一切盜賊王已懃理出家
之人都无畏懼今者唯有一大惡人瞿曇沙
門王未檢挍我等甚畏其人自恃豪族種姓
身色具足又因過去布施之報多得供養恃
此衆事生大憍慢或因呪術而生憍慢以是
因緣不能苦行受畜細濡衣服卧具是故一
切世間惡人為利養故往集其所而為眷屬

BD15053號　大般涅槃經（北本）卷三九　（30–7）

身色具足又因過去布施之報多得供養恃
此衆事生大憍慢或因呪術而生憍慢以是
因緣不能苦行受畜細濡衣服卧具是故一
切世間惡人為利養故往集其所而為眷屬
不能苦行呪術力故調伏迦葉及舍利弗目
揵連等今復來至我所住處娑羅林中宣說
是身常樂我淨誘我弟子大王瞿曇先說无
常无樂无我无淨我能忍之今乃宣說常樂
我淨我實不忍唯願大王聽我與彼瞿曇論
議王即答言諸大士汝等今者為誰教道而
令其心狂亂不定如水濤波旋火之輪猨猴
擲樹是事可恥智人若聞則生憐愍愚人聞
之則生嗤笑汝等所說非出家相汝若病風
黃水患者吾悉有藥能療治之如其鬼病家
兄耆婆善能去之汝等今者欲以手抓鉋須
弥山欲以口齒齧金剛諸大士譬如愚人
見師子王飢時睡眠而欲悟之如人以指置
毒蛇口如欲以手觸灰覆火汝等今者亦復
如是善男子譬如野狐作師子吼猶如蚊子
共金翅鳥捔行遲疾如菟渡海欲盡其底汝
等今者亦復如是汝若夢見勝瞿曇者是夢
狂惑未足可信諸大士汝等今者興建是意
猶如飛蛾投大火聚汝隨我語不須更說汝
雖讚我平等如秤勿令外人復聞此語
尒時外道復作是言大王瞿曇沙門所作幻

BD15053號　大般涅槃經（北本）卷三九　（30–8）

狂惑未足可信諸大士汝等今者興建是意
猶如飛蛾投大火聚汝隨我語不須更說汝
雖讚我平等如秤勿令外人復聞此語
尒時外道復作是言大王瞿曇沙門所作幻
術到汝邊耶乃令大王心疑不信是等聖人
大王不應輕蔑如是大士大王是月增減大
海醎味摩羅延山如是等事誰之所作豈
非我等婆羅門耶大王不聞阿竭多仙十二年
中恒河之水停耳中耶大王不聞瞿曇仙人
大現神道十二年中變作釋身并令釋身作
羝羊形作千女根在釋身耶大王不聞耆㝹
仙人一日之中飲四海水令大地乾耶大王
不聞婆藪仙人為自在天作三眼耶大王不
聞羅邏仙人變迦富羅城作鹵土耶大王婆
羅門中有如是等大力諸仙現可撿挍大王
云何見輕蔑耶王言諸仁者若不見信故欲
為者如來正覺今者近在娑羅林中汝等可
往隨意問難如來亦當為汝分別稱汝意荅
尒時阿闍世王與諸外道徒衆眷屬往至佛
所頭面作礼右遶三帀脩敬已畢却住一面
白佛言世尊是諸外道欲隨意問難唯願如
来隨意荅之佛言大王且止我自知時
尒時衆中有婆羅門名闍提首那作如是言
瞿曇汝說涅槃是常法耶如是如是大婆羅
門婆羅門言瞿曇若說涅槃常者是義不然

来隨意荅之佛言大王且止我自知時
尒時衆中有婆羅門名闍提首那作如是言
瞿曇汝說涅槃是常法耶如是如是大婆羅
門婆羅門言瞿曇若說涅槃常者是義不然
何以故世間之法從子生果相續不斷如從埿
出瓶從縷得衣瞿曇常說脩无常想獲得
涅槃因是无常果云何常瞿曇又說解脫欲
貪即是涅槃色[解脫]貪及无色貪即是涅槃滅
无明等一切煩惱即是涅槃從欲乃至无
明煩惱皆是无常因是无常所得涅槃亦應
无常瞿曇又說從因故生天從因故地獄從
因得解脫是故諸法皆從因生若從因故得
解脫者云何言常瞿曇亦說色從緣生故
名无常受想行識亦復如是如是解脫若是色
者當知无常受想行識亦復如是若離五陰
有解脫者當知解脫即是虛空若是虛空
不得說言從因緣生何以故是常是一遍一切
處瞿曇亦說從因生者即是苦也若[是]苦者
云何復說解脫是樂瞿曇又說无常即苦苦
即无我若是无常苦无我者即是不淨一切
從因所生諸法皆无常苦无我不淨云何復
說涅槃即是常樂我淨若瞿曇說亦常无
常亦苦亦樂亦我无我亦淨不淨如是豈非是
二語耶我亦曾從先舊智人聞說是語佛若
出世言則无二瞿曇今者說於二語復言佛
……是義云何佛言婆羅門如汝所

說涅槃即是常樂我淨若瞿曇說亦常无
常亦苦亦樂亦我无我亦淨不淨如是豈非是
二語耶我亦曾從先舊智人聞說是語佛若
出世言則无二瞿曇今者說於二語復言佛
即我身是也是義云何佛言婆羅門如汝所
說我今問汝隨汝意荅婆羅門言善哉瞿曇
佛言婆羅門汝性常耶是无常乎婆羅門言
我性是常婆羅門是性能作一切內外法之
因耶如是瞿曇佛言婆羅門云何作因瞿曇
從性生大從大生慢從慢生十六法所謂地
水火風空五知根眼耳鼻舌身五業根手腳
口聲男女二根心平等根是十六法從五法
生色聲香味觸是二十一法根本有三一者
染二者麤三者黑染者名愛麤者名瞋黑名
无明瞿曇是二十五法皆因性生婆羅門是
大等法常无常耶瞿曇我法性常大等諸法
悉是无常婆羅門如汝法中因常果无常然
我法中因雖无常果是常者有何等過婆羅
門汝等法中有二因不荅言有佛言云何有
婆羅門言一者生因二者了因佛言云何生
因云何了因婆羅門言生因者如埿出瓶了
因者如燈照物佛言是二種因因性是一若
是一者可令生因作於了因可令了因作生
因不不也瞿曇佛言若使生因不作了因了
因不作生因可得說言是因相不婆羅門言
雖不相生故有因相婆羅門了因所了即同

BD15053號　大般涅槃經（北本）卷三九　（30–11）

因者如燈照物佛言是二種因因性是一若
是一者可令生因作於了因可令了因作生
因不不也瞿曇佛言若使生因不作了因了
因不作生因可得說言是因相不婆羅門言
雖不相作故有因相婆羅門了因所了即同
了不不也瞿曇佛言我法雖從无常獲得涅
槃而非无常婆羅門從了因得故常樂我淨
從生因得故无常无樂无我无淨是故如來
所說有二如是二語无有二也是故如來名
无二語如汝所說曾從先舊智人邊聞佛出
於世无有二語是言善哉一切十方三世諸
佛所說无差是故說言佛无二語云何无
差有同說有无同說无故名一義婆羅門如
來世尊雖名二語為了一語故云何二語了於
一語如眼色二語生識一語乃至意法亦復
如是婆羅門言瞿曇善能分別如是語義我
今未解所出二語了於一語尒時世尊即為
宣說四真諦法婆羅門言苦諦者亦二亦一
乃至道諦亦二亦一婆羅門言世尊我已知
已佛言善男子云何知已婆羅門言世尊
苦諦一切凡夫二是聖人一乃至道諦亦復如
是佛言善哉已解婆羅門言世尊我今聞法
已得正見今當歸依佛法僧寶唯願大慈聽
我出家尒時世尊告憍陳如汝當為是闍提
首那剃除鬚髮聽其出家時憍陳如即受佛勅

BD15053號　大般涅槃經（北本）卷三九　（30–12）

是佛言善哉已解婆羅門言世尊我今聞法
已得正見今當歸依佛法僧寶唯願大慈聽
我出家尒時世尊告憍陳如汝當爲是闍提
首那剃除鬚髮聽其出家時憍陳如即受佛勅
爲其剃髮即下手時有二種落一者鬚髮二
者煩惱即於坐處得阿羅漢果
復有梵志姓婆私吒復作是言瞿曇所說涅
槃常耶如是梵志婆私吒言瞿曇將不說
无煩惱爲涅槃耶如是梵志婆私吒言瞿曇
世間四種名之爲无一者未出之法名之爲
无如瓶未出埿時名爲无瓶二者已滅之法
名之爲无如瓶壞已名爲无瓶三者異相互无
名之爲无如牛中无馬馬中无牛四者畢竟无
故名之爲无如龜毛兔角瞿曇若以除煩惱已名
涅槃者涅槃即无若是无者云何言有常樂我
淨佛言善男子如是涅槃非是先无同埿時瓶
亦非滅无同瓶壞无亦非畢竟无如龜毛兔
角同於異无善男子如汝所言雖牛中无馬
不可說言牛亦是无雖馬中无牛亦不可說
馬亦是无涅槃亦尒煩惱中无涅槃涅槃中
无煩惱是故名爲異相互无婆私吒言瞿曇
若以異无爲涅槃者夫異无者无常樂我淨
瞿曇云何說言涅槃常樂我淨佛言善男子
如汝所說是異无者有三種无牛馬悉是先
无後有是名先无已有還无是名壞无異相

BD15053 號　大般涅槃經（北本）卷三九　（30–13）

无煩惱是故名爲異相互无婆私吒言瞿曇
若以異无爲涅槃者夫異无者无常樂我淨
瞿曇云何說言涅槃常樂我淨佛言善男子
如汝所說是異无者有三種无牛馬悉是先
无後有是名先无已有還无是名壞无異相
无者如汝所說善男子是三種无涅槃中无
是故涅槃常樂我淨如世病人一者熱病二
者風病三者冷病是三種病三藥能治有熱
病者蘇能治之有風病者油能治之有冷病
者蜜能治之是三種藥能治如是三種惡病
善男子風中无油油中无風乃至蜜中无冷
冷中无蜜是故能治一切衆生亦復如是有
三種病一者貪二者瞋三者癡如是三病有
三種藥不淨觀者能爲貪藥慈心觀者能爲
瞋藥觀因緣智能爲癡藥善男子爲除貪故
作非貪觀爲除瞋故作非瞋觀爲除癡故作
非癡觀三種病中无三種藥三種藥中无三
種病善男子三種病中无三藥故无常无我
无樂无淨三種藥中无三種病是故得稱常
樂我淨婆私吒言世尊如來爲我說常无常
云何爲常云何无常佛言善男子色是无常
解脫色常乃至識是无常解脫識常善男子
若有善男子善女人能觀色乃至識是无常
者當知是人獲得常法婆私吒言世尊我今
已知常无常法佛言善男子汝云何知常无
常法婆私吒言世尊我今知我色是无常得

BD15053 號　大般涅槃經（北本）卷三九　（30–14）

解脫色常乃至識是无常解脫識常善男
若有善男子善女人能觀色乃至識是无常
者當知是人獲得常法婆私吒言世尊我今
已知常无常法佛言善男子汝云何知常无
常法婆私吒言世尊我今知我色是无常得
解脫常乃至識亦如是佛言善男子汝今善
能已報是身告憍陳如是婆私吒已證阿羅
漢果汝可施其三衣鉢器時憍陳如如佛所
勑施其衣鉢時婆私吒受衣鉢已作如是言
大德憍陳如我今因是弊惡之身得善果報
唯願大德為我屈意至世尊所具宣我心我
既惡人觸犯如來你瞿曇姓唯願為我懺悔
此罪我亦不能久住毒身今入涅槃時憍陳
如即往佛所作如是言世尊婆私吒比丘生
慚愧心自言頑嚚觸犯如來你瞿曇姓不能
久住是毒虵身今欲滅身寄我懺悔佛言憍
陳如婆私吒比丘已於過去无量佛所成就
善根今受我語如法而住如法而住故獲得
正果汝等應當供養其身尒時憍陳如從佛聞
已還其身所而設供養時婆私吒於其身時
作種種神足諸外道輩見是事已高聲唱言
是婆私吒已得瞿曇沙門呪術是人不久復
當勝彼瞿曇沙門
尒時衆中復有梵志名曰先尼復作是言瞿
曇有我耶如來嘿然瞿曇无我耶如來嘿然
第二第三亦如是問佛皆嘿然先尼言瞿曇

BD15053號　大般涅槃經（北本）卷三九　　（30–15）

是婆私吒已得瞿曇沙門呪術是人不久復
當勝彼瞿曇沙門
尒時衆中復有梵志名曰先尼復作是言瞿
曇有我耶如來嘿然瞿曇无我耶如來嘿然
第二第三亦如是問佛皆嘿然先尼言瞿曇
若一切衆生有我遍一切處是一作者瞿曇
何故嘿然不荅佛言先尼汝說是我遍一切
處耶先尼荅言瞿曇不但我說一切智人亦
如是說佛言善男子若我周遍一切處者應
當五道一時受報若有五道一時受報汝等
梵志何因緣故不造衆惡為遮地獄脩諸
善法為受天身先尼言瞿曇我法中我則有
二種一作身我二者常身我為作身我脩離
惡法不入地獄脩諸善法生於天上佛言善男
子如汝說我遍一切處如是我者若作身中
當知无常若作身无云何言遍瞿曇我所立
我亦在作中亦是常法瞿曇如人失火燒舍
宅時其主出去不可說言舍宅被燒主亦被
燒我法亦尒而此作身雖是无常當无常時
我則出去是故我我亦遍亦常佛言善男子
如汝說我亦遍亦常是義不然何以故遍有
二種一者常二者无常復有二種一色二无
色是故若言一切有者亦常亦无常亦色亦
无色若言舍主得出不名无常是義不然何
以故舍不名主主不名舍異燒異出故得如

BD15053號　大般涅槃經（北本）卷三九　　（30–16）

二種一者常二者无常復有二種一色二无
色是故若言一切有者亦常亦无常亦色亦
无色若言舍主得出不名无常是義不然何
以故舍不名主主不名舍異燒異出故得如
是我則不尒何以故我即是色色即是我无
色即我我即无色云何而言色无常時我則
得出善男子汝意若謂一切衆生同一我者
如是則違世出世法何以故世間法名父子
母女若我是一父即是子子即是父母即是
女女即是母怨即是親親即是怨此即是彼
彼即是此是故若說一切衆生同一我者是
則違背世出世法先尼言我亦不說一切衆
生同於一我乃說一人各有一我佛言善男
子若言一人各有一我是為多我是義不然
何以故如汝先說我遍一切若遍一切一切
衆生業根應同天得見時佛得亦見天得作
時佛得亦作天得聞時佛得亦聞一切諸法
皆亦如是若天得見非佛得見者不應說我
遍一切處若不遍者是則无常先尼言瞿曇
一切衆生我遍一切法與非法不遍一切以
是義故佛得作異天得作異是故瞿曇不應
說言佛得見時天得應見佛得聞時天得應
聞佛言善男子法與非法非業作耶先尼言
瞿曇是業所作佛言善男子若法非法是業
作者即是同法云何言異何以故佛得業處

BD15053號　大般涅槃經（北本）卷三九　（30–17）

說言佛得見時天得應見佛得聞時天得應
聞佛言善男子法與非法非業作耶先尼言
瞿曇是業所作佛言善男子若法非法是業
作者即是同法云何言異何以故佛得業處
有天得我天得業處有佛得我是故佛得作
時天得亦作法與非法亦應如是善男子是
故一切衆生法與非法若如是者所得果報
亦應不異善男子從子出果是子終不思惟
分別我唯當作婆羅門果不與剎利毗舍首
陁而作果也何以故從子出果終不鄣㝵如
是四姓法與非法亦復如是不能分別我唯
當與佛得作果不與天得作果作天得果不
作佛得果何以故業平等故先尼言瞿曇譬
如一室有百千燈炷雖有異明則无差燈炷
別異喻法非法其明无差喻衆生我佛言善
男子汝說燈明以喻我者是義不然何以故
室異燈異是燈光明亦在炷邊亦遍室中汝
所言我若如是者法非法邊俱應有我我中
亦應有法非法若法非法无有我者不得說
言遍一切處若俱有者何得復以炷明為喻
善男子汝意若謂炷之與明真實別異何因
緣故炷增明盛炷枯明滅是故不應以法非
法喻於燈炷先明无差喻於我也何以故法
非法我三事即一先尼言瞿曇汝引燈喻是
事不吉何以故燈喻若吉我已先引如其不

BD15053號　大般涅槃經（北本）卷三九　（30–18）

緣故炷增明滅炷枯明滅是故不應以法非
法喻於燈炷光明无差喻於我也何以故法
非法我三事即一先尼言瞿曇汝引燈喻是
事不吉何以故燈喻若吉我已先引如其不
吉何故復說善男子我所引喻都亦不作吉
以不吉隨汝意說是喻亦說離炷有明即炷
有明汝心不等故說燈炷喻法非法明則喻
我是故責汝炷即是明離炷有明法即有我
我即有法非法即我我即非法汝今何故但
受一邊不受一邊如是喻者於汝不吉是故
我今還以教汝善男子如是喻者即是非喻
是非喻故於我則吉於汝不吉善男子汝意
若謂若我不吉汝亦不吉是義不然何以故
見世間人自刀自害自作他用汝所引喻亦
復如是於我則吉於汝不吉先尼言瞿曇汝
先責我心不平等今汝所說亦不平等何以
故瞿曇今者以吉向己不吉向我以是推之
真是不平佛言善男子如我不平能破汝不
平是故汝平我之不平即是吉也我之不平
破汝不平令汝得平即是我平何以故同諸
聖人得平等故先尼言瞿曇我常是平汝云
何言壞我不平一切衆生平等有我云何言
我是不平耶善男子汝亦說言當受地獄當
受餓鬼當受畜生當受人天我若先遍五道
中者云何方言當受諸趣汝亦說言父母和

BD15053號　大般涅槃經（北本）卷三九　（30–19）

何言壞我不平一切衆生平等有我云何言
我是不平耶善男子汝亦說言當受地獄當
受餓鬼當受畜生當受人天我若先遍五道
中者云何方言當受諸趣汝亦說言父母和
合然後生子若子先有云何復言和合已有
是故一人有五趣身若是五處先有身者何
因緣故為身造業是故不平善男子汝意若
謂我是作者是義不然何以故若我作者何
因緣故自作苦事然今衆生實有受苦是故
當知我非作者若言是苦非我所作不從因
生一切諸法亦當如是不從因生何因緣故
說我作耶善男子衆生苦樂實從因緣如是
苦樂能作憂喜憂時无喜喜時无憂或喜或
憂智人云何說是常耶善男子汝說我常若
是常者云何說有十時別異常法不應有歌
羅邏時乃至老時虛空常法尚无一時況有
十時善男子我者非是歌羅邏時乃至老時
云何說有十時別異善男子若我作者是我
亦有盛時衰時衆生亦有盛時衰時若我
尒者云何是常善男子我若作者云何一人有
利有鈍善男子我若作者是我能作身業口
業口業若是我所作者云何口說无有我耶
云何自疑有耶无耶善男子汝意若謂離眼
有見是義不然何以故若離眼已別有見者
何須此眼乃至身根亦復如是汝意若謂我
雖作見要因眼見是亦不然何以故如有人

BD15053號　大般涅槃經（北本）卷三九　（30–20）

業口業若是我所作者云何口説无有我耶
云何自起有耶无耶善男子汝意若謂離眼
有見是義不然何以故若離眼已別有見者
何須此眼乃至身根亦復如是汝意若謂我
雖能見要因眼見是亦不然何以故如有人
言須曼那華能燒大村云何能燒因火能燒
汝立我見亦復如是先尼言瞿曇如人執鐮
則能刈草我因五根見聞至觸亦復如是善
男子人鐮各異是故執鐮能有所作離根之
外更无別我云何説言我因諸根能有所作
善男子汝意若謂執鐮能刈我亦如是是我
有手耶為无手耶若有手者何不自執若无
手者云何説言我是作者善男子能刈草者
即是鐮也非我非人若我人能何故因鐮善
男子人有二業一則執草二則執鐮是鐮唯
有能斷之功衆生見法亦復如是眼能見色
從和合生若從因緣和合見者智人云何説
言有我善男子汝意若謂身作我受是義
不然何以故世間不見天得作業佛得受果若
言不是身作我非因受汝等何故從於因緣
求解脱耶汝先是身非因緣生得解脱已亦
應非因而更生身如身一切煩惱亦應如是
先尼言瞿曇我有二種一者有知二者无知
无知之我能得於身有知之我能捨離身猶
如坏瓶既被燒已失於本色更不復生智者

應非因而更生身如身一切煩惱亦應如是
先尼言瞿曇我有二種一者有知二者无知
无知之我能得於身有知之我能捨離身猶
如坏瓶既被燒已失於本色更不復生智者
煩惱亦復如是既滅壞已終不更生佛言善
男子所言知者智能知耶我能知乎若智能
知何故説言我是知耶若我知者何故方便
更求於智汝意若謂我因智知同華喻壞善
男子譬如刺樹性自能刺不得説言樹執刺
刺智亦如是智自能知云何説言我執智知
善男子如汝法中我得解脱无知我得知我
得耶若无知得當知猶故具足煩惱若知得
者當知已有五情諸根何以故離根之外別
更无知若具諸根云何復名得解脱耶若言
是我其性清淨離於五根云何説言遍五道
有以何因緣為解脱故脩諸善法善男子譬
如有人拔虛空刺汝亦如是我若清淨云何
復言斷諸煩惱汝意若謂不從因緣獲得解
脱一切畜生何故不得先尼言瞿曇若无我
者誰能憶念佛告先尼若有我者何緣復忘
善男子若念是我者何因緣故念於惡念念
所不念不念所念先尼復言瞿曇若无我者
誰見誰聞佛言善男子內有六入外有六塵
內外和合生六種識是六種識因緣得名善
男子譬如一火因木得故名為木火因草得
故名為草火因糠得故名為糠火因牛糞得

誰見誰聞佛言善男子內有六入外有六塵
內外和合生六種識是六種識因緣得名善
男子譬如一火因木得故名為木火因草得
故名為草火因糠得故名為糠火因牛糞得
名牛糞火眾生意識亦復如是因眼因色因
明因欲名為眼識善男子如是眼識不在眼
中乃至欲中四事和合故生是識乃至意識
亦復如是若是因緣和合故生智不應說見
即是我乃至觸即是我善男子是故我說眼
識乃至意識一切諸法即是幻也云何幻幻
本无今有已有還无善男子譬如蘇麵蜜薑
胡椒畢鉢蒲桃胡桃石榴桵子如是和合名歡
喜丸離是和合无歡喜丸內外六入是名眾
生我人士夫離內外入无別眾生我人士夫
先尼言瞿曇若无我者云何說言我見我聞
我苦我樂我憂我喜佛言善男子若言我
見我聞名有我者何因緣故世間復言汝所
作罪非我見聞善男子譬如四兵和合名軍
如是四兵不名為一而亦說言我軍勇健我
軍勝彼是內外入和合所作亦復如是雖不是
一亦得說言我作我受我見我聞我苦我樂
先尼言瞿曇如汝所言內外和合誰出聲
言我作我受佛言先尼從愛无明因緣生業
從業生有從有出生无量心數心生覺觀覺
觀動風風隨心觸喉舌齒脣眾生想倒聲出說

BD15053號　大般涅槃經（北本）卷三九　（30–23）

一亦得說言我作我受我見我聞我苦我樂
先尼言瞿曇如汝所言內外和合誰出聲
言我作我受佛言先尼從愛无明因緣生業
從業生有從有出生无量心數心生覺觀覺
觀動風風隨心觸喉舌齒脣眾生想倒聲出說
言我作我受我見我聞善男子如幢頭鈴風
因緣故便出音聲風大聲大風小聲小无有
作者善男子譬如熱鐵投之水中出種種
聲是中真實无有作者善男子凡夫不能
思惟分別如是事故說言有我及有我所我
作我受先尼言如瞿曇說无我我所何緣復
說常樂我淨佛言善男子我亦不說內外六
入及六識意常樂我淨我乃宣說滅內外入
所生六識名之為常以是常故名之為我有常
我故名之為樂常我樂故名之為淨善男子
眾生厭苦斷是苦因自在遠離是名為我以
是因緣我今宣說常樂我淨先尼言世尊唯
願大慈為我宣說我當云何獲得如是常樂
我淨佛言善男子一切世間從本已來具足
大憍能增長憍亦復造作憍因憍業是故今
者受憍果報不能遠離一切煩惱得常樂我
淨若諸眾生欲得遠離一切煩惱先當離憍
先尼言世尊如是如是誠如聖教我先有憍
因憍因緣故稱如來作瞿曇姓我今已離如
是大憍是故誠心啓請求法云何當得常樂
我淨佛言善男子諦聽諦聽今當為汝分別

BD15053號　大般涅槃經（北本）卷三九　（30–24）

淨若諸衆生欲得遠離一切煩惱先當離慢
先足言世尊如是如是誠如聖教我先有慢
因慢因緣故稱如來爲瞿曇姓我今已離如
是大慢是故誠心啓請求法云何當得常樂
我淨佛言善男子諦聽諦聽今當爲汝分別
解說善男子若能非自非他非衆生者遠離
是法先足言世尊我已知解得正法眼佛言
善男子汝云何言知已解已得正法眼世尊
所言色者非自非他非諸衆生乃至識亦復
如是我如是觀得正法眼世尊我今甚樂出
家脩道願見聽許佛言善來比丘即時具足
清淨梵行證阿羅漢果
外道衆中復有梵志姓迦葉氏復作是言瞿
曇身即是命身異命異如來嘿然第二第三
亦復如是梵志復言瞿曇若人捨身未得後
身於其中間豈可不名身異命異若是異者
瞿曇何故嘿然不荅善男子我說身命皆從
因緣非不因緣如身命一切法亦如是梵志
復言瞿曇我見世間有法不從因緣佛言梵
志汝云何見世間有法不從因緣梵志言我
見大火焚燒榛木風吹絕炎墮在餘處是豈
不名无因緣耶佛言善男子我說是火亦從
因生非不從因梵志言瞿曇絕炎去時不因
薪炭云何而言因於因緣佛言善男子雖无
薪炭因風而去風因緣故其炎不滅瞿曇若
人捨身未得後身中間壽命誰爲因緣佛言

BD15053 號　大般涅槃經（北本）卷三九　（30–25）

因生非不從因梵志言瞿曇絕炎去時不因
薪炭云何而言因於因緣佛言善男子雖无
薪炭因風而去風因緣故其炎不滅瞿曇若
人捨身未得後身中間壽命誰爲因緣佛言
梵志无明與愛而爲因緣是无明愛二因緣
故壽命得住善男子有因緣故身即是命命
即是身有因緣故身異命異智者不應一向
而說身異命異梵志言世尊唯願爲我分別
解說令我了了得知因果佛言梵志因即五
陰果亦五陰善男子若有衆生不燃火者是
則无烟梵志言世尊我已知已我已解已佛
言善男子汝云何知汝云何解世尊火即煩
惱能於地獄餓鬼畜生人天燒燃烟者即是
煩惱果報无常不淨臭穢可惡是故名烟若
有衆生不作煩惱是人則无煩惱果報是故
如來說不燃火則无有烟世尊我已正見唯
願慈矜聽我出家尒時世尊告憍陳如聽是
梵志出家受戒時憍陳如受佛勑已和合衆
僧聽其出家受具足戒經五日已得阿羅漢
果外道衆中復有梵志名曰富那復作是言
瞿曇汝見世間是常法已說言常耶如是義
者實耶虛耶常无常亦常亦无常非常非无常
有邊无邊亦有邊亦无邊非有邊非无邊是身
是命身異命異如來滅後如去不如去亦如
去不如去非如去非不如去佛言富那我不

BD15053 號　大般涅槃經（北本）卷三九　（30–26）

瞿曇汝見世間是常說
者實耶虛耶常无常亦常无常非常非无常
有邊无邊亦有邊亦无邊非有邊非无邊是身
是命身異命異如來滅後如去不如去亦如
去不如去非如去非不如去佛言富那我不
說世間常虛實无常亦常无常非常非无常
有邊无邊亦有邊无邊非有邊非无邊是身
是命身異命異如來滅後如去不如去亦如
去不如去非如去非不如去富那復言瞿曇
今者見何罪過不作是說佛言富那若有人
說世間是常唯此為實餘妄語者是名為見
見所見處是名見行是名見業是名見着是
名見縛是名見苦是名見取是名見怖是名
見熱是名見纏富那凡夫之人為見所纏不
能遠離生老病死迴流六趣受无量苦乃至
非如去非不如去亦復如是富那我見是見
有如過過是故不着不為人說瞿曇若見如
是罪過不着不說瞿曇今者何見何着何所
宣說佛言善男子夫見着者名生死法如來
已離生死法故是故不着善男子如來名為
能見能說不名為着瞿曇云何能見云何能
說佛言善男子我能明見苦集滅道分別宣
說如是四諦我見如是故能遠離一切見一
切愛一切流一切慢是故我具清淨梵行无
上寂靜獲得常身是身亦非東西南北富那
言瞿曇何因緣故常身非是東西南北佛言

說如是四諦我見如是故能遠離一切見一
切愛一切流一切慢是故我具清淨梵行无
上寂靜獲得常身是身亦非東西南北富那
言瞿曇何因緣故常身非是東西南北佛言
善男子我今問汝隨汝意荅於意云何善男
子如於汝前燃大火聚當其燃時汝知燃不
如是瞿曇是火滅時汝知滅不如是瞿曇富
那若有人問汝前火聚燃從何來滅何所至
當云何荅瞿曇若有問者我當荅言是火生
時賴於衆緣本緣已盡新緣未至是火則滅
若復有問是火滅已至何方面復云何荅瞿
曇我當荅言緣盡故滅不至方所善男子如
來亦尒若有无常色乃至无常識因愛故燃
燃者即受二十五有是故燃時可說是火東
西南北現在愛滅二十五有果報不燃以不
燃故不可說有東西南北善男子如來已滅
无常之色至无常識是故身常身若是常不
得說有東西南北富那言請說一喻喻頗聽
採佛言善哉善哉隨意說之世尊如大村外
有娑羅林中有一樹先林而生足一百年是
時林主灌之以水隨時脩治其樹陳朽皮膚
枝葉悉皆脱落唯貞實在如來亦尒所有陳
故悉已除盡唯有一切貞實法在世尊我今
甚樂出家脩道佛言善來比丘說是語已即
時出家漏盡得證阿羅漢果

燃故不可說有東西南北善男子如來色滅
无常之色至无常識是故身常身若是常不
得說有東西南北冨那言請說一喩喩顉聽
梾佛言善哉善哉隨意說之世尊如大村外
有娑羅林中有一樹先林而生足一百年是
時林主灌之以水隨時脩治其樹陳朽皮膚
枝葉悉皆脫落唯貞實在如来亦尒所有陳
故悉已除盡唯有一切貞實法在世尊我今
甚樂出家脩道佛言善来比丘說是諸已即
時出家漏盡得證阿羅漢果
復有梵志名曰清淨作如是言瞿曇一切衆生
不知何法見世間常无常亦常无常非有常非
无常乃至非如去非不如去佛言善男子不
知色故乃至不知識故見世間常乃至非如
去非不如去梵志言瞿曇衆生知何法故不
見世間常乃至非如去非不如去佛言善男
子知色故乃至知識故不見世間常乃至非
如去非不如去梵志言世尊唯顉為我分別
解說世間常无常佛言善男子若人捨故不
造新業是人能知常與无常梵志言世尊我
已知解佛言善男子汝云何見汝云何知世
尊故名无明與愛新名取有若人遠離是无
明愛不作取有是人真實知常无常我今已
得正法淨眼歸依三寶唯顉如来聽我出家
佛告憍陳如聽是梵志出家受戒時憍陳如
受佛勅已将至僧中為作羯磨令得出家十

BD15053號　大般涅槃經（北本）卷三九

（30–29）

去非不如去梵志言瞿曇衆生知何法故不
見世間常乃至非如去非不如去佛言善男
子知色故乃至知識故不見世間常乃至非
如去非不如去梵志言世尊唯顉為我分別
解說世間常无常佛言善男子若人捨故不
造新業是人能知常與无常梵志言世尊我
已知解佛言善男子汝云何見汝云何知世
尊故名无明與愛新名取有若人遠離是无
明愛不作取有是人真實知常无常我今已
得正法淨眼歸依三寶唯顉如来聽我出家
佛告憍陳如聽是梵志出家受戒時憍陳如
受佛勅已将至僧中為作羯磨令得出家十
五日後諸漏永盡得向羅漢果

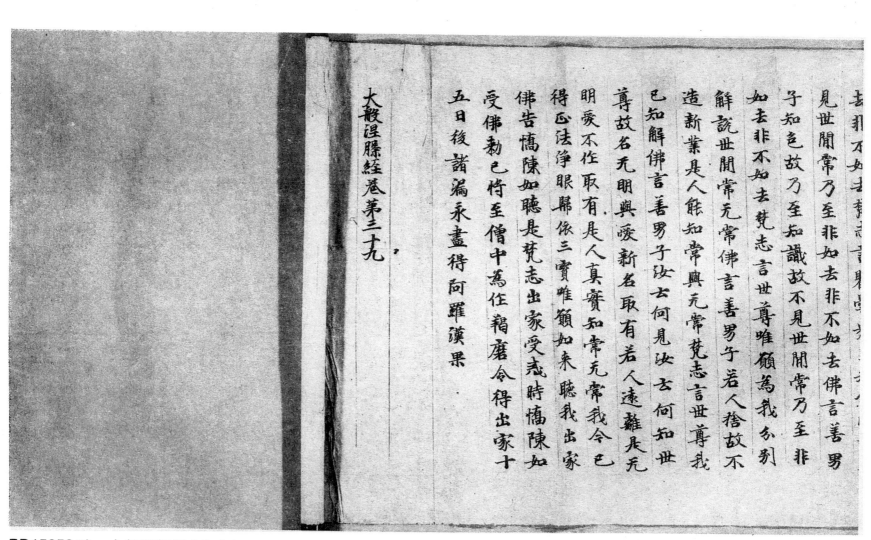

大般涅槃經卷第三十九

BD15053號　大般涅槃經（北本）卷三九

（30–30）

寂无㝵為道故名悟心言定者心
於五欲境界不亂不或由看心故
捴持辯才不斷故云悟心亦名定心言
看守心故息妄緣歸真心寂定故云亦
徵心者由常看守心故即見心中心心此
妄想却徵緣心虛妄不可得故故云名徵心言
達心者由常看守心故漸契自心本性清淨不為
一切煩惱諸垢之所染汙猶如虛空故云亦名達心言
了心者由看心故了自己心无障无㝵靈通逕速而
躰常住不動畢究寂滅即涅槃相故云亦名了心
言知心由看心故知心去來知心生時知心滅時知過
去已滅不可得未來心未至不可得現在心不住不可
得由常看守心故不令妄念輒生心念不生故云亦
名心心言察心者由看守心故察煩惱賊六根中
六箇頭首大賊六根者眼耎美色耳貪好聲鼻貪
好香舌貪美味身貪諸細意貪六塵六塵者色
聲香味觸法也若貪着生即為所燒是故智者
察六塵賊不令得入譬如閑令守門端坐専察門
中有人來去悉須察覺不得一人輒盜來去察心亦

得由常香守心故不令妄念輙生心念不生故云亦
名心學言察心者由看守心故察煩惱賊六根中
六箇頭首大賊六根者眼愛美色耳貪好聲鼻貪
好香舌貪美味身貪謂細意貪六塵六塵者色
聲香味觸法也若貪着生即為所燒是故智者
察六塵賊不令得入譬如閑令守門端坐專察門
中有人来去悉須察慮不得一人輙盜来去察心亦
尒所云察者即是覺察之義覺察心口善惡等念
悉无遺漏若有善念即隨生滅若有惡念急手覺
察挫制斷除常自覺察身心過失故云察心言覺
心者由看守心故即覺自體性真如元色元形非常
非斷非外非內亦非中間離諸色相不出不沒非方非
圓大小長短離有離无畢竟空寂此是自家真如心
本性清淨心不可以言説分別顯亦維摩經云如自
觀身實相与法相應自體无為即合僧義即是
僧寶動戒物執即為法義即是法寶常覺即為佛
義即是佛寶照見心中三寶復覺佛在身心若內見
不久見佛若着相外求累劫施功去道轉遠維摩經
云若自觀者名為正觀者謂自觀身心得禪定
解脫道故名正觀若他觀者名為耶觀耶觀者謂身
心之外妄取境界或見諸佛菩薩青黃赤白光明等
事並是想心妄見与道相違故名耶觀言覺心者是
覺悟之心即是真佛即是菩提无量壽觀經云是心是佛
是心作佛念佛三昧經云念佛只是念心求心即是
求佛所以者何心識无形佛无相貌維摩經云煩惱即
是菩提謂覺煩惱性空无所有處名為菩提故名覺心
言亦名照心者惠日明朗照自心源不以日月所照為
照明觀世音經云惠日破諸闇故名照心言制心者心
為身之主成敗之事皆由自心造惡並是心作善則
天堂所攝惡則地獄所収不離生死大士發心善惡俱
斷降伏自心入无生正觀遺教經云制之一處无事不
辦故云亦名制心[illegible]

是菩提訶覺煩惱空无所有……
言亦名照心者惠曰明朗照自心源不以日月所照為
照明觀世音經云惠曰破諸闇故名照心言制心者心
為身之主成敗之事皆由自心造惡並是心作善則
天堂所攝惡則地獄所收不離生死大士發心善惡俱
斷降伏自心入无生正觀遺教經云制之一處无事不
辦故云亦名制心言亦名禪定解脫心者觀心自在不
被生死繫縛解脫无导故法華經曰禪定解脫等
不可思議法乃是智者所知非是凡情所惻此大聖
无相禪觀門並是往古大德禪師所作一依經論稱
學非是今時謬說　問曰禪有大小以不　荅曰禪觀
門有數種一大乘觀二小乘觀門小乘聲聞觀法即
數息安般般那即有次第第一禪第二禪第三禪
第四禪即有所求即有所見即有所得得生人天
得生非想非非想天受快樂報盡還墮三塗即
聲聞觀法若依大乘觀法无求无欲无言无說寂
然无相不生不滅不來不去无漏无為湛然常住若
依菩薩五門觀法行時定住時定坐時定卧時定
寤息時定着衣時定喫食時定語嘆時定一切時中
无有間念若依小乘觀法身心俱動即有出定即
有入定若依菩薩觀法无有出入湛然一相无有變
異身雖動作心常不動維摩經云心常安住无导
解脫人身喻如何物喻如車輪人有十八識車有十
八輻輪行千里轉車軸恒如故鈎心常不動若无鈎
心車即破壞不能運載頭陁經云五陰以為車无相
以為牛調御以為心運載諸群生趣向般若洲人亦如
是亦如十八識車輪者人身也車有十八輻人十八識
車鈎心者佛法也車軸人心也內有六根外有六塵
中間有六識六根者眼耳鼻舌身心名為六根六
塵者色聲香味觸法名為六塵六識者眼識耳
識鼻識舌識身識意識名為六識六根六識六
塵各六共為十八亦名十八戒雖行住坐卧舉動施為

是亦如十八識車輪者人身世車有十八車[illegible]
車鈎心者佛法也車軸人心也內有六根[illegible]
中間有六識六根者眼耳鼻舌身心名為六根六
塵者色聲香味觸法名為六塵六識者眼識耳
識鼻識舌識身識意識名為六識六根六識六
塵名六共為十八亦名十八界雖行住坐臥舉動施為
心王常不動心王若動即流浪生死不能運載法之財
寶維摩經云不著世間如蓮花常善人於空寂行達諸
法相无罣㝵稽首如空无所依蓮華雖在淤泥中生不
被泥之所汙染行人雖在五欲煩惱泥中坐不被煩惱所
染　偈讚云如蓮華不着水心清淨超於彼彼者彼
岸淨囊者心守城者不令賊入賊者六根是也守護心
不令賊入

禪策問答一卷　　問禪有幾種法門　答曰禪有无
量法門若醒理歸真惟存大道故法花經云唯有一乘
法餘二即非真　問禪師若為坐　答端身直住斂手
對心累脚重安闔眼合口名之為坐故維摩經曰一坐十小
劫謂如一食頃　問禪師若為方便安心　答前念後念
凝寂虛平非空非有非色非名定住凝心更无異想故
經云念念相續即得悟道　問禪師若為看心心何所
緣　答曰定心凝寂无減无生非黑非白非闇非明非
長非短非住非行无言无說皎絕際停故法花經云如
諸佛所說真實微妙法於此无緣法云何有緣
問禪師既无所緣合大乘意會應方便百歸之處
答悟心坦蕩无有百歸接引禪門定由念起念逐心
成去思離想懃行不住非妙非闇非寘清虛水日絕迴
悟无生故維摩經云三轉法輪於大千其輪本來常清
淨天人得道此為證三寶於是現世間　問禪師若
為澄得清淨　答坦然平正絕想離思非意所圓非
心可惻故法花經云諸法從本來常自寂滅相佛子
行道以來世得作佛　問禪定既絕離想若為行道
答寘寂无心名為行道故經云言若有所更法墮於斷

BD15054 號 1　天竺國菩提達摩禪師論
BD15054 號 2　禪策問答

悟无生故維摩經云三轉法輪於大千其輪本來常清
淨天人得道此為證三寶於是現世間　問禪師若
為澄得清淨　答垣然平正絕想離思非意所圓非
心可惻故法花經云諸法從本來常自寂滅相佛子
行道以來世得作佛　問禪定既絕離想若為行道
答寘寂无心名為行道故經云言若有所要法墮於斷
常知當所要法亦常亦无常　問禪師有心即應可
進道若无心云何知　答身心直住垢靜空閑所已
得知故維摩經云過去心不可得未來心不可得現
在心不可得故引此證　問禪師若為嘆作禪
答故攝存心无諸放逸六根清淨動轉无虧法花
經云安禪合掌說千万偈　問禪師何名為空
答寘真絕思不見身相清虛直住皎絕納霞名
為空故經云入大寂定名大涅槃　問禪師何名
入禪　答嶷容安坐心无散動善惡都捨不染暄
塵世見似癡合聖教故法花經云十方國土中唯有
一乘法无二亦无三復有一行是如來行　問禪師若
為坐禪　答身心常定隨世散情欣喜稍寬却
於疲厭教清虛氣不染塵苛故法花經云恒在靈
鷲山及餘諸住處我淨土不毀而衆見燒盡
問禪師何為覺觀　答定住凝心心有見聞名之
為覺覺无取捨稱之為觀故經云是空亦空是
淨亦淨　問禪師定有所覺知不　答住定悟然
都无所覺雖復去來知見不遠心故經云色空愛色
愛空　問禪師既无所知能[illegible]楚毒割截不
答不然心堅固空離六塵非是木石癡頑要劈刺
故經云内空外空内空者六根空外空者六塵空
名為證　問禪師諸法盡空不墮空見耶
答空若有見即有所依若有所依名為見着故
經云若以色見我以音聲求我是人行耶道不
能見如來也既如此空有並非若捕道若空有之
性即知道從空有生而得意妄言存有空而不失

故經云內空外空內空者六根空外空者六塵空
名為證　問禪師諸法盡空不墮空見耶
答空若有見即有所依若有所依名為見著故
經云若以色見我以音聲求我是人行耶道不
能見如來也既如此空有並非若循道若空有之
性即知道從空有生而得意妄言存有空而不失
故經云空非空故空此空是空有非有故有此有是
空有名名為證也　問禪師禪定以後更有思量
不　答定心平坦无有塵埃定後一處不移念想
恒存不散雖復去來知見不染聲塵一想湛然无生
无滅故經云王宮生而不生雙樹滅而不滅
問禪師四威儀中何者得定　答大乘閑靜開通
无滯四儀同寂六度俱圓一定清虛更无前後故經
云无前无後　問禪師應樂山林閑寂何意住在村
坊城墎喧華之處豈容得定　答小心編責意好
山林非寂不安鬧无由定大道寬弘周流法界亦
喧如寂見靜不欣雖處四流心无愛染故經云衆生
行世間即見世間菩薩行世間不見世間相　問禪師應飡
松噉栢何因還同世人相似　答理歸真寂唯持心靜
何須飡松噉栢服氣扶身心涉六塵无由合道莫見
形容相似意實行得道之門豈由自餓故涅槃經
云菴羅之果生熟難知　問禪師戒行精研去
魔離郭何曰餓病　答戒行循身必得來生果
報今身餓病過去業緣現受除當來樂果故經
云現身精進多餓病痛行者肥充此是世業果
未圓愚生異解　問禪師應着糞掃三衣何意
遂同世人衣裳相似　答道從心起不由破納衣裳
行遂身生何論碎衣咸道但存心念定三毒不生
雖復衣合人心心為聖主如此之意寧將心持身
終不將身持心故經曰寧作心師不師於心　問禪
師能受罵辱楚毒何意詬語面恭異　答皮膚淺

BD15054號2　禪策問答　（9–6）

遝同世人衣裳相似　答道從心起不由破納衣裳
行遂身生何淪碎衣成道但存心念定三毒不生
雖復衣合人心心為聖主如此之意寧捋心持身
終不捋身持心故經曰寧作心師不師於心　問禪
師能受罵辱楚毒何意諂語面叅異　答皮膚淺
薄隨色變異心意幽深无由可測罵他得罪受辱私
放故經曰罵者是誰打者是誰　問禪師德行高明
何者被人訶詰作於誹謗唯而无對　答行過三界
得被无邊受詰弥欣誹謗生恚令雖受屈往業弥
長莫見不聲謂无所識謗罵唯深罪積須弥業過
阿鼻故經云作色而罵佛其罪上輕罵受持法花人
其罪過於彼　問禪師心應平等彼意自違念定不
懃到生偏耳禪師心恒端直彼心不定見有是非謗
毀前人謂言阿曲莫見慘色精神教於无識故經云麁
言及軟語皆歸第一義　問禪師性行柔和言語互下
何曰高强精神雄搵用意　答出言契理實是合心
貶受含靈性行不等柔隨和教强逐罰誹禪師心意
坦然身隨世網莫言雄烈即道心非時見溫柔便言證
理是故涅槃經云應久住處不知大喻菩薩方知持戒破
戒　問曰課處即應得坐何意要在房舍禪床始行
教　答自心求道隨處得安欲教有緣必依房舍鈍
根无智必須盡力權持上行之人通半偈而悟道故菩
薩經云有一比丘乞好房舍始可循道佛即喚來与
共同房宿當夜得道成羅漢果　問意會无生心
遊淨境何曰不出空入有遝住世間見於善惡　答雖合
无生名意遊根且此土煩鬧暄遠者多若不隨世化无由
入理身逐凡情心遊出世雖復現身隱顯身是夫心入至
道寘窈幽微非是淺情之能測故心王經云凡身麁
重不能遠到他方　問循道應須懃苦節身廣
學多聞何意端然直坐矇矇无所思量　答云存
波若惔怕清虛雖復身力不懃心功竭盡廣學知

共同房宿當夜得道成羅漢果　問意會无生心
遊淨境何因不出空入有還住世間見於善惡　答雖合
无生名意遊根且此土煩閙暄遠者多若不隨世化无由
入理身逐凡情心遊出世雖復現身隱顯身是夫心入至
道冥窈幽微非是淺情之能測故心王經云凡身麁
重不能遠到他方　問循道應須懃苦節身廣
學多聞何意端然直坐㬋㬋无所思量　答云存
波若恢怡清虛雖復身力不懃心功竭盡廣學知
見都无成益嘿念思禪即是出道之梯隥故經云五
百羅漢習學盡世之經書不能迴心反照　問佛亦
空心悲歎始意門心意坦然何意還有經論作惡作
好道是說非　答得意妄言亦无好惡是非言二
毒未除小智无知身心俱闇或生卑賤習氣未除
惡業緣牽還歸舊道利根宿貴心遊曠遠識達苦
空幹解真如合无生理故經云羅睺是佛之子嬌慢
陵天如來一乘柔和更无違犯名為羅睺密行

息諍論　達摩禪師作

夫法身至窈近遠等同理性弘幽玄深叵測虛融妙
幹凡俗難明進證得知文辭未辯且三乘而演暢權
弘迷徒趣理尋思未即於中覓道小見无識可使
揚葉為金智者明然明知不實於是息諸諍論
窈默義論不申假使語盡其源亦未能至矣故道
真如難辯不在經文之中從令義有多端不表幽玄
之意但經文具載得意妄言言若是真寧容心
息只自衆生不會乖理求言一向貪逐文辭而不趣
向其意真如佛性具在身中不自內思披文外覓假
使多讀不會只是鸚鵡學言終无了悟之情豈免鵠
鵠所食如來設教只為大慈雖演三乘義歸於一慈悲
愍念故述多方引接迷徒望同證理可歎今時學者
一向迷言雖復講解千章驗行全无一備口談藥方
雖切終不痛除對之論撩能能心渴說食百味不㖆
飢苦仍存豈容語義之中能居聖幹是以言中无道

見都无成益嘿念思禪取是出道之様蹬故經云五
百羅漢習學盡世之經書不能迴心反照　問佛亦
定心悲歎始憙門心意坦然何意還有經論作惡作
好道是説非　答得意妄言亦无好惡是非言二
毒未除小智无知身心俱闇或生卑賤習氣未除
惡業緣牽還歸舊道利根宿貴心遊曠遠識達昔
空解真如合无生理故經云羅睺是佛之子憍慢
陵天如来一乘柔和更无違犯名為羅睺密行

息諍論　　達摩禪師作

夫法身至寂近遠等同理性弘幽玄深叵測虛融妙
解凡俗難明進證得知文辭未辯且三乘而演暢權
引迷徒趣理尋思未取於中覓道小見无識可使
揚葉為金智者明然明知不實於是息諸諍論
寂默義論不申假使語盡其源亦未能至矣故道
真如難辯不在經文之中從今義有多端不表幽玄
之意但經文具載得意妄言言若是真寧容心
息只自衆生不會乖理求言一向貪逐文辭而不趣
向其意真如佛性具在身中不自内思披文外覓假
使多讀不會只是鸚鵡學言終无了悟之情豈免鵜
鶘所食如來設教只為大慈雖演三乘義歸於一慈悲
愍念故述多方引接迷徒望同證理可歎今時學者
一向迷言雖復講解千章驗行全无一備口談藥方
雖切終不痛除對之論撥舡能心渴說食百味不鄉
飢苦仍存豈容語義之中能居聖解是以言中无道
道亦无言語之由乃与為凡標述權尋聖跡非是

口談證悟道源都无演説凡夫未會雖復要藉言詞
只為不悟言中展轉迷輪相或必欲存心慕道須學少
用易明不假多知勞而无用若也廣求減道善星只可
玄登所以多求返生墮落但看周利觸事无堪箕箒存
心由登羅漢據斯道理何假多求事藉專精心居
在定菩提之路不近不遥轉即内求不勞外覓若
人内覓是則不遥若也外求將知不近但使世人不
信巔撿後辞理不可違那能謀説余今略承斯證
巔粗息君必不此言方知大悟善事非獨聞為杍亦
望普使聞知巔此含生俱成佛道所説引證者礼
拜之中勸人自歸依佛僧法亦然一躰三寶在身何
勞遠涉今曰此證將作佛道不遥更欲遠求不及迴
心向已故言憑賢不能自聖觸食不濟已飢凡則自凡
聖歸他聖學人雖藉明師相訓還須以已精專若也慵
慢不懃師亦未能輙度盖聞道在不遠觧不外憑觸
食尚不濟飢憑賢那能聖已但知如此即須自制其
身師者只是良醫有疾藥須自服夫大道幽寘不
可枷杖捌成乃從歡喜之生不從憂慼之起既知如此
何故不懃鑛雖有金非爐不出是以君子得意晝夜昔
已自求无識小見始乃憑他度已若也背身求佛徒費
功程如捨日月而求明背燈光而覓晓只可明從日起日
是明根只是日乃生明未見別有明能生日千章万

身師者只是良醫有疾藥須自服夫大道幽寞不
可抑杖㧗成乃從歡喜之生不從憂戚之起既知如此
何故不憩鑛雖有金非爐不出是以君子得意盡夜苦
已自求无識小兒始乃㴻他度已若也背身求佛徒費
功程如捨白月而求明背燈光而覓曉只可明從日起日
是明根只是日乃生明未見别有明能生日千章万
句並是心心是万法之尊豈可弃之外涉諸法因自
而立將知身是法根若也无身法无存立行者但知身
為法主法則是僧僧法既是一身佛亦將知不别佛法
僧實本是一端迷者不知將為别辯為此勸人求已不
外緣塵君子自勵成人小兒㴻他敗已前賢後聖並自求
心況乃今人而不向已法若内无外有學亦制不閑人從
使内外俱合亦須迴心返照若能返照必達其源事成不
久夫道辯之本以已為源万行緣由不離一心為主只為
人多不信一執堅牢一向貪着外求忩忩不及向已波波
辛苦轉益迷昏學問雖多終无所由只如无財話實豈
得資身縱使論言何曾遺已但自心迷廣説只是論高
假使廣説心迷終如話寶竊以經云具説多聞狀似貧
人昔夜數計他珎終无半錢入已如人見他造業即須剋
已矜營豈得委彼自睒而望福報事无斯理浪受貧窮
唯須二自專論他无益虚談聖跡廣説无為説者只歎
彼前賢何関身已尔乃自嗟迷久識了不周每將語義
惡所不自窮研身已一向論諍道理執柂逞非誶是道非
不覺隨聲忿怒口雖説言无我不覺隨語我生縱道无
嗔不妨回茲即發凡是論諍特由人我非我不諍未審餘
人微情如此是以學人但能息諍定得理長識諍知非
將知不謀真如眇寞豈在諍論之中佛性冲虚那関有
无之境但自迷徒擾擾不悟法性虚通計着有无凡情覺
起遂高聲執義諍鬧紛紜稱意必忻違情克怒口
去將身慕專事人我不休是以學者雖多成无一二嗚
呼長歎實是昏迷可不小滯无明尔乃恒諍勝負但
欲學貴已光自取鞘卑身不得以已迷成速即輕於

（4–2）

BD15055號1　息諍論

人彼情如此是以學人但能息諍安得理長諍言知非
將知不認真如妙實豈在諍論之中佛性沖虛那聞有
无之境但自迷徒擾擾不悟法性虛通計着有无凡情覺
起遂[illegible]高聲執義諍闘紛紜稱意必忻違情起怒口
去將身慕[illegible]專事人我不休是以學者雖多成无一二嗚
呼長歎實是昏迷可不久滯无明尒乃恒諍勝負但
欲學貴已先自取弱卑身不得以己迷成遠即輕於
後學學无前後達者為先有識之徒俱合佛性只
是未逢師近溢溺凡愚一遇明師還霑聖位將知如此不
可以色觀人道德在心誰能輒識孔丘雖聖猶自惡見
後生況此凡流能輕初學夫立身之本但以普敬認惡
為源万善之中莫過慈愍欲求无失事藉治心在世
生平必須思慮千秋之禍不入慎門百事不詳无能逼
善思尋此事實用非虛上古已來為知不尒又處俗巔
莫諍有義欲申善須和睦不得悴生忿怒縱逸喧情
非直損人亦能傷己向來此語多情不適彼情若有
慈心莫將為各計君道理不籍此言 望使善事共弘悪
事同捨非直才能故騁且如螢虫助日即加光但盡
赤心迷斯拙見 問行者今正礼佛時為是礼佛
是礼心正當礼時為是一為是異正當見時見共勿
同別也 答見佛若不見心不見云何礼佛若見兩
見之見見即見是見非性不可名欲見若為得見覺
无心无所見見體本无覺知无來既 心不見云
何礼佛見彼全心是見眼看全境是 見彼之心
无有別心之見知彼无來是此迷心妄自 心夫對境
迷心智者知心現境達悟之者必无離見之心久理
推尋未有離心之見心境不二故言一合之相心不孤
起必託境生境不自名由心始立故知三界唯心變境
本由心識故知色性不知无情無識因眼分別与色為名
眼既自空色從何實 夜即不見離諸緣 若眼自
巨曰光明睛得見
能見色者何故无緣為不見眼常因於諸光日
得見種種可意色當知見色衆緣生 是

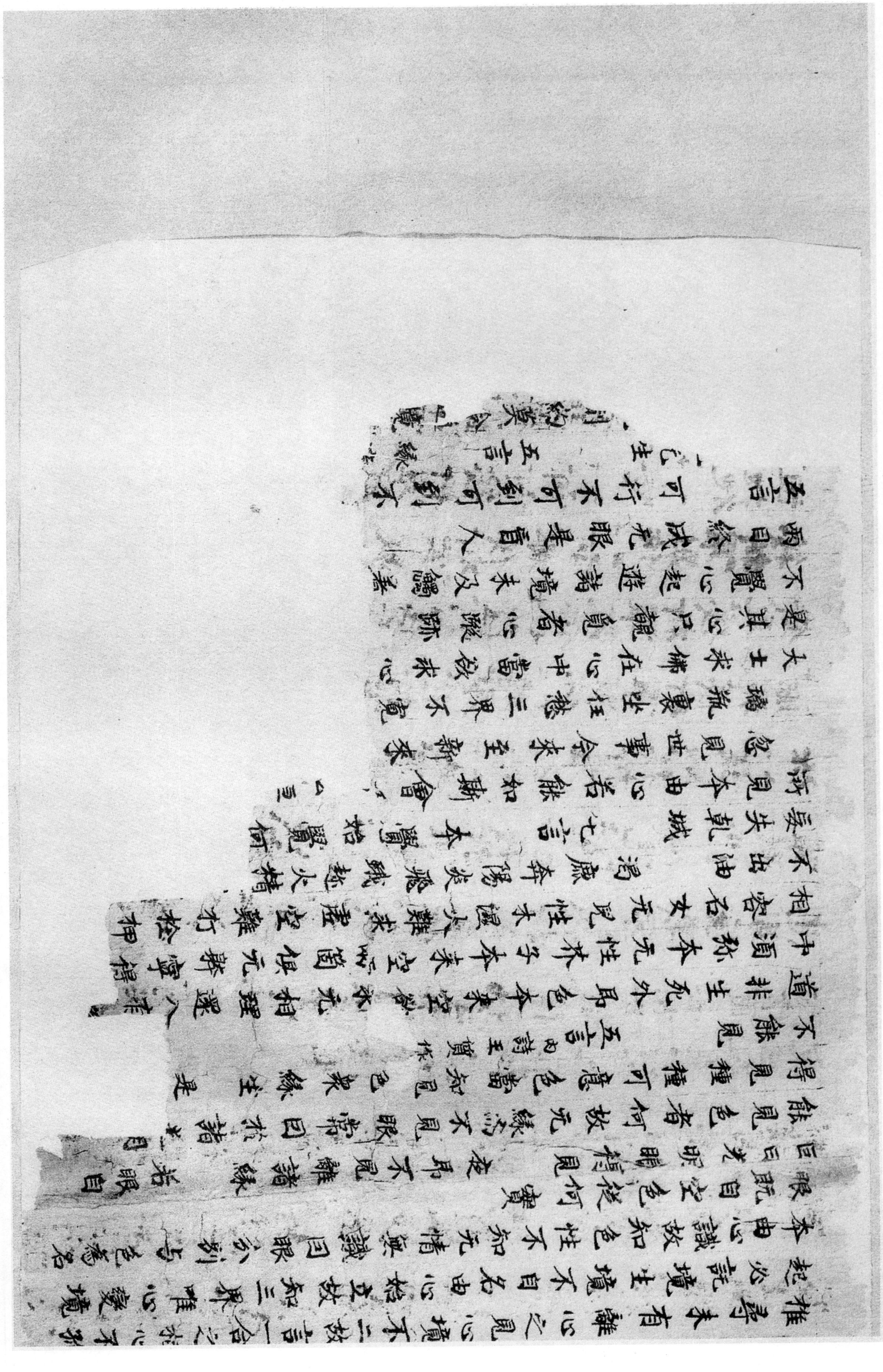

BD15055號1 息諍論
BD15055號2 詩十首（擬）

（4–4）

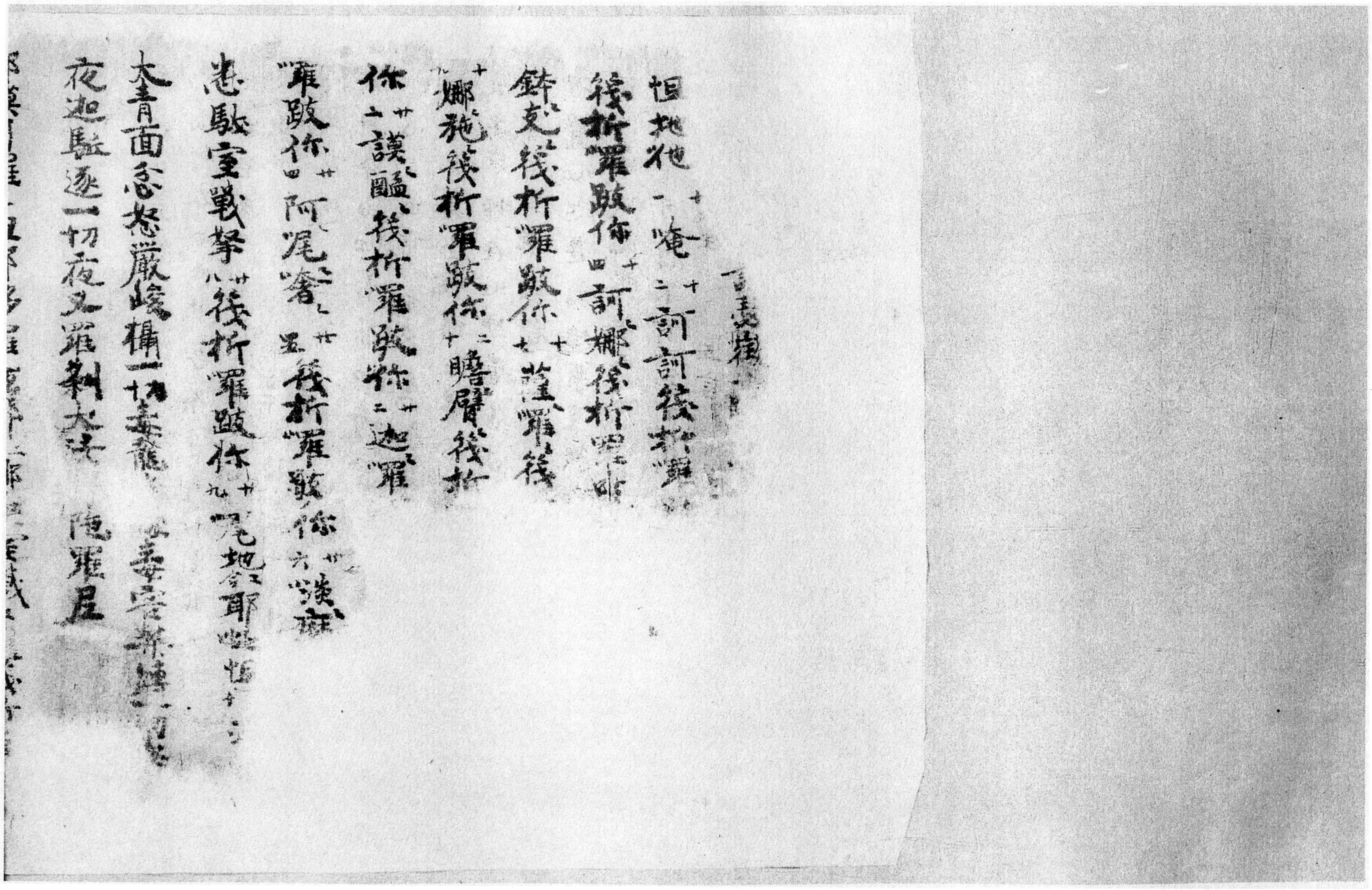

BD15055號背 1　佛教陀羅尼（待考）　　（3–1）

BD15055號背2　大青面忿怒嚴峻攝一切毒龍□□毒害禁縛一切□□□夜迦驅逐一切夜叉羅刹大法□陀羅尼

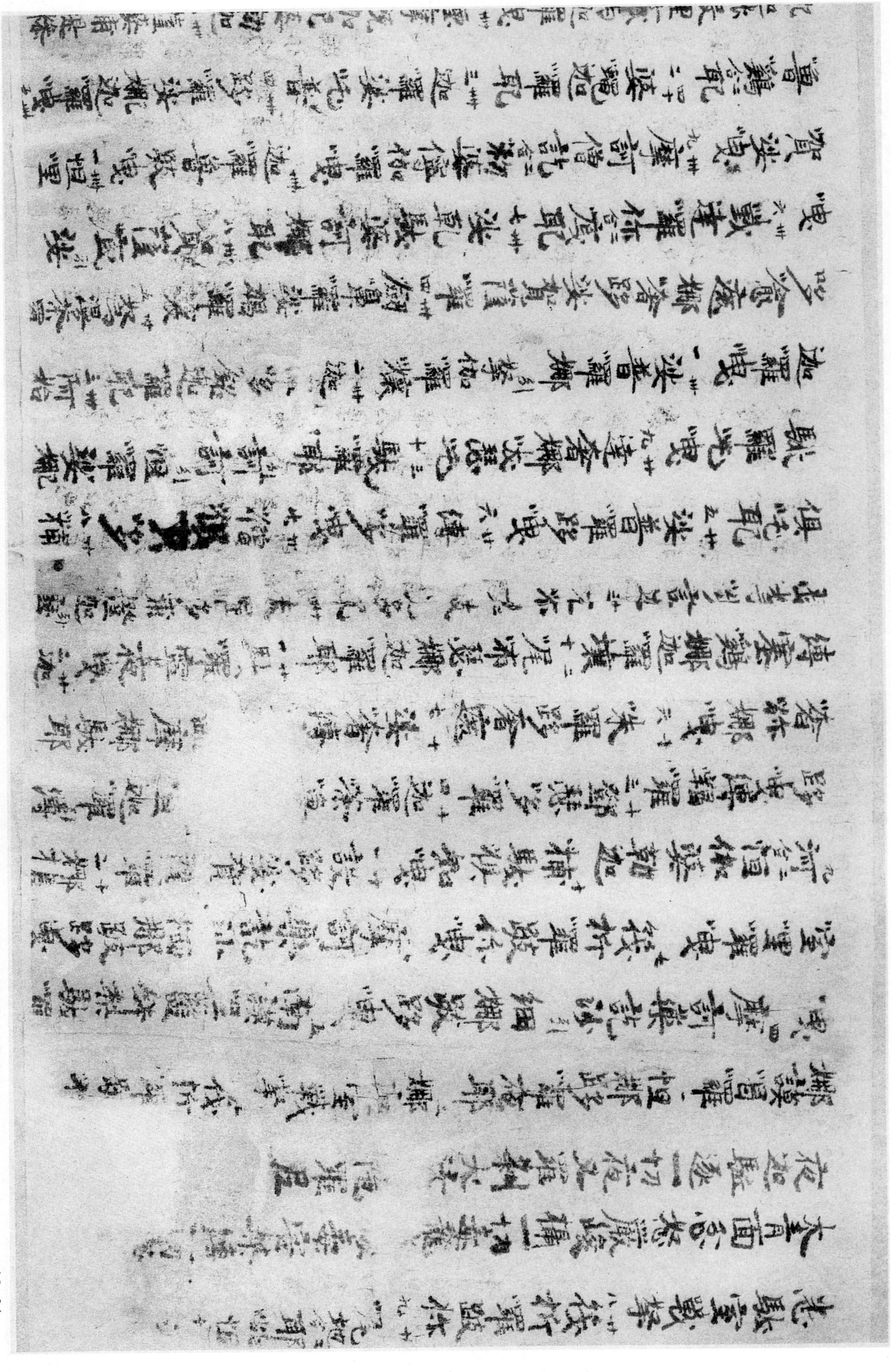

（3–2）

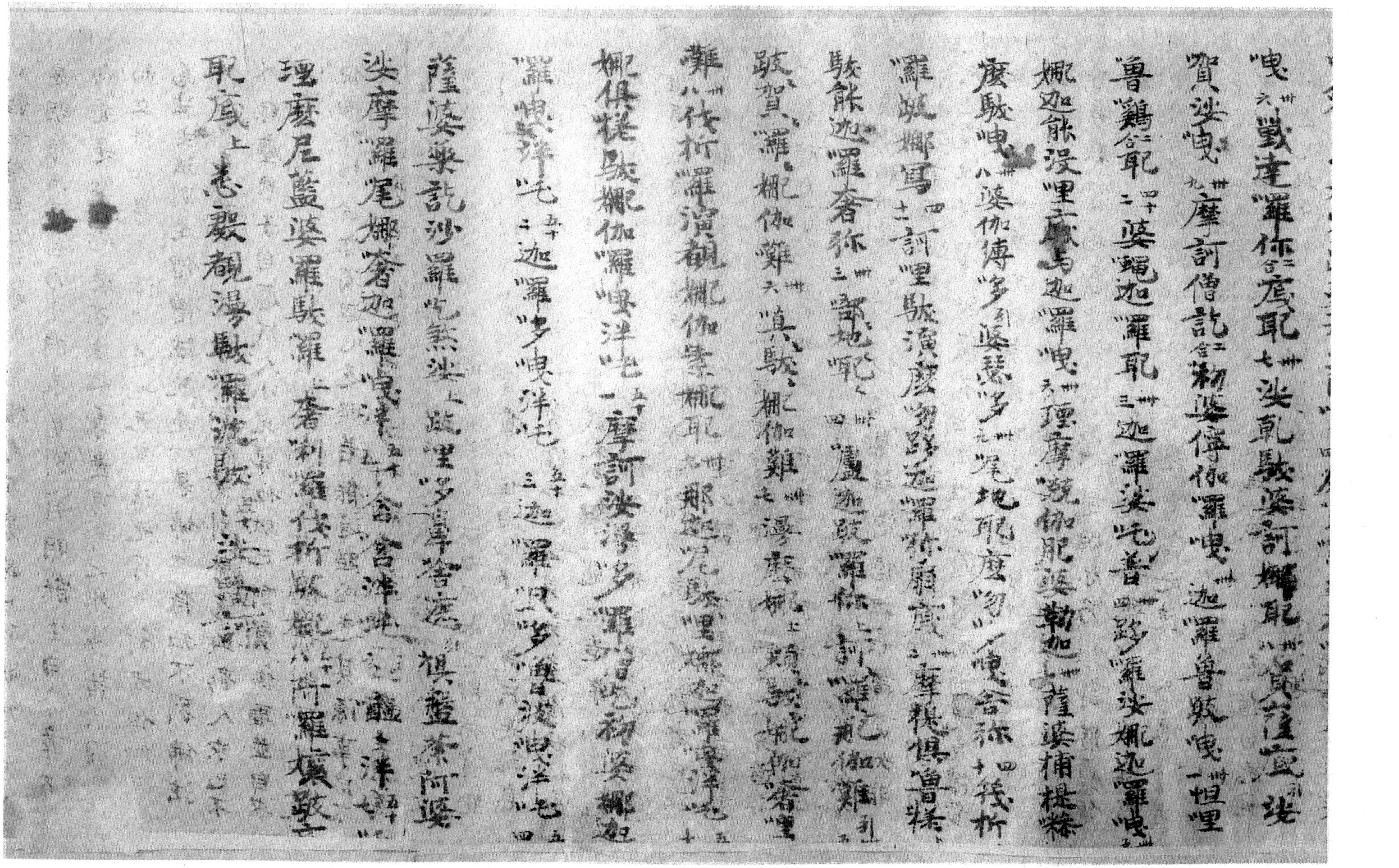

BD15055 號背 2　大青面忿怒嚴峻攝一切毒龍□□毒害禁縛一切□□□夜迦驅逐一切夜叉羅剎大法□陀羅尼　（3–3）

大般若波羅蜜多經卷第六十六
初分无所得品第十八之六　三藏法師玄奘奉　詔譯
舍利子異生地法性空故異生地法於
地法无所有不可得異生地法於種姓地法
无所有不可得種姓地法性空故種姓地法
於種姓地法无所有不可得種姓地法於異
生地法无所有不可得異生種姓地法於第
八地法无所有不可得第八地法性空故第
八地法於第八地法无所有不可得第八地
法於異生種姓地法无所有不可得異生種
姓第八地法於具見地法无所有不可得具
見地法性空故具見地法於具見地法无所
有不可得具見地法於異生種姓第八地法
无所有不可得異生種姓第八具見地[illegible]
薄地法无所有不可得薄地法性空[illegible]
法於薄地法无所有不可得薄地法於異生
種姓第八具見地法无所有不可得異生種

BD15056號　大般若波羅蜜多經卷六六　（23–1）

有不可得具見地法於異生種姓第八地法
无所有不可得異生種姓第八具見地[illegible]
薄地法无所有不可得薄地法性空[illegible]
法於薄地法无所有不可得薄地法於異生
種姓第八具見地法无所有不可得異生種
姓第八具見薄地法於離欲地法无所有不
可得離欲地法性空故離欲地法於離欲地
法无所有不可得離欲地法於異生利姓第
八具見薄地法无所有不可得異生種姓第
八具見薄離欲地法於已辦地法无所有不
可得已辦地法性空故已辦地法於已辦地
法无所有不可得已辦地法於異生種姓第
八具見薄離欲地法无所有不可得異生種
姓第八具見薄離欲已辦地法於獨[illegible]地法
无所有不可得獨覺地法性空故獨覺地法
於獨覺地法无所有不可得獨覺地法於異生
種姓第八具具薄離欲已辦地法无所有不可
得異生種姓第八具見薄欲離已辦獨覺地
法於菩薩地法无所有不可得菩薩地法性
空故菩薩地法於菩薩地法无所有不可得
菩薩地法於異生種姓第八具見薄離欲已
辦獨覺地法无所有不可得異生種姓第八
具見薄離欲已辦獨覺菩薩地法於如來地
法无所有不可得如來地法性空故如來地
法於如來地法无所有不可得如來地法於
異生種姓第八具見薄離欲已辦獨覺菩薩
地法无所有不可得舍利子我於如是諸法以

BD15056號　大般若波羅蜜多經卷六六　（23–2）

具見薄離欲已辦獨覺菩薩地法於如來地
法无所有不可得如來地法性空故如來地
法於如來地法无所有不可得如來地法於
異生種姓第八具見薄離欲已辦獨覺菩薩
地法无所有不可得舍利子我於如是諸法以
一切種一切處一切時求菩薩摩訶薩亦无
所有不可得何以故自性空故
舍利子異生地性空故異生地於異生地无
所有不可得異生地於種姓地无所有不可得
種姓地性空故種姓地於種姓地无所有不
可得種姓地於第八地无所有不可得異生
種姓地於第八地无所有不可得第八地性
空故第八地於第八地无所有不可得第八
地於異生種姓地无所有不可得異生種
姓第八地於具見地无所有不可得具見地
性空故具見地於具見地无所不所得具見
地於異生種姓第八地无所有不可得異
生種姓第八具見地於薄地无所有不可得
薄地性空故薄地於薄地无所有不可得薄
地於異生種姓第八具見地无所有不可得異
生種姓第八具見薄地於離欲地無所有不
可得離欲地性空故離欲地於離欲地無所
有不可得離欲地於異生種姓第八具見薄
地無所有不可得異生種姓第八具見薄離
欲地於已辦地無所有不可得已辦地性空
故已辦地於已辦地無所有不可得已辦地
於異生種姓第八具見薄離欲地無所有

有不可得離欲地於異生種姓第八具見薄
地無所有不可得異生種姓第八具見薄離
欲地於已辦地無所有不可得已辦地性空
故已辦地於已辦地無所有不可得已辦地
於異生種姓第八具見薄離欲地無所有
不可得異生種姓第八具見薄離欲已辦地
於獨覺地无所有不可得獨覺地性空故獨
覺地於獨覺地无所有不可得獨覺地於
異生種姓第八具見薄離欲已辦地无所有不
可得異生種姓第八具見薄離欲已辦獨覺
地於菩薩地无所有不可得菩薩地性空故
菩薩地於菩薩地无所有不可得菩薩地於
異生種姓第八具見薄離欲已辦獨覺地无
所有不可得異生種姓第八具見薄離欲已
辦獨覺菩薩地於如來地无所有不可得如
來地性空故如來地於如來地无所有不可
得如來地於異生種姓第八具見薄離欲已
辦獨覺菩薩地无所有不可得舍利子我於
如是諸法以一切種一切處一切時求菩　菩
摩訶薩亦无所有不可得何以故自性空故
舍利子預流向法性空故預流向法於預流
向法无所有不可得預流向法於預流果法
无所有不可得預流果法性空故預流果法
於預流果法无所有不可得預流果法於預
流向法无所有不可得預流向法預流果法
於一來向法无所有不可得一來向法性空
故一來向法於一來向法无所有不可得一來

无所有不可得預流果法性空故預流果法
於預流果法无所有不可得預流果法於預
流向法无所有不可得預流向法預流果法
於一来向法无所有不可得一来向法性空
故一来向法於一来向法无所有不可得一来
向法於預流向法預流果法无所有不可得
預流向法乃至一来向法於一来果法无所
有不可得一来果法性空故一来果法於
一来果法无所有不可得一来果法於預流
向法乃至一来向法无所有不可得預流向
法乃至一来果法於不還向法无所有不可
得不還向法性空故不還向法於不還向法
无所有不可得不還向法於預流向法乃至
一来果法无所有不可得預流向法乃至不
還向法於不還果法无所有不可得不還果
法性空故不還果法於不還果法无所有不
可得不還果法於預流向法乃至不還向法
无所有不可得預流向法乃至不還果法於
阿羅漢向法无所有不可得阿羅漢向法性
空故阿羅漢向法於阿羅漢向法无所有不
可得阿羅漢向法於預流向法乃至不還果
法无所有不可得預流向法乃至阿羅漢向
法於阿羅漢果法无所有不可得阿羅漢果
法性空故阿羅漢果法於阿羅漢果无所有
不可得阿羅漢果法於預流向法乃至阿
羅漢向法无所有不可得預流向法乃至阿
羅漢果法於獨覺向法无所有不可得獨覺
向法性空故獨覺向法於獨覺向法无所有

BD15056 號　大般若波羅蜜多經卷六六　（23–5）

法性空故阿羅漢果法於阿羅漢果无所有
不可得阿羅漢果法於預流向法乃至阿
羅漢向法无所有不可得預流向法乃至阿
羅漢果法於獨覺向法无所有不可得獨覺
向法性空故獨覺向法於獨覺向法无所有
不可得獨覺向法於預流向法乃至阿羅漢
果法无所有不可得預流向法乃至獨覺向
法於獨覺果法无所有不可得獨覺果法性
空故獨覺果法於獨覺果法无所有不可得
獨覺果法於預流向法乃至獨覺向法无所有
不可預流向法乃至獨覺果法於菩薩摩
訶薩法无所有不可得菩薩摩訶薩法性
空故菩薩摩訶薩法於菩薩摩訶薩法无
所有不可得菩薩摩訶薩法於預流向法乃至
獨覺果法无所有不可得預流向法乃至菩
薩摩訶薩法於三藐三佛陀法无所有不可
得三藐三佛陀法性空故三藐三佛陀法於
三藐三佛陀法无所有不可得三藐三佛陀
法於預流向法乃至菩薩摩訶薩法无所有
不可得舍利子我於如是諸法以一切種一
切處一切時求菩薩摩訶薩亦无所有不可
得何以故自性空故
舍利子預流向性空故預流向於預流向无
所有不可得預流向於預流果无所有不可
得預流果自性空故預流果於預流果无所
有不可得預流果於預流向无所有不可得
預流向預流果於一来向无所有不可得一

BD15056 號　大般若波羅蜜多經卷六六　（23–6）

舍利子預流向性空故預流向於預流向无
所有不可得預流向於預流果无所有不可
得預流果自性空故預流果於預流果无所
有不可得預流果於預流向无所有不可得
預流向預流果於一來向无所有不可得一
來向性空故一來向於一來向无所有不可
得一來向於預流向預流果无所有不可得
預流向乃至一來向於一來果无所有不可
得一來性空故一來果於一來果无所有不
可得一來果於預流向乃至一來向无所
有不得預流向乃至一來果於不還向无
所有不可得不還向性空故不還向於不還
向无所有不可得不還向於預流向乃至一來
果无所有不可得預流向乃至不還向於不
還果无所有不可得不還果性空故不還果
於不還果无所有不可得不還果於預　流
向乃至不還向无所有不可得預流向乃至不
還果於阿羅漢向无所有不可得阿羅漢向
性空故阿羅漢向於阿羅漢向无所有不可
得阿羅漢向於預流向乃至不還果无所
有不可得預流向乃至阿羅漢向於阿羅漢
果无所有不可得阿羅漢果性空故阿羅漢
果於阿羅漢果无所有不可得阿羅漢果
於預流向乃至阿羅漢向无所有不可得預流
向乃至阿羅漢果於獨覺向无所有不可得
獨覺向性空故獨覺向於獨覺向无所有不
可得獨覺向於預流向乃至阿羅漢果无所

BD15056 號　大般若波羅蜜多經卷六六

（23–7）

果於阿羅漢果无所有不可得阿羅漢果
於預流向乃至阿羅漢向无所有不可得預流
向乃至阿羅漢果於獨覺向无所有不可得
獨覺向性空故獨覺向於獨覺向无所有不
可得獨覺向於預流向乃至阿羅漢果无所
有不可得預流向乃至獨覺向於獨覺果无
所有不可得獨覺果性空故獨覺果於獨覺
果无所有不可得獨覺果於預流向乃至獨
覺向无所有不可得預流向乃至獨覺果於
菩薩摩訶薩无所有不可得菩薩摩訶薩
性空故菩薩摩訶薩於菩薩摩訶薩无所有
不可得菩薩摩訶薩於預流向乃至獨覺果
无所有不可得預流向乃至菩薩摩訶薩於三
藐三佛陁无所有不可得三藐三佛陁性空
故三藐三佛陁於三藐三佛陁无所有不可
得三藐三佛陁於預流向乃至菩薩摩訶薩
无所有不可得舍利子我於如是諸法以一
切種一切處一切時求菩薩摩訶薩亦无所
有不可得何以故自性空故
舍利子菩薩摩訶薩性空故菩薩摩訶薩
於菩薩摩訶薩无所有不可得菩薩摩訶薩
於般若波羅蜜多无所有不可得般若波羅蜜
多性空故般若波羅蜜多於般若波羅蜜多
无所有不可得般若波羅蜜多於菩薩摩訶
薩无所有不可得菩薩摩訶薩般若波羅蜜
多於教誡教授无所有不可得教誡教授性空
故教誡教授於教誡教授无所有不可得教

BD15056 號　大般若波羅蜜多經卷六六

（23–8）

多性空故般若波羅蜜多於般若波羅蜜多
无所有不可得般若波羅蜜多於菩薩摩訶
薩无所有不可得菩薩摩訶薩般若波羅蜜
多於教誡教授无所有不可得教誡教授性空
故教誡教授於教誡教授无所有不可得教
誡教授於菩薩摩訶薩般若波羅蜜多无
所有不可得舍利子我於如是諸法以一切種
一切處一切時求菩薩摩訶薩亦无所有
不可得何以故自性空故
舍利子由此緣故我作是說我於一切法以
一切種一切處一切時求菩薩摩訶薩都无
所見竟不可得云何令我以般若波羅蜜多
教誡教授諸菩薩摩訶薩
尒時具壽善現復荅舍利子言如尊者所言
何緣故說菩薩摩訶薩但有假名者舍利子
菩薩摩訶薩名唯客所攝故時舍利子問善
現言何緣故說菩薩摩訶薩名唯客所攝善
現荅言如一切法名唯客所攝於十方三世
无所從來无所至去亦无所住一切法中无
名名中无一切法非合非離但假施設何以故
以一切法與名俱自性空故自性空中若
一切法若名俱无所有不可得故菩薩摩訶
薩名亦復如是唯客所攝於十方三世无所
從來无所至去亦无所住菩薩摩訶薩中无
名名中无菩薩摩訶薩非合非離但假施設
何以故以菩薩摩訶薩與名俱自性空故自
性空中若菩薩摩訶薩若名俱无所有不可

BD15056 號　大般若波羅蜜多經卷六六　　（23–9）

從來无所至去亦无所住菩薩摩訶薩中无
名名中无菩薩摩訶薩非合非離但假施設
何以故以菩薩摩訶薩與名俱自性空故自
性空中若菩薩摩訶薩若名俱无所有不可
得故舍利子由此緣故我作是說菩薩摩訶
薩但有假名
舍利子如色名唯客所攝於十方三世无所
從來无所至去亦无所住色中无名名中无
色非合非離但假施設何以故以色與名俱
自性空故自性空中若色若名俱无所有不
可得故如受想行識名唯客所攝於十方三
世无所從來无所至去亦无所住受想行識
中无名名中无受想行識非合非離但假施
設何以故以受想行識與名俱自性空故自
性空中若受想行識若名俱无所有不可得
故菩薩摩訶薩名亦復如是唯客所攝於十
方三世无所從來无所至去亦无所住菩薩
摩訶薩中无名名中无菩薩摩訶薩非合非
離但假施設何以故以菩薩摩訶薩與名俱
自性空故自性空中若菩薩摩訶薩若名俱
无所有不可得故舍利子由此緣故我作是
說菩薩摩訶薩但有假名
舍利子如眼處名唯客所攝於十方三世无
所從來无所至去亦无所住眼處中无名名
中无眼處非合非離但假施設何以故以眼
處與名俱自性空故自性空中若眼處若名
俱无所有不可得故如耳鼻舌身意處名唯

BD15056 號　大般若波羅蜜多經卷六六　　（23–10）

舍利子如眼處名唯客所攝於十方三世无
所從來无所至去亦无所住眼處中无名名
中无眼處非合非離但假施設何以故以眼
處與名俱自性空故自性空中若眼處若名
俱无所有不可得故如耳鼻舌身意處名唯
客所攝於十方三世无所從來无所至去亦无
所住耳鼻舌身意處中无名名中无耳鼻
舌身意處非合非離但假施設何以故以耳
鼻舌身意處與名俱自性空故自性空中若
耳鼻舌身意處若名俱无所有不可得故
菩薩摩訶薩名亦復如是唯客所攝於十方三
世无所從來无所至去亦无所住菩薩摩訶
薩中无名名中无菩薩摩訶薩非合非離
但假施設何以故以菩薩摩訶薩與名俱自
性空故自性空中若菩薩摩訶薩若名俱无
所有不可得故舍利子由此緣故我作是說菩
薩摩訶薩但有假名舍利子如色處名唯
客所攝於十方三世无所從來无所至去亦
无所住色處中无名名中无色處非合非離
但假施設何以故以色處與名俱自性空故
自性空中若色處若名俱无所有不可得故
如聲香味觸法處名唯客所攝於十方三世
无所從來无所至去亦无所住聲香味觸法
處中无名名中无聲香味觸法處非合非離
但假施設何以故以聲香味觸法處與名俱
自性空故自性空中若聲香味觸法處若名
俱无所有不可得故菩薩摩訶薩名亦復如

BD15056 號　大般若波羅蜜多經卷六六

（23–11）

處中无名名中无聲香味觸法處非合非離
但假施設何以故以聲香味觸法處與名俱
自性空故自性空中若聲香味觸法處若名
俱无所有不可得故菩薩摩訶薩名亦復如
是唯客所攝於十方三世无所從來无所至
去亦无所住菩薩摩訶薩中无名名中无菩
薩摩訶薩非合非離但假施設何以故以菩
薩摩訶薩與名俱自性空故自性空中若菩
薩摩訶薩若名俱无所有不得故舍利子
由此緣故我作是說菩薩摩訶薩但有假名
舍利子如眼界名唯客所攝於十方三世无
所從來无所至去亦无所住眼界中无名名
中无眼界非合非離俱假施設何以故以眼
界與名俱自性空故自性空中若眼界若名
俱无所有不可得故如色界眼識界及眼
觸眼觸為緣所生諸受名唯客所攝於十方三
世无所從來无所至去亦无所住色界眼識
界及眼觸眼觸為緣所生諸受中无名中无
色界眼識界及眼觸眼觸為緣所生諸受
非合非離但假施設何以故以色界眼識界
及眼觸眼觸為緣所生諸受與名俱自性空
故自性空中若色界眼識界及眼觸眼觸為
緣所生諸受若名俱无所有不可得故菩薩
摩訶薩名亦復如是唯客所攝於十方三世
无所從來无所至去亦无所住菩薩摩訶薩
中无名名中无菩薩摩訶薩非合非離但假
施設何以故以菩薩摩訶薩與名俱无所有
不可得故舍利子由此緣故我作是說菩薩

BD15056 號　大般若波羅蜜多經卷六六

（23–12）

摩訶薩名亦復如是唯客所攝於十方三世
无所從來无所至去亦无所住菩薩摩訶薩
中无名中无菩薩摩訶薩非合非離但假
施設何以故以菩薩摩訶薩與名俱无所有
不可得故舍利子由此緣故我作是說菩薩
摩訶薩但有假名舍利子如耳界名客所攝
於十方三世无所從來无所至去亦无所住
耳界中无名名中无耳界非合非離但假施
設何以故以耳界與名俱自性空故自性
空中若耳界若名俱无所有不可得故如聲
界耳識界及耳觸耳觸為緣所生諸受名唯
客所攝於十方三世无所從來无所至去亦无
所住聲界耳識界及耳觸耳觸為緣所生諸
受中无名名中无聲界耳識界及耳觸耳
觸為緣所生諸受非合非離但假施設何以
故以聲界耳識界及耳觸耳觸為緣所生諸
受與名俱自性空故自性空中若聲界耳識
界及耳觸耳觸為緣所生諸受若名俱无所
有不可得故菩薩摩訶薩名亦復如是唯客
所攝於十方三世无所從來无所至去亦无所
住菩薩摩訶薩中无名名无菩薩摩訶薩
非合非離但假施設何以故以菩薩摩訶薩
與名俱自性空故自性空中若菩薩摩訶薩
若名俱无所有不可得故舍利子由此緣故我
作是說菩薩摩訶薩但有假名舍利子如
鼻界名唯客所攝於十方三世无所從來无
所至去亦无所住鼻界中无名名中无鼻界

BD15056號　大般若波羅蜜多經卷六六　（23–13）

非合非離但假施設何以故以菩薩摩訶薩
與名俱自性空故自性空中若菩薩摩訶薩
若名俱无所有不可得故舍利子由此緣故我
作是說菩薩摩訶薩但有假名舍利子如
鼻界名唯客所攝於十方三世无所從來无
所至去亦无所住鼻界中无名名中无鼻界
非合非離但假施設何以故以鼻界與名俱自
性空故自性空中若鼻界若名俱无所有
不可得故如香界鼻識界及鼻觸鼻觸為
緣所生諸受名唯客所攝於十方三世无所從
來无所至去亦无所住香界鼻識界及鼻
觸鼻觸為緣所生諸受中无名名中无香界
鼻識界及鼻觸鼻觸為緣所生諸受非合非
離但假施設何以故以香界鼻識界及鼻觸
鼻觸為緣所生諸受與名俱自性空故自性
空中若香界鼻識界及鼻觸鼻觸為緣
所生諸受若名俱无所有不可得故菩薩摩訶
薩名亦復如是唯客所攝於十方三世无所從來
无所至去亦无所住菩薩摩訶薩中无名
名中无菩薩摩訶薩非合非離但假施設
何以故以菩薩摩訶薩與名俱自性空故自性
空中若菩薩摩訶薩若名俱无所有不可得
故舍利子由此緣故我作是說菩薩摩訶薩
但有假名舍利子如舌界名唯客所攝於十
方三世无所從來无所至去亦无所住舌界中
无名名中无舌界非合非離但假施設 何
以故以舌界與名俱自性空故自性空中若舌

BD15056號　大般若波羅蜜多經卷六六　（23–14）

方三世无所從来无所至去亦无所住舌界中
无名名中无舌界非合非離但假施設何
以故以舌界與名俱自性空故自性空中若
界若名俱无所有不可得故如味界舌識界
及舌觸舌觸爲緣所生諸受名唯客所攝
於十方三世无所從来无所至去亦无所住味
界舌識界及舌觸舌觸爲緣所生諸受中
无名名中无味界舌識界及舌觸舌觸爲緣
所生諸受非合非離但假施設何以故以味界
舌識界及舌觸舌觸爲緣所生諸受與名
俱自性空故自性空中若味界舌識界及舌
觸舌觸爲緣所生諸受若名俱无所有不可
得故菩薩摩訶薩名亦復如是唯客所攝
於十方三世无所從来无所至去亦无所住菩薩
摩訶薩中无名名中无菩薩摩訶薩非
合非離但假施設何以故以菩薩摩訶薩與
名俱自性空故自性空中若菩薩摩訶薩若
名俱无所有不可得故舍利子由此緣故我作
是說菩薩摩訶薩但有假名舍利子如身界
名唯客所攝於十方三世无所從来无所至
去亦无所住身界中无名名中无身界非合
非離但假施設何以故以身界與名俱无所
有不可得故如觸界身識界及身觸身觸爲
緣所生諸受名唯客所攝攝十方三世无所
從来无所至去亦无所住觸界身識界及身
觸身觸爲緣所生諸受中无名名中无觸界
身識界及身觸身觸爲緣所生諸受非合非

有不可得故如觸界身識界及身觸身觸爲
緣所生諸受名唯客所攝攝十方三世无所
從来无所至去亦无所住觸界身識界及身
觸身觸爲緣所生諸受中无名名中无觸界
身識界及身觸身觸爲緣所生諸受非合非
離但假施設何以故以觸界身識界及身
觸身觸爲緣所生諸受與名俱自性空故自
性空中若觸界身識界及觸身觸爲緣所
生諸受若名俱无所有可可得故菩薩摩訶
薩名亦復如是唯客所攝於十方三世无
所從来无所至去亦无所住菩薩摩訶薩中
无名名中无菩薩摩訶薩非合非離但假施
設何以故以菩薩摩訶薩與名俱自性空故
自性空中若菩薩摩訶薩若名俱无所有不
可得故舍利子由此緣故我作是說菩薩摩
訶薩但有假名舍利子如意界名唯客所攝
於十方三世无所從来无所至去亦无所住意
界中无名名中无意界非合非離但假施
設何以故以意界與名俱自性空故自性
空中若意界若名俱无所有不可得故如
法界意識界及意觸意觸爲緣所生諸受
唯客所攝於十方三世无所從来无所至去
亦无所住法界意識界及意觸意觸爲緣
生諸受中无名名中无法界意識界及意觸
意觸爲緣所生諸受非合非離但假施設何
以故以法界意識界及意觸意觸爲緣所生
諸受與名俱自性空故自性空中若法界意

生諸受中无名名中无法界意識界及意觸
意觸為緣所生諸受非合非離但假施設何
以故以法界意識界及意觸意觸為緣所生
諸受與名俱自性空故自性空中若法界意
識界及意觸意觸為緣所生諸受若名俱无
所有不可得故菩薩摩訶薩名亦復如是唯
客所攝於十方三世无所從来无所至去亦
无所住菩薩摩訶薩中无名名中无菩薩摩
訶薩非合非離但假施設何以故以菩薩摩
訶薩與名俱自性空故自性空中若菩薩摩
訶薩若名俱无所有不可得故舍利子由此
緣故我作是說菩薩摩訶薩但有假名
舍利子如地界名唯客所攝於十方三世无
所從来无所至去亦无所住地界中无名名
中无地界非合非離但假施設何以故以地
界與名俱自性空故自性空中若地界若名
俱无所有不可得故如水火風空識界名唯
客所攝於十方三世无所從来无所至去亦
无所住水火風空識界中无名名中无水火
風空識界非合非離但假施設何以故以水
火風空識界與名俱自性空故自性空中若
水火風空識界若名俱无所有不可得故菩
薩摩訶薩名亦復如是唯客所攝於十方三
世无所從来无所至去亦无所住菩薩摩訶
薩中无名名中无菩薩摩訶薩非合非離
但假施設何以故以菩薩摩訶薩與名俱自性
空故自性空中若菩薩摩訶薩若名俱无所

BD15056 號　大般若波羅蜜多經卷六六　（23–17）

世无所從来无所至去亦无所住菩薩摩訶
薩中无名名中无菩薩摩訶薩非合非離
但假施設何以故以菩薩摩訶薩與名俱自性
空故自性空中若菩薩摩訶薩若名俱无所
有不可得故舍利子由此緣故我作是說菩
薩摩訶薩但有假名
舍利子如苦聖諦名唯客所攝於十方三世
无所從来无所至去亦无所住苦聖諦中无
名名中无苦聖諦非合非離但假施設何以
故以苦聖諦與名俱自性空故自性空中若
苦聖諦若名俱无所有不可得故如集滅道
聖諦名唯客所攝於十方三世无所從来无
所至去亦无所住集滅道聖諦中无名名中
无集滅道聖諦非合非離但假施設何以故
以集滅道聖諦與名俱自性空故自性空中
若集滅道聖諦若名俱无所有不可得故
菩薩摩訶薩名亦復如是唯客所攝於十方
三世无所從来无所至去亦无所住菩薩摩訶
薩中无名名中无菩薩摩訶薩非合非離但
假施設何以故以菩薩摩訶薩與名俱自性
空故自性空中若菩薩摩訶薩若名俱无所
有不可得故舍利子由此緣故我作是說菩
薩摩訶薩但有假名
舍利子如无明名唯客所攝於十方三世无
所從来无所至去亦无所住无明中无名名
中无明非合非離但假施設何以故以无明
與名俱自性空故自性空中若无明若名俱

BD15056 號　大般若波羅蜜多經卷六六　（23–18）

舍利子如无明名唯客所攝於十方三世无
所從来无所至去亦无所住无明中无名名
中无明非合非離但假施設何以故以无明
與名俱自性空故自性空中若无明若名俱
无所有不可得故如行識名色六處觸受愛
取有生老死愁歎苦憂惱名唯客所攝於
十方三世无所從来无所至去亦无所住行
乃至老死愁歎苦憂惱中无名名中无行乃
至老死愁歎苦憂惱非合非離但假施設何
以故以行乃至老死愁歎苦憂惱與名俱自
性空故自性空中若行乃至老死愁歎苦憂
惱若名俱无所有不可得故菩薩摩訶薩名
亦復如是唯客所攝於十方三世无所從来
无所至去亦无所住菩薩摩訶薩中无名名
中无菩薩摩訶薩非合非離但假施設何以
故以菩薩摩訶薩與名俱自性空故自性空
中若菩薩摩訶薩若名俱无所有不可得故
舍利子由此緣故我作是說菩薩摩訶薩但
有假名
舍利子如四靜慮名唯客所攝於十方三世
无所從来无所至去亦无所住四靜慮中无
名名中无四靜慮非合非離但假施設何以
故以四靜慮與名俱自性空故自性空中若
四靜慮若名俱无所有不可得故如四无量
四无色定名唯客所攝於十方三世无所從
来无所至去亦无所住四无量四无色定中
无名名中无四无量四无色定非合非離但

BD15056 號　大般若波羅蜜多經卷六六　（23–19）

故以四靜慮與名俱自性空故自性空中若
四靜慮若名俱无所有不可得故如四无量
四无色定名唯客所攝於十方三世无所從
来无所至去亦无所住四无量四无色定中
无名名中无四无量四无色定非合非離但
假施設何以故以四无量四无色定與名俱自
性空故自性空中若四无量四无色定若名
俱无所有不可得故菩薩摩訶薩名亦復如
是唯客所攝於十方三世无所從来无所至去
亦无所住菩薩摩訶薩中无名名中无菩
薩摩訶薩非合非離但假施設何以故以菩
薩摩訶薩與名俱自性空故自性空中若
菩薩摩訶薩若名俱无所有不可得故舍利子
由此緣故我作是說菩薩摩訶薩但有假名
舍利子如八解脫唯名所攝於十方三世
无所從来无所至去亦无所住八解脫中无
名名中无八解脫非合非離但假施設何以
故以八解脫與名俱自性空故自性空中若
八解脫若名俱无所有不可得故如八勝處
九次第定十遍處名唯客所攝於十方三世
無所從来無所至去亦無所住八勝處九次
第定十遍處中无名名中无八勝處次第定
十遍處非合非離但假施設何以故以八勝處
九次第定十遍處與名俱自性空故自性空
中若八勝處九次第定十遍處若名俱無
所有不可得故菩薩摩訶薩名亦復如是
唯客所攝於十方三世无所從来无所至去亦
无所住菩薩摩訶薩中无名名中无菩薩

BD15056 號　大般若波羅蜜多經卷六六　（23–20）

次第定十遍處[illegible]
中若八勝處九次第定十遍處若名俱無
所有不可得故菩薩摩訶薩名亦復如是
唯客所攝於十方三世无所從來无所至去亦
无所住菩薩摩訶薩中无名名中无菩薩
摩訶薩非合非離但假施設何以故以菩薩
摩訶薩與名俱自性空故自性空中若菩薩摩
訶薩若名俱无所有不可得故舍利子由此
緣故我作是說菩薩摩訶薩但有假名舍
利子如四念住名唯客所攝於十方三世无所
從來无所至去亦无所住四念住中无名名
中无四念住非合非離但假施設何以故以
四念住與名俱自性空故自性空中若四念
住若名俱无所有不可得故如四正斷四神
足五根五力七等覺支八聖道支名唯客所
攝於十方三世无所從來无所至去亦无所
住四正斷四神足五根五力七等覺支八聖
道支中无名名中无四正斷四神足五根五
力七等覺支八聖道支非合非離但假施設
何以故以四正斷四神足五根五力七等覺支
八聖道支與名俱自性空故自性空中若
四正斷四神足五根五力七等覺支八聖道
支若名俱无所有不可得故菩薩摩訶薩名
亦復如是唯客所攝於十方三世无所從來
无所至去亦无所住菩薩摩訶薩中无名名
中无菩薩摩訶薩非合非離但假施設何以
故以菩薩摩訶薩與名俱自性空故自性空
中若菩薩摩訶薩若名俱无所有不可得

BD15056號　大般若波羅蜜多經卷六六　（23–21）

中无四念住非合非離但假施設何以故以
四念住與名俱自性空故自性空中若四念
住若名俱无所有不可得故如四正斷四神
足五根五力七等覺支八聖道支名唯客所
攝於十方三世无所從來无所至去亦无所
住四正斷四神足五根五力七等覺支八聖
道支中无名名中无四正斷四神足五根五
力七等覺支八聖道支非合非離但假施設
何以故以四正斷四神足五根五力七等覺支
八聖道支與名俱自性空故自性空中若
四正斷四神足五根五力七等覺支八聖道
支若名俱无所有不可得故菩薩摩訶薩名
亦復如是唯客所攝於十方三世无所從來
无所至去亦无所住菩薩摩訶薩中无名名
中无菩薩摩訶薩非合非離但假施設何以
故以菩薩摩訶薩與名俱自性空故自性空
中若菩薩摩訶薩若名俱无所有不可得
故舍利子由此緣故我作是說菩薩摩訶薩
但有假名

大般若波羅蜜多經卷第六十六

勘了

BD15056號　大般若波羅蜜多經卷六六　（23–22）

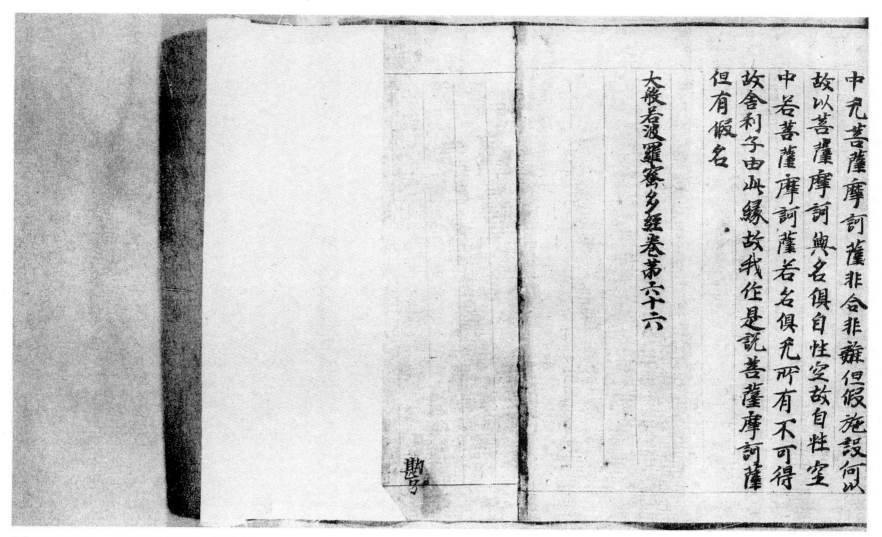

BD15056 號　大般若波羅蜜多經卷六六　　（23–23）

BD15056 號背　勘記　　（1–1）

維摩詰經香積佛品第十
於是舍利弗心念

BD15057 號　維摩詰所說經卷下　（23–1）

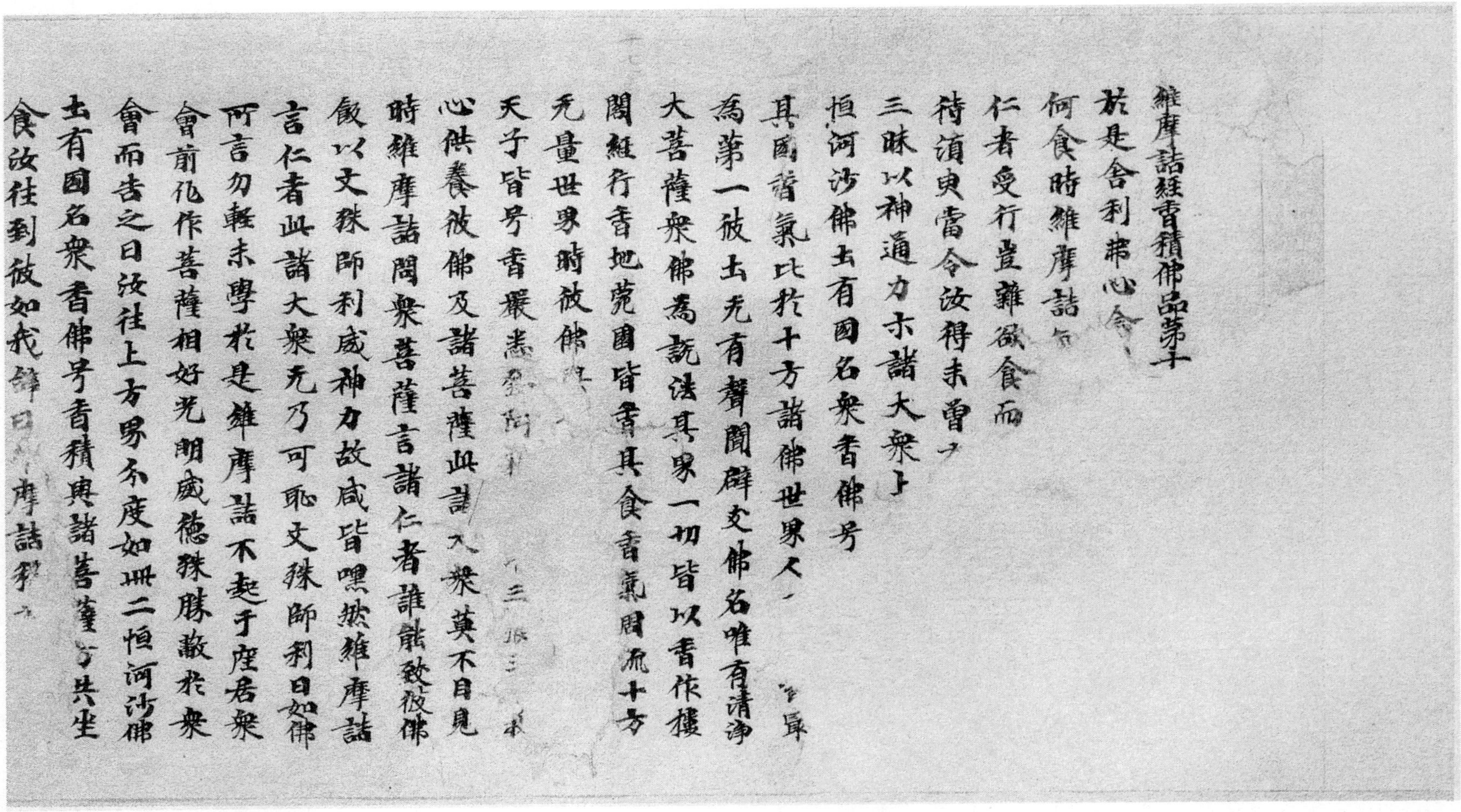

維摩詰經香積佛品第十
於是舍利弗心念
何食時維摩詰知
仁者受行豈雜欲食而
待須臾當令汝得未曾有
三昧以神通力示諸大衆上
恒河沙佛土有國名衆香佛號
其國香氣比於十方諸佛世界人天
為第一彼土无有聲聞辟支佛名唯有清淨
大菩薩衆佛為說法其界一切皆以香作樓
閣經行香地苑園皆香其食香氣周流十方
无量世界時彼佛與
天子皆號香嚴悉發阿
心供養彼佛及諸菩薩此諸大衆莫不目見
時維摩詰問衆菩薩言諸仁者誰能致彼佛
飯以文殊師利威神力故咸皆嘿然維摩詰
言仁者此諸大衆无乃可恥文殊師利曰如佛
所言勿輕未學於是維摩詰不起于座居衆
會前化作菩薩相好光明威德殊勝蔽於衆
會而告之曰汝往上方界分度如卌二恒河沙佛
土有國名衆香佛號香積與諸菩薩方共坐
食汝往到彼如我辭曰維摩詰稽首

BD15057 號　維摩詰所說經卷下　（23–2）

會前化作菩薩相好光明威德殊勝蔽於衆
會而告之曰汝往上方界分度如卌二恒河沙佛
土有國名衆香佛号香積與諸菩薩方共坐
食汝往到彼如我辭曰維摩詰稽首
下致敬无量問訊起居少病少惱氣力安不
願得世尊所食之餘當於娑婆世界施作佛
事令此樂小法者得弘大道亦使如來名聲
普聞時化菩薩即於會昇于上方舉衆皆
見其去到衆香界礼彼佛足又聞其上維摩
詰稽首世尊足下致敬无量問訊起居少病
少惱氣力安不願得世尊所食之餘欲於娑
婆世界施作佛事使此樂小法者得弘大道
亦使如來名聲普聞彼諸大士見化菩薩歎
未曾有今此上人從何所來娑婆世界為在
何許云何名為樂小法者即以問佛佛告之
曰下方度如卌二恒河沙佛土有世界名娑婆
佛号釋迦牟尼今現在於五濁惡世為樂小
法衆生敷演道教彼有菩薩名維摩詰住
不可思議解脫為諸菩薩說法故遣化來
稱揚我名并讚此土令彼菩薩增益功德彼菩
薩言其人何如乃作是化德力无畏神足若斯
佛言甚大一切十方皆遣化往施作佛事饒
益衆生於是香積如來以衆香鉢盛滿香飯
與化菩薩時彼九百萬菩薩俱發聲言我欲
詣娑婆世界供養釋迦牟尼佛并欲見維摩
詰等諸菩薩衆佛言可往攝汝身香无令彼

益衆生於是香積如來以衆香鉢盛滿香飯
與化菩薩時彼九百萬菩薩俱發聲言我欲
詣娑婆世界供養釋迦牟尼佛并欲見維摩
詰等諸菩薩衆佛言可往攝汝身香无令彼
衆生起惑著心又當捨汝本形勿使彼國求菩
薩者而自鄙恥又汝於彼莫懷輕賤而作礙想
所以者何十方國土皆如虛空又諸佛為欲化
諸樂小法者不盡現其清淨土耳時化菩薩
既受鉢飯與九百萬菩薩俱承佛威神及
維摩詰力於彼世界忽然不現須臾之間至
維摩詰舍維摩詰即化作九百万師子之座
嚴好如前諸菩薩皆坐其上化菩薩以滿鉢
飯與維摩詰飯香普熏毗耶離城及三千大
千世界時毗耶離婆羅門居士等聞是香
氣身意快然歎未曾有於是長者主月蓋從
八萬四千人來入維摩詰舍見其室中菩薩
甚多諸師子座高廣嚴好皆大歡喜礼衆
菩薩及大弟子却住一面諸地神虛空神及欲
色界諸天聞此香氣亦皆來入維摩詰舍時
維摩詰語舍利弗等諸大聲聞仁者可食如來
甘露味飯大悲所熏无以限意食之使不消也
有異聲聞念是飯少而此大衆人人當食化
菩薩曰勿以聲聞小德小智稱量如來无量
福慧四海有竭此飯无盡使一切人食揣若
須弥乃至一劫猶不能盡所以者何无盡戒
定智慧解脫解脫知見功德具足者所食之

有異聲聞念是飯少而此大衆人人當食化
菩薩曰勿以聲聞小德小智稱量如來无量
福慧四海有竭此飯无盡使一切人食揣若
須彌乃至一劫猶不能盡所以者何无盡戒
定智慧解脫解脫知見功德具足者所食之
餘終不可盡於是鉢飯悉飽衆會猶故不賜
其諸菩薩聲聞天人食此飯者身安快樂譬
如一切樂莊嚴國諸菩薩也又諸毛孔皆出
妙香亦如衆香國土諸樹之香尒時維摩詰
問衆香菩薩香積如來以何說法彼菩薩曰
我土如來无文字說但以衆香令諸天人得入
律行菩薩各各坐香樹下聞斯妙香即獲一
切德藏三昧得是三昧者菩薩所有功德皆悉
具足彼諸菩薩問維摩詰今世尊釋迦牟尼
以何說法維摩詰言此土衆生剛强難化故
佛為說剛强之語以調伏之言是地獄是畜
生是餓鬼是諸難處是愚人生處是身邪行
是身邪行報是口邪行是口邪行報是意邪行
是意邪行報是殺生是殺生報是不與取是
不與取報是邪婬是邪婬報是妄語是妄語
報是兩舌是兩舌報是惡口是惡口報是无
義語是无義語報是貪嫉是貪嫉報是瞋惱
是瞋惱報是邪見是邪見報是慳悋是慳悋
報是毀戒是毀戒報是瞋恚是瞋恚報是懈
怠是懈怠報是亂意是亂意報是愚癡是
愚癡報是結戒是持戒是犯戒是應作是不

BD15057號　維摩詰所說經卷下　（23–5）

是瞋惱報是邪見是邪見報是慳悋是慳悋
報是毀戒是毀戒報是瞋恚是瞋恚報是懈
怠是懈怠報是亂意是亂意報是愚癡是
愚癡報是結戒是持戒是犯戒是應作是不
應作是鄣礙是不鄣礙是得罪是離罪是淨
是垢是有漏是无漏是邪道是正道是有為
是无為是世間是涅槃以難化之人心如猨猴
故以若干種法制御其心乃可調伏譬如象
馬𢤱悷不調加諸楚毒乃至徹骨然後調伏
如是剛强難化衆生故以一切苦切之言乃可
入律彼諸菩薩聞說是已皆曰未曾有也如世
尊釋迦牟尼佛隱其无量自在之力乃以貧
所樂法度脫衆生斯諸菩薩亦能勞謙以无
量大悲生是佛土維摩詰言此土菩薩於諸
衆生大悲堅固誠如所言然其一世饒益衆生
多於彼國百千劫行所以者何此娑婆世界有
十事善法諸餘淨土之所无有何等為十以
布施攝貧窮以淨戒攝毀禁以忍辱攝瞋恚
以精進攝懈怠以禪定攝亂意以智慧攝愚
癡說除難法度八難者以大乘法度樂小乘
者以諸善根濟无德者常以四攝成就衆
生是為十彼菩薩曰菩薩成就幾法於此
世界行无瘡疣生于淨土維摩詰言菩薩
成就八法於此世界行无瘡疣生于淨土
何等為八饒益衆生而不望報代一切衆生受
諸苦惱所作功德盡以施之等心衆生謙下无

BD15057號　維摩詰所說經卷下　（23–6）

生是為十彼菩薩曰菩薩成就幾法於此
世界行无瘡疣生于淨土維摩詰言菩薩
成就八法於此世界行无瘡疣生于淨土
何等為八饒益衆生而不望報代一切衆生受
諸苦惱所作功德盡以施之等心衆生謙下无
礙於諸菩薩視之如佛所未聞經聞之不疑
不與聲聞而相違背不嫉彼供不高己利而於
其中調伏其心常省己過不訟彼短恒以一
心求諸功德是為八維摩詰文殊師利於
大衆中說是法時百千天人皆發阿耨多羅
三藐三菩提心十千菩薩得无法忍

維摩詰菩薩行品第十一

是時佛說法於菴羅樹園其地忽然廣博嚴
事一切衆會皆作金色阿難白佛言世尊以
何因緣有此瑞應是處忽然廣博嚴事一切
衆會皆作金色佛告阿難是維摩詰文殊師
利與諸大衆恭敬圍繞發意欲來故先為此
瑞應於是維摩詰語文殊師利可共見佛與
諸菩薩礼事供養文殊師利言善哉行矣今
正是時維摩詰即以神力持諸大衆并師子
座置於右掌往詣佛所到已着地稽首佛足
右繞七帀一心合掌在一面立其諸菩薩即
皆避座稽首佛足亦繞七帀於一面立諸大
弟子釋梵四天王等亦皆避座稽首佛足在
一面立於是世尊如法慰問諸菩薩已各令

BD15057號　維摩詰所說經卷下　　（23–7）

右繞七帀一心合掌在一面立其諸菩薩即
皆避座稽首佛足亦繞七帀於一面立諸大
弟子釋梵四天王等亦皆避座稽首佛足在
一面立於是世尊如法慰問諸菩薩已各令
復坐即皆受教衆坐已定佛語舍利弗汝見
菩薩大士自在神力之所為乎唯然已見汝意
云何世尊我覩其為不可思議非意所圖
非度所測尒時阿難白佛言世尊今所聞香
自昔未有是為何香佛告阿難是彼菩薩毛
孔之香於是舍利弗語阿難言我等毛孔亦
出是香阿難言此所從來曰是長者維摩詰
從衆香國取佛餘飯於舍食者一切毛孔皆
香若此阿難問維摩詰是香氣住當久如維
摩詰言至此飯消曰此飯久如當消曰此飯
勢力至于七日然後乃消又阿難若聲聞人
未入正位食此飯者得入正位然後乃消已
入正位食此飯者得心解脫然後乃消若未
發大乘意食此飯者至發意乃消已發意
食此飯者得无生忍然後乃消得无生忍食
此飯者至一生補處然後乃消譬如有藥名
曰上味其有服者身諸毒滅然後乃消此飯如
是滅除一切諸煩惱毒然後乃消阿難白佛
言未曾有也世尊如此香飯能作佛事佛言
如是如是阿難或有佛土以佛光明而作佛事
有以諸菩薩而作佛事有以佛所化人而作佛
事有以菩提樹而作佛事有以佛衣服臥具而

BD15057號　維摩詰所說經卷下　　（23–8）

言未曾有也世尊如此香飯能作佛事佛言
如是如是阿難或有佛土以佛光明而作佛事
有以諸菩薩而作佛事有以佛所化人而作佛
事有以菩提樹而作佛事有以佛衣服卧具而
作佛事有以飯食而作佛事有以園林臺觀
而作佛事有以卅二相八十隨形好而作佛事
有以佛身而作佛事有以虛空而作佛事衆
生應以此緣得入律行有以夢幻影響鏡中
像水中月熱時焰如是等喻而作佛事有以
音聲語言文字而作佛事或有清淨佛土寂
漠无言无說无示无識无作无為而作佛事
如是阿難諸佛威儀進止諸所施為无非佛
事阿難有此四魔八萬四千諸煩惱門而諸
衆生為之疲勞諸佛即以此法而作佛事是
名入一切諸佛法門菩薩入此門者若見一切
淨妙佛土不以為喜不貪不高若見一切不淨
佛土不以為憂不礙不沒但於諸佛生清
淨心歡喜恭敬未曾有也諸佛如來功德平
等為教化衆生故而現佛土不同阿難汝見
諸佛國土地有若干而虛空无若干也如是
見諸佛色身有若干耳其无礙慧无若干也
阿難諸佛色身威相種姓戒定智慧解脫解
脫知見力无所畏不共之法大慈大悲威儀所
行及其壽命說法教化成就衆生淨佛國土
具諸佛法悉皆同等是故名為三藐三佛陁
名為多陁阿伽度名為佛陁阿難若我廣說

阿難諸佛色身威相種姓戒定智慧解
脫知見力无所畏不共之法大慈大悲威儀所
行及其壽命說法教化成就衆生淨佛國土
具諸佛法悉皆同等是故名為三藐三佛陁
名為多陁阿伽度名為佛陁阿難若我廣說
此三句義汝以劫壽不能盡受正使三千大
千世界滿中衆生皆如阿難多聞第一得念
總持此諸人等以劫之壽亦不能受如是阿難
諸佛阿耨多羅三藐三菩提无有限量智慧
辯才不可思議阿難白佛言我從今已往不
敢自謂以為多聞佛告阿難勿起退意所以者
何我說汝於聲聞中最多聞非謂菩薩且止
阿難其有智者不應限度諸菩薩也一切海
淵尚可測量菩薩禪定智慧總持辯才一切
功德不可量也阿難汝等捨置菩薩所行是維
摩詰一時所現神通之力一切聲聞辟支佛於
百千劫盡力變化所不能作尒時衆香世界
菩薩來者合掌白佛言世尊我等初見此
土生下劣想今自悔責捨離是心所以者何諸
佛方便不可思議為度衆生故隨其所應
現佛國異唯然世尊願賜少法還於彼土
當念如來佛告諸菩薩有盡无盡解脫法
門汝等當學何謂為盡謂有為法何謂无
盡謂无為法如菩薩者不盡有為不住无
為何謂不盡有為謂不離大慈不捨大悲
深發一切智心而不忽忘教化衆生終不厭
卷弋四品丟常念頂亍護持正法下諸區令

門汝等當學何謂為盡謂有為法何謂无
盡謂无為法如菩薩者不盡有為不住无
為何謂不盡有為謂不離大慈不捨大悲
深發一切智心而不忽忘教化衆生終不厭
惓於四攝法常念順行護持正法不惜軀命
種諸善根无有疲猒志常安住方便迴向求
法不懈說法无悋勤供養諸佛故入生死而
无所畏於諸榮辱心无憂喜不輕未學如佛
如佛墮煩惱者令發正念於遠離樂不以為
貴不著已樂慶於彼樂在諸禪定如地獄想
於生死中如園觀想見來求者為善師想捨
諸所有具一切智想見毀戒人起救護想諸
波羅蜜為父母想道品之法為眷屬想發
善根无有齊限以諸淨國嚴飾之事成已
佛土行不限施具足相好除一切惡身口意淨
故生死无數劫意而有勇聞佛无量德志
而不惓以智慧劍破煩惱賊出陰界入荷負
衆生永使解脫以大精進摧伏魔軍常求
无念實相智慧於世間法少欲知足於出世間
法求之无猒不壞威儀而能隨俗起神通慧引
導衆生得念惣持所聞不忘善別諸根斷衆
生疑以樂說辯演法无㝵淨十善道受天人福
循四无量開梵天道勸請說法隨喜讚善得
佛音聲身口意善得佛威儀深循善法所得
轉勝以大乘教成菩薩僧心无放逸不失衆善
行如此法是名菩薩不盡有為何謂菩薩不

循四无量開梵天道勸請說法隨喜讚善得
佛音聲身口意善得佛威儀深循善法所得
轉勝以大乘教成菩薩僧心无放逸不失衆善
行如此法是名菩薩不盡有為何謂菩薩不
住无為謂循學空不以空為證循學无相无
作不以无相无作為證循學无起不以无起
為證觀於无常而不猒善本觀世間苦而
不惡生死觀於无我而誨人不惓觀於寂滅
而不永寂滅觀於遠離而身心循善觀无所
歸而歸趣善法觀於无生而以生法荷負一
切觀於无漏而不斷諸漏觀无所行而以行法
教化衆生觀於空无而不捨大悲觀正法位
而不隨小乘觀諸法虛妄无牢无人无主无相
本願未滿而不虛福德禪定智慧循如此
法是名菩薩不住无為又具福德故不住无
為具智慧故不盡有為大慈悲故不住无為
滿本願故不盡有為集法藥故不住无為隨
授藥故不盡有為知衆生病故不住无為滅
衆生病故不盡有為諸正士菩薩已循此法不
盡有為不住无為是名盡无盡解脫法門汝
等當學尒時彼諸菩薩聞說是法皆大歡喜
以衆妙華若干種色若干種香散遍三千大
千世界供養於佛及此經法并諸菩薩已稽首
佛足歎未曾有言釋迦牟尼佛乃能於此善
行方便言已忽然不現還到彼國

維摩詰經見阿閦佛品第十二

以衆妙華若干種色若干種香散遍三千大
千世界供養於佛及此經法并諸菩薩已稽首
佛足歎未曾有言釋迦牟尼佛乃能於此善
行方便言已忽然不現還到彼國
維摩詰經見阿閦佛品第十二
尒時世尊問維摩詰汝欲見如來爲以何等觀
如來乎維摩詰言如自觀身實相觀佛亦然
我觀如來前際不來後際不去今則不住不
觀色不觀色如不觀色性不觀受想行識不
觀識如不觀識性非四大起同於虛空六入
无積眼耳鼻舌身心已過不在三界三垢已
離順三脫門三明與无明等不一相不異相
不自相不他相非无相非取相不此岸不彼
岸不中流而化衆生觀於寂滅亦不永滅
不此不彼不以此不以彼不可以智知不可以
識識无晦无明无名无相无強无弱非淨
非穢不在方不離方非有爲非无爲无示无
說不施不慳不戒不犯不忍不恚不進不怠
不定不亂不智不愚不誠不欺不來不去不
出不入一切言語道斷非福田非不福田非
應供養非不應供養非取非捨非有相非无
相同真際等法性不可稱不可量過諸稱量
非大非小非見非聞非覺非知離衆結縛等諸
智同衆生於諸法无分別一切无失无濁无惱无
作无起无生无滅无畏无憂无喜无猒无著无已有
无當有无今有不可以一切言說分別顯示世

BD15057號　維摩詰所說經卷下　（23–13）

相同真際等法性不可稱不可量過諸稱量
非大非小非見非聞非覺非知離衆結縛等諸
智同衆生於諸法无分別一切无失无濁无惱无
作无起无生无滅无畏无憂无喜无猒无著无已有
无當有无今有不可以一切言說分別顯示世
尊如來身爲若此作如是觀以斯觀者名
爲正觀若他觀者名爲邪觀
尒時舍利弗問維摩詰汝於何沒而來生此
維摩詰言汝所得法有沒生乎舍利弗言
无沒生也若諸法无沒生相云何問言汝於
何沒而來生此於意云何譬如幻師幻作男
女寧沒生耶舍利弗言无沒生也汝豈不聞
佛說諸法如幻相乎答曰如是若一切法如
幻相者云何問言汝於何沒而來生此舍利弗
沒者爲虛誑法壞敗之相生者爲虛誑法相
續之相菩薩雖沒不盡善本雖生不長諸惡
是時佛告舍利弗有國名妙喜佛号无動是
維摩詰於彼國沒而來生此舍利弗言未曾
有也世尊是人乃能捨清淨佛土而來樂此多
怒害處維摩詰語舍利弗於意云何日光出
時與冥合乎答曰不也日光出時則无衆冥
維摩詰言夫日何故行閻浮提答曰欲以明
照爲之除冥維摩詰言菩薩如是雖生不淨
佛土爲化衆生不與愚闇而共合也但滅衆生
煩惱闇耳
是時大衆渴仰欲見妙喜世界不動如來及其

BD15057號　維摩詰所說經卷下　（23–14）

照為之除冥維摩詰言菩薩如是雖生不淨
佛土為化衆生不與愚闇而共合也但滅衆生
煩惱闇耳
是時大衆渴仰欲見妙喜世界不動如來及其
菩薩聲聞之衆佛知一切衆會所念告維摩
詰言善男子為此衆會現妙喜國不動如來
及諸菩薩聲聞之衆悉皆欲見於是維摩詰
心念吾當不起于座接妙喜國鐵圍山川溪
谷江河大海泉源須弥諸山及日月星宿天
龍鬼神梵天等宮并諸菩薩聲聞之衆城
邑聚落男女大小乃至无動如來及菩提樹
諸妙蓮華能於十方作佛事者三道寶階從
閻浮提至忉利天以此寶階諸天來下悉為礼
敬无動如來聽受經法閻浮提人亦登其階上
昇忉利見彼諸天妙喜世界成就如是无量功
德上至阿迦膩吒天下至水際以右手斷取如
陶家輪入此世界猶持華鬘示一切衆作是念
已入於三昧現神通力以其右手斷取妙喜
世界置於此土彼得神通菩薩及聲聞衆并
餘天人俱發聲言唯然世尊誰取我去願見
救護无動佛言非我所為是維摩詰神力所
所作其餘未得神通者不覺不知已之所往
妙喜世界雖入此土而不增減於是世界亦
不迫隘如本无異
尒時釋迦牟尼佛告諸大衆汝等且觀妙喜
世界无動如來其國嚴飾菩薩行淨弟子清

BD15057 號　維摩詰所說經卷下

所作其餘未得神通者不覺不知已之所往
妙喜世界雖入此土而不增減於是世界亦
不迫隘如本无異
尒時釋迦牟尼佛告諸大衆汝等且觀妙喜
世界无動如來其國嚴飾菩薩行淨弟子清
白皆曰唯然已見佛言若菩薩欲得如是清
淨佛土當學无動如來所行之道現此妙喜
國時娑婆世界十四那由他人發阿耨多羅
三藐三菩提心皆願生於妙喜佛土釋迦牟
尼佛即記之曰當生彼國時妙喜世界於此
國土所應饒益其事訖已還復本處衆皆見
佛告舍利弗汝見此妙喜世界及无動佛不
唯然已見世尊願使一切衆生得淨淨土如无
動佛獲神通力如維摩詰世尊我等快得善
利得見是人親近供養其諸衆生若今現在
若佛滅後聞此經者亦得善利况得聞已信
解受持讀誦解說如法脩行若有手得是經
典者便為已得法寶之藏若有讀誦解釋其
義如說脩行則為諸佛之所護念其有供養
如是人者當知則為供養於佛其有書持此
經卷者當知其室則有如來若聞是經能隨
喜者斯人則為取一切智若能信解此經乃
至一四句偈為他說者當知此人即是受阿耨
多羅三藐三菩提記
維摩詰經法供養品第十三
尒時釋提桓因於大衆中白佛言世尊我雖

BD15057 號　維摩詰所說經卷下

至一四句偈爲他說者當知此人即是受阿耨
多羅三藐三菩提記

維摩詰經法供養品第十三

尒時釋提桓因於大衆中白佛言世尊我雖
從佛及文殊師利聞百千經未曾聞此不可
思議自在神通決定實相經典如我解佛所
說義趣若有衆生聞是經法信解受持讀誦
之者必得是法不疑何況如說脩行斯人則爲
閉衆惡趣開諸善門常爲諸佛之所護念
降伏外學摧滅魔怨脩治菩提安處道場履
踐如來所行之跡世尊若有受持讀誦如說脩
行者我當與諸眷屬供養給事所在聚落城
邑山林曠野有是經處我亦與諸眷屬聽受
法故共到其所其未信者當令生信其已信
者當爲作護佛言善哉善哉天帝如汝所說
吾助尒喜此經廣說過去未來現在諸佛不可
思議阿耨多羅三藐三菩提是故天帝若善男
子善女人受持讀誦供養是經者則爲供養
去來今佛天帝正使三千大千世界如來滿中
譬如甘蔗竹葦稻麻叢林若有善男子善
女人或一劫或減一劫恭敬尊重讚歎供養
奉諸所安至諸佛滅後以一一全身舍利起
七寶塔縱廣一四天下高至梵天表刹莊
嚴以一切華香瓔珞幢幡伎樂微妙第一
若一劫若減一劫而供養之於天帝意云

奉諸所安至諸佛滅後以一一全身舍利起
七寶塔縱廣一四天下高至梵天表刹莊
嚴以一切華香瓔珞幢幡伎樂微妙第一
若一劫若減一劫而供養之於天帝意云
何其人植福寧爲多不釋提桓因言多矣世
尊彼之福德若以百千億劫說不能盡佛告
天帝當知是善男子善女人聞是不可思議
解脫經典信解受持讀誦脩行福多於彼所
以者何諸佛菩提皆從是生菩提之相不可
限量以是因緣福不可量

佛告天帝過去无量阿僧祇劫時世有佛号
曰藥王如來應供正遍知明行足善逝世間
解无上士調御丈夫天人師佛世尊世界曰大
莊嚴劫曰莊嚴佛壽廿小劫其聲聞僧卅六
億那由他菩薩僧有十二億天帝是時有轉
輪聖王名曰寶蓋七寶具足主四天下王有
千子端正勇健能伏怨敵尒時寶蓋與其
眷屬供養藥王如來施諸所安至滿五劫
過五劫已告其千子汝等亦當如我以深
心供養於佛於是千子受父王命供養藥王
如來復滿五劫一切施安其王一子名曰月蓋
獨坐思惟寧有供養殊過此者以佛神力空
中有天曰善男子法之供養勝諸供養即問何
謂法之供養天曰汝可往問藥王如來當廣
爲汝說法之供養即時月蓋王子行詣藥王
如來稽首佛足却住一面白佛言世尊諸供養

獨坐思惟寧有供養殊過此者以佛神力空
中有天曰善男子法之供養勝諸供養即問何
謂法之供養天曰汝可往問藥王如來當廣
為汝說法之供養即時月蓋王子行詣藥王
如來稽首佛足却住一面白佛言世尊諸供養
中法供養勝云何為法供養佛言善男子法
供養者諸佛所說深經一切世間難信難受
微妙難見清淨无染非但分別思惟之所能
得菩薩法藏所攝陁羅尼印印之至不退轉
成就六度善分別義順菩提法衆經之上入
大慈悲離衆魔事及諸邪見順因緣法无我
无人无衆生无壽命空无相无作无起能令
衆生坐於道場而轉法輪諸天龍神乹闥婆
等所共歎譽能令衆生入佛法藏攝諸賢聖
一切智慧說衆菩薩所行之道依於諸法實
相之義明宣无常苦空无我寂滅能救一切毀
禁衆生諸魔外道及貪著者能使怖畏諸佛
賢聖所共稱歎背生死苦示涅槃樂十方三
世諸佛所說若聞如是等經信解受持讀誦以
方便力為諸衆生分別解說顯示分明守護
法故是名法之供養又於諸法如說修行隨順
十二因緣離諸邪見得无生忍決定无我无
有衆生而於因緣果報无違无諍離諸我
所依於義不依語依於智不依識依了義經
不依不了義經依於法不依人隨順法相无
所入无所歸无明畢竟滅故諸行亦畢竟滅

BD15057號　維摩詰所說經卷下　(23-19)

有衆生而於因緣果報无違无諍離諸我
所依於義不依語依於智不依識依了義經
不依不了義經依於法不依人隨順法相无
所入无所歸无明畢竟滅故諸行亦畢竟滅
乃至生畢竟滅故老死亦畢竟滅作如是觀十
十二因緣无有盡相不復起見是名最上法之供養
佛告天帝王子月蓋從藥王佛聞如是法得
柔順忍即解寶衣嚴身之具以供養佛白
佛言世尊如來滅後我當行法供養守護
正法願以威神加哀建立令我得降魔怨修
菩薩行佛知其深心所念而記之曰汝於末
後守護法城天帝時王子月蓋見法清淨聞
佛受記以信出家修集善法精進不久得五神
通成菩薩道得陁羅尼无斷辯才於佛滅後以
其所得神通揔持辯才之力滿十小劫藥王如
來所轉法輪隨而分布月蓋比丘以守護法
勤行精進即於此身化百萬億人於阿耨多
羅三藐三菩提立不退轉十四那由他人深發
聲聞辟支佛心无量衆生得生天上天帝時
王寶蓋豈異人乎今現得佛號寶炎如來其
王千子即賢劫中千佛是也從迦羅鳩孫大
為始得佛最後如來号曰樓至月蓋比丘則
我身是如是天帝當知此要以法供養於
諸供養為上為最第一无比是故天帝當以
之供養於佛
維摩詰經囑累品第十四
於是佛告弥勒菩薩言弥勒我今以是无量

BD15057號　維摩詰所說經卷下　(23-20)

我身是如是天帝當知此要以法供養於
諸供養為上為最第一无比是故天帝當以
之供養於佛

維摩詰經囑累品第十四

於是佛告弥勒菩薩言弥勒我今以是无量
億阿僧祇所集阿耨多羅三藐三菩提法付
囑於汝如是輩經於佛滅後末世之中汝等
當以神力廣宣流布於閻浮无令斷絕所
以者何未來世中當有善男子善女人及天
龍鬼神乾闥婆羅剎等發阿耨多羅三藐三
菩提心樂于大法若使不聞如是等經則失善
利如此輩人聞是等經必多信樂發希有心
有心當以頂受隨諸衆生所應得利而為廣
說弥勒當知菩薩有二相何謂為二一者好於
雜句文飾之事二者不畏深義如實能入若
好雜句文飾事者當知是為新學菩薩若
於如是无染无著甚深經典无有恐畏能入
其中聞已心淨受持讀誦如說脩行當知
是為久脩道行弥勒復有二法名新學者
不能決定於甚深法何等為二一者所未聞
深經聞之驚怖生疑不能隨順毀謗不信而作
是言我初不聞從何所來二者若有護持解
說如是深經者不能親近供養恭敬或時於
中說其過惡有此二法當知是新學菩薩為
自毀傷不能於深法中調伏其心弥勒復有
法菩薩雖信解深法猶自毀傷而不能得

BD15057 號　維摩詰所說經卷下　（23–21）

說如是深經者不能親近供養恭敬或時於
中說其過惡有此二法當知是新學菩薩為
自毀傷不能於深法中調伏其心弥勒復有
法菩薩雖信解深法猶自毀傷而不能得
无生法忍何等為二一者輕慢新學菩薩
而不教誨二者雖解深法而取相分別是為
二法弥勒菩薩聞說是已白佛言世尊未曾
有也如佛所說我當遠離如斯之惡奉持如
來无數阿僧祇劫所集阿耨多羅三藐三菩
提法若未來世善男子善女人求大乘者當
令手得如是等經與其念力使受持讀誦為
他廣說世尊若後末世有能受持讀誦為他
者當知是弥勒神力之所建立佛言善哉善
哉弥勒如汝所說佛助尒喜於是一切菩薩合
掌白佛我等亦於如來滅後十方國土廣宣
流布阿耨多羅三藐三菩提復當開導諸說
法者令得是經尒時四天王白佛言世尊在在
處處城邑聚落山林曠野有是經卷讀誦
解說者我當率諸官屬為聽法故往詣
其所擁護其人面百由旬令无伺求得其便
者是時佛告阿難受持是經廣宣流布阿
難言唯我已受持要者世尊當何名斯經佛
告阿難是經名為維摩詰所說亦名不可思
議解脫法門如是受持佛說是已長者維摩
詰文殊師利舍利弗阿難等及諸天人阿脩

BD15057 號　維摩詰所說經卷下　（23–22）

我弥勒如汝所說佛助尒喜於是一切菩薩合
掌白佛我等亦於如來滅後十方國土廣宣
流布阿耨多羅三藐三菩提復當開導諸說
法者令得是經尒時四天王白佛言世尊在在
處處城邑聚落山林曠野有是經卷讀誦
解說者我當率諸官屬爲聽法故往詣
其所擁護其人面百由旬令无伺求得其便
者是時佛告阿難受持是經廣宣流布阿
難言唯我已受持要者世尊當何名斯經佛
告阿難是經名爲維摩詰所說亦名不可思
議解脫法門如是受持佛說是已長者維摩
詰文殊師利舍利弗阿難等及諸天人阿脩
羅一切大衆聞佛所說皆大歡喜作礼而去

維摩詰經卷下

BD15057號　維摩詰所說經卷下　（23–23）

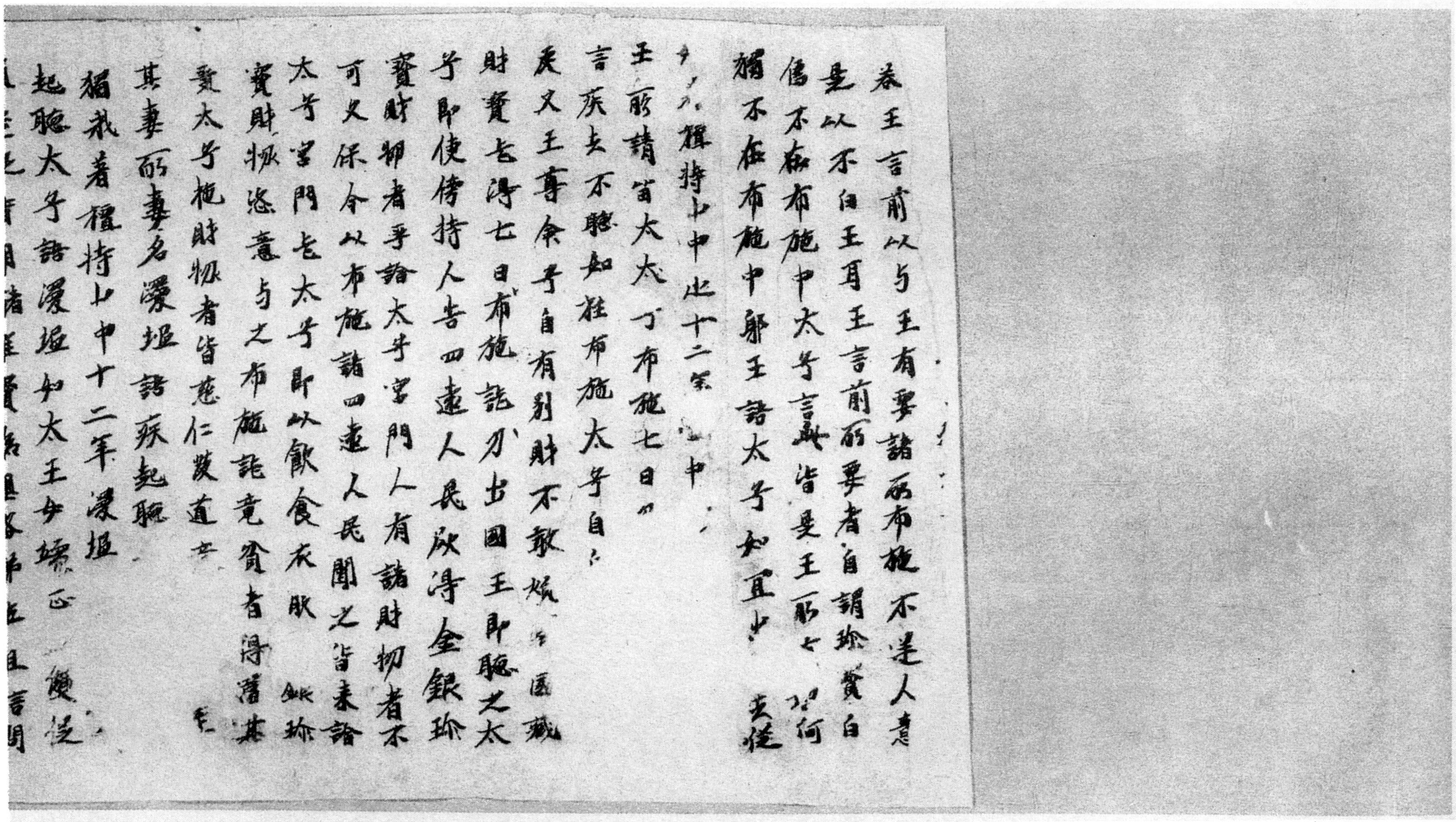

春王言前以与王有要諸所布施不逆人意
是以不白王耳王言前所要者自謂珍寶白
象不在布施中太子言象皆是王所乞何
獨不在布施中耶王語太子如宜也去從
十八擯持山中止十二年中
王所請當太太丁布施七日
言疾去不聽如往布施太子自々
度又王尊命子自有别財不敢妨國藏
財寶乞得七日布施訖乃出國王即聽之太
子即使傳持人告四遠人民欲得金銀珍
寶財物者手詣太子宮門人有諸財物者不
可久保令以布施諸四遠人民聞之皆來詣
太子宮門乞太子即以飲食衣服銀珍
寶財物恣意与之布施訖竟貧者得富其
資太子施財物者皆慈仁發道意王
其妻所妻名漫坻語疾起聽
猶我着擯持山中十二年漫坻
起聽太子語漫坻如太王女懷正便從

BD15058號　太子須大拏經　（16–1）

貧財物恣意與之布施訖竟貧者得濟其
貴太子施財物者皆慈仁發道意
其妻所妻名曼坻話疾起驅
猶我着褌持山中十二年曼坻
起聽太子語曼坻如太王女端正便從
頭至足皆用諸雜寶爲瓔珞澡浴且言聞
太子今太子有何等過而令王恚責擯逐
太子置深山中乎太子語妻言王謂我布
施大劇故竭我國持我健象以與怨家
王不侍臣用是故瞋恚共逐我耳坻言
使國豐熟令王及傳臣使國民安樂无極
相用怒力於山中求索道耳太子言人在
山中恐怖之處鼓難爲心弟從得
大可畏也又有虎狼毒蛇甚多
子極樂奈能忍也是又山中多有疾風暴
雨雷電霧既多惡鬼不可處汝在宮內細
褒之衣止則在帷帳之中飲食甘美恣口
所欲今去山中臥則草蓐食則菓蓏汝奈
何樂是耶寒時則大寒熱則大熱衣木之
間不可依止地則有疾蔾石汝奈何能
忍是耶曼坻言我用是帷帳甘美爲而與
太子離乎我終不能相離也會當與太
子相隨去耳王出者以幡爲幟火者以烟
爲幟婦女以夫爲幟我捨父母但怙太子
々是我之大分當又母會當與太子相隨
去耳太子於國布施四方遠近時常與太
子俱今不隨太子者謹有遠人便來乞匃
問太子所在不見太子太子何應之心當

BD15058號　太子須大拏經　（16–2）

爲幟婦女以夫爲幟我捨父母但怙太子
々是我之大分當又母會當與太子相隨
去耳太子於國布施四方遠近時常與太
子俱今不隨太子者謹有遠人便來乞匃
問太子所在不見太子太子何應之心當
感死何能聽太子當隨去耳太子諸妻言
今如不須隨我去謹有人隨我乞兒子及
汝我不能逆之也當不用我言汝止我好
心便訖我布施善意不須去也
曼坻言聽太子在所布施遂作布施莫復
休懈百千万世未有人如太子輩也太子
言汝能爾者大善便與妻子俱至母所辭
別欲去語其母頭數諫大王以正法治國
莫得耶枉人民其聞太子辭別去如是自
與旁人左右語言我身如石心如鐵
今有一子耳大好道家共逐去我心何能不
破死耶光在腹中時如樹生華日稍長大我
亦有子時欲得子今大不遠我須使我
得子養子適大長今當別離念當憶我
子諸大夫人皆當收我不復敬我何其等式
太子妻子共爲父母始終作禮時宮中二万
夫人各與太子一貫真珠四千諸臣各作七
寶花以上太子復共作七寶車用施太子使以
事着車上自衛人去太子從宮中出止城門
巷以珠花七寶布施四遠人々來已便盡國中
使民大小數千萬人共送太子吏民皆窮辭
共議言太子善人是國之神父母何心忽逐是
珍寶之人觀者數万人皆共尊惜之太子施已
城外樹下坐辭謝諸來送者使民皆共還去

BD15058號　太子須大拏經　（16–3）

悉以雜花七寶布施四遠人人來已便盡國中
使民大小數千萬人共逃太子吏民皆寤詰
共議言太子善人是國之神父母何心忍逐是
珍寶之人觀者數万人皆共嗟惜之太子施已
城外樹下坐辭謝諸來送者使民皆共還去
太子即與妻子步道而去未遠便有婆羅
門來從太子乞所寶車太子即以寶車與之
更載木車而去這復前行道逢婆羅門來從
太子乞馬太子即以馬與之復以妻子著車上
自挽而去小復前行復有婆羅門來從太子乞
所車太子即復以車與之這復前行復有婆羅
門來從太子乞所太子言我然不與卿有所愛惜
也我所有者皆以盡盡婆羅言太子无所有者與
我身上衣太子即解寶衣與之便著一故衣而
去這復前行道逢婆羅門來從太子乞所太子
即復以身衣與之轉復前行道逢婆羅門來從
太子乞所衣太子即復以弊衣與之布施車馬
錢財衣被了盡无所復愛无有悔心妻燕食
其妻太子自抱其男步行而去禪持山中去葉
波國六千餘里未至中道有大深水不可度
事語太子且當在此須水減少乃度太子欺妻
言王從我著禪持山中於此枉者違父王之命
非孝子也太子即慈心三昧水中便有一大山
以隱障絕水太子即與妻舊衣而度度以太子
即心念言便令去者水當洗觀人民及諸婦
動太子即還顧謂水言復流如故後人欲來來
我所者皆當令得度太子語竟水即復流如故
轉復前行大飢渴極天王釋於曠野中化作
城郭市里皆有妓樂衣被服飲食城中有人出

BD15058號　太子須大拏經

（16–4）

即心念言便令去者水當洗觀人民及諸婦
動太子即還顧謂水言復流如故後人欲來來
我所者皆當令得度太子語竟水即復流如故
轉復前行大飢渴極天王釋於曠野中化作
城郭市里皆有妓樂衣被服飲食城中有人出
迎太子可此止留飲食以自娛樂妻語太
子行道甚極可暫止此小自休息不太子欺
妻言父王從我著禪持山中於此留者違
父王之命非是孝子也
遂便前行出城還顧視不復見城夫妻見子
行道唯卿步常和心相隨无有怨難之心遂
便前道行廿一日便到禪持山中太子見山峯
隨嶢峨樹木參天太子語妻言且觀是禪
持山諸菓藥樹茂盛百鳥嬰嬰相和而鳴
家家有流泉美水甘菓蕃多今在此中山止當
食飲此耳即上山山上有一道人更在山上有
絕妙之德名阿周陀年五百歲太子前
為道人作禮却住白阿周陀言我將妻子
來欲學道願相教戒令此山中何所饒好菓
蓏泉水可止處也阿周陀言此山中者普是
擔地所在可止耳道人即言此山中潔淨之
處卿欲何將事來學道耶曼坻即言問道人
在此山中學道以來為幾何歲矣道人答言
在此山中四五百歲曼坻言我聞求道者无
男无女但在意耳針有普我所者何時當得
道耶隨文在山中不如枯樹木无異不能若我
人者乃可得道道人言我不及此多也太子即
問道人卿聞葉波國王太子須達拏不道人
言我久聞之未曾見耳太子答言今正是

BD15058號　太子須大拏經

（16–5）

男无女但在意可斟有者我行者何時當得
道耶隨文在山中之如枯樹木无異可斟者我
人者乃可得道〻人言我不及此身也太子即
問道人卿聞葉波國王太子須達拏不道人
言我數聞之未曾見耳太子答言今正是須達
拏身道人問太子所求何等太子答言欲求
摩訶衍道人答言太子功德不介今得摩訶衍
不久太子得摩訶衍時我當為太子作弟一神
足弟子道人即指示太子所止處太子即取此
新作小草屋并為澡堰及二小兒各作一草屋
妃作三草屋山中諸鳥蜚禽狩皆悉歡喜來
衣附太子。這一宿山中空地更生泉水於木
諸樹皆生花葉諸虫毒狩皆為人馭轉相食噉
者皆自然食草諸雜菓樹自然茂盛自出
嬰〻相和人鳴嬰嬉住行採菓以食太子及与
男女兒。徐自食男女捨父行戲在於道邊与
諸師子鹿禽獸而共戲戲或有宿時〻男耶
利騎師子背上師子跳梁便隨耶利小像其面人便
面出絲喉便取樹葉以拭面並將至水邊以水
洗之太子在遙見之時在國有貧窮老婆羅門
年至卅百又娶婦得長者女大婦正无雙在面
婆羅門面上有十二醜婦持瓶行取水道逢
不少輩共形咲其婿語其婦言如家得无
貪財薄義汝家貧窮无自活故持与汝是
老公作婦耶我視是老公學道不能明亦不
能教人娃復弊惡身體黑如漆面上有三痽
鼻正匾捥角目復青面皺唇偃言語謇吃大
腹脛臏脚復了戾頭縣胎禿狀類似鬼其
婦惡見之年少形調皆說其婿拔鬚甚醜
汝甚婦取何能為老

BD15058 號　太子須大拏經　（16–6）

能教人娃復弊惡身體黑如漆面上有三痽
鼻正匾捥角目復青面皺唇偃言語謇吃大
腹脛臏脚復了戾頭縣胎禿狀類似鬼其
婦惡見之年少形調皆說其婿拔鬚甚醜
汝甚婦取何能為老人作婦耶其婦語年
我家不為窮乏不為无義耶是我之薄相
故正值是對耳我見其形狠是老公頭正
白如霜着樹朝暮喘欲令死但不能耶不
背死何耳此婦持水涕身婦語其婿言我
遠取水年少輩共形咲我如當為我索
奴婢我有奴婢者便不復自行取水人不
不復形咲我也婿言我貧窮當於何許得奴
婢我婦言如不為我索奴婢者我便遠
卿去終不復与卿共居也婦言我常聞葉
波國王太子須達拏坐布施大劇故逐着
檀持山有一男一女可使役之到即与
卿智言檀持山去此聞六千餘里初不出
行矯當於何所求之其婦言汝不為我
求奴婢者我當以經人死有智言此婦婦
致乃尔壽自然我身不欲令婦死也智言
汝欲令我行者給我資粮婦言如便自去
元有資粮給汝也婿當波羅惠施其婦言
自轉道粮逐詣葉波國至宮門外問守門
者太子須達拏今為所在守門者即入白
王言外有婆羅門來問太子王聞人來
索太子心即感念言之我生是人故遙我
子今人復往來耶王便說俞言然火自燃

BD15058 號　太子須大拏經　（16–7）

者太子須達聲今為所在守門者即入白
王言外有婆羅門來問畫太子王聞人來
畫太子心即感念言之我生是人欲逐我
子令人復往來郍王便説俞言然火自燒
而復惡其斬令我自憂愁譬如燒火令人
來問太子為汝壺薪其郍王言太子生汝
輩使着檀持山深中今而故復來波羅門
言我從遠方來聞太子名字上徹倉天下
至黃泉太子布施不逆人意故從遠方來
欲有所得王語波羅門言今太子獨處深
山大貧窮當何以与汝郍波羅門王言太
子唯无所有遺汝一相見去耳王即使一
示其道往處波羅門即行詣檀持山至大
水邊住念太子即便得疾遂入山逢一獵師
人問言汝崖行諸山中寧見太子須達拏
不獵者知太子生布施婆羅門故從着深山
中獵者便取波羅門縛著樹以捶鞭之身
體悉破波羅門汝不當門我郍獵者便問
因欲説何等波羅門便跪獵者言王及夫
人并諸臣恩見太子食飲不進故遣我來
追兮太子令還國有獵者便許放之差詳
謝之實不相知也便指示其處波羅門即
住到太子所止處太子亦遙見婆羅門來
趣迎為作禮因弟問之言所從何來行道
得无疲極欲所求索今波羅門言我從遠
方來本系皆痛又大飢渴太子即請前坐
於草屋下出菓蓏水漿前波羅門飲水噉
菓竟便語太子布施上聲倉天下至黃泉

BD15058 號　太子須大拏經　（16–8）

住到太子所止處太子亦遙見婆羅門來
趣迎為作禮因弟問之言所從何來行道
得无疲極欲所求索今波羅門言我從遠
方來本系皆痛又大飢渴太子即請前坐
於草屋下出菓蓏水漿前波羅門飲水噉
菓竟便語太子布施上徹倉天下至黃泉
汝太山莫不知聞者人説太子功德初不
拏言今卿為天人之子天人所語不敢汝
使太子審布施不逆而意者我欲從太子
有所乞可太子言我不与卿有所索悟也
我所有者皆賜盡汝羅門言如今太子无
所有与我者与我猪兒可出我給使如是
言之三太子言卿故遠方來欲得我男女
奈何不相与時甫兒捨又行戲太子呼之兒
即來還太子語甫兒言今此波羅門從我乞汝
兒弟我以許之甫兒入走又投下我曹常隨
又數見波羅門未曾有是輩人此北波羅門
為是鬼耳今我母行採菓蓏人持我兄弟与
鬼作食郍我母來索我不得當如牛鳴盡其
犢子波羅門言我欲貸去慈兒曹母來我便
不復得甫兒去卿持善心与我母來必敗卿
意太子報言我從小以來布施未曾有悔意
太子即以水澡波羅門手牽甫兒与之時地
為六種震動甫兒不肯去隨還至父前對父
長跪言我宿命有何罪今為值此向又悔過
使是殃罪滅福生世世莫復遇是太子語甫
兒言天下恩愛皆當别離无有常也我後得无
上平等道時自當還度汝甫兒語父言為我俞
恨不見母别波羅門言我鬼且稱小兒若當捨

BD15058 號　太子須大拏經　（16–9）

長跪言我宿命有何惡今為值此向又踰遇
使是鵝國惡滅福生世世莫復遇是太子語兩
兒言天下恩愛皆當別離无有常也我後得无
上平等道時自當度脫汝兩兒語父言為我命
恨不見母別波羅門言我兒且聽小兒當捨
我去至其母所我奈何得之耶當縛付我耳太
子即自持兩手使波羅門自縛之令相連結一
手持繩以撾隨而鞭之血出流地太子見之淚下
墮地地為之沸太子父禽獸皆共悲兩兒不復
見地血太子刀還諸禽獸皆欲逐兒去心中為
猶豫遂隨逐太子還至其兒所戲處啼哭兒
轉入自撲波羅門逐將兩兒去於中道以繩
自繞著樹不肯時去與母來逐之波羅門復
以撾鞭之兩兒身脫著身衣以與婆羅門請
莫復撾我也兩兒仰語天神山神樹神一切
語我捨棄我去而來与我一相見耳
母在山中諸神為作怖如有雷聲母聞是
仰頭視不見雷兩以龍之下庠右目像瞤兩此是
乳汁出母便自惟我本曾有是怖當用是
菓為我兒曹得无有他故便棄菓走還第二
切利天王釋知太子以兒善意与人恐婦
行敗其善心便化作師子當道而蹲婦語
師子言卿是獸中王我亦是人中王子我
曹同共在山中頗相避使我得過去我有
兩兒皆尚朝來无所食但坐待我耳師子隱兩
波羅去遠乃起令婦得見太子坐不見兒自
至草屋下索之不見復至草屋中求之不得
便行至兒所戲水邊亦復不見但見兒所數
戲處禽狩華庭師子亦悲皆在叢塠前自撲

兩兒皆尚朝來无所食但坐待我耳師子隱兩
波羅去遠乃起令婦得見太子坐不見兒自
至草屋下索之不見復至草屋中求之不得
便行至兒所戲水邊亦復不見但見兒所數
戲處禽狩華庭師子亦悲皆在叢塠前自撲
而啼哭兒所戲池水為之空竭母言兒常達
見我持菓來時走趣我辟地復起跳踉啼言
阿波來歸我坐時自在左右見我肩上有塵
土即為我拂拭去之令我亦不見兒兒復不
來附我仁持与誰乎早語我處我初求兒時
擣祠數極乃致是兒今我不復見之蓋令我
心摧燋得无為鬼神盜賊所得耶一言語我
處莫令我發狂漫塠復問太子兩兒今為所在
如是之三太子不應漫塠益更愁毒不見兩
兒尚復可耳今太子不應我傷益令我愁太
子語妻言嫣留國有波羅門來從我乞兩兒
我便与之婦聞太子語辟地宛轉啼哭審如
我發所養見貧窮老波羅門來截我兩乳去
正為是應啼哭呼天言我子為若何乎感動
一山中太子語妻言如識過去提和竭羅佛
時本要不我爾時作婆羅門子字鞞多衛汝
爾時作波羅門女字須羅陀持花五莖我今
時以銀錢五百狀欲買如花以用上佛汝爾
時不肯與我錢欲以花与我後世為我妻我
爾時与如共要言欲為妻妻我當隨我意在所
布施不逆人意雖不以又母施耳其餘皆當
隨我言如余時言可余以兒布施而乃亂我
善心耶婦聞太子言心意即開解便識宿命
身隱道太子隨侯导心所願天王釋見太子

今日□女共要言欲為妻我當隨我意在所
布施不逆人意唯不以父母施耳其餘皆當
隨我言如尒時言可余以兒布施不乱我
善心耶婦聞太子言心意即開解便識舊命
自聽隨太子施疾得心所願天王釋見太子
施如此即下試太子知欲求何道化作波羅
門梵復十二醜住到太子前自說常聞太子布
施在人所求索无所違逆又聞卿婦賢善恭
順不違其旨願實欲乞婦婦語太子今持我施
与人誰當恭養太子子語事言設不以妃施當
何從得成无上平等道太子即以水澡波羅
門手牽婦辟以授之時地六反震動
波羅門讓之不取太子言何為不取耶語婦人是
婦无惡諸婦人中是婦善現國王子又但有
是一女耳今不辟離惡所為精進面端政
卿徒何我耶与我心中刀善耳波羅門言卿
說婦善賣余請受之將去七步還以寄太子
莫復持是婦与他人也波羅門語太子我
非波羅門是天王釋故來試卿耳卿願何等
即還復釋身形端政姝好婦即為作礼從
索三願一者令我見去波羅門還賣著國我
二者令我見不苦飢渴三者令我及太子早得
還本國天王釋答言當如所願鳩留波羅門
得兒還到家語婦言我為如得一奴一婢來
恣意可使婦遠驚之何忍復持是而來還此
兒國王種面顏端政手足悦好快樂終不
可使人无慈仁之心撾捶令有創兒身細
滞創皆膿血出促持行衒賣更買可使者智婦
其婦言書復於何所人買此兒耶買當得幾所
婦語其智言一兒直持牸牛五百頭金者五百

BD15058號　太子須大拏經

（16–12）

可使人无慈仁之心撾捶令有創兒身細
滞創皆膿血出促持行衒賣更買可使者智婦
其婦言書復於何所人買此兒耶買當得幾所
婦語其智言一兒直持牸牛五百頭金者五百
甫智即隨婦言便行衒賣之天王釋其市持書
此兒貴无能得買者兒逹飢渴時天以自然食
養令兒自得飽滿至葉波國〻中有大臣出見
波羅門衒賣王甫孫人民及太子故身臣皆知
婦知是太子兒太王之孫皆向悲哀涕淚大臣門
問波羅門所從得兒波羅門言我自乞得之用為
問我耶臣言卿來入我國尒應問卿人民撾捶波
羅門舊取兒中有一長者諫曰此乃太子布
施之心以至於此卿等今取波羅門撾打敵
之其死如虫蟻死有何足言耶不當顧違太
子本意也不如先以白大王王聞知當自買
之於是乃走行白王言今大王甫孫為一波
羅門所賣王聞之即人呼波羅門將兒來入
宮与夫人及身臣後宮綵女莫不哽噎悲哀
王聞波羅門從何所得兒〻此波羅門本末說
如其意狀王即爭前兒來前抱時男女皆不
就往抱王問何故不來就抱如為恚我耶男
女對曰不敢恚大王也本為大王之孫今為
波羅門奴婢豈有人奴婢當大王抱耶以是
故不敢耳王聞兒語莫問波羅門賣兒直幾
胜許波羅門未及對男兒便言男兒者直銀
一千持牛百頭女者直錢二千牸牛二百頭
王言男者人之所珍何故男賤女貴耶男言
所以尒者後宮綵女与王无親金銀七寶之
宮殿細滑飲食百味王猶有一子而逐深

BD15058號　太子須大拏經

（16–13）

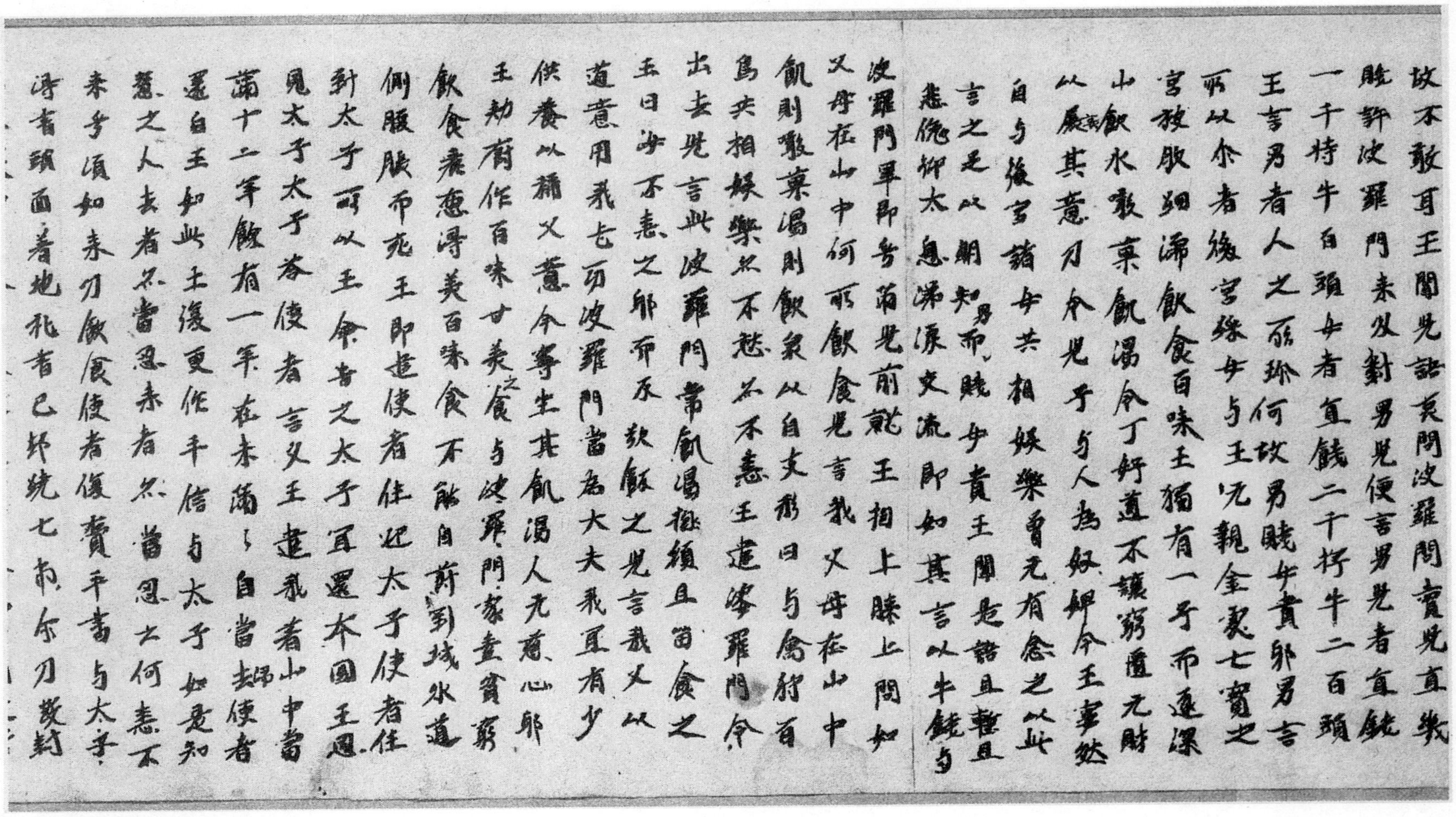
故不敢有王聞児語莫問波羅門賣児直數
賤許波羅門來及對男児便言男児者直銭
一千特牛白頭女者直銭二千㹀牛二百頭
王言男者人之所珍何故男賤女貴耶男言
所以介者後宮綵女与王无親金銀七寶之
宮婇服細滑飲食百味王獨有一子而遠深
山飲水噉菓飢渴令丁行道不讓窮匱无財
以展轉其意乃令児子与人為奴婢令王事然
自与後宮諸女共相娯樂曾无有念之以此
言之是以朗知男賤女貴王聞是語且驚且
悲悒悒太息涕涙交流即如其言以牛銭与
波羅門畢即勞問児前就王抱上膝上問如
父母在山中何所飲食児言我父母在山中
飢則噉菓渇則飲泉以自支形曰与禽狩百
鳥共相娯樂然不愁然不恚王遣婆羅門令
出去児言此波羅門常飢渇極須且留食之
王曰此不恚之耶而反欲飯之児言我父以
道意用我乞丐波羅門當為大夫我宜有少
供養以補父意今寧生其飢渇人无慈心耶
王勅厨作百味甘美之食与波羅門家貧窮
飲食㾜意得美百味食不能自節到城外道
側腹脹而死王即遣使者往迎太子使者往
到太子所以王命告之太子宜還本國王過
見太子太子答使者言父王遣我着山中當
滿十二年飯有一年在未滿々自當去使者
還白王如此王復更作手信与太子如是知
慈之人去者不當忽來者不當忽亡何恚不
來乎須如來乃飯食使者復賚手書与太子
得書頭面着地礼書已却繞七帀介乃發封

BD15058 號　太子須大拏經　（16–14）

滿十二年飯有一年在未滿々自當去使者
還白王如此王復更作手信与太子如是知
慈之人去者不當忽來者不當忽亡何恚不
來乎須如來乃飯食使者復賚手書与太子
得書頭面着地礼書已却繞七帀介乃發封
視想慕山中禽狩及草屋山中禽狩聞太子
當還悲深䒭轉自撲而淚失禽狩為樂水泉
堂塢以失太子故太子着衣服俱共還本國
飯國苑家聞太子當還國即遣使者布被白
鳥金輦勅以金餅盛銀粟銀餅盛金粟遂於
道息諱獄已鳥還太子令者真是李呵衍廣
念一切无所愛惜王我輩百乞白鳥故乃令
父王遂太子着山中十有二餘年今聞太子
來還心内喜歡故以鳥來還太子及上金姿
銀粟須王劫受以除罪愈太子答使者言辞
人辞五星味有百種特有所上其人喜歡飽
食已後復嘔吐於地豈有香潔可還食不我
以布施終无還受也便乘白鳥還去勅沙王屏
告使者速乘夢問使者即侍鳥還白王如此
回是鳥故飯國之死化為慈仁國王及眾皆
散阿耨多羅三藐三菩提心太子父王乘鳥
出迎太子太子便為父王頭面作礼已認共
載還國中人民莫不歡喜者皆歎化娩喜懸
繒綵蓋香汁灑地以持太子入宮即到母所頭
面着地承問起居王以寶藏付太子令布施復
如數人施不休自致得佛道
佛語阿難我宿命所更布施如是時須達拏
者我身是耶介時父者今現父我閱頭檀王
是介時母者今現我母摩耶是也介時妃者
今俱夷是介時山中道人者阿周陀者今目

BD15058 號　太子須大拏經　（16–15）

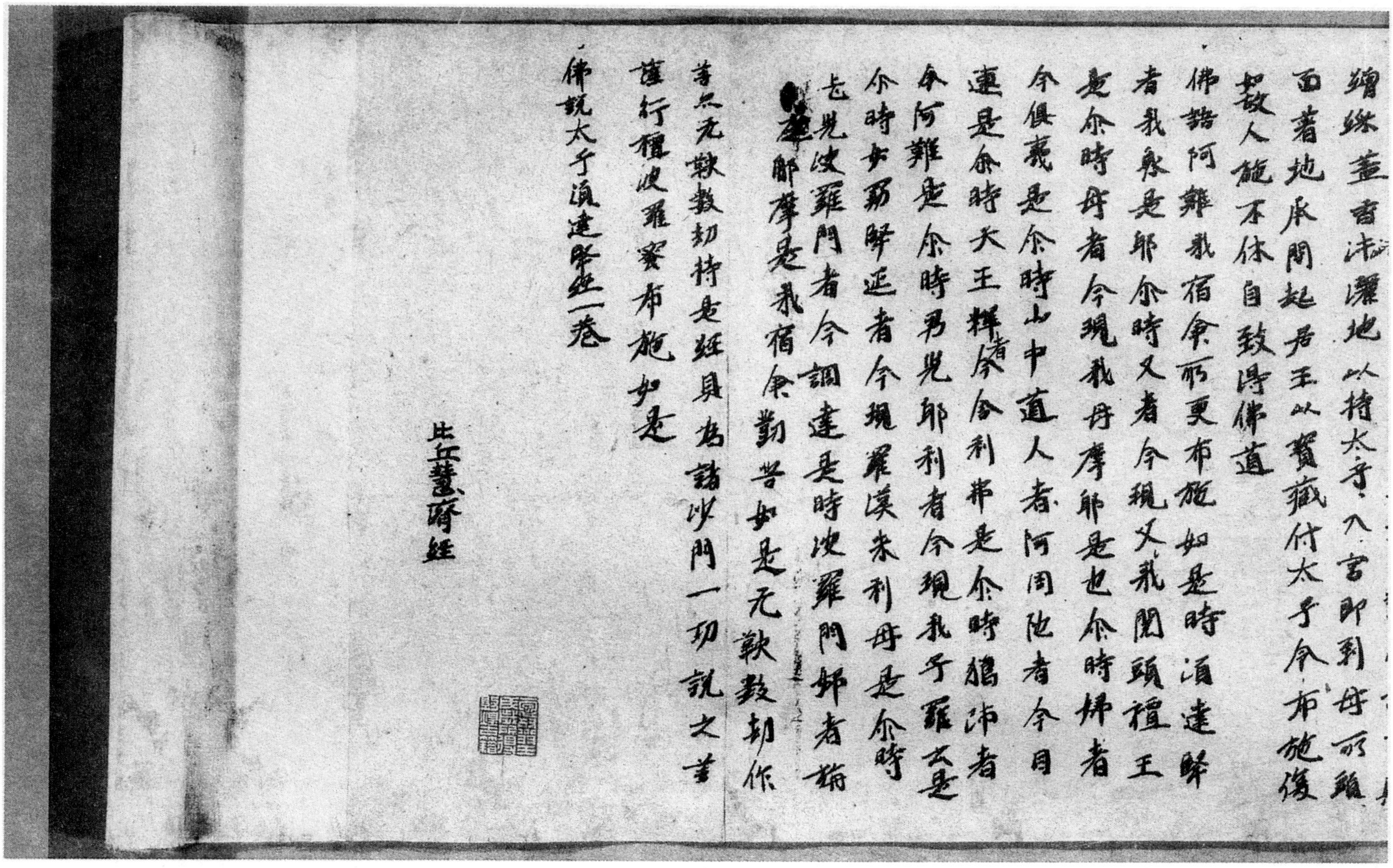
繒綵蓋者沛灑地以持太子入宮即到母所頭
面着地承問起居王以寶藏付太子令布施復
無數人施不休自致得佛道
佛語阿難我宿命所更布施如是時須達拏
者我身是耶爾時父者今現父我閲頭檀王
是爾時母者今現我母摩耶是也爾時婦者
今俱夷是爾時山中道人者阿周陀者今目
連是爾時天王釋今舍利弗是爾時鵠沛者
今阿難是爾時男兒耶利者今現我子羅云是
爾時女兒罽延者今現羅漢朱利母是爾時
乞兒婆羅門者今調達是時婆羅門婦者旃
遮摩耶是我宿命勤苦如是无數劫作
菩薩无數數劫持是經具為諸沙門一切說之菩
薩行檀波羅蜜布施如是
佛說太子須達拏經一卷
比丘慧濟經

BD15058 號　太子須大拏經　　（16–16）

BD15058 號背　勘記　　（1–1）

佛說灌頂章句拔除過罪生死得度經
聞如是一時佛遊維耶離音樂樹下與八千比
丘衆菩薩三万六千人俱國王長者大臣
人民及諸天龍八部鬼神共會說於是文
殊師利法王子菩薩摩訶薩承佛威神從座
而起長跪叉手前白佛言世尊願為未來像

BD15059 號　灌頂章句拔除過罪生死得度經　（16–1）

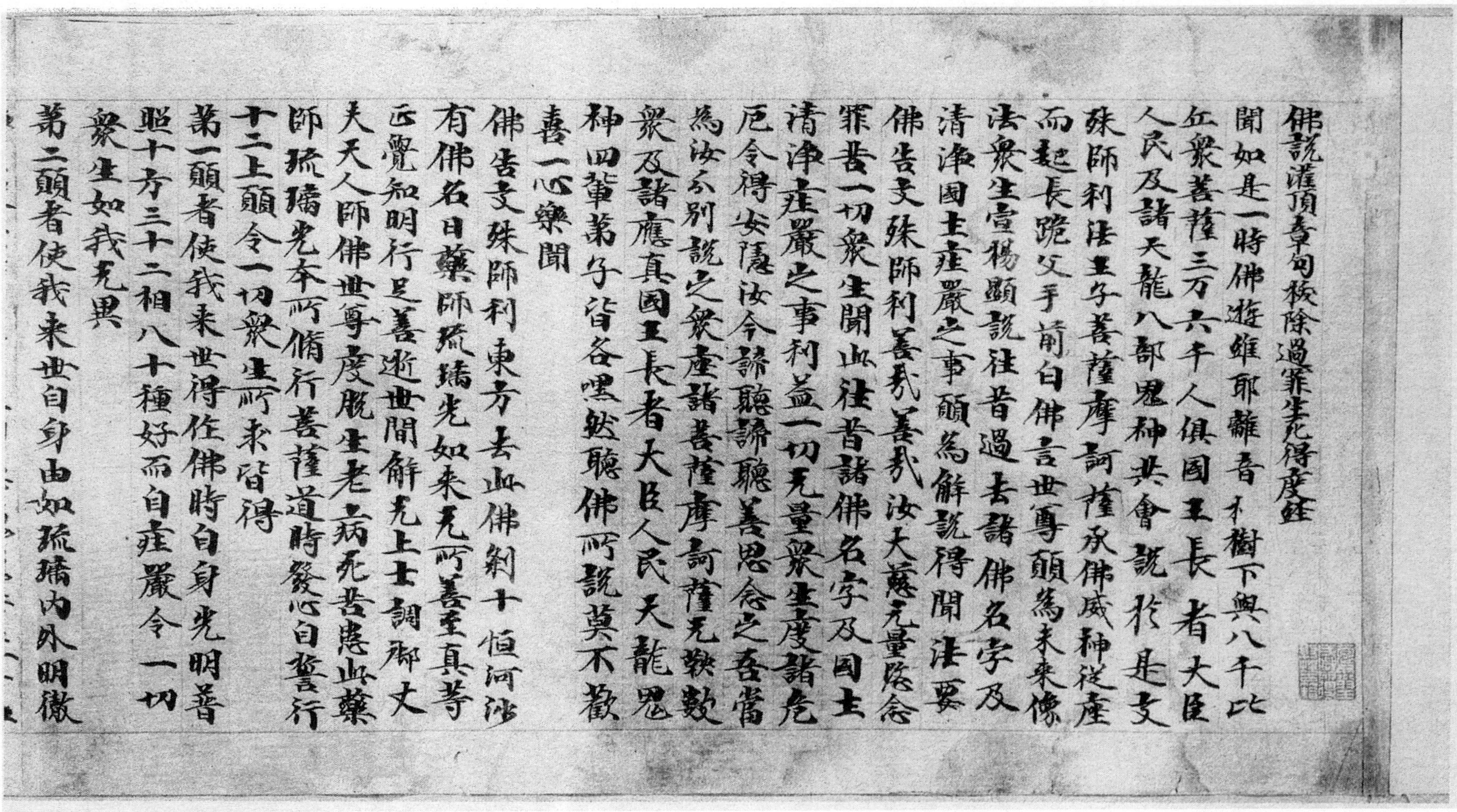

佛說灌頂章句拔除過罪生死得度經
聞如是一時佛遊維耶離音樂樹下與八千比
丘衆菩薩三万六千人俱國王長者大臣
人民及諸天龍八部鬼神共會說於是文
殊師利法王子菩薩摩訶薩承佛威神從座
而起長跪叉手前白佛言世尊願為未來像
法衆生宣揚顯說往昔過去諸佛名字及
清淨國土莊嚴之事願為解說得聞法要
佛告文殊師利善哉善哉汝大慈无量愍念
罪苦一切衆生聞此往昔諸佛名字及國土
清淨莊嚴之事利益一切无量衆生度諸危
厄令得安隱汝今諦聽諦聽善思念之吾當
為汝分別說之衆座諸菩薩摩訶薩无鞅數
衆及諸應真國王長者大臣人民天龍鬼
神四輩弟子皆各嘿然聽佛所說莫不歡
喜一心樂聞
佛告文殊師利東方去此佛剎十恒河沙
有佛名曰藥師琉璃光如來无所著至真等
正覺知明行足善逝世間解无上士調御丈
夫天人師佛世尊度脫生老病死苦患此藥
師琉璃光本所脩行菩薩道時發心自誓行
十二上願令一切衆生所求皆得
第一願者使我來世得作佛時自身光明普
照十方三十二相八十種好而自莊嚴令一切
衆生如我无異
第二願者使我來世自身由如琉璃內外明徹

BD15059 號　灌頂章句拔除過罪生死得度經　（16–2）

十二上願令一切衆生所求皆得
第一願者使我來世得作佛時自身光明普
照十方三十二相八十種好而自莊嚴令一切
衆生如我无異
第二願者使我來世自身由如琉璃內外明徹
淨无瑕穢妙色廣大功德巍巍安住十方如
日照世幽冥衆生悉蒙開曉
第三願者使我來世智慧廣大如海无窮
潤澤枯涸无量衆生普使蒙益悉令飽滿
无飢渴想甘食美膳悉持施與
第四願者使我來世佛道成就巍巍堂堂如
星中之月消除生死之雲令无有翳明照世
界行者見道熱得清涼解除垢穢
第五願者使我來世發大精進淨持戒地令
无漏穢慎護所受令无缺犯亦令一切戒行
具足堅持不犯至无為道
第六願者使我來世若有衆生諸根毀敗盲
者使視聾者能聽瘂者得語僂者能申跛
者能行如是不完具者悉令具足
第七願者使我來世十方世界若有苦惱无
救護者我為此等設大法藥令諸疾病皆
得除愈无復苦患至得佛道
第八願者使我來世以善業因緣為諸愚冥
无量衆生講宣妙法令得度脫入智慧門
普使明了无諸疑惑
第九願者使我來世摧伏惡魔及諸外道顯
揚清淨无上道法使入正真无諸邪僻迴
向菩提八正覺路
第十願者使我來世若有衆生王法所加臨當

BD15059 號　灌頂章句拔除過罪生死得度經

（16–3）

普使明了无諸疑惑
第九願者使我來世摧伏惡魔及諸外道顯
揚清淨无上道法使入正真无諸邪僻迴
向菩提八正覺路
第十願者使我來世若有衆生王法所加臨當
刑戮无量怖畏愁憂苦惱若復鞭撻枷鎖
其體種種恐懼逼切其身如是无邊諸苦
惱等悉令解脫无有衆難
第十一願者使我來世若有衆生飢火所惱
令得種種甘美飲食天諸餚饍種種无數悉
以施與令身充足
第十二願者使我來世若有貧凍裸露衆生
即得衣服窮乏之者施與珍寶倉庫盈溢
无所乏少一切皆受无量快樂及至无有一人
受苦使諸衆生和顏悅色形貌端嚴人所
喜見琴瑟鼓吹如是无量最上音聲施與一切
无量衆生是為十二微妙上願
佛告文殊師利此藥師琉璃光佛本願功德
如是我今為汝略說其國莊嚴之事此藥
師琉璃光如來國土清淨无五濁无愛欲无
意垢以白銀琉璃為地宮殿樓閣悉用七寶亦
如西方无量壽國无有異也有二菩薩一名
日曜二名月淨是二菩薩次補佛處諸
善男子及善女人亦當願生彼國土
也
文殊師利白佛言願為讀說藥師琉璃光如
來无量功德饒益衆生令得佛道佛言若有
善男子若善女人新破衆魔來入正道得聞
我說是藥師琉璃光如來名字者魔家眷屬

BD15059 號　灌頂章句拔除過罪生死得度經

（16–4）

也
文殊師利白佛言願爲演說藥師琉璃光如
来无量功德饒益衆生令得佛道佛言若有
善男子若善女人新破衆魔来入正道得聞
我說是藥師琉璃光如来名字者魔家眷屬
退散馳走如是无量拔衆生苦我今說之佛
告文殊師利世間有人不解罪福慳貪不知
布施今世後世當得其福世人愚癡但知貪
惜寄自割身肉而噉食之不肯持錢財布施
求後世之福又有人身不能衣食此大慳貪
命終以後當墮地獄餓鬼及在畜生中聞
我說是藥師琉璃光如来名字之時无不
解脫憂苦者也皆作信心貪福畏罪人從索
頭與頭索眼與眼乞妻與妻乞子與子求金
銀珍寶皆大布施一時歡喜即發无上正真
道意佛言若復有人受佛淨戒遵奉明法
不解罪福雖知明經不及中義不能分別曉
了事以自貢高恒常瞋憤乃與世間衆魔
從事更作縛著不解行之憙著婦女恩愛之
情口爲說空行有在中不能發覺復不自知但
能論說他人是非如此人輩皆當墮三惡道
中聞我說是藥師琉璃光佛本願功德无不
歡喜念欲捨家行作沙門者也
佛言世間有人好自稱譽皆自貢高當墮三
惡道中後還爲人牛馬奴婢生下賤中人當
乘其力負而行困苦疲極志失人身聞我說
是藥師琉璃光如来本願功德者皆當
一心歡喜踊躍更作謙敬即得解脫衆苦之
患長得歡喜聰明智慧遠離惡道得生善處

BD15059 號　灌頂章句拔除過罪生死得度經　（16–5）

佛言世間有人好自稱譽皆自貢高當墮三
惡道中後還爲人牛馬奴婢生下賤中人當
乘其力負而行困苦疲極志失人身聞我說
是藥師琉璃光如来本願功德者皆當
一心歡喜踊躍更作謙敬即得解脫衆苦之
患長得歡喜聰明智慧遠離惡道得生善處
與善知識共相值遇无復憂患離諸魔縛佛
言世間愚癡人輩兩舌鬪諍惡口罵詈更相
相嫌恨或就山神樹下鬼神日月之神南斗
北辰諸鬼神所作諸呪誓或作人名字或作
人形像或作符書以相厭禱呪咀言說聞我
說是藥師琉璃光佛本願功德无不而作和
解俱心慈心惡意悉滅各各歡喜復惡念
佛言若有四輩弟子比丘比丘尼清信士清
信女常脩月六齋年三長或晝夜精勤一
心苦行願欲往生西方阿彌陀佛國者憶念
晝夜若一日二日三日四日五日六日　七日　或
復中悔聞我說是藥師琉璃光佛本願功
德盡其命壽欲終之日有八菩薩
文殊師利菩薩　觀世音菩薩　得大勢菩薩　无盡意菩薩
寶檀花菩薩　藥王菩薩　藥上菩薩　彌勒菩薩
皆當飛往迎其精神還八難生蓮花中自
然音樂而相娛樂佛言假使壽命自欲盡時
臨終之日得聞我說是藥師琉璃光佛本
願功德者命終皆得上生天上不復還歷三
惡道中天上福盡若下生人間當爲帝王家作
子或生豪姓長者居士富貴家生皆當端正
聰明智惠高才勇猛若是女人化成男子无
復憂苦患難者也

BD15059 號　灌頂章句拔除過罪生死得度經　（16–6）

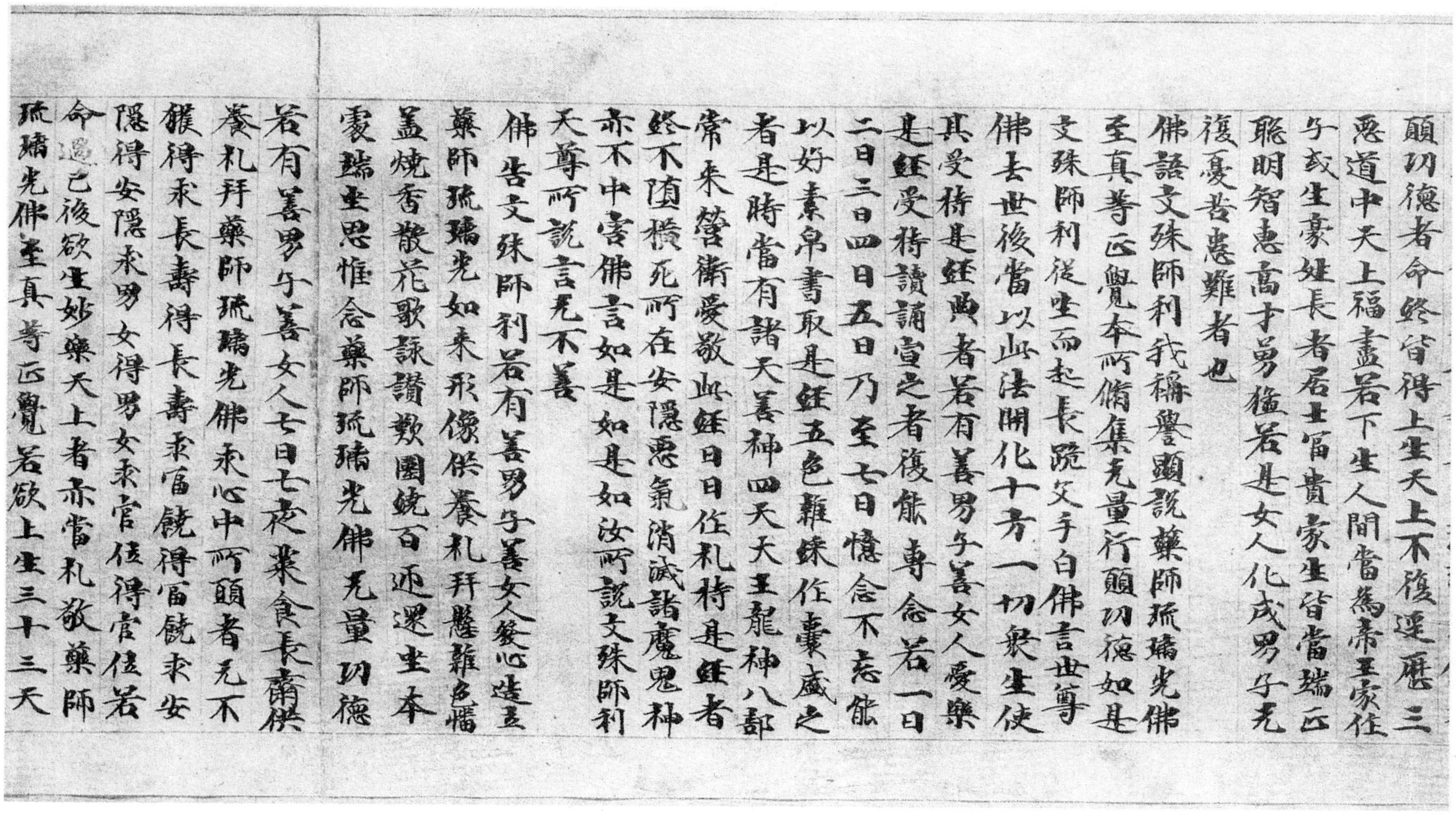

願功德者命終皆得上生天上不復還歷三
惡道中天上福盡若下生人間當為帝王家作
子或生豪姓長者居士富貴家生皆當端正
聰明智慧高才勇猛若是女人化成男子无
復憂苦患難者也
佛語文殊師利我稱譽顯說藥師琉璃光佛
至真等正覺本所脩集无量行願功德如是
文殊師利從坐而起長跪叉手白佛言世尊
佛去世後當以此法開化十方一切衆生使
其受持是經典者若有善男子善女人愛樂
是經受持讀誦宣之者復能尊念若一日
二日三日四日五日乃至七日憶念不忘能
以好素帛書取是經五色雜綵作囊盛之
者是時當有諸天善神四天王龍神八部
常來營衛愛敬此經日日作禮持是經者
終不墮橫死所在安隱惡氣消滅諸魔鬼神
亦不中害佛言如是如是如汝所說文殊師利
天尊所說言无不善
佛告文殊師利若有善男子善女人發心造立
藥師琉璃光如來形像供養礼拜懸雜色幡
蓋燒香散花歌詠讚歎圍繞百匝還坐本
處端坐思惟念藥師琉璃光佛无量功德
若有善男子善女人七日七夜菜食長齋供
養礼拜藥師琉璃光佛求心中所願者无不
獲得求長壽得長壽求富饒得富饒求安
隱得安隱求男女得男女求官位得官位若
命過已後欲生妙樂天上者亦當礼敬藥師
琉璃光佛至真等正覺若欲上生三十三天

BD15059 號　灌頂章句拔除過罪生死得度經　（16–7）

養礼拜藥師琉璃光佛求心中所願者无不
獲得求長壽得長壽求富饒得富饒求安
隱得安隱求男女得男女求官位得官位若
命過已後欲生妙樂天上者亦當礼敬藥師
琉璃光佛至真等正覺若欲上生三十三天
者亦當礼拜藥師琉璃光佛必得往生若欲與
明師世世相值者亦當礼敬藥師琉璃光佛
佛告文殊師利若欲生十方妙樂國土者亦
當礼敬藥師光佛若欲得生兜率天上見彌
勒亦應礼敬藥師琉璃光佛若欲遠諸邪道
亦當礼敬藥師琉璃光佛若夜惡夢烏鳴百
怪蜚尸邪忤魍魎鬼神之所嬈者亦當礼敬
藥師琉璃光佛若為水火之所焚漂者亦
當礼敬藥師琉璃光佛若入山谷為虎狼
熊羆蒺梨諸獸烏龍蚖蛇蝮蝎種種雜類若
若惡心來相向者心當存念藥師琉璃光
佛山中諸難不能為害若他方怨賊偷竊惡
人怨家債主欲來侵陵心當存念藥師琉璃光
佛則不為害以善男子善女人礼敬藥師琉
璃光如來功德所致花報如是況果報也是
故吾今勸請四輩礼事藥師琉璃光佛至
真等正覺
佛告文殊師利我但為汝略說藥師琉璃光佛
礼敬功德若使我廣說是藥師琉璃光佛无
量功德與一切人求心中所願者從一劫至一
劫故不周遍其世間人若有著床瘦黃困篤
惡病連年累月不差者聞我說是藥師琉
璃光佛名字之時橫病之厄无不除愈唯
有殃不請耳

BD15059 號　灌頂章句拔除過罪生死得度經　（16–8）

量功德與一切人求心中所願者從一劫至一
劫故不周遍其世間人若有著床疲黃困篤
惡病連年累月不差者聞我說是藥師琉
璃光佛名字之時橫病之厄无不除愈唯
宿殃不請耳
佛告文殊師利若善男子善女人受三自歸
若五戒若十戒若善信菩薩二十四戒若沙
門二百五十戒若比丘尼五百戒若菩薩戒
若破是諸戒若能至心一懺悔者復聞我說
是藥師琉璃光佛終不墮三惡道中必得解
脫若人愚癡不受父母師長教誨不信佛不
信經戒不信聖僧應墮三惡道中忘失人種
受畜生身聞我說是藥師琉璃光佛善願
功德者皆得解脫
佛告文殊師利世有惡人難受佛禁戒觸事
違犯戒範无道偷竊他人財寶取詐妄語婬
他婦女飲酒鬪亂兩舌惡口罵詈毀人犯戒
為惡更復祠祀鬼神有如是罪過當墮地
獄若當屠割若抱銅柱若臥鐵床若鐵鉤出
舌若洋銅灌口者聞我說是藥師琉璃光佛
无不皆得解脫者也
佛告文殊師利其世間人豪貴下賤不信佛
不信經道不信有沙門不信有須陁洹不信
有斯陁含不信有阿那含不信有阿羅漢不
信有辟支佛不信有十住菩薩不信有三世
之事不信有十方諸佛不信有本師釋迦文
佛不信人死神明更生善者受福惡者受殃
有如是之罪應墮三惡道中聞我說是藥師
琉璃光佛名字之者一切過罪自然消滅

BD15059 號　灌頂章句拔除過罪生死得度經　（16–9）

信有辟支佛不信有十住菩薩不信有三世
之事不信有十方諸佛不信有本師釋迦文
佛不信人死神明更生善者受福惡者受殃
有如是之罪應墮三惡道中聞我說是藥師
琉璃光佛名字之者一切過罪自然消滅
佛告文殊師利若有善男子善女人聞我說
是藥師琉璃光佛至真等正覺其誰不發
无上正真道意後皆當得作佛人居世間仕
宦不遷治生不得飢寒困苦忘失財產无復
方計聞我說是藥師琉璃光佛各各得心中
所願仕宦皆得高遷財物自然長益飲食充
饒皆得富貴若為縣官之所拘錄惡人侵枉
若為怨家所得便者心當存念藥師琉璃光
佛若他婦女產生難者皆當念是藥師琉
璃光佛見則易生身體平正无諸痛瘦六
情完具聰明智慧壽命得長不書枉橫
善神擁護不為惡鬼舐其頭也
佛說是語時阿難在右邊佛顧阿難言汝
信我為文殊師利說往昔東方過十恒河沙
有佛名藥師琉璃光如來本願功德者乎
阿難白佛言唯天中天佛之所言阿敢不信
耶佛復語阿難言世間人輩雖有眼耳鼻舌
身意人常用此六事以自迷惑信世間魔邪之
言不信至真至誠度世苦切之語如是人輩難
可開化也阿難白佛言世尊世人各有惡逆下
賤之者若聞佛說此經開人耳目破治人病除
人陰冥使都光明解人疑結善人重罪千
劫万劫无復憂患皆回佛說是藥師琉璃

BD15059 號　灌頂章句拔除過罪生死得度經　（16–10）

言不信至真至誠度世普切之語如是人輩難
可開化也阿難白佛言世尊世人名有惡逆下
賤之者若聞佛說此經開人耳目破治人病除
人陰冥使都光明解人疑結吾人重罪千
劫万劫无復憂患皆因佛說是藥師琉璃
光佛本願功德悲令安隱得其福也
佛語阿難汝口為言善而汝内心孤疑不信
我言阿難汝莫作是念以自毀敗佛語阿難
我見汝心我知汝意汝知之不阿難即以頭面
著地長跪自佛言當如天中天所說我違次
聞佛說是藥師琉璃光佛極大尊貴智恵
巍巍難可度量我心有小疑耳敢不首伏佛言
汝智恵挟劣少見聞汝聞我說深妙之
法无上寳義應生敬信貴重之心必當得
至无上正真道也
文殊師利問佛言世尊佛說是藥師琉璃光
如來无量功德如是不審誰肯信此言者佛
告文殊師利唯有百億諸菩薩摩訶薩當
信此言耳唯有十方三世諸佛當信是言
佛言我說是藥師琉璃光如來本願功德難
可得見何况得聞亦難得說難得書寫亦難
得讀文殊師利若有善男子善女人能信是
經受持讀誦書著竹帛復為他人解說中
義此皆先世已發道意今復得聞此微妙法
開化十方无量衆生當知此人必當得至无上
正真道也
佛告阿難我作佛以来從生死復至生死勤
苦累劫无所不經无所不應无所不作无所
[illegible]

BD15059 號　灌頂章句拔除過罪生死得度經　（16–11）

開化十方无量衆生當知此人必當得至无上
正真道也
佛告阿難我作佛以来從生死復至生死勤
苦累劫无所不經无所不應无所不作无所
不為如是不可思議復况藥師琉璃光佛本
願功德者乎汝所以有疑者亦復如是阿難
汝聞佛所說汝諦信之莫作疑惑佛語至誠无
有虚僞亦无二言佛言為信者施不為疑者
說阿難汝莫作小疑以毀大乘之業汝劫後亦
當發摩訶衍心莫以小道毀汝功德也阿難言
唯天中天我從今日以去无復尒心唯佛自
當知我心耳
佛語阿難此經能照諸天宫殿若三災起時
中有天人發心念此琉璃光佛本願功德經
者皆得離於彼處之難是經能除水澗不調
是經能除他方逆賊悉令斷滅四方夷狄各還正
治不相嬈惱國土交通人民歡樂是經能除穀
貴飢涷是經能滅惡星變怪是經能除
疾毒之病是經能救三惡道苦地獄餓鬼
畜生等苦若人得聞此經典者无不解脫
厄難者也
尒時衆中有一菩薩名曰救脫從坐而起整
衣服叉手合掌而白佛言我等今日聞佛世
尊演說過東方十恒河沙世界有佛号藥
師琉璃光一切衆會靡不歡喜救脫菩薩又
白佛言若族姓男女其有厄竄著床痛惱无
救護者我今勸請諸衆僧七日七夜齋戒一
心受持八禁六時行道四十九遍讀是經典勸

BD15059 號　灌頂章句拔除過罪生死得度經　（16–12）

師琉璃光一切衆會靡不歡喜救脫菩薩又
白佛言若族姓男女其有厄羸著床痛惱无
救護者我今勸請諸衆僧七日七夜齋戒一
心受持八禁六時行道四十九遍讀是經典勸
然七層之燈亦勸懸五色續命神幡阿難
問救脫菩薩言續命幡燈法則云何救脫菩
薩語阿難言神幡五色四十九尺燈亦復尒
七層之燈一層七燈燈如車輪若遭厄難閉
在牢獄枷鎖著身亦當造立五色神幡然四
十九燈應放雜類衆生至四十九可得過度
危厄之難不為諸橫惡鬼所持
救脫菩薩語阿難言若天王大臣及諸輔相
王子妃主中宮綵女若為病苦所惱亦應造
立五色繒幡然燈續明放諸生命散雜色花
燒衆名香王當放救厄之人徒鎖解脫王
得其福天下太平雨澤以時人民歡樂惡龍
攝毒无病苦者四方夷狄不生逆害國土通
洞慈心相向无諸惡害四海歌詠稱王之德
乘此福祿在意所生見佛聞法信受教悔從
是福報至无上道
阿難又問救脫菩薩言命可續也救脫菩薩
答阿難言我聞世尊說有諸橫勸造幡蓋令
其脩福又言阿難昔沙弥救蟻以脩福故盡
其壽命不更苦患身體安寧福德力強使之
然也阿難曰復問救脫菩薩言橫有幾種救
脫菩薩答阿難言世尊說言橫乃无數略而言
之大橫有九一者橫病二者橫有口舌三者
橫遭縣官四者身羸无福又持戒不完橫

BD15059號　灌頂章句拔除過罪生死得度經　（16–13）

然也阿難曰復問救脫菩薩言橫有幾種救
脫菩薩答阿難言世尊說言橫乃无數略而言
之大橫有九一者橫病二者橫有口舌三者
橫遭縣官四者身羸无福又持戒不完橫
為鬼神之所得便五者橫為劫賊之所剝脫
六者橫為水火之所禁漂七者橫為雜類禽
獸所噉八者橫為惡雁符書獸禱邪神孛
引未得其福但受其殃先去孛引亦名橫死
九者有病不治又不脩福湯藥不順針灸失
度不值良醫為病所困於是滅亡又信世間
妖孽之師為作恐動心熱言語妄發禍福所
犯者多不心自正不能自定卜問覓禍煞豬狗
牛羊種種衆生解奏神明呼諸邪妖魍魎鬼
神請乞福祚欲望長生終不能得愚癡迷惑
信邪倒見死入地獄展轉其中死解脫時是
名九橫
救脫菩薩語阿難言其世間人瘻黃之病困篤
著床求生不得求死不死考楚万端此病人
者或其前世造作惡業罪過所招殃咎所引
故使然也
救脫菩薩語阿難言閻羅王者主領世間名
籍之記若人為惡作諸非法无孝順心造作
五逆破滅三寶无君臣法又有衆生不持五
戒不信正法設有受者多所毀犯於是地下
鬼神及伺候者奏上五官五官料簡除死定
生或注錄精神未判是非若已定者奏上閻
羅閻羅監察隨罪輕重考而治之世間瘻黃
之病困篤不死一絕一生由其罪福未得料簡
錄其精神在彼王所或七日二七日三七日

BD15059號　灌頂章句拔除過罪生死得度經　（16–14）

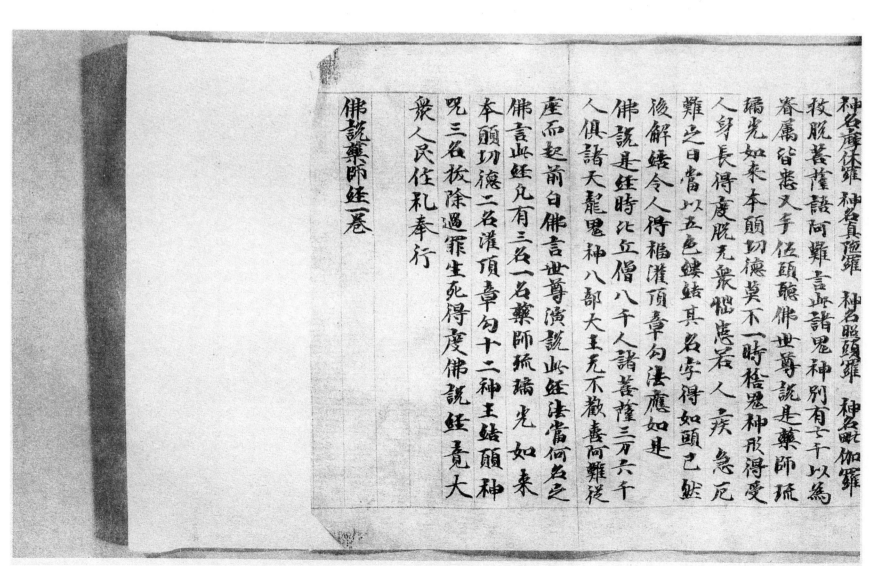

筭或注錄精神未判是非若已定者奏上閻
羅閻羅監察隨罪輕重考而治之世間痿黃
之病困篤不死一絕一生由其罪福未得料簡
錄其精神在彼王所或七日二七日三七日
乃至七七日名籍定者放其精神還其身
中如從夢中來見其善惡其人若明了者信
驗罪福是故我今勸諸四輩造續命神幡然
四十九燈放諸生命以此幡燈放生功德拔彼
精神令得度苦今世後世不遭厄難
救脫菩薩語阿難言如來世尊說是經典威神
功德利益不少座中諸鬼神有十二神王從
坐而起往到佛所胡跪合掌白佛言我等
十二鬼神在所作護若城邑聚落空閑林中
若四輩弟子誦持此經令所結願无求不得
阿難問言其名云何為我說之救脫菩薩言
灌頂章句是名如是
神名金毗羅 神名如耆羅 神名弥佉羅 神名安陁羅
神名摩尼羅 神名宋林羅 神名因持羅 神名波弥羅
神名摩休羅 神名真陁羅 神名照頭羅 神名毗伽羅
救脫菩薩語阿難言此諸鬼神別有七千以為
眷屬皆悉叉手低頭聽佛世尊說是藥師琉
璃光如來本願功德莫不一時捨鬼神形得受
人身長得度脫无衆惱患若人疾急厄
難之日當以五色縷結其名字得如願已然
後解結令人得福灌頂章句法應如是
佛說是經時比丘僧八千人諸菩薩三万六千
人俱諸天龍鬼神八部大王无不歡喜阿難從
座而起前白佛言世尊演說此經法當何名之

BD15059 號　灌頂章句拔除過罪生死得度經　（16–15）

神名摩休羅 神名真陁羅 神名照頭羅 神名毗伽羅
救脫菩薩語阿難言此諸鬼神別有七千以為
眷屬皆悉叉手低頭聽佛世尊說是藥師琉
璃光如來本願功德莫不一時捨鬼神形得受
人身長得度脫无衆惱患若人疾急厄
難之日當以五色縷結其名字得如願已然
後解結令人得福灌頂章句法應如是
佛說是經時比丘僧八千人諸菩薩三万六千
人俱諸天龍鬼神八部大王无不歡喜阿難從
座而起前白佛言世尊演說此經法當何名之
佛言此經凡有三名一名藥師琉璃光如來
本願功德二名灌頂章句十二神王結願神
呪三名拔除過罪生死得度佛說經竟大
衆人民作礼奉行

佛說藥師經一卷

BD15059 號　灌頂章句拔除過罪生死得度經　（16–16）

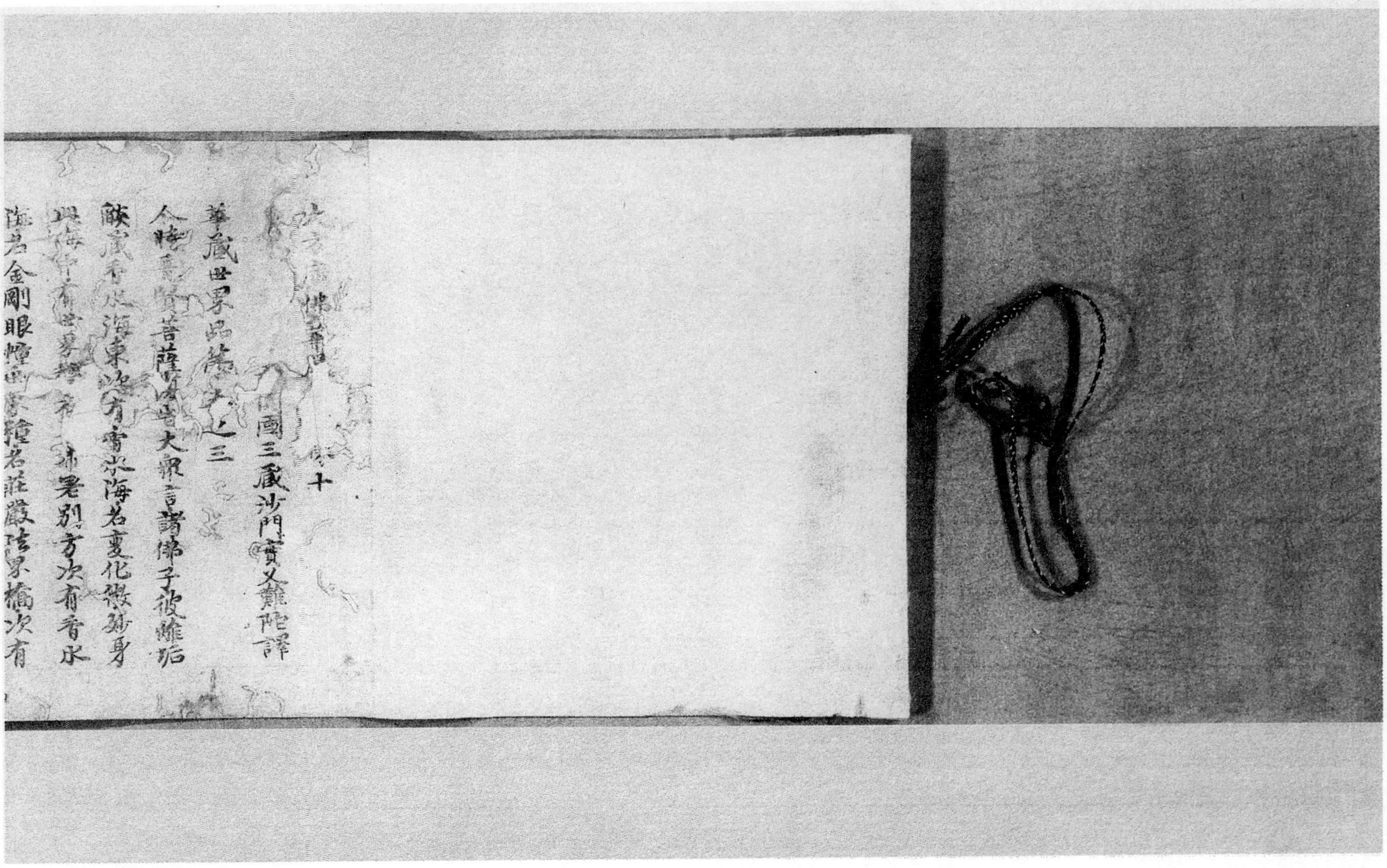

大方廣佛華嚴經卷第十
于闐國三藏沙門實叉難陀譯
華藏世界品第五之三
介時普賢菩薩復告大衆言諸佛子彼離垢
燄藏香水海東次有香水海名變化微妙身
此海中有世界種名善布差別方次有香水
海名金剛眼幢世界種名莊嚴法界橋次有

BD15060號　大方廣佛華嚴經（唐譯八十卷本）卷一〇　（15–1）

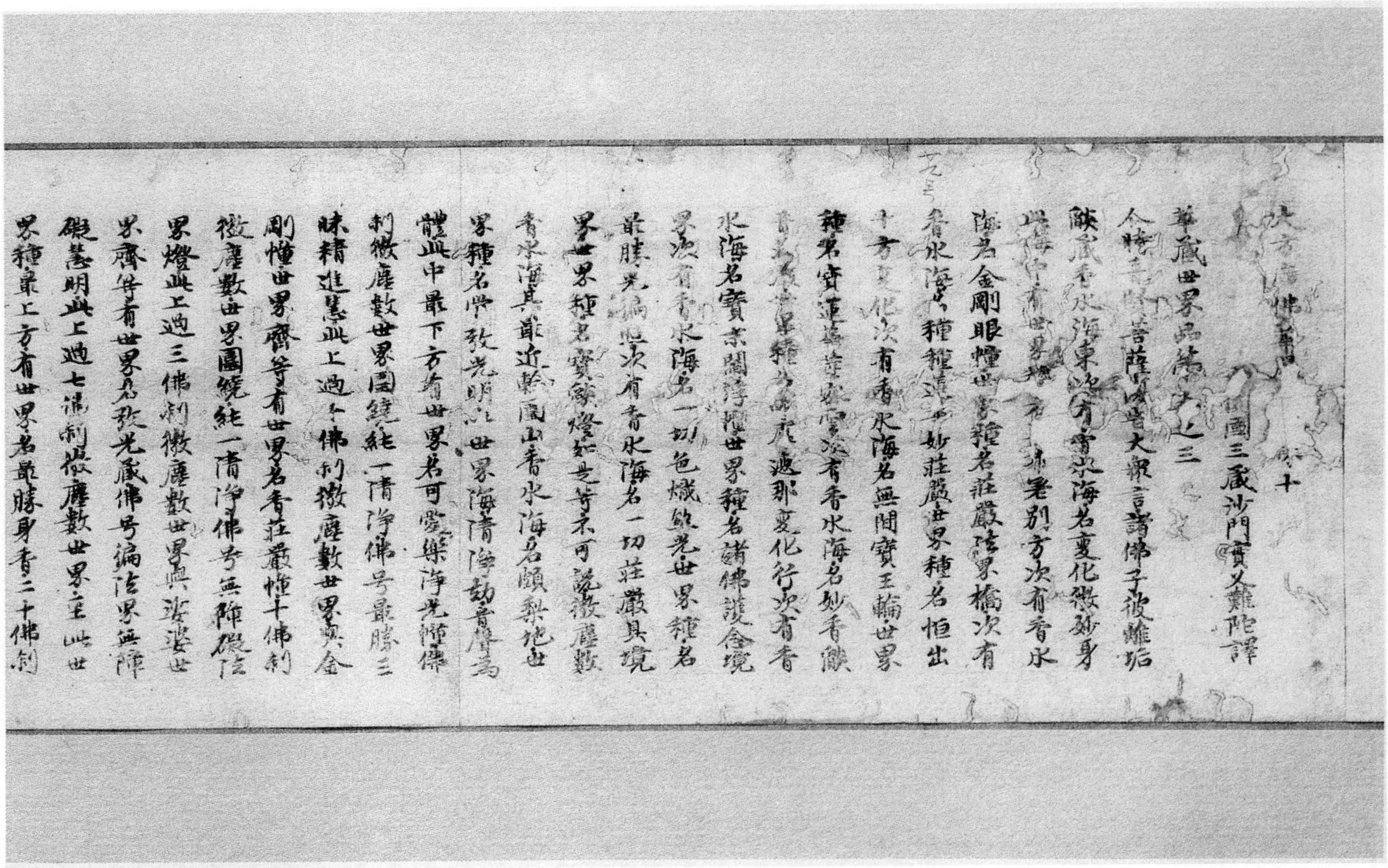

大方廣佛華嚴經卷第十
于闐國三藏沙門實叉難陀譯
華藏世界品第五之三
介時普賢菩薩復告大衆言諸佛子彼離垢
燄藏香水海東次有香水海名變化微妙身
此海中有世界種名善布差別方次有香水
海名金剛眼幢世界種名莊嚴法界橋次有
香水海名種種蓮華妙莊嚴世界種名恒出
十方變化次有香水海名無間寶王輪世界
種名寶蓮華莖密雲次有香水海名妙香燄
普莊嚴世界種名毗盧遮那變化行次有香
水海名寶末閻浮幢世界種名諸佛護念境
界次有香水海名一切色熾然光世界種名
最勝光遍照次有香水海名一切莊嚴具境
界世界種名寶燄燈如是等不可說微塵數
香水海其最近輪圍山香水海名頗梨地世
界種名常放光明以世界海清淨劫音聲爲
體此中最下方有世界名可愛樂淨光幢佛
剎微塵數世界圍遶純一清淨佛號最勝三
昧精進慧此上過々佛剎微塵數世界與金
剛幢世界齊等有世界名香莊嚴幢十佛剎
微塵數世界圍遶純一清淨佛號無障礙法
界燈此上過三佛剎微塵數世界與娑婆世
界齊等有世界名放光藏佛號遍法界無障
礙慧明此上過七佛剎微塵數世界至此世
界種最上方有世界名最勝身香二十佛剎

BD15060號　大方廣佛華嚴經（唐譯八十卷本）卷一〇　（15–2）

微塵數世界圍遶純一清淨佛號無障礙法
界燈此上過三佛剎微塵數世界與娑婆世
界齊等有世界名放光藏佛號遍法界無障
礙慧明此上過七佛剎微塵數世界至此世
界種最上方有世界名最勝身香二十佛剎
微塵數世界圍遶純一清淨佛號覺分華諸
佛子彼無盡光明輪香水海外次有香水海
名具足妙光世界種名遍無垢次有香水海
名光耀蓋世界種名無邊普莊嚴次有香水
海名妙寶莊嚴世界種名香摩尼軌度形次
有香水海名出佛音聲世界種名善建立莊
嚴次有香水海名香幢須彌藏世界種名光
明遍滿次有香水海名栴檀妙光明世界種
名華燄輪次有香水海名風力持世界種名
寶燄雲幢次有香水海名帝釋身莊嚴世界
種名真珠藏次有香水海名平坦嚴淨世界
種名毗瑠璃末種種莊嚴如是等不可說佛
剎微塵數香水海中最近輪圍山香水海名
妙樹華世界種名出生諸方廣大剎以一切
佛摧伏魔音為體此中最下方有世界名燄
炬幢佛號世間功德海此上過十佛剎微塵
數世界與金剛幢世界齊等有世界名出生
寶佛號師子力寶雲此上與娑婆世界齊等
有世界名衣服幢佛號一切智海王於此世
界種最上方有世界名寶瓔珞師子光明佛
號善變化蓮華幢諸佛子彼金剛燄光明香
水海外次有香水海名一切莊嚴具瑩飾幢

BD15060 號　大方廣佛華嚴經（唐譯八十卷本）卷一〇　（15–3）

界種最上方有世界名寶瓔珞師子光明佛
號善變化蓮華幢諸佛子彼金剛燄光明香
水海外次有香水海名一切莊嚴具瑩飾幢
世界種名清淨行莊嚴次有香水海名一切
寶華光耀海世界種名功德相莊嚴次有香
水海名蓮華開敷世界種名菩薩摩尼冠莊
嚴次有香水海名妙寶衣服世界種名淨珠
輪次有香水海名可愛華遍照世界種名百
光雲照耀次有香水海名遍虛空大光明世
界種名寶光普照次有香水海名妙華莊嚴
幢世界種名金月眼瓔珞次有香水海名真
珠香海藏世界種名佛光明次有香水海名
寶輪光明世界種名善化現佛境界光明於
是等不可說佛剎微塵數香水海其最近輪
圍山香水海名無邊輪莊嚴底世界種名無
量方差別以一切國土種種言說音為體此
中最下方有世界名金剛華蓋佛號無盡相
光明普門音此上過十佛剎微塵數世界有
世界與金剛幢世界齊等名出生寶衣幢佛
號福德雲大威勢此上與娑婆世界齊等有
世界名衆寶具妙莊嚴佛號勝慧海於此世
界種最上方有世界名日光明衣服幢佛號
智日蓮華雲諸佛子彼帝青寶莊嚴香水海
外次有香水海名阿脩羅宮殿世界種名香
水光所持次有香水海名寶師子莊嚴世界
種名遍示十方一切寶次有香水海名宮殿
色光明雲世界種名寶輪妙莊嚴次有香水

BD15060 號　大方廣佛華嚴經（唐譯八十卷本）卷一〇　（15–4）

水光所持次有香水海名寶師子莊嚴世界
種名徧示十方一切寶次有香水海名宮殿
色光明雲世界種名寶輪妙莊嚴次有香水
海名出大蓮華世界種名妙莊嚴徧照法界
次有香水海名燈燄妙眼世界種名徧觀察
十方變化次有香水海名不思議莊嚴輪世
界種名十方光明普名稱次有香水海名寶
積莊嚴世界種名燈光照耀次有香水海名
清淨寶光明世界種名須彌無能為礙風次
有香水海名寶衣欄楯世界種名如來身光
明如是等不可說佛剎微塵數香水海其最
近輪圍山香水海名樹莊嚴幢世界種名安
住帝網以一切菩薩智地音聲為體此中最
下方有世界名妙金色佛号香燄勝威光此
上過十佛剎微塵數世界與金剛幢世界齊
等有世界名摩尼樹華佛号無礙普現此上
與娑婆世界齊等有世界名毗瑠璃妙莊嚴
佛号法自在堅固慧於此世界種最上方有
世界名梵音妙莊嚴佛号蓮華開敷光明王
諸佛子彼金剛輪莊嚴底香水海外次有香
水海名化現蓮華處世界種名國土平正次
有香水海名摩尼光世界種名徧法界無迷
惑次有香水海名衆妙香日摩尼世界種名
普現十方次有香水海名恒納寶流世界種
名普行佛言音次有香水海名無邊深妙音
世界種名無邊方差別次有香水海名堅實
積聚世界種名無量處差別次有香水海名

BD15060 號　大方廣佛華嚴經（唐譯八十卷本）卷一〇　（15–5）

名普行佛言音次有香水海名無邊深妙音
世界種名無邊方差別次有香水海名堅實
積聚世界種名無量處差別次有香水海名
清淨梵音世界種名普清淨莊嚴次有香水
海名栴檀欄楯音聲藏世界種名逈出幢次
有香水海名妙香寶王光莊嚴世界種名普
現光明力諸佛子彼蓮華因陀羅網香水海
外次有香水海名銀蓮華妙莊嚴世界種名
普徧行次有香水海名毗瑠璃竹密燄雲世
界種名普出十方音次有香水海名十方光
燄聚世界種名恒出變化分布十方次有香
水海名出現真金摩尼幢世界種名金剛幢
相次有香水海名平等大莊嚴世界種名法
界勇猛旋次有香水海名寶華叢無盡光世
界種名無邊淨光明次有香水海名妙金幢
世界種名演說微密處次有香水海名光影
徧照世界種名普莊嚴次有香水海名寂音
世界種名現前垂布如是等不可說佛剎微
塵數香水海其最近輪圍山香水海名密燄
雲幢世界種名一切光莊嚴以一切如來道
場衆會音為體於此最下方有世界名淨眼
莊嚴佛号金剛月徧照十方此上過十佛剎
微塵數世界與金剛幢世界齊等有世界名
蓮華德佛号大精進善覺慧此上與娑婆世
界齊等有世界名金剛密莊嚴佛号娑羅王
幢此上過七佛剎微塵數世界有世界名淨
淨莊嚴佛号威德絕倫無能制伏諸佛子彼

BD15060 號　大方廣佛華嚴經（唐譯八十卷本）卷一〇　（15–6）

界齊等有世界名金剛寶莊嚴佛号娑羅王
幢此上過七佛刹微塵數世界有世界名淨
淨莊嚴佛号威德絶倫無能制伏諸佛子彼
積集寶香藏香水海外次有香水海名一切
寶光明徧照世界種名無垢稱莊嚴次有香
水海名衆寶華開敷世界種名虛空相次有
香水海名吉祥幄徧照世界種名無礙光普
莊嚴次有香水海名栴檀樹華世界種名普
現十方旋次有香水海名出生妙色寶世界
種名勝幢周徧行次有香水海名普生金剛
華世界種名現不思議莊嚴次有香水海名
心王摩尼輪嚴飾世界種名示現無礙佛光
明次有香水海名積集寶瓔珞世界種名淨
除疑次有香水海名真珠輪普莊嚴世界種
名諸佛願所流如是等不可說佛刹微塵數
香水海其最近輪圍山香水海名閻浮檀寶
藏輪世界種名普音幢以入一切智門音聲
為體此中最下方有世界名華蘂焰佛号精
進施此上過十佛刹微塵數世界與金剛幢
世界齊等有世界名蓮華光明幢佛号一切
功德最勝心王此上過三佛刹微塵數世界
與娑婆世界齊等有世界名十力莊嚴佛号
善出現無量功德王於此世界種最上方有
世界名摩尼香山幢佛号廣大善眼淨除疑
諸佛子彼寶莊嚴香水海外次有香水海名
持須弥光明藏世界種名出生廣大雲次有
香水海名種種莊嚴大威力境界世界種名

BD15060號　大方廣佛華嚴經（唐譯八十卷本）卷一〇　（15–7）

諸佛子彼寶莊嚴香水海外次有香水海名
持須弥光明藏世界種名出生廣大雲次有
香水海名種種莊嚴大威力境界世界種名
無礙淨莊嚴次有香水海名密布寶蓮華世
界種名最勝燈莊嚴次有香水海名依止一
切寶莊嚴世界種名日光明網藏次有香水
海名衆多嚴淨世界種名寶華依處次有香
水海名極聰慧行世界種名最勝形莊嚴次
有香水海名持妙摩尼峯世界種名普淨虛
空藏次有香水海名大光徧照世界種名帝
青炬光明次有香水海名可愛摩尼珠充滿
徧照世界種名普吼聲如是等不可說佛刹
微塵數香水海其最近輪圍山香水海名出
帝青寶世界種名周徧無差別以一切菩薩
震吼聲為體此中最下方有世界名妙勝藏
佛号最勝功德慧此上過十佛刹微塵數世
界與金剛幢世界齊等有世界名莊嚴相佛
号超勝大光明此上與娑婆世界齊等有世
界名瑠璃輪普莊嚴佛号須弥燈於此世界
種最上方有世界名華幢海佛号無盡變化
妙慧雲諸佛子彼金剛寶聚香水海外次有
香水海名崇飾寶埤堄世界種名秀出寶幢
次有香水海名寶幢莊嚴世界種名現一切
光明次有香水海名妙寶雲世界種名一切
寶莊嚴光明徧照次有香水海名寶樹華莊
嚴世界種名妙華間飾次有香水海名妙寶
衣莊嚴世界種名光明海次有香水海名寶

BD15060號　大方廣佛華嚴經（唐譯八十卷本）卷一〇　（15–8）

寶莊嚴光明遍照次有香水海名寶樹華莊
嚴世界種名妙華間飾次有香水海名妙寶
衣莊嚴世界種名光明海次有香水海名寶
樹峯世界種名寶焰雲次有香水海名示現
光明世界種名入金剛無所礙次有香水海
名蓮華普莊嚴世界種名無邊岸海淵次有
香水海名妙寶莊嚴世界種名普示現國土
藏如是等不可說佛剎微塵數香水海其最
近輪圍山香水海名不可壞海世界種名妙
輪間錯蓮華場以一切佛力所出音為體此
中最下方有世界名最妙香佛號變化無量
塵數光此上過十佛剎微塵數世界與金剛
幢世界齊等有世界名不思議差別莊嚴門
佛號無量智此上與娑婆世界齊等有世界
名十方光明妙華藏佛號師子眼光焰雲於
此最上方有世界名海音聲佛號水天光焰
門諸佛子彼天城寶堞香水海外次有香水
海名焰輪赫奕光世界種名不可說種種莊
嚴次有香水海名寶塵路世界種名普入無
量旋次有香水海名具一切莊嚴世界種名
寶光遍照次有香水海名布眾寶網世界種
名安布深密次有香水海名妙寶莊嚴幢世
界種名世界海明了音次有香水海名日宮
清淨影世界種名遍入因陀羅網次有香水
海名一切鼓樂美妙音世界種名圓滿平正
次有香水海名種種妙莊嚴世界種名淨密
光焰雲次有香水海名周遍寶焰燈世界種

BD15060 號　大方廣佛華嚴經（唐譯八十卷本）卷一〇　（15–9）

海名一切鼓樂美妙音世界種名圓滿平正
次有香水海名種種妙莊嚴世界種名淨密
光焰雲次有香水海名周遍寶焰燈世界種
名隨佛本願種種形如是等不可說佛剎微
塵數香水海其最近輪圍山香水海名積集
瓔珞衣世界種名化現妙衣以三世一切佛
音聲為體此中最下方有香水海名因陀羅
華藏世界名發生歡喜佛剎微塵數世界圍
繞純一清淨佛號堅悟智此上過十佛剎微
塵數世界與金剛幢世界齊等有世界名寶
網莊嚴十佛剎微塵數世界圍繞純一清淨
佛號無量歡喜光此上過三佛剎微塵數世
界與娑婆世界齊等有世界名寶蓮華師子
座十三佛剎微塵數世界圍繞佛號最清淨
不空聞此上過七佛剎微塵數世界至此世
界種最上方有世界名寶色龍光明二十佛
剎微塵數世界圍繞純一清淨佛號遍法界
普照明諸佛子如是十不可說佛剎微塵數
香水海中有十不可說佛剎微塵數世界種
皆依現一切菩薩形摩尼王幢莊嚴蓮華住
各各莊嚴際無有間斷各各放寶色光明各
各光明雲而覆其上各各莊嚴具各各劫差
別各各佛出現各各演法海各各眾生遍充
滿各各十方普趣入各各一切佛神力所加
持此一一世界種中一切世界依種種莊嚴
住遞相接連成世界網於華藏莊嚴世界海
種種差別周遍建立爾時普賢菩薩欲重宣

BD15060 號　大方廣佛華嚴經（唐譯八十卷本）卷一〇　（15–10）

住迭相接連成世界網於華藏莊嚴世界海
種種差別周遍建立介時普賢菩薩欲重宣
其義承佛威力而說頌言

華藏世界海　法界等無別　莊嚴極清淨　安住於虛空
此世界海中　剎種難思議　一一皆自在　各各無雜亂
華藏世界海　剎種善安布　殊形異莊嚴　種種相不同
諸佛變化音　種種為其體　隨其業力見　剎種妙嚴飾
須彌山城網　水旋輪圓形　廣大蓮華開　彼彼互圍繞
山幢樓閣形　旋轉金剛形　如是不思議　廣大諸剎種
大海真珠焰　光網不思議　如是諸剎種　悉在蓮華住
一一諸剎種　光網不思議　光中現眾剎　普遍十方海
一切諸剎種　所有莊嚴具　國土悉入中　普見無有盡
剎種不思議　世界無邊際　種種妙嚴好　皆由大仙力
一切剎種中　世界不思議　或成或有壞　或有已壞滅
譬如林中葉　有生亦有落　如是剎種中　世界有成壞
譬如依樹林　種種果差別　如是依剎種　種種眾生住
譬如種子別　生果各殊異　業力差別故　眾生剎不同
譬如心王寶　隨心見眾色　眾生心淨故　得見清淨剎
譬如大龍王　興雲遍虛空　如是佛願力　出生諸國土
如幻師咒術　能現種種事　眾生業力故　國土不思議
譬如眾繢像　畫師之所作　如是一切剎　心畫師所成
眾生身各異　隨心分別起　如是剎種種　莫不皆由業
譬如見導師　種種色差別　隨眾生心行　見諸剎亦然
一切諸剎際　周布蓮華網　種種相不同　莊嚴悉清淨
彼諸蓮華網　剎網所安住　種種莊嚴事　種種眾生居
或有剎土中　險惡不平坦　由眾生煩惱　於彼如是見
雜染及清淨　無量諸剎種　隨眾生心起　菩薩力所持

BD15060號　大方廣佛華嚴經（唐譯八十卷本）卷一〇　（15-11）

彼諸蓮華網　剎網所安住　種種莊嚴事　種種眾生居
或有剎土中　險惡不平坦　由眾生煩惱　於彼如是見
雜染及清淨　無量諸剎種　隨眾生心起　菩薩力所持
或有剎土中　雜染及清淨　斯由業力起　菩薩之所化
有剎放光明　離垢寶所成　種種妙嚴飾　諸佛令清淨
一一剎種中　劫燒不思議　所現雖敗惡　其處常堅固
由眾生業力　出生多剎土　依止於風輪　及以水輪住
世界法如是　種種見不同　而實無有生　亦復無滅壞
一一心念中　出生無量剎　以佛威神力　悉見淨無垢
有剎泥土成　其體甚堅硬　黑闇無光照　惡業者所居
有剎金剛成　雜染大憂怖　苦多而樂少　薄福之所處
或有用鐵成　或以赤銅作　石山險可畏　罪惡者充滿
剎中有地獄　眾生苦無救　常在黑闇中　焰海所燒然
或復有畜生　種種醜陋形　由其自惡業　常受諸苦惱
或見閻羅界　飢渴所煎逼　登上大火山　受諸極重苦
或有諸剎土　七寶所合成　種種諸宮殿　斯由淨業得
汝應觀世間　其中人與天　淨業果成就　隨時受快樂
一一毛孔中　億剎不思議　種種相莊嚴　未曾有迫隘
眾生各各業　世界無量種　於中取著生　受苦樂不同
有剎眾寶成　常放無邊光　金剛妙蓮華　莊嚴淨無垢
有剎光為體　依止光輪住　金色栴檀香　焰雲普照明
有剎月輪成　香衣悉周布　於一蓮華內　菩薩皆充滿
有剎眾寶成　色相無諸垢　譬如天帝網　光明恒照耀
有剎香為體　或是金剛華　摩尼光影形　觀察甚清淨
或有難思剎　華旋所成就　化佛皆充滿　菩薩普光明
或有清淨剎　悉是眾華樹　妙枝布道場　蔭以摩尼雲
有剎淨光照　金剛華所成　有是佛化音　無邊列成網

BD15060號　大方廣佛華嚴經（唐譯八十卷本）卷一〇　（15-12）

或有難思剎　華旋所成就　化佛皆充滿　菩薩普光明
或有清淨剎　悉是眾華樹　妙枝布道場　蔭以摩尼雲
有剎淨光照　金剛華所成　有是佛化音　無邊列成網
有剎如菩薩　摩尼妙寶冠　或有如座形　從化光明出
或是栴檀末　或是眉間光　或佛光中音　而成斯妙剎
有見清淨剎　以一光莊嚴　或見多莊嚴　種種皆奇妙
或用十國土　妙物作嚴飾　或以千土中　一切為莊校
或以億剎物　莊嚴於一土　種種相不同　皆如影像現
不可說土物　莊嚴於一剎　各各放光明　如來願力起
或有諸國土　願力所淨治　一切莊嚴中　普見眾剎海
諸修普賢願　所得清淨土　三世剎莊嚴　一切於中現
佛子汝應觀　剎種威神力　未來諸國土　如夢悉令見
十方諸世界　過去國土海　咸於一剎中　現像猶如化
三世一切佛　及以其國土　於一剎種中　一切悉觀見
一切佛神力　塵中現眾土　種種悉明見　如影無真實
或有眾多剎　其形如大海　或如須彌山　世界不思議
有剎善安住　其形如帝網　或如樹林形　諸佛滿其中
或作寶輪形　或有蓮華狀　八隅備眾飾　種種悉清淨
或有如座形　或復有三隅　或如佉勒迦　城郭梵王身
或如天主髻　或有如半月　或如摩尼山　或如日輪形
或有世界形　譬如香海旋　或作光明輪　佛昔所嚴淨
或有輪輞形　或有壇墠形　或如佛毫相　肉髻廣長眼
或有如佛手　或如金剛杵　或如焰山形　菩薩悉周遍
或如師子形　或如海蚌形　無量諸色相　體性各差別
於一剎種中　剎形無有盡　皆由佛願力　護念得安住
有剎住一劫　或住於十劫　乃至過百千　國土微塵數
或於一劫中　見剎有成壞　或無量無數　乃至不思議

BD15060號　大方廣佛華嚴經（唐譯八十卷本）卷一〇　（15–13）

或如師子形　或如海蚌形　無量諸色相　體性各差別
於一剎種中　剎形無有盡　皆由佛願力　護念得安住
有剎住一劫　或住於十劫　乃至過百千　國土微塵數
或於一劫中　見剎有成壞　或無量無數　乃至不思議
或有剎有佛　或有剎無佛　或有唯一佛　或有無量佛
國土若無佛　他方世界中　有佛變化來　為現諸佛事
歿天與降神　處胎及出生　降魔成正覺　轉無上法輪
隨眾生心樂　示現種種相　為轉妙法輪　悉應其根欲
一一佛剎中　一佛出興世　經於億千歲　演說無上法
眾生非法器　不能見諸佛　若有心樂者　一切處皆見
一一剎土中　各有佛興世　一切剎中佛　億數不思議
此中一一佛　現無量神變　悉遍於法界　調伏眾生海
有剎無光明　黑闇多恐懼　苦觸如刀劍　見者自酸毒
或有諸天光　或有宮殿光　或日月光明　剎網難思議
有剎自光明　或樹放淨光　未曾有苦惱　眾生福力故
或有山光明　或有摩尼光　或以燈光照　悉眾生業力
或有佛光明　菩薩滿其中　有是蓮華光　焰色甚嚴好
有剎華光照　有以香水照　塗香燒香照　皆由淨願力
有以雲光照　摩尼蚌光照　佛神力光照　能宣悅意聲
或以寶光照　或金剛焰照　淨音能遠震　所至無眾苦
或有摩尼光　或是嚴具光　或道場光明　照耀眾會中
佛放大光明　化佛滿其中　其光普照觸　法界悉周遍
有剎甚可畏　嘷叫大苦聲　其聲極酸楚　聞者生厭怖
地獄畜生道　及以閻羅處　是濁惡世界　恒出憂苦聲
或有國土中　常出可樂音　悅意順其教　斯由淨業得
或有國土中　恒聞帝釋音　或聞梵天音　一切世主音
或有諸剎土　雲中出妙聲　寶海摩尼樹　及樂音遍滿

BD15060號　大方廣佛華嚴經（唐譯八十卷本）卷一〇　（15–14）

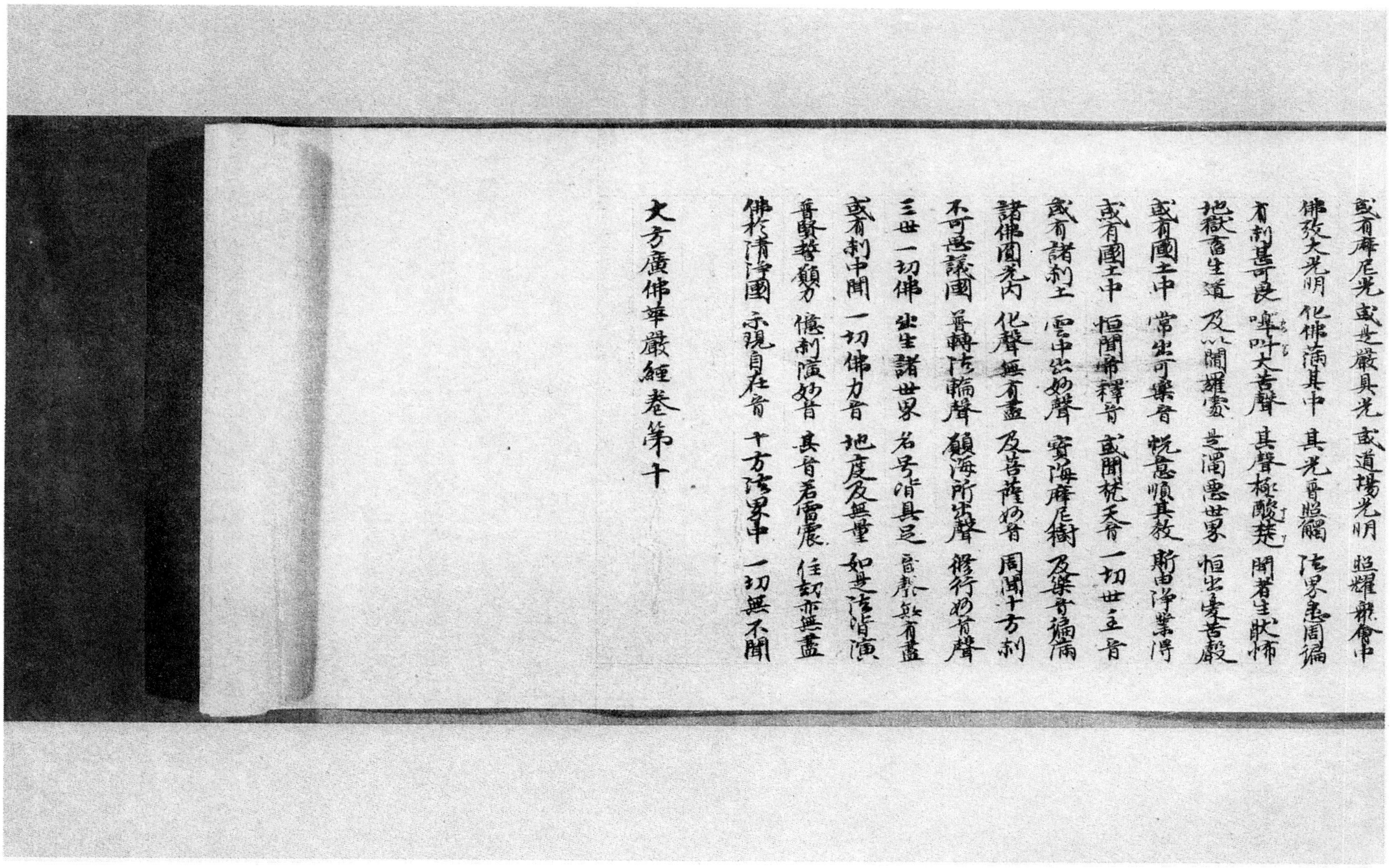
或有摩尼光　或莊嚴具光　或道場光明　照耀衆會中
佛放大光明　化佛滿其中　其光普照觸　法界悉周徧
有剎甚可畏　嘷吼大音聲　其聲極酸楚　聞者生猒怖
地獄畜生道　及以閻羅處　是濁惡世界　恒出憂苦聲
或有國土中　常出可樂音　悅意順其教　斯由淨業得
或有國土中　恒聞帝釋音　或聞梵天音　一切世主音
或有諸剎土　雲中出妙聲　寶海摩尼樹　及樂音徧滿
諸佛圓光內　化聲無有盡　及菩薩妙音　周聞十方剎
不可思議國　普轉法輪聲　願海所出聲　修行妙音聲
三世一切佛　出生諸世界　名号悉具足　音聲無有盡
或有剎中聞　一切佛力音　地度及無量　如是法皆演
普賢誓願力　億剎演妙音　其音若雷震　住劫亦無盡
佛於清淨國　示現自在音　十方法界中　一切無不聞
大方廣佛華嚴經卷第十

BD15060號　大方廣佛華嚴經（唐譯八十卷本）卷一〇　（15-15）

妙法蓮華經觀世音菩薩普門品第廿五
尒時无盡意菩薩即從座起偏袒右肩合掌
向佛而作是言世尊觀世音菩薩以何因緣
名觀世音佛告无盡意菩薩善男子若有无
量百千万億衆生受諸苦惱聞是觀世音菩

BD15061號 1　觀世音經　（7-1）

妙法蓮華經觀世音菩薩普門品第廿五
尒時无盡意菩薩即從座起偏袒右肩合掌
向佛而作是言世尊觀世音菩薩以何因緣
名觀世音佛告无盡意菩薩善男子若有无
量百千万億衆生受諸苦惱聞是觀世音菩
薩一心稱名觀世音菩薩即時觀其音聲皆
得解脫若有持是觀世音菩薩名者設入大
火火不能燒由是菩薩威神力故若為大水
所漂稱其名号即得淺處若有百千万億衆
生為求金銀琉璃車𤦲馬瑙珊瑚虎珀真珠
等寶入於大海假使黑風吹其舩舫漂墮羅
刹鬼國其中若有乃至一人稱觀世音菩薩
名者是諸人等皆得解脫羅刹之難以是因
緣名觀世音若復有人臨當被害稱觀世音
菩薩名者彼所執刀杖尋段段壞而得解脫
若三千大千國土滿中夜叉羅刹欲來惱人
聞其稱觀世音菩薩名者是諸惡鬼尚不能
以惡眼視之況復加害設復有人若有罪若
无罪杻械枷鎖檢繫其身稱觀世音菩薩名
者皆悉斷壞即得解脫若三千大千國土滿
中怨賊有一商主將諸商人賫持重寶經過
嶮路其中一人作是唱言諸善男子勿得恐

BD15061 號 1　觀世音經　（7–2）

者皆悉斷壞即得解脫若三千大千國土滿
中怨賊有一商主將諸商人賫持重寶經過
嶮路其中一人作是唱言諸善男子勿得恐
怖汝等應當一心稱觀世音菩薩名号是菩
薩能以无畏施於衆生汝等若稱名者於此
怨賊當得解脫衆商人聞俱發聲言南无觀
世音菩薩稱其名故即得解脫无盡意觀世
音菩薩摩訶薩威神之力巍巍如是若有衆
生多於婬欲常念恭敬觀世音菩薩便得離
欲若多瞋恚常念恭敬觀世音菩薩便得離
瞋若多愚癡常念恭敬觀世音菩薩便得離
癡无盡意觀世音菩薩有如是等大威神力
多所饒益是故衆生常應心念若有女人設
欲求男礼拜供養觀世音菩薩便生福德智
慧之男設欲求女便生端正有相之女宿殖
德本衆人愛敬无盡意觀世音菩薩有如是
力若有衆生恭敬礼拜觀世音菩薩福不唐
捐是故衆生皆應受持觀世音菩薩名号无
盡意若有人受持六十二億恒河沙菩薩名
字復盡形供養飲食衣服臥具醫藥於汝意
云何是善男子善女人功德多不无盡意言
甚多世尊佛言若復有人受持觀世音菩薩
名号乃至一時礼拜供養是二人福正等无
異於百千万億劫不可窮盡无盡意受持觀
世音菩薩名号得如是无量无邊福德之利

BD15061 號 1　觀世音經　（7–3）

云何是善男子善女人功德多不无盡意言
甚多世尊佛言若復有人受持觀世音菩
名号乃至一時礼拜供養 福正等无
異於百千万億劫不可窮盡无盡意受持觀
世音菩薩名号得如是无量福德之利
无盡意菩薩白佛言世尊觀世音菩薩云何
遊此娑婆世界云何而為衆生說法方便之
力其事云何佛告无盡意菩薩善男子若有
國土衆生應以佛身得度者觀世音菩薩即
現佛身而為說法應以辟支佛身得度者即
現辟支佛身而為說法應以聲聞身得度者
即現聲聞身而為說法應以梵王身得度者
即現梵王身而為說法應以帝釋身得度者
即現帝釋身而為說法應以自在天身得度
者即現自在天身而為說法應以大自在天
身得度者即現大自在天身而為說法應以
天大將軍身得度者即現天大將軍身而為
說法應以毗沙門身得度者即現毗沙門身
而為說法應以小王身得度者即現小王身
而為說法應以長者身得度者即現長者身
而為說法應以居士身得度者即現居士身
而為說法應以宰官身得度者即現宰官身
而為說法應以婆羅門身得度者即現婆羅
門身而為說法應以比丘比丘尼優婆塞優
婆夷身得度者即現比丘比丘尼優婆塞優
婆夷身而為說法應以長者居士宰官婆羅

BD15061 號 1　觀世音經　（7–4）

而為說法應以宰官身得度者即現宰官身
而為說法應以婆羅門身得度者即現婆羅
門身而為說法應以比丘比丘尼優婆塞優
婆夷身得度者即現比丘比丘尼優婆塞優
婆夷身而為說法應以長者居士宰官婆羅
門婦女身得度者即現婦女身而為說法應
以童男童女身得度者即現童男童女身而
為說法應以天龍夜叉乾闥婆阿脩羅迦樓
羅緊那羅摩睺羅伽人非人等身得度者即
皆現之而為說法應以執金剛神得度者即
現執金剛神而為說法无盡意是觀世音菩
薩成就如是功德以種種形遊諸國土度脫
衆生是故汝等應當一心供養觀世音菩薩
是觀世音菩薩摩訶薩於怖畏急難之中能
施无畏是故此娑婆世界皆号之為施无畏者
无盡意菩薩白佛言世尊我今當供養觀世
音菩薩即解頸衆寶珠瓔珞價直百千兩
金而以與之作是言仁者受此法施珎寶瓔
珞時觀世音菩薩不肯受之无盡意復白觀
世音菩薩言仁者愍我等故受此瓔珞尒時
佛告觀世音菩薩當愍此无盡意菩薩及四衆
天龍夜叉乾闥婆阿脩羅迦樓羅緊那羅摩
睺羅伽人非人等故受是瓔珞即時觀世音
菩薩愍諸四衆及於天龍人非人等受其瓔
珞分作二分一分奉釋迦牟尼佛一分奉多
寶佛塔无盡意觀世音菩薩有如是自在神

BD15061 號 1　觀世音經　（7–5）

睺羅伽人非人等故受是瓔珞即時觀世音
菩薩愍諸四衆及於天龍人非人等受其瓔
珞分作二分一分奉釋迦牟尼佛一分奉多
寶佛塔无盡意觀世音菩薩有如是自在神
力遊於娑婆世界尒時無盡意菩薩以偈問
日大大大大大大大大大大大大大大大
世尊妙相具　我今重問彼　佛子何因緣　名為觀世音
具足妙相尊　偈荅無盡意　汝聽觀音行　善應諸方所
弘誓深如海　歷劫不思議　侍多千億佛　發大清淨願
我為汝略說　聞名及見身　心念不空過　能滅諸有苦
假使興害意　推落大火坑　念彼觀音力　火坑變成池
或漂流巨海　龍魚諸鬼難　念彼觀音力　波浪不能沒
或在須弥峯　為人所推墮　念彼觀音力　如日虛空住
或被惡人逐　墮落金剛山　念彼觀音力　不能損一毛
或值怨賊遶　各執刀加害　念彼觀音力　咸即起慈心
或遭王難苦　臨刑欲壽終　念彼觀音力　刀尋段段壞
或囚禁枷鏁　手足被杻械　念彼觀音力　釋然得解脫
呪咀諸毒藥　所欲害身者　念彼觀音力　還著於本人
或遇惡羅剎　毒龍諸鬼等　念彼觀音力　時悉不敢害
若惡獸圍遶　利牙爪可怖　念彼觀音力　疾走無邊方
蚖虵及蝮蝎　氣毒烟火燃　念彼觀音力　尋聲自迴去
雲雷鼓掣電　降雹澍大雨　念彼觀音力　應時得消散
衆生被困厄　無量苦逼身　觀音妙智力　能救世間苦
具足神通力　廣脩智方便　十方諸國土　無剎不現身
種種諸惡趣　地獄鬼畜生　生老病死苦　以漸悉令滅
真觀清淨觀　廣大智慧觀　悲觀及慈觀　常願常瞻仰

BD15061 號 1　觀世音經

（7–6）

雲雷鼓掣電　降雹澍大雨　念彼觀音力　應時得消散
衆生被困厄　無量苦逼身　觀音妙智力　能救世間苦
具足神通力　廣脩智方便　十方諸國土　無剎不現身
種種諸惡趣　地獄鬼畜生　生老病死苦　以漸悉令滅
真觀清淨觀　廣大智慧觀　悲觀及慈觀　常願常瞻仰
無垢清淨光　慧日破諸闇　能伏災風火　普明照世間
悲體戒雷震　慈意妙大雲　澍甘露法雨　滅除煩惱焰
諍訟經官處　怖畏軍陣中　念彼觀音力　衆怨悉退散
妙音觀世音　梵音海潮音　勝彼世間音　是故須常念
念念勿生疑　觀世音淨聖　於苦惱死厄　能為作依怙
具一切功德　慈眼視衆生　福聚海無量　是故應頂礼
尒時持地菩薩即從座起前白佛言世尊若
有衆生聞是觀世音菩薩品自在之業普門
示現神通力者當知是人功德不少佛說是
普門品時衆中八万四千衆生皆發無等
等阿耨多羅三藐三菩提心

妙法蓮華經觀世音菩薩普門品第廿五

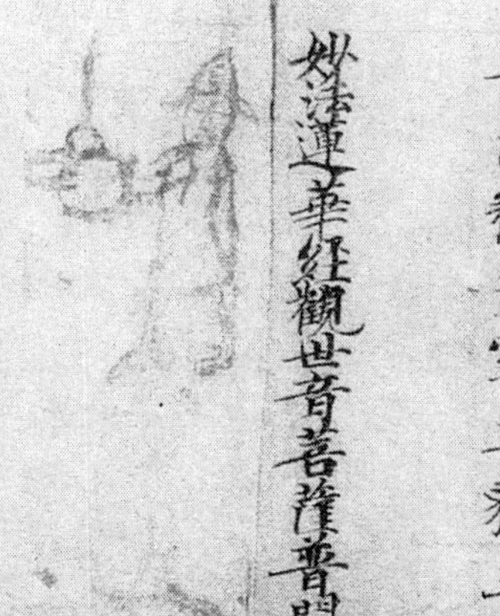

BD15061 號 1　觀世音經
BD15061 號 2　白畫（擬）

（7–7）

BD15062 號　增壹阿含經（異卷）卷三七　　（8–1）

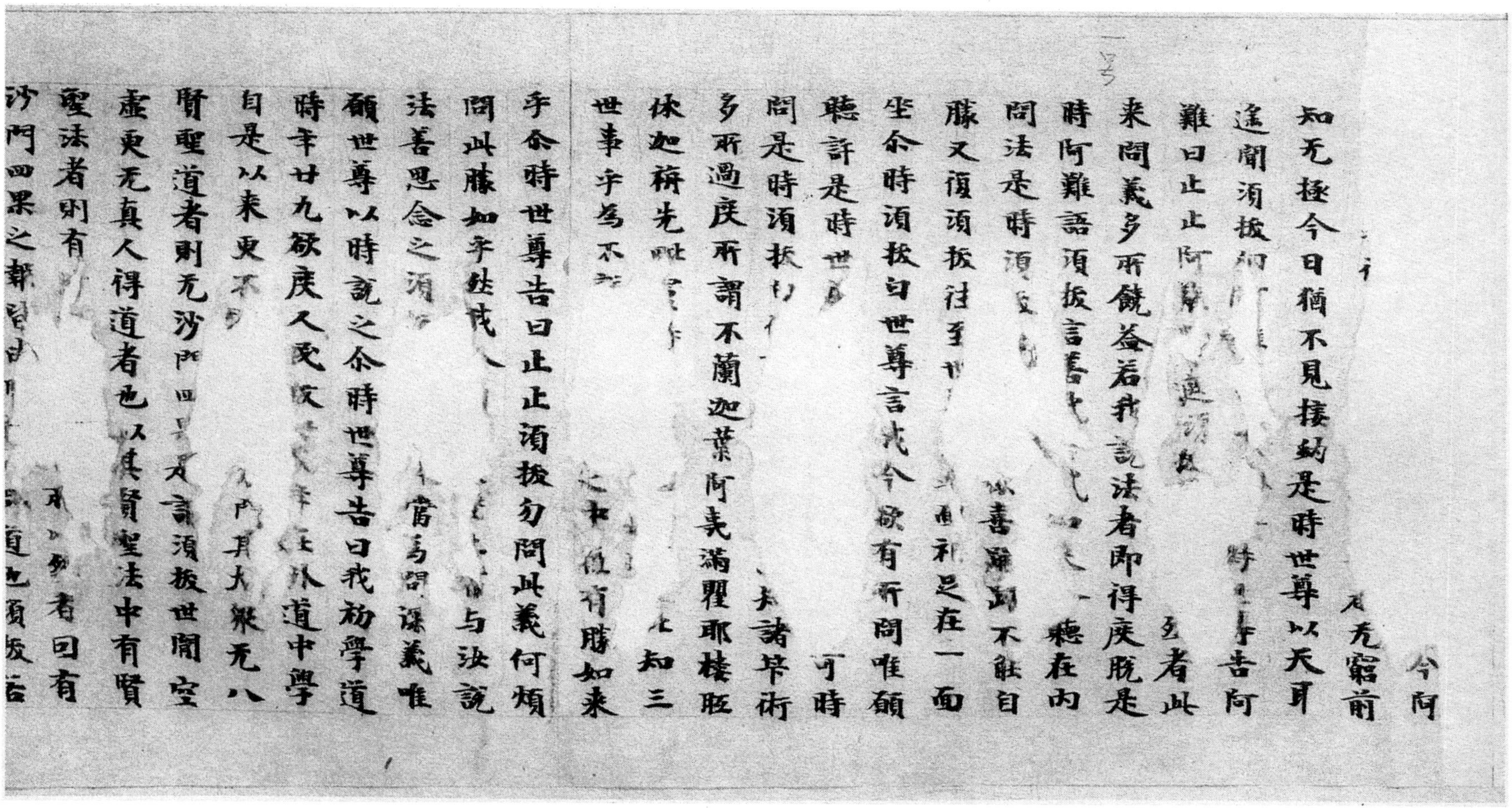

BD15062 號　增壹阿含經（異卷）卷三七　　（8–2）

自是以來更不[illegible]門其大衆无八
賢聖道者則无沙門四[illegible]諸須拔世間空
虛更无真人得道者也以其賢聖法中有賢
聖法者明有[illegible]者四有
沙門四果之都皆由[illegible]品道也須拔若
我不得无上正真之道皆由不得賢聖八品
道以其得賢聖[illegible]故須拔
當求方便成[illegible]復白佛言我亦
樂聞賢聖八品道唯願演說世尊告曰所謂
八道者正見正治[illegible]正方便正
念正三昧是謂[illegible]賢聖[illegible]道是時須拔
即於坐上得法眼淨尒時須拔語阿難言尒
我今快得善利[illegible]門阿難報
言汝今日往[illegible]是時須拔
往至世尊所頭面禮足白世尊言唯願世尊
聽作沙門尒時須拔[illegible]身著三法衣
時須拔御[illegible]即[illegible]上有漏心得解
脫尒時世尊告阿難曰我宗後弟子之中所
謂須拔是也尒時須拔[illegible]我今聞世尊
夜半當取般涅[illegible]我取涅槃
我不堪見如來先取滅度尒時世尊默然可
之所以然者過去恒沙諸佛世尊宗後取證
弟子先取般涅[illegible]取滅度此是諸佛
世尊常法非適今日也是時須拔見世尊以
可之即在如來前正身正意繫念在前於
无餘涅槃界而[illegible] 時此地變六振動

BD15062 號　增壹阿含經（異卷）卷三七　（8–3）

之所以然者過去恒沙諸佛世尊宗後取證
弟子先取般涅[illegible]取滅度此是諸佛
世尊常法非適今日也是時須拔見世尊以
可之即在如來前正身正意繫念在前於
无餘涅槃界而[illegible] 時此地變六振動
尒時世尊便說此偈
一切行无常　生者必有盡　不生則不死　此滅宗為樂
是時世尊告[illegible]以後諸比丘不
得卿儻相向大稱尊小稱賢相視當如兄弟
自今以後不得稱父姓字[illegible]時阿難白
世尊言如今諸[illegible]當云何自稱名号世尊
告曰若小比丘向大比丘稱長老大比丘稱
小比丘稱好字又諸比丘[illegible]諸衣三尊
此是我之教戒[illegible]聞世尊所說歡喜
奉行
聞如是一時佛在[illegible]與大比
丘衆五百人俱[illegible]羅阿須倫及牟提
輪天子非時至世尊所頭面禮足在一面坐
是時如來問阿須倫[illegible]堪樂大海中乎
阿須倫白佛言[illegible]為不樂世尊告曰大
海之中有何奇特之法汝等見已於中娛樂
阿須倫白佛言大[illegible]有八未曾有之法
諸阿須倫娛樂其中云何為八於是大海之
中極深且廣是謂初未曾有之法復次大海
有此神德四大江河[illegible]河者將從五百以
投大海便失本名字是謂第二之法也復次
[illegible]

BD15062 號　增壹阿含經（異卷）卷三七　（8–4）

阿須倫白佛言大[illegible]有之法
諸阿須倫娛樂其中云何爲八於是大海之
中極深且廣是謂初未曾有之法復次大海
有此神德四大江河一 河者將從五百以
控大海便失本名字是謂第二之法也復次
大海皆同一味是謂第[illegible]法也復次大海
以時潮賀不[illegible]四未曾有之法復
次大海鬼所居有形之類无不在大海中者
極大之形百由旬[illegible]至七千由旬形亦不
是謂第五未曾有[illegible]大海之中皆容
逼迮是謂第六未曾有之法復次大海之中
出若干種珎寶車[illegible]真珠虎珀水精
流璃是謂第七未曾有之法復次大海
之中下有金沙又有須[illegible]寶所成是謂
第八未曾有[illegible] 未曾有之法使諸
阿須倫娛樂其中是時阿須倫白世尊曰如
來法中有何奇特[illegible]見已娛樂其中
佛告阿須[illegible]未曾有之法使諸比丘
娛樂其中云何爲八又我法中戒律具足无
放逸行[illegible] 之法諸比丘見已娛
樂其中如彼大海極深且廣復次我法中有
四種姓於我法中[illegible]不録前名更作餘
字猶如彼海四大江河皆投于海而同一味
更无餘名復次我法中諸[illegible]散兼我相隨亦不
越叙是謂[illegible] 之法復次我法中皆
同一味所謂賢聖八品道味是謂第四未曾
[illegible]

[illegible]
更无餘名復次我法中諸[illegible]散兼我相隨亦不
越叙是謂[illegible] 之法復次我法中皆
同一味所謂賢聖八品道味是謂第四未曾
有之法如彼大[illegible] 一味復次我法中種
種法充滿其中所謂[illegible]意斷四神足五根五
力七覺意八真直行諸[illegible]見已娛樂其中
如彼大海[illegible] 是謂五未曾有之法
復次我法中有法種珎寶所謂念覺意寶法
覺意寶精進覺意[illegible] 覺意寶猗覺意
寶定覺意寶護覺意寶是謂第六未曾有
之法諸比丘見已娛[illegible]中如彼大海出種
種珎寶[illegible] 有衆生類剃除鬚髮
著三法衣出家學道於[illegible]般涅槃界而取滅
度然我[illegible] 如彼大海諸河投之
无有增減是謂第七未曾有之法諸比丘見
已娛樂其中復[illegible]法中[illegible]金剛三昧有
滅盡三昧一切光明三昧得不起三昧種種
三昧不[illegible]離斗[illegible]樂如彼大海
下有金沙是謂第八未曾有之法諸比丘如
來樂其中[illegible]未曾有之法諸比
丘而白娛樂是時阿須倫白世尊曰如來法
中使有一[illegible]中八未曾有
之法者勝彼海中八未[illegible]之法百倍千倍
不可爲[illegible] 善哉世尊快
說斯言尒時世尊[illegible]所謂施論戒論

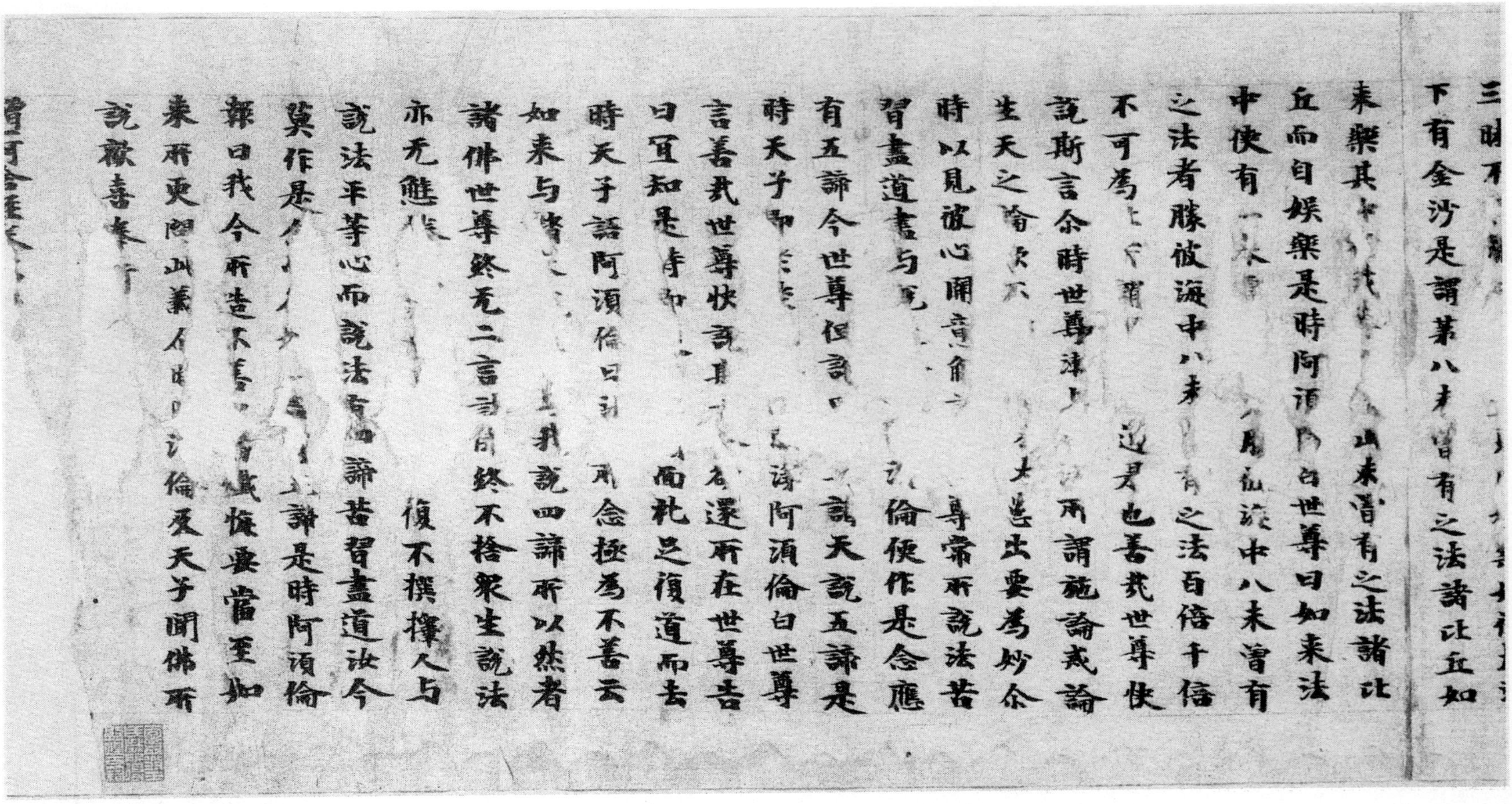

BD15062號　增壹阿含經（異卷）卷三七　（8–7）

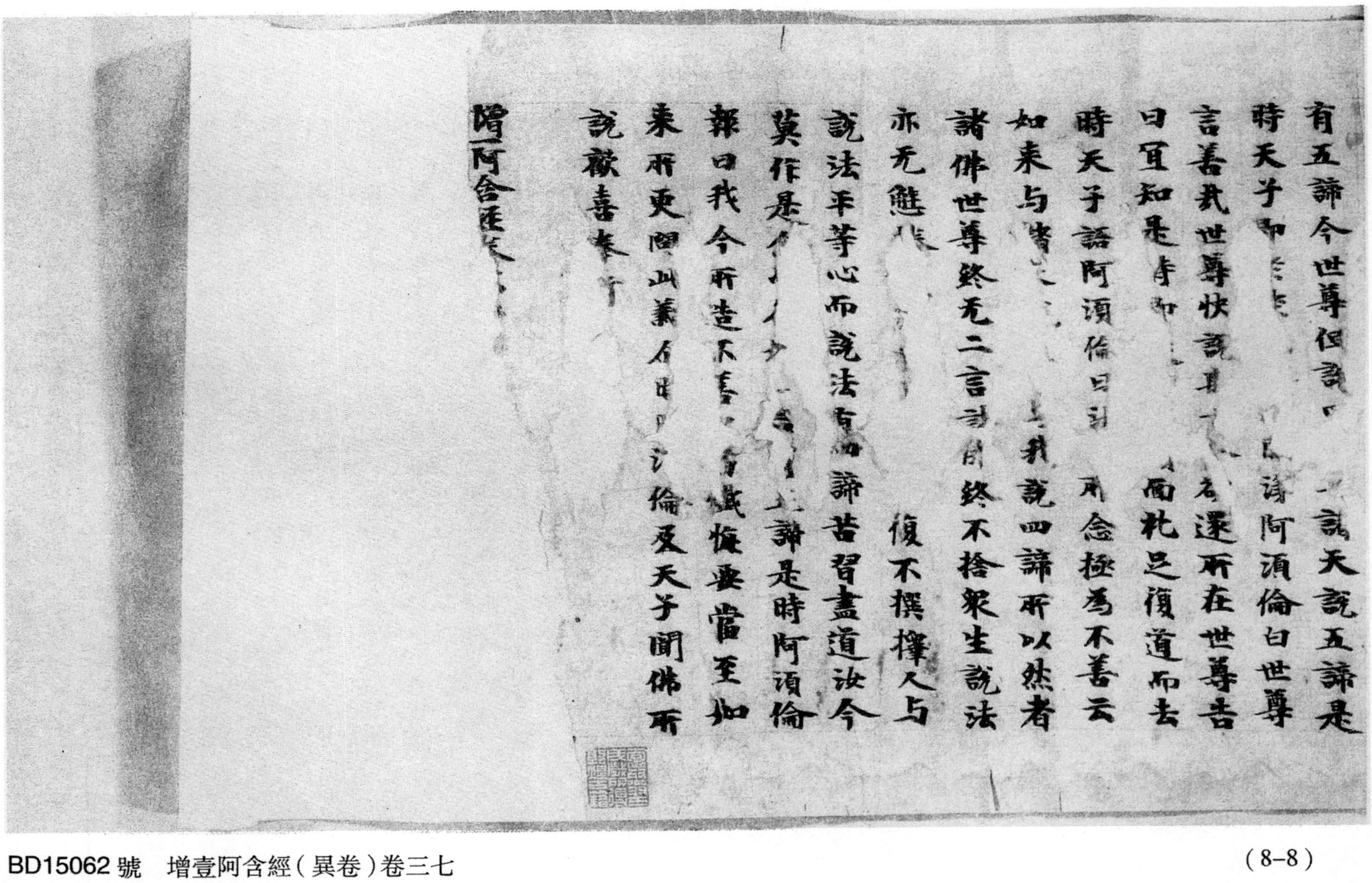

有五諦今世尊但說[illegible]說天說五諦是
時天子知[illegible]諸阿須倫白世尊
言善哉世尊快說[illegible]還所在世尊告
曰宜知是時[illegible]而禮足復道而去
時天子語阿須倫曰[illegible]所念極為不善云
如来与皆[illegible]我說四諦所以然者
諸佛世尊終无二言[illegible]終不捨衆生說法
亦无能作[illegible]復不撰擇人与
說法平等心而說法[illegible]諦苦習盡道汝今
莫作是[illegible]諦是時阿須倫
報曰我今所造不善[illegible]懺悔要當至如
来所更[illegible]倫及天子聞佛所
說歡喜奉行
增壹阿含經卷[illegible]

BD15062號　增壹阿含經（異卷）卷三七　（8–8）

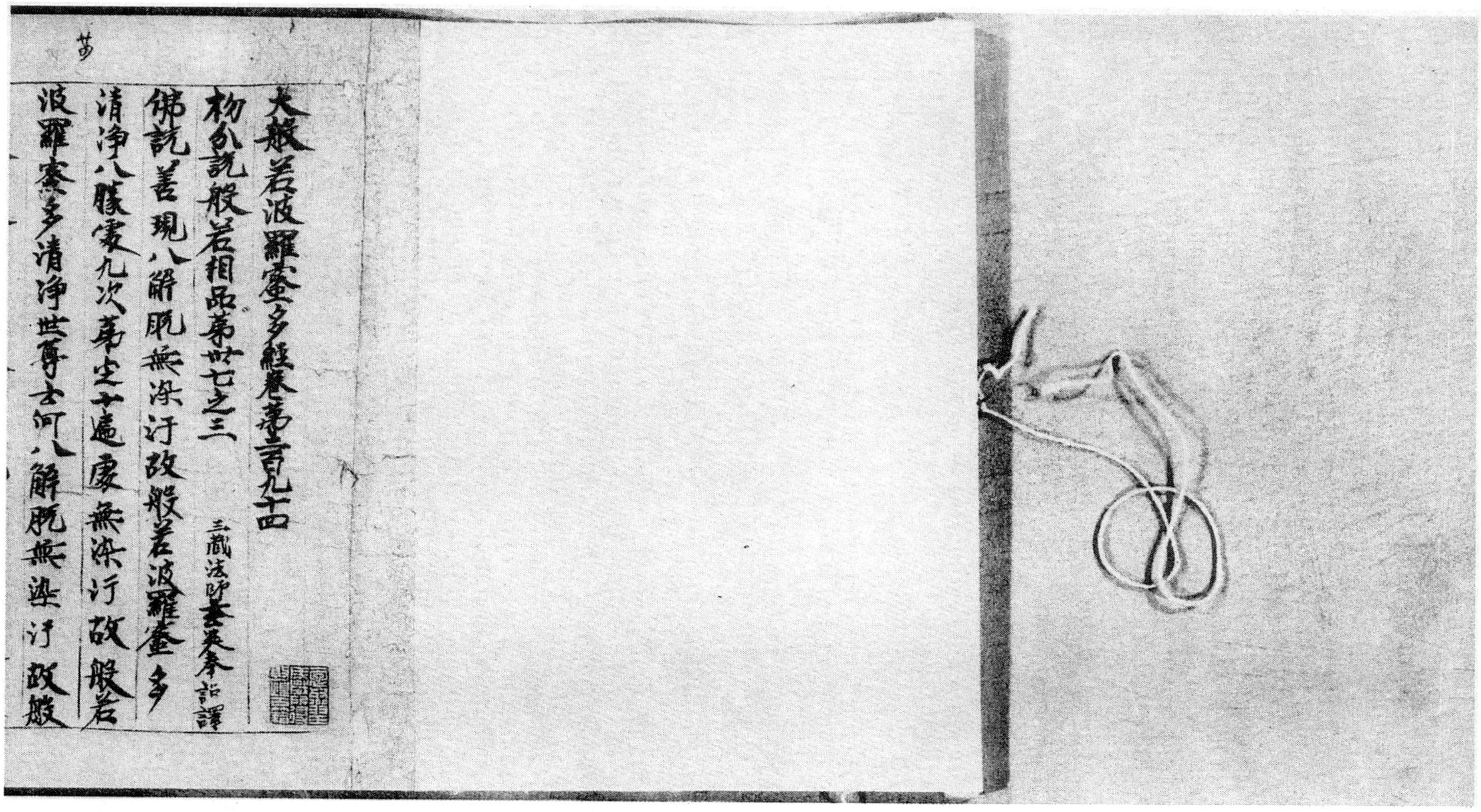
大般若波羅蜜多經卷第二百九十四
三藏法師玄奘奉詔譯
初分說般若相品第卅七之三
佛說善現八解脫無染汙故般若波羅蜜多
清淨八勝處九次第定十遍處無染汙故般若
波羅蜜多清淨世尊云何八解脫無染汙故般

BD15063號　大般若波羅蜜多經卷二九四　（3–1）

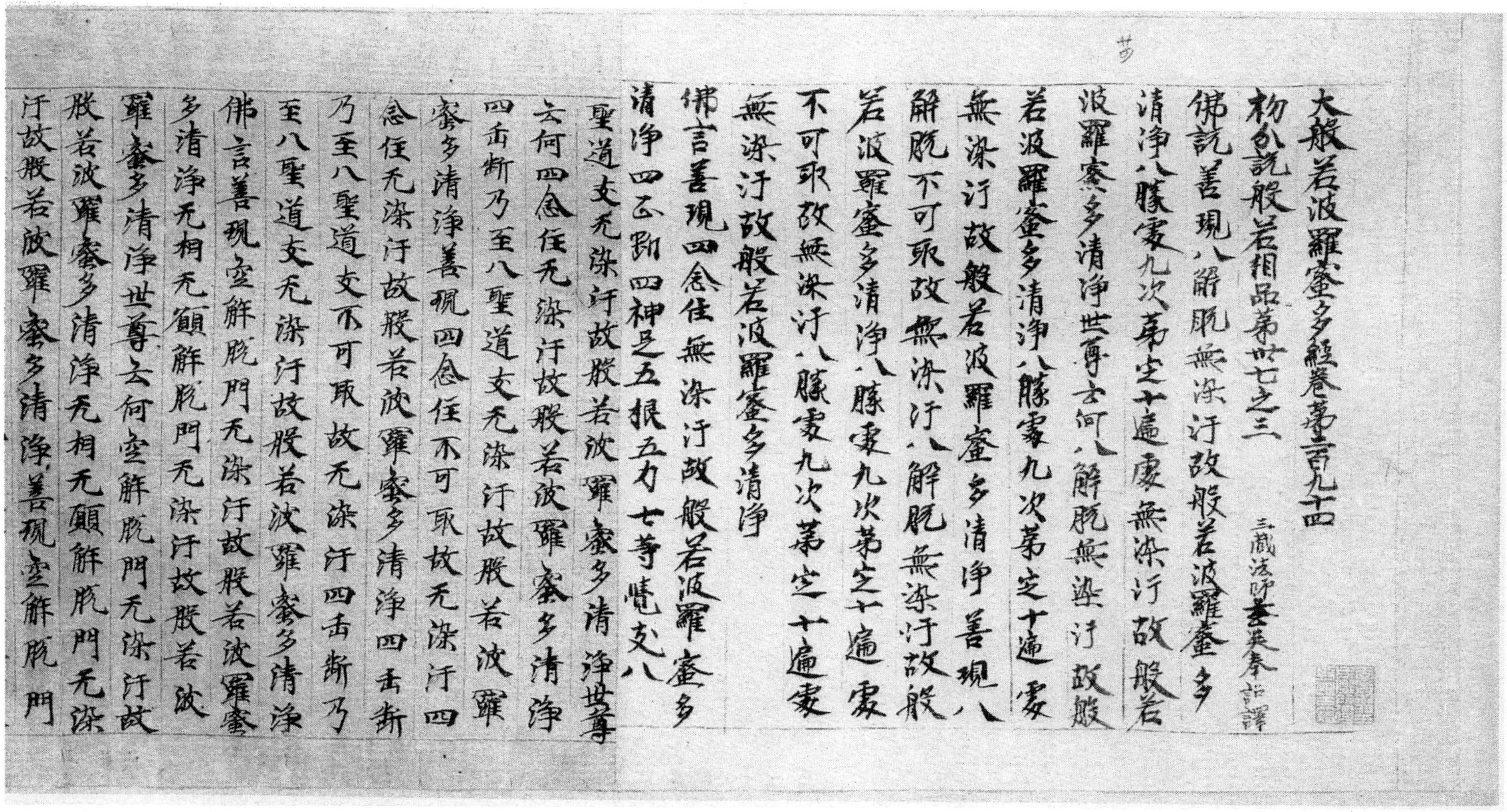
大般若波羅蜜多經卷第二百九十四
三藏法師玄奘奉詔譯
初分說般若相品第卅七之三
佛說善現八解脫無染汙故般若波羅蜜多
清淨八勝處九次第定十遍處無染汙故般若
波羅蜜多清淨世尊云何八解脫無染汙故般
若波羅蜜多清淨八勝處九次第定十遍處
無染汙故般若波羅蜜多清淨善現八
解脫不可取故無染汙八解脫無染汙故般
若波羅蜜多清淨八勝處九次第定十遍處
不可取故無染汙八勝處九次第定十遍處
無染汙故般若波羅蜜多清淨
佛言善現四念住無染汙故般若波羅蜜多
清淨四正斷四神足五根五力七等覺支八
聖道支無染汙故般若波羅蜜多清淨世尊
云何四念住无染汙故般若波羅蜜多清淨
四正斷乃至八聖道支无染汙故般若波羅
蜜多清淨善現四念住不可取故无染汙四
念住无染汙故般若波羅蜜多清淨四正斷
乃至八聖道支不可取故无染汙四正斷乃
至八聖道支无染汙故般若波羅蜜多清淨
佛言善現空解脫門无染汙故般若波羅蜜
多清淨无相无願解脫門无染汙故般若波
羅蜜多清淨世尊云何空解脫門无染汙故
般若波羅蜜多清淨无相无願解脫門无染
汙故般若波羅蜜多清淨善現空解脫門

BD15063號　大般若波羅蜜多經卷二九四　（3–2）

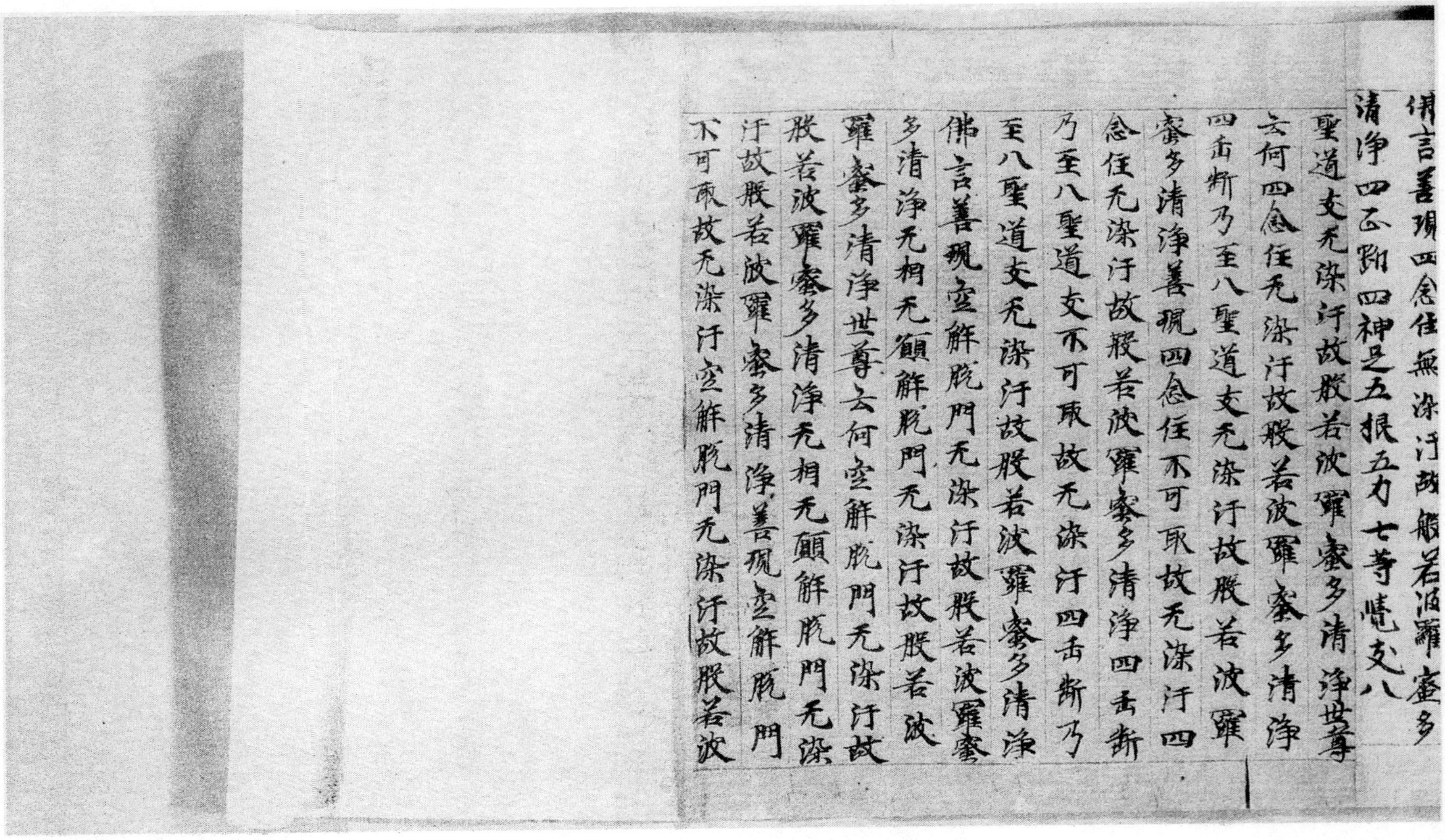

佛言善現四念住無染汙故般若波羅蜜多
清淨四正斷四神足五根五力七等覺支八
聖道支无染汙故般若波羅蜜多清淨世尊
云何四念住无染汙故般若波羅蜜多清淨
四正斷乃至八聖道支无染汙故般若波羅
蜜多清淨善現四念住不可取故无染汙四
念住无染汙故般若波羅蜜多清淨四正斷
乃至八聖道支不可取故无染汙四正斷乃
至八聖道支无染汙故般若波羅蜜多清淨
佛言善現空解脫門无染汙故般若波羅蜜
多清淨无相无願解脫門无染汙故般若波
羅蜜多清淨世尊云何空解脫門无染汙故
般若波羅蜜多清淨无相无願解脫門无染
汙故般若波羅蜜多清淨善現空解脫門
不可取故无染汙空解脫門无染汙故般若波

BD15063號　大般若波羅蜜多經卷二九四　（3–3）

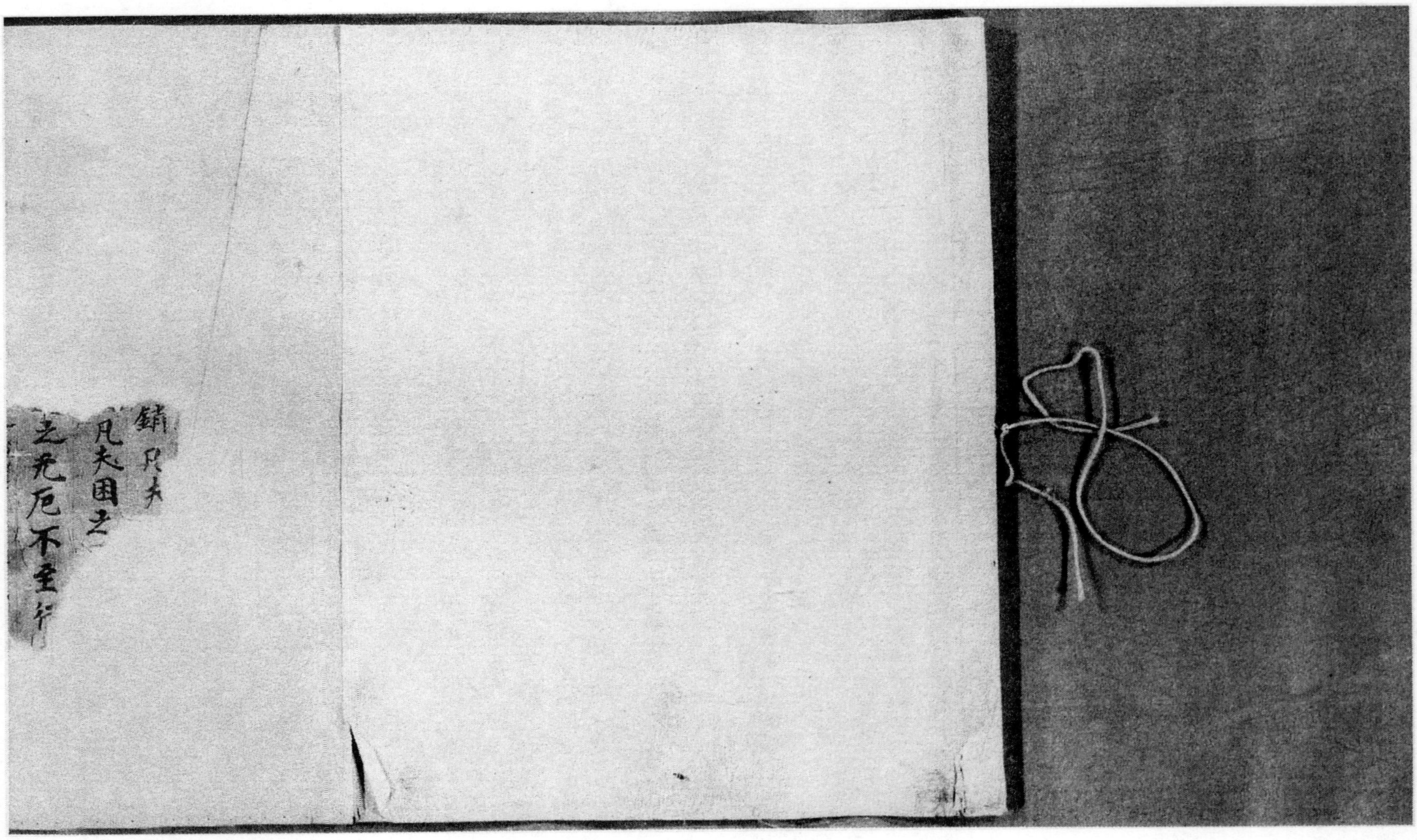

錯凡夫
凡夫因之
之无厄不至行

BD15064號　菩薩訶色欲法經　（3–1）

十一

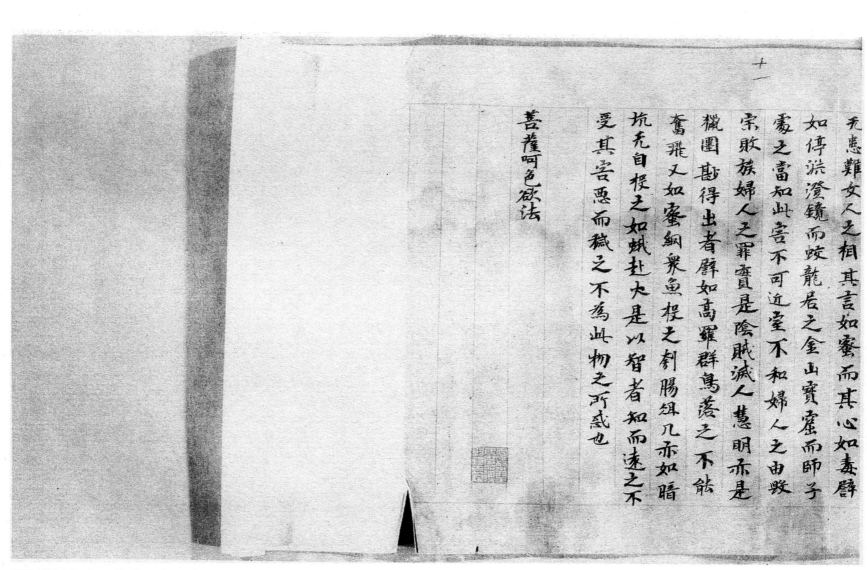

銷凡夫
凡夫困之
之无厄不重行
位獄得出還復思
得差復思得病智者愁
不真踊无日矣凡夫重色甘為之
僕終身馳驟為之辛苦雖復鈇質寸斬鉾鑊
受罪甘心受之不以為患狂人樂狂不是
過也行者若能棄之不顧是則破枷脫鎖
惡狂欺病離兼禍既安且吉得出牢獄永
无患難女人之相其言如蜜而其心如毒譬
如停淵澄鏡而蛟龍居之金山寶窟而師子
處之當知此害不可近室不和婦人之由敗
宗敗族婦人之罪實是陰賊滅人慧明亦是
檻圍趣得出者譬如高羅群鳥落之不能
奮飛又如密網衆魚投之刳腸俎几亦如暗
坑无目投之如蛾赴火是以智者知而遠之不
受其害惡而穢之不為此物之所惑也

菩薩呵色欲法

BD15064 號　菩薩訶色欲法經　（3–2）

十一

无患難女人之相其言如蜜而其心如毒譬
如停淵澄鏡而蛟龍居之金山寶窟而師子
處之當知此害不可近室不和婦人之由敗
宗敗族婦人之罪實是陰賊滅人慧明亦是
檻圍趣得出者譬如高羅群鳥落之不能
奮飛又如密網衆魚投之刳腸俎几亦如暗
坑无目投之如蛾赴火是以智者知而遠之不
受其害惡而穢之不為此物之所惑也

菩薩呵色欲法

BD15064 號　菩薩訶色欲法經　（3–3）

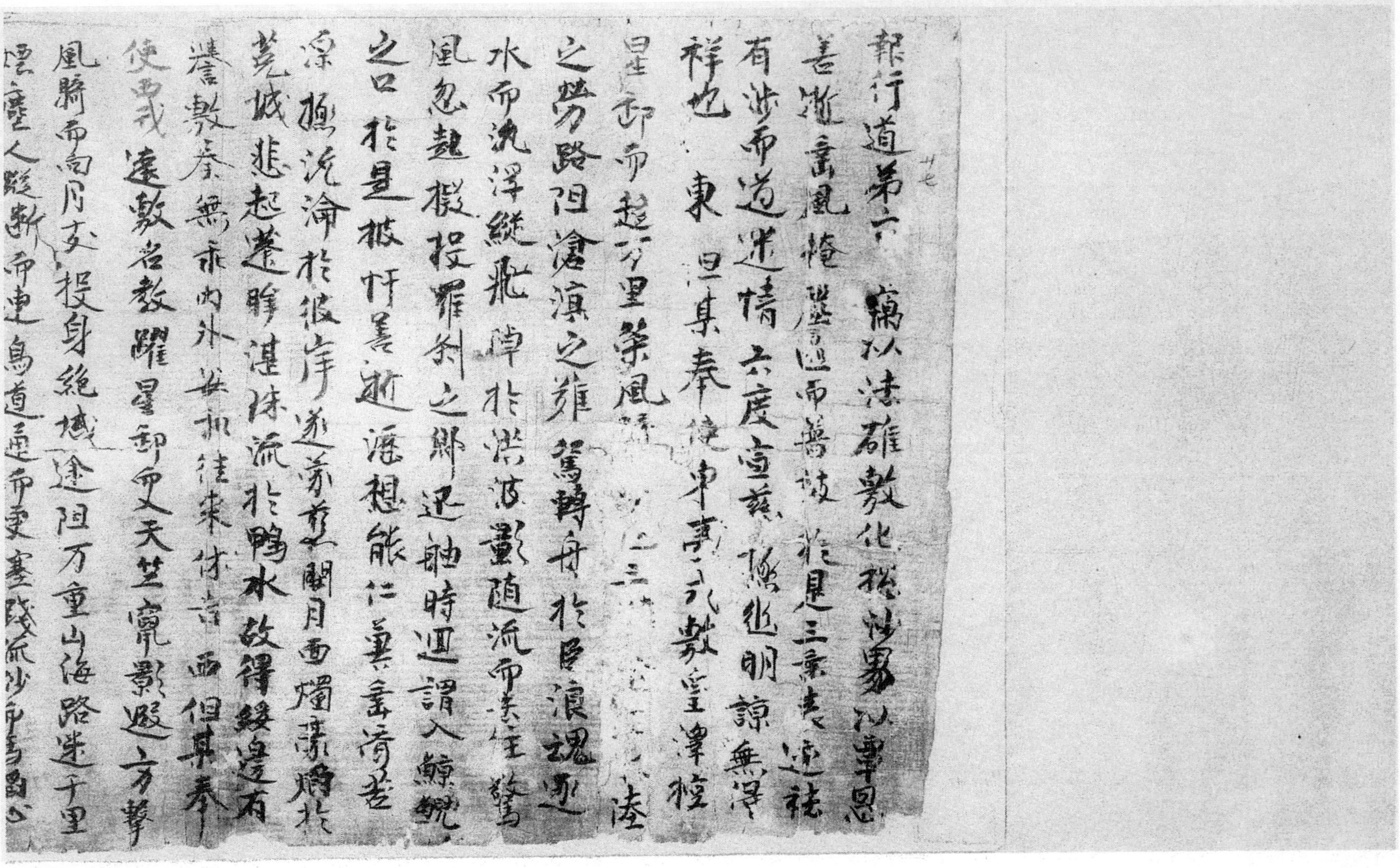

BD15065 號 1　報行道第六　　（3–1）

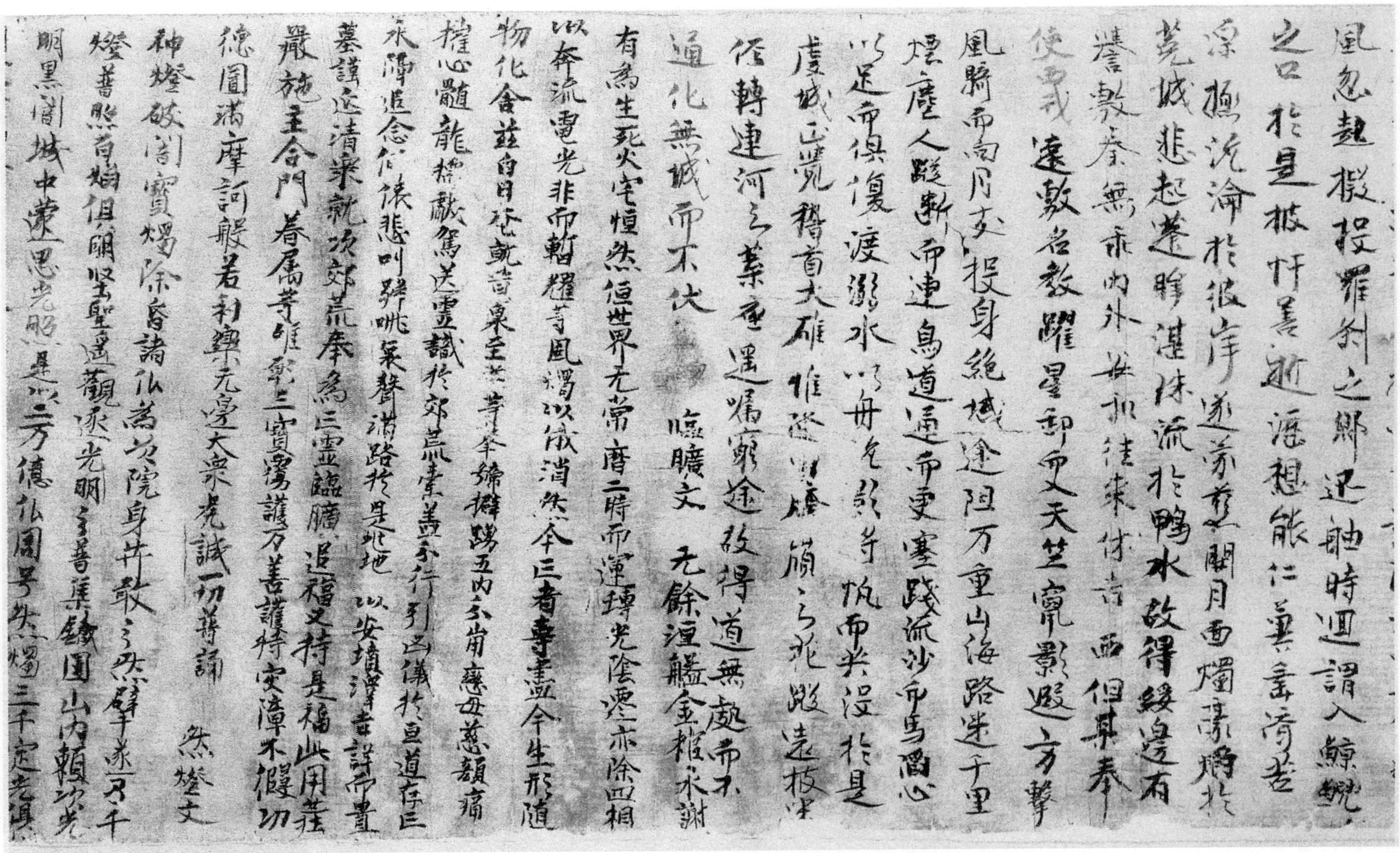

BD15065 號 2　臨壙文　　（3–2）

BD15065 號 3　燃燈文

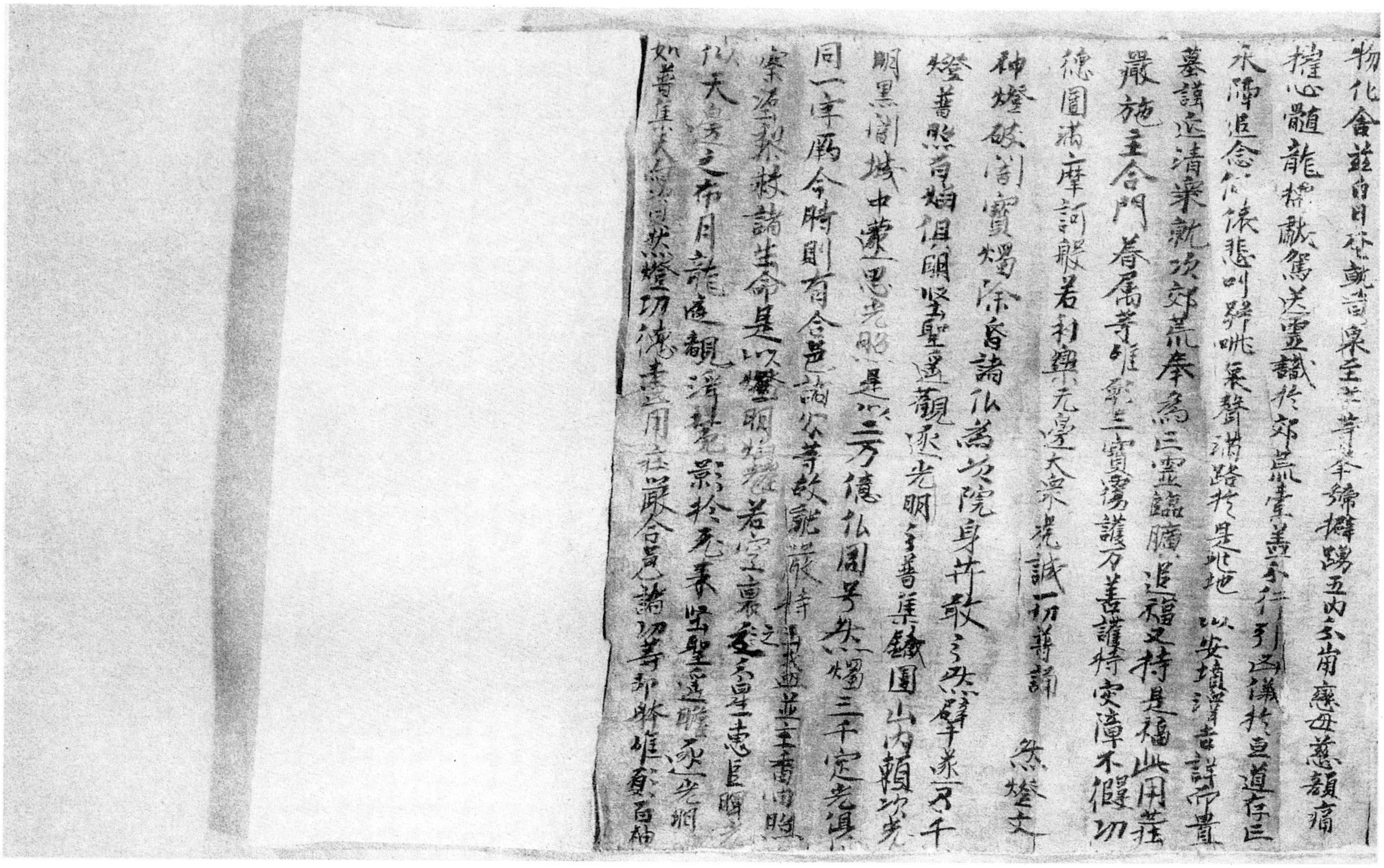

物化舍莊自日[illegible]就當泉至若等卒歸擗踊五内[illegible]崩慈母慈顔痛
撻心髓龍[illegible]獻駕送靈識於郊荒業善[illegible]行[illegible]儀於直道存亡
永隔追念[illegible]依悲叫躃咷哀聲滿路於是此地 以安墳澤[illegible]諸齋畢
墓護近清衆就次郊荒奉為亡靈臨壙追福又持是福用莊
嚴施主合門眷屬等唯願三寶覆護万善護持灾障不侵一切
德圓滿摩訶般若利樂無邊大衆虔誠一切普誦
燃燈文
神燈破闇寶燭除昏諸佛為於[illegible]身并敬[illegible]然燈千
燈善照有焰俱明賢聖遥觀遂光明[illegible]普集鐵圍山内賴此光
明黑闇城中蒙恩光照是以三方德佛圓界然燭三千定光真[illegible]

BD15065 號 2　臨曠文
BD15065 號 3　燃燈文

(3–3)

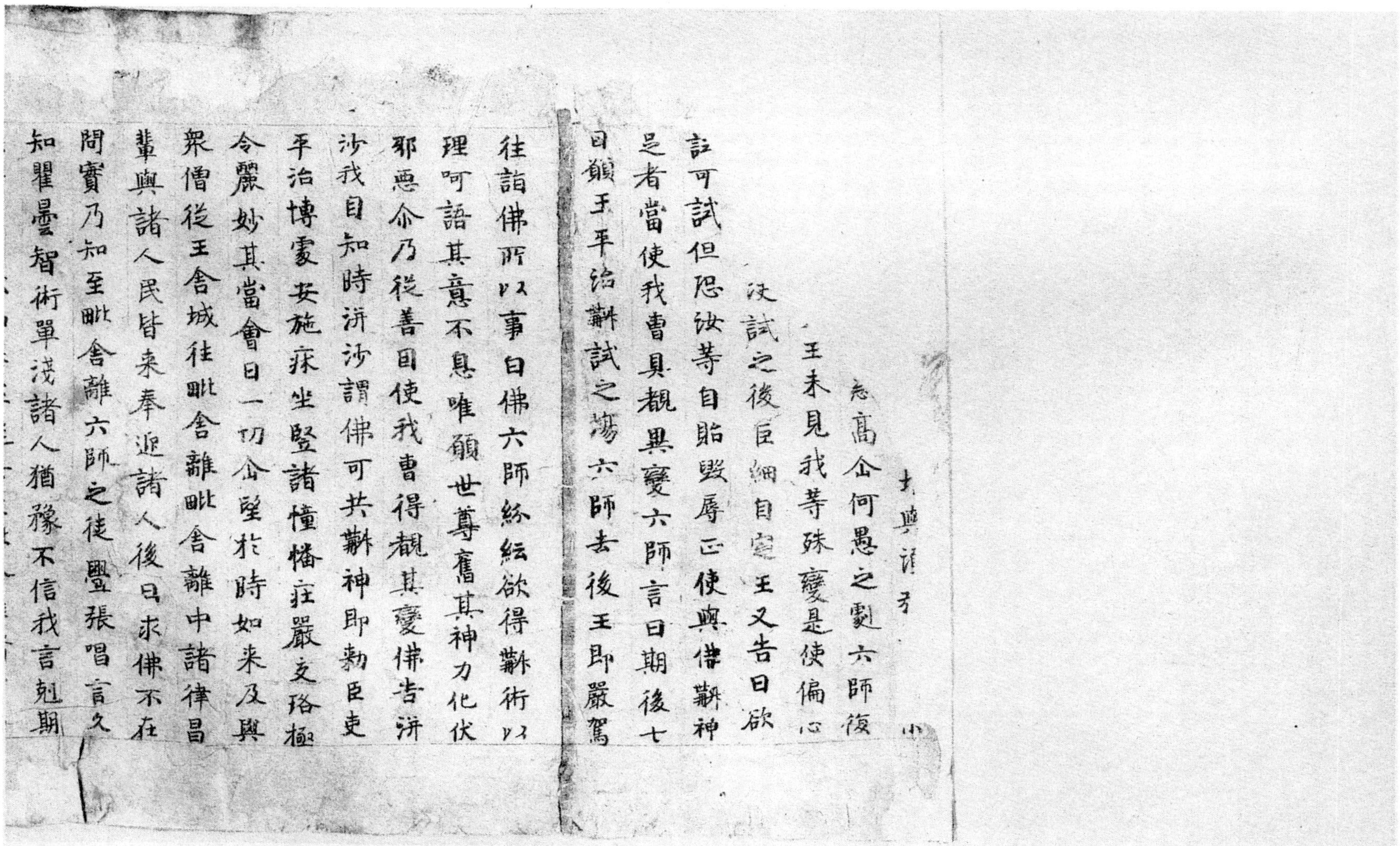

丈與諸子
意高会何愚之劇六師復
王未見我等殊變是使偏心
汝試之後臣細自寫王又告曰欲
諍可試但恐汝等自貽毀辱正使與佛鬪神
是者當使我曹具覩異變六師言曰期後七
日願王平治鬪試之場六師去後王即嚴駕
往詣佛所以事白佛六師紛紜欲得鬪術以
理呵語其意不息唯願世尊奮其神力化伏
邪惡令乃從善因使我曹得覩其變佛告洴
沙我自知時洴沙謂佛可共鬪神即勅臣吏
平治博處安施床坐竪諸幢幡莊嚴交絡極
令嚴妙其當會日一切舍望於時如來及與
衆僧從王舍城往毗舍離毗舍離中諸律昌
輩與諸人民皆來奉迎諸人後日求佛不在
問實乃知至毗舍離六師之徒豐張唱言久
知瞿曇智術單淺諸人猶豫不信我言尅期

BD15066 號　賢愚經卷二

(3–1)

令靡妙其當會日一切会望於時如来及與
衆僧從王舍城往毗舍離毗舍離中諸律昌
輩與諸人民皆来奉迎諸人後日求佛不在
問實乃知至毗舍離六師之徒豐張唱言久
知瞿曇智術單淺諸人猶豫不信我言剋期
鬭術自省不如懸然逃去至毗舍離諸六師
等貢高轉盛各共相率當必追窮時訴沙王
辦設供具滿五百乘車王與臣民十四億衆
各辦粮食悉隨佛往前後駱驛集毗舍離六
師復往白諸律昌悉我曹等與瞿曇鬭試神
講實乇若見聽者期来七日詩諸律昌
往白佛六師群迷自謂有道求與如来共
神力唯願世尊垂神降伏佛又告言佛自
時諸律昌輩合率臣民嚴治設辦如訴沙
比悲皆合慕望在期日佛與衆僧至拘睒
拘睒弥王名曰優填將諸群臣亾来奉迎
舍離國人明晨問佛云佛已往拘睒弥國
六師聞是高心遂盛合徒集衆殖元窮逼諸
律昌輩辦致供具五百車載用係供養將領
國人七億之衆并訴沙王集拘睒弥覲佛六
師共鬭神力前後端遣駱驛而至六師既到見
優填王騰說事情如上之辞沙門自省内无
傾待空空逃避不可要勒湏王剋定令與我
試優填白佛說六師辞世尊寧可與鬭之不
佛復告言我自知時優填望佛在其國試嚴
治設辦如訴沙王比日到當會佛復捨去與比
丘僧至越祇國越祇[illegible]

BD15066 號　賢愚經卷二

（3–2）

拘睒弥王名曰優填將諸群臣亾来奉迎
舍離國人明晨問佛云佛已往拘睒弥國
六師聞是高心遂盛合徒集衆殖元窮逼諸
律昌輩辦致供具五百車載用係供養將領
國人七億之衆并訴沙王集拘睒弥覲佛六
師共鬭神力前後端遣駱驛而至六師既到見
優填王騰說事情如上之辞沙門自省内无
傾待空空逃避不可要勒湏王剋定令與我
試優填白佛說六師辞世尊寧可與鬭之不
佛復告言我自知時優填望佛在其國試嚴
治設辦如訴沙王比日到當會佛復捨去與比
丘僧至越祇國越祇國王乇真陁羅將諸人
民来迎世尊拘睒弥人明日乃問去佛已去
向於越祇六師徒衆尋逐其後時優填王齎
八億衆并訴沙等諸國人民悉共往詣集越
祇國六師見王廣自陳說當令瞿曇與我共
試乇真陁羅復往白佛佛猶答言我自
王亾嚴辦會日垂至佛與
利此國古王名曰陁婆

BD15066 號　賢愚經卷二

（3–3）

善男子應脩靜慮波羅蜜多不應觀地界若
常若無常不應觀水火風空識界若常若無
常何以故地界地界自性空水火風空識界水
火風空識界自性空是地界自性即非自
性是水火風空識界自性亦非自性若非自
性即是靜慮波羅蜜多於此靜慮波羅蜜多
地界不可得彼常無常亦不可得水火風空
識界皆不可得彼常無常亦不可得所以者
何此中尚無地界等可得何況有彼常與無
常汝若能脩如是靜慮是脩靜慮波羅蜜多
復作是言汝善男子應脩靜慮波羅蜜多不
應觀地界若樂若苦不應觀水火風空識界
若樂若苦何以故地界地界自性空水火風
空識界水火風空識界自性空是地界自性
即非自性是水火風空識界自性亦非。自性
若非自性是靜慮波羅蜜多於此靜慮波

BD15067號　大般若波羅蜜多經卷一五〇　（3-1）

復作是言汝善男子應脩靜慮波羅蜜多不
應觀地界若樂若苦不應觀水火風空識界
若樂若苦何以故地界地界自性空水火風
空識界水火風空識界自性空是地界自性
即非自性是水火風空識界自性亦非。自性
若非自性是靜慮波羅蜜多於此靜慮波
羅蜜多地界不可得彼樂與苦亦不可得水
火風空識界皆不可得彼樂與苦亦不可得
所以者何此中尚無地界等可得何況有彼
樂之與苦汝若能脩如是靜慮是脩靜慮波
羅蜜多復作是言汝善男子應脩靜慮波羅
蜜多不應觀地界若我若無我不應觀水火
風空識界若我若無我何以故地界地界自
性空水火風空識界水火風空識界自性空
是地界自性即非自性是水火風空識界自
性亦非自性若非自性即是靜慮波羅蜜多
於此靜慮波羅蜜多地界不可得彼我無我
亦不可得水火風空識界皆不可得彼我無
我亦不可得所以者何此中尚無地界等可
得何況有彼我與無我汝若能脩如是靜慮
是脩靜慮波羅蜜多復作是言汝善男子應
脩靜慮波羅蜜多不應觀地界若淨若不淨
不應觀水火風空識界若淨若不淨何以故
地界地界自性空水火風空識界水火風空
識界自性空是地界自性即非自性是水火
風空識界自性亦非自性若非自性即是靜

BD15067號　大般若波羅蜜多經卷一五〇　（3-2）

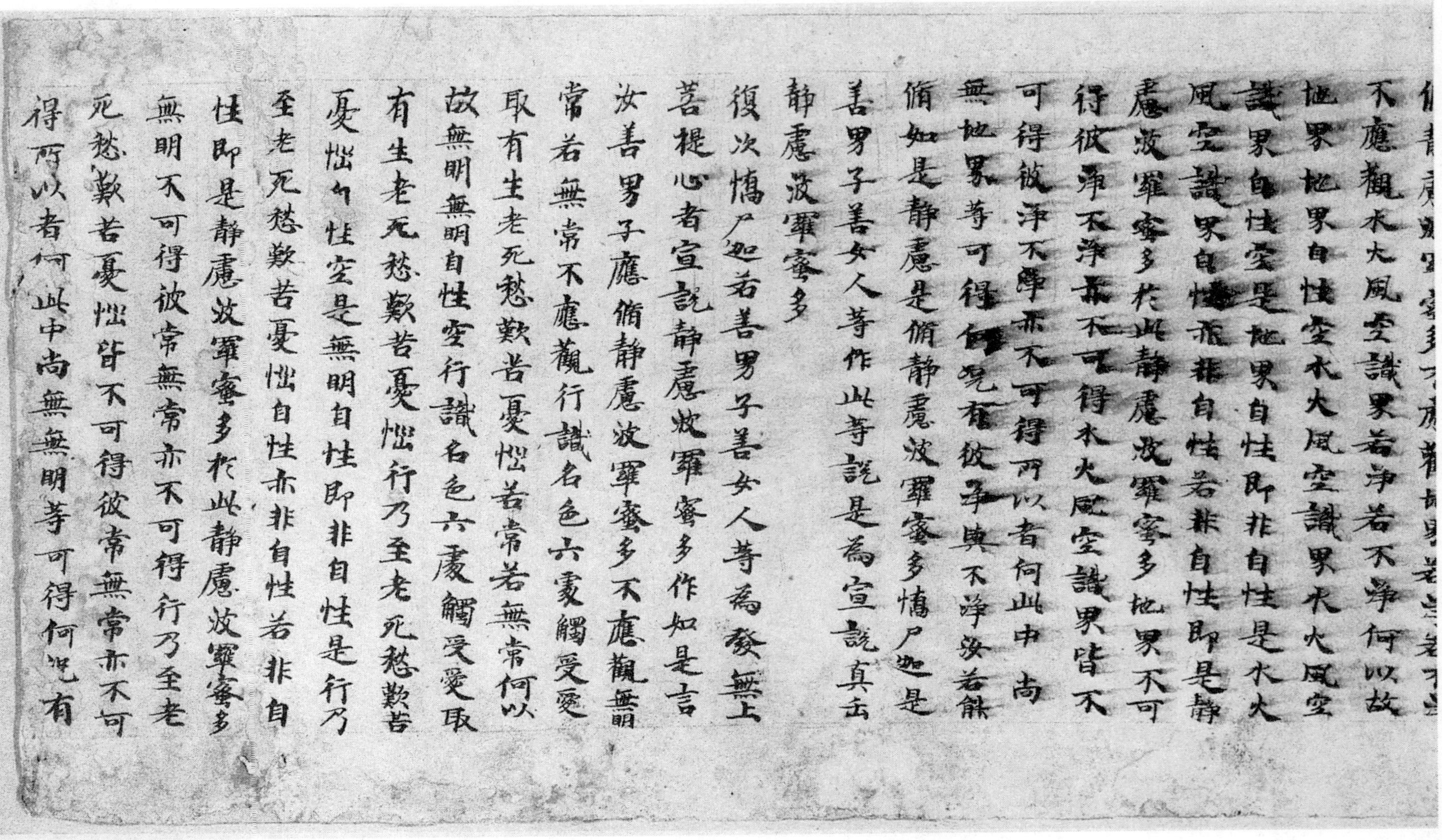

不應觀水火風空識界若淨若不淨何以故
地界地界自性空水火風空識界水火風空
識界自性空是地界自性即非自性是水火
風空識界自性亦非自性若非自性即是靜
慮波羅蜜多於此靜慮波羅蜜多地界不可
得彼淨不淨亦不可得水火風空識界皆不
可得彼淨不淨亦不可得所以者何此中尚
無地界等可得何況有彼淨與不淨汝若能
修如是靜慮是修靜慮波羅蜜多憍尸迦是
善男子善女人等作此等說是為宣說真正
靜慮波羅蜜多
復次憍尸迦若善男子善女人等為發無上
菩提心者宣說靜慮波羅蜜多作如是言
汝善男子應修靜慮波羅蜜多不應觀無明
常若無常不應觀行識名色六處觸受愛
取有生老死愁歎苦憂惱若常若無常何以
故無明無明自性空行識名色六處觸受愛取
有生老死愁歎苦憂惱行乃至老死愁歎苦
憂惱自性空是無明自性即非自性是行乃
至老死愁歎苦憂惱自性亦非自性若非自
性即是靜慮波羅蜜多於此靜慮波羅蜜多
無明不可得彼常無常亦不可得行乃至老
死愁歎苦憂惱皆不可得彼常無常亦不可
得所以者何此中尚無無明等可得何況有

BD15067 號　大般若波羅蜜多經卷一五〇　　（3–3）

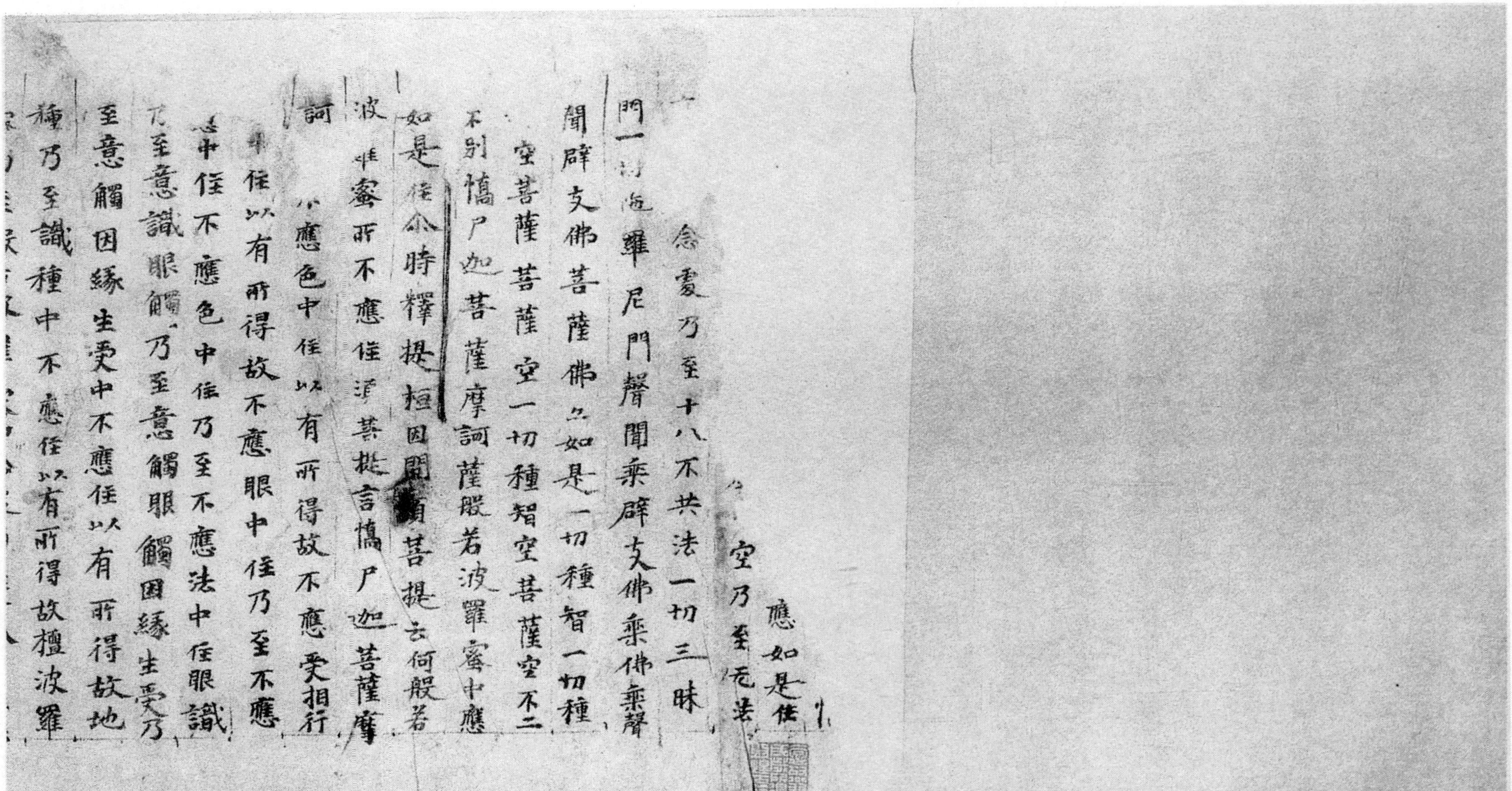

BD15068 號　摩訶般若波羅蜜經卷七　　（7–1）

中住以有所得故不應眼中住乃至不應
意中住不應色中住乃至不應法中住眼識
乃至意識眼觸乃至意觸眼觸因緣生受乃
至意觸因緣生受中不應住以有所得故地
種乃至識種中不應住以有所得故檀波羅
蜜乃至般若波羅蜜四念處乃至十八不共法
中不應住以有所得故須陁洹果中不應
住以有所得故乃至阿羅漢果辟支佛道菩
薩道佛道一切種智不應住以有所得故復
次憍尸迦菩薩摩訶薩色是常不應住色是
无常不應住受想行識亦如是色若樂
若苦若淨若不淨若我若无我若空若不空
若寂滅若不寂滅若離若不離不應住以有
所得故受想行識亦如是復次憍尸迦菩薩
摩訶薩須陁洹果无為相斯陁含果无為相
阿那含果无為相阿羅漢果无為相不應住
辟支佛道无為相佛道无為相不應住須陁
洹福田不應住斯陁含阿那含阿羅漢辟支
佛佛福田不應住復次憍尸迦菩薩摩訶薩
初地中不應住以有所得故乃至第十地中
不應住以有所得故復次菩薩摩訶薩住初
發心中我當具足檀波羅蜜不應住乃至我
當具足般若波羅蜜不應住具足六波羅蜜
當入菩薩位不應住入菩薩位已當住阿鞞
跋致地不應住菩薩當具足五神通不應住
以有所得故菩薩住五神通已我當遊无量
阿僧祇佛國禮敬供養諸佛聽法聽法已為
他人說菩薩摩訶薩如是不應住以有所得故

BD15068號　摩訶般若波羅蜜經卷七　（7–2）

當入菩薩位不應住入菩薩位已當住阿鞞
跋致地不應住菩薩當具足五神通不應住
以有所得故菩薩住五神通已我當遊无量
阿僧祇佛國禮敬供養諸佛聽法聽法已為
他人說菩薩摩訶薩如是不應住以有所得故
如諸佛國土嚴淨我亦當莊嚴國土不應住
以有所得故成就衆生令入佛道不應住到
无量阿僧祇國土諸佛所尊重讚歎供養以
香華瓔珞澤香擣香幢幡華蓋百千億種寶
衣供養諸佛不應住以有所得故我當令无
量阿僧祇衆生發阿耨多羅三藐三菩提心
如是菩薩不應住我當生五眼肉眼天眼慧
眼法眼佛眼不應住我當生一切三昧門不
應住隨所欲遊戲諸三昧不應住我當生一
切陁羅尼門不應住我當得佛十力不應住
我當得四无所畏四无閡智十八不共法不
應住我當具足大慈大悲不應住我當具足
卅二相不應住我當具足八十隨形好不應
住以有所得故是八人是信行人是法行人
如是不應住須陁洹極七世生不應住家家
不應住須陁洹命終垢盡不應住須陁洹中
間入涅槃不應住是人向斯陁含果證不應
住是人斯陁含一來入涅槃不應住是人向
阿那含果證不應住斯陁含一種不應住是
人向阿那含彼間入涅槃不應住是人向阿
羅漢果證不應住是人阿羅漢今世入无餘
涅槃不應住是辟支佛不應住過聲聞辟支
佛地我當住菩薩地不應住道種智中不應
住以有所得故一切種一切法知已斷煩惱

BD15068號　摩訶般若波羅蜜經卷七　（7–3）

人向阿那含彼間入涅槃不應住是人向阿
羅漢果證不應住是人阿羅漢今世入无餘
涅槃不應住是辟支佛不應住過聲聞辟支
佛地我當住菩薩地不應住道種智中不應
住以有所得故一切種一切法知已斷諸煩
惱及習不應住佛得阿耨多羅三藐三菩提
當轉法輪不應住作佛事度无量阿僧祇衆
生入涅槃不應住四如意足中不應住入是
三昧住恒河沙等劫壽不應住我當得壽命
无鞅數劫不應住卅二相一一相百福莊嚴
不應住我一國土如十方恒河沙等國土不
應住我三千大千國土純是金剛不應住使
我菩提樹當出如是香衆生聞者无有婬欲
瞋恚愚癡亦无聲聞辟支佛心是一切人必
當得阿耨多羅三藐三菩提若衆生聞是香
者身病意病皆悉除盡不應住當使我國土
中无有色受想行識名字不應住當使我國
土中无有檀波羅蜜名字乃至无有般若波
羅蜜名字當使我國土中无有四念處名字
乃至无有十八不共法名字亦无須陁洹名
字乃至无有佛名字不應住以有所得故何
以故諸佛得阿耨多羅三藐三菩提時一切
諸法无所得故如是憍尸迦菩薩於般若波
羅蜜中不應住以无所得故尒時舍利弗心念
菩薩今云何應住般若波羅蜜中須菩提知
舍利弗心所念語舍利弗言於汝意云何諸
佛何所住舍利弗語須菩提諸佛无有住處
諸佛不色中住不受想行識中住不有為性
中住不无為性中住不四念處中住乃至不

BD15068號　摩訶般若波羅蜜經卷七

（7–4）

菩薩今云何應住般若波羅蜜中須菩提知
舍利弗心所念語舍利弗言於汝意云何諸
佛何所住舍利弗語須菩提諸佛无有住處
諸佛不色中住不受想行識中住不有為性
中住不无為性中住不四念處中住乃至不
十八不共法中住不一切種智中住舍利弗
菩薩摩訶薩般若波羅蜜中應如是住如諸
佛住於諸法中非住非不住舍利弗菩薩摩
訶薩般若波羅蜜中應如是學我當住不住
法故尒時會中有諸天子作是念諸夜叉語
言字句所說尚可了知須菩提所說語言論
議解釋般若波羅蜜了不可知須菩提知諸
天子心所念語諸天子不解不知耶諸天子
大德不解不知須菩提語諸天子汝等汝
應不知我无所論說乃至不說一字亦无聽
者何以故諸字非般若波羅蜜般若波羅蜜
中无聽者諸佛阿耨多羅三藐三菩提无字
无說諸天子如佛化作化人是化人復化作
四部衆比丘比丘尼優婆塞優婆夷化人非
四部衆中說法於汝意云何是中有說者有
聽者知者不諸天子言不也大德須菩提言
一切法皆如化此中无說者无聽者无知者
諸天子辟如人夢中見佛說法於汝意云何
是中有說者有聽者有知者不諸天子言不
也大德須菩提語諸天子一切法皆如夢无
說无聽无知者諸天子辟如二人在大深澗
各住一面讚佛法衆有二嚮出於諸天子意
云何是二嚮展轉相解不諸天子言不也大
德者天子一切[illegible]

BD15068號　摩訶般若波羅蜜經卷七

（7–5）

說无聽无知者諸天子辟如二人在大湥淵
各住一面讚佛法眾有二嚪出於諸天子意
云何是二嚪展轉相解不諸天子言不也大
德諸天子一切諸法亦如是无說无聽无知
者諸天子辟如工幻師於四衢道中化作佛
及四部眾於中說法於諸天子意云何是中
有說者有聽者有知者不諸天子言不也大
德諸天子一切諸法如幻无諸者无聽者无
知者尒時諸天子心念須菩提所說欲令易
解轉湥轉妙須菩提知諸天子心所念語諸
天子言色非湥非妙受想行識非湥非妙色
性非湥非妙受想行識性非湥非妙眼性乃
至意性色性乃至法性眼界性乃至意界性
眼識乃至意識眼觸乃至意觸眼觸因緣生
受乃至意觸因緣生受檀波羅蜜乃至般若
波羅蜜內空乃至无法有法空四念處乃至
十八不共法一切諸三昧門一切陁羅尼門
乃至一切種智一切種智性非湥非妙諸天
子復作是念是所說法中不說色不說受想
行識不說眼乃至意觸因緣生受不說檀波
羅蜜乃至般若波羅蜜不說內空乃至无法
有法空不說四念處乃至十八不共法不說
陁羅尼門三昧門乃至一切種智不說須陁
洹果乃至阿羅漢果不說辟支佛道不說阿
耨多羅三藐三菩提道是法中不說名字語
言須菩提知諸天子心所念語諸天子言如
是如是諸天子是法中諸佛阿耨多羅三藐
三菩提不可說相是中无說者无聽者无知
者以是故諸天子善男子善女人欲住須陁
洹果欲證須陁洹果者是人不離是忍斯陁

BD15068 號　摩訶般若波羅蜜經卷七　（7–6）

有說者有聽者有知者不諸天子言不也大
德諸天子一切諸法如幻无諸者无聽者无
知者尒時諸天子心念須菩提所說欲令易
解轉湥轉妙須菩提知諸天子心所念語諸
天子言色非湥非妙受想行識非湥非妙色
性非湥非妙受想行識性非湥非妙眼性乃
至意性色性乃至法性眼界性乃至意界性
眼識乃至意識眼觸乃至意觸眼觸因緣生
受乃至意觸因緣生受檀波羅蜜乃至般若
波羅蜜內空乃至无法有法空四念處乃至
十八不共法一切諸三昧門一切陁羅尼門
乃至一切種智一切種智性非湥非妙諸天
子復作是念是所說法中不說色不說受想
行識不說眼乃至意觸因緣生受不說檀波
羅蜜乃至般若波羅蜜不說內空乃至无法
有法空不說四念處乃至十八不共法不說
陁羅尼門三昧門乃至一切種智不說須陁
洹果乃至阿羅漢果不說辟支佛道不說阿
耨多羅三藐三菩提道是法中不說名字語
言須菩提知諸天子心所念語諸天子言如
是如是諸天子是法中諸佛阿耨多羅三藐
三菩提不可說相是中无說者无聽者无知
者以是故諸天子善男子善女人欲住須陁
洹果欲證須陁洹果者是人不離是忍斯陁

BD15068 號　摩訶般若波羅蜜經卷七　（7–7）

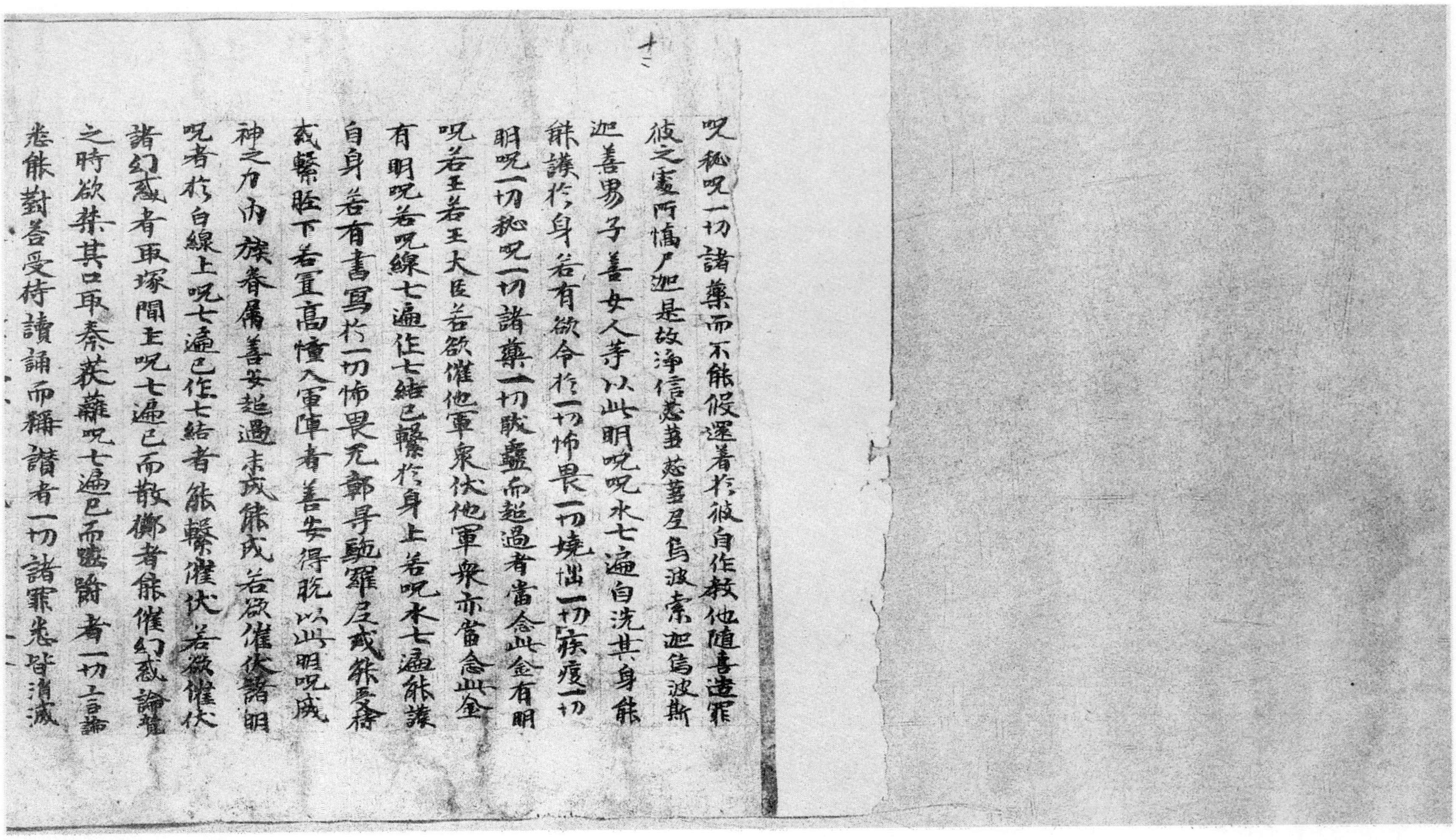
呪秘呪一切諸藥而不能䞓運著於彼自作殺他隨喜造罪
彼之處所憍尸迦是故淨信慈𦪵慈𦪵尼烏波索迦烏波斯
迦善男子善女人等以此明呪呪水七遍自洗其身能
能護於身若有欲令於一切怖畏一切燒惱一切疾瘦一切
明呪一切秘呪一切諸藥一切厭蠱而超過者當念此金有明
呪若王若王大臣若欲催他軍衆伏他軍衆亦當念此金
有明呪若呪線七遍作七結已繫於身上若呪水七遍能護
自身若有書寫於一切怖畏无鄣㝵駄羅尼者能受持
或繫肚下若置高幢入軍陣者善安得脫以此明呪威
神之力內族眷屬善安超過未成能成若欲催伏諸明
呪者於白線上呪七遍已作七結者能繫催伏若欲催伏
諸幻惑者取塚間土呪七遍已而散擲者能催幻惑論競
之時欲禁其口取黍菻蘼呪七遍已而齧嚼者一切言論
悉能對善受持讀誦而稱讚者一切諸罪悉皆消滅

BD15069號　金有陀羅尼經　（2–1）

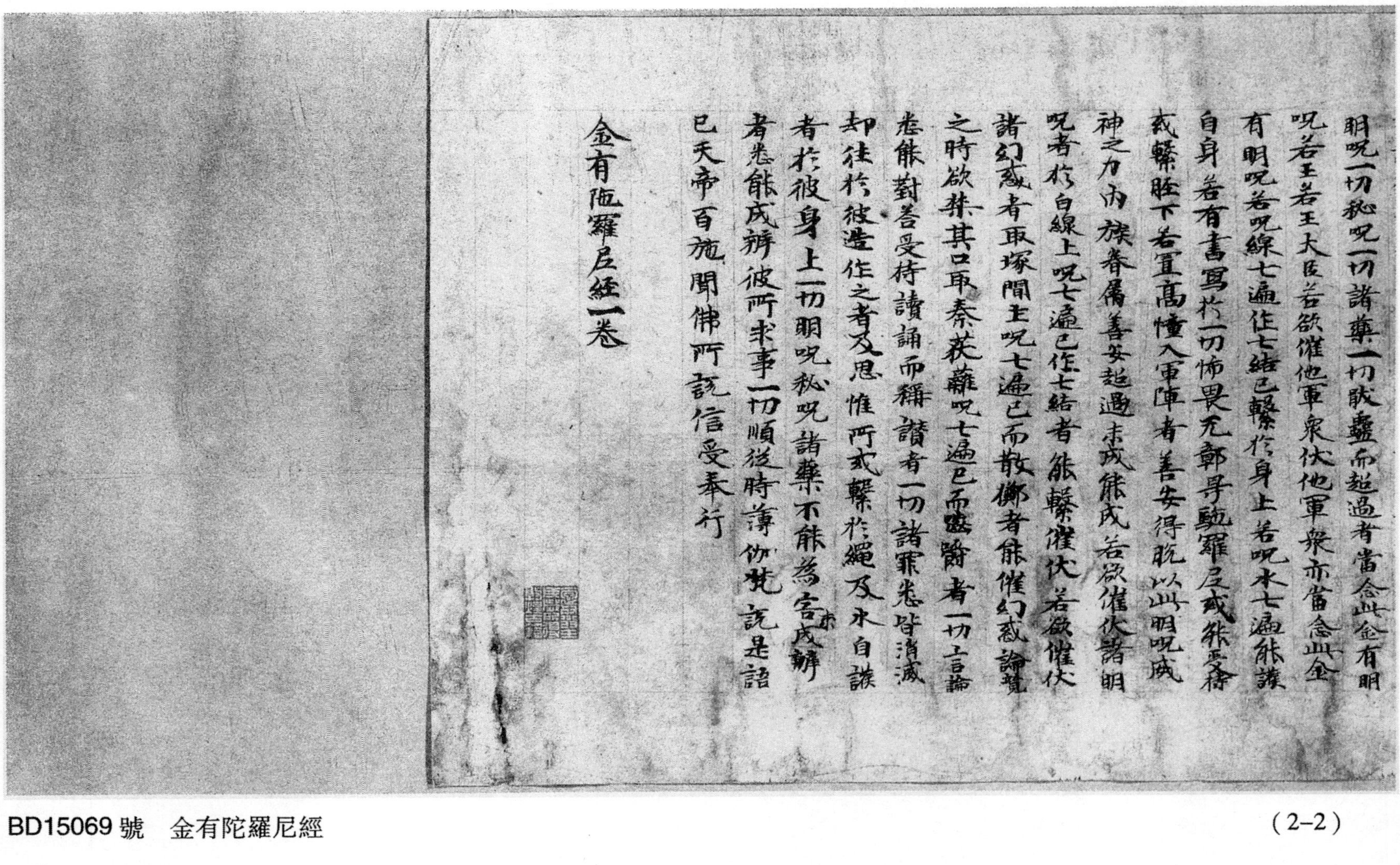
明呪一切秘呪一切諸藥一切厭蠱而超過者當念此金有明
呪若王若王大臣若欲催他軍衆伏他軍衆亦當念此金
有明呪若呪線七遍作七結已繫於身上若呪水七遍能護
自身若有書寫於一切怖畏无鄣㝵駄羅尼者能受持
或繫肚下若置高幢入軍陣者善安得脫以此明呪威
神之力內族眷屬善安超過未成能成若欲催伏諸明
呪者於白線上呪七遍已作七結者能繫催伏若欲催伏
諸幻惑者取塚間土呪七遍已而散擲者能催幻惑論競
之時欲禁其口取黍菻蘼呪七遍已而齧嚼者一切言論
悉能對善受持讀誦而稱讚者一切諸罪悉皆消滅
却往於彼造作之者及思惟所式繫於繩及水自護
者於彼身上一切明呪秘呪諸藥不能為害成辦
者悉能成辦彼所求事一切順從時薄伽梵說是語
已天帝百施聞佛所說信受奉行

金有陀羅尼經一卷

BD15069號　金有陀羅尼經　（2–2）

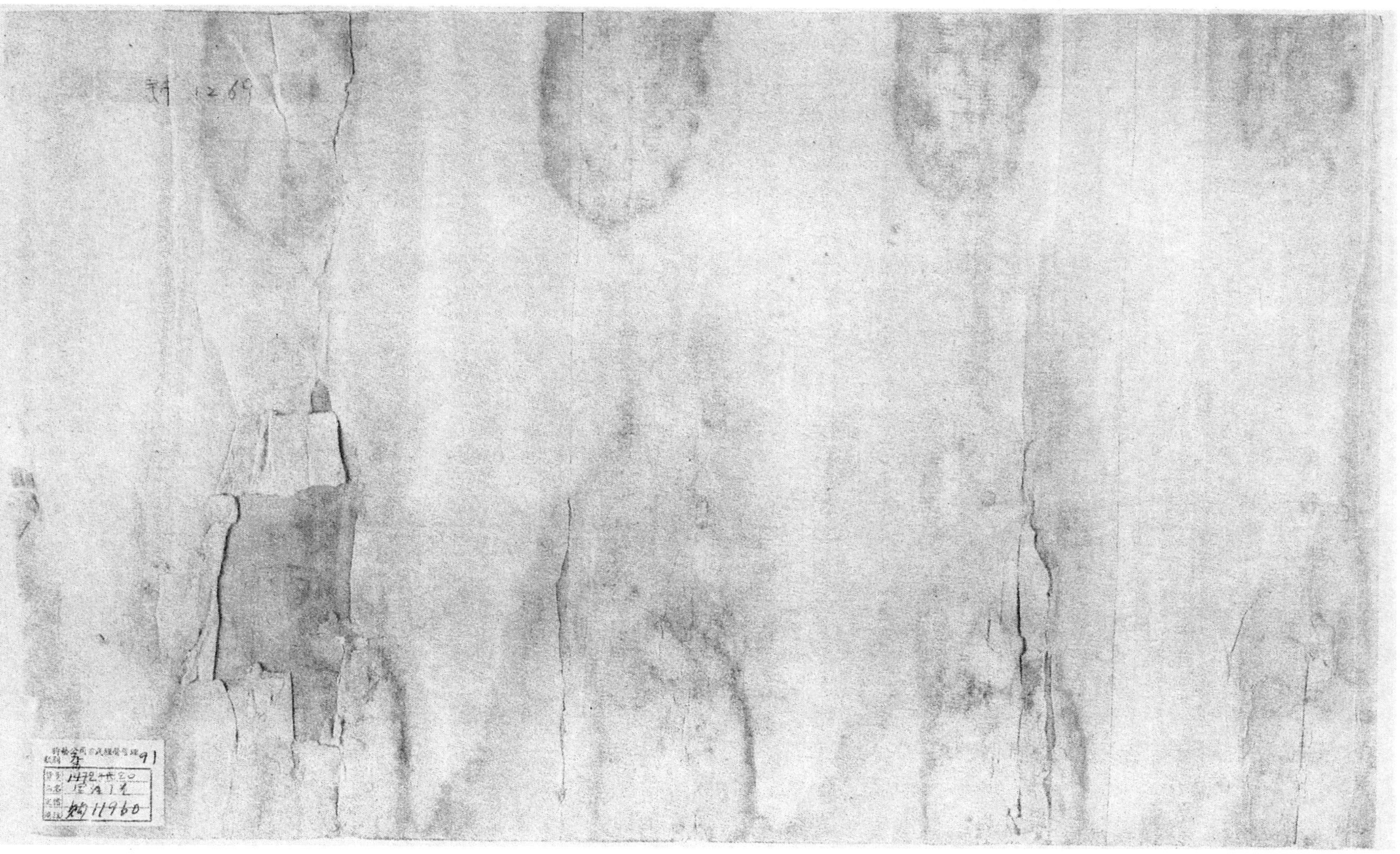

BD15069 號背　雜寫　　　　（1–1）

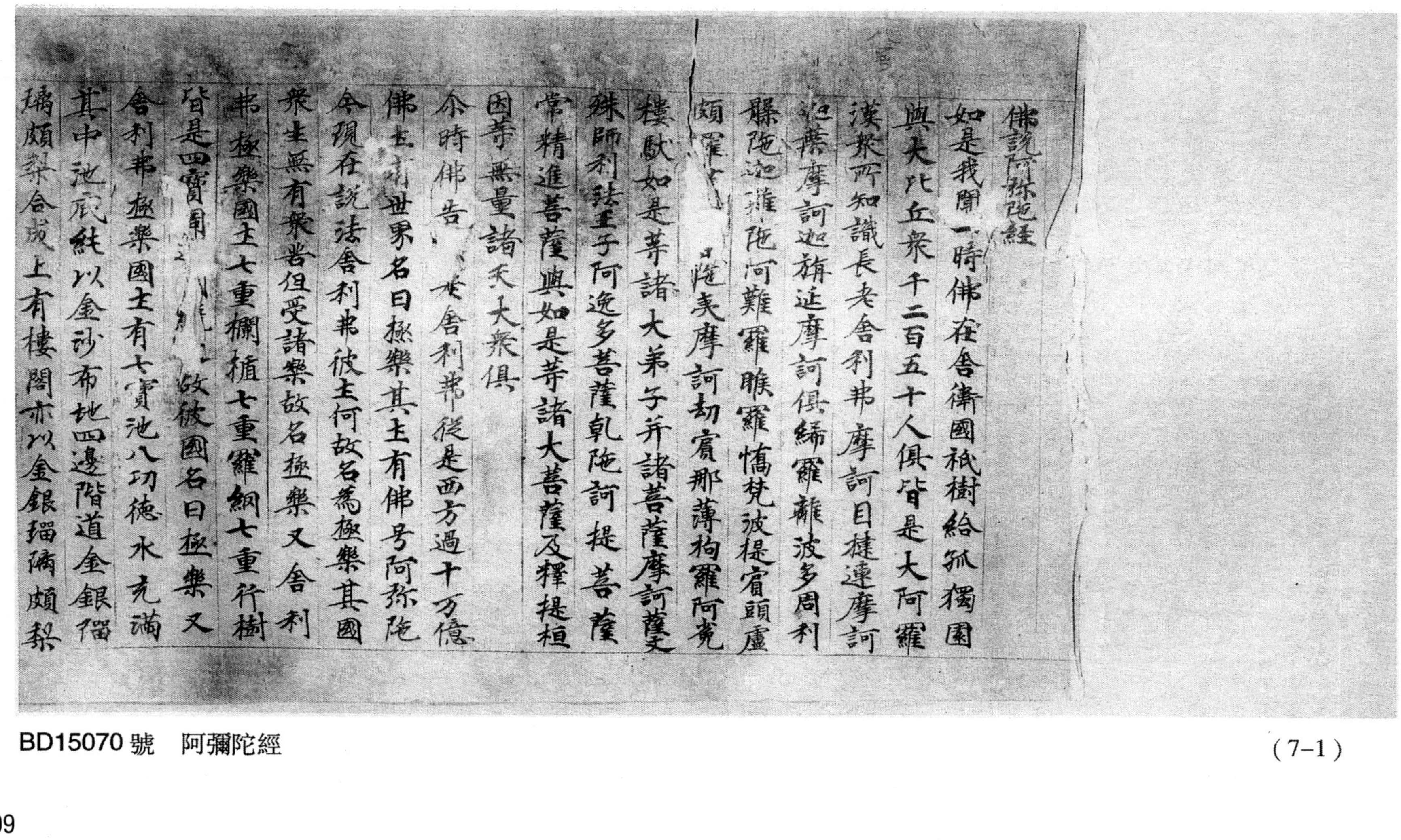

佛說阿弥陀經
如是我聞一時佛在舍衛國祇樹給孤獨園
與大比丘衆千二百五十人俱皆是大阿羅
漢衆所知識長老舍利弗摩訶目揵連摩訶
迦葉摩訶迦旃延摩訶俱絺羅離波多周利
槃陀迦難陀阿難陀羅睺羅憍梵波提賓頭盧
頗羅墮迦留陀夷摩訶劫賓那薄拘羅阿㝹
樓馱如是等諸大弟子并諸菩薩摩訶薩文
殊師利法王子阿逸多菩薩乾陀訶提菩薩
常精進菩薩與如是等諸大菩薩及釋提桓
因等無量諸天大衆俱
尒時佛告長老舍利弗從是西方過十万億
佛土有世界名曰極樂其土有佛号阿弥陀
今現在說法舍利弗彼土何故名為極樂其國
衆生無有衆苦但受諸樂故名極樂又舍利
弗極樂國土七重欄楯七重羅網七重行樹
皆是四寶周帀圍繞是故彼國名曰極樂又
舍利弗極樂國土有七寶池八功德水充滿
其中池底純以金沙布地四邊階道金銀瑠
璃頗梨合成上有樓閣亦以金銀瑠璃頗梨

BD15070 號　阿彌陀經　　　　（7–1）

弗極樂國土七重欄楯七重羅網七重行樹
皆是四寶周帀圍繞是故彼國名曰極樂又
舍利弗極樂國土有七寶池八功德水充滿
其中池底純以金沙布地四邊階道金銀瑠
璃頗梨合成上有樓閣亦以金銀瑠璃頗梨
車渠赤珠馬瑙而嚴飾之池中蓮華大如車
輪青色青光黃色黃光赤色赤光白色白光
微妙香潔舍利弗極樂國土成就如是功德
莊嚴
又舍利弗彼佛國土常作天樂黃金為地晝
夜六時而雨曼陀羅華其國衆生常以清旦
各以衣裓盛衆妙華供養他方十万億佛即
以食時還到本國飯食經行舍利弗極樂國
土成就如是功德莊嚴
復次舍利弗彼國常有種種奇妙雜色之鳥
白鵠孔雀鸚鵡舍利迦陵頻伽共命之鳥是
諸衆鳥晝夜六時出和雅音其音演暢五根
五力七菩提分八聖道分如是等法其土衆
生聞是音已皆悉念佛念法念僧舍利弗汝
勿謂此鳥實是罪報所生所以者何彼佛國
土無三惡趣舍利弗其佛國土尚無三惡道
之名何況有實是諸衆鳥皆是阿弥陀佛欲
令法音宣流變化所作舍利弗彼佛國土微
風吹動諸寶行樹及寶羅網出微妙音譬如
百千種樂同時俱作聞是音者皆自然生念
佛念法念僧之心舍利弗其佛國土成就如
是功德莊嚴舍利弗於汝意云何彼佛何故

BD15070 號　阿彌陀經　（7–2）

風吹動諸寶行樹及寶羅網出微妙音譬如
百千種樂同時俱作聞是音者皆自然生念
佛念法念僧之心舍利弗其佛國土成就如
是功德莊嚴舍利弗於汝意云何彼佛何故
号阿弥陀舍利弗彼佛光明無量照十方國
無所鄣礙是故号為阿弥陀
又舍利弗彼佛壽命及其人民無量無邊阿
僧祇刼故名阿弥陀舍利弗阿弥陀佛成佛
已來於今十刼又舍利弗彼佛有無量無邊
聲聞弟子皆阿羅漢非是算數之所能知諸
菩薩亦如是舍利弗彼佛國土成就如是功
德莊嚴
又舍利弗極樂國土衆生生者皆是阿鞞跋
致其中多有一生補處其數甚多非是筭數
所能知之但可以無量無邊阿僧祇刼說舍
利弗衆生聞者應當發願願生彼國所以者
何得與如是諸上善人俱會一處舍利弗不
可以少善根福德因緣得生彼國舍利弗若
有善男子善女人聞說阿弥陀佛執持名号
若一日若二日若三日若四日若五日若六
日若七日一心不亂其人臨命終時阿弥陀
佛與諸聖衆現在其前是人終時心不顛倒
即得往生阿弥陀佛極樂國土舍利弗我見
是利故說此言若有衆生聞是說者應當發
願生彼國土舍利弗如我今者讚歎阿弥陀
佛不可思議功德東方亦有阿閦鞞佛須弥

BD15070 號　阿彌陀經　（7–3）

即得往生阿弥陁佛極樂國土舍利弗我見
是利故說此言若有衆生聞是說者應當發
願生彼國土舍利弗如我今者讚歎阿弥陁
佛不可思議功德東方亦有阿閦鞞佛須弥
相佛大須弥佛須弥光佛妙音佛如是等恒
河沙數諸佛各於其國出廣長舌相遍覆三
千大千世界說誠實言汝等衆生當信是稱
讚不可思議功德一切諸佛所護念經
舍利弗南方世界有日月燈佛名聞光佛大
焰肩佛須弥燈佛無量精進佛如是等恒河
沙數諸佛各於其國出廣長舌相遍覆三千
大千世界說誠實言汝等衆生當信是稱讚
不可思議功德一切諸佛所護念經
舍利弗西方世界有無量壽佛無量相佛無
量幢佛大光佛大明佛寶相佛淨光佛如是
等恒河沙數諸佛各於其國出廣長舌相遍
覆三千大千世界說誠實言汝等衆生當信
是稱讚不可思議功德一切諸佛所護念經
舍利弗北方世界有焰肩佛最勝音佛難阻
佛日生佛網明佛如是等恒河沙數諸佛各
於其國出廣長舌相遍覆三千大千世界說誠
實言汝等衆生當信是稱讚不可思議功
德一切諸佛所護念經
舍利弗下方世界有師子佛名聞佛名光佛
達摩佛法幢佛持法佛如是等恒河沙數諸
佛各於其國出廣長舌相遍覆三千大千世
界說誠實言汝等衆生當信是稱讚不可思

BD15070 號　阿彌陀經　（7–4）

德一切諸佛所護念經
舍利弗下方世界有師子佛名聞佛名光佛
達摩佛法幢佛持法佛如是等恒河沙數諸
佛各於其國出廣長舌相遍覆三千大千世
界說誠實言汝等衆生當信是稱讚不可思
議功德一切諸佛所護念經
舍利弗上方世界有梵音佛宿王佛香上佛
香光佛大焰肩佛雜色寶華嚴身佛娑羅
樹王佛寶華德佛見一切義佛如須弥山佛如
是等恒河沙數諸佛各於其國出廣長舌相
遍覆三千大千世界說誠實言汝等衆生當
信是稱讚不可思議功德一切諸佛所護念經
舍利弗於汝意云何何故名一切諸佛所護
念經舍利弗若有善男子善女人聞是經受
持者及聞諸佛名者是諸善男子善女人皆
為一切諸佛共所護念皆得不退轉於阿耨
多羅三藐三菩提是故舍利弗汝等皆當信
受我語及諸佛所說舍利弗若有人已發願
今發願當發願欲生阿弥陁佛國者是諸人
等皆得不退轉於阿耨多羅三藐三菩提於
彼國土若已生若今生若當生是故舍利弗
諸善男子善女人若有信者應當發願生彼
國土舍利弗如我今者稱讚諸佛不可思議
功德彼諸佛等亦稱說我不可思議功德而
作是言釋迦牟尼佛能為甚難希有之事
能於娑婆國土五濁惡世劫濁見濁煩惱濁衆生
濁命濁中得阿耨多羅三藐三菩提為諸

BD15070 號　阿彌陀經　（7–5）

多羅三藐三菩提是故[illegible]
受我語及諸佛所說舍利弗若有人已發願
今發願當發願欲生阿弥陁佛國者是諸人
等皆得不退轉於阿耨多羅三藐三菩提於
彼國土若已生若今生若當生是故舍利弗
諸善男子善女人若有信者應當發願生彼
國土舍利弗如我今者稱讚諸佛不可思議
功德彼諸佛等亦稱說我不可思議功德而
作是言釋迦牟尼佛能為甚難希有之事
能於娑婆國土五濁惡世劫濁見濁煩惱濁衆生
濁命濁中得阿耨多羅三藐三菩提為諸
衆生說是一切世間難信之法舍利弗當知
我於五濁惡世行此難事得阿耨多羅三藐
三菩提為一切世間說此難信之法是為甚
難佛說此經已舍利弗及諸比丘一切世間
天人阿脩羅等聞佛所說歡喜信受作礼而
去

佛說阿弥陁經卷

BD15070號　阿彌陀經　（7–6）

去

佛說阿弥陁經卷

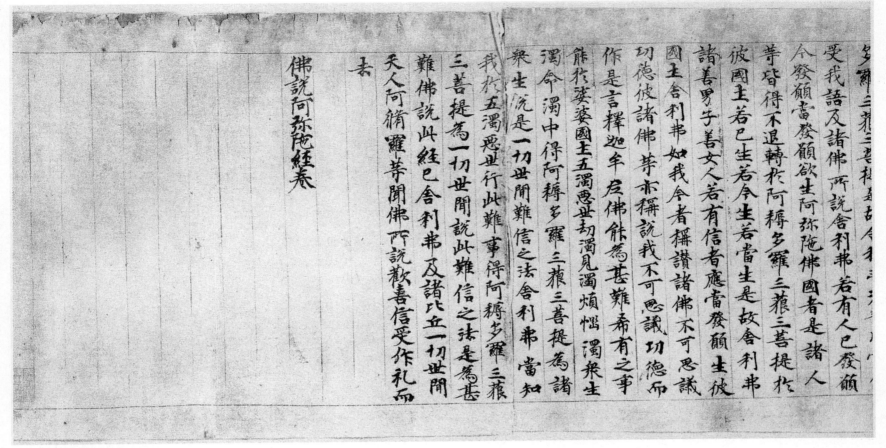

BD15070號　阿彌陀經　（7–7）

佛說八陽神呪經
聞如是一時佛在毗耶離達摩城寬廓宅中
十方相隨四衆圍遶尒時无礙菩薩在大
衆中即從座起合掌向佛而白佛言世
尊此閻浮提衆生遞代相生无始已來
相續不斷有識者少无知者多長壽
者少斷命者多富貴者少貧賤者多
智者少愚癡者多溫柔者少剛强者多
念佛者少求神者多正直者少曲諂者多
清慎者少濁濫者多致使世俗淺薄官法荼
毒賦役煩重百姓窮苦所求難得良由信邪
倒見獲如是苦唯願世尊為諸耶見衆生
說其正見之法令得悟解免於衆苦佛言
善哉善哉无㝵菩薩汝大慈悲為諸邪見
衆生問於如來

BD15071 號　天地八陽神呪經

（11–1）

清慎者少濁濫者多致使世俗淺薄官法荼
毒賦役煩重百姓窮苦所求難得良由信邪
倒見獲如是苦唯願世尊為諸耶見衆生
說其正見之法令得悟解免於衆苦佛言
善哉善哉无㝵菩薩汝大慈悲為諸邪見
衆生問於如來正見之法不可思議汝等諦聽
善　之善思　天地八陽之
經此經過去諸佛已說佛已說未來諸佛
當說現在諸佛今說夫天地之間為人最勝
最上貴於一切万物人　者也正也心无虛
妄身行正真左為正右為真常行正真故名
為人是如人能弘道道以潤身依道依人皆
成聖道
佛告无㝵菩薩之衆生既得人身不能修
福背真向偽造種種惡業命將欲終必沉苦
海受種種罪苦若　此經信心不逆即得解
脫諸罪之難出於苦　善神加護无諸鄣礙
延年益壽終无横死以信力故獲如是福
復次无㝵菩薩若有男子女人信邪倒見即
被邪魔外道魑魅魍魎鳥鳴百怪是諸惡鬼
來惱亂興其橫病　心痓受其痛苦无有
休息皆悉遇善知識為讀八陽經三遍是諸
惡鬼皆悉藏滅病即除愈身强力足讀經功
德獲如斯福若有衆生多於淫欲瞋恚愚

BD15071 號　天地八陽神呪經

（11–2）

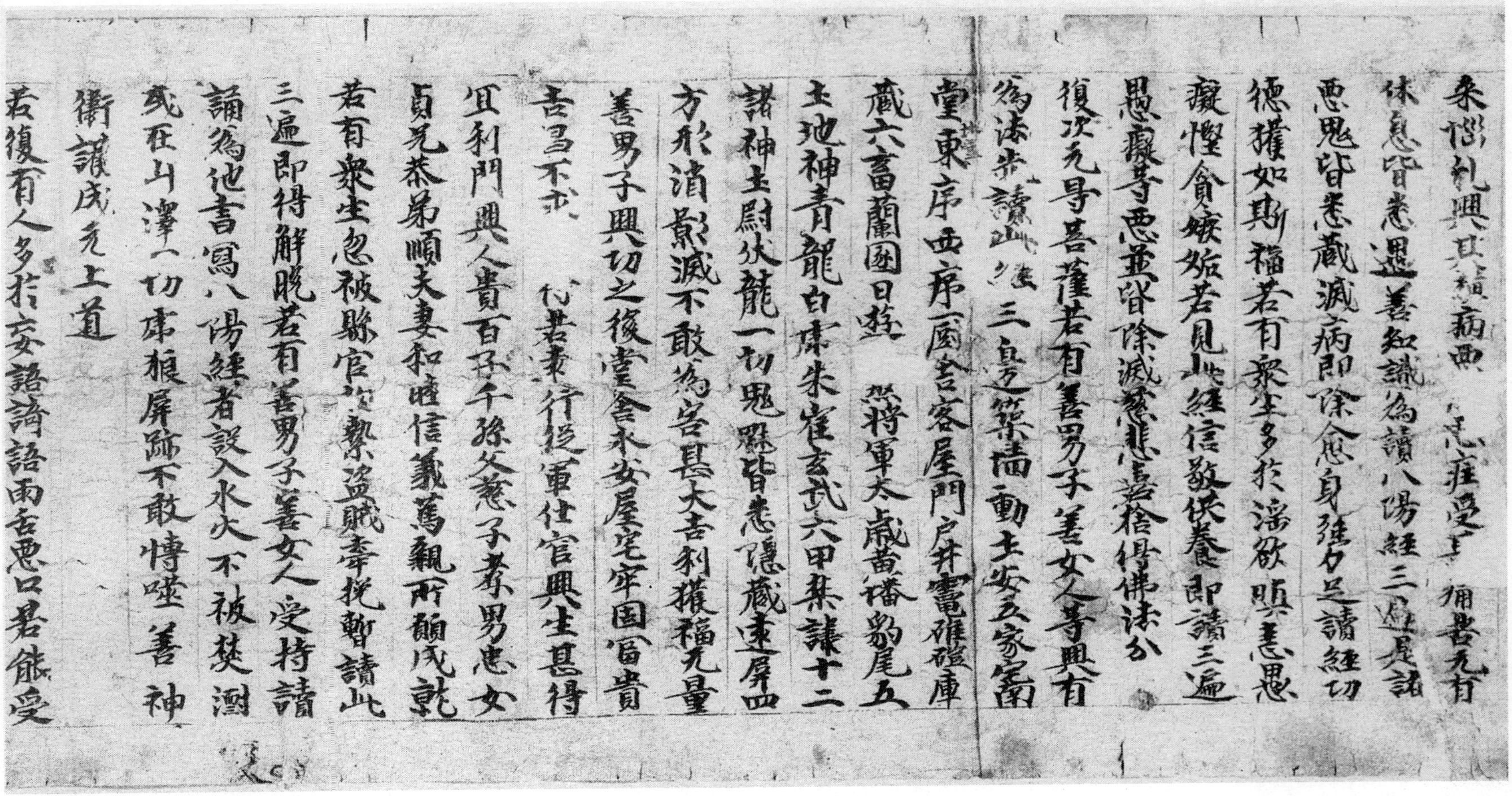
來惱亂興其禍病　忘心疰受苦　痛甚无有
休息皆悉還善知識為讀八陽經三遍是諸
惡鬼皆悉藏滅病即除愈身強力足讀經功
德獲如斯福若有衆生多於淫欲瞋恚愚
癡慳貪嫉妬若見此經信敬供養即讀三遍
愚癡等惡並皆除滅慈悲喜捨得佛法分
復次无㝵菩薩若有善男子善女人等興有
為法先讀此經三遍築墻動土安立家宅南
堂東序西序廚舍客屋門戶井竈碓磑庫
藏六畜蘭圈日遊月殺將軍太歲黃幡豹尾五
土地神青龍白虎朱雀玄武六甲禁諱十二
諸神土尉伏龍一切鬼魅皆悉隱藏遠屏四
方形消影滅不敢為害甚大吉利獲福无量
善男子興功之後堂舍永安屋宅牢固富貴
吉昌不求　自若遠行從軍仕官興生甚得
宜利門興人貴百子千孫父慈子孝男忠女
貞兄恭弟順夫妻和睦信義篤親所願成就
若有衆生忽被縣官拘繫盜賊牽挽暫讀此
三遍即得解脫若有善男子善女人受持讀
誦為他書寫八陽經者設入水火不被焚漂
或在山澤一切虎狼屏跡不敢傷噬善神
衛護成无上道
若復有人多於妄語綺語兩舌惡口若能受

BD15071 號　天地八陽神咒經　（11–3）

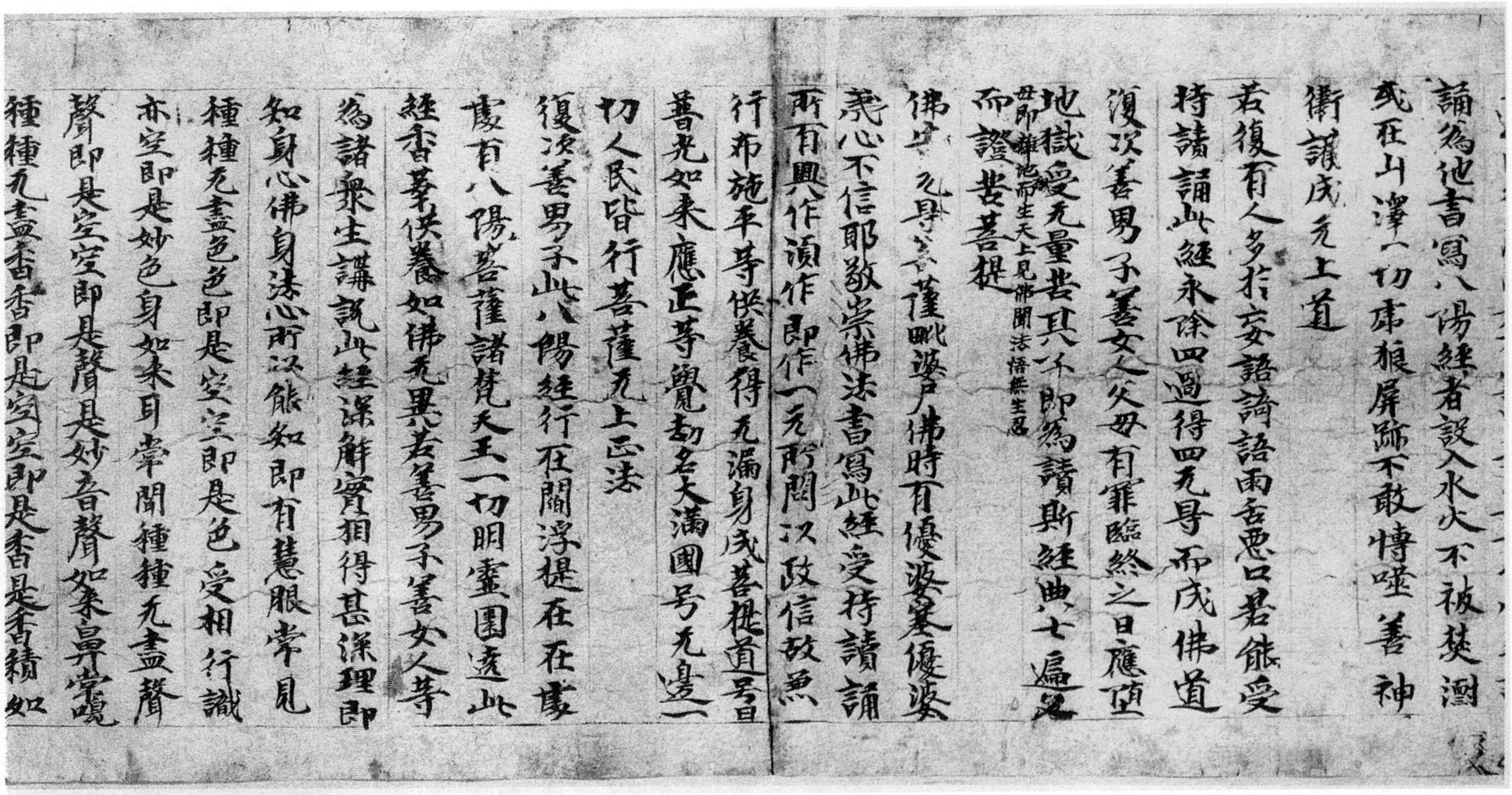
誦為他書寫八陽經者設入水火不被焚漂
或在山澤一切虎狼屏跡不敢傷噬善神
衛護成无上道
若復有人多於妄語綺語兩舌惡口若能受
持讀誦此經永除四過得四无㝵而成佛道
復次善男子善女人父母有罪臨終之日應墮
地獄受无量苦其子即為讀斯經典七遍父母即離地而生天上見佛聞法悟無生忍
而證菩提
佛告无㝵菩薩毗婆尸佛時有優婆塞優婆
夷心不信邪敬崇佛法書寫此經受持讀誦
所有興作須作即作一无所問以致信故兼
行布施平等供養得无漏身成菩提道号曰
普光如來應正等覺劫名大滿國号无邊一
切人民皆行菩薩无上正法
復次善男子此八陽經行在閻浮提在在處
處有八陽菩薩諸梵天王一切明靈圍遶此
經香華供養如佛无異若善男子善女人等
為諸衆生講說此經深解實相得甚深理即
知身心佛身法心所以能知即有慧眼常見
種種无盡色色即是空空即是色受想行識
亦空即是妙色身如來耳常聞種種无盡聲
聲即是空空即是聲是妙音聲如來鼻常嗅
種種无盡香香即是空空即是香是香積如

BD15071 號　天地八陽神咒經　（11–4）

種種无盡色色即是空空即是色受相行識
亦空即是妙色身如來耳常聞種種无盡聲
聲即是空空即是聲是妙音聲如來鼻常嗅
種種无盡香香即是空空即是香是香積如
來舌常覺種種无盡味味即是空空即是味是
法喜如來身常覺種種无盡觸觸即是空
空即是觸是智明如來意常想分別種種无
盡法法即是空空即是法是法明如來善男
子此六根顯現人皆口說其善法法輪常轉
得成聖道若說邪語惡法常轉即墮惡趣善
男子善惡之理不得不信无导菩薩人之身心
是佛法器亦是十二部大經卷也无始已來轉
轉不盡不損豪毛如來藏經唯識心見性者
之所能知非諸聲聞凡夫所能知也
復次善男子讀誦此經為他講說深解真理
者即知身心是佛法器若醉迷不醒不了自
心是佛法根本流浪諸趣墮於惡道永沈苦
海不聞佛名字无导菩薩復白佛言世尊人
之在世生死為重生不擇日時時至即生死不
擇日時至即死何因殯葬即問良辰吉日然
始殯葬殯葬之後還有妨害貧窮者多滅
門者不少唯願世尊為諸邪見无知衆生說其
因緣令得正道除其顛倒

BD15071 號　天地八陽神咒經　（11–5）

[illegible]
始殯葬殯葬之後還有妨害貧窮者多滅
門者不少唯願世尊為諸邪見无知衆生說其
因緣令得正道除其顛倒
佛言善哉善哉善男子汝賢甚能問於衆生
生死之事殯葬之後法汝等諦聽當為汝說
智慧之理大道之法夫天地廣大清日月廣
長明時年善善美賓无有異善男子人王菩
薩甚大慈悲愍念衆生皆如赤子下為人主
作人父母順於俗人教於俗法遣作曆日頒
諸天下令知時節為有平滿成收開除之字
執危破煞之文愚人依字信用不免於凶禍又
使邪師厭鎮說是道非溫邪神拜餓鬼却
招殃自受苦如斯人輩反天時逆地理背日月
之光明常投闇室違正道之廣路恒尋邪
徑顛倒之甚也
復次善男子生時讀此經三遍兒則易生甚大
吉利聰明利智福德具足而不中夭死時讀
經三遍一无妨害得福无量善男子日日好日
月月好月年年好年實无閒隔但辦即須
殯葬殯葬之日讀此經七遍甚大吉利獲
无量福門榮人貴延年益壽命終之日並得
成聖善男子殯葬之地不問東西南北安隱
之處人之愛樂鬼神愛樂即讀此經三遍便

BD15071 號　天地八陽神咒經　（11–6）

无量福門榮人貴延年益壽命終之日並得
成聖善男子殯葬之地不問東西南北安隱
之處人之愛樂鬼神愛樂即讀此經三遍便
以修營安置墓田永无災鄣家富人興甚大
吉利尒時世尊欲重宣此義而說偈言
營生善善日　休殯好好時　生死讀誦經　甚得大利益
月月善明日　年年大好年　讀經即殯葬　榮華万代昌
尒時衆中七万七千人聞佛所說心開意解捨
邪歸正得佛法分永斷疑惑皆得阿耨多羅
三藐三菩提
无㝵菩薩復白佛言世尊一切凡夫皆以婚
嫁為親先問相宜後取吉日然始成親已後
富貴偕老者少貧寒生離死別者多一種
信邪如何而有差別唯願世尊為決衆疑
佛言善男子汝等諦聽當為汝說天陰地陽
月陰日陽水陰火陽男陰女陽天地氣合一
切草木生焉日月交運四時八節明焉水火
相承一切万物熟焉男女允諧子孫興焉皆
是天之常道自然之理世諦之法善男子愚
人无智信其邪師卜問望吉而不修善造種
種惡業命終之後復得人身者如指甲上土
墮於地獄作餓鬼畜生者如大地土善男子
復得人身正信修善者如指甲上土信邪造惡

BD15071 號　天地八陽神咒經

（11–7）

人无智信其邪師卜問望吉而不修善造種
種惡業命終之後復得人身者如指甲上土
墮於地獄作餓鬼畜生者如大地土善男子
復得人身正信修善者如指甲上土信邪造惡
業者如大地土善男子若結婚親莫問水火
相尅胎胞相壓唯看相命即知福德多少
以為眷屬呼迎之日讀此經三遍即以成礼
此乃善善相因明明相屬門高人貴子孫興
盛聰明利智多才多藝孝敬相承甚大吉利
而无中夭福德具足皆成佛道時有八菩薩
承佛威神得大惣持常處人間和光同塵
破邪立正度四生處八解其名曰
跋陀和菩薩漏盡和　羅隣竭菩薩漏盡和
憍日兜菩薩漏盡和　須弥深菩薩漏盡和
那羅達菩薩漏盡和　因坻達菩薩漏盡和
和輪調菩薩漏盡和　无緣觀菩薩漏盡和
是八菩薩俱白佛言世尊我等於諸佛所受
得陀羅尼神呪而今說之擁護受持讀誦八
陽經者永无恐怖使一切不善之物不得侵損
讀經法師即於佛前而說呪曰
阿佉尼　尼佉尼　阿毗羅　曼隸　曼多隸
世尊若有不善者欲來惱法師聞我說此呪
頭破作七分如阿梨樹枝
尒時无邊身菩薩白佛言世尊云何名為八陽

BD15071 號　天地八陽神咒經

（11–8）

阿佉尼　尼佉尼　阿比羅　曼隸　曼多隸
世尊若有不善者欲來惱法師聞我說此呪
頭破作七分如阿梨樹枝
是時无邊身菩薩白佛言世尊云何名為八陽
經唯願世尊為諸聽衆解說其義令得醒
悟速達心本入佛知見永斷疑悔
佛言善哉善男子汝等諦聽吾今為汝解說
八陽之經八者分別也陽者明解也明解大乘
无為之理了能分別八識因緣空實无所得又
云八識為經陽明為緯經緯相投以成經教
故名八陽經八識者眼是色聲識耳是聲識
鼻是香識舌是味識身是觸識意是分別識
含藏識阿賴耶識是名八識明了分別八識
根源空无所有即知兩眼光明天光明天中
即現日月光明世尊兩耳是聲聞天中即現
无量聲如來兩鼻是佛香天佛香天中即現
香積如來口舌是法味天中天現法喜如來身
是盧舍那天盧舍那天中即現成就盧舍那
佛盧舍那鏡像佛盧舍那光明佛意是无分
別天无分別天中即現不動如來大光明佛
心是法界天中即現空王如來含藏識天演出
阿那含經大涅槃經阿賴耶識天演出大智
度論經瑜伽論經善男子佛即是法法即是

BD15071號　天地八陽神咒經　（11–9）

別天无分別天中即現不動如來大光明佛
心是法界天中即現空王如來含藏識天演出
阿那含經大涅槃經阿賴耶識天演出大智
度論經瑜伽論經善男子佛即是法法即是
佛合為一相即現大通智勝如來佛說此經
時一切大地六種震動光照天地无有邊際
浩浩蕩蕩而无所名一切幽冥皆悉明朗一切
地獄並皆消滅一切罪人俱得離苦皆發无
上菩提心
尒時衆中八万八千菩薩一時成佛号曰虛空
藏如來應正等覺劫名圓滿國号无邊一切
人民无有彼此並證无諍三昧六万六千比丘
比丘尼優婆塞優婆夷得大揔持入不二
法門无量天龍夜叉乾闥婆阿修羅迦樓羅
緊那羅摩睺羅伽人非人等得法眼淨行菩
薩道
復次善男子若復有人得官登位之日及新
入宅之日即讀此經三遍甚大吉利權福无
量善男子若讀此經三遍者如讀一切經一
遍能寫一卷如寫一切經一部其功德不可
稱不可量无有邊際如斯人等即成聖道
復次无邊身菩薩摩訶薩若有衆生不信正
法常生邪見忽聞此經即生誹謗言非佛說
是人現世得白癩病惡瘡膿血遍體交流腥

BD15071號　天地八陽神咒經　（11–10）

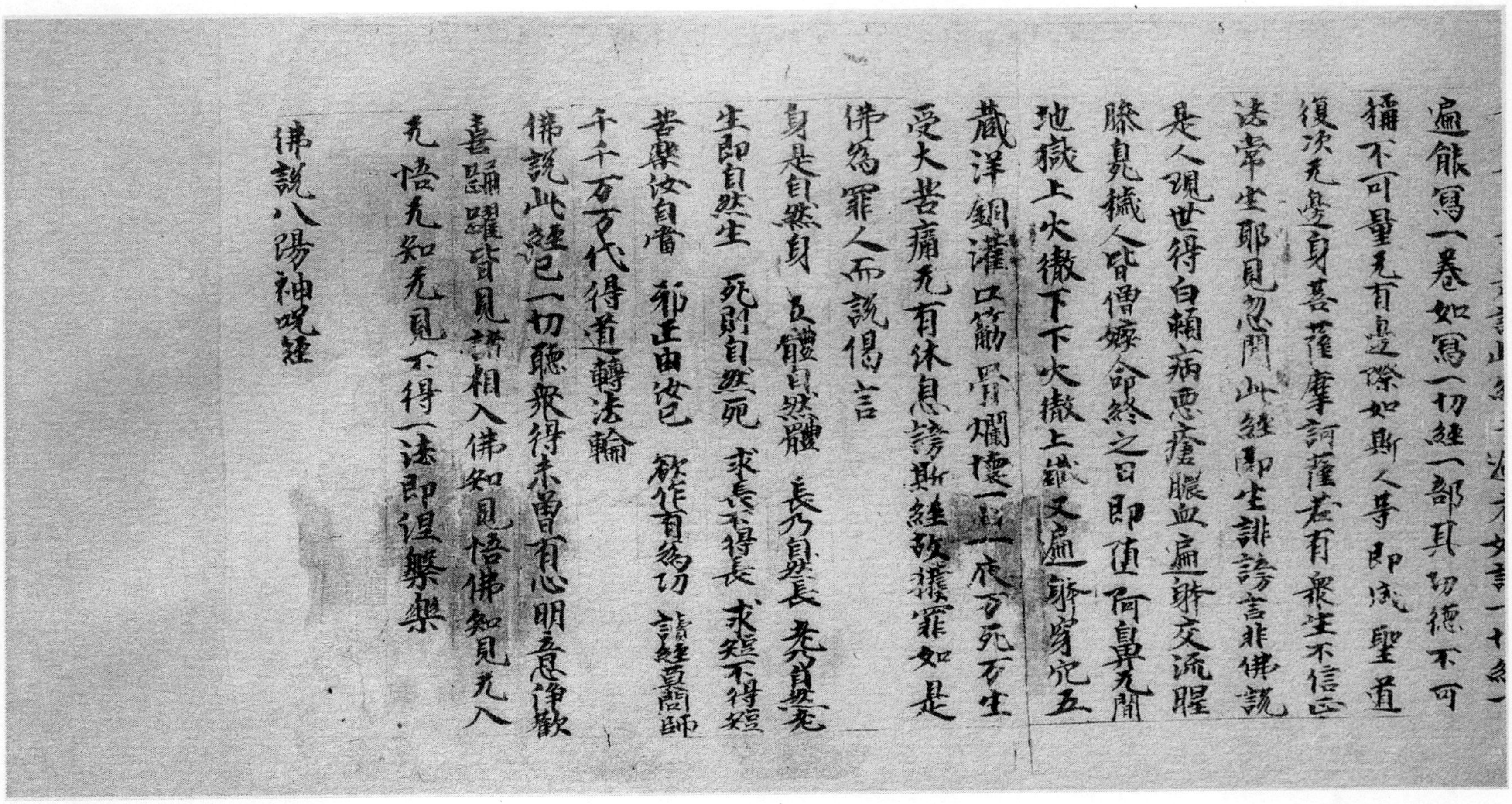

遍能寫一卷如寫一切經一部其功德不可
稱不可量无有邊際如斯人等即成聖道
復次无邊身菩薩摩訶薩若有衆生不信正
法常生耶見忽聞此經即生誹謗言非佛說
是人現世得白癩病惡瘡膿血遍體交流腥
臊臭穢人皆憎嫉命終之日即墮阿鼻无間
地獄上火徹下下火徹上鐵叉遍體穿穴五
藏洋銅灌口筋骨爛壞一日一夜万死万生
受大苦痛无有休息謗斯經故獲罪如是
佛爲罪人而說偈言
身是自然身　五體自然體　長乃自然長　老乃自然老
生即自然生　死則自然死　求長不得長　求短不得短
苦樂汝自當　邪正由汝己　欲作有爲功　讀經莫問師
千千万万代　得道轉法輪
佛說此經已一切聽衆得未曾有心明意淨歡
喜踊躍皆見諸相入佛知見悟佛知見无入
无悟无知无見不得一法即涅槃樂
佛說八陽神呪經

BD15071 號　天地八陽神呪經　　　　（11–11）

无心亦不住於无心亦不住於无住云何是生菩薩白佛言无生之心有何取捨住
佛言无生之心不取不捨住於不心住於不法不住諸行心常空寂无有異相譬如虛空无有
動住无起无作无依无此得空心眼得法身空五蔭六入悉皆空寂善男子脩空法者不依三界
不住戒相清淨无念无攝无放性等金剛不壞三寶空心不動具六波羅蜜白佛言尊者六波羅蜜者
皆是有相有相之法能出世也佛言善男子我所說六波羅蜜者无相无為何以故若人離欲心常清淨
實語方便本利利人是壇波羅蜜至念堅固心常无住清淨不染不著三界是尸波羅蜜遠離名數斷
空有見深入蔭空是毗梨耶波羅蜜具離空寂不住於空心處无在大空是禪波羅蜜心无心相
不取虛空諸行不生不證寂滅心无出入性常平等諸法實際皆決定性不依諸地不住智惠
是般若波羅蜜　善男子是六波羅蜜者皆獲本利入決定道超然出世无导解脫　十八
大覺滿足之尊　入於決定處　无相无有行　寂滅心无生　不壞於三寶　具六波羅蜜
佛言无思不生心者心无形段由如火性雖在木中其在无所以決定故性但名但字性不可得欲詮其理
假說為名名不可得心相亦爾　是決定性亦不一不異不斷不常不入不出不生不滅離諸四謗言語道
斷无生无心亦復如是　心王菩薩言如无生行性相空寂无見无聞无得无失无言无說无知无
相无取无捨云何取證若取證者即為諍論无諍无論乃无生行　總持无相則无三受等三惡皆寂
滅清淨无住不入三昧不住坐禪无生无行行　心王菩薩言禪能攝動定諸幻亂云何不禪佛言菩薩
禪即是動不動不禪是无生禪禪性无生離生禪相禪性无住離住禪動知禪性无有動靜即得无生
无生般若　菩薩言一切境空如何見佛言見即為妄何以故一切万有无生无相本不自名悉皆空寂一切
法相亦復如是一切眾生身亦復如是身上不有云何可見　善男子覺者不住涅槃何以故覺本无生離
眾生垢覺本无寂離涅槃動住如是地心无所住无有出入　佛言一念心動五蔭俱生五蔭生中具六十惡十
方遍計皆由一念心生　尊者大覺尊　說生无念法　无念无生心　心常生不滅　入實際品
大力菩薩白佛言尊者如如所說五空出入无有取捨云何五空而不取捨佛言菩薩五空者三有是空
六道影是空法相是空名相是空心識義是空菩薩如是等空空不住空空无空相无相之法有何取捨
入无取地則入三空大力菩薩言云何三空佛言三空者空相亦空空空亦空所空亦空如是等空不住三相
不无真實文字道斷不可思議　菩薩无名義相不可思議何以故无名之名不在於名无名之義不
无於義　佛言如是眾生之心實无別境何以故心本淨故理无穢故以染塵故名為三界三界之心名為別境是
境是虛空從心化生若心无妄即无別境　佛言菩薩彼心喘者以內外使隨使流注瀝滴成海
大力菩薩言云何存用云何觀之佛言心事不二是名存用內行外行出入不二不住一相心无得失一不一

BD15072號　七祖法寶記卷下　（4–1）

衆生垢覺本无寂離沉能重作如之甚[illegible]
方遍計皆由一念心生　尊者大覺尊　說生无念法　无念无生心　心常生不滅　入實際品
大力菩薩白佛言尊者如〻所說五空出入无有取捨云何五空而不取捨佛言菩薩五空者三有是空
六道影是空法相是空名相是空心識義是空菩薩如是等空〻不住空〻无空相〻无相〻之法有何取捨
入无取地則入三空大力菩薩言云何三空佛言三空者空相亦空〻〻亦空〻所空亦空如是等空不住三相
不无真實文〻道斷不可思議　菩薩无名義相不可思議何以故无名之名不在於名无〻〻之義不
无於義　佛言如是衆生之心實无別境何以故心本淨故理无穢故以染塵故名為三界〻〻之心名為別境是
境是虛空從心化生若心无妄即无別境　佛言菩薩彼心喘者以內外使隨使流注瀝滴成海
大力菩薩言云何存用云何觀之佛言心事不二是名存用內行外行出入不二不住一相心无得失一不一
地淨心流入是名觀之　菩薩如是之人不在二相雖不出家不住在家故雖无法服不具持波羅提
又不入布薩能以自心无為自恣而獲聖果　菩薩如是之人應不持戒於彼沙門應不敬仰佛言為說
戒者不善慢故海波浪如彼心地八識海澄九識流淨風不能動波浪不起戒性等空持者迷倒
金剛三昧經真性空品下卷　善男子善不善法從心化生一切境界意言分別制之一處衆緣斷
滅何以故一切不起三用无施舍利弗言不住事相不无功用是法真空常樂我淨超於二海大般涅槃
其心不繫是大力觀一切万法皆悉文言〻文之相即非為義〻如實〻之義不可言說今者如來云
何說法　佛言我說法者以汝衆生在生說故說不可說是故說之我所說者義語非文衆生說
者文語非義不言義者皆是妄語　善男子若化衆生令彼衆生觀入是義入是義者是見如來舍利弗言
義非有无空相空故　善男子是法非曰非緣非智自用故非動非靜用性空故
如來義觀不住諸流應離四禪而起有頂　佛言如是何以故一切法名數四禪亦如是若見如來者
如來心自在常在寂滅處不出亦不入內外平等故　善男子如彼諸禪觀皆為故想定是如非
彼復何以故如觀如實不見觀如〻〻諸相已寂滅〻寂滅即如義如彼想禪定是動非是禪何以故禪
性離諸動非染非所染非法非影離諸分別本義〻故善男子如是觀定乃名為禪
舍利弗言不可思議如來常以如實而化衆生如是實義多文廣〻義利根衆生乃可脩之鈍
根衆生難以措意云何方便令彼鈍根得入是諦佛言鈍根令彼受持四句偈即入實諦一切佛法攝在一
偈中　舍利弗言云何四句偈願為說之於是尊者而說偈言　因緣所生義　是義滅非生
滅諸生滅義　是義生非滅　法從分別生　還從分別滅　滅諸分別法　是義生非滅　離識法即空
故從空處說　滅諸生滅法　而住於涅槃　一切空寂法　是法寂不空　彼心不空時　是得心不有
法本无有无　自他亦復爾　不始亦不終　成敗則不住　不可思議　不思議聚　七五不生
八六寂滅　无相空无　有空无有　无空无有　如尊所說　法義皆空　知有非實　如陽焰水
知實非无　如火性王　如是觀者　是人智也　以淨心見佛〻見佛故當生淨土
性空寂滅時是法是時觀　佛言由如暗室若遇明燈暗即滅矣入觀時諸罪悉滅　文殊師利
說般若波羅蜜經諸佛世尊故无量光明說无盡妙法教諸菩薩入一相門得无所畏善降衆魔教化
度脫外道耶見若有衆生樂聲聞者說聲聞乘樂緣覺者說緣覺乘樂佛乘者說佛乘世間者說世間乘
布施持戒忍辱精進禪定智惠攝諸衆生未度者度未脫者脫未安者安未涅槃者令得涅槃究
竟菩薩所行善入諸佛法藏如是種種功德皆悉具足佛告舍利弗若菩薩摩訶薩聞此般
若波羅蜜不驚怖畏必定當得阿耨多羅三藐三菩提是善男子善女人當為大施主第一施主
勝施主无第一施者當具足戒忍辱精進禪定智惠當具諸功德成就相好自不怖畏究竟般若波羅
蜜以不可得无相无為第一真實不可思議法故　迦葉辟如卅三天人見波羅質多羅樹初生皰
時作如是念此皰不久必當開披如是迦葉比丘比丘尼優婆塞優婆夷聞說此深般若波羅蜜
經生歡喜亦復如是　迦葉辟如摩尼珠師見摩尼寶心生歡喜亦不假思量即知真偽何以
故以慣見故辟如學射久就即巧後雖无心箭發皆中脩般若波羅蜜亦如是辟如有人從遠方
來後有人從彼方來說彼方流泉浴池花菓茂盛勸彼人令文東說若人聞般若波羅蜜歡喜信
樂不於一佛二佛而種善根以千万佛所種衆善根得聞般若波羅蜜信樂受持善男
子善女人聞此深般若波羅蜜不生怖畏當知是人受佛法印此法印者是佛所造是
[illegible]亦名破壞　如是我聞一時佛在舍

蜜以不可得无相无為第一真實不可思…
時作如是念此庵不久必當開披如是迦葉比丘比丘尼優婆塞優婆夷聞說此深般若波羅蜜
經生歡喜亦復如是　迦葉譬如摩尼珠師見摩尼寶心生歡喜亦不假思量即知真偽何以
故以慣見故譬如學射久就即於後雖无心箭發皆中脩般若波羅蜜亦如是譬如有人從遠方
來後有人從彼方來說彼方流泉浴池花菓茂盛勸彼人令交更說若人聞般若波羅蜜歡喜信
樂不於一佛二佛而種善根以无量千万佛所種衆善根得聞般若波羅蜜信樂受持善男
子善女人聞此深般若波羅蜜不生怖畏當知是人受佛法印此法印者是佛所造是
佛所貴何以故此法印即无著法故　佛說決定毗尼經　亦名破壞一切心識　如是我聞一時佛在舍
衛國祇陁林中給孤獨園与大比丘衆千二百五十人俱菩薩十万人尒時世尊如龍王視觀
…大衆…仁者誰能於…世堪忍護持正法以諸方便成就衆生
又舍利弗師子獸王大吼之時其餘小虫能忍不不也世尊又如香象其所負重諸驢
騾等堪忍不不也世尊又如釋梵所有威德光明色像頗有窮能堪忍不不也世尊又舍利
弗於意云何金翅鳥王所有勢力鷲鳥鴿等鳥能堪忍不不也世尊如是舍利弗菩薩所有
其心勇健善根勢力所有之罪依出離智得見諸佛又優波利菩薩乘人持不盡護戒
聲聞乘人持開通戒菩薩乘人持開通戒聲聞乘人持不開通戒優波利菩薩乘人以日初
分有所犯戒初日中分思惟當得一切種智菩薩尒時不破戒身　優波利如來觀察籌
量為大乘人不應一向說厭離法不應一向說離欲法不應一向說速疾法常當為說羨歡
喜心相應說法常應向說甚深无難无悔經法常應為說无取无导空无之法
優波利如來先說欲難捨離名為小犯瞋易得離名為大犯　尒時文殊師利語優波
利言一切諸法究竟毗尼一切諸法无有染污我不可得乃
能得見无悔毗尼　佛告優波利若有比丘作是思惟欲斷貪欲名增上慢作是思惟見諸
法空名增上慢作是思惟見於无增名上慢是名聲聞住增上慢云何菩薩名為增上慢佛乘
寂勝作是思惟我當於中發菩提心名增上慢行六波羅蜜當得作佛作是思惟名增上慢
般若波羅蜜能得出離更無餘法而得出離作是思惟名增上慢佛告優波利若有比丘思
惟諸心時不著思惟是名寂勝離增上慢　心所思名為思　若有所思名有縛　若有思惟
諸法空　是名著相凡夫人　若有比丘常念佛　即是非真非正念　將知佛從分別起　實亦
不可得亦无生　是故无思能解脫　須菩提而白佛言云何世尊應得云何應住云何脩
行云何發阿耨多羅三藐三菩提　佛告須菩提諸法自相空即是三菩提　平等一相无自
无他不緣境界覺觀心息自然慢解无有分別是非處所是人不久成佛行我行處到我到
處見我見處住我住處得我得處坐我坐處无有煩惱若境若智本來不生本來不滅不來不
去不一不異不因不果非惟无有亦復无无不靜不亂不散不去諸法无是有脩多羅般若波
羅蜜如是有如是發心上求作佛所以无求為求下度衆生所以无度為度發菩薩心有所得
者即是耶見耶見之人永不見佛斷一切智名為佛智　須菩提白佛言世尊所說脩多羅般若波
羅蜜甚深何者是佛言空相是无相是无造无作越无生无滅无垢无淨无所有无依心无住處如虛空
是脩多般若波羅蜜甚深不可思議不生不滅相不垢不淨相不散不亂相不說不聽相不言不義相
不得不失相何故脩多羅般若波羅蜜法中无是諸法相一切諸法因緣和合有皆悉畢竟空求无處所覓
不可得應如是解色受想行識亦復如是　諸經大乘要抄　楞伽經云　乃至有所立　一切皆錯乱
若見於自心　是則无為諍　又云若依少法　而有少法起　若依心於事　此法即便壞　又云隨言而取義
建立於諸法　以彼建立故　死墮地獄中　又執理教中求我是惡妄埵惡離聖道教正理欲滅或及
增是外道狂言智者不應說　金剛經云　離一相諸相即名諸佛　又云若以色見我　以音聲求我
是人行耶道　不能見如來　思益經云　比丘云何隨仏教云何隨仏語若稱讚毀辱其心不動是
名隨仏教又云若不依文字語言是名隨仏語比丘云何應受供養答言於法无所取者云何消供
養不為世法之所牽者誰人報仏恩答言依法脩行者　楞伽經云　如是種種相　墮於外道見
法句經云　若學諸三昧　是動非坐禪　心隨境界流　云何名為定　金剛三昧經云　我不入三昧不
住坐禪无生无行不動不禪是无生禪　思益經云　不依止欲界　不住色无界　行如是禪定
是菩薩遍行　維摩經云　維摩詰訶舍利弗林間宴坐訶須菩提大迦葉不平等　[illegible]經云

BD15072號　七祖法寶記卷下　（4–3）

不可得應如是解色受想行識……
若見於自心 是則无為諍 又云若依少法 而有少法起 若依心於事 此法即便壞 又云隨言而取義
建立於諸法 以彼建立故 死墮地獄中 又轉理教中求我 是惡妄語 惡離聖道 教正理欲滅 或及
增是外道狂言 智者不應說 金剛經云 離一切諸相即名諸佛 又云若以色見我 以音聲求我
是人行邪道 不能見如來 思益經云 比丘云何隨仏教 云何隨仏語 若稱讚毀辱 其心不動 是
名隨仏教 又云若不依文字語言 是名隨仏語 比丘云何應受供養 答言於法无所取者 云何消供
養 不為世法之所牽者 誰人報仏恩 答言依法脩行者 楞伽經云 如是種種相 墮於外道見
法句經云 若學諸三昧 是動非坐禪 心隨境界流 云何名為定 金剛三昧經云 我不入三昧 不
住坐禪 无生无行 不動不禪 是无生禪 思益經云 不依止欲界 不住色无界 行如是禪定
是菩薩遍行 維摩經云 維摩詰訶舍利弗林間宴坐 訶須菩提大迦葉不平等 轉女身經云
无垢光女訶天帝釋汝聲聞人乘畏生死樂涅槃 決定毗尼經云 菩薩乘人持開通戒 聲聞乘人
持盡護戒盡護戒 藥師經云 佛訶阿難汝聲聞人如盲如聾 不識无上空義 佛頂經云
訶聲聞人得少為足 佛藏經云 舍利弗如來在世三寶一味 我滅度後分為五部 舍利弗惡魔於今
由尚隱身佐助調達破壞我法 僧如來大智見在 故弊惡魔眾不不能成其大惡 當來之世惡魔
變身作沙門形 入於僧中種種邪說 令多眾生入於邪見 為說邪法 尔時惡人為魔所惑 各執所
見 我是彼非 舍利弗 如來預見未來世中是破法事 故說是深經 悉斷惡魔諸所執著 阿難 譬
如惡賊 於王大臣不敢自見 盜他物者不自言賊 如是阿難 破戒比丘成就非沙門法 尚不自言我
是惡人 況能向餘人說自言罪人 阿難 如是經者破戒比丘隨得聞時 能自降伏 則有慚愧 持戒比丘
得大增長 大仏頂云 即時如來普告大眾及阿難 言汝等有學緣覺聲聞 今日迴心趣大
菩薩无上妙覺 吾今已說真脩行法 汝由未識脩奢摩他毗婆舍那微細魔事 魔境見在
汝不能識 洗心非正 落於邪見 或汝陰魔 或復天魔 或着鬼神 或遭魑魅 心中不明 認賊為
子 又復於中得少為足 如第四禪无聞比丘妄言證聖 天報已畢 衰相現前 謗阿羅漢身遭後有
墮阿鼻獄 所以釋迦如來傳金襴袈裟 令摩訶迦葉在鷄足山 待彌勒世尊下生分付 今惡世
時學禪者眾 我今達摩祖師遂傳袈裟表其法正 令後學者有其稟承也 法句經云
說諸精進法 名增上慢說 若无增上慢 无善无精進 若起精進心 是妄非精進 若能心不妄
精進无有涯 金剛三昧經云 尊者大覺尊 說生无念法 无念无生心 心常生不滅
維摩經云 不行是菩提 无憶念故 常求无念 實相智慧 楞伽經云 聖者內所證 常住
於无念 仏頂經云 阿難汝暫舉心 塵勞先起 又云見由離見 見不能及 思益經云
云何一切法正 云何一切法邪 若以心分別 一切法邪 若不以心分別 一切法正 无心法中 起心分別
並皆是邪 楞伽經云 見佛聞法 皆是自心分別 不起見者 是名見佛 又云隨言而取義
建立於諸法 以彼建立故 死墮地獄中 又云八九種識 如海眾波浪 習氣常增上 盤根堅
固依 心隨境界流 如鐵於磁石 如水瀑流盡 波浪即不起 如是種種滅 種種意生身 我說為
心量 弟子非聲聞

七祖法寶記下卷

命十四[illegible]壽命卅小劫
二小劫　我今在最小壽命一百歲
毗婆尸佛　尸棄佛毗舍浮佛剎利家生
拘留孫佛拘那含佛迦葉佛婆羅門家生
舍利弗我釋迦牟尼佛剎利家生
毗婆尸佛尸棄佛毗舍浮佛三佛姓拘隣
拘留孫佛拘那含牟尼佛迦葉[illegible]此三佛姓迦葉
舍利弗我釋迦牟尼佛[illegible]
舍利弗毗婆尸佛[illegible]
尸棄佛[illegible]樹下得阿耨多[illegible]藐三菩提
毗舍浮佛娑羅樹下得阿耨多羅三藐三菩提
拘那含牟尼佛尸利沙樹下得阿耨多羅三藐三菩提
拘留孫佛烏暫頭婆樹下得阿耨多羅三藐三菩提
迦葉佛尼拘律樹下得阿耨多羅三藐三菩提

BD15073號　佛名經（十二卷本）卷八　（1–1）

從四大起故我以虛假〻疾應彼疾身達其本彼我無實而欲觀其相
當何耶　尒時文師殊利問維摩詰言菩薩應云何慰喻有疾菩
薩此二所化實疾文二前問慰喻後問調伏所以有此二問者　肇曰外有
善喻內有善調則能弥歷生死与羣生同疾　叡曰凡夫〻痛為憂
苦所惱不安所病則生愁憂〻為痛所逼則生苦惱憂心外感須聞以
以自慰苦心內切宜觀空以自調　肇曰慰喻有疾應自文殊而達問諸
名者以同集諸人達必有在文取證於疾者乃所以審慰喻之會也此將
明大乘無證之道以慰始習現疾菩薩故生此問也　維摩詰言說
身无常不說厭離於身說身有苦不說樂於涅槃說身无我
而說教導衆生說身空寂不說畢竟寂滅〻此六卷文四初約理喻二約大
悲喻三約求大果喻四結成初列无常等四也　肇曰慰喻之法應為疾者
說身无常去其貪著不應說厭離令取證也不觀无常不厭離者
凡夫也觀無常而厭離者二乘也觀无常不厭離者菩薩也是以應慰喻
初學令安心處疾以濟羣生不厭生死不樂涅槃此大士慰喻〻法也說身
有苦菩者　肇曰雖見苦而不樂涅槃〻〻雖知无我不以衆生空故捐
於教道雖見身空而取涅槃畢竟〻〻道故能安住生死与衆生同疾是
以慰喻〻家宜說其所應行所不應行不宜說也　說悔先罪而不說入於過
去此二約大悲喻也文三此初勸悔先過病由先罪但可責己不可攫
病瘦捨大悲入過去也　肇曰教有疾菩薩悔既往之罪雖非輕人不
言罪有常性從未來到現在從現在入過去也　以己〻疾愍於彼疾
此二推己興悲以自喻生曰我有智惠猶以疾苦況乃不達者乎推己
愍彼是兼濟之懷豈得自畏死也　當識宿世无數劫苦當念
饒益一切衆生　此三追往念益以自喻也　肇曰當尋宿世受苦

以慰喻〻之宜說其所應行所不應行不宜說也　說悔先罪而不說入於過
者此二約大悲喻也文三此初勸悔先過病由先罪但可責己不可懼
病癈捨大悲入過去也　肇曰教有疾菩薩悔既往之罪雖輕人不
言罪有常性從未來到現在從現在入過去也　此己〻疾愍於彼疾
此二推己興悲以自喻生曰我有智慧猶以疾苦況乃不達者乎推己
愍彼是重濟之懷豈得自畏死也　當識宿世无數劫苦當念
饒益一切衆生　此三退往念益以自喻也　肇曰當尋宿世更苦
无量今苦須臾何足致憂但當力疾救彼苦耳生曰念欲饒益一切
衆生者方入生死不得有畏也　憶所修福念於淨命　此三約求大果
喻也文三此初恃福以求大果匃耶命而苟存　肇曰恐新學菩薩為疾所
亂故勸憶所修福悅其情也生曰若有者所生必勝有何畏哉　匃生
憂惱常起精進　此二息憂以進道也生曰因病致懈〻乃愈生其憂勤
与命覺恒患不全豈復容惱哉　當作醫王療治衆病　此三勸求
大果以廣濟也　肇曰當為大法醫王療治群生〻〻疾自疾何足憂
乎菩薩應如是慰喻有疾菩薩令其歡喜　此四結勸喜　文殊師利言居
士有疾菩薩云何調伏其心　此二問内調法也五陰患身但可勲之慰〻究竟常
樂須住法身故次勸修无相觀以内調也　肇曰上問慰〻宜令問調心〻法
外有善喻内有善調則能彌歷生死与群生同疾辛酸備經而不以為
苦即此淨名居疾之所由也將示初學處疾之道故生斯問
維摩詰言有疾菩薩應作是念今我此〻病皆從前世妄想顛倒
諸煩惱生無有實法誰受病者　此二答也文三初明解空治
明遍知大悲涉有三明雙三空有寂照平等初文復三一明我空二明
法空三明空〻初中又三一推病虛實二知由著我三除我歸真初推病
中二初推因妄生二悟果假合此初也　肇曰處疾之法要先知病本病〻
生也皆由前世妄想〻顛倒故煩惱既生不得無身既有身也不得無患逆
尋其本虛妄不實本既不實誰受病者　此明始行者初習無我觀
也所以者何四大合故假名為身四大無主身亦無我　二悟果假會釋
無我也四大和合假名為身〻四大既無主身我何由生譬一沙无由聚沙
亦無主我一物異名耳　又此病起皆由著我是故於我不應生著　二推
知所由〻著我也　既知病本即除我想及衆生想　三正破我也　肇曰病本
即上妄想也因妄想故見我及衆生若悟妄想之顛倒則无我无衆
生也　當起法想　此二明法空觀也文三初標法想二分別法想三滅除
法想此初也　肇曰我想患之重者故除我想而起法〻想〻於空
為病於我為藥昇降相靡故假之以治也　應作是念但以衆法合成
此身起唯法起滅唯法滅　此二分別唯法无我文二初約因果起滅推二約
諸法不相知推此初也　肇曰五陰諸法假會成身起唯諸法共起滅
唯諸法共滅無別有真宰主其起滅者也既除我想唯見緣起諸法故

法想此初也　肇曰我想患之重者故除我想而起法〻想〻於空
為病於我為藥昇降相靡故假之以治也　應作是念但以衆法合成
此身起唯法起滅唯法滅　此二分別唯法无我文二初約因果起滅推之約
諸法永不相知推此初也　肇曰五陰諸法假會成身起唯諸法共起滅
唯諸法共滅無別有真宰〻主其起滅者也既除我想唯見緣起諸法故
名法想　又此法者各不相知起時不言我起滅時不言我滅　此二推諸
法永不相知也　肇曰万物紛紜聚散誰為緣合則起緣散則離聚散
无先期故法不相知也　彼有疾菩薩為滅法想當作是念此法想者
亦是顛倒〻者即是大患我應離之　此三滅除法想也文二初念離二釋
此初也　肇曰法想雖除我於真猶為倒未免于患故應離之也
云何為離〻我〻所　此下五重展轉推尋明法無性何者因我〻所執法
二相因二相故內外分別因分別故生死涅槃不等以不等故不知諸法但有假
名法无定之性若悟法本無性則一切皆如此推我〻所也　肇曰我為万物
主万物為我所若離我〻所則无法不離　云何離我〻所謂離二法　此
二推諸法因待故有二相非真二也　云何離二法謂不念內外諸法行於平
等　此推內外分別妄心取相故分別內外悟法平等故自然不念　云何平
等謂我等涅槃等所以者何我及涅槃此二皆空　此推一切法平等也
由妄計我甚違妄故假名涅槃若悟妄我非我自然涅槃非涅槃此二皆空即
一切法平等　肇曰即事无不異即空无不一極上窮下齊以一觀乃應平等也
以何為空但以名字故空如此二法无決定之性　五推諸法如幻但有假名无
決定之性　肇曰因背涅槃故名吾我以捨吾我故名涅槃二法相假故有名
生本其自性〻無決定故二俱空也　得是平等無有餘病唯有空〻病
〻亦空　此三明空〻也生曰亦以言迹除之義以麻妙故云亦焉　肇
曰群生封累深厚不可頓捨故階級漸遣以至無遣也上以法除我以空
除法今以畢竟空〻於空者乃无患之極耳　是有疾菩薩以無所
受而受諸受　此二是有疾下明大悲涉有觀若悟空而三悲大士之
患也故次勸也文五初標勸二示過三勸起大悲四明化心五結勸此初也
什曰受謂苦樂捨三受也若能解受無受則能為物受生而忍受三
受也傷功行於非道通達佛道即三界三乘利物化生皆無受之受也
未具佛法亦不滅受而取證也　此二示小過未具大悲弘願不應自取證
也　肇曰善自調者處有不染有在空不染空心無受故無所不受佛法
未具衆生未度不獨滅三受而取證也　設身有苦當念惡趣衆生起大
悲心　此三勸起大悲心文三此初思己愍彼起大悲心不同二乘捨衆生也
我既調伏亦當調伏一切衆生　二明弘願大悲　肇曰要与群生同其
苦但除其病而不除法　三明除其執病不除假名化法　肇曰諸法緣生聚
散非己會而有形散而無像法自然耳於我何患〻之者由我〻妄想於法自
為患耳　為斷病本而教導〻　四明化心文三初標化心二推尋病本三

悲心　此三勸求大悲心文三此初思已慈彼起大悲心不同二乘捨衆生也
我既調伏亦當調伏一切衆生　二明弘願大悲　肇曰要与群生同其
苦但除其病而不除法　三明除其執病不除假名化法　肇曰諸法緣生聚
散非己會而有形散而無像法自然耳於我何患患之者由我妄想於法自
為患耳　為斷病本而教導之　四明化心文三初標化心二推尋病本三
為斷除此初也　何謂病本謂有攀緣從有攀緣則為病本　二尋病
本此先推能緣也　肇曰攀緣謂妄想微動攀緣諸法也妄想既緣所
美惡已分美惡既分則增愛憎所以衆結煩惱於內万病生於外自茲已
往巧歷不能記本其所由微想而已故曰攀緣為本　何所攀緣謂之
三界　二推所緣謂三界妄有　肇曰明攀緣之境也三界外法无漏
无為其法无相非是妄想所能攀緣能攀緣者三界而已耳
云何斷攀緣以無所得若無所得則无攀緣　三為斷除也文二此初釋
無所得也心緣相起相從心生相無所得心緣自絕　肇曰所以攀緣意存
有取所以有取意存有得若知法虛誑無取無得者則攀緣自息
矣何謂無所得謂離二見何謂二見謂內見外見是無
所得　二釋妄見　肇曰內有妄想外有諸法此二盡假終已無得
文殊師利是為有疾菩薩調伏其心為斷老病死苦是菩薩菩提若
不如是已所修治為無惠利　五結勸文二初結勸後偷勸　肇曰若能善
調其心不懷異想而永處生死斷彼苦者是菩薩菩提之道若不能
爾其所修行內未足為有惠外未足為有利也　譬如勝怨乃可為勇如
是兼除老病死者菩薩之謂也　此二偷勸也文有合也可見生曰菩
薩念衆生如親無異也若不除其老病死怨便是已怨亦不除矣
彼有疾菩薩應復作是念如我此病非真非有衆生病亦非真非有
此三彼有疾下雙亡空有齊照平等中道觀也文二初明體二明妙用前
中復二先正明觀後揀非此初也真空也有者俗有也前空觀偏真今
大悲涉有今此中道觀非空故智無所證非有故悲無所緣悲無緣故
雖涉有而不有智無證故雖觀空而不住故能齊照平等悲智雙運
道之極也其在菩薩悟殊有衆生菩薩之異體真會極而法性無生
日如我此病非真非有者言已悟也衆生病非真非有者言彼不悟也
是欲教之令知此法也　作是觀時於諸衆生若起愛見大悲即應捨離
此二揀非文三初約愛見揀次約禪定揀後約二智揀雖衆生病非真非
有法性一如而凡夫愛見所迷二乘定惠未均菩薩二智不等此三皆迷法

大悲涉有令此中道觀非空故智無所避非有故悲無所緣悲無緣故
雖涉有而不有智無避故雖觀空而不住故能窮照平等悲智雙運
道之極也其在于悟殊不悟有衆生菩薩之異體真會極而法性無二也
曰如我此病非真非有者言己已悟也衆生病非真非有者言彼不悟也
是欲教之令知此法也　作是觀時於諸衆生若起愛見大悲即應捨離
此二揀非文三初約愛見揀次約禪定揀後約二智揀雖衆生病非真非
有法性一如而凡夫愛見所迷二乘定慧未均菩薩二智不等此三皆迷法
性故須揀也初文四初標愛見悲二釋是非三引仏語證四結勸此初也肇
曰善自調者應先觀己病及衆生病因緣所成虛假無實宜以此
心而起悲也若此觀未純見衆生愛之而起悲者名愛見悲也悲雖善而
雜以見有心之境未免于累故應捨之　所以者何菩薩斷除客塵煩惱而起
大悲愛見悲者則於生死有疲猒心　此微釋文二初除失二顯得此初
也肇曰心遇外緣煩惱橫起故名客塵菩薩之法要除客塵而起
大悲若愛見未斷則煩惱弥滋故應捨之　若能離此無有疲猒在
在所生不爲愛見之所覆也所生無縛能爲衆生說法解縛
此下顯得肇曰夫有所見必有所滯有所愛必有所憎此有極之道
安能致无極之用若能離此則法身化生無在無不在生死無窮不覺
爲遠何有愛見之覆疲猒之勞愛見既除法身既立則所生無縛亦
能解彼縛也　如仏所說若自有縛能解彼縛無有是處若自無縛能解
彼縛斯有是處　此三引仏語證　是故菩薩不應起縛　此四結勸並
可見　何謂縛何謂解貪著禪味是菩薩縛以方便生是菩薩解
此二何謂下約禪定揀非肇曰上界受生二乘取證皆由著禪味所以爲縛
既離生死方便爲物而受生者彼我無縛所以爲解　又無方便慧縛
有方便慧解無慧方便縛有慧方便解　此三約二智揀文二初就無
相觀揀二約元者觀揀初文又三初標章二釋三總結此初標四章也肇
曰巧積衆德謂之方便直達法相謂之慧二行俱備然後爲解百又解
方便無慧愛見行也慧無方便二乘智也有慧方便無緣悲也有方便
慧窮照智也　何謂無方便慧縛謂菩薩以愛見心莊嚴仏土成就衆
生於空無相無作法中而自調伏是名無方便慧縛　釋初章也肇曰六
住已下心未純一在有則捨空在空則捨有未能以平等真心有無俱涉
所以嚴土化人則雜以愛見此非巧便修德之謂故無方便而以三空自調

方便無慧縛見行也慧無方便二乘智也有慧方便無縛悲也有方便
慧爾照智也 何謂無方便慧縛謂菩薩以愛見心莊嚴佛土成就衆
生於空無相無作法中而自調伏是名無方便慧縛 釋初章也肇曰六
住已下心未純一在有則捨空在空則捨有未能以平等真心有無俱涉
所以嚴土化人則雜以愛見此非巧便修德之謂故無方便而以三空自調
故有慧也 何謂有方便慧解謂不以愛見心莊嚴佛土成就衆生於
空無相無作法中以自調伏而不疲猒是名有方便慧解 第二章也
肇曰七住已上二行俱脩遊歷生死而不疲猒所以為解又解若准仁王初地
雙照二諦平等道即二行俱脩也 何謂無慧方便縛謂菩薩住貪欲瞋
恚邪見等諸煩惱而殖衆德本是名無慧方便縛 第三章肇曰不
修空慧以除煩惱是無慧也而勤積德有方便也 何謂有慧方便解
謂離貪欲瞋恚邪見等諸煩惱而殖衆德本迴向阿耨多羅三藐三菩
提是名有慧方便解 第四章也肇曰上有方便慧解今有慧方便解致
雖同而行有前後始行者自有先以方便積德然後修慧者亦有先修
空慧而後積德者各隨所宜解不殊也離煩惱三空自調之所能積德向菩
提即嚴土化人之流也前後異說盡其美耳 文殊師利彼有疾菩薩
應如是觀諸法 生三結也 又復觀身無常苦空非我是名為慧雖身有疾
常在生死饒益一切而不猒惓是名方便 生二約無常觀揀文二生初就無常
等四揀也肇曰大乘四非常觀即平等真觀故名為慧以平等心而處世不
惓故名方便慰喻之說即其事也 又復觀身身不離病病不離身是病
是身非新非故是名為慧設身有疾而不永滅是名方便 肇曰新故之名
出於先後然離身無病離病無身衆緣所成誰後誰先既無先後則
新故新故既無即入實相故名慧也既有此慧而與彼同病不取涅
槃謂之方便自調初說即其事也又解此二章或說初從大士觀
無常理身有實疾不捨悲願明二智也 文殊師利有疾菩薩應
如是調伏其心不住其中亦復不住不調伏心此二結觀成妙用文二結
前觀成二廣明妙用初中又三此初結觀成也肇曰大乘之行无
言无相而調伏之言以形於前文今將明言外之旨故二俱不住即
寄言之本意 即調伏之至也所以者何若住不調伏心是愚人法
若住調伏心是聲聞法此二約人釋可見 是故菩薩不當住於調

如是調伏其心不住其中亦復不住不調伏心此二結觀成妙用文二結
前觀成二廣明妙用初中又三此初結觀成也肇曰大乘之行无
言无相而調伏之言以形於前文今將明言外之旨故二俱不住即
寄言之本意即調伏之至也所以者何若住不調伏心是愚人法
若住調伏心是聲聞法此二的人釋可見　是故菩薩不當住於調
伏不調伏心離此二法是菩薩行　三結不住行夫能不住二邊者方
能雙二邊也是在於生死不為汙行住於涅槃不永滅度是菩薩行
述下二廣明妙用也肇曰欲言在生死不能汙欲言住涅槃而復不滅度是
以處中道而行者非在死非住涅槃　非凡夫行非賢聖行是菩薩行
什曰謂行三脫而不證也非垢行非淨行是菩薩行　肇曰不可得而名者
也雖過魔行而現降衆魔是菩薩行　肇曰不可得而有不可得而
无者其唯大乘行乎何則欲言其有無相无名欲言其無萬德斯斯
行故雖无而有无相无名故雖有而无然則言有不乖无言無不乖
有是以此章或說有行或說无行有无雖殊其致不異也魔行四魔
行也久以超度而現降魔者亦有所過耳　求一切智无非時求是菩
薩行　肇曰一切智未成而中道求證名非時求也　雖觀諸法不生不滅
而不入正位是菩薩行　肇曰正位取證之位也三乘同觀无生惠力弱者
不能自出惠力强者超而不證　雖觀十二緣起而入諸邪見是菩薩行
肇曰觀緣起斷邪見之道也而能反同邪見者豈二乘之能也　雖攝一
切衆生而不愛著是菩薩行　肇曰四攝攝彼慈惠之極視彼猶己而能
無著　雖樂遠離而不依身心盡是菩薩行　肇曰小離憒閙大離
身心盡菩薩雖樂大離而不依恃也　雖行三界而不壞法性是菩薩
行　什曰現生三界處而不惑也肇曰三界即法性處之何所壞也
雖行於空而殖衆德本是菩薩行　肇曰行空欲以除有而方
殖有德　雖行無相而度衆生是菩薩行　肇曰行無相欲除
取衆生相方度衆生　雖行無作而現受身是菩薩行
肇曰行無作欲不造生死而方現受身也　雖行無起而起一切善
行是菩薩行　肇曰行无起欲滅諸起心而方起善行　雖行六
波羅蜜而遍知衆生心心數法是行菩薩行　什曰六度自行法
自行已足然後化々人々乃知衆生心　肇曰六度無相行無相則無

取衆生相方變衆生　雖行無作而現受身是菩薩行
肇曰行無作欲不造生死而方現受身也　雖行無起而起一切善
行是菩薩行　肇曰行无起欲滅諸起心而方起善行　雖行六
波羅蜜而遍知衆生心心數法是行菩薩行　什曰六度自行法
自行已足然後化人人乃知衆生心　肇曰六度無相行無相則無
知而方遍知衆生心行也　叡曰別說六度則各自有對但以趣設
獨明第六般若心相寂滅而遍緣所以為妙六通亦然　雖行六通而不盡漏
是菩薩行　肇曰雖具六通而不為漏盡之行也何者菩薩觀
漏即是无漏故能永處生死与之同漏豈以漏盡而自異於漏
乎　雖行四无量心而不貪著生於梵世是菩薩行　雖行禪定解脫
三昧而不隨禪生是菩薩行　四無量四禪四空定八解脫有覺有觀
等三昧此皆上二界受生因大士知三界如幻故不隨生也　肇曰
取其因而不取其果可謂自在行乎　雖行四念處而不永離身受心
法是菩薩行　肇曰小乘觀身受心法離而取證菩薩雖觀之四
不永離而取證也　雖行四正勤而不捨身心精進是菩薩行　肇曰
小乘正勤功就則捨入無為菩薩雖同其行而不同其捨也　雖行四
如意足而得自在神通是菩薩行　肇曰雖同小乘行如意足而久得
大乘自在神通之因也　雖行五根而分別衆生諸根利鈍是菩薩行
肇曰小乘唯自修己根不善人根菩薩雖同其自修而善知人根令
彼我俱導　雖行五力而樂求佛十力是菩薩行　雖行七覺分
而分別佛之智慧是菩薩行　雖行八正道而樂行無量佛
道是菩薩行　肇曰雖同聲聞根力覺道其所志求常在
佛行也又解五力自行十力兼化七覺自行佛慧兼化八正自
行無量佛道行於非道以化人也　雖行止觀助道之法而不
畢竟墮於寂滅是菩薩行　肇曰繫心於緣謂之止分別
深達謂之觀止觀助涅槃之要法菩薩因之而行不順之以墮
涅槃　雖行諸法不生不滅而以相好莊嚴其身是菩薩行
肇曰於無生滅無相行者本為滅相而方以相好莊嚴身
雖現聲聞辟支佛威儀而不捨佛法是菩薩行　肇曰雖
現行小乘威儀而不捨大乘之法　雖隨諸法究竟淨相而隨所應為
現其身是菩薩行　肇曰究竟淨相理無形貌而隨彼所應現者

涅槃雖行諸法不生不滅而以相好莊嚴其身是菩薩行
肇曰於無生滅無相行者本為滅相而方以相好莊嚴身
雖現聲聞辟支佛威儀而不捨佛法是菩薩行　肇曰雖
現行小乘威儀而不捨大乘之法　雖隨諸法究竟淨相而隨所應為
現其身是菩薩行　肇曰究竟淨相理無形貌而隨彼所應現若
千像也　雖觀諸仏国土永寂如空而現種種清淨仏土是菩薩行
肇曰空本無現而為彼現　雖得仏道轉于法輪入於涅槃而不捨於
菩薩之道是菩薩行　肇曰雖現成佛轉法輪入涅槃而不永滅還
入生死修菩薩法如上所列豈二乘之所能乎獨菩薩行耳　說是語
時文殊師利所將大衆其中八千天子皆發阿耨多羅三藐三菩提
心　此五明時衆得益　不思議品第六　此下五品經文廣明
權實二疾此品明權下四品明實上明菩薩非疾現疾大悲為物
惑者尚疑故此廣現神通明無疾也然理絕名相一經盡不思議
也此品廣假事顯理故獨標名也　介時舍利弗見此室中無有牀
座作是念斯諸菩薩大弟子衆當於何坐　品文分六一身子念牀二
淨名借座三廣明神用迴葉歎伏五時衆得益六淨名述成前文分
五一念二問三答四呵五得益此初念也　叡曰雖復寄迹鄙近以生無求
之談然於衆中生念者將以小乘未免近累心雖無勞而形有疲
倦已居僧之首識思其座所以生念食亦然　長者維摩詰知其
意語舍利弗言云何仁者為法來耶求牀座耶　二淨名問肇曰
獨寢一牀旨現於此舍利弗黙領懸機故扣其興端淨名將辯無
求之道故因而語之　舍利弗言我為法來非為牀座　三答也淨名
為衆稱揚入室者皆一心求法取著心切与道殊乖故此廣明無
求方得道眼之淨　維摩詰言唯舍利弗夫求法者不貪軀命何
況牀座　此四淨名彈呵文四初呵愛身二呵法執三呵違真四結真
求也此初也愛身求座輕法慢人以此求道未之得也故深誡焉
肇曰真乃不求法況安身之具乎　夫求法者非有色受想行識
之求非有界入之求非有欲色無色之求　此二呵法執也佛為二乘假
說陰界以破我人既已陰界如幻小乘不達執有實法計為宗[illegible]
毀謗大乘為患不輕故此呵也三界亦衆生妄報非實理有之名數
並如常　唯舍利弗夫求法者不著仏求不著法求不著衆求

肇曰真乃不求法况安身之具乎 夫求法者非有色受想行識
之求非有界入之求非有欲色無色之求 此二呵法執也佛為三乘假
說陰界以破我人我人既亡陰界如幻小乘不達執有實法計為實有
疑謗大乘為患不輕故此呵也三界亦衆生妄報非實理有之名數
並如常 唯舍利弗夫求法者不著仏求不著法求不著衆求
夫求法者無見苦求無斷集求無造盡證修道之求所以者何
法无戲論若言我當見苦斷集證滅修道是則戲論非求法也
解曰三寶性常理無三別小乘執跡見差別今大乘真求故皆不
著諦是真理准一法印齋菀方便權說有四二乘執著皆名戲
論滇次真諦無相著異相說皆戲論也 唯舍利弗法名寂滅若
行生滅是求生滅非求法也法名無染若染於法乃至涅槃是則染
著非求法也法無行處若行於法是則行處非求法也法無取捨
若取捨法是則取捨非求法也法無處所若著處所是則著處
非求法也法名無相若隨相識是則求相非求法也法不可住若於法住
是則住法非求法也法不可見聞覺知若行見聞覺知是則見聞覺
知非求法也法名無為若行有為是求有為非求法也 此三呵遣真
也此下九句明真理如此體之則無求故有求則生滅等所以失道無
求則寂滅等所以悟真也見聞知眼耳意覺鼻舌身三識也
是故舍利弗若求法者於一切法應无所求 此四結真求也肇曰法相如
此豈可求乎若欲求者其唯無求耳 說是語時五百天子於諸法
中得法眼淨 此五明絶求所以悟道也 尒時長者維摩詰問文殊師利
仁者遊於無量千万億阿僧祇國何等仏土有好上妙功德成就師
子之座 三 此下明淨名借座若可而不借何以顯不思議之神力若
此病室寶牀文六一問座二若處三借座四遣座五衆見六坐座此
物也肇曰文殊大士遊化無疆必見諸國殊妙之座淨名欲生時會
敬信之情故問而後取 文殊師利言居士東方度三十六恒河沙國
有世界名須彌相其仏號須彌燈王今現在彼仏身長八万四千由旬
其師子座高八万四千由旬嚴飾第一 此二若處也衆生業勝仏身所
以現長及座嚴飾也於是長者維摩詰現神通力 三淨名神力
請座也即時彼仏遣三万二千師子之座高廣嚴淨来入維摩詰

有世界名須弥相其仏号須弥燈王今現在彼仏身長八万四千由旬
其师子座高八万四千由旬嚴飾第一 此二答處也衆生業勝仏身所
以現長及座嚴飾也於是長者維摩詰現神通力 三淨名神力
請座也即時彼仏遣三万二千师子之座高廣嚴淨来入維摩詰
室 四燈王遣座 肇曰淨名雖以神力往取彼仏不遣亦無由致 諸菩薩
大弟子釋梵四天王等昔所未見其室廣博悉包容三万二千师子
座無所妨礙於毗耶離城及閻浮提四天下亦不迫迮悉見如故
此五衆見小容大也 尒時維摩詰語文殊师利就師子座与諸菩薩上人
俱坐當自立身如彼坐像 此六坐座文三初命坐及自現身坐也
其得神通菩薩即自變形為四万二千由旬 此二得神通坐座坐师
子座 諸新發意菩薩及大弟子皆不能昇 此三無力不勝文五此
初無力不昇也 尒時維摩詰語舍利弗就師子座 二淨名命也
舍利弗言此座高廣吾不能昇 此三辭也什曰維摩神力所制欲令衆
知大小乘優劣若此之懸也亦云諸佛功德之座非無德所昇理自冥絶
非所制也亦云衆不能昇如来解脫然也 維摩詰言唯舍利弗為
須弥燈王如来作礼乃可得坐 此四勸礼也 於是新發意菩薩及
大弟子即為須弥燈王如来作礼便得坐师子座 此五礼已便坐也
天台曰表迴心向大方得昇也 舍利弗言居士未曾有也如是小室乃
容受此高廣之座於毗耶離城無所妨礙又於閻浮提聚落城邑及
四天下諸天龍王鬼神宮殿亦不迫迮 此三因歎廣明不思議解脫也文三
初歎問後維摩詰廣 若此初身子欲明己證不真故歎問也 維摩詰
言唯舍利弗諸仏菩薩有解脫名不可思議 此二廣明不思議解脫力
用文三初明理妙二明智證三明理智合故有不思議廣大之用此初也言
諸仏菩薩者非二乘所證之解脫蓋是婬怒癡性即是解脫縛脫不二
之解脫也 肇曰夫有不思議之迹顯於外必有不思議之德著於內覆
尋其本權智而已乎何則智幽而不獨權無德而不修無幽不燭故理
無不極無德不修故功无不就功就在乎不就故一以成之理極存乎不極
故虛以通之所以智周万物而無照權積衆德而無功冥寞無為而
無所不為此不思議之極也巨細相容殊形並應此蓋耳目之麁迹詎
足以言乎然因未以示本託麁以表微故因借座略顯其事耳 若菩
[illegible]

尋其本權智而已乎何則智幽而不燭權無德而不脩無幽不燭故理
無不極無德不脩故功无不就功就在乎不就故一以成之理極存乎不極
故虛以通之所以智周万物而無照權積衆德而無功寘寘無為而
無所不為此不思議之極也巨細相容殊形並應此蓋耳目之所迹詎
足以言乎然因手以示本託廳以表微故因借座略顯其事耳　若菩
薩住是解脫者　此三明實惠權理當日七住法身已上乃得解脫
以須弥之高廣內芥子中無所增減須弥山王本相如故而四天王忉利
諸天不覺不知已之所入唯應度者乃見須弥入芥子中是名不可思議
解脫法門　又以四大海水入一毛孔不嬈魚鱉黿鼉水性之屬而彼
大海本相如故諸龍鬼神阿脩羅等不覺不知已之所入於此衆生亦
無所嬈　又舍利弗住不可思議解脫菩薩斷取三千大千世界如陶家
輪著右掌中擲過恒河沙世界之外其中衆生不覺不知已之所往又
復還置本處都不使人有往来想而此世界本相如故又舍利弗或有
衆生樂久住世而可度者菩薩即演七日以為一劫令彼衆生謂之一劫
或有衆生不樂久住而可度者菩薩即促一劫以為七日令彼衆生謂之
七日又舍利弗住不可思議解脫菩薩以一切仏土嚴飾之事集在一國
示於衆生又菩薩以一仏土衆生置之右掌飛到十方遍示一切而不動
本處又舍利弗十方衆生供養諸仏之具菩薩於一毛孔皆令得見又
十方國土所有日月星宿於一毛孔普使見之又舍利弗十方世界所有
諸風菩薩悉能吸著口中而身無損外諸樹木亦不摧折又十方世界
劫盡燒時以一切火內於腹中火事如故而不為害又於下方過恒沙
河等諸佛世界取一佛土舉著上方恒河沙無數世界如持針
鋒舉一棗葉而無所嬈又舍利弗住不可思議解脫菩薩能以神
通現作仏身或現辟支仏身或現聲聞身或現帝釋身或
現梵王身或現世主身或現轉輪王身又十方世界所有衆
聲上中下音皆能變之令作仏聲演出无常苦空元我之音及十
方諸仏所說種種之法皆於其中普令得聞舍利弗我今略說菩薩不
可思議解脫之力若廣說者窮劫不盡　此三明智与理合有用理
既大小不二外用亦能須弥入芥子延促彼此高下往来例皆然也妙用無
窮略出十五事以示物耳　歎曰此所辯於神通也不思議即是神通有

聲[illegible]
方諸佛所說種種之法皆於其中普令得聞舍利弗我今略說菩薩不
可思議解脫之力若廣說者窮劫不盡 此三明智与理合有用理
既大小不二外用亦能須彌入芥子延促彼此高下往來例皆然也 妙用無
窮略出十五事以示物耳 叡曰此所辯於神通也不思議即是神通有
神通非不思議何者若減須彌而入芥子增芥子而受須彌是神通之奇
亦有非不思議故此中言大小相容而无所增減遍至十方而不動本處
據事而觀則不可測故曰不思議 是時大迦葉聞說菩薩不可思議解
脫法門歎未曾有謂舍利弗譬如有人於盲者前現眾色像非彼所
見一切聲聞聞是不可思議解脫法門不能解了為若此也 此下四明迦葉
抑小揚大令發大心文五此初揚聲聞不解如盲人也 智者聞是其
誰不發阿耨多羅三藐三菩提心 二歎智發心也 我等何為永絕其
根於此大乘已如敗種一切聲聞聞是不可思議解脫法門皆應號泣
聲振三千大千世界 此三自念絕分故應號泣 一切菩薩應大欣慶
頂受此法 此四思彼堪受也 肇曰迦葉將明大小之殊抑揚時聽故非分
者宜致壑絕之歎己分者宜懷頂受之歡也 若有菩薩信解不可
思議解脫法門者一切魔眾無如之何 五勸信 肇曰但能信解
魔不能嬈而況行應者乎 大迦葉說是語時三万二千天子皆發
阿耨多羅三藐三菩提心 此五明覩斯神力發大心也 爾時維摩詰
語大迦葉仁者十方無量阿僧祇世界中作魔王者多多是住不可
思議解脫菩薩以方便力教化眾生現作魔王 此六淨名述成文四初
正述二釋所以三舉喻四結成初舉二緣此初作魔王 肇曰因迦葉大
信解不思議者魔不能嬈而十方亦有信解菩薩為魔所嬈者將
明不思議大士所為自在欲進始學故現為魔王非魔之所能也此亦
明不思議亦成迦葉言意 又迦葉十方無量菩薩或有人從乞手足耳鼻
頭目髓腦血肉皮骨聚落城邑妻子奴婢象馬車乘金銀瑠璃車
磲馬瑙珊瑚琥珀真珠珂貝衣服飲食如此乞者多是住不可思議
解脫菩薩以方便力而往試之令其堅固 此二与此試人如歌利王割截
身體無我無人此事理俱極方證聖道故現試也 所以者何住不可思
議解脫菩薩有威德力故行逼迫示諸眾生如是難事凡夫下劣無
有力勢不能如是逼迫菩薩 此二釋[illegible]

頭目髓腦血肉皮骨聚落城邑妻子奴婢象馬車乘金銀瑠璃車
磲馬瑙珊瑚虎珀真珠珂貝衣服飲食如此乞者多是住不可思議
解脫菩薩以方便力而往試之令其堅固　此二乞以試人如歌利王割截
身體無我無人此事理俱極方證聖道故現試也　所以者何住不可思
議解脫菩薩有威德力故行逼迫示諸衆生如是難事凡夫下劣無
有力勢不能如是逼迫菩薩　此二釋不思議大士內無三毒有力能試
凡夫及地前二乘下劣位人皆不能也肇曰截人手足離人妻子強索國
財生其憂悲雖有目前小苦而致永劫之大安是由深觀人根輕重相
推見近不及遠者非其所能為也　譬如龍象蹴踏非驢所堪　此三喻
也肇曰能不能為喻象之上者名曰龍象也　是名住不可思議解脫菩
薩智慧方便之門　此四結肇曰智慧遠通方便近導異跡所以形衆
庶所以成物無不由而莫之能測故權智二門為不思議之本也
觀衆生品第七　衆緣生故理無真實緣之起慈故自品也文
三此品廣上實疾空觀門佛道品廣上大悲涉假門不二法門者積品
廣上中觀體用門　尒時文殊師利問維摩詰言菩薩云何觀於衆生
此品文二先明大乘空行成二明天女散花揀二種解脫證空不用前
文有四一觀衆生空二空具四无量心三考善緣之可增四窮惑源之本
妄初文二此初問也肇曰悲疾大士自調之觀微言幽旨亦備之前文矣
然法相虛玄非有心之所覩真觀冥默非言者之所辯而去不不證涅槃
与羣生同疾又現不思議其迹無端或為魔王逼迫初學斯皆自調之
觀彼我一空然其事為喻更彌甚至令希宗者惑亡言之致存彼已者觀
增衆生之見所以元言之道難為也近取諸喻遠況真觀以去時人封言
之累故生斯問　維摩詰言譬如幻師見所幻人菩薩觀衆生為若此如智
者見水中月如鏡中見其面像如熱時焰如呼聲響如空中雲如水聚
沫如水上泡如芭蕉堅如電久住　此上答衆生空既為妄心所變一妄業所
牽妄情所受離妄則真故廣假喻顯理也此初十喻假有故空也肇曰幻師
觀幻知其非真大士觀衆生有若此也生曰非不有幻人但無實人耳既無實
人以悟幻人亦無實矣苟幻人之不實衆生豈獨實哉　如第五大如第六陰如
第七情如十三入如十九界菩薩觀衆生為若此　此二約五法喻本無故
空四大有質第五本無餘數亦然肇曰經有之數　如無色界色如燋

牽妄情所受離妄則真故廣假喻顯理也此初十喻假有故空也肇曰幻師
觀幻知其非真大士觀衆生亦若此也生曰非不有幻人但無實人耳既無實
人以悟幻人亦無實矣苟幻人之不實衆生豈獨實哉 如第五大 如第六陰 如
第七情 如十三入 如十九界 菩薩觀衆生為若此 此二約五法喻本無故
空四大有實第五本無餘數亦然肇曰經有定數 如無色界色 如燋
穀牙 此下十五喻假名故空 如須陁洹身見 此文入流離五見流入聖
道須故無身見 如阿那含入胎 此云不來不受欲界胎生也 如阿羅漢三
毒 此云煞賊煞三毒也 如得忍菩薩貪恚毀禁 肇曰七住得无生
忍心結永除況毀禁麁事 如佛煩惱習 肇曰唯有如來結習永盡
如盲者見色 如入滅盡定出入息 如空中鳥迹 如石女兒 如化人煩惱
肇曰心馭動於内息出入於外心想既滅故息无出入也 如夢所見已悟 如
滅度者受身 肇曰未有入涅槃而復受身者 如无烟之火 菩薩
觀衆生為若此 肇曰火必因薪 文殊師利言若菩薩作是觀者云
何行慈 此二文殊下明大乘空與四无量也大品云般若雖空一心具足
万行若小乘空但斷惑而已初文二此初問也 肇曰慈以衆生為緣若无
衆生慈心何寄乎明真慈无緣而不離緣成上无相真慈義也
維摩詰言菩薩作是觀已自念我當為衆生說如斯法是即真
實慈也 此二淨名答文二初標答二廣釋此初也慈名与樂法身常樂
衆生共有由迷我相計著生死大士為說我人本空衆生如幻令見
法身名真与樂可謂真慈豈比夫衣食哺養人天樂果二乘涅槃為樂
哉為真慈哉 行寂滅慈无所生故 行不熱慈无煩惱故 此二廣歎万行
明慈若能令彼悟衆生空得无生忍万行寂滅即是与寂滅慈也已下
万行皆因悟理悟即万德自圓法身常樂故名慈不熱慈者既證无生
離煩惱熱也 行等之慈等三世故 有生滅也三世殊途无生滅也三世自等
也 行无諍慈无所起故 既證法性一如无諍煩惱諸過无所起也 行不二慈内
外不合故 既證无相内外自空故不合也 行不壞慈畢竟盡故 既得无生
煩惱永寂万行真常故不退壞 行堅固慈心無毀故 既證悟無生真心無
無毀也 行清淨慈諸法性淨故 體本無生法身自淨 行無邊慈如虛
空故 取相故功德有邊證無相故空無邊也 行阿羅漢慈破結賊故
阿羅漢此云煞賊得無生忍結賊自亡也 行菩薩慈安衆生故
[illegible]

煩惱永滅万行真常故不退壞　行堅固慈心無毀故　既證悟無生真心無
無毀也　行諸淨慈諸法性淨故　此本無生法身自淨　行無邊慈心如虛
空故　取相故功德有邊　證無相故空無邊也　行阿羅漢慈破結賊故
阿羅漢此云煞賊　得無生忍結賊自虛也　行菩薩慈安衆生故
既得無生行無緣慈能利一切　行如來慈得如相故　既悟法身去來相
如今悟如相名如來慈　行佛之慈覺衆生故　既自覺覺无生必能覺
未覺者　行自然慈无因得故　法身真常妄惑所覆妄除修因非真要
修　行菩提慈等一味故　菩提无相怨親平等故一味也　行无等慈斷諸
愛故　既證法身超然絶待離愛著也　行大悲慈導以大乘故　今悟真空
超度衆苦名大乘也　行無厭慈觀空无我故　既已彼我寂厭永絶与樂
濟人不休息也　行法施慈无遺惜故　今悟真空名為法施理含万德故
无遺惜　行持戒慈化毀禁故　悟空法身尸羅自淨悲願既滿能化毀禁
行忍辱慈護彼我故　諦見无生彼我自絶誰云彼辱孰是我忍
行精進慈荷負衆生故　有我則疲於化人無生則荷物不倦也
行禪定慈不受味故　攝心住禪悅為味悟心無生味無味也　行智慧慈
无不知時故　无生正觀了本妄除對病皆藥悲知時故　行方便慈一切示
現故　既證无相法身故能隨物現相也　行无隱慈直心清淨故　中道正
觀理无曲隱永離二邊故云直心　行深心慈无雜行故　无生正觀唯趣佛
行不觀二乘　行无誑慈不虛假故　觀空見真稱理无虛也　行安樂慈
令得佛樂故　無生正觀必得佛果什曰梵本云住涅槃樂也　菩薩之慈
為若此也　結也上慈名雖殊俱出正觀經云般若雖空一心具足万行
是為說法空今悟万行得菩提樂名菩薩慈　文殊師利又問何謂為悲　答
曰菩薩所作功德皆与一切衆生共之　二問答悲也肇曰哀彼長苦不自計
身所積衆德願与一切先人後己大悲之行　何謂為喜　答曰有所饒益歡
喜无悔　三問答喜肇曰自得法利与衆同觀欣於彼己俱得法悅謂
之喜也　何謂為捨　答曰所作福祐无所悕望　四問答捨肇曰大悲苦行
憂以之生慈喜樂行喜以之生憂喜既陳則愛惠徵起是以行者
捨苦樂行平觀衆生大乘正捨行報俱亡故無所悕望也三等俱无相
无緣与慈同行慈行既備類之可知　文殊師利又問　生死有畏菩薩
當何所依　此三六重問答本積善之可增復次菩薩空行化物度人

憂以之生慈喜樂行喜以之生憂喜既陳則愛恚徵起是以行者
捨苦樂行平觀衆生大乘正捨行報俱亡故無所悕望也三等俱无相
无緣与慈同行慈行既修類之可知 文殊師利又問生死有畏菩薩
當何所依 此三六重問答本積善之可增復次菩薩空行化物度人
故次問弘誓令堅固也四弘誓願文即爲四此初二問答衆生无邊誓願
度也肇曰生死爲畏莫之大悲疲大士何所依恃而能永處生死不以
爲畏乎 維摩詰言菩薩於生死畏中當依如來功德之力 二答也
肇曰生死之畏二乘所難自不依如來功德力者孰能處之什曰亦以
念爲依亦以求趣爲依又解上言菩薩行成皆是諸佛威神之所建立
也 文殊師利又問菩薩欲依如來功德之力當於何住 二問也 答曰菩
薩欲依如來功德力者當住度脫一切衆生 二答也肇曰住化一切則其
心廣大其心則所之無難此住佛功德力之謂也又解住大悲心諸佛護
念 又問欲度衆生當何所除 二問也 答曰欲度衆生除其煩惱
二答也此二明煩惱无邊誓願斷也濟物之大斷惑爲先惑因既亡生死
自度 又問欲除煩惱當何所行 問也 答曰當行正念 答也此三善法
无邊誓願學生曰夫有煩惱出於惑情耳便應觀察法理以遣之然
始觀之時見理未明心不住理要須念力然後得觀也又解始於正念終
圓万善又解万善不邪皆正念也 又問云何行於正念 問也 答曰當行
不生不滅 答也此下二問答无上佛道誓願成也不善永息善法圓滿佛
道成也肇曰正念謂正心念法審其善惡善者增而不滅惡者滅令不生
又問何法不生何法不滅 答曰不善不生善法不滅 問答從上可見
又問善不善孰爲本 此四六重問答窮惑源之本妄悟妄即自性
空矣不同二乘斷惑證空或次第配五住煩惱理亦可然隨文亦好
此問也肇曰既知善之可生惡之可滅將兩捨以求宗故逆尋其本
也生曰一善一惡者迭爲根本永無制也要當求其大原而觀之者
然後判矣 答曰身爲本 答也肇曰善惡之行非身不生言所以
爲善惡者爲身故也又云見一處住地煩惱也 又問身孰爲本
答曰欲貪爲本 二問答也肇曰愛爲生本長衆結縛凡在有身
靡不由之又云欲愛住地也 又問欲貪孰爲本 答曰虛妄分別爲
本 三問答也肇曰法无美惡虛妄分別謂是美惡既形則貪欲是
生也又云色愛住地也 又問虛妄分別孰爲本 答曰顛倒想爲本

為善惡者為身故也又云見一處住地煩惱也　又問身孰為本
答曰欲貪為本　二問答也肇曰愛為生本長衆結縛凡在有身
靡不由之又云欲愛住地也　又問欲貪孰為本　答曰虛妄分別為
本　三問答也肇曰法无美惡虛妄分別謂是美惡既形則貪欲是
生也又云色愛住地也　又問虛妄分別孰為本　答曰顛倒想為本
四問答也肇曰法本非有倒想為有既以為有然後適其美惡謂
之分別又云有愛住地也　又問顛倒想孰為本　答曰无住為本
此五問答也无明住地妄心搆立無別依住故名無住肇曰心猶水也
靜則有照動則無鑒癡愛所濁邪風所扇涌溢波蕩未始暫住
以此觀法何往不倒譬如臨面涌泉而責以本狀者未之有也倒想之
興本乎不住義存於此乎　又問无住孰為本　答曰無住則无本　此第
無則無依本也肇曰若以心動為本則有相理極初動更無本也若以
無法為本則有因无生无不因无故更無本　文殊師利從无住本立一切
法　此明一切法妄也肇曰无住故倒想故貪欲故有身既有身也則善惡
並陳善惡既陳則萬法斯起自茲已往言數不能盡也若善得本
則衆本可除矣　時維摩詰室有一天女見諸大人聞所說法便現其
身即以天華散諸菩薩大弟子上　此下第二明天女大士身子小乘論
二種解脫證用不同委曲辨簡知大小之懸殊使歸宗矣大文分七一
明二種解脫習盡不同二從此室下約理明即不即異三於三乘下約教
明乘无乘異四轉女身下就相明轉不轉異五沒生下就報明生滅
不生滅異六久如下就於明得不得異七淨名述其本迹初文有七
第一散花供養二有墮不墮三神力去華四天問所以五答不如法六彈
呵解釋七結惑盡不同此初也肇曰天女即法身大士常与淨名共弘
大乘不思議道故現為宅神同處一室見大衆集聞所說法故現
身散花欲以生論也　華至諸菩薩即皆墮落至大弟子便著不墮
二者有墮不墮生曰雖天力使然而招之自有在矣一切弟子神力去
華不能令去　三去花也肇曰將辨大小之殊故使花若此　尒時天問舍
利弗何故去花　四問去花意　答曰此花不如法是以去之　五答不如法肇
曰香花著身非沙門法是以去之生曰不如律法也　天曰勿謂此華為
不如法所以者何是華無所分別仁者自生分別想耳　此六彈呵文四初
明花無分別二明如法不如法三菩薩不著四二乘便著此初也什曰花

利弗何故去花 四問去花意 答曰此花不如法是以去之 五答不如法肇
曰香花著身非沙門法是以去之生曰不如律法也 天曰勿謂此華爲
不如法所以者何是華無所分別仁者自生分別想耳 此六釋可文四初
明花無分別二明如法不如法三菩薩不著四二乘便著此初也什曰花
性本無二故無分別也生曰花性無實豈有如法不如法之分別哉肇曰
花豈有心於墮不墮乎分別之想出自仁者耳 若於佛法出家有
所分別爲不如法若無所分別是則如法 二明如法不如法身子以花我爲
不如法大士以分別持花爲不如法生曰若體花理無好惡者乃合律之法耳
觀諸菩薩華不著者已斷一切分別想故 三明菩薩離分別習故不
著不二門法品明菩薩於漏無漏爲無爲等皆云分別入不二法門得無生
忍意皆然也 譬如人畏時非人得其便 四明小乘便著文三此初喻也
生曰恐畏之時情既怯弱故得便矣 如是弟子畏生死故色聲香味
觸得其便也 二合喻也菩薩生死即涅槃故大悲無畏小乘生死異涅
槃故畏生死又有分別故習氣不盡六塵得便也生死曰者曰惡之好
得便矣 已離畏者一切五欲無能爲也 三結也生曰既已離惡正使五
情所欲陳列於前不復能使之好矣 結習未盡華著身耳結習盡
者華不著也 此七結棟生曰向惡華去之雖非結病然是其習
尚招花著身而不可去況有結乎 舍利弗言天止此室其已如久
此下二釣理體明即不即揀文三初文字離不離二煩惱斷不斷三解脫
證不證此初問答解釋八重分別此身子問也肇曰以淨名大乘之室久
近妙辯若此乎 答曰我止此室如耆年解脫 二天答也身子以執身
心室問天以聞法故悟心心解脫答肇曰將明第一無久近之義故以解脫
爲喻解脫即無爲解脫也 舍利弗言止此久耶 三身子未喻者意故
重問也 天曰耆年解脫亦何如久 四天重答也肇曰逆問其所得令自悟
也耆年所得無爲解脫寧可稱久乎 舍利弗嘿然不答 五身子自思
解脫無久近故默 天曰如何耆舊大智而嘿 六天問所以肇曰五百
弟子仁者何智惠第一嘿然何耶 答曰解脫者無所言說故吾於是
不知所云 七身子已離三界惑得解心脫永絕言數故言不知所云二
天曰言說文字皆解脫相 八天辯不思議解脫即文字也文三此初標宗
字即解脫肇曰舍利弗以言文爲失故默然無言謂順真解未能語

弟子仁者何智惠第一嘿然何耶 答曰解脫者无所言說故吾於是
不知所云 七身子已離三界惑得解脫永絶言數故言不知所云
天曰言說文字皆解脫相 八天辯不思議解脫即文字也文三此初標文
字即解脫 肇曰舍利弗以言文為失故默然无言謂順真解未能語
默齊致觸物无礙故天說等解以曉其意 所以者何解脫者不內不
外不在兩間文字亦不內不外不在兩間是故舍利弗无離文字說解脫
也 此二解釋所以 肇曰法之所在極於三處求文字解脫俱不可得如何
欲離文字別說解脫乎 所以者何一切諸法是解脫相 三明諸法等解
肇曰万法雖殊无非解相豈文字之獨異也 舍利弗言不復以離婬
怒癡為解脫乎 此下二明斷不斷別文二初問也 肇曰二乘結盡為解
脫聞上等解乖其本趣故致斯問 天曰仏為增上慢人說離婬怒癡
為解脫耳若無上慢者仏說婬怒癡性即是解脫 二答也增上慢
者未得謂得也身子據小乘所證非增上慢自謂共仏同坐解脫床者為
增上慢也既未悟縛脫平等故為說離縛為解若大士非增上慢者為
說即縛性脫性脫入不二門也 舍利弗言善哉天女汝何所得以何為
證辯乃如是 三明證不證別文二此初也 肇曰善其所證說非己所及
故問得何道證何果辯乃如是乎 天曰我无得無證故辯如是
答文二此初正答二乘檢縛求脫故有得證大士悟縛脫平等非縛非
脫故無得無證既智窮不二之門故辯無礙也 所以者何若有得有
證者則於仏法為增上慢 二反釋 肇曰若見己有得必見他不得此於仏
平等之法猶為增上慢人何能致无礙之辯乎 舍利弗問天汝於三乘
為何志求 此下三約教明乘無乘別也小乘有法執故有差別乘大
乘不二平等故无乘之乘文二此初問也 肇曰上云无得无證未知何乘
故復問也 天曰以聲聞法化衆生故我為聲聞以因緣法化衆生故我
為辟支仏以大悲法化衆生故我為大乘 二答文二一惣約化緣答二別約
今緣答此初也 肇曰大乘之道无乘之乘為彼而乘吾何乘也 生曰隨
彼為之我无定也又解法花方便說三意同此也 舍利弗如人入瞻蔔
林唯嗅瞻蔔不嗅餘香如是若入此室但聞仏功德之香不樂聞聲聞
辟支仏功德香也 此二約今緣文四一明今緣唯一二所化樂大三室無小法四約
室顯法此初也 肇曰无乘不乘乃為大乘故以香林為喻明淨名之室不
雜二乘之乘也 此室者豈他嗅哉 舍利弗 其有釋梵四天王諸

彼為之我无定也又解法花方便說三意同此也　舍利弗如人入瞻蔔
林唯嗅瞻蔔不嗅餘香如是若入此室但聞仏功德之香不樂聞聲聞
辟支仏功德香也　此二明今緣文四　一明今緣維一二所化樂大三室無小法四為
室顯法　此初也　肇曰元乘不乘乃為大乘故以香林為喻明淨名之室不
雜二乘之乘六心乘心此室者豈他嗅哉　舍利弗其有釋梵四天王諸
天龍鬼神等入此室者聞斯上人講說正法皆樂仏功德之香發心而出
二明所化皆樂大也　舍利弗吾止此室十有二年初不聞說聲聞辟支仏法但
聞菩薩大慈大悲不可思議諸仏之法　三明室无小法　肇曰大乘之法
皆不可思議上問止室久近欲生論端故答以解脫今言實年以明所聞之
不雜也　生曰諸天鬼神蹔入室尚元不發大意而出哉況我久聞妙法乎
然則不能不為大非能為大矣　舍利弗此室常現八未曾有難得之法
此四明未曾有室不說二乘之法也文三標釋結此初標也　何謂為八　此
室以常金色光照晝夜元不異不以日月所照為明是為一未曾有難得
之法　此室入者不為諸垢之所惱也是為二未曾有難得之法　此室常
有釋梵四天王他方菩薩來會不絕是為三未曾有難得之法　此室常
說六波羅蜜不退轉法是為四未曾有難得之法　此室常作天人第一之樂
絃出无量法化之聲是為五未曾有難得之法　此室常有四大寶藏眾
寶積滿周窮濟乏求得無盡是為六未曾有難得之法　此室釋迦牟
尼仏阿弥陀仏阿閦仏寶德寶炎寶月寶嚴難勝師子響一切利成如
是等十方無量諸仏是上人念時即皆為來廣說諸仏祕要法藏說已還去
是為七未曾有難得之法　此室一切諸天嚴飾宮殿諸仏淨土皆於中現
是為八未曾有難得之法　此下二列不思議事如文可見大士所陳必有所表
金色光照晝夜不二表大乘解照元生滅也二諸垢不惱表真空之室入
者元垢三釋梵常會表元緣大悲常与物會四常說不退遠遊真解
路万行元退五法化之樂表任此理者言皆稱法六四大寶藏表任法
寶藏慈濟無盡七諸仏來表仏理在心念之便至八宮殿淨土表凡聖
所居不離法性　舍利弗此室常現八未曾有難得之法誰有見斯不思
議事而復樂於聲聞法乎　三結無小法也　肇曰顯室奇特之事以成
香林之義　舍利弗言汝何以不轉女身　此下第四就相明轉不轉異小
乘執相定有所轉大乘相本元相故轉元所轉也此初問也　肇曰以無礙
之智受有礙之身而不轉捨何耶　天曰我從十二年來求女人相了不可

所居不離法性。舍利弗，此室常現八未曾有難得之法，誰有見斯不思
議事而復樂於聲聞法乎　三結無小法也。肇曰：顯室奇特之事，以成
香林之義。舍利弗言：汝何以不轉女身　此下第四就相明轉不轉異。小
乘執相，定有所轉；大乘相本无相，故轉无所轉也。此初問也。肇曰：以無礙
之智，受有礙之身，而不轉捨何耶。天曰：我從十二年來求女人相，了不可
得，當何所轉　二答。文三：一明不轉，二明轉，三明非轉非不轉。初中有四：一明
無轉，二反問，三答，四呵彈。此初也。肇曰：止此室來所聞正法，未覺女人異
於男子，當何所轉。天悟女相豈十二年而已乎？欲明此室純一等教，無有
雜聲，故齊此為言耳。譬如幻師化作幻女，若有人問何以不變女人
身，是人為正問不　二反問。舍利弗言：不也。幻無定相，當何所轉　三答。不
可轉也。天曰：一切諸法亦復如是，無有定相，云何乃問不轉女身　四呵彈
也。肇曰：万物如幻，無有定相，誰好誰醜而欲轉之乎。即時天女以神通
力變舍利弗令如天女，天化自身如舍利弗，而問言：何以不轉女身
二明轉而無轉也。文四：一問，二答，三解釋，四引證。此初，明轉身而問也。肇曰：
將成幻化無定之義，故現變而問，令其自悟也。舍利弗以天女像而答
言：我今不知何轉而變為女身　二答也。肇曰：吾不知所以轉而為此身，如
之何復欲轉之乎。天曰：舍利弗，若能轉此女身，則一切女人亦當能
轉。如舍利弗非女而現女身，則一切女人亦復如是，雖現女身而非女也
三解釋。若身子自悟雖神通變女而實性非女，亦悟一切女人雖妄心
變女而法性非女；又知天女雖大悲現女而法身非女。若能悟女非女，
女一切女人亦復如是，名為轉也。肇曰：如舍利弗實非女而今現是女像，
實非女也。男無定相，類已可知矣。是故佛說諸一切法非男非女
四引證可見。即時天女還攝神力，舍利弗身還復如故。天問舍利弗：女
身色相今何所在　三明非轉非不轉。文四。此初問也。肇曰：將推女相之所
在，故復身而問也。舍利弗言：女身色相无在无不在　二答也。肇曰：欲
言有在，今現无相；欲言无在，向復有相。幻化无定，莫知所在也。天曰：一切諸
法亦復如是，无在无不在　三天印計也。夫无在无不在者，佛所說也
四引證。肇曰：豈唯女相无在，諸法皆尔。稱佛說者，以明理不可易。舍利弗
問天：汝於此沒，當生何所　此五就報明生滅不生滅異。二乘業生，故有
生沒；菩薩法身，故无生沒。文四。此初也。肇曰：既知現相之无在，又問當生
之所在。天曰：佛化所生，吾如彼生　二答也。法身无生之生，如幻化也。日佛化所

法非法女[illegible]
四引證 肇曰豈唯女相无在 諸法皆尒 稱仏說者 以明理不可易 舍利弗
問天汝於此沒 當生何所 此五就報明生滅不生滅異 二乘業生故有
生沒 菩薩法身故无生沒 文四 此初也 肇曰既知現相之无在 又問當生
之所在 天曰仏化所生 吾如彼生 二荅也 法身无生之生 如幻化也 曰仏化所
生 非沒生也 三難也 天曰衆生猶然 无沒生也 四順釋 肇曰豈我如
化 物無非化也 舍利弗問天 汝久如當得阿耨多羅三藐三菩提
此六就修明得不得異 小乘進修 有斷有得 大乘无相 无修无證无得
文二 初問 二難 无得 前中文五 此初問也 肇曰身相沒生 可如幻化 菩提
真道 必應有實 故問久如當成 天曰如舍利弗還為凡夫 我乃當成
阿耨多羅三藐三菩提 二荅 肇曰取其必无也 舍利弗言 我作凡夫
无有是處 三非真言也 肇曰聖人還為凡夫 何有是處 天曰我
得阿耨多羅三藐三菩提 亦無是處 四例也 肇曰彼聖為凡夫 我
成菩提道 无有是處也 所以者何 菩提无住處 是故无有得者
五釋无所得故為得 肇曰菩提之道 无為无相 自无住處 誰有得者
舍利弗言 今諸仏得阿耨多羅三藐三菩提 已得當得 如恒河
沙 皆謂何乎 此二難 无得 身子不了无所得故為得 故有此難 文三 此
初據得而難 天曰皆以世俗文字數故 說有三世 非謂菩提有去来
今 二約理荅 肇曰世俗言數 有三世得耳 非菩提第一真道有去来今
天曰舍利弗 汝得阿羅漢道耶 三假小況大 文二 此初問也 肇曰羅漢
入无漏心 不見有得 入有漏心 則見有得 今問以第九解脫自證成道
時 見有得耶 欲令自悟无得義耳 曰无所得故而得 二荅也 謂斷九
地惑 故无得第九解脫 故得 天曰諸佛菩薩亦復如是 无所得故
而得 三況大 謂諸菩薩悟本无所得故而得 尒時 維摩詰語舍
利弗 是天女曾已供養九十二億佛 已能遊戲菩薩神通 所願
足得无生忍 住不退轉 以本願故 隨意能現 教化衆生 此七淨名
述其本悲願現生 肇曰上但即言生論 未知其道深淺 淨名傍顯
其實 以生衆會敬信之情也 佛道品第八 此二廣上大悲權
假也 諸仏以悲為道 故六二乘皆仏道也 叡曰上以天女內體妙惠 而
託質隨形 未達之流 所以生惑 欲因其所惑 廣明大士莫璣之道品
文三 初問通達道 次明如来種 後明眷屬家業 初文有五 一問 二荅 三歎

述其本悲願現生肇曰上但即言生論未知其道深淺淨名傍顯
其實以生衆會敬信之情也　佛道品第八　此二廣上大悲權
假也諸佛以悲為道故六二乘皆佛道也　叡曰上以天女内體妙惠而
託質隨形未達之流所以生惑欲因其所惑廣明大士莫礙之道品
文三初問通達道次明如来種後明眷屬家業初文有五一問二荅三歎
四釋五結　尒時文殊師利問維摩詰言菩薩云何通達佛道　此初問
也肇曰諸佛之道以无得為得其道虚玄非常行之所通之必有以
故問所以通　維摩詰言若菩薩行於非道是為通達佛道
二荅也什曰凡非其實而處之皆名非道肇曰以道為道非道為非
道者愛惡並起垢累滋彰何能通心妙旨達平等之道乎若能
不以道為道不以非道為非道者則是非絶於心遇物斯可乘矣所以處
是无是之情乘非无非之意故能美惡齊觀履逆常順和光塵勞
愈晦愈明斯可謂通達平等无礙佛道乎又　又問云何菩薩行於
非道　此三重徵問也　荅曰菩薩行五无間而无惱恚　此下四廣釋
文有九類此初惡趣非道也五无間者殺父殺母殺阿羅漢出佛身
血破法輪僧初二違恩後三背德故名逆也叡曰夫身大士内秉沖虚
外權道俗是非俱乘逆順斯入善惡互論靡不通達和光塵穢而
真心常寂和光同穢故能行五无間真心常寂故能而无惱恚乃至
不断生死是名和光現於涅槃所謂常寂類皆然也　至于地獄无諸
罪垢　肇曰罪垢地獄因也亦受其報實无其因　至于畜生无有無
明憍慢等過　肇曰癡慢偏多墮畜生也　至于餓鬼而具足功德
肇曰慳貪无福多墮餓鬼行　行色无色界道不以為勝　二善趣也
无想非想外道計着以為涅槃第一最勝菩薩和光知其卑陋肇
曰上二界道愛有之因雖同其行知其卑陋　亦行貪欲離諸着染亦
行瞋恚於諸衆生无有恚礙亦行愚癡而以智惠調伏其心　三毒也
肇曰行三毒而不乖三善也　亦行慳貪而捨内外所有不惜身命亦行毀禁
而安住淨戒乃至小罪猶懷大懼亦行瞋恚而常慈忍亦行懈怠而勤
修功德亦行亂意而常念定亦行愚癡而通達世間出世間惠　四六蔽
也肇曰亦行六蔽而不乖六度　亦行諂偽而善方便隨諸經義　第七方
便肇曰外現隨俗諂詐内實隨經方便　亦行憍慢而於衆生猶如橋

肇曰行三毒而不乖三善也　示行慳貪而捨內外所有不惜身命　示行毀禁
而安住淨戒乃至小罪猶懷大懼　示行瞋恚而常慈忍　示行懈怠而勤
修功德　示行亂意而常念定　示行愚癡而通達世間出世間慧　四六蔽
也肇曰示行六蔽而不乖六度　示行諂偽而善方便隨諸經義　第七方
便肇曰外現隨俗諂詐內實隨經方便　示行憍慢而於眾生猶如橋
梁　八願度也肇曰使物皆蹈我上取卑下之極　示行諸煩惱而心常清淨
九力度也肇曰煩惱顯於外心淨著於內　示入於魔而順佛智慧不隨他
教　十智度也肇曰外同耶教內順正慧　示入聲聞而為眾生說未聞法
五二乘肇曰聲聞不從人聞不能自悟況能為人說所未聞也　示入辟支佛
而成就大悲教化眾生　肇曰大悲大乘法非辟支佛所能行也　示入貧
窮而有寶手功德無盡　六難報也肇曰手出自然之寶賙窮無盡
示入形殘而具諸相好以自莊嚴　示入下賤而生佛種性中具諸功德　外現形
殘內圓法相外示下賤內宿植德本生佛種性也
示入羸劣醜陋而得那羅延身一切眾生之所樂見　肇曰那羅延天力士名也端
正殊妙志力雄猛　示入老病死而永斷病根超越死畏　肇曰法身大士生死
永盡況老病乎　示有資生而恒觀無常實無所貪　示有妻妾婇女
而常遠離五欲淤泥　現於訥鈍而成就辯才總持無失　示入邪濟而以正
濟度諸眾生　七異道肇曰渠河可度之處名正濟險難處名邪濟佛
道名正濟外道名邪濟也　現遍入諸道而斷其因緣　八生死六道肇曰
遍入異道豈曰慕求欲斷其因緣耳　現於涅槃而不斷生死
九涅槃肇曰現身涅槃而方入生死自上所列於菩薩皆為非道而處之
無礙乃所以為道故曰通達佛道　文殊師利菩薩能如是行於非道
是為通達佛道　此五結也　於是維摩詰問文殊師利何等為如來
種　二問如來種也文五一問二答三徵四釋五歎述此初也前生死雖非道
菩薩化之為佛道今煩惱雖生死種眾生悟之為如來種也　文殊師利
言有身為種　二答文二初列十法增數可知此一法也肇曰有身身見也
夫心無定所隨物而變在邪在正而正邪雖殊其種不異何則變邪而
正改惡而善豈別有邪之正異惡之善超然無因忽爾自得乎然則正由
邪起善因惡生故曰眾結煩惱為如來種也　無明有愛為種　二法問也
什曰向惣說此開為二門也一切結屬二故偏舉二門也自下次第廣開又解
文云無明性即是明又云不滅癡愛起於明脫　貪恚癡為種　四顛倒為

言有身為種……
夫心无定，所随物而變，在邪在正，而正邪雖殊，其種不異。何則？變邪而
正，改惡而善，豈別有邪之正、異惡之善？超然无因，忽尔自得乎？然則正由
邪起，善因惡生，故曰衆結煩惱為如来種也。　无明有愛為種　二法門也
什曰：向惣說此開為二門也。一切結屬二，故偏舉二門也。自下次第廣開，又解
文云无明性即是明；又云不滅癡愛起於明脫。　貪恚癡為種　四顛倒為
種　五蓋為種　六入為種　如常數。　七識處為種　七法也。欲界人天，初識住；
初禪，二識住；二禪，三識住；三禪，四識住；空處，五識住；識處，六識住；无所有處，
七識住。什曰：識住者，識得安住也。識念分明，无有惱患，无壞者，是為識住。
惡趣則苦痛壞；四禪无想，想壞；非想滅定壞；亦彼地心想微昧，念不分明，故
識不安住。　八邪法為種　八法也，謂邪見邪思惟等。　九惱處為種
九法也。什曰：愛我怨家，憎我知識，惱我己身；一世則三，三世為九也。義云：九結
也。　十不善法為種　十法也，謂煞生等，如前。　以要言之，六十二見及一切
煩惱皆是仏種　此揔結也。迷理為見，著事為煩惱。肇曰：塵勞衆生，即
成仏道，故是仏種。生曰：夫人乘之悟，本不近捨生死，遠更求之，斯為在
生死事中，即用其實為悟始者，豈非仏之萌牙起於死事執
曰：何謂也？　三徵也。肇曰：夫妙極之道，必有妙極之因，而曰塵勞為種者，
何也？　答曰：若見无為入正位者，不能復發阿耨多羅三藐三菩
提心　四解釋。文三：初法，次喻，後結法也。既煩惱性菩提性，而二乘斷煩
惱，見无為寂安涅槃之樂，故自絕大心。夫為生死所逼，慕勝心猛，
故能發大志也。生曰：以現事明之。見无為入正位者，表忍已上結使已
斷，既至其所，始為見之，以本欲捨生死求悟，則在生死外矣，无復不捨
即悟之義，故不能復發菩提心也。　譬如高原陸地不生蓮花，卑濕淤泥
乃生此華。如是見无為入正位者，終不復能生於仏法；煩惱泥中乃有衆
生起仏法耳　法二喻也。文二：此初喻煩惱泥中有菩提蓮華也。二乘捨之
證无為，如高原也。　又如殖種於空，終不得生；糞壤之地乃能滋茂。如是
入无為正位者不生仏法；起於我見如須弥山，猶能發于阿耨多羅三藐
三菩提心，生仏法矣　此二喻我見之地生滋茂惠牙，二乘斷滅諸見，如空中
種也。　是故當知一切煩惱為如来種。譬如不下巨海，則不能得无價寶珠；如
是不入煩惱大海，則不能得一切智寶　此下結文三。可見若悟煩惱性，得
菩提智，如不離大海得无價珠。二乘捨煩惱求菩提，如人捨大海求无價

入无為正位者不生仏法起於我見如須弥山猶能發于阿耨多羅三藐
三菩提心生仏法矣　此二喻我見之地生諸煩惱乃二乘斷滅諸見如空中
種也　是故當知一切煩惱為如來種譬如不下巨海則不能得无價寶珠如
是不入煩惱大海則不能得生一切智寶　此下結文三句見若悟煩惱性得
菩提智如不離大海得无價珠　二乘捨煩惱求菩提如人捨大海求无價
寶其可得乎　尒時大迦葉歎言善哉善哉文殊師利快說此語誠如所言
塵勞之疇為如來種　此下五迦葉歎述文四一總歎領解二述其得失
三舉喻自傷四結无復此初也文殊師利可意以實相真理煩惱即菩提
捨之則非正求也令迦葉領意夫求菩提三无數劫久住生死廣度衆生
滿弘誓願今阿羅漢已斷煩惱不受後有於大悲願永絕因緣如根敗之士
事凡夫業惑猶在生死未亡若能發菩提心即能滿三祇劫尅終悲願
故不斷三寶能報仏恩法華經迦葉述云世尊往昔說法我時在座但
念空无相无作於菩薩法淨仏國土成就衆生心不喜樂所以者何世尊
令我等出於三界得涅槃證又今我等年已朽邁故於仏教化菩薩不
生好樂之心今聞授聲聞記深自慶幸无量珍寶不求自得此而推之
往昔說法於菩薩法生絕分想即今之此歎也　我等今者不復堪任發阿
耨多羅三藐三菩提心乃至五无間罪猶能發意生於仏法而今我等永不
能發　此述得失聲聞結盡五不堪五逆惑在能發也　譬如根敗之士其於
五欲不能復利如是聲聞諸結斷者於仏法中無所復益永不志願
三舉喻自傷五根若敗不能欲五塵也　是故文殊師利凡夫於仏法有反覆而
聲聞無也所以者何凡夫聞仏法能起无上道心不斷三寶正使聲聞終身
聞仏法力无畏等永不能發无上道意　四結无反覆凡夫能成菩提以報仏
恩二乘息滅而永斷也　尒時會中有菩薩名普現色身問維摩詰言居士
父母妻子親戚眷屬吏民知識悉為是誰奴婢僮僕象馬車乘皆何所
在　三明資生眷屬无上法身非一真所成万行為資生万德為眷屬方能
成就此初問也肇曰淨名權道无方隱顯難測外現同世家屬內修法為
家屬恐惑者見形不及其道故生斯問　於是維摩詰以偈答曰智度菩
薩母方便以為父一切衆導師无不由是生　二卅二偈答文四初四行明眷屬
二七行明資生三廿八行明業用四三行結勸此初也內有正智外有方便法
身生焉肇曰智為內照權為外用万行之所由生諸仏之所因出故菩薩以智

薩母方便以為父一切衆導師无不由是生　二卌二偈答文四初四行明眷屬
二七行明資生三廿八行明業用四三行結歡此初也內有正智外有方便法
身生焉　肇曰智為內照權為外用万行之所由生諸佛之所因出故菩薩以智
為母以權為父　法喜以為妻　肇曰法喜謂見法生內喜也世人以妻色為
悅菩薩以法喜為悅　慈悲心為女　肇曰慈悲之性像女人性故以為女生
曰慈悲以外適為用有女義焉　善心誠實男　肇曰誠實真直男子之
性亦有為惡而實改標以善心也　畢竟空寂舍　肇曰堂宇以蔽風霜空
寂以障塵想皆有非真要時復難遊空為理宗以為常宅　弟子衆塵
勞隨意之所轉　肇曰无明郎主恩愛魔王今化令隨道為弟子也　道品善
知識由是成正覺　肇曰成益我者卅七道品也可謂善知識乎
諸度法等侶　肇曰六度大乘之要行發心為侶俱至道場吾真侶也
四攝為妓女　肇曰四攝悅衆以當妓女　歌詠誦法言以此為音樂
肇曰口詠法言以當音樂也　捴持之園苑无漏法林樹覺意淨妙花解
脫智惠果八解之浴池定水湛然滿布以七淨華浴此无垢人　此下明資生
也捴持寶相理也无漏万行林樹也此樹開七覺之花結解脫之果什曰解
脫无為果智惠有為果此明惠也八解之池止禪定之水敷七淨之花五欲
熱惱貪愛諸塵浴此明則清涼矣此行明定也七淨者一戒淨二心淨三見
淨四度疑淨五分別淨六行淨七涅槃淨　肇曰捴持彊記万善之苑也於此
苑樹无漏之林敷七覺之花結解脫之果八解之池積禪定之水湛然充
滿布七淨之花羅列水上而滌无垢之士遊此林苑花池閑宴嬉遊樂之至也
豈等俗林苑之歡乎　象馬五通馳大乘以為車調御以一心遊於八正路
肇曰五通為象馬大乘為上車心為御者遊於八正道　相具以嚴容衆好飾
其姿慚愧之上服深心為花鬘　相具卅二相衆好八十種好慚愧蔽醜深心
飾形服也　富有七財寶教授以滋息如所說修行迴向為大利　肇曰七財信
戒聞捨惠慚愧等也世人以玉帛為饒菩薩以七財為富出入法寶与人同利兼
示以滋息之法令如說修行迴向佛道此利之大者　四禪為床座從於淨命生
多聞增智惠以為自覺音　四禪宴息猶如床座要從持戒淨命所生
雖五欲退散乱毒亦猶恐貪著禪味故令多聞以自覺　甘露法之食
解脫味為漿淨心以澡浴戒品為塗香　甘露法食以資惠解八解禪漿

亦以滅息之法令如說修行迴向仏道此利之大者　四禪為床座從於淨命生
多聞增智慧以為自覺音　四禪寂息猶如床座要從持戒淨命所生
雜五欲濕散亂毒虫猶恐貪著禪味故令多聞以自覺　甘露法之食
解脫味為漿淨心以澡浴戒品為塗香　甘露法食以資慧解八解禪漿
心五欲渴此二兩資也懺悔罪垢浴澡真身嚴持戒香塗瑩重法體此二以嚴
此則身戒心慧方為修持矣　摧滅煩惱賊勇健无能踰降伏四種魔
勝幡建道場　此下三明業用此行明自業成下廿七行明濟物用如世人功成
禄厚惠濟貧賓此初也　肇曰外國法戰諍破敵立幡以表勝菩薩摧
煩惱賊降四魔怨乃於道場建勝相也　雖知无起滅示彼故有生悉現
諸國土如日无不見　此下功成則濟物體真則用大生日明其有所方為也
文七初三行捴明真應自在也肇曰知无起滅則得法身无復生分為彼有
生故无往不見　供養於十方无量億如來諸仏及己身无有分別想
此行明雖供諸仏肇曰未嘗覺彼己之異　雖知諸仏國及以衆生空而
常修淨土教化於羣生　此行明雖知人國空而修土以化物肇曰知空不捨有
所以常處中　諸有衆生類形聲及威儀无畏力菩薩一時能盡現覺
知衆魔事而亦隨其行以善方便智隨意皆能現或示老病死成就諸羣
生了知如幻通達无有礙　此三行明知魔了幻而示現誘濟老病死如太子
猒欲淨居諸天四城門所現　或現劫盡燒天地皆洞然衆人有常想[illegible]令知
知无常　无數億衆生俱來請菩薩一時到其舍化令向仏道　三二行明大三
灾水風二灾文无者略初禪內有覺觀外有火灾二禪內有喜愛外有水灾
三禪內有喘息外有風灾四禪无灾由不動故什曰或實燒或不實燒者
衆生見燒想即悟无常還攝不燒也　經書禁呪術工巧諸伎藝盡現
行此事饒益於羣生　四三行明世智也什曰以同習相感先同而後乖也
世間衆道法悉於中出家因以解人惑而不墮邪見　肇曰九十六種皆出家修
道隨其出家欲解其惑不同其見　或作日月天梵王世界主或時作地水或
復作風火　肇曰還海漂人則變身為地水火風皆隨彼所須而自變形也
劫中有疾疫現作諸藥草若有服之者除病消衆毒劫中有飢饉現
身作飲食先救彼飢渴却以法語人劫中有刀兵為之起慈悲化彼諸衆生
令住無諍地若有大戰陣立之以等力菩薩現威勢降伏使和安
五行明小三灾肇曰[illegible]

復作風火　肇曰遇海漂人則變身爲地水火風皆隨彼所須而自變形也
劫中有疾疫　現作諸藥草　若有服之者　除病消衆毒　劫中有飢饉　現
身作飲食　先救彼飢渴　却以法語人　劫中有刀兵　爲之起慈悲　化彼諸衆生
令住無諍地　若有大戰陣　立之以等力　菩薩現威勢　降伏使和安
五行明小三災　肇曰菩薩法身于何不爲或爲藥草令服者病除或
爲飲食令飢者得飽力兵七日疾疫七月七日飢饉七年七月七日東西
二洲有似非正謂真憎減身力羸劣數迎飢渴等北洲全無戰陣助
明刀兵可見　一切國土中　諸有地獄處　輒往到于彼　勉濟其苦惱　一切國
土中　畜生相食噉　皆現生於彼　爲之作利益　六二行明入惡趣救物合
有鬼趣文元者略也　什曰如過去世時人元禮義欲殘害長老推爲及鳥推
敬長老令人歎修善感相和順如大智論中說　亦受於五欲　亦復現行禪　令
魔心憒亂　不能得其便　火中生蓮華　是可謂希有　在欲而行禪　希有亦如是
七十行明同事攝物　肇曰欲言行禪復受五欲言受欲復現行禪莫測其
變所以憒亂也自非靜亂齊旨孰能爲之　或現作婬女　引諸好色者　先以
欲鉤牽　後令入佛智　肇曰又欲以順　或爲邑中主　或作商人導　國師及大臣
以祐利衆生　諸有貧窮者　現作無盡藏　因以勸導之　令發菩提心　我心
憍慢者　爲現大力士　消伏諸貢高　令住無上道　其有恐懼衆　居前而
慰安　先施以無畏　後令發道心　肇曰憍心自高如山峯不停水菩薩現爲
力士服其高心然後潤以法水　或現離婬欲　爲五通仙人　開導諸羣生　令
住戒忍慈　什曰世無賢聖衆生下劣不入深法故化以戒忍　見須供事者　現
爲作僮僕　既悅可其意　乃發以道心　隨彼之所須　得入於佛道　以善方便力
皆能給足之　如是道無量　所行無有涯　智惠無邊際　度脫無數衆　假令一
切佛　於無數億劫　讚歎其功德　猶尚不能盡　第四結勸此二行結也　生曰
應適無方皆是佛之道矣　肇曰其權智之道無涯無際雖復衆聖殊
辯猶不能盡　誰聞如是法　不發菩提心　除彼不肖人　癡冥無智者
此行勸也不肖二乘也癡冥凡夫也　肇曰下士聞道而大笑之日月雖明何益
瞽者　入不二法門品第九　以下三品廣上中道正觀此品不二明體下品能
二明用入者觀照一智也不二法所觀理門者文字教也　什曰從始會已來唯二
人相對餘皆默然今欲各顯其德故問令盡說亦古情感不同發悟有因
各令說悟廣釋衆迷夫勝會明宗必以令終爲美今法座將散欲究
其深致廣說不二乃盡妙也　問曰亦有三四乃至無量法門古偏獨說不二

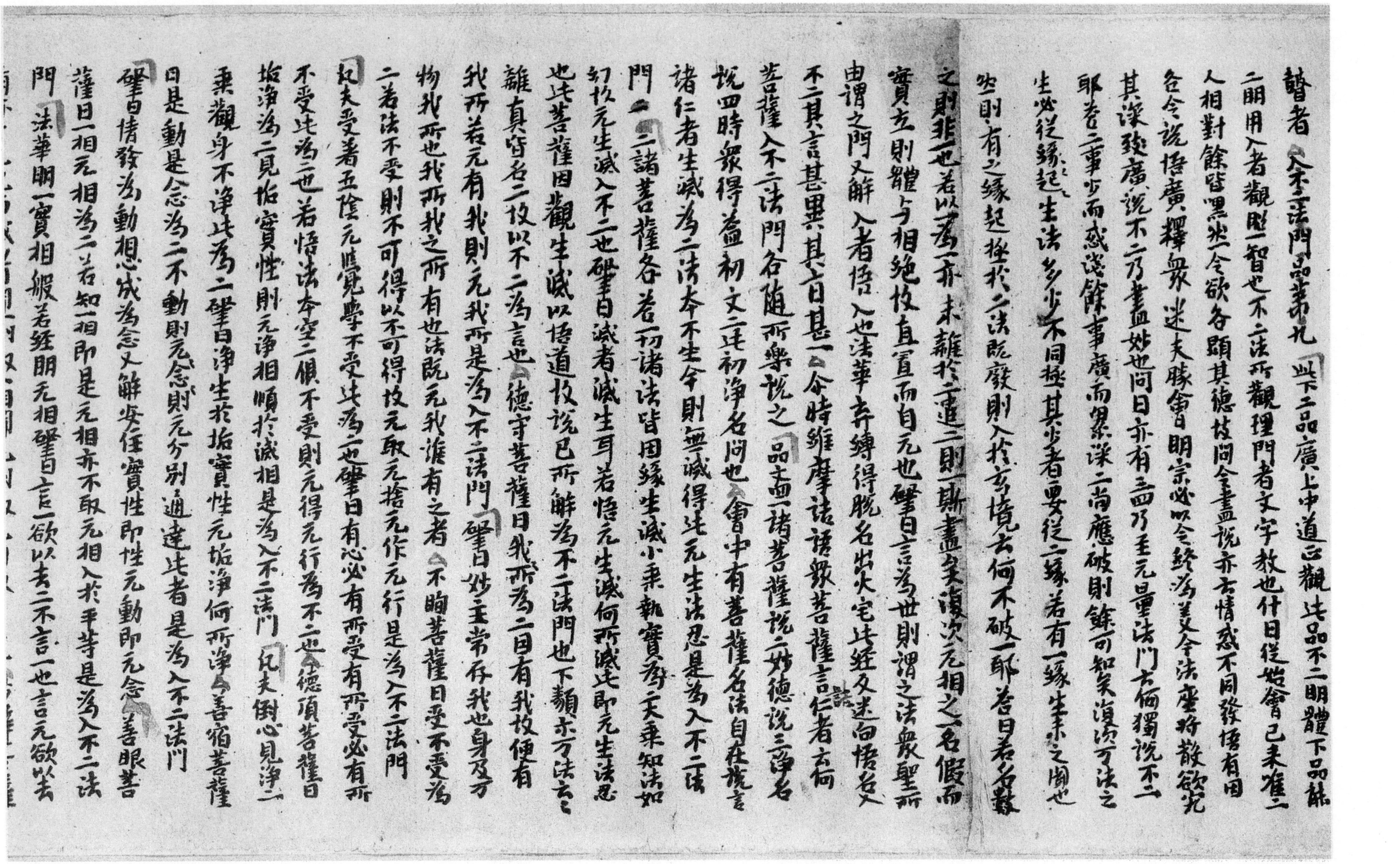

BD15074 號　淨名經集解關中疏　（36–31）

曰是動是念為二不動則无念則无分別通達此者是為入不二法門
肇曰情發為動想成為念又解安住實性即性无動即无念 善眼菩
薩曰一相无相為二若知一相即是无相亦不取无相入於平等是為入不二法
門 法華明一實相般若經明无相 肇曰言一欲以去二不言一也言无欲以去
有不言无也而惑者聞一則取一相聞无則取无相故有二也 妙臂菩薩
曰菩薩心聲聞心為二觀心相空如幻化者无菩薩心无聲聞心是為入不
二法門 什曰施以報故手出无盡寶物如五河流故名妙臂又解曰自利
聲聞心也利他菩薩心也 弗沙菩薩曰善不善為二若不起善不善
入无相際而通達者是為入不二法門 肇曰弗沙星名也什曰生時[illegible]值
以為名不善十惡也善十善及涅槃也 師子吼菩薩曰罪福為二若達
罪性与福无異以金剛慧決了此相无縛无解者是為入不二法門
罪破戒也福持戒定慧也罪福平等一相一性為不二 肇曰金剛慧實相
慧也 師子意菩薩曰有漏无漏為二若得諸法等則不起漏不漏想不
著於相亦不住无相是為入不二法門 若集有漏滅道无漏為二大士等觀
同一實諦不二 什曰師子度水要截流直度曲則不度此大士以實相智慧
深入諸法直過彼岸借以為名 淨解菩薩曰有為无為為二若離一切數則
心如虛空以清淨慧无所閡者是為入不二法門 四相有為也四相滅无為
也相亦不起亡則无滅无二也 叡曰數即有為无為也 那羅延菩薩
曰世間出世間為二世間性空即是出世間於其中不入不出不溢不散是為入
不二法門 什曰世間三界也出世間解脫二也悟世性空无入无出故不二
也 善意菩薩曰生死涅槃為二若見生死性則无生死无縛无解
不生不滅如是解者是為入不二法門 愛後有生死也滅盡後有涅
槃也悟生死妄无生死也 肇曰縛然生死之別名解滅涅槃之異稱也
現見菩薩曰盡不盡為二法若究竟盡若不盡皆是无
盡相无盡相即是空空則无有盡不盡相如是入者是為入不二法
門 肇曰有為虛偽法无常故名盡實相无為法常住不盡若以
盡為盡不盡為不盡皆二也若能悟盡不盡俱无盡相者則入
一空不二門也 普守菩薩曰我无我為二我尚不可得非我何可得見
我實性者不復起二是為入不二法門 肇曰非我出於我耳見我實
性者我本自无況於非我也 雷天菩薩曰明无明為二无明實性即是

門　肇曰有為虛偽法无常故名盡實非无為法常故不盡若
盡為盡無不盡為不盡皆二也若能悟盡不盡俱无盡相者則入
一空不二門也　△善宿菩薩曰我无我為二我尚不可得非我何可得見
我實性者不復起二是為入不二法門　肇曰非我出於我耳見我實
性者我本自无況於非我也　△電天菩薩曰明无明為二无明實性即是
明明亦不可取離一切數於其中平等无二者是為入不二法門　肇曰明慧明
也无明癡冥也見无明性即為是明若見明為明即明无明相待不可取
△喜見菩薩曰色色空為二色即是空非色滅空色性自空如是受想
行識識空為二識即是空非識滅空識性自空於其中通達者是為入
不二法門　肇曰色是假滅色是為空二也若悟色性自空即空色不二肇曰若
有不即空无不表餘陰准知　△明相菩薩曰四種異空種異為二四種
性即是空種性如前際後際空故中際亦空若能如是知諸種性者是
為入不二法門　肇曰四種四大也空種空大也此五眾之所由生故名種然
此四大之性无前後中无異空大又解小乘以四大堅濕煖動性異空
大乘撥以四大是妄想性妄无自性故不異空也　△妙意菩薩曰
眼色為二若知眼性於色不貪不恚不癡是名寂滅如是耳聲鼻香
舌味身觸意法為二若知意性於法不貪不恚不癡是名寂滅安
住其中是為入不二法門　肇曰任於情塵故三毒以生若悟六情性則不
起三毒此寂滅之道也　△无盡意菩薩曰布施迴向一切智為二布
施性即是迴向一切智性如是持戒忍辱精進禪定智慧迴向一切
智為二智性即是迴向一切智性於其中入一相者是為入不二法門
肇曰六度為妙因迴向一切智者二也若悟因果同性入于一相乃應不二
△深慧菩薩曰是空是无相是无作為二空即无相即无作若空无相
无作則无心意識於一解脫門即是三解脫門者是為入不二法門
大論云聲聞經明三昧緣四諦十六行摩訶衍同緣諸法實相斯則小乘
諦異故三昧門異大乘理同故三昧門不異也　肇曰三行雖異然俱是
无緣解脫故无心意識也緣既是同則三解不異　△寂根菩薩曰佛法
眾為二佛即是法法即是眾是三寶皆无為相与虛空等一切法亦然
能隨此行者是為入不二法門　又六身仏也四諦法也四道果也僧此是
小乘見跡異也智无生仏也理无相法也行无諍僧也此是大乘理本一
也小乘執跡故異

无緣解脫故无心意識也緣既是同則三解不異 △寂根菩薩曰佛法
衆為二佛即是法法即是衆是三寶皆无為相与虛空等一切法亦爾
能隨此行者是為入不二法門 丈六身佛也四諦法也四道果僧也此是
小乘見跡異也智无生佛也理无相法也行无諍僧也此是大乘理本一
也小乘執跡故異大乘返本故不異也 △心无礙菩薩曰身身滅為二身即
是身滅所以者何見身實相者不起見身及見滅身身与滅身无二无分
別於其中不驚不懼者是為入不二法門 陰若聚為身患苦故滅身為
二若悟陰假會即身非身无生无滅名見實相為不二也 △上善菩薩曰
身口意善為二是三業皆无作相身无作相即口无作相即意无作相是
三業无作相即一切法无作相能如是隨无作慧者是為入不二法門
肇曰三業雖殊无作一也諸法之生本乎三業三業即无誰作諸法 △福田菩薩
曰福行罪行不動行為二三行實性即是空空則无福行无罪行无不動行
於此三行而不起者是為入不二法門 肇曰福欲界善行罪十惡之流也不
動色无色行也又解妄動為行離動則平等 △華嚴菩薩曰從我
起二為二見我實相者不起二法若不住二法則无有識无所識者是
是為入不二法門 由執我故所對為二肇曰同我故有彼二名所以生若
見我實相則彼我之識无由而起 △德藏菩薩曰有所得相為二若无
所得則无取捨无取捨者是為入不二法門 肇曰得在於我相在於彼我不得相
誰取誰捨又解於法有得待物為二若无所得則无有二 △月上菩薩曰
闇与明為二无闇无明則无有二所以者何如入滅受相定无闇无明一切法相亦復
如是於其中平等者是為入不二法門 肇曰二乘入滅盡定六根都滅雖
經晝夜不覺晦明之異以喻菩薩无心於明闇 △寶印手菩薩曰樂涅
槃不樂世間為二若不樂涅槃不猒世間則无有二所以者何若有縛則
有解若本无縛其誰求解无縛无解則无樂猒是為入不二法門
肇曰世間无縛曷為而猒涅槃无解曷為而樂 △珠頂王菩薩曰正道邪道
為二住正道者則不分別是邪是正離此二者是為入不二法門
忘八邪為二若住實相平等无分別名為不二 △樂實菩薩曰實不實
為二實見者尚不見實何況非實所以者何非肉眼所見慧眼乃能見
而此慧眼无見无不見是為入不二法門 肇曰實相慧眼之境非肉眼所
見慧眼尚不見實而況非實雖曰无見而无所不見此慧眼之體也

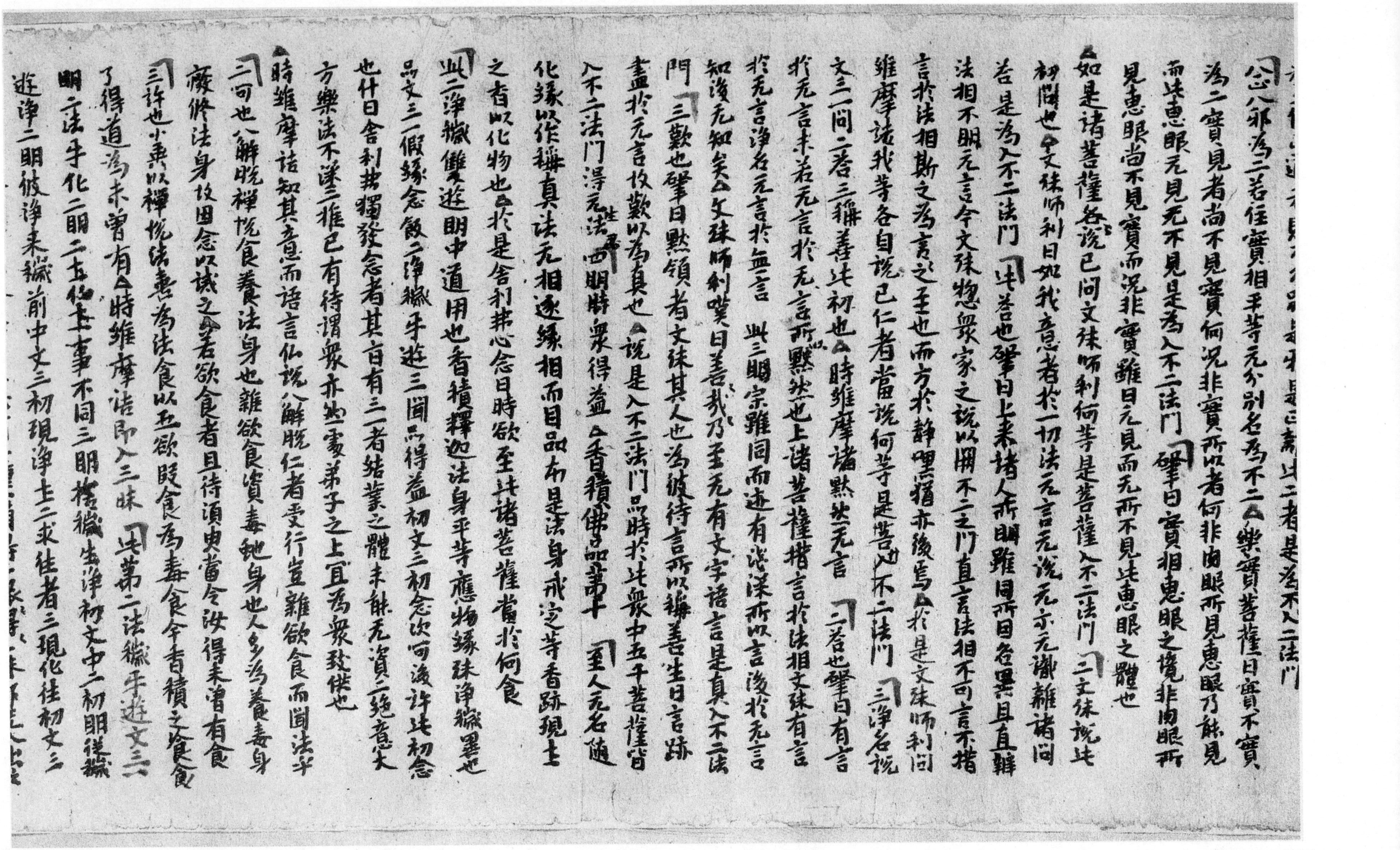
……此二者是為入不二法門
公曰八邪為二若住實相平等无分別名為不二　樂實菩薩曰實不實
為二實見者尚不見實何況非實所以者何非肉眼所見慧眼乃能見
而此慧眼无見无不見是為入不二法門　肇曰實相慧眼之境非肉眼所
見慧眼尚不見實而況非實雖曰无見而无所不見此慧眼之體也
如是諸菩薩各各說已問文殊師利何等是菩薩入不二法門　三文殊說此
初問也　文殊師利曰如我意者於一切法无言无說无示无識離諸問
荅是為入不二法門　此荅也肇曰上來諸人所明雖同所因各異且直辯
法相不明无言今文殊揔衆家之說以開不二之門直言法相不可言不措
言於法相斯之為言之至也而方於靜嘿猶亦後焉　於是文殊師利問
維摩詰我等各自說已仁者當說何等是菩薩入不二法門　三淨名說
文三一問二荅三稱善此初也　時維摩詰默然无言　二荅也肇曰有言
於无言未若无言於无言所以默然也上諸菩薩措言於法相文殊有言
於无言淨名无言於無言　此三明宗雖同而迹有淺深所以言後於无言
知後无知矣　文殊師利歎曰善哉善哉乃至无有文字語言是真入不二法
門　三歎也肇曰默領者文殊其人也為彼待言所以稱善生曰言跡
盡於无言故歎以為真也　說是入不二法門品時於此衆中五千菩薩皆
入不二法門得无生法忍　四明時衆得益　香積佛品第十　至人无名隨
化緣以作稱真法无相遂緣相而目品布是法身戒定等香跡現土
之香以化物也　於是舍利弗心念日時欲至此諸菩薩當於何食
此二淨穢雙遊明中道用也香積釋迦法身平等應物緣殊淨穢異也
品文三一假緣念飯二淨穢平遊三聞品得益初文三初念次呵後許此初念
也什曰舍利弗獨發念者其旨有二一者結業之體未能无資二絕意大
方樂法不遂三推已有待謂衆亦然處弟子之上宜為衆致供也
時維摩詰知其意而語言仏說八解脫仁者受行豈雜欲食而聞法乎
二呵也八解脫禪悅食養法身也雜欲食資毒飽身也人多為養毒身
癈修法身故因念以誡之　若欲食者且待須臾當令汝得未曾有食
三許也小乘以禪悅法喜為法食以五欲段食為毒食今香積之食食
了得道為未曾有　時維摩詰即入三昧　此第二淨穢平遊文三一
明二淨手化二明二土仏土事不同三明捨穢生淨初文中二初明從穢
遊淨二明彼淨未穢前中文三初現淨土二求往者三現化往初文三

BD15074號　淨名經集解關中疏

（36–35）

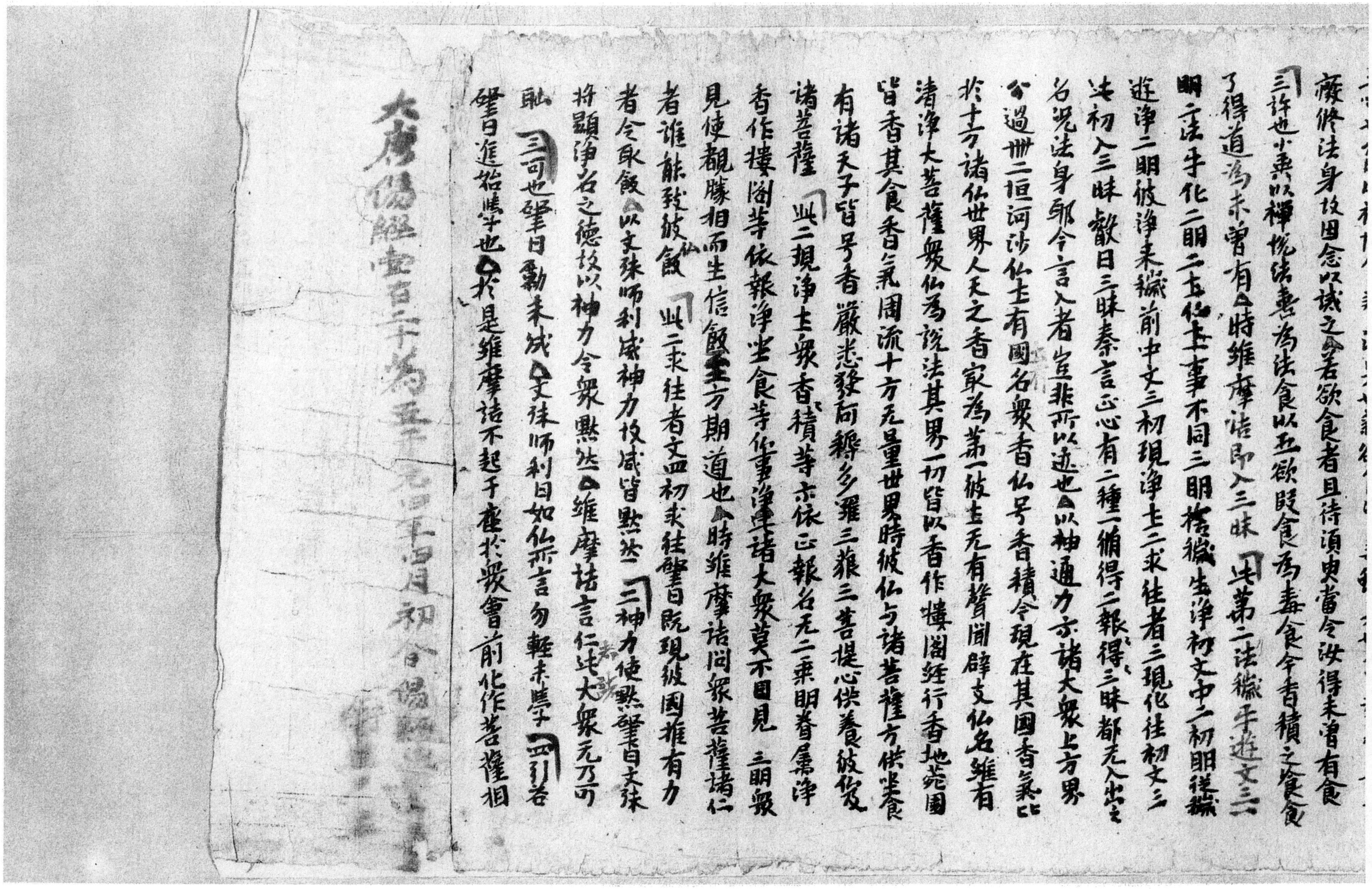

BD15074號　淨名經集解關中疏

（36–36）

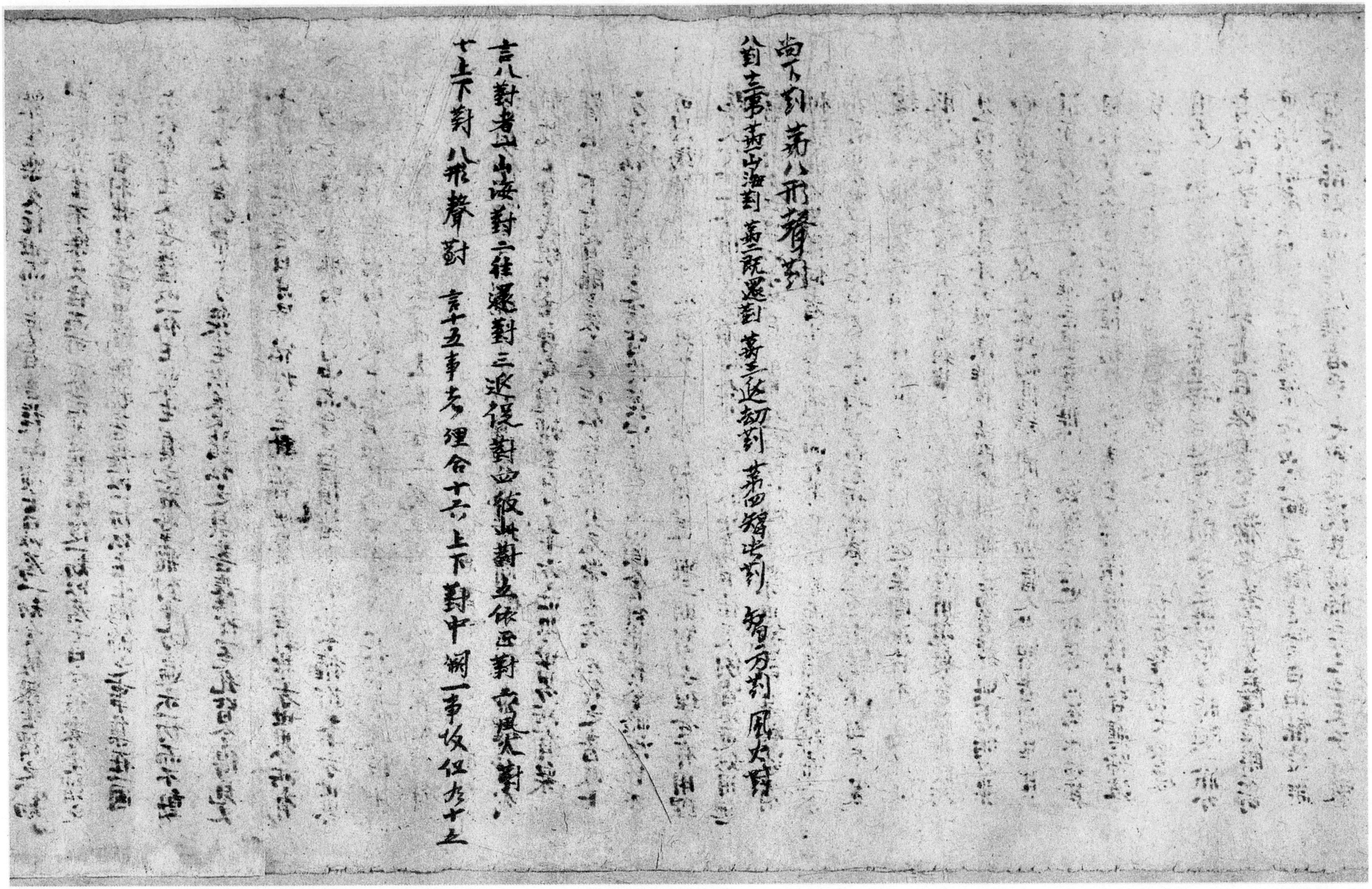
尚下對第八形聲對
八對 第一山海對 第二既還對 第三返覆對 第四...對 ...方對 風火對
言八對者 一山海對 二往還對 三返復對 四敘述對 五依正對 六風火對
七上下對 八形聲對 言十五事者 理合十六 上下對中 闕一事 故但有十五

BD15074 號背　補註文字　　（2–1）

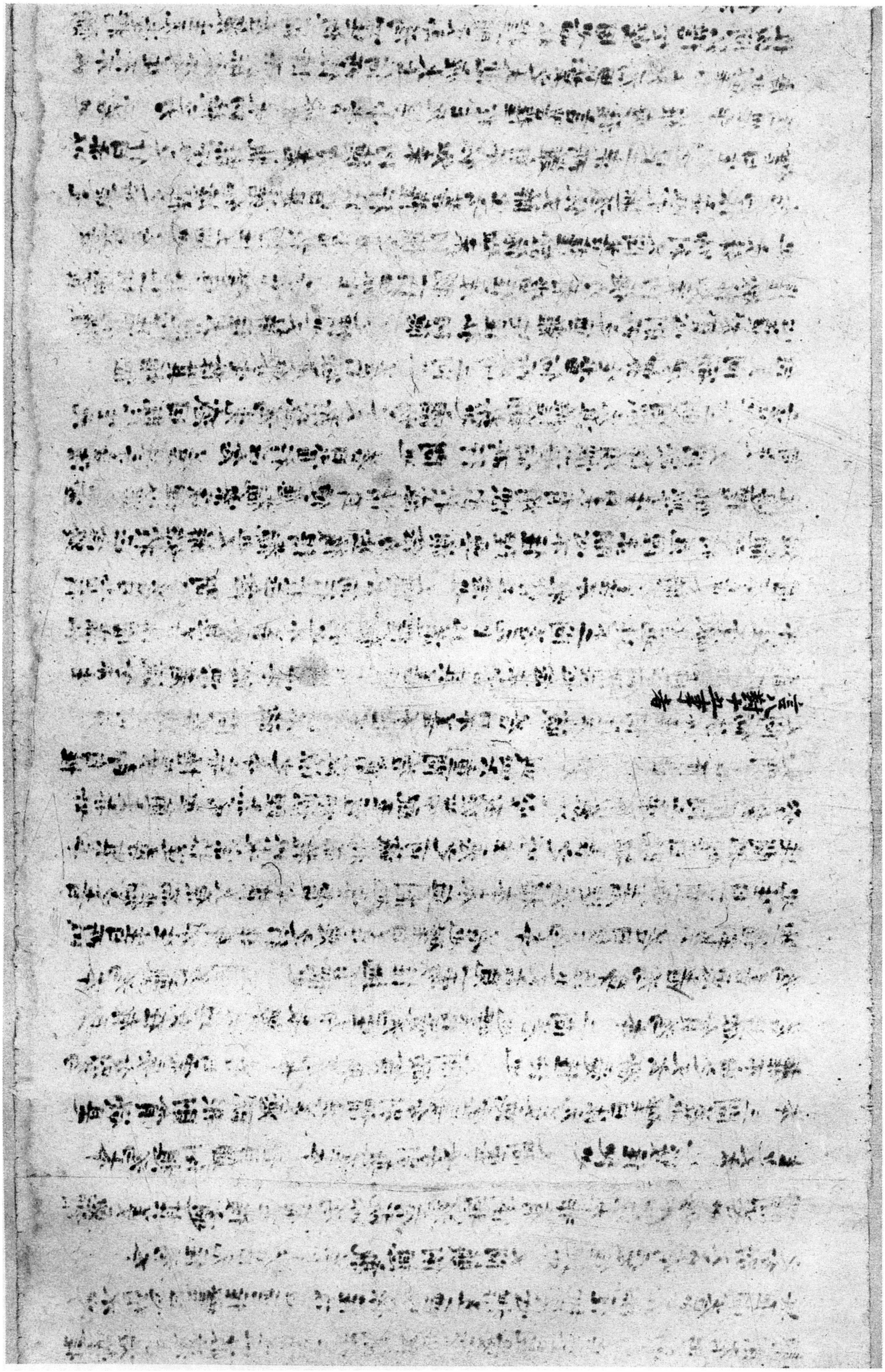

（2–2）

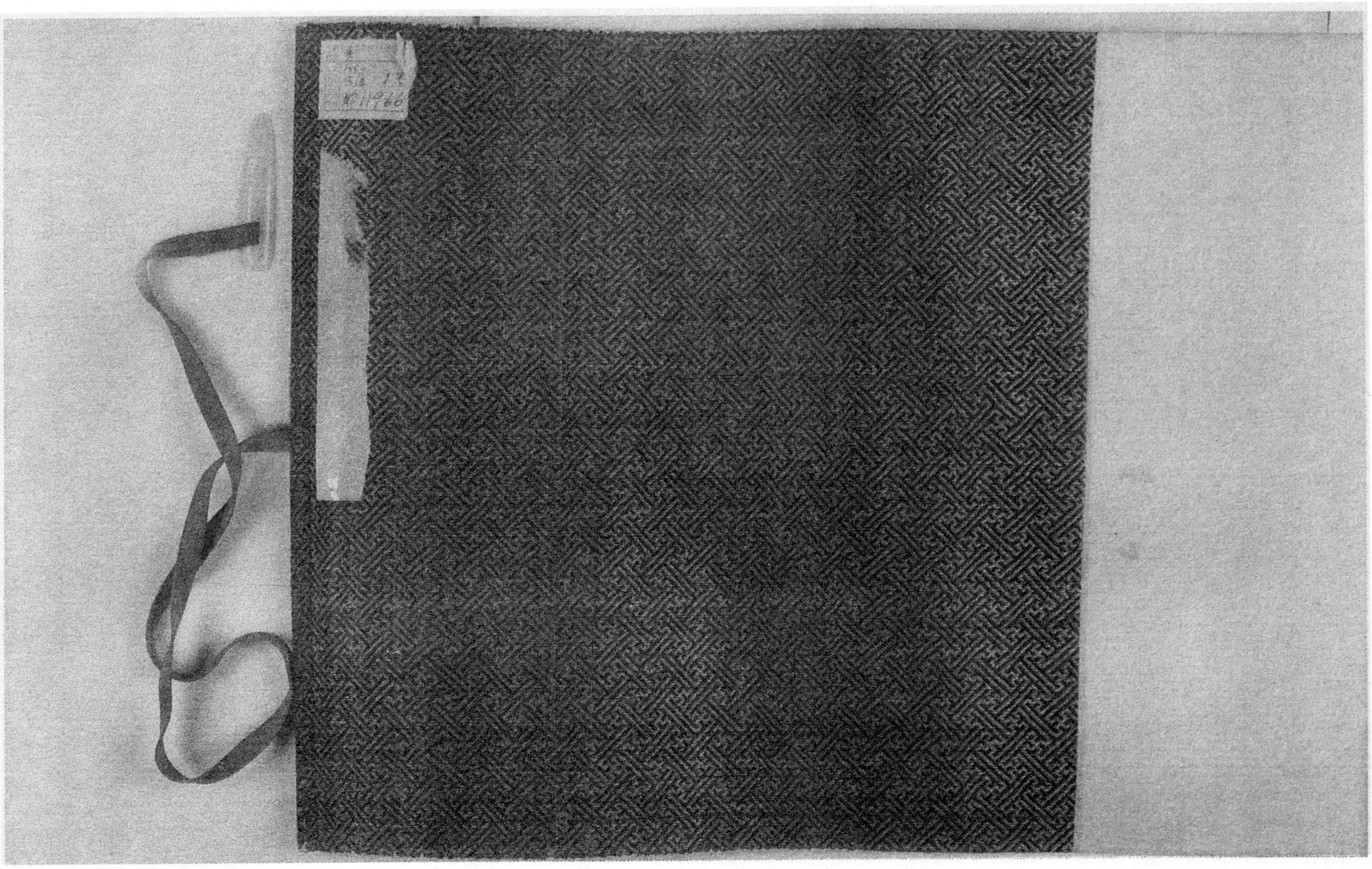

BD15075 號背　現代護首　　（1–1）

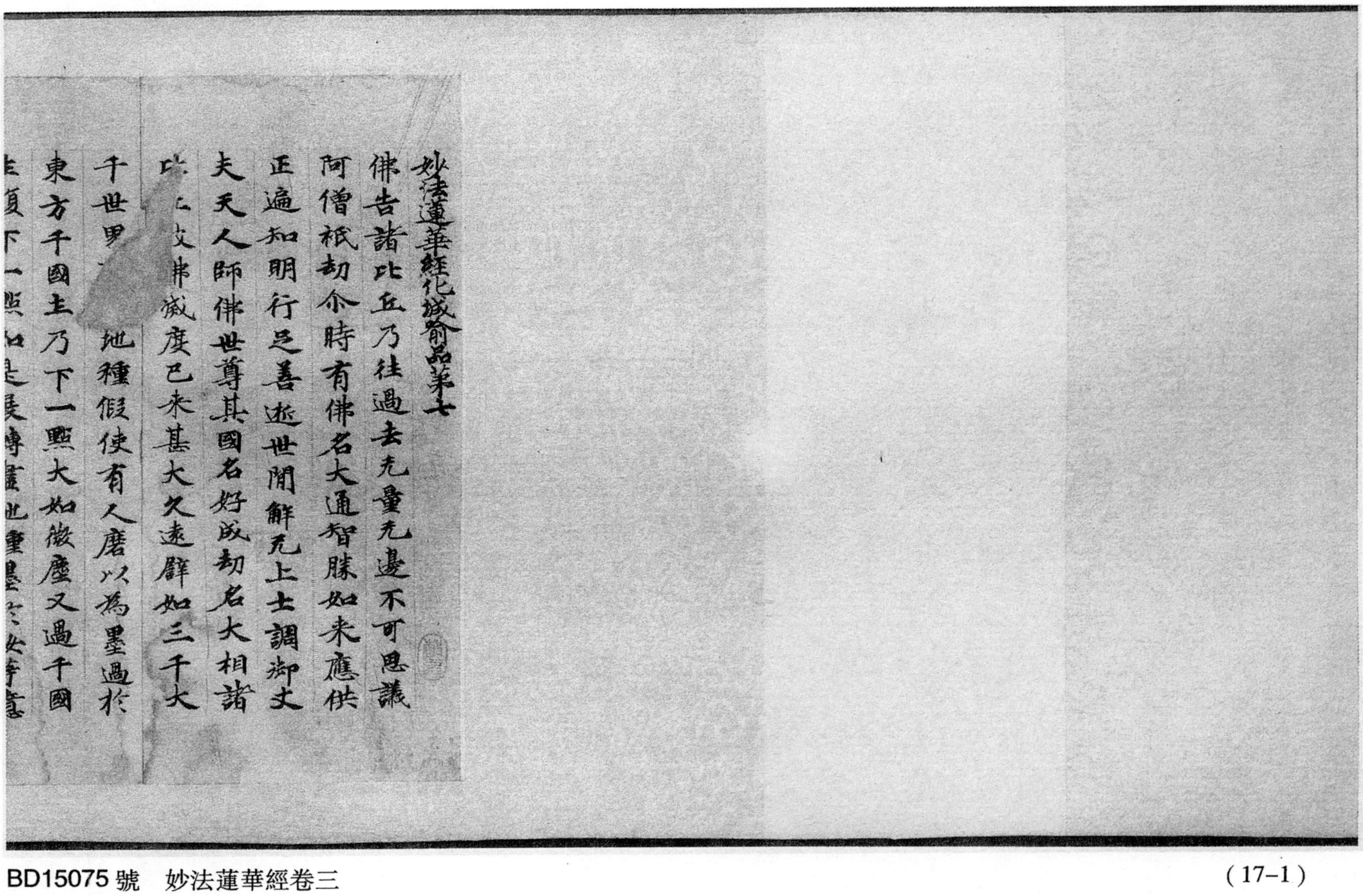

妙法蓮華經化城喻品第七
佛告諸比丘乃往過去无量无邊不可思議
阿僧祇劫尒時有佛名大通智勝如來應供
正遍知明行足善逝世間解无上士調御丈
夫天人師佛世尊其國名好成劫名大相諸
比丘彼佛滅度已來甚大久遠譬如三千大
千世界[illegible]地種假使有人磨以為墨過於
東方千國土乃下一點大如微塵又過千國
土復下一點如是展轉盡地種墨於汝等意

BD15075 號　妙法蓮華經卷三　　（17–1）

[illegible]佛滅度已来甚大久遠辟如三千大
千世界　地種假使有人磨以為墨過於
東方千國土乃下一點大如微塵又過千國
土復下一點如是展轉盡地種墨於汝等意
云何是諸國土若筭師若筭師弟子能得邊
際知其數不不也世尊諸比丘是人所經國
土若點不點盡末為塵一塵一劫彼佛滅度
已来復過是數无量无邊百千万億阿僧祇
劫我以如来知見力故觀彼久遠猶若今日
尒時世尊欲重宣此義而說偈言
我念過去世　无量无邊劫　有佛兩足尊　名大通智勝
如人以力磨　三千大千土　盡此諸地種　皆悉以為墨
過於千國土　乃下一塵點　如是展轉點　盡此諸塵墨
如是諸國土　點與不點等　復盡末為塵　一塵為一劫
此諸微塵數　其劫復過是　彼佛滅度来　如是无量劫
如来无礙智　知彼佛滅度　及聲聞菩薩　如見今滅度
諸比丘當知　佛智淨微妙　无漏无所礙　通達无量劫
佛告諸比丘大通智勝佛壽五百四十万億
那由他劫其佛本坐道場破魔軍已垂得阿
耨多羅三藐三菩提而諸佛法不現在前如
是一小劫乃至十小劫結跏趺坐身心不動
而諸佛法猶不在前尒時忉利諸天先為彼
佛於菩提樹下敷師子座高一由旬佛於此
座當得阿耨多羅三藐三菩提適坐此座時
諸梵天王雨眾天華面百由旬香風時来吹
去萎華更雨新者如是不絕滿十小劫供養

BD15075 號　妙法蓮華經卷三　（17–2）

佛於菩提樹下敷師子座高一由旬佛於此
座當得阿耨多羅三藐三菩提適坐此座時
諸梵天王雨眾天華面百由旬香風時来吹
去萎華更雨新者如是不絕滿十小劫供養
於佛乃至滅度常雨此華四王諸天為供養
佛常擊天鼓其餘諸天作天伎樂滿十小劫
至于滅度亦復如是諸比丘大通智勝佛過
十小劫諸佛之法乃現在前成阿耨多羅三
藐三菩提其佛未出家時有十六子其第一
者名曰智積諸子各有種種珍異玩好之具
聞父得成阿耨多羅三藐三菩提皆捨所珍
往詣佛所諸母涕泣而隨送之其祖轉輪聖
王與一百大臣及餘百千万億人民皆共圍
繞隨至道場咸欲親近大通智勝如来供養
恭敬尊重讚歎到已頭面礼足繞佛畢一心
合掌瞻仰世尊以偈頌曰
大威德世尊　為度眾生故　於无量億歲　尒乃得成佛
諸願已具足　善哉吉无上　世尊甚希有　一坐十小劫
身體及手足　靜然安不動　其心常憺怕　未曾有散亂
究竟永寂滅　安住无漏法　今者見世尊　安隱成佛道
我等得善利　稱慶大歡喜　眾生常苦惱　盲瞑无導師
不識苦盡道　不知求解脫　長夜增惡趣　減損諸天眾
從瞑入於瞑　永不聞佛名　今佛得最上　安隱无漏法
我等及天人　為得最大利　是故咸稽首　歸命无上尊
尒時十六王子偈讚佛已勸請世尊轉於法
輪咸作是言世尊說法多所安隱憐愍饒益

BD15075 號　妙法蓮華經卷三　（17–3）

從瞑入於瞑　永不聞佛名　今佛得最上　安隱无漏法
我等及天人　為得最大利　是故咸稽首　歸命无上尊
尒時十六王子偈讚佛已勸請世尊轉於法
輪咸作是言世尊說法多所安隱憐愍饒益
諸天人民重說偈言
世雄无等倫　百福自莊嚴　得无上智慧　願為世間說
度脫於我等　及諸衆生類　為分別顯示　令得是智慧
若我等得佛　衆生亦復然　世尊知衆生　深心之所念
亦知所行道　又知智慧力　欲樂及脩福　宿命所行業
世尊悉知已　當轉无上輪
佛告諸比丘大通智勝佛得阿耨多羅三藐
三菩提時十方各五百万億諸佛世界六種
震動其國中間幽瞑之處日月威光所不能
照而皆大明其中衆生各得相見咸作是言
此中云何忽生衆生又其國界諸天宮殿乃
至梵宮六種震動大光普照遍滿世界勝諸
天光尒時東方五百万億諸國土中梵天宮
殿光明照曜倍於常明諸梵天王各作是念
今者宮殿光明昔所未有以何因緣而現此
相是時諸梵天王即各相詣共議此事而彼
衆中有一大梵天王名救一切為諸梵衆而
說偈言
我等諸宮殿　光明昔未有　此是何因緣　宜各共求之
為大德天生　為佛出世間　而此大光明　遍照於十方
尒時五百万億國土諸梵天王與宮殿俱各
以衣裓盛諸天華共詣西方推尋是相見大

BD15075號　妙法蓮華經卷三　（17-4）

說偈言
我等諸宮殿　光明昔未有　此是何因緣　宜各共求之
為大德天生　為佛出世間　而此大光明　遍照於十方
尒時五百万億國土諸梵天王與宮殿俱各
以衣裓盛諸天華共詣西方推尋是相見大
通智勝如來處于道場菩提樹下坐師子座
諸天龍王乹闥婆緊那羅摩睺羅伽人非人
等恭敬圍繞及見十六王子請佛轉法輪即
時諸梵天王頭面礼佛繞百千帀即以天華
而散佛上其所散華如須弥山幷以供養佛
菩提樹其菩提樹高十由旬華供養已各以
宮殿奉上彼佛而作是言唯見哀愍饒益我
等所獻宮殿願垂納處時諸梵天王即於佛
前一心同聲以偈頌曰
世尊甚希有　難可得值遇　具无量功德　能救護一切
天人之大師　哀愍於世間　十方諸衆生　普皆蒙饒益
我等所從來　五百万億國　捨深禪定樂　為供養佛故
我等先世福　宮殿甚嚴飾　今以奉世尊　唯願哀納受
尒時諸梵天王偈讚佛已各作是言唯願世
尊轉於法輪度脫衆生開涅槃道時諸梵天
王一心同聲而說偈言
世雄兩足尊　唯願演說法　以大慈悲力　度苦惱衆生
尒時大通智勝如來默然許之又諸比丘東
南方五百万億國土諸大梵王各自見宮殿
光明照曜昔所未有歡喜踊躍生希有心即
各相詣共議此事而彼衆中有一大梵天王
名曰大悲為諸梵衆而說偈言

BD15075號　妙法蓮華經卷三　（17-5）

尒時大通智勝如来黙然許之又諸比丘東
南方五百万億國土諸大梵王各自見宮殿
光明照曜昔所未有歡喜踊躍生希有心即
各相詣共議此事而彼衆中有一大梵天王
名曰大悲為諸梵衆而說偈言
是事何因緣　而現如此相　我等諸宮殿　光明昔未有
為大德天生　為佛出世間　未曾見此相　當共一心求
過千万億土　尋光共推之　多是佛出世　度脫苦衆生
尒時五百万億諸梵天王與宮殿俱各以衣
祴盛諸天華共詣西北方推尋是相見大通
智勝如来處于道場菩提樹下坐師子座諸
天龍王乾闥婆緊那羅摩睺羅伽人非人等
恭敬圍繞及見十六王子請佛轉法輪時諸
梵天王頭面礼佛繞百千帀即以天華而散
佛上所散之華如須弥山并以供養佛菩提
樹華供養已各以宮殿奉上彼佛而作是言
唯見哀愍饒益我等所獻宮殿願垂納處尒
時諸梵天王即於佛前一心同聲以偈頌曰
聖主天中王　迦陵頻伽聲　哀愍衆生者　我等今敬礼
世尊甚希有　久遠乃一現　一百八十劫　空過无有佛
三惡道充滿　諸天衆减少　今佛出於世　為衆生作眼
世間所歸趣　救護於一切　為衆生之父　哀愍饒益者
我等宿福慶　今得值世尊
尒時諸梵天王偈讚佛已各作是言唯願世
尊哀愍一切轉於法輪度脫衆生時諸梵天
王一心同聲而說偈言
大聖轉法輪　顯示諸法相　度苦惱衆生　令得大歡喜

BD15075號　妙法蓮華經卷三　（17–6）

尒時諸梵天王偈讚佛已各作是言唯願世
尊哀愍一切轉於法輪度脫衆生時諸梵天
王一心同聲而說偈言
大聖轉法輪　顯示諸法相　度苦惱衆生　令得大歡喜
衆生聞此法　得道若生天　諸惡道减少　忍善者增益
尒時大通智勝如来黙然許之又諸比丘南
方五百万億國土諸大梵王各自見宮殿光
明照曜昔所未有歡喜踊躍生希有心即各
相詣共議此事以何因緣我等宮殿有此光
曜而彼衆中有一大梵天王名曰妙法為諸
梵衆而說偈言
我等諸宮殿　光明甚威曜　此非无因緣　是相宜求之
過於百千劫　未曾見是相　為大德天生　為佛出世間
尒時五百万億諸梵天王與宮殿俱各以衣
祴盛諸天華共詣北方推尋是相見大通智
勝如来處于道場菩提樹下坐師子座諸天
龍王乾闥婆緊那羅摩睺羅伽人非人等恭
敬圍繞及見十六王子請佛轉法輪時諸梵
天王頭面礼佛繞百千帀即以天華而散佛
上所散之華如須弥山并以供養佛菩提樹
華供養已各以宮殿奉上彼佛而作是言唯
見哀愍饒益我等所獻宮殿願垂納處尒時
諸梵天王即於佛前一心同聲以偈頌曰
世尊甚難見　破諸煩惱者　過百三十劫　今乃得一見
諸飢渴衆生　以法雨充滿　昔所未曾覩　无量智慧者
如優曇波羅　今日乃值遇　我等諸宮殿　蒙光故嚴飾
世尊大慈愍　唯願垂納受

BD15075號　妙法蓮華經卷三　（17–7）

諸梵天王即於佛前一心同聲以偈頌曰
世尊甚難見　破諸煩惱者　過百三十劫　今乃得一見
諸飢渴衆生　以法雨充滿　昔所未曾覩　无量智慧者
如優曇波羅　今日乃值遇　我等諸宮殿　蒙光故嚴飾
世尊大慈愍　唯願垂納受
尒時諸梵天王偈讚佛已各作是言唯願世
尊轉於法輪令一切世間諸天魔梵沙門婆
羅門皆獲安隱而得度脫時諸梵天王一心
同聲以偈頌曰
唯願天人尊　轉无上法輪　擊于大法鼓　而吹大法螺
普雨大法雨　度无量衆生　我等咸歸請　當演深遠音
尒時大通智勝如來嘿然許之西南方乃至
下方亦復如是尒時上方五百万億國土諸
大梵王皆悉自覩所止宮殿光明威曜昔所
未有歡喜踊躍生希有心即各相詣共議此
事以何因緣我等宮殿有斯光明而彼衆中
有一大梵天王名曰尸棄為諸梵衆而說偈言
今以何因緣　我等諸宮殿　威德光明曜　嚴飾未曾有
如是之妙相　昔所未聞見　為大德天生　為佛出世間
尒時五百万億諸梵天王與宮殿俱各以衣
祴盛諸天華共詣下方推尋是相見大通智
勝如來處于道場菩提樹下坐師子座諸天
龍王乾闥婆緊那羅摩睺羅伽人非人等恭
敬圍繞及見十六王子請佛轉法輪時諸梵
天王頭面礼佛繞百千帀即以天華而散佛
上所散之華如須弥山并以供養佛菩提樹

勝如來處于道場菩提樹下坐師子座諸天
龍王乾闥婆緊那羅摩睺羅伽人非人等恭
敬圍繞及見十六王子請佛轉法輪時諸梵
天王頭面礼佛繞百千帀即以天華而散佛
上所散之華如須弥山并以供養佛菩提樹
華供養已各以宮殿奉上彼佛而作是言唯
見哀愍饒益我等所獻宮殿願垂納處時諸
梵天王即於佛前一心同聲以偈頌曰
善哉見諸佛　救世之聖尊　能於三界獄　勉出諸衆生
普智天人尊　愍哀群萌類　能開甘露門　廣度於一切
於昔无量劫　空過无有佛　世尊未出時　十方常暗瞑
三惡道增長　阿脩羅亦盛　諸天衆轉減　死多墮惡道
不從佛聞法　常行不善事　色力及智慧　斯等皆減少
罪業因緣故　失樂及樂想　住於耶見法　不識善儀則
不蒙佛所化　常墮於惡道　佛為世間眼　久遠時乃出
哀愍諸衆生　故現於世間　超出成正覺　我等甚欣慶
及餘一切衆　喜歎未曾有　我等諸宮殿　蒙光故嚴飾
今以奉世尊　唯垂哀納受　願以此功德　普及於一切
我等與衆生　皆共成佛道
尒時五百万億諸梵天王偈讚佛已各白佛
言唯願世尊轉於法輪多所安隱多所度脫
時諸梵天王而說偈言
世尊轉法輪　擊甘露法鼓　度苦惱衆生　開示涅槃道
唯願受我請　以大微妙音　哀愍而敷演　无量劫習法
尒時大通智勝如來受十方諸梵天王及十
六王子請即時三轉十二行法輪若沙門婆

唯願受我請 以大微妙音 哀愍而敷演 无量劫習法
尒時大通智勝如来受十方諸梵天王及十
六王子請即時三轉十二行法輪若沙門婆
羅門若天魔梵及餘世間所不能轉謂是苦
是苦集是苦滅是苦滅道及廣說十二因緣
法无明緣行行緣識識緣名色名色緣六入
六入緣觸觸緣受受緣愛愛緣取取緣有有
緣生生緣老死憂悲苦惱无明滅則行滅行
滅則識滅識滅則名色滅名色滅則六入滅
六入滅則觸滅觸滅則受滅受滅則愛滅愛
滅則取滅取滅則有滅有滅則生滅生滅則
老死憂悲苦惱滅佛於天人大衆之中說是
法時六百万億那由他人以不受一切法故
而於諸漏心得解脫皆得深妙禪定三明六
通具八解脫第二第三第四說法時千万億
恒河沙那由他等衆生亦以不受一切法故
而於諸漏心得解脫從是已後諸聲聞衆无
量无邊不可稱數尒時十六王子皆以童子
出家而為沙弥諸根通利智慧明了已曾供
養百千万億諸佛淨脩梵行求阿耨多羅三
藐三菩提俱白佛言世尊是諸无量千万億
大德聲聞皆已成就世尊亦當為我等說阿
耨多羅三藐三菩提法我等聞已皆共脩學
世尊我等志願如来知見深心所念佛自證
知尒時轉輪聖王所將衆中八万億人見十
六王子出家亦求出家王即聽許尒時彼佛

BD15075號 妙法蓮華經卷三 (17-10)

耨多羅三藐三菩提法我等聞已皆共脩學
世尊我等志願如来知見深心所念佛自證
知尒時轉輪聖王所將衆中八万億人見十
六王子出家亦求出家王即聽許尒時彼佛
受沙弥請過二万劫已乃於四衆之中說是
大乘經名妙法蓮華教菩薩法佛所護念說
是經已十六沙弥為阿耨多羅三藐三菩提
故皆共受持諷誦通利說是經時十六菩薩
沙弥皆悉信受聲聞衆中亦有信解其餘衆
生千万億種皆生疑惑佛說是經於八千劫
未曾休廢說此經已即入靜室住於禪定八
万四千劫是時十六菩薩沙弥知佛入室寂
然禪定各昇法座亦於八万四千劫為四部
衆廣說分別妙法華經一一皆度六百万億
那由他恒河沙等衆生示教利喜令發阿耨
多羅三藐三菩提心大通智勝佛過八万四
千劫已從三昧起往詣法座安詳而坐普告
大衆是十六菩薩沙弥甚為希有諸根通利
智慧明了已曾供養无量千万億數諸佛於
諸佛所常脩梵行受持佛智開示衆生令入
其中汝等皆當數數親近而供養之所以者
何若聲聞辟支佛及諸菩薩能信是十六菩
薩所說經法受持不毀者是人皆當得阿耨
多羅三藐三菩提如来之慧佛告諸比丘是
十六菩薩常樂說是妙法蓮華經一一菩薩
所化六百万億那由他恒河沙等衆生世世

BD15075號 妙法蓮華經卷三 (17-11)

薩所說經法受持不毀者是人皆當得阿耨
多羅三藐三菩提如來之慧佛告諸比丘是
十六菩薩常樂說是妙法蓮華經一一菩薩
所化六百万億那由他恒河沙等衆生世世
所生與菩薩俱從其聞法悉皆信解以此因
緣得值四万億諸佛世尊于今不盡諸比丘
我今語汝彼佛弟子十六沙弥今皆得阿耨
多羅三藐三菩提於十方國土現在說法有
无量百千万億菩薩聲聞以為眷屬其二沙
弥東方作佛一名阿閦在歡喜國二名須弥
頂東南方二佛一名師子音二名師子相南
方二佛一名虛空住二名常滅西南方二佛
一名帝相二名梵相西方二佛一名阿弥陁
二名度一切世間苦惱西北方二佛一名多
摩羅跋栴檀香神通二名須弥相北方二佛
一名雲自在二名雲自在王東北方佛名壞
一切世間怖畏第十六我釋迦牟尼佛於娑
婆國土成阿耨多羅三藐三菩提諸比丘我
等為沙弥時各各教化无量百千万億恒河
沙等衆生從我聞法為阿耨多羅三藐三菩
提此諸衆生于今有住聲聞地者我常教化
阿耨多羅三藐三菩提是諸人等應以是法
漸入佛道所以者何如來智慧難信難解尒
時所化无量恒河沙等衆生者汝等諸比丘
及我滅度後未來世中聲聞弟子是也我滅
度後復有弟子不聞是經不知不覺菩薩所

BD15075號　妙法蓮華經卷三　（17–12）

阿耨多羅三藐三菩提是諸人等應以是法
漸入佛道所以者何如來智慧難信難解尒
時所化无量恒河沙等衆生者汝等諸比丘
及我滅度後未來世中聲聞弟子是也我滅
度後復有弟子不聞是經不知不覺菩薩所
行自於所得功德生滅度想當入涅槃我於
餘國作佛更有異名是人雖生滅度之想入
於涅槃而於彼土求佛智慧得聞是經唯以
佛乘而得滅度更无餘乘除諸如來方便說
法諸比丘若如來自知涅槃時到衆又清淨
信解堅固了達空法深入禪定便集諸菩薩
及聲聞衆為說是經世間无有二乘而得滅
度唯一佛乘得滅度耳比丘當知如來方便
深入衆生之性知其志樂小法深著五欲為
是等故說於涅槃是人若聞則便信受譬如
五百由旬險難惡道曠絕无人怖畏之處若
有多衆欲過此道至珎寶處有一導師聰慧
明達善知險道通塞之相將導衆人欲過此
難所將人衆中路懈退白導師言我等疲極
而復怖畏不能復進前路猶遠今欲退還導
師多諸方便而作是念此等可愍云何捨大
珎寶而欲退還作是念已以方便力於險道
中過三百由旬化作一城告衆人言汝等勿
怖莫得退還今此大城可於中止隨意所作
若入是城快得安隱若能前至寶所亦可得
去是時疲極之衆心大歡喜歎未曾有我等
今者免斯惡道快得安隱於是衆人前入化

BD15075號　妙法蓮華經卷三　（17–13）

中過三百由旬化作一城告衆人言汝等勿
怖莫得退還今此大城可於中止隨意所作
若入是城快得安隱若能前至寶所亦可得
去是時疲極之衆心大歡喜歎未曾有我等
今者免斯惡道快得安隱於是衆人前入化
城生已度想生安隱想尒時導師知此人衆
既得止息无復疲惓即滅化城語衆人言汝
等去來寶處在近向者大城我所化作為止
息耳諸比丘如來亦復如是今為汝等作大
導師知諸生死煩惱惡道險難長遠應去應
度若衆生但聞一佛乘者則不欲見佛不欲
親近便作是念佛道長遠久受勤苦乃可得
成佛知是心怯弱下劣以方便力而於中道
為止息故說二涅槃若衆生住於二地如來
尒時即便為說汝等所作未辦汝所住地近
於佛慧當觀察籌量所得涅槃非真實也但
是如來方便之力於一佛乘分別說三如彼
導師為止息故化作大城既知息已而告之
言寶處在近此城非實我化作耳尒時世尊
欲重宣此義而說偈言
大通智勝佛　十劫坐道場　佛法不現前　不得成佛道
諸天神龍王　阿脩羅衆等　常雨於天華　以供養彼佛
諸天擊天鼓　并作衆伎樂　香風吹萎華　更雨新好者
過十小劫已　乃得成佛道　諸天及世人　心皆懷踊躍
彼佛十六子　皆與其眷屬　千万億圍繞　俱行至佛所
頭面礼佛足　而請轉法輪　聖師子法雨　充我及一切

BD15075號　妙法蓮華經卷三　(17–14)

諸天神龍王　阿脩羅衆等　常雨於天華　以供養彼佛
諸天擊天鼓　并作衆伎樂　香風吹萎華　更雨新好者
過十小劫已　乃得成佛道　諸天及世人　心皆懷踊躍
彼佛十六子　皆與其眷屬　千万億圍繞　俱行至佛所
頭面礼佛足　而請轉法輪　聖師子法雨　充我及一切
世尊甚難值　久遠時一現　為覺悟群生　震動於一切
東方諸世界　五百万億國　梵宮殿光曜　昔所未曾有
諸梵見此相　尋來至佛所　散華以供養　并奉上宮殿
請佛轉法輪　以偈而讚歎　佛知時未至　受請嘿然坐
三方及四維　上下亦復尒　散華奉宮殿　請佛轉法輪
世尊甚難值　願以大慈悲　廣開甘露門　轉无上法輪
无量慧世尊　受彼衆人請　為宣種種法　四諦十二緣
无明至老死　皆從生緣有　如是衆過患　汝等應當知
宣暢是法時　六百万億姟　得盡諸苦際　皆成阿羅漢
第二說法時　千万恒沙衆　於諸法不受　亦得阿羅漢
從是後得道　其數无有量　万億劫筭數　不能得其邊
時十六王子　出家作沙弥　皆共請彼佛　演說大乘法
我等及營從　皆當成佛道　願得如世尊　慧眼第一淨
佛知童子心　宿世之所行　以无量因緣　種種諸譬喻
說六波羅蜜　及諸神通事　分別真實法　菩薩所行道
說是法華經　如恒河沙偈　彼佛說經已　靜室入禪定
一心一處坐　八万四千劫　是諸沙弥等　知佛禪未出
為无量億衆　說佛无上慧　各各坐法座　說是大乘經
於佛宴寂後　宣揚助法化　一一沙弥等　所度諸衆生
有六百万億　恒河沙等衆　彼佛滅度後　是諸聞法者
在在諸佛土　常與師俱生　是十六沙弥　具足行佛道
今現在十方　各得成正覺　尒時聞法者　各在諸佛所

BD15075號　妙法蓮華經卷三　(17–15)

為无量億衆　說佛无上慧　各各坐法座　說是大乘經
於佛宴寂後　宣揚助法化　一一沙弥等　所度諸衆生
有六百万億　恒河沙等衆　彼佛滅度後　是諸聞法者
在在諸佛土　常與師俱生　是十六沙弥　具足行佛道
今現在十方　各得成正覺　尒時聞法者　各在諸佛所
其有住聲聞　漸教以佛道　我在十六數　曾亦為汝說
是故以方便　引汝趣佛慧　以是本因緣　今說法華經
令汝入佛道　慎勿懷驚懼　譬如險惡道　迥絶多毒獸
又復无水草　人所怖畏處　无數千万衆　欲過此險道
其路甚曠遠　經五百由旬　時有一導師　強識有智慧
明了心決定　在險濟衆難　衆人皆疲惓　而白導師言
我等今頓乏　於此欲退還　導師作是念　此輩甚可愍
如何欲退還　而失大珎寶　尋時思方便　當設神通力
化作大城郭　莊嚴諸舍宅　周帀有園林　渠流及浴池
重門高樓閣　男女皆充滿　即作是化已　慰衆言勿懼
汝等入此城　各可隨所樂　諸人既入城　心皆大歡喜
皆生安隱想　自謂已得度　導師知息已　集衆而告言
汝等當前進　此是化城耳　我見汝疲極　中路欲退還
故以方便力　權化作此城　汝今勤精進　當共至寶所
我亦復如是　為一切導師　見諸求道者　中路而懈廢
不能度生死　煩惱諸險道　故以方便力　為息說涅槃
言汝等苦滅　所作皆已辦　既知到涅槃　皆得阿羅漢
尒乃集大衆　為說真實法　諸佛方便力　分別說三乘
唯有一佛乘　息處故說二　今為汝說實　汝所得非滅
為佛一切智　當發大精進　汝證一切智　十力等佛法
具三十二相　乃是真實滅　諸佛之導師　為息說涅槃

BD15075號　妙法蓮華經卷三　（17–16）

我亦復如是　為一切導師　見諸求道者　中路而懈廢
不能度生死　煩惱諸險道　故以方便力　為息說涅槃
言汝等苦滅　所作皆已辦　既知到涅槃　皆得阿羅漢
尒乃集大衆　為說真實法　諸佛方便力　分別說三乘
唯有一佛乘　息處故說二　今為汝說實　汝所得非滅
為佛一切智　當發大精進　汝證一切智　十力等佛法
具三十二相　乃是真實滅　諸佛之導師　為息說涅槃
既知是息已　引入於佛慧

妙法蓮華經卷第三

BD15075號　妙法蓮華經卷三　（17–17）

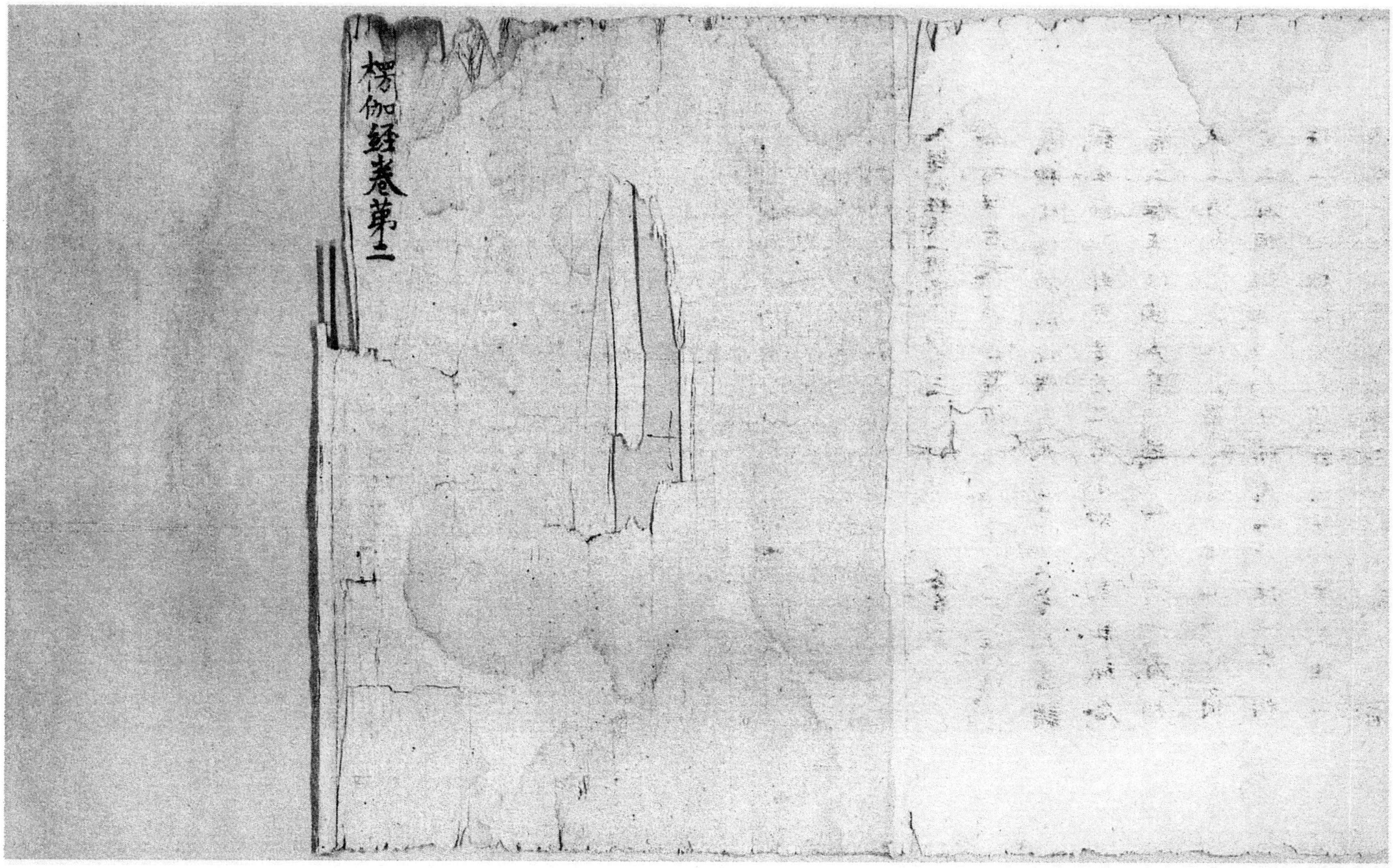

BD15076號背　護首　　（1–1）

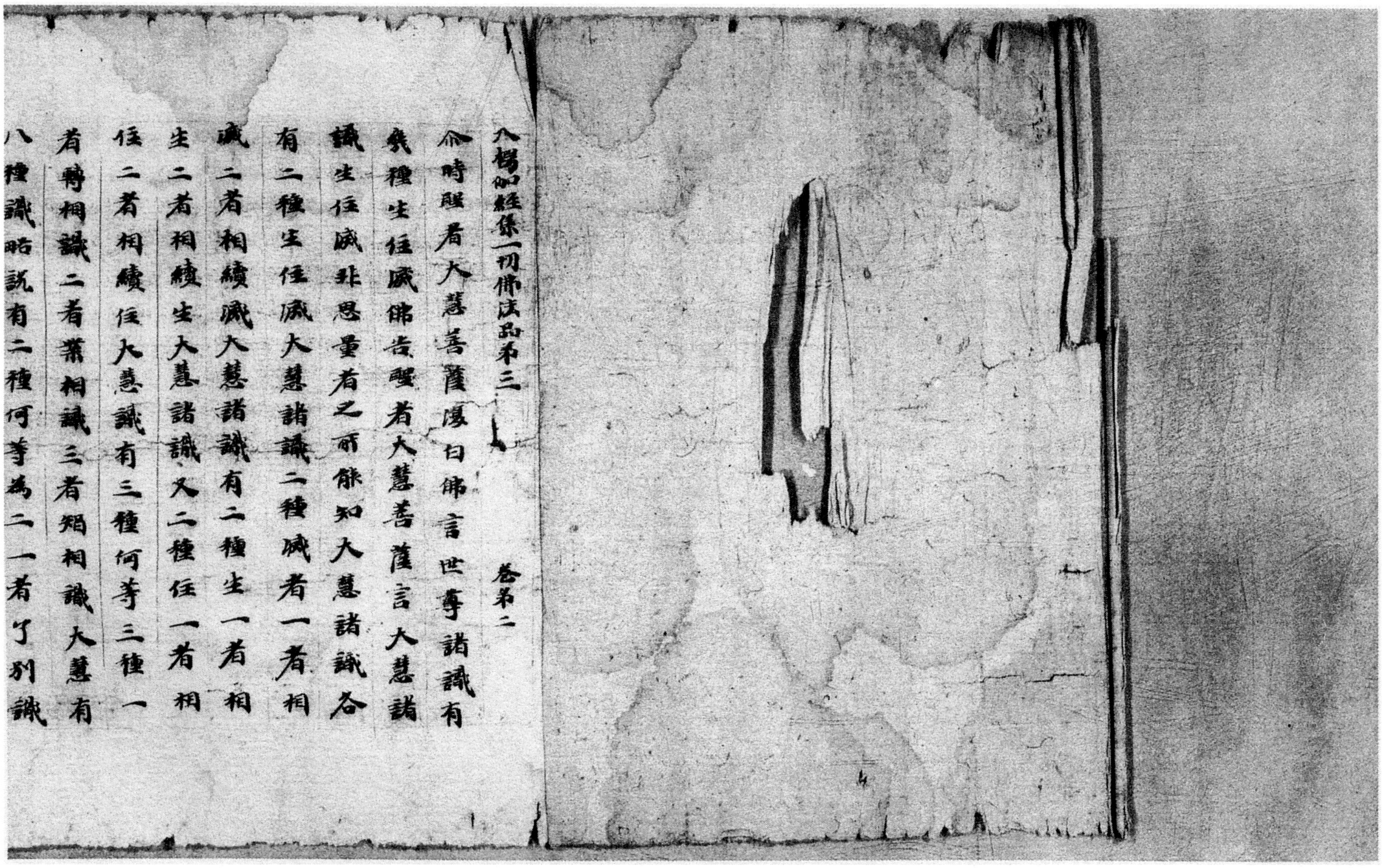
入楞伽經集一切佛法品第三　卷第二
爾時聖者大慧菩薩復白佛言世尊諸識有
幾種生住滅佛告聖者大慧菩薩言大慧諸
識生住滅非思量者之所能知大慧諸識各
有二種生住滅大慧諸識二種滅者一者相
滅二者相續滅大慧諸識有二種生一者相
生二者相續生大慧諸識又二種住一者相
住二者相續住大慧識有三種何等三種一
者轉相識二者業相識三者智相識大慧有
八種識略說有二種何等為二一者了別識

BD15076號　入楞伽經卷一　　（22–1）

有二種生住滅大慧諸識二種滅一者相
滅二者相續滅大慧諸識有二種生一者相
生二者相續生大慧諸識又二種住一者相
住二者相續住大慧識有三種何等三種一
者轉相識二者業相識三者智相識大慧有
八種識略說有二種何等為二一者了別識
二者分別事識大慧如明鏡中見諸色像大
慧了別識亦如是見種種鏡像大慧了別識
分別事識依二種識无差別相迭共為因大
慧了別識不可思議熏變因大慧分別事識
分別取境界因无始來戲論熏習大慧阿梨
耶識虛妄分別種種熏滅諸根亦滅大慧是
名相滅大慧相續滅者相續因滅則相續滅
因滅緣滅則相續滅大慧所謂依法依緣言
依法者謂无始戲論妄想熏習言依緣者謂
自心識見境界分別大慧譬如泥團微塵非
異非不異金莊嚴具亦復如是非異非不異
大慧若泥團異者非彼所成而實彼成是故
不異若不異者泥團微塵應无分別大慧如
是轉識阿梨耶識若異相者不從阿梨耶識
生若不異者轉識滅阿梨耶識亦應滅而自
相阿梨耶識不滅是故大慧諸識自相滅自
相滅者業相滅若自相滅者阿梨耶識應滅
大慧若阿梨耶識滅者此不異外道斷見戲論
大慧依諸外道作如是說所謂離諸境界相
續識滅相續識滅已即滅諸識大慧若相續

BD15076號　入楞伽經卷一　　　　（22-2）

相滅者業相滅若自相滅者阿梨耶識應滅
大慧若阿梨耶識滅者此不異外道斷見戲論
大慧依諸外道作如是說所謂離諸境界相
續識滅相續識滅已即滅諸識大慧若相續
識滅者无始世來諸識應滅大慧諸外道說
相續諸識從作者生不說識依眼色空明和
合而生而說有作者大慧何者是外道作者
勝人自在時微塵等是能作者復次大慧有
七種自性何等為七一者集性自性二者性
自性三者相性自性四者大性自性五者因
性自性六者緣性自性七者成性自性
復次大慧有七種第一義一者心境界二者
智境界三者慧境界四者二見境界五者過
二見境界六者過佛子地境界七者入如來
地內行境界大慧此是過去未來現在諸佛
如來應正遍知性自性第一義心大慧依此
性自性第一義心諸佛如來畢竟得於世間
出世間諸佛智慧眼同相別相諸根法建立如
所建立不與外道邪見共同大慧云何不與
外道邪見共同所謂分別自心境界妄想見
而不覺知自心想見大慧諸愚癡凡夫无有
實體以為第一義說二見論復次大慧汝今
聽我為汝說虛妄分別以為有物為斷三種
苦何等為三謂无知愛業因緣滅自心所見
如幻境界大慧諸沙門婆羅門作如是說本

BD15076號　入楞伽經卷一　　　　（22-3）

實體以為第一義說二見論復次大慧汝今
聽我為汝說虛妄分別以為有物為斷三種
苦何等為三謂无知愛業因緣滅自心所見
如幻境界大慧諸沙門婆羅門作如是說本
无始生依因果而現復作是說實有物住依
諸緣故有陰界入生住滅以生者滅故大慧
依沙門婆羅門說相續體本无始有若生若
滅若涅槃若道若業若果若諦破壞諸法是
斷滅論非我所說何以故以現法不可得故
不見根本故大慧譬如瓶破不得瓶用大慧
譬如燋種不生牙等大慧依陰界入是過去
陰界入滅現在未來亦滅何以故因自心見
虛妄分別現故大慧无依陰界入相續體故
大慧若本无始生依三法生種種識者龜毛
何故不生沙不出油汝之所立決定之義是
即自壞汝說有无說生所成因果亦壞大慧
若如是依三法因緣應生法諸因果自相過
去現在未來有无諸相譬喻及阿含自覺觀
地依自見熏心作如是說大慧愚癡凡夫亦
復如是惡見所害邪見迷意无智妄稱一切
智說大慧若復有沙門婆羅門見諸法離自
性故如雲火輪揵闥婆城不生不滅故如幻
陽炎水中月故如夢內外心依无始世來虛
妄分別戲論而現故離自心虛妄分別可見
因緣故離滅盡妄想說所說法故離身資生
持用法故離阿梨耶識取境界相應故入寂

BD15076號　入楞伽經卷一　（22–4）

陽炎水中月故如夢內外心依无始世來虛
妄分別戲論而現故離自心虛妄分別可見
因緣故離滅盡妄想說所說法故離身資生
持用法故離阿梨耶識取境界相應故入寂
靜境界故離生住滅法故如是思惟觀察自
心以為生故大慧如是菩薩不得世間涅槃
平等之心大慧汝巧方便開發方便觀察一
切諸眾生界皆悉如幻如鏡中像故无因緣
起離內外鏡故自心見外境界故次第隨入
无相處次第隨入從地至地三昧境界故信
三界自心幻故大慧如是脩行者當得如幻
三昧故入自心寂靜境界故到彼岸境界故
離作者生滅法故得金剛三昧故入如來身
故入如來化身故入諸力通自在大慈大悲
莊嚴身故入一切佛國土故入一切眾生所樂
故離心意識境界故轉身得妙身故大慧諸
菩薩摩訶薩如是脩行者必得如來无上妙
身大慧菩薩欲證如來身者當遠離陰界入
心因緣和合法故遠離生住滅虛妄分別論
故諸法唯心當如是知見三界因无始世來
虛妄分別戲論而有故觀如來地寂靜不生
故進趣內身聖行故大慧汝當不久得心自
在无功用行究竟故如眾色隨摩尼寶化身
入諸眾生微細心故以入隨心地故令諸眾
生次第入地故是故大慧諸菩薩摩訶薩應

BD15076號　入楞伽經卷一　（22–5）

故進趣內身聖行故大慧[illegible]不久得心[illegible]
在无功用行究竟故如衆色隨摩尼寶化身
入諸衆生微細心故以八隨心地故令諸衆
生次第入地故是故大慧諸菩薩摩訶薩應
當善知諸菩薩脩自行內法故
尒時聖者大慧菩薩摩訶薩復白佛言唯願
世尊為諸菩薩摩訶薩說心意意識五法自
體相華法門諸佛菩薩脩行之處遠離自心
邪見境界和合故能破一切言語譬喻體相
故一切諸佛所說法心為楞伽城摩羅耶山
大海中諸菩薩說觀察阿梨耶識大海波境
界說法身如來所說法故
尒時佛告聖者大慧菩薩摩訶薩言大慧有
四因緣眼識生何等為四一者不覺自內身
取境界故二者无始世來虛妄分別色境界
薰習執着戲論故三者識自體體如是故四
者樂見種種色相故大慧是名四種因緣於
阿梨耶識海起大勇波能生轉識大慧如眼
識起識一切諸根毛孔一時轉識生如鏡中
像多少一時得有隨因緣次第生大慧猶如
猛風吹境心海而識波生不斷因事相故迭
共不相離故業體相使縛故不覺色體故而
五識身轉故大慧不離彼五識因了別識相
名為意識共彼因常轉故大慧五識及心識
不作是念我迭共為因自心見虛妄分別取
諸境界而彼各各不異相俱現分別境界如

BD15076號　入楞伽經卷一　（22–6）

五識身轉故大慧不離彼五識因了別識相
名為意識共彼因常轉故大慧五識及心識
不作是念我迭共為因自心見虛妄分別取
諸境界而彼各各不異相俱現分別境界如
是彼識微細生滅以八脩行三昧者不覺不
知微細薰習而脩行者作是心我滅諸識入
三昧而脩行者不滅諸識入三昧大慧薰集
種子心不滅取外境界諸識滅大慧如是微
細阿梨耶識行除佛如來及入地諸菩薩摩
訶薩諸餘聲聞辟支佛外道脩行者不能知
故入三昧智力亦不能覺以其不知諸地相
故以不知智慧方便差別善決定故以不能
覺諸佛如來集諸善根故以不能知自現境
界分別戲論故以不能入種種稠林阿梨耶
識窟故大慧唯下中上如實脩行者乃能分
別見自心中虛妄見故能於无量國土為諸
如來授位故得无量自在力神通三昧故依
善知識佛子眷屬而能得見心意意識自心
自體境界故分別生死大海以業愛无智以
為因有大慧是故如實脩行者應推覓親近
善知識故尒時世尊而說偈言
譬如巨海浪　斯由猛風起　洪波鼓冥壑　无有斷絕時
梨耶識亦尒　境界風吹動　種種諸識浪　騰躍而轉生
青赤鹽珂乳　味及於石蜜　衆華與菓實　如日月光明
非異非不異　海水起波浪　七識亦如是　心俱和合生
譬如海水動　種種波浪轉　梨耶識亦尒　種種諸識生

BD15076號　入楞伽經卷一　（22–7）

譬如巨海浪　斯由猛風起　洪波鼓冥壑　无有斷絕時
梨耶識亦尒　境界風吹動　種種諸識浪　騰躍而轉生
青赤鹽珂乳　味及於石蜜　衆華與菓實　如日月光明
非異非不異　海水起波浪　七識亦如是　心俱和合生
譬如海水動　種種波浪轉　梨耶識亦尒　種種諸識生
心意及意識　為諸相故說　諸識无別相　非見所見相
譬如海水波　是則无差別　諸識心如是　異亦不可得
心能集諸業　意能觀集境　識能了所識　五識現分別
尒時聖者大慧菩薩摩訶薩以偈問佛
青赤諸色像　自識如是見　水波相對法　何故如是說
尒時世尊以偈荅曰
青赤諸離色　波中悉皆无　說轉識心中　為凡夫相說
彼業悉皆无　自心離可取　可取及能取　與彼波浪同
身資生住持　衆生唯識見　是故現轉識　水波浪相似
大海波浪動　鼓躍可分別　阿梨耶識轉　何故不覺知
凡夫无智慧　梨耶識如海　波浪轉對法　是故譬喻說
尒時聖者大慧菩薩摩訶薩復說偈言
日出光等照　下中上衆生　如來出世間　為凡夫說實
佛得究竟法　何故不說實　若說真實者　彼心无真實
譬如海波浪　鏡中像及夢　俱時而得現　心境界亦然
境界不具故　是故次第現　識者識所識　意者然不然
五則以現見　定中无如是　譬如巧書師　及書師弟子
布綵畫衆像　我說法亦尒　綵色本无文　非筆亦非器
為衆生說故　綺錯畫衆像　言說離真實　真實離名字
我得真實處　如實內身知　離覺所覺相　解如實為說
此為佛子說　愚者異分別　種種皆如幻　唯見非真實

BD15076號　入楞伽經卷一　（22–8）

布綵畫衆像　我說法亦尒　綵色本无文　非筆亦非器
為衆生說故　綺錯畫衆像　言說離真實　真實離名字
我得真實處　如實內身知　離覺所覺相　解如實為說
此為佛子說　愚者異分別　種種皆如幻　唯見非真實
如是種種說　隨事實不實　為此人故說　於彼為非說
彼彼諸病人　良醫隨處藥　如來為衆生　唯心應器說
妄想非境界　聲聞亦非分　諸如來世尊　自覺境界說
復次大慧菩薩摩訶薩欲知自心離虛妄分
別能取可取境界相者當離憒閙離睡眠蓋
初夜後夜常自覺悟脩行方便離諸外道一
切戲論離聲聞緣覺乘想當通達自心現見
虛妄分別之相
復次大慧菩薩摩訶薩建立住持智慧心相
者於上聖智三相當勤脩學大慧何等為上
聖智三相所謂无所有相一切諸佛自願住
持相內身聖智自覺知相脩行此已能捨跛
驢智慧之相得勝子第八地三相脩行大慧
何者无所有相謂觀聲聞緣覺外道相大慧
何者一切諸佛自願住持相謂諸佛本自作
願住持諸法大慧何者內身聖智自覺相一
切法相无所執着得如幻三昧身諸佛地處
進趣脩行大慧是名上聖智三相若成就此
三相者能到自覺聖智境界是故大慧諸菩
薩摩訶薩求上聖智三相者當如是學
尒時聖者大慧菩薩摩訶薩知諸大菩薩

BD15076號　入楞伽經卷一　（22–9）

三相者能到自覺聖智境界是故大慧諸善
薩摩訶薩求上聖智三相者當如是學
爾時聖者大慧菩薩摩訶薩知諸大菩薩
衆之所念承佛如來住持之力問於如來名
聖智行分別法門體世尊願為我說名聖智
行分別法門體依百八見分別說如來應正
遍知依此百八見如來應正遍知為諸菩薩
摩訶薩分別說自相同相妄相分別體修行
差別法大慧諸菩薩善得此妄相分別自體
法行差別能清淨人無我法無我法善解諸
地過諸聲聞辟支佛禪定三摩跋提之樂得
諸佛如來不可思議境界修行故得離五法
自體相行入諸佛法身體真實行故得如來
法身善決定處如幻境界所成故一切國土
從兜率天阿迦尼吒處得如來法身故
佛告聖者大慧菩薩有一種外道耶見執著
空無所有妄想分別智因有二自體無體分
別兔角無如兔角無諸法亦無大慧復有餘
外道見四大功德實有物見各各差別相實
無兔角畫妄執著妄想分別實有牛角大慧
依諸外道墮於二見不知唯心妄想分別增
長自心界大慧如身資生器世間等唯是心
分別不得分別兔角離於有無大慧不得分
別一切諸法離於有無大慧若有人離於有
無作如是言無有有兔角分別不得分別無

長自心界大慧如身資生器世間等唯是心
分別不得分別兔角離於有無大慧不得分
別一切諸法離於有無大慧若有人離於有
無作如是言無有有兔角分別不得分別無
有有兔角依人見相待因不得分別無兔角
何以故大慧乃至觀察微細微塵不見實事
離聖人智境界不得分別有牛角
爾時聖者大慧菩薩摩訶薩白佛言世尊世
尊愚癡凡夫不見分別相而比智分別依人
見無佛告聖者大慧菩薩言大慧非觀分別
心依人無相何以故因盡妄分別心依角有
分別心大慧依心盡妄角有分別心是故依
心因離相待法非見法依無角大慧若離分
別心更有分別應離角有非因角有大慧若
不離依分別心依法乃至觀察微塵不見有
實物大慧不離於心依法應無以依二法有
無不可得若爾見何等法有何等法無大慧
若不如是見有無不得分別有無此義云何
見有牛角見無兔角不得如是分別大慧以
因不相似故有無義不成以諸外道凡夫聲
聞說有無義二俱不成故
大慧復有餘外道見色有因妄想執著形相
長短見虛空無形相分齊見諸色相異於虛
空有其分齊大慧虛空即是色以色大入虛
空故大慧色即是虛空依此法有彼法依彼

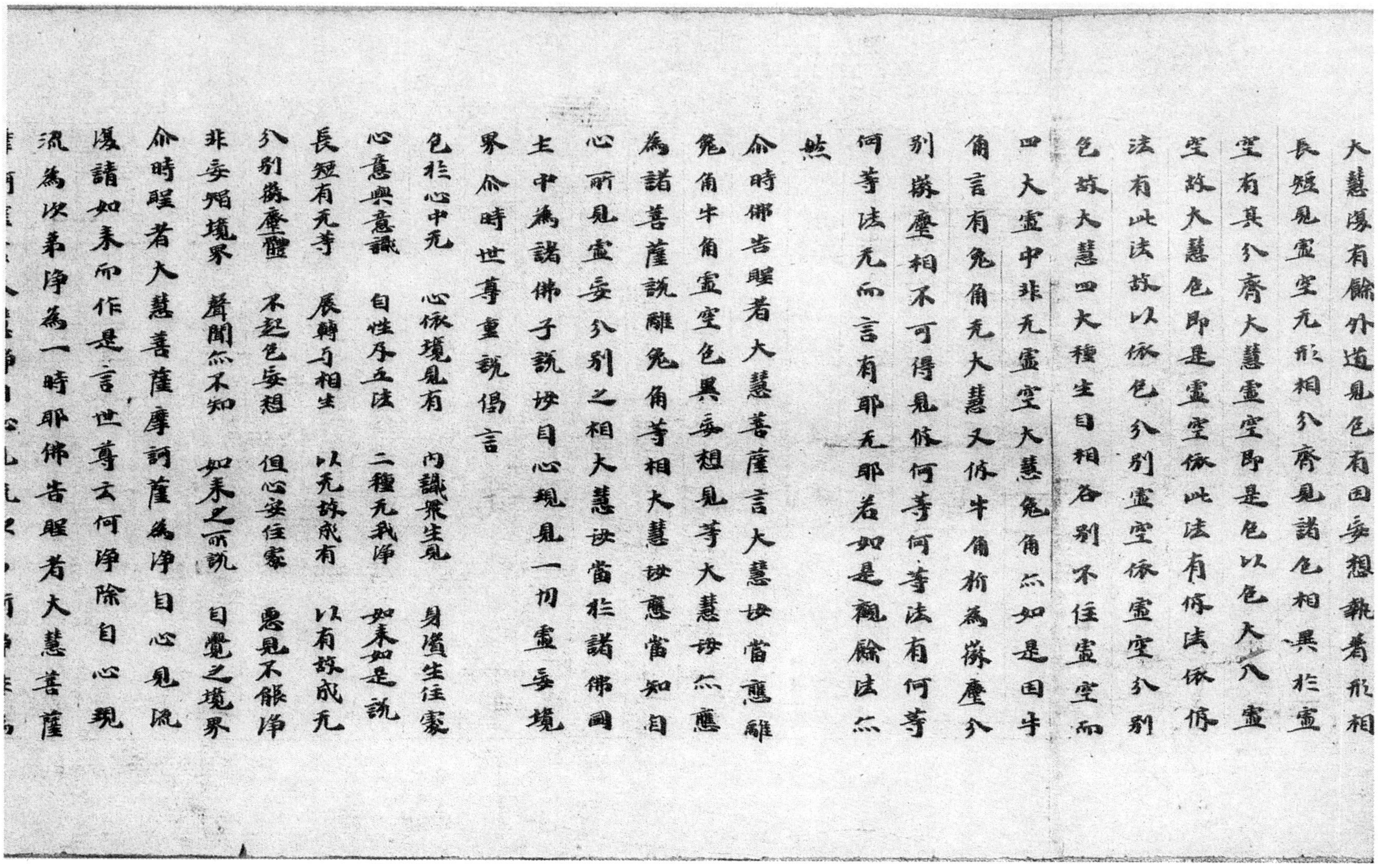

大慧復有餘外道見色有因妄想執著形相
長短見虛空无形相分齊見諸色相異於虛
空有其分齊大慧虛空即是色以色大入虛
空故大慧色即是虛空依此法有依法依依
法有此法故以依色分別虛空依虛空分別
色故大慧四大種生自相各別不住虛空而
四大虛中非无虛空大慧兔角亦如是因牛
角言有兔角无大慧又彼牛角析為微塵分
別微塵相不可得見彼何等何等法有何等
何等法无而言有耶无耶若如是觀餘法亦
然
尒時佛告聖者大慧菩薩言大慧汝當應離
兔角牛角虛空色異妄想見等大慧汝亦應
為諸菩薩說離兔角等相大慧汝應當知自
心所見虛妄分別之相大慧汝當於諸佛國
土中為諸佛子說汝自心現見一切虛妄境
界尒時世尊重說偈言
色於心中无　心依境見有　內識衆生見　身資生住處
心意與意識　自性及五法　二種无我淨　如來如是說
長短有无等　展轉互相生　以无故成有　以有故成无
分別微塵體　不起色妄想　但心妄住處　惡見不能淨
非妄想境界　聲聞亦不知　如來之所說　自覺之境界
尒時聖者大慧菩薩摩訶薩為淨自心現流
復請如來而作是言世尊云何淨除自心現
流為次第淨為一時耶佛告聖者大慧菩薩

BD15076號　入楞伽經卷一　（22–12）

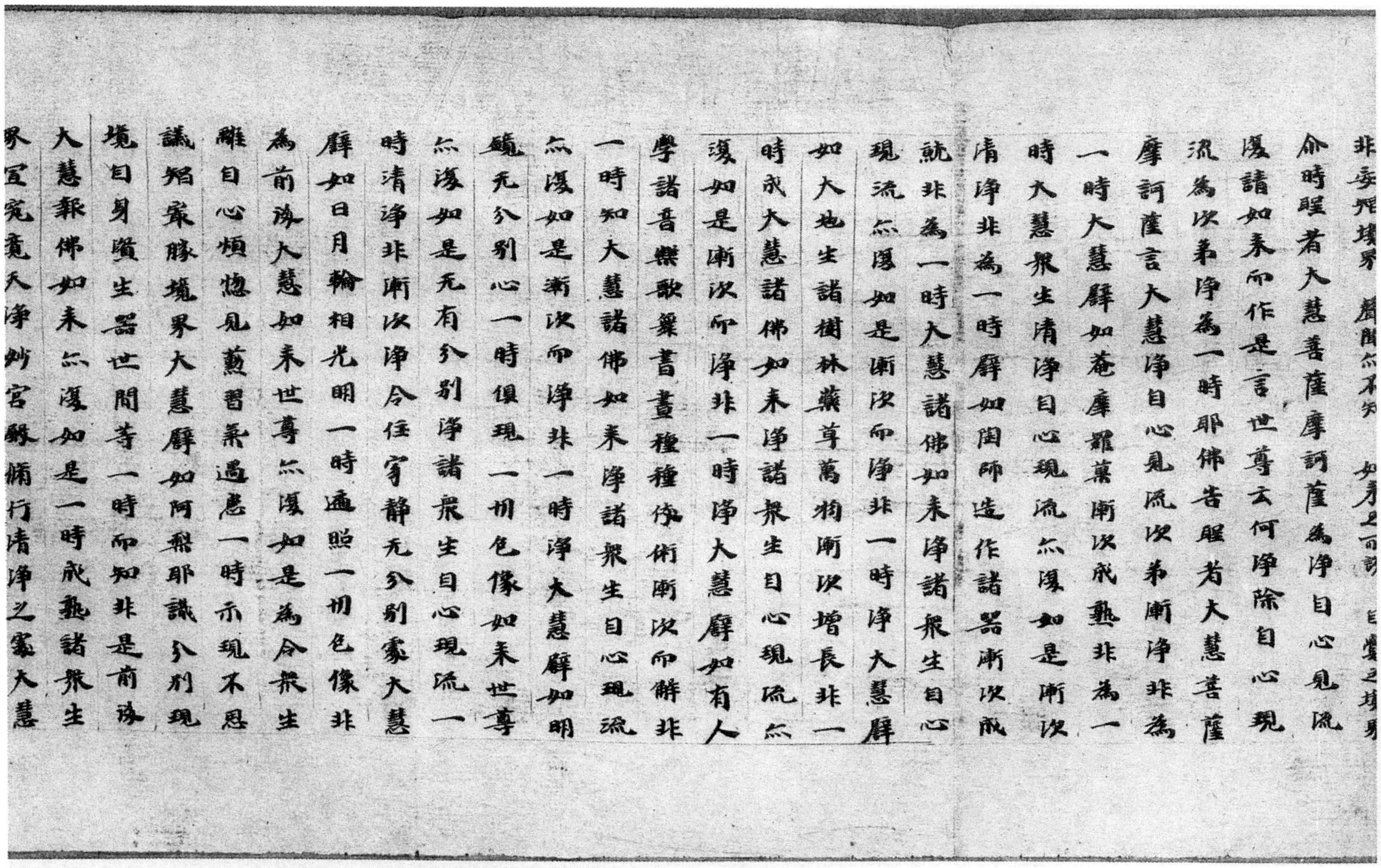

非妄想境界　聲聞亦不知　如來之所說　自覺之境界
尒時聖者大慧菩薩摩訶薩為淨自心現流
復請如來而作是言世尊云何淨除自心現
流為次第淨為一時耶佛告聖者大慧菩薩
摩訶薩言大慧淨自心見流次第漸淨非為
一時大慧譬如菴摩羅菓漸次成熟非為一
時大慧衆生清淨自心現流亦復如是漸次
清淨非為一時譬如陶師造作諸器漸次成
就非為一時大慧諸佛如來淨諸衆生自心
現流亦復如是漸次而淨非一時淨大慧譬
如大地生諸樹林藥草萬物漸次增長非一
時成大慧諸佛如來淨諸衆生自心現流亦
復如是漸次而淨非一時淨大慧譬如有人
學諸音樂歌舞書畫種種伎術漸次而解非
一時知大慧諸佛如來淨諸衆生自心現流
亦復如是漸次而淨非一時淨大慧譬如明
鏡无分別心一時俱現一切色像如來世尊
亦復如是无有分別淨諸衆生自心現流一
時清淨非漸次淨令住寂靜无分別處大慧
譬如日月輪相光明一時遍照一切色像非
為前後大慧如來世尊亦復如是為令衆生
離自心煩惱見薰習氣過患一時示現不思
議智最勝境界大慧譬如阿梨耶識分別現
境自身資生器世間等一時而知非是前後
大慧報佛如來亦復如是一時成熟諸衆生
界置究竟天淨妙宮殿脩行清淨之處大慧

BD15076號　入楞伽經卷一　（22–13）

離自心煩惱見薰習氣過患一時示現不思
議智最勝境界大慧譬如阿梨耶識分別現
境自身資生器世間等一時而知非是前後
大慧報佛如來亦復如是一時成熟諸衆生
界置究竟天淨妙宮殿修行清淨之處大慧
譬如法佛報佛放諸光明有應化佛照諸世
間大慧內身聖行光明法體照除世間有无
邪見亦復如是復次大慧法佛報佛說一切
法自相同相故因自心現見薰習相故因虛
妄分別戲論相縛故如所說法无如是體故
大慧譬如幻師幻作一切種種形像諸愚癡
人取以為實而彼諸像實不可得復次大慧
妄法體依因緣法執著有實分別而生大慧
如巧幻師依草木瓦石作種種事依於呪術
人工之力成就一切衆生形色分身之相名
幻人像衆生見幻種種形色執著為人而實
无人大慧衆生雖見以為是人无實人體大
慧因緣法體隨心分別亦復如是以見心相
種種幻故何以故以執著虛妄想因分別心
薰習故大慧是名分別虛妄體相大慧是名
報佛說法之相
大慧法佛說法者離心相應體故內證聖行
境界故大慧是名法佛說法之相
大慧應化佛所作應佛說施戒忍精進禪定
智慧故陰界入解脫故建立識想差別行故
說諸外道无色三摩跋提次第相大慧是名

大慧法佛說法者離心相應體故內證聖行
境界故大慧是名法佛說法之相
大慧應化佛所作應佛說施戒忍精進禪定
智慧故陰界入解脫故建立識想差別行故
說諸外道无色三摩跋提次第相大慧是名
應佛所作應佛說法相復次大慧法佛說法
者離攀緣離能觀所觀故離所作相量相故
大慧非諸凡夫聲聞緣覺外道境界故以諸
外道執著虛妄我相故是故如是內身自覺
修行勝相當如是學大慧毋當應離見自心
相以為非實復次大慧聲聞乘有二種差別
相謂於內身證得聖相故執著虛妄相分別
有物故大慧何者聲聞內身證得聖相謂无
常苦空无我境界故真諦離欲寂滅故陰界
入故自相同相故內外不滅相故見如實法
故得心三昧得心三昧已得禪定解脫三昧
道果三摩跋提不退解脫故離不可思議薰
習變易死故內身證得聖樂行法住聲聞地
故大慧是名聲聞內身證得聖相大慧菩薩
摩訶薩入諸聲聞內證聖行三昧樂法而不
取寂滅空門樂不取三摩跋提樂以憐愍衆
生故起本願力行是故雖知不取為究竟大
慧是名聲聞內身證聖修行樂相大慧菩薩
摩訶薩應當修行內身證聖修行樂門而不
取著大慧何者是聲聞分別有物執著虛妄

生故起本願力行是故雖知不取為究竟大
慧是名聲聞內身證聖脩行樂相大慧菩薩
摩訶薩應當脩行內身證聖脩行樂門而不
取著大慧何者是聲聞分別有物執著虛妄
相謂於四大堅濕熱動相青黃赤白等相故
无作者而有生故自相同相故觀量相應阿
含先勝見善說故依依法虛妄執著以為實
有大慧是名聲聞分別有物執著虛妄相大
慧菩薩摩訶薩於依聲聞法應知而捨捨已
入法无我相入法无我相已入人无我觀察
无我相已次第入諸地大慧是名聲聞分別
有物執著虛妄相大慧所言聲聞乘有二種
相者我已說竟
尒時聖者大慧菩薩摩訶薩復白佛言世尊
世尊所說常不可思議法內身證聖境界法
第一義法世尊外道亦說常不可思議因果
此義云何佛告聖者大慧菩薩言大慧諸外
道說常不可思議因果不成何以故大慧諸
外道說常不可思議非因自相相應故大慧
諸外道說常不可思議若因自相不相應者
此何等法何等法了出是故外道不得言
常不可思議復次大慧諸外道說常不可
思議者若因自相相應者應成无常不可
思議以有因相故是故不成常不可思議
大慧我說常不可思議第一義常不可思
議與第一義相因果相應以離有无故以

常不可思議復次大慧諸外道說常不可
思議者若因自相相應者應成无常不可
思議以有因相故是故不成常不可思議
大慧我說常不可思議第一義常不可思
議與第一義相因果相應以離有无故以
內身證相故以有脩相故以第一義智因
相應以離有无故以非所作故與虛空涅
槃寂滅譬喻相應故是故常不可思議是
故大慧我說常不可思議不同外道常不
可思議論大慧此常不可思議諸佛如來應
正遍知實是常法以諸佛聖智內身證得
故非心意意識境界故大慧是故菩薩摩
訶薩應當脩行常不可思議內身所證聖
智行法復次大慧諸外道常不可思議无
常法相因相應故是故无常非因相而得
名故是故常法不可思議大慧若諸外道
常不可思議見有无法而言常以依法比
智知言有常大慧我亦如是即因此法作
有无見无常應常何以故以无因故復次
大慧諸外道說若因相相應成常不可思
議以依外道言因自相有无故者同於兔
角大慧此常不可思議諸外道等但虛妄
分別何以故以无兔角但虛妄分別故自
因相无故大慧我常不可思議唯內身證
相因故離作有无法故是故常不可思議
以无外相故常法相應故大慧諸外道等

分別何以故以无兔角但虛妄分別故自
因相无故大慧我常不可思議唯内身證
相因故離作有无法故是故常不可思議
以无外相故常法相應故大慧諸外道等
見无外相比智知常不可思議以爲常彼
外道等不知常不可思議自因相彼因相
故以内身聖智證境界相大慧彼外道於
我法不應爲説
復次大慧諸聲聞辟支佛畏生死妄想苦
而求涅槃不知世間涅槃无差別故分別一切
法與非法而滅諸根不取未來境界妄取以
爲涅槃不知内身證脩行法故不知阿梨耶
識轉故大慧是故彼愚癡人説有三乘法而
不能知唯心想滅得寂靜法是故彼无智愚
人不知過去未來現在諸佛如來應正遍知
自心見境界故執着外心境界故是故大慧
彼愚癡人於世間生死輪中常轉不住
復次大慧過去未來現在一切諸佛皆説
諸法不生何以故謂自心見有无法故若離有
无諸法不生故是故大慧一切法不生大慧
一切法如兔馬驢駞等角大慧愚癡凡夫妄
相分別分別諸法是故一切諸法不生大慧
一切諸法自體相不生是内身證聖智境界
故非諸凡夫自體分別二境界故大慧是阿
梨耶識身資生器世間去來自體相故見能

BD15076號　入楞伽經卷一　（22–18）

相分別分別諸法是故一切諸法不生大慧
一切諸法自體相不生是内身證聖智境界
故非諸凡夫自體分別二境界故大慧是阿
梨耶識身資生器世間去來自體相故見能
取可取轉故諸凡夫墮於生住滅二相心故
分別諸法生有无故大慧汝應知如是法故
復次大慧我説五種乘性證法何等爲五一
者聲聞乘性證法二者辟支佛乘性證法三
者如來乘性證法四者不定乘性證法五者
无性證法大慧何者聲聞乘性證法謂説陰
界入法故説自相同相證智法故彼身毛孔
熙怡欣樂脩相智不脩因緣不相離相故
大慧是名聲聞乘性證法彼聲聞人邪見
證智離起麁煩惱不離无明薰習煩惱見已
身證相謂初地乃至五地六地同已所證盡
不可思議變易死故而作是言我生已盡梵
行已立所作已辦不受後有如是等得入人
无我乃至生心以爲得涅槃故大慧復有餘
外道求證涅槃而作是言覺知我人衆生壽
命作者受者丈夫以爲涅槃大慧復有餘外
道求證涅槃而作是言覺知我人衆生壽命
作者受者丈夫以爲涅槃大慧復有餘外道
見一切諸法依因而有生涅槃心大慧彼諸
外道无涅槃解脫以不見法无我故大慧是
名聲聞乘外道性於非離處而生離想大慧
汝應轉此邪見脩行如實行故

BD15076號　入楞伽經卷一　（22–19）

作者愛者丈夫以爲涅槃大慧復有餘外道
見一切諸法依因而有生涅槃心大慧依諸
外道无涅槃解脫以不見法无我故大慧是
名聲聞乘外道性於非離處而生離想大慧
故應轉此邪見修行如實行故
大慧何者辟支佛乘性證法謂聞說緣覺證
法舉身毛豎悲泣流淚不樂憒鬧故觀察諸
因緣法故不著諸因緣法故聞說自身種種
神通若離若合種種變化其心隨入故大慧
是名緣覺乘性證法汝當應知隨順緣覺說
大慧何者如來乘性證法大慧如來乘性證
法有四種何等為四一者證法性二者離實
法證性三者自身內證聖智性四者外諸國
土勝妙莊嚴證法性大慧若聞說此一一法
時但阿梨耶心見外身所依資生器世間不
可思議境界不驚不怖不畏者大慧當知是
是證如來乘性人大慧是名如來乘性證法
人相
大慧何者不定乘性證法大慧若人聞說此
三種法於一一中有所樂者隨順為說大慧
說三乘者為發起修行地故說諸性差別非
究竟地為欲建立畢竟能取寂靜之地故大
慧依三種人離煩惱鄣熏習得清淨故見法
无我得三昧樂行故聲聞緣覺畢竟證得如
來法身故爾時世尊重說偈言
逆流修无漏　往來及不還　應供阿羅漢　是等心亂惑

BD15076號　入楞伽經卷一　（22–20）

慧依三種人離煩惱鄣熏習得清淨故見法
无我得三昧樂行故聲聞緣覺畢竟證得如
來法身故爾時世尊重說偈言
逆流修无漏　往來及不還　應供阿羅漢　是等心亂惑
我說於三乘　一乘及非乘　諸聖如實解　凡夫不能知
第一義法門　遠離於二教　建立於三乘　為住寂靜處
諸禪及无量　无色三摩提　无相定滅盡　亦皆心中无
大慧何者无性乘謂一闡提大慧一闡提者
无涅槃性何以故於解脫中不生信心不入
涅槃大慧一闡提者有二種何等為二一者
焚燒一切善根二者憐愍一切衆生作盡一
切衆生界願大慧云何焚燒一切善根謂謗
菩薩藏作如是言彼非隨順修多羅比丘解
脫說捨諸善根是故不得涅槃大慧憐愍衆
生作盡衆生界願者是為菩薩大慧菩薩方
便作願若諸衆生不入涅槃者我亦不入涅
槃是故菩薩摩訶薩不入涅槃大慧是名二
種一闡提无涅槃性以是義故決定取一闡
提行大慧菩薩白佛言世尊此二種一闡提
何等一闡提常不入涅槃佛告大慧菩薩摩
訶薩一闡提常不入涅槃何以故以能善知
一切諸法本來涅槃是故不入涅槃非捨一
切善根闡提何以故大慧彼捨一切善根闡
提若值諸佛善知識等發菩提心生諸善根
便證涅槃何以故大慧諸佛如來不捨一切

BD15076號　入楞伽經卷一　（22–21）

一切諸法本來涅槃是故不入涅槃非捨一
切善根闡提何以故大慧彼捨一切善根闡
提若值諸佛善知識等發菩提心生諸善根
便證涅槃何以故大慧諸佛如來不捨一切
諸衆生故是故大慧菩薩一闡提常不入涅
槃

入楞伽經卷第二

夫至妙沖玄則言辭莫表惠深理固則興於常分之內
用紙[illegible]
義非隨緣所能究是以如來想識無能窮達推尋聖典崇
善為先是以比丘道暉既集因殖業形女職嬰羅病疾抱
難當今訴惟此世無由可振遂減割衣資為七世父
母先死後亡敬寫入楞伽經一部法華一部勝鬘一部無量
壽一部仁王一部方廣一部藥二部因此微善使得
離女身後成男子法界衆生一時成佛
大代大魏永平二年八月四日比丘道暉敬寫訖流通供養

BD15076 號　入楞伽經卷一　（22–22）

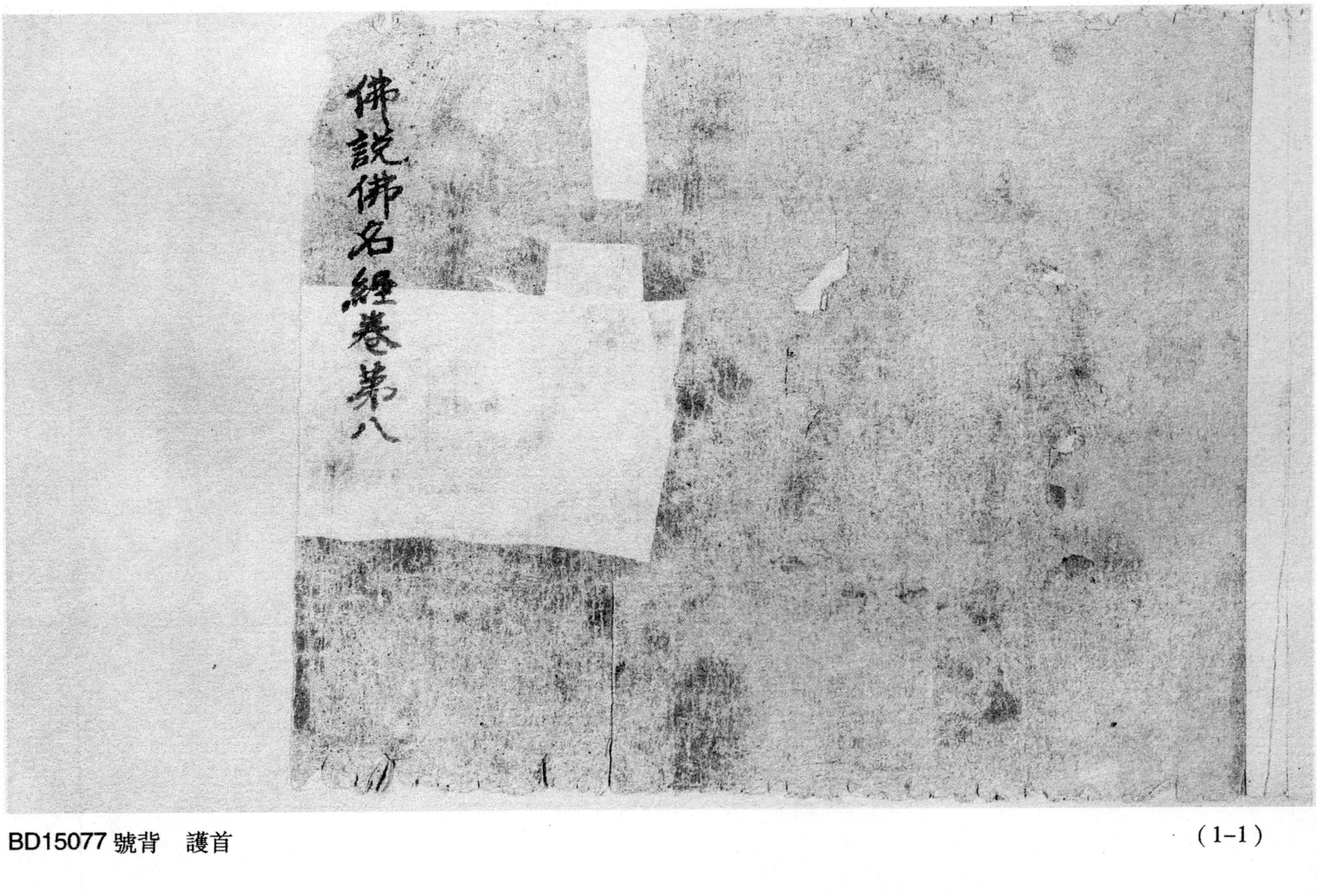

佛說佛名經卷第八

BD15077 號背　護首　（1–1）

佛說佛名經卷第八

BD15077號　佛名經（十六卷本）卷八　（44-1）

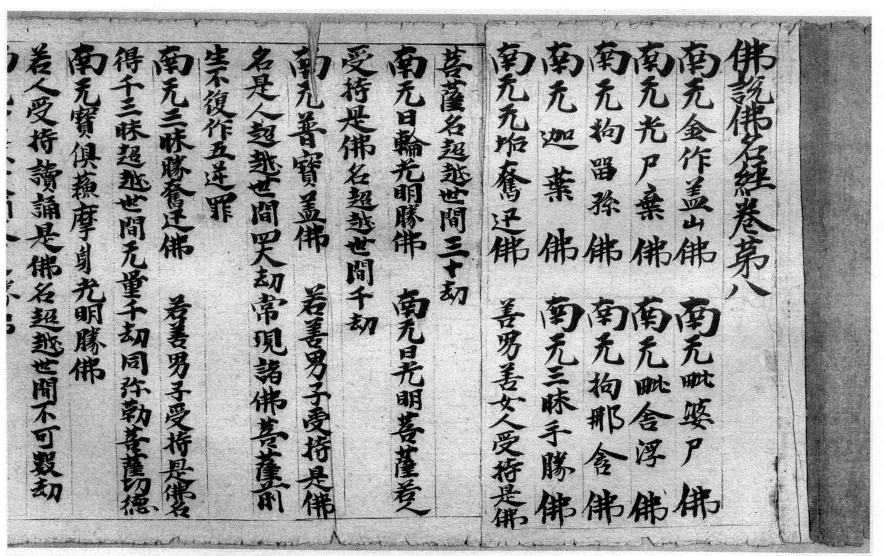

佛說佛名經卷第八
南无金作蓋山佛　南无毗婆尸佛
南无光尸棄佛　南无毗舍浮佛
南无拘留孫佛　南无拘那含佛
南无迦葉佛　南无三昧手勝佛
南无无垢奮迅佛　善男善女人受持是佛
菩薩名超越世間三十劫
南无日輪光明勝佛　南无日光明菩薩受
持是佛名超越世間千劫
南无善寶蓋佛　若善男子受持是佛
名是人超越世間四大劫常現諸佛菩薩前
生不復作五逆罪
南无三昧勝奮迅佛　若善男子受持是佛名
得千三昧超越世間无量千劫同弥勒菩薩功德
南无寶俱蘇摩身光明勝佛
若人受持讀誦是佛名超越世間不可數劫

BD15077號　佛名經（十六卷本）卷八　（44-2）

得千三昧超越世間无量千劫同弥勒菩薩功德
南无寶俱蘇摩身光明勝佛
若人受持讀誦是佛名超越世間不可數劫
南无寶勝波頭奮迅勝佛
若人受持是佛名超越世間卌劫
南无无量香勝王佛
若善男子受持是佛名超越世間无量劫常
得宿命
南无寶華奮迅如來
若人受持讀誦是佛名得千三昧諸衆生歸
命是人為諸佛如來之所讚歎是人超越世
間千劫不久轉法輪
南无大光明如來
若善男子受持是佛名超越世間卌劫
南无寶藏佛
若善男子受持是佛名超越世間六十劫
南无寶勝佛
若善男子受持是佛名若復有人捨七寶
如須弥山以用布施及恒河沙世界若復有人

南无寶勝佛
若善男子受持是佛名若復有人捨七寶
如須弥山以用布施及恒河沙世界若復有人
受持讀誦是佛名此福勝彼
南无名降伏魔人勝佛　南无降伏貪人自在佛
南无降伏瞋人勝佛　南无降伏癡自在佛
南无降伏衆魔人勝佛　南无降伏恨自在佛
南无降伏疾人勝佛　南无降伏諂曲自在佛
南无降伏耶見人勝佛　南无降伏獻自在佛
南无降伏法清淨人勝佛　南无業勝得名自在佛
南无如意通清淨得名人勝佛
南无起施得名自在王佛
南无起持戒清淨得名人勝佛
南无起忍辱得名自在名勝佛
南无起精進得名人勝佛
南无施思惟得名自在勝佛
南无戒思惟得名人勝佛
南无忍辱思惟得名自在佛
南无起思惟精進得名人勝佛

南无檀思惟得名自在勝佛
南无戒思惟得名人勝佛
南无忍辱思惟得名自在佛
南无起思惟精進得名人勝佛
南无起禪成就自在佛
南无起般若得名人勝佛
南无禪思惟得名自在佛
南无起思惟得名人勝佛
南无般若思惟得名人勝佛
南无行不可思議得名自在勝佛
南无行不可思議得名人勝佛
南无行起得名自在佛
南无惣持智清淨光明人勝佛
南无惣持色清淨得名自在佛
南无惣持雨清淨得名人勝佛
南无陁羅尼性清淨自在勝佛
南无陁羅尼稱清淨得名人勝佛
南无陁羅施清淨得名自在佛
南无空行得名人勝佛

BD15077 號　佛名經（十六卷本）卷八　（44–5）

南无陁羅尼性清淨自在勝佛
南无陁羅尼稱清淨得名人勝佛
南无陁羅施清淨得名自在佛
南无空行得名人勝佛
南无空无我得自在佛　南无眼光明人勝佛
南无耳光明人自在佛　南无鼻光明人勝佛
南无舌光明自在佛　南无身光明人勝佛
南无心光明自在佛　南无色光明人勝佛
南无聲光明自在佛　南无降伏香人勝佛
南无味光明自在佛　南无觸光明人勝佛
南无法光明自在佛　南无炎光明人勝佛
南无讚歎光明自在佛　南无火光明人勝佛
南无風光明自在佛　南无光明人勝佛
南无事光明自在佛　南无世光明人勝佛
南无拔苦自在佛　南无陰光明人勝佛
南无戒光明自在佛　南无不二光明人勝佛
南无生光明自在佛　南无聲光明人勝佛
南无地藥光明自在佛　南无駒光明人勝佛
南无香善光明自在佛　南无永光明人勝佛

BD15077 號　佛名經（十六卷本）卷八　（44–6）

南无生光明自在佛　南无聲光明人勝佛
南无地華光明自在佛　南无勝光明人勝佛
南无香善光明自在佛　南无永光明人勝佛
南无成就義佛　南无无畏王佛
南无不動佛　南无觀世自在佛
南无无量命佛　南无尼弥佛
南无火弥留佛　南无金剛佛
從此以上六千五百佛十二部經一切賢聖

南无初出日然燈月華寶波頭波金剛明
身盧舍那放无量寶光明照十方世界王佛
南无降伏龍佛　南无善調心佛
南无寶聚佛　南无火首佛
南无炎積佛　南无一切光明佛
南无日光佛　南无不可思議佛
南无无邊精進佛　南无无邊思惟佛
南无金色華佛　南无善智香佛
南无諍行佛　南无无漏佛
南无无邊智佛　南无賢身佛
南无賢佛　南无見佛

BD15077號　佛名經（十六卷本）卷八　（44-7）

南无金色華佛　南无善智香佛
南无諍行佛　南无无漏佛
南无无邊智佛　南无賢身佛
南无賢佛　南无見佛
南无无邊威德佛　南无次佛
南无堅安隱佛　南无娑羅佛
南无得名佛　南无波頭摩勝佛
南无稱蓮華佛　南无華佛
南无莊嚴佛　南无奮迅佛
南无善見佛　南无善敵對佛
南无善護世佛　南无无邊威德佛
南无第一勝佛　南无善行佛
南无无量威德佛　南无妙勝佛
南无勝供養佛　南无炎奮迅智聲自在佛
南无電光佛　南无照一切佛
南无不可思議佛　南无量色佛
南无无量光佛　南无善光華敷身佛
南无須弥山波頭摩勝王佛
南无求名發聲脩行佛

BD15077號　佛名經（十六卷本）卷八　（44-8）

南无不可思議佛　南无量色佛
南无无量光佛　南无善光華敷身佛
南无須弥山波頭摩勝王佛
南无求名發聲脩行佛
南无一切寶摩尼王放光明佛
南无无垢炎稱成就王佛
南无香寶光明佛　南无離諸煩惱佛
南无善智佛　南无善見佛
南无寶山莊嚴佛
南无慈行佛　南无閻浮檀香佛
南无邊智佛　南无无量威德佛
南无大稱佛　南无寶稱佛
南无火光明佛
南无電照光明佛　南无一切稱照佛
南无不可量佛　南无日光明佛
南无月照佛　南无切德海佛
南无具足切德佛　南无上行佛
南无无畏佛　南无師子幢佛
南无帝釋幢佛　南无火幢佛

BD15077號　佛名經（十六卷本）卷八　（44–9）

南无月照佛　南无切德海佛
南无具足切德佛　南无上行佛
南无无畏佛　南无師子幢佛
南无帝釋幢佛　南无火幢佛
南无善眼佛　南无莊嚴王佛
南无放光明光佛　南无无邊光佛
南无妙光佛　南无普護增上佛
南无雲自在佛　南无自在憶佛
南无日燈佛　南无上最佛
南无善生佛　南无无邊不可議德佛
南无普眼佛　南无波頭摩上佛
南无妙去佛　南无月起佛
南无燈佛　南无不歇足身佛
南无孫留幢佛　南无寶幢佛
南无火炎聚佛　南无自在幢佛
南无寶火佛　南无旃檀香佛
南无不定光明波頭摩敷身佛
南无无邊切德光明佛
從此以上六千六百佛十二部經一切賢聖

BD15077號　佛名經（十六卷本）卷八　（44–10）

南无寶火佛　南无旃檀香佛
南无不定光明波頭摩敷身佛
南无无邊切德光明佛
從此以上六千六百佛十二部經一切賢聖
南无薝蔔舊當色佛
南无无量光明佛
南无快光明波頭摩敷身佛
南无出須彌聚波頭摩王佛
南无星宿劫二万同名光作佛
南无二万同名盧舍那佛
南无二万同名釋迦牟尼佛
南无同名帝釋日太白星宿无量百千万不
可數佛
南无无垢光明佛　南无切德寶光明佛
南无精進力成就佛　南无清淨光佛
南无解脫一切縛佛　南无波頭摩藏勝佛
南无得无障导力解脫佛　南无不可怯弱十方稱香佛
南无盧舍那光明佛　南无寶聚佛
南无法幢懸佛　南无破一切闇曀佛

BD15077號　佛名經（十六卷本）卷八　（44–11）

南无解脫一切縛佛　南无波頭摩藏勝佛
南无得无障导力解脫佛　南无不可怯弱十方稱香佛
南无盧舍那光明佛　南无寶聚佛
南无法幢懸佛　南无破一切闇曀佛
南无普光明莊嚴作瓔佛　南无光明作佛
南无火炎佛　南无无邊行切德佛
南无法切德雲燃燈佛
南无財勝佛　南无然燈炬王佛
南无破一切衆生闇勝佛　南无妙見佛
南无妙勝佛　南无妙聞佛
南无山峯佛　南无金聖佛
南无飲甘露佛　南无无量光明佛
南无寶雞頭佛　南无无量毗尼勝王佛
南无電光照明羅網佛　南无成就无量切德佛
南无无量樂說境界佛　南无智勝成光明佛
南无降伏電日月作光佛
南无普句素摩勝夵舊迟一切德積佛
南无切德王光佛　南无善月佛
南无光莊嚴王佛　南无除陰蓋雞頭佛

BD15077號　佛名經（十六卷本）卷八　（44–12）

南无降伏電日月作光佛
南无普句素摩勝奮迅功德積佛
南无功德王光佛 南无善月佛
南无光莊嚴王佛 南无除憍施雞頭佛
南无福德光佛 南无普光上勝山佛
南无善住摩尼山佛 南无斷一切煩惱佛
南无釋迦牟尼佛 南无礫燈金剛堅固佛
南无寶熾佛 南无龍自在王佛
南无勇猛仙佛 南无寶月佛
南无離垢佛 南无无垢佛
南无勇猛得佛 南无淨佛
南无梵得佛 南无婆樓那天佛
南无婆樓那天佛 南无賢勝佛
南无旃檀勝佛 南无力士佛
南无歡喜威德勝佛 南无光明勝佛
南无无憂勝佛 南无句素摩勝佛
南无波頭摩樹提奮迅通佛
南无財勝佛 南无念勝佛

BD15077 號　佛名經（十六卷本）卷八　（44–13）

南无无憂勝佛 南无句素摩勝佛
南无波頭摩樹提奮迅通佛
南无財勝佛 南无念勝佛
南无善說名勝佛 南无毘羅鵄頭幢佛
南无妙勝佛 南无善覺安勝佛
南无妙安去佛 南无普照莊嚴佛
南无寶華安佛
南无寶波頭摩善住山自在王佛
南无光明幢火聚生莊嚴光王佛
南无妙華普法界智起聲佛
南无廣福德藏普光明照佛
南无普照大奮迅應羅網盧舍那佛
南无盧舍那華眼電光佛
南无家勝大師子意佛
南无到法界勝光盧舍那王佛
南无常无垢功德遍至稱佛
南无日華勝王佛
南无法自在智幢佛
南无廣善无垢威德梵聲佛

BD15077 號　佛名經（十六卷本）卷八　（44–14）

南无常无垢功德遍至稱佛
南无日華勝王佛
南无法自在智幢佛
南无廣善无垢威德梵聲佛
南无根本勝善導師佛
南无智力佛
南无弥樓威德佛
南无願清淨月光佛

從此以上六千七百佛十二部經一切賢聖

南无法海願出聲光佛
南无寶功德相莊嚴作光佛
南无妙聲地主天佛
南无勝進解去佛
南无見衆生歡喜佛
南无不動深光明盧舍那集慧佛
南无普放光明不可思議王佛
南无平等妙功德威德佛
南无速光明梵眼佛　南无解脫精進日炎明佛
南无普法身覺慧佛　南无普門一切衆生門見佛
南

BD15077號　佛名經（十六卷本）卷八　（44–15）

南无平等妙功德威德佛
南无速光明梵眼佛　南无解脫精進日炎明佛
南无普法身覺慧佛　南无普門一切衆生門見佛
南无毗耶迦无垢光明日炎雲佛
南无目陁羅光明炎幢佛
南无一切地處无垢月佛
南无覺虛空平等相佛
南无十方廣應雲幢佛
南无平等不平等盧舍那佛
南无宮心悲解脫空王佛
南无成就一切義須弥佛
南无不空步賢佛　南无妙吼勝佛
南无第一自在佛通王佛
南无不可思議功德盧舍那妙首佛
南无可信力幢佛
南无法界樹聲智慧佛
南无波頭摩光長善辟佛
南无不退功德海光佛
南无普主妙一切智速佛

BD15077號　佛名經（十六卷本）卷八　（44–16）

南无波頭摩光長善辟佛
南无不退切德海光佛
南无普生妙一切智速佛
南无師子光无量力智佛
南无見一切法清淨勝智佛
南无遠離一切憂惱佛
南无自在妙威德佛　南无金華火光佛
南无觀法界奮迅佛　南无然燈那羅延佛
南无然燈佛　南无應王佛
南无如來切德普門見佛
南无一切法普奮迅王佛　南无廣化自在佛
南无法界解脫光明不可思議意佛
南无如來无垢光佛
次礼十二部尊經大藏法輪
南无惟羅菩薩經　南无五十校計經
南无爲身无友覆經　南无惟留經
南无五陰事經　南无維訶念卅童經
南无慧明經　南无五母子經

BD15077 號　佛名經（十六卷本）卷八　（44–17）

南无爲身无友覆經　南无惟留經
南无五陰事經　南无維訶念卅童經
南无慧明經　南无五母子經
南无發意決疑經　南无慧上菩薩經
南无五十緣身行經　南无墮落憂婆塞經
南无賢者手力法行經　南无五蓋疑失行經
南无菩相經　南无賢手夫人經
南无百五偈經　南无坏喻經
南无內藏大方便經　南无五觀經
南无淨行經　南无內藏百品經
南无佛弟子調達經　南无仁賢幻士經
南无難提迦羅越經　南无如是有諸豎經
次礼十方諸大菩薩
南无賢菩薩　南无文殊師利菩薩
南无无垢稱菩薩　南无地藏菩薩
南无虛空藏菩薩　南无觀世音菩薩
南无大勢菩薩　南无香爲菩薩
南无大香爲菩薩　南无藥王菩薩

BD15077 號　佛名經（十六卷本）卷八　（44–18）

南无虚空藏菩薩　南无觀世音菩薩
南无大勢菩薩　南无香為菩薩
南无大香為菩薩　南无藥王菩薩
南无藥上菩薩　南无金剛藏菩薩
南无解脫月菩薩　南无弥勒菩薩
南无奮迅菩薩　南无无所發菩薩
南无陀羅尼自在王菩薩　南无堅意菩薩
南无无盡意菩薩
歸命如是等无量无邊菩薩
南无東方九十億百千万同名梵息菩薩
南无南方九十億百千万同名不隆陀羅菩薩
南无西方九十九億百千同名大功德菩薩
南无北方九十九億百千同名大藥王菩薩
從此以上三千六百佛十二部經一切賢聖

歸命如是等十方世界无量无邊諸大菩薩
次礼聲聞緣覺一切賢聖
南无毗離耶辟支佛　南无俱薩羅辟支佛
南无波藪陀羅辟支佛　南无无毒淨心辟支佛
南无實无垢辟支佛　南无福德辟支佛

BD15077號　佛名經（十六卷本）卷八　（44–19）

南无毗離耶辟支佛　南无俱薩羅辟支佛
南无波藪陀羅辟支佛　南无无毒淨心辟支佛
南无實无垢辟支佛　南无福德辟支佛
南无黑辟支佛　南无唯黑辟支佛
南无直福德辟支佛　南无識辟支佛
歸命如是等十方无量无邊辟支佛
礼三寶已次復懺悔
夫論懺悔者本是改往脩来滅惡興善
人生居世誰能无過學人失念尚起煩惱
羅漢結習動身口業豈况凡夫而當无過
但智者先覺便能改悔愚者覆藏遂使
滋蔓所以積習長夜曉悟无期若能慙
愧發露懺悔者豈惟正是滅罪而已亦復
增長无量功德樹立如来涅槃妙果若欲
行此法者先當外肅形儀瞻奉尊像内起
敬意緣於想法身切懇至到生二種心何等
為二一者自念我此形命難可常保一朝散壞
不知此身何時可復若復不值諸佛賢聖

BD15077號　佛名經（十六卷本）卷八　（44–20）

為二一者自念我於形命難可常保一朝散壞
不知此身何時可復若復不值諸佛賢聖
忽遭逢惡友造衆罪業復應墮落深坑
嶮趣二者自念我此生中雖得值遇如來正
法為佛弟子之法紹繼聖種淨身口意善
法自居而今我等公自作惡而復覆藏
言他不知謂彼不知隱匿在心傲然无愧此
實天下愚惑之甚即今現有十方諸佛諸大
地菩薩諸大神仙何曾不以清淨天眼見
於我等所作罪惡又復幽顯靈祇注記罪
福纖豪无差夫論作罪之人命終之後牛
頭獄卒錄其精神在閻羅王所辯覈是
非當尒之時一切怨對皆來證據各言汝先
屠裂我身炮煮蒸炙或言汝先剝奪於我
一切財寶離我眷屬我於今者始得汝便于
時現前證據何得敢諱唯應甘心分受宿
殃如經所明地獄之中不枉治人若其平素所
作衆罪心自忘失者是其生時造惡之處一

BD15077號　佛名經（十六卷本）卷八　（44–21）

時現前證據何得敢諱唯應甘心分受宿
殃如經所明地獄之中不枉治人若其平素所
作衆罪心自忘失者是其生時造惡之處一
切諸相皆現在前各言汝昔在於我邊作
如是罪今何得諱是為作罪无藏隱處
於閻羅王切齒呵責將付地獄歷劫窮年
求出莫由此事不遠不關他人正是我身
自作自受雖父子至親一旦對至无代受
者衆等相與及其形休體无衆疾各自
努力與命相競大怖至時悔无所及是故
弟子至心歸依於佛
南无東方疑破淨光佛　南无南方无憂功德佛
南无西方華嚴神通佛　南无北方月殿清淨佛
南无東南方破一切闇佛　南无西南方大悲觀衆生佛
南无西北方香遍放光明佛　南无東北方无量功德海佛
南无下方斷一切疑佛　南无上方離一切憂佛
如是十方盡虛空界一切三寶
弟子等從无始以來至於今日積聚无明鄣

BD15077號　佛名經（十六卷本）卷八　（44–22）

南无下方斷一切疑佛　南无上方離一切憂佛
如是十方盡虛空界一切三寶
弟子等從无始以來至於今日積聚无明鄣
蔽心目隨煩惱性造三業罪或耽染愛著起
於貪欲煩惱或瞋恚忿怒懷害煩惱或
昏懵瞪瞢不了煩惱或我慢自高輕傲煩惱
疑惑正道猶豫煩惱謗无因果邪見煩惱
不識緣假著我煩惱迷於三世執斷常煩惱
朋狎惡法起見取煩惱僻稟邪師造戒取煩
惱乃至一切四執橫計煩惱今日至誠皆悉懺悔
又復无始以來至於今日守惜堅著起慳悋
煩惱不攝六情奢誕煩惱心行斷惡不忍煩
惱怠墮緩縱不勤煩惱情慮躁動覺
觀煩惱觸境迷惑无知解煩惱隨世八風
生彼我煩惱諂曲面譽不直心煩惱獷強
難觸不調和煩惱易忿難悅多含恨
煩惱嫉妬擊刺佷戾煩惱凶險暴害諂
毒煩惱乖背二諦執相煩惱於苦集滅
道生顛倒煩惱隨從生死十二因緣流轉煩

BD15077號　佛名經（十六卷本）卷八　（44–23）

難觸不調和煩惱易忿難悅多含恨
煩惱嫉妬擊刺佷戾煩惱凶險暴害諂
毒煩惱乖背二諦執相煩惱於苦集滅
道生顛倒煩惱隨從生死十二因緣流轉煩
惱乃至无始无明住地恒沙煩惱起四住地
構於三界苦果煩惱如是諸煩惱无量无邊
惱亂賢聖六道四生今日發露向十方佛尊
法聖眾皆悉懺悔
願弟子等承是懺悔會瞋癡等一切煩
惱生生世世折憍慢幢竭愛欲水滅瞋恚
火破愚癡闇拔斷疑根裂諸見網深識三
界猶如牢獄四大毒蛇五陰怨賊六入空聚
愛詐親善脩八聖道斷无明源正向涅
槃不休不息卅七品心心相應十波羅蜜常
現前在　作礼一拜
南无盧舍那世間輪勝聲佛
南无波頭摩勝无邊眼佛
南无喜樂成佛　南无一切智行境界慧佛
南无廣稱妙聲佛　南无虛空无垢智月佛

BD15077號　佛名經（十六卷本）卷八　（44–24）

南无淨頭摩□无邊明佛

南无喜樂成佛　南无一切智行境界慧佛

南无廣稱妙聲佛　南无虛空无垢智月佛

南无福德海厚雲相華佛

南无能作喜勝雲佛　南无勝聲吼幢佛

南无觀眼奮迅佛　南无无盡智金剛佛

南无普眼日藏照佛　南无一切吼聲佛

南无无量智敷佛　南无一切福德務勤佛

南无根日威德佛　南无滿光明身光佛

南无地第一相華佛　南无雲无畏見佛

南无平等言語難顯佛　南无寶然燈王佛

南无堅精進奮迅成就義心佛

南无堅照觀稱佛　南无慈光明稱勝佛

南无福德稱上勝佛　南无念一切衆生稱勝佛

南无須彌安稱勝佛　南无畢慚愧稱上勝佛

南无教化一切世間佛　南无離一切憂佛

南无離一切難佛　南无離一切世間佛

南无能轉合佛　南无轉女佛

南无轉男女降伏佛　南无佛華勝上王佛

BD15077 號　佛名經（十六卷本）卷八　（44–25）

南无離一切難佛　南无離一切世間佛

南无能轉合佛　南无轉女佛

南无轉男女降伏佛　南无佛華勝上王佛

南无不空說名佛　南无善慧法通王佛

南无十方廣功德稱天盡樂佛

南无愛大智見不空聞名佛

南无无量智勝佛　南无成就梵功德佛

南无香為佛　南无金剛密迹佛

南无善轉成就義佛　南无盧舍那化勝威德佛

南无常功德然燈[illegible]慧佛　南无到諸疑彼岸月佛

南无到法界无量聲慧佛　南无然燈勝光明佛

南无法界日光明佛

南无无邊无中劫德海轉法輪聲

南无不可思議智見佛

南无寶勝光明威德王佛

南无无盡功德妙莊嚴佛

南无不可量力普吼佛

南无普明滿足然燈佛

BD15077 號　佛名經（十六卷本）卷八　（44–26）

南无无盡功德如來嚴佛
南无不可量力普吼佛
南无普明滿足然燈佛
南无勝功德炬佛
南无波頭摩師子坐奮迅齊佛
南无智聚覺光佛
南无善住法然燈王佛
南无放身炎幢佛
南无一切德雲普光明佛
南无第一光明金庭燎佛
南无觀一切法海无差別光明佛
南无化日佛
南无善思惟佛
南无敷華心波頭摩佛

從此上六千九百佛十二部經一切賢聖
南无月光自在佛
南无金剛波頭摩勝佛
南无自在幢佛
南无龍稱无量功德佛

南无大龍聲佛
南无善住法然燈王佛
南无不空見生喜作佛
南无清淨衆生行佛
南无敷華相月智佛
南无寶蓋勝盧舍那佛
南无精進勝堅慧佛
南无清淨眼佛
南无无盡法海寶幢佛
南无廣俱蘇摩作佛
南无一切智輪照盧舍那佛
南无寶功德顯光佛

BD15077號　佛名經（十六卷本）卷八　（44–27）

南无月光自在佛
南无金剛波頭摩勝佛
南无自在幢佛
南无龍稱无量功德佛
南无一切力莊嚴慧佛
南无寶炎面門幢佛
南无廣得一切法齊佛
南无寶山幢佛
南无清淨一切義功德幢佛
南无无障导一切法界盧舍那佛
南无勝三昧精進慧佛
南无无导法界然燈佛
南无无导法界須彌幢勝佛
南无善擬分俱蘇摩作王佛
南无德世間功德大海佛
南无寶師子功佛
南无波頭摩善化幢佛
南无无盡光明普門聲佛
南无普功德雲勝威德佛

南无无盡法海寶幢佛
南无廣俱蘇摩作佛
南无一切智輪照盧舍那佛
南无寶功德顯光佛
南无寶炎須彌山佛
南无成就一切願光明佛
南无光光明羅網勝佛
南无无邊虛智義海佛
南无一切通首王佛
南无普智海王佛

BD15077號　佛名經（十六卷本）卷八　（44–28）

南无寶[illegible]佛　南无普智[illegible]王佛
南无波頭摩善化幢佛
南无无盡光明普門聲佛
南无普功德雲勝威德佛
南无勝慧海佛　南无智力華雲佛
南无香光威德佛　南无善門見无障导清淨佛
南无不可降伏法自在慧佛
南无波頭摩光明敷王佛
南无大精進善智慧佛
南无堅王幢佛　南无不可降伏妙威德佛
南无精進德佛　南无一切德勝王心佛
南无善成就无邊功德王佛
南无斷諸疑廣善眼佛
南无妙功德勝慧佛
南无過諸光明勝光明佛　南无須彌山然燈佛
南无无盡化善雲佛　南无无量光明化王佛
南无日智梵行佛　南无師子眼炎雲佛
南无大海天炎門佛　南无覺佛智勝佛
南无智勝佛　南无无量味大聖佛

BD15077號　佛名經（十六卷本）卷八　（44–29）

南无日智梵行佛　南无師子眼炎雲佛
南无大海天炎門佛　南无覺佛智勝佛
南无智勝佛　南无无量味大聖佛
南无无垢速雲聞佛　南无蒲法界盧舍那佛
南无金色華佛　南无大功德華敷无垢佛
南无照勝威德王佛　南无不住眼无垢佛
南无无号莊嚴佛　南无轉燈輪幢佛
南无法智差別佛　南无法界輪佛
南无一切佛　南无寶勝王佛
南无无邊光明智輪幢佛　南无着智幢佛
南无師子佛　南无月智佛
南无照佛
南无常放普光明台功德海王佛
南无无邊光明法界莊嚴佛
南无長辟佛　南无无高王佛
南无无垢地平等光明世界普照十方光明
聲吼虛空盧舍那佛
南无清淨華池莊嚴世界普門見妙光明佛
南无无邊功德住持世界无邊功德普光佛

BD15077號　佛名經（十六卷本）卷八　（44–30）

南无无垢地平等光明世界普照十方光明
聲吼虛空盧舍那佛
南无清淨華池莊嚴世界普門見妙光明佛
南无无邊功德住持世界无邊功德普光佛
南无弥留勝然燈世界普光明虛空鏡像佛
南无一切妙聲愛聞世界喜樂見華火佛
南无妙聲莊嚴世界寶須弥山燈佛
南无一切寶色莊嚴光明照世界善住法界聲幢佛
南无香藏金剛莊嚴世界金剛光明電聲吼佛
南无炎聲世界不可降伏力月佛
南无寶波頭摩閻錯莊嚴无垢世界法城慧吼聲佛
南无能與樂世界十方世界廣稱名智燈佛
南无手无垢善光无垢羅網世界。師子光明佛
滿足德大海佛
南无妙華幢照世界大智敷華光明佛
南无无量莊嚴閻錯世界高智種種光明佛
南无无邊莊嚴世界普滿法界幢眼佛
南无寶蓋普光莊嚴世界妙慧上首佛
南无鷄王世界作月明幢佛

南无量莊嚴閻錯世界高智種種光明佛
南无无邊莊嚴世界普滿法界幢眼佛
南无寶蓋普光莊嚴世界妙慧上首佛
南无鷄王世界作月明幢佛
南无无垢藏莊嚴世界善覺梵威德佛
南无寶光明身世界佛種力虛空然燈佛
南无寶道瓔珞成就世界一切諸波羅蜜相大海
威德佛
南无寶鷄妙幢世界大海廣功德吼照佛
南无輪塵普蓋世界斷一切著作佛
南无不可思議莊嚴普照嚴光明照世界
无差別智光明功德海佛
南无无盡光明擇幢世界无邊法界无垢光明佛
從此以上七千佛十二部經一切賢聖

南无放寶炎華世界清淨寶鏡像佛
南无炎藏世界无障导奮迅光明吼佛
南无寶輪平等光莊嚴世界普光明佛
南无旃檀樹鷄幢世界清淨一切念光藏光明佛
南无佛國土色輪善脩莊嚴世界廣喜見光

南无寶輪平等光莊嚴世界普光明佛
南无栴檀樹蠲幢世界清淨一切念无髮光明佛
南无佛國土色輪善脩莊嚴世界廣善見光
明智慧佛
南无微細莊嚴照世界法界奮迅善觀佛
南无微細莊嚴世界奮迅善觀佛
南无无邊色形相世界无障㝵智成就佛
南无普炎雲火然世界不退轉法輪吼佛
南无種種寶莊嚴清淨輪世界清淨相威德佛
南无究竟善脩世界无障㝵日眼佛
南无善作堅固金剛坐成就世界過法界
智身光明佛
南无十方莊嚴无障㝵世界寶炬佛
南无差別色光明世界普光明華雲王佛
南无寶門種種世界普見妙功德光明佛
南无摩尼頂作蠲王明世界普十方聲雲佛
南无自在摩尼金剛藏世界智勝須彌王佛
南无摩尼衣坐成就勝世界放香光明功德

BD15077 號　佛名經（十六卷本）卷八　（44–33）

南无自在摩尼金剛藏世界智勝須彌王佛
南无摩尼衣坐成就勝世界放香光明功德
寶莊嚴
南无華𨎉波羅莊嚴世界普智幢聲王佛
南无寶莊嚴種種藏世界一切法无畏然燈佛
南无香勝无垢光明世界普喜速勝王佛
南无日幢樂藏世界普門智盧舍那吼佛
南无香莊嚴快藏世界无量功德海光明佛
南无寶師子火光明世界法界電光明佛
南无相快照世界无障㝵功德稱解脫光明光佛
南无功德成就光明照世界清淨眼无垢然燈佛
南无種種香華脫莊嚴世界師子光明燈光佛
南无寶莊嚴平等光明世界廣光明智勝幢佛
南无種種光明蠲快世界金光明无量力日成
就佛
南无放光勾素摩沉淪世界香光明喜力堅
固佛
南无光明清淨種種作世界光明力堅固佛

BD15077 號　佛名經（十六卷本）卷八　（44–34）

南无放光勾素摩沉淪世界香光明喜力堅
固佛
南无光明清淨種種作世界光明力堅固佛
南无光明清淨種種作世界普明自在幢佛
南无勾素弥多尖輪莊嚴世界喜海疾功德
德稱自在王佛
南无地成就威德世界廣稱智海幢佛
南无放聲吼吼世界相光明月佛
南无金剛幢世界一切法海勝王佛
南无无量功德莊嚴世界无量功德莊嚴法住佛
南无光明照世界梵自在勝佛
南无生无垢光明世界妙法界勝吼佛
南无種種光明照燈世界不可燋力普光
明幢佛
南无照平等光明世界无垢功德日眼佛
南无寶作莊嚴世界无障导智普照十方佛
南无无塵世界无量勝行幢佛
南无清淨光明世界法界盡空平等光照明佛
南无寶藏波浪勝成就世界功德相雲勝燈佛

BD15077 號　佛名經（十六卷本）卷八　（44–35）

南无寶作莊嚴世界无障导智普照十方佛
南无无塵世界无量勝行幢佛
南无清淨光明世界法界盡空平等光照明佛
南无寶藏波浪勝成就世界功德相雲勝燈佛
南无宮殿莊嚴幢世界盧舍那勝須光明佛
南无鎮勝藏世界一切法无邊海慧佛
南无善化香勝世界相法化普光佛
南无快地色光世界善眷屬盧舍那佛
南无善作敷世界法行喜无盡慧佛
南无勝福德威德輪世界无垢清淨普光明佛
南无摩尼寶波頭摩莊嚴世界清淨眼光勝佛
南无尖地成就世界无量力成就慧佛
次礼十二部尊經大藏法輪
南无維摩詰解經　南无旃陁調弗經
南无説道有空經　南无本起經
南无旃檀經　南无佛寶三昧經
南无丹三十二相經　南无目連遊諸國經
南无佛在拘尸國經　南无理家難經
南无憂墮國經　南无欲從本相有經

BD15077 號　佛名經（十六卷本）卷八　（44–36）

南无丹三十二相經　南无目連遊諸國經
南无佛在拘薩羅國經　南无理家難經
南无夏憂陏國經　南无欲從本相有經
南无文殊師利淨律經　南无佛誨過經
南无虎耳經　南无分陁利經
南无大忍辱經　南无佛說摩登伽經
南无自在王菩薩經　南无分別六情三矢蓋經
南无佛說法通王經　南无智心經
南无八德經　南无大道地經
南无城喻經　南无八十種好經
南无大弥寶積憍經　南无觀像經
次礼十方諸大菩薩
南无善意菩薩　南无善眼菩薩
南无世間菩薩　南无尸毗王菩薩
南无一切勝菩薩　南无知大地菩薩
南无大藥菩薩　南无鳩舍菩薩
南无阿難念弥菩薩　南无須生菩薩
南无喜見菩薩　南无欝多羅菩薩

南无大藥菩薩　南无鳩舍菩薩
南无阿難念弥菩薩　南无須生菩薩
南无喜見菩薩　南无欝多羅菩薩
南无薩和檀菩薩　南无長壽王菩薩
南无羼提菩薩　南无棄藍菩薩
南无睒菩薩　南无月蓋菩薩

從以上七千一百佛十二部經一切賢聖
南无月首菩薩　南无法首菩薩
南无成就菩薩　南无弥勒菩薩
南无復有金剛藏菩薩　南无金剛首菩薩
南无无垢藏菩薩　南无无垢稱菩薩
南无除疑菩薩　南无无垢德菩薩
南无網明菩薩　南无无量明菩薩
次礼聲聞緣覺賢聖
南无香辟支佛　南无有香辟支佛
南无見一切飛騰辟支佛　南无可波羅辟支佛
南无勝摩利辟支佛　南无月淨辟支佛
南无善智辟支佛　南无脩羅辟支佛
南无善法辟支佛　南无應求辟支佛

南无見人飛廝辟支佛　南无可沉賢辟支佛
南无騰摩利辟支佛　南无月淨辟支佛
南无善智辟支佛　南无脩羅辟支佛
南无善法辟支佛　南无應求辟支佛
南无甜求辟支佛　南无大勢辟支佛
歸命如是等十方盡虛空界諸大辟支佛
衆等相與即今身心寂靜无諂无障正是生
善滅惡之時復應各起四種觀行以為滅罪
作前方便何等為四一者觀於因緣二者
觀於果報三者觀我自身四者觀如來身
苐一觀因緣者知我此罪藉以无明不善思
惟无正觀力不識其過遠離善友諸佛菩
薩隨逐魔道行邪嶮逕如魚吞鉤不知其
患如蠶作繭自縈自縛如蛾赴火自燒自爛
以是因緣不能自出
苐二觀於果報者所有諸惡不善之業三世
流轉苦果无窮沉溺无邊巨夜大海為諸
煩惱羅刹所食未來生死冥然无崖設使
報得輪轉聖王王四天下飛行自在七寶具

BD15077號　佛名經(十六卷本)卷八　(44–39)

流轉苦果无窮沉溺无邊巨夜大海為諸
煩惱羅刹所食未來生死冥然无崖設使
報得輪轉聖王王四天下飛行自在七寶具
足命終之後不免惡趣四空果報三界尊極
福盡還作牛領中虫况復其餘无福德者
而復懈怠不勤懺悔此亦譬如抱石沉淵求
出良難
苐三觀我自身雖有正因靈覺之性而為
煩惱黑闇叢林之所覆蔽无了因力不能
得顯我今應當發起勝心破裂无明顛倒
重障斷滅生死虛偽苦因顯發如來大明
覺慧建立无上涅槃妙果
苐四觀如來身者无為寂照離四句絕百非
衆德具足湛然常住雖復方便入於滅度
慈悲救接未曾暫捨生如是心可謂滅罪
之良津除障之要行是故弟子今日至到稽
首歸於依佛
南无東方勝藏珠光佛
南无南方寶積示現佛

BD15077號　佛名經(十六卷本)卷八　(44–40)

之良津除障之要行是故弟子今日至到稽
首歸於依佛
南无東方勝藏殊光佛
南无南方寶積示現佛
南无西方法界智燈佛
南无北方宬勝降伏佛
南无東南方龍自在王佛
南无西南方轉一切生死佛
南无西北方无邊自在佛
南无東北方无邊功德月佛
南无下方海智神通佛
南无上方一切勝王佛
如是等十方盡虛空界一切三寶
弟子等无始以來至於今日長養煩惱
日深日厚日滋日茂覆蓋慧眼令无所見
斷除衆善不得相續起障不得見佛不聞
正法不值聖僧煩惱起障不見過去未來
一切世間善惡業行之煩惱障愛人天尊貴
之煩惱障生色无色界禪定福樂之煩惱障

BD15077號　佛名經（十六卷本）卷八　（44–41）

[illegible]
正法不值聖僧煩惱起障不見過去未來
一切世間善惡業行之煩惱障愛人天尊貴
之煩惱障生色无色界禪定福樂之煩惱障
不得自在神通飛騰隱顯遍至十方諸佛
淨土聽法之煩惱障學安那般那數息不淨
觀諸煩惱障學慈悲喜捨因緣煩惱障
學七方便三觀義煩惱障學四念處煩惱
忍煩惱障學聞思脩第一法煩惱障學空
平等中道解煩惱障學八聖道示相之煩惱
障學七覺枝不示相煩惱障學於道品
因緣觀煩惱障學八解脫九空之煩惱障
學於十智三三昧煩惱障學三明六通四无
㝵煩惱障學六度四等煩惱障學四攝法
廣化之煩惱障學大乘心四弘誓願煩惱障
學十明十行之煩惱障學十迴向十願之煩
惱障學初地二地三地四地明解之煩惱障
學五地六地七地諸知見煩惱障學八地九
地十地雙照之煩惱障如是乃至障佛果
[illegible]

BD15077號　佛名經（十六卷本）卷八　（44–42）

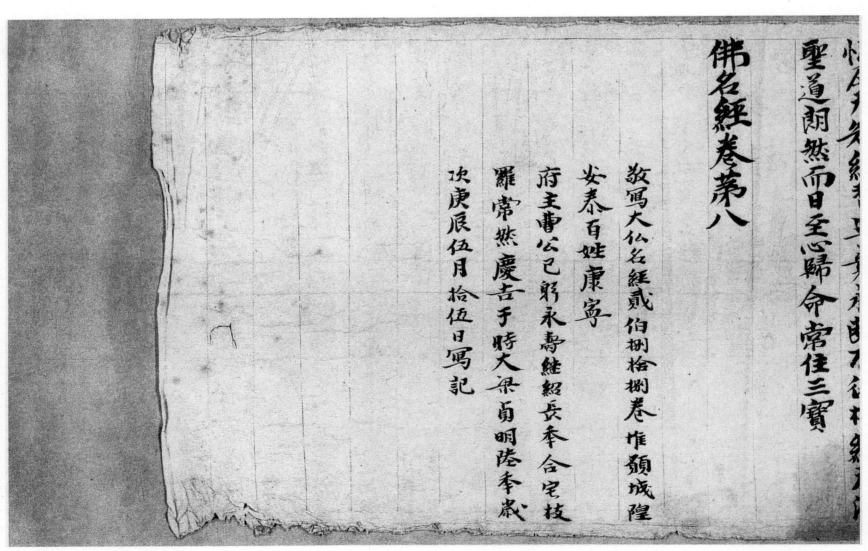

惱障學初地二地三地四地明解之煩惱障
學五地六地七地諸知見煩惱障學八地九
地十地雙照之煩惱障如是乃至障佛佛果
百万阿僧祇諸行上煩惱如是行障无量无
邊弟子今日至到稽顙向十方佛尊法聖
衆慙愧懺悔願皆消滅願弟子藉此懺
悔障於諸行一切煩惱願弟子在在處處自在
受生不為結業之所迴轉以如意通於一念
須遍至十方淨諸佛土攝化衆生於諸禪
定甚深境界及諸知見通達无碍心能
普周一切諸法樂說无窮而不染着得心
自在智慧自在智慧自在方便自在令此煩
惱及无知結習畢竟永斷不復相續无漏
聖道朗然而日至心歸命常住三寶

佛名經卷第八

敬寫大佛名經貳伯捌拾捌卷 惟願城隍

BD15077號　佛名經（十六卷本）卷八　（44–43）

聖道朗然而日至心歸命常住三寶

佛名經卷第八

敬寫大佛名經貳伯捌拾捌卷 惟願城隍
安泰百姓康寧
府主曹公己躬永壽繼紹長年合宅枝
羅常然慶吉于時大梁貞明陸年歲
次庚辰伍月拾伍日寫記

BD15077號　佛名經（十六卷本）卷八　（44–44）

BD15077 號背　勘記　　　　　　　　　　　　（1–1）

大涅槃經第二卷

如
世界或閻浮提
提或閻浮提示現涅槃
而諸衆生皆謂如來實般涅槃
男子如來之性實无生滅爲化衆生
滅善男子如此滿月餘方見半此方半月餘
方見滿閻浮提人若見月初皆謂一日起初
月想見月盛滿謂十五日生盛滿想而此月
性實无虧盈因須彌山而有增減善男子如
來亦尒於閻浮提或現初生或示涅槃現始
生時猶如初月一切皆謂童子初生行於七
步如二日月或復示現入於書堂如三日月
示現出家如八日月放大智慧微妙光明能
破无量衆生魔衆如十五日盛滿之月或復
示現卅二相八十種好以自莊嚴而現涅槃
譬如月蝕如是衆生所見不同或見半月或
見滿月或見月蝕而此月性實无增減侵蝕

步如二日月或復示現入方書臺如三日月
示現出家如八日月放大智慧微妙光明能
破无量衆生魔衆如十五日盛滿之月或復
示現卅二相八十種好以自莊嚴而現涅槃
譬如月蝕如是衆生所見不同或見半月或
見滿月或見月蝕而此月性實无增減浸蝕
之者常是滿月如來之身亦復如是是故名
爲常住不變
復次善男子譬如滿月一切悉現在在處處
城邑聚落山澤水中若井若池及諸水器一
切皆現有諸衆生行百由旬百千由旬見月
常隨凡夫愚人妄生憶想言我本於城邑屋
宅見如是月今復於此空澤見之爲是本月
爲異於本各作是念月形大小或言如鏡口
或言如車輪或言如卅九由旬一切皆見月
之光明或見團圓猶如金槃是月性一種種
衆生各見異相善男子如來亦尒出現於世
或有人天而作是念如來今者在我前住復
有畜生亦生是念如來今者在我前住或有
聾瘂亦見如來有聾瘂相衆生雜類言音各
異皆謂如來悉同己語亦各生念在我舍宅
受我供養或有衆生見如來身廣大无量或
見微小或有見佛是聲聞像或復有見爲緣
覺像有諸外道復各念言如來今者在我法
中出家學道或有衆生復作是念如來今者
獨爲我故出現於世如來實性譬如彼月即
是法身是无生身方便之身隨順於世示現
无量本業因緣在在處處示現有生猶如彼

覺傷有諸外道復各念言如來今者在我法
中出家學道或有衆生復作是念如來今者
獨爲我故出現於世如來實性譬如彼月即
是法身是无生身方便之身隨順於世示現
无量本業因緣在在處處示現有生猶如彼
月以是義故如來常住无有變易
復次善男子如羅睺羅阿脩羅王以手遮月
世間諸人咸謂月蝕阿脩羅王實不能蝕以
阿脩羅鄣其明故是月圓圓无有虧損但以
手鄣故使不現若攝手時世間咸謂月復還
生皆言是月多受苦惱假使百千阿脩羅王
不能惱之如來亦尒示有衆生於如來所生
麁惡心出佛身血起五逆罪至一闡提爲未
來世諸衆生故如是示現壞僧斷法而作留
難假使无量百千億魔不能浸出如來身血
所以者何如來之身无有血肉筋脉骨髓如
來真實无惱壞衆生皆謂法僧毀壞如來滅
盡而如來性真實无變无有破壞隨順世
間如是示現復次善男子如二人鬪若以刀
杖傷身出血雖至於死不起煞想如是業相
輕而不重於如來所本无煞心雖出身血是
業亦尒輕而不重如來如是於未來世爲化
衆生示現業報復次善男子猶如良醫懃教
其子醫方根本此是根藥此是味藥此是色
藥種種相貌汝當善知其子敬奉父之所勑
精懃習學善解諸藥是醫後時壽盡命
終其子號慕而作是言父本教我根藥如是莖
藥如是葉藥如是色如是味

其子醫方祕本此是根藥此是
藥種種相貌汝當善知其子敬奉父之所勅
精懃習學善解諸藥是醫後時壽盡命
終其子啼慕而作是言父本教我根藥如是莖
藥如是華藥如是色相如是如來亦尒為化
衆生示現制戒應當如是受持莫犯作五逆
罪誹謗正法及一闡提為未來世起是事者
是故示現欲令比丘於佛滅後作如是知如
此經甚深之義此是戒律輕重之相此是
阿毗曇分别法句如彼醫子
復次善男子如人見月六月一蝕而上諸天須
臾之間已見月蝕何以故彼天日長人閒短
故善男子如來亦尒天人咸謂如來壽短如彼
天人須臾之閒頻見月蝕如來又於須臾之
閒示現百千万億涅槃斷煩惱魔陰魔死
魔是故百千万億天魔悉知如來入涅槃
又復示現无量百千先業因緣隨順世閒種
種性故示現如是无量无邊不可思議是故
如來常住无變
復次善男子譬如明月衆生樂見是故稱月
号為樂見衆生若有貪恚愚癡則不得稱
為樂見也如來如是其性純善清淨无垢是
實可稱為樂見也樂法衆生視之无猒惡心
之人不憙瞻覩以是義故言如來譬如明月
復次善男子譬如日出有三時異謂春夏冬
冬日則短春日處中夏日極長如來亦尒於
此三千大千世界為短壽者及諸聲聞示
現短壽斯等見已咸謂如來壽命短促譬如冬

BD15078號　大般涅槃經（北本異卷）卷九　（30–4）

之人不意瞻覩故言如來譬如日月
復次善男子譬如日出有三時異謂春夏冬
冬日則短春日處中夏日極長如來亦尒於
此三千大千世界為短壽者及諸聲聞示
現短壽斯等見已咸謂如來壽命短促譬如冬
日為諸菩薩示現中壽若至一劫若減一劫
譬如春日唯佛覩佛其壽无量譬如夏日善
男子如來所說方等大乘微密之教示現世
間而大法雨於未來世若有人能護持是典
開示分別利益衆生當知是輩真是菩薩譬
如盛夏天降甘雨若有聲聞緣覺之人聞佛
如來微密之教譬如冬日多遇冷患菩薩之
人若聞如是微密教誨如來常住性无變易
譬如春日萌牙開敷而如來性實无長短為
世間故示現如是即是諸佛真實法性
復次善男子譬如衆星晝則不現而人皆謂
晝星滅沒其實不沒所以不現日光映故如
來亦尒聲聞緣覺不能得見猶如世人不見
晝星復次善男子譬如陰闇日月不現愚夫
謂言日月失沒而是日月實无失沒如來正
法滅盡之時三寶現沒亦復如是非為永滅
是故當知如來常住无有變易何以故三寶
真性不為諸垢之所染故
復次善男子譬如黑月彗星夜現其明炎熾
暫出還沒衆生見已生不祥想諸辟支佛亦
滅度生憂悲想而如來身實不滅沒如彼日
月无有滅沒
復次善男子譬如日出衆霧悉除此大涅槃

復次善男子譬如黑月彗星夜現其明炎熾
暫出還沒衆生見已生不祥想諸辟支佛亦
滅度生憂悲想而如來身實不滅沒如彼日
月无有滅沒
復次善男子譬如日出衆霧悉除此大涅槃
微妙經典亦復如是出興於世若有衆生一
經耳者悉能滅除一切諸惡无間罪業是大
涅槃甚深境界不可思議善說如來微密之
性以是義故諸善男子善女人等應於如來
生常住心无有變易正法不斷僧寶不滅是
故應當多循方便勤學是典是人不久當得
阿耨多羅三藐三菩提是故此經名為无量
功德所成亦名菩提不可窮盡以不盡故
得稱為大般涅槃有善光故猶如夏日身无
邊故名大涅槃

大般涅槃經菩薩品第十六

復次善男子如日月光諸明中最一切諸明
所不能及大涅槃光復亦如是於諸契經三
昧光明最為殊勝諸經三昧所有光明所不
能及何以故大涅槃光能入衆生諸毛孔故
衆生雖无菩提之心而能為作菩提因緣是
故復名大般涅槃迦葉菩薩白佛言世尊如
佛所說大涅槃光入於一切衆生毛孔衆生
雖无菩提之心而能為作菩提因者是義不
然何以故世尊犯四重禁作五逆人及一闡
提光明入身作菩提因者如是等輩與持淨
戒循集諸善有何差別若无差別如來何故

雖无菩提之心而能為作菩提因者是義不
然何以故世尊犯四重禁作五逆人及一闡
提无明入身作菩提因者如是等輩與持淨
戒脩集諸善有何差別若无差別如來何故
說四依義世尊又如佛言若有衆生聞大涅
槃一經於耳則得斷除諸煩惱者如來云何
上說有人恒沙佛所發菩提心聞大涅槃不
解其義若不解義云何能斷一切煩惱佛言
善男子除一闡提其餘衆生聞是經已悉皆
能作菩提因緣法聲光明入毛孔者必定當
得阿耨多羅三藐三菩提何以故若有人能
供養恭敬无量諸佛方乃得聞大涅槃經薄
福之人則不得聞所以者何大德之人乃能
得聞如是大事凡夫下劣則不得聞何等為
大所謂諸佛甚深秘藏如來性是以是義故
名為大事迦葉菩薩白佛言世尊云何未發
菩提心者得菩提因佛告迦葉若有聞是大
涅槃經言我不用發菩提心誹謗正法是人
即於夢中見羅刹像心中怖懼羅刹語言咄善
男子汝今若不發菩提心當斷汝命是人惶
怖寤已即發菩提之心是人命終若在三趣
及在人天續復憶念菩提之心當知是人是
大菩薩摩訶薩也以是義故是大涅槃威神
之力能令未發菩提心者作菩提因善男子
是名菩薩發心因緣非无因緣以是義故大
乘妙典真佛所說
復次善男子如虛空中興大雲雨注於大地

之力能令未發菩提心者作菩提因善男子
是名菩薩發心因緣非无因緣以是義故大
乘妙典真佛所說
復次善男子如虛空中興大雲雨注於大地
枯木石山高原堆阜水所不住流注下田陂
池悉滿利益无量一切衆生是大涅槃微妙
經典亦復如是雨大法雨普潤衆生唯一闡
提發菩提心无有是處復次善男子譬如燋
種雖遇甘雨百千万劫終不生牙牙若生者
无有是處一闡提輩亦復如是雖聞如是大
般涅槃微妙經典終不能發菩提心牙若能
發者无有是處何以故是人斷滅一切善根
如彼燋種不能復生菩提根牙復次善男子
譬如明珠置濁水中以珠威德水即為清投
之淤泥不能令清是大涅槃微妙經典亦復
如是置餘衆生五无間罪四重禁法濁水之
中猶可澄清發菩提心投一闡提淤泥之中
百千万歲不能令清起菩提心何以故是一
闡提滅諸善根非其器故假使是人百千万
歲聽受如是大涅槃經終不能發菩提之心
所以者何无善心故復次善男子譬如藥樹
名曰藥王[於]諸藥中最為殊勝若和乳酪若蜜
若穌若水若蘇若末若丸若以塗創熏身塗
目若見若嗅能滅衆生一切諸病如是藥樹
不作是念一切衆生若取我根不應取葉若
取葉者不應取根若取身者不應取皮若取
皮者不應取身是樹雖復不生是念而能除

目若見若嗅能滅眾生一切諸病如是藥樹
不作是念一切眾生若取我根不應取葉若
取葉者不應取根若取身者不應取皮若取
皮者不應取身是樹雖復不生是念而能除
滅一切病苦善男子是大涅槃微妙經典亦
復如是能除一切眾生惡業四波羅夷五无
間罪若內若外所有諸惡諸有未發菩提
心者因是則得發菩提心何以故是妙經典
諸經中王如彼藥樹諸藥中王若有脩習是
大涅槃及不脩者若聞有是經典名字聞已
敬信所有一切煩惱重病皆悉除滅唯不能
令一闡提輩安住阿耨多羅三藐三菩提如彼
妙藥雖能療愈種種重病而不能治必死之
人復次善男子如人手創捉持毒藥毒則
隨入若无創者毒則不入一闡提輩亦復如
是无菩提因如无創者毒不得入所謂創者
即是无上菩提因緣毒者即是第一妙藥全
无創者謂一闡提復次善男子譬如金剛无
能壞者悉能破壞一切之物唯除龜甲及白
羊角是大涅槃微妙經典亦復如是悉能安
止无量眾生於菩提道唯不能令一闡提輩
立菩提因復次善男子如馬齒草娑羅翅樹
尼迦羅樹雖斷枝葉續生如故不如多羅斷
已不生是諸眾生亦復如是若得聞是大涅
槃經雖犯四禁及五无間猶故能生菩提因
緣一闡提輩則不如是雖得聽受是妙經典
而不能生菩提道因復次善男子如佉陀羅
樹鎮頭迦樹斫已不[illegible]

已不生是諸衆生亦復如是若得聞是大涅
槃經雖犯四禁及五无閒猶故能生菩提因
緣一闡提輩則不如是雖得聽受是妙經典
而不能生菩提道因復次善男子如佉陁羅
樹鎮頭伽樹斷已不生一闡提輩亦復如是
雖得聞是大涅槃經而不能發菩提因緣復
次善男子譬如大雨終不住空是大涅槃微
妙經典亦復如是普雨法雨於一闡提則不
能住是一闡提周體密緻猶如金剛不容外
物
迦葉菩薩白佛言世尊如佛說偈
不見善不作　唯見惡可作　是處可怖畏　猶如嶮惡道
世尊如是所說有何等義佛言善男子不見
者謂不見佛性善者即是阿耨多羅三藐三
菩提不作者所謂不能親近善友唯見者見
无因果惡者謂謗方等大乘經典可作者謂
一闡提說无方等以是故一闡提輩无心趣
向清淨善法何等善法謂涅槃也趣涅槃者
謂能脩集賢善之行而一闡提无賢善行是
故不能趣向涅槃是處可畏者謂謗正法誰
應怖畏所謂智者何以故以謗法者无有善
心方便故嶮惡道者謂諸行也
迦葉復言如佛所說
云何見所作　云何得善法　何處不怖畏　如王夷坦道
是義何謂佛言善男子見所作者發露諸惡
從生死際所作諸惡悉皆發露至无至處以
是義故是處无畏譬如人王所遊正路其中
盜賊悉皆逃走

是義何謂佛言善男子見所作者發露諸惡
從生死際所作諸惡悉皆發露至无至處以
是義故是處无畏辟如人王所遊正路其中
盜賊悉皆逃走如是發露一切諸惡悉滅无
餘復次不見所作者謂一闡提所作衆惡而
不自見是一闡提憍慢心故雖多作惡於是
事中初无怖畏以是義故不得涅槃辟如彌
猴捉水中月善男子假使一切无量衆生一
時成就阿耨多羅三藐三菩提已此諸如来
亦復不見彼一闡提得成菩提以是義故名
不見所作又復不見誰之所作所謂不見如
来所作佛為衆生說有佛性一闡提輩流轉
生死不能知見以是義故名為不見如来所
作又一闡提見於如来畢竟涅槃謂真无常
猶如燈滅膏油俱盡何以故是人惡業不損
減故若有菩薩所作善業迴向阿耨多羅三
藐三菩提時一闡提輩雖復毀呰破壞不信
然諸菩薩猶故施與欲共成就无上之道何
以故諸佛法尒
作惡不即受　如乳即成酪　猶灰覆火上　愚者輕蹈之
一闡提者名為无目是故不見阿羅漢道如
阿羅漢不行生死嶮惡之道以无目故誹謗
方等不欲脩集如阿羅漢勤脩慈心一闡提
輩不脩方等亦復如是若人說言我今不信
聲聞經典信受大乘讀誦解說是故我今即
是菩薩一切衆生悉有佛性以佛性故衆生
身中即有十力三十二相八十種好我之所

輩不脩方等亦復如是若人說言我今不信
聲聞經典信受大乘讀誦解說是故我今即
是菩薩一切衆生悉有佛性以佛性故衆生
身中即有十力三十二相八十種好我之所
說不異佛說汝今與我俱破無量諸惡煩惱
如破水瓶以破結故即能得見阿耨多羅三
藐三菩提是人雖作如是演說心實不信有
如來性為利養故隨文而說如是說者名為
惡人如是惡人不速受果如乳成酪譬如王
使善能談論巧於方便奉命他國寧喪身命
終不匿王所說言教智者亦尒於凡夫中不
惜身命要必宣說大乘方等如來秘藏一切
衆生皆有佛性善男子有一闡提作羅漢像
住於空處誹謗方等大乘經典諸凡夫人見
已皆謂真阿羅漢是大菩薩摩訶薩是一闡
提惡比丘輩住阿蘭若處壞阿蘭若法見他
得利心生嫉妬作如是言所有方等大乘經典
悉是天魔波旬所說亦說如來是無常法毀
賊正法破壞衆僧復作是言波旬所說非善
順說作是宣說耶惡之法是人作惡不即受
報如乳成酪灰覆火上愚輕蹈之如是人者
謂一闡提是故當知大乘方等微妙經典必
定清淨如摩尼珠投之濁水水即為清大
乘經典亦復如是
復次善男子譬如蓮華為日所照無不開敷
一切衆生亦復如是若得見聞大涅槃經日
未發心者皆悉發心為菩提因是故我說大涅

乘經典亦復如是
復次善男子譬如蓮華爲日所照无不開敷
一切衆生亦復如是若得見聞大涅槃經日
未發心者皆悉發心爲菩提因是故我說大涅
槃光所入毛孔必爲妙因彼一闡提雖有佛
性而爲无量罪垢所纏不能得出如蚕處繭
以是業緣不能得生菩提妙因流轉生死无
有窮已復次善男子如優鉢羅華鉢頭摩華
拘牟頭華分陁利華生於淤泥中而不爲彼於
泥所汙若有衆生脩大涅槃微妙經典亦復
如是雖有煩惱終不爲彼煩惱所汙何以故
以知如來性相力故善男子譬如有國多清
涼風若觸衆生身諸毛孔能除一切欝蒸之
惱此大乘典大涅槃經亦復如是遍入一切
衆生毛孔爲作菩提微妙因緣除一闡提何
以故非法器故
復次善男子譬如良醫解八種藥滅一切病
唯不能除阿薩闍病一切契經禪定三昧亦
復如是能治一切貪恚愚癡諸煩惱病能拔
煩惱毒刺等箭而不能治犯四重禁五无間
罪善男子復有良醫過八種術能除衆生所
有疾苦唯不能治必死之病是大涅槃大乘
經典亦復如是能除衆生一切煩惱安住如
來清淨妙因未發心者令得發心唯除必死
一闡提輩復次善男子譬如良醫能以妙藥
治諸盲人令見日月星宿諸明一切色像唯
不能治生盲之人是大乘典大涅槃經亦復

來清淨妙因未發心者令得發心唯除命死
一闡提輩復次善男子譬如良醫能以妙藥
治諸盲人令見日月星宿諸明一切色像唯
不能治生盲之人是大乘典大涅槃經亦復
如是能爲聲聞覺之人開發慧眼令其安
住无量无邊大乘經典未發心者謂犯四禁
五无間罪悉能令發菩提之心唯除生盲一
闡提輩復次善男子譬如良醫善解八術爲
治衆生一切病苦種種方藥隨病與之所謂
吐下塗身灌鼻若洗若丸若散一切諸藥而
貧愚人不欲服之良醫愍念即將是人還
其舍宅强與令服以藥力故所患得除女人
產者兒衣不若服此藥兒衣即出亦令嬰兒
安樂无患是大乘典大涅槃經亦復如是所
至之處若至舍宅能除衆生无量煩惱犯四
重禁五无間罪未發心者悉令發心除一
闡提
迦葉菩薩白佛言世尊犯四重禁及五无間
名極重惡譬如斷截多羅樹頭更不復生是
等未發菩提之心云何能與作菩提因佛言
善男子是諸衆生若於夢中夢墮地獄受
諸苦惱即生悔心哀哉我等自招此罪若
我今得脫是罪者必定當發菩提之心我
今所見最是極惡從是寤已即知正法有大
果報如彼嬰兒漸漸長大常作是念是醫最
良善解方藥我本處胎與我母藥母以藥故
我得安隱以是因緣我命得全[illegible]

我今淂脫是罪者必當發菩提之心我
今所見實是極惡從是窟已即知正法有大
果報如彼嬰兒漸漸長大常作是念是醫實
良善解方藥我本處胎與我母藥母以藥故
身淂安隱以是因緣我命淂全奇哉我母受
大苦惱滿足十月懷抱我身既生之後推乾
去濕除去不淨大小便利乳餔長養將護我
身以是義故我當報恩色養侍衛隨順供養
犯四重禁及无間罪臨命終時念是大乘大
涅槃經雖墮地獄畜生餓鬼天上人中如是
經典亦是人作菩提因除一闡提復次善男
子譬如良醫及良醫子所知深奧出過諸醫
善知除毒无上呪術若惡毒蛇若龍若蚖以
諸呪術呪藥使良以此良藥用塗革屣以此
革屣觸諸毒虫毒為之消唯除一毒名曰大
龍是大乘典大涅槃經亦復如是若有衆生
犯四重禁五无間罪悉能消滅令住菩提如
藥革屣能消衆毒未發心者能令發心安住
无上菩提之道是彼大乘大涅槃經威神藥
故令諸衆生生於安樂唯除大龍一闡提輩
復次善男子譬如有人以新毒藥用塗大鼓
於衆人中擊令發聲雖无心欲聞聞之皆死唯
除一人不横死者是大乘典大涅槃經亦復
如是在在處處諸行衆中有聞聲者所有貪
欲瞋恚愚癡悉皆滅盡其中雖有无心思念
是大涅槃因緣力故能滅煩惱而結自滅犯
四重禁及五无間聞是經已亦作无上菩提

如是在在處處諸行衆中有聞聲者所有貪
欲瞋恚愚癡悉皆滅盡其中雖有无心思念
是大涅槃因緣力故能滅煩惱而結自滅犯
四重禁及五无間聞是經已亦作无上菩提
因緣漸斷煩惱除不橫死一闡提輩

復次善男子譬如闇夜諸所營作一切皆息
若未訖者要待日明學大乘者雖脩契經一切
諸定要待大乘大涅槃日聞是如來微密之
教然後乃當造菩提業安住正法猶如天雨
潤益增長一切諸種成就菓實悉除飢饉多
受豐樂如來秘藏无量法雨亦復如是悉能
滅除八種熱病是經出世如彼菓實多所利
益安樂一切能令衆生見如來性如法華中
八千聲聞得受記莂成大菓實如秋收冬藏
更无所作一闡提輩亦復如是於諸善法无
所營作

復次善男子譬如良醫聞他人子非人所持
尋以妙藥并遣一使勅語使言卿持此藥速
與彼人彼人若遇諸惡鬼神以藥力故悉當
遠去卿若遲晚吾當自往終不令彼狂橫死
也若彼病人得見使者及吾威德衆苦當除
得安隱樂是大乘典大涅槃經亦復如是若
比丘比丘尼優婆塞優婆夷及諸外道有能
受持如是經典讀誦通利復爲他人分別廣
說若自書寫令他書寫斯等皆爲菩提因緣
若犯四禁及五逆罪若爲邪鬼毒惡所持聞
是經典所有諸惡悉皆消滅如見良醫惡鬼

受持如是經典讀誦通利復為他人分別廣
說若自書寫令他書寫斯等皆為菩提因緣
若犯四禁及五逆罪若為邪鬼毒惡所持聞
是經典所有諸惡悉皆消滅如見良醫惡鬼
遠去當知是人是真菩薩摩訶薩也何以故
暫得聞是大涅槃故亦以生念如來常故暫
得聞者尚得如是何況書寫受持讀誦除一
闡提其餘皆是菩薩摩訶薩復次善男子譬
如聾人不聞音聲一闡提輩亦復如是雖復
欲聽是妙經典而不得聞所以者何無因緣
故復次善男子譬如良醫一切醫方無不通
達兼復廣知無量呪術是醫見王作如是言
大王今者有必死病其王答言卿不見我
腹內之事云何而言有必死病醫復白言若
不見信應服下藥既下之後王自驗之王不
肯服尒時良醫以呪術力令王隱處遍生創皰
兼復瘡下虫血雜出王見是已生大怖懼讚
彼良醫善哉善哉汝先所白吾不用之今乃
知汝於吾此身作大利益恭敬是醫猶如父
母是大乘典大涅槃經亦復如是於諸眾生
有欲無欲悉能令彼煩惱崩落是諸眾生乃
至夢中夢見是經恭敬供養譬如大王恭敬
良醫是大良醫知必死者終不治之是大乘
典大涅槃經亦復如是終不能治一闡提輩復
次善男子譬如良醫善知八種悉能療治一
切諸病唯不能治必死之人諸佛菩薩亦復
是如悉能救療一切有罪唯不能治必死之

[illegible]聞是大[illegible]聞知[illegible]死者[illegible]治之是大乘
典大涅槃經亦復如是終不能治一闡提輩復
次善男子譬如良醫善知八種悉能療治一
切諸病唯不能治必死之人諸佛菩薩亦復
是如悉能救療一切有罪唯不能治必死之
人一闡提輩復次善男子譬如良醫善知八
種微妙經術復能博達過於八種以己所知
先教其子若水若陸山谷藥草悉令識知
如是漸漸教事已次復教餘最上妙術如
來應供正遍知亦復如是先教其子諸比丘
等方便除滅一切煩惱修學淨身不堅固想
謂水陸山谷水者譬身受苦如水上泡陸者
譬身不堅如芭蕉樹山谷者譬煩惱中修无
我想以是義故身名无我如來如是於諸弟
子漸漸教學九部經法令善通利然後教學
如來祕藏爲其子故說如來常如來如是說
大乘典大涅槃經爲諸衆生已發心者及未
發心作菩提因除一闡提如是善男子是大
乘典大涅槃經无量无數不可思議未曾有
也當知即是无上良醫最尊最勝衆經中
王復次善男子譬如大船從海此岸至於彼
岸復從彼岸還至此岸如來正覺亦復如是
乘大涅槃大乘寶船周旋往反濟度衆生在
在處處有應度者悉令得見如來之身以是
義故如來名曰无上船師譬如有船則有船
師有船師則有衆生度於大海如來常住化
度衆生亦復如是
復次善男子譬如有人在大海中乘船欲度

義故如来名曰无上船師譬如有船則有船
師有船師則有衆生度於大海如来常住化
度衆生亦復如是
復次善男子譬如有人在大海中乘船欲度
若得順風須臾之間則能得過无量由延若
不得者雖復久住經无量歲不離本處有時
船壞沒水而死衆生如是在彼愚癡生死大
海乘諸行船若得值遇大般涅槃猛利之風
則能疾至无上道岸若不值遇當久流轉无
量生死或時破壞墮於地獄畜生餓鬼
復次善男子譬如有人不遇風王久住大海
作是思惟我等今者必在此死如是念時忽
遇利風隨順度海復作是言快哉是風未曾
有也今我等輩安隱得過大海之難衆生如
是久處愚癡生死大海困苦窮悴未遇如是
大涅槃風則應生念我等必定墮於地獄畜
生餓鬼是諸衆生思惟是時忽遇大乘大涅
槃風隨順吹向入於阿耨多羅三藐三菩提
方知真實生奇特想嘆言快哉我從昔来未
曾見聞如是如来微密之藏尒乃於是大涅
槃經生清淨信
復次善男子如蛇脫皮爲死滅不不也世尊
善男子如来亦尒方便示現棄捨毒身可言
如来无常滅耶不也世尊如来於此閻浮提
中方便捨身如彼毒蛇捨於故皮是故如来
名爲常住復次善男子譬如金師得好真金
隨意造作種種諸器如来亦尒於廿五有悉

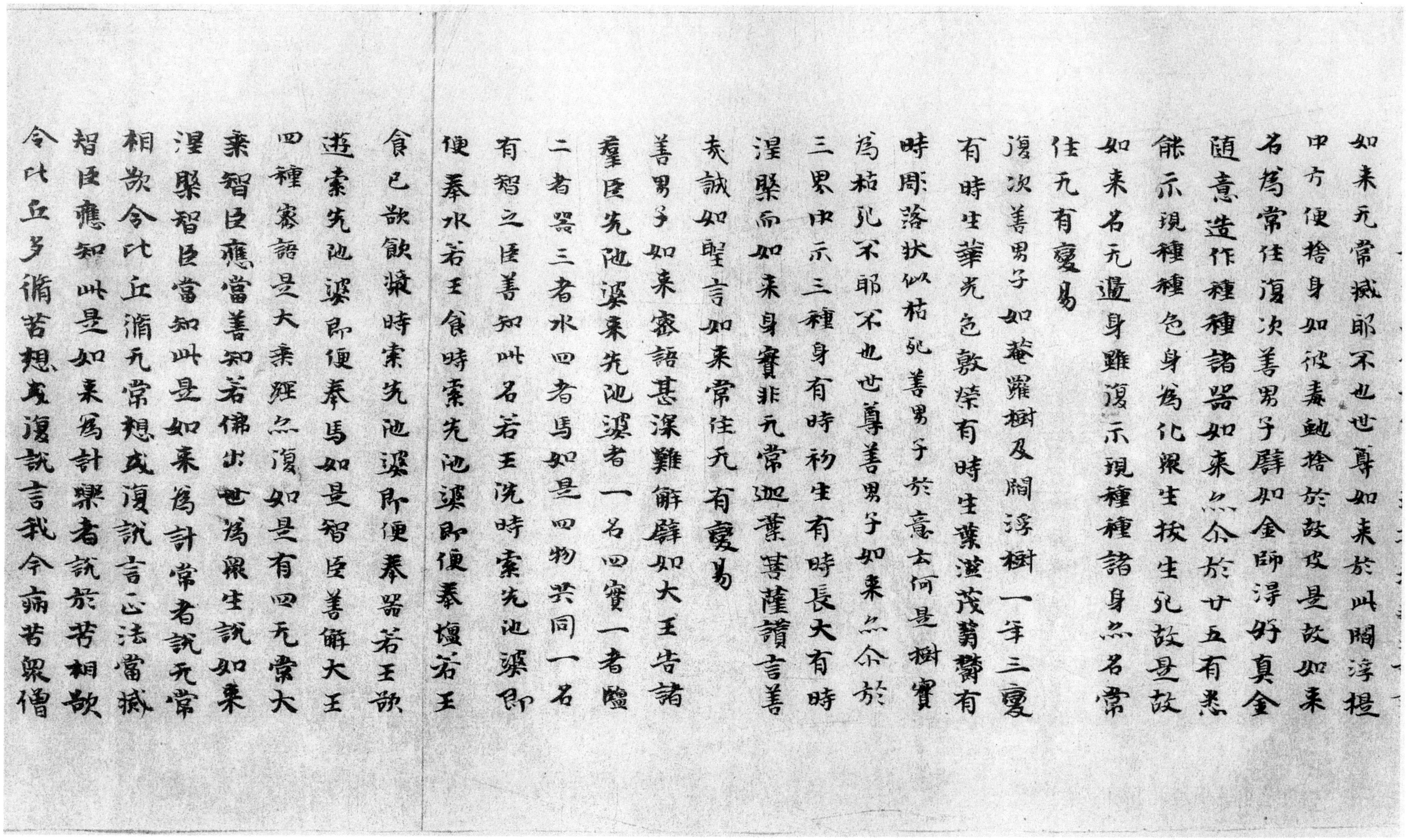
如来无常擿邪不也世尊如来於此閻浮提
中方便捨身如彼毒蛇捨於故皮是故如来
名爲常住復次善男子譬如金師淨好真金
隨意造作種種諸器如来亦尒於廿五有悉
能示現種種色身爲化衆生拔生死故是故
如来名无邊身雖復示現種種諸身亦名常
住无有變易
復次善男子如菴羅樹及閻浮樹一年三變
有時生華光色敷榮有時生葉滋茂蓊欝有
時彫落狀似枯死善男子於意云何是樹實
爲枯死不耶不也世尊善男子如来亦尒於
三界中示三種身有時初生有時長大有時
涅槃而如来身實非无常迦葉菩薩讃言善
哉誠如聖言如来常住无有變易
善男子如来密語甚深難解譬如大王告諸
羣臣先陁婆来先陁婆者一名四實一者鹽
二者器三者水四者馬如是四物共同一名
有智之臣善知此名若王洗時索先陁婆即
便奉水若王食時索先陁婆即便奉鹽若王
食已欲飲漿時索先陁婆即便奉器若王欲
遊索先陁婆即便奉馬如是智臣善解大王
四種密語是大乘經亦復如是有四无常大
乘智臣應當善知若佛出世爲衆生說如来
涅槃智臣當知此是如来爲計常者說无常
相欲令比丘脩无常想或復說言正法當擿
智臣應知此是如来爲計樂者說於苦相欲
令比丘多脩苦想或復說言我今病苦衆僧

BD15078號　大般涅槃經（北本異卷）卷九　（30–20）

相欲令比丘循无常想或復説言正法當滅
智臣應知此是如來爲計樂者説於苦相欲
令比丘多循苦想或復説言我今痛苦衆僧
破壞智臣當知此是如來爲計我者説无我
相欲令比丘循无我想或復説言所謂空者
是正解脫智臣當知此是如來説正解脫无
廿五有欲令比丘循學空相以是義故是正
解脫則名爲空亦名不動謂不動者是解脫
中无有苦故是故不動是正解脫爲无有相
謂无相者无有色聲香味觸等故名无相是
正解脫常不變易是解脫中无有无常熱惱
變易是故解脫名曰常住不變清涼或復説
言一切衆生有如來性智臣當知此是如來
説於常法欲令比丘循正常法是諸比丘若
能如是隨循學者當知是人真我弟子善知
如來微密之藏如彼大王知慧之臣善知王
意善男子如是大王亦有如是密語之法何
況如來而當无耶善男子是故如來微密之
教難可得知唯有智者乃能解我甚深佛法
非是世閒凡夫品類所能信也

復次善男子如婆羅奢樹迦尼迦樹阿梨迦
樹值天亢旱不生華實及餘水陸所生之物
皆悉枯悴无有潤澤不能增長一切諸藥无
復勢力善男子是大乘典大涅槃經亦復如
是於我滅後有諸衆生不能恭敬无有威德
何以故是諸衆生不知如來微密藏故所以
者何以是衆生薄福德故

皆悉枯悴无有潤澤不能增長一切諸藥无
復勢力善男子是大乘典大涅槃經亦復如
是於我滅後有諸衆生不能恭敬无有威德
何以故是諸衆生不知如來微密藏故所以
者何以是衆生薄福德故
復次善男子如來正法將欲滅盡尒時多有
行惡比丘不知如來微密之藏嬾惰懈怠不
能讀誦宣揚分别如來正法譬如癡賊棄捨
真寳擔負草木不解如來微密藏故於是經
中懈怠不勤哀哉大嶮當來之世甚可怖畏
苦哉衆生不勤聽受是大乘典大涅槃經唯
諸菩薩摩訶薩等能於是經取真實義不著
文字隨順不逆為衆生說
復次善男子如牧牛女為欲賣乳貪多利故
加二分水轉賣與餘牧牛女人彼女得已復
加二分轉復賣與近城女人彼女得已復加
二分轉復賣與城中女人彼女得已復加二
分詣市賣之時有一人為子納婦急須好乳
以供賓客至市欲買是乳賣者多索貴直
是人語言此乳多水實不直是價值我今日
瞻待賓客是故當取取已還家煮用作糜无
復乳味雖无乳味於苦味中猶勝千倍何以
故乳之為味諸味中最善男子我涅槃後正
法未滅餘八十年尒時是經於閻浮提當廣
流布是時當有諸惡比丘抄略是經分作多
分能滅正法色香美味是諸惡人雖復誦讀
如是經典滅除如來深密要義安置世間莊

法未滅餘八十年尒時是經於閻浮提當廣
流布是時當有諸惡比丘抄略是經分作多
分能滅正法色香美味是諸惡人雖復誦讀
如是經典滅除如來深密要義安置世間莊
嚴文飾无義之語抄前著後抄後著前前後
著中中著前後當知如是諸惡比丘是魔伴
侶受畜一切不淨之物而言如來悉聽我畜
如牧牛女多加水乳諸惡比丘亦復如是雜
以世語錯定是經令多衆生不得正說正寫
正取尊重讚嘆供養恭敬是惡比丘為利養
故不能廣宣流布是經所可分流少不足言
如彼牧牛貧窮女人展轉賣乳乃至作糜而
无乳味是大乘典大涅槃經亦復如是展轉
薄淡无有氣味雖无氣味猶勝餘經超踰千倍
如彼乳味於諸苦味其勝千倍何以故是大
乘典大涅槃經於聲聞經最為上首譬如牛
乳味中最勝以義故名大涅槃
復次善男子若善男子善女等无有不求
男子身者何以故一切女人皆是衆惡之所
住處復次善男子如蚊蚋水不能令此大地
潤洽其女人者淫欲難滿亦復如是譬如大
地一切作丸令如芥子如是等男與一女人
共為欲事猶不能足假使男子數如恒沙與
一女人共為欲事亦復不足善男子譬如大
海一切天雨百水衆流皆悉歸注而彼大海
未曾滿足女人之法亦復如是假使一切悉
為男子與一女人共為欲事而亦不足復次

一女人共為欲事然復不足善男子譬如大
海一切天雨百水衆流皆悉歸注而彼大海
未曾滿足女人之法亦復如是假使一切悉
為男子與一女人共為欲事而亦不足復次
善男子如阿輸迦樹波吒羅樹迦尼迦樹春
華開敷蜂取色香細味不知猒足女人
欲男亦復如是不知猒足善男子以是義故
諸善男子善女人等聽是大乘大涅槃經常
應呵責女人之相求於男子何以故是大經
典有丈夫相所謂佛性若人不知是佛性者
則无男相所以者何不能自知有佛性故若
有不能知佛性者我說是等名為女人若能
自知有佛性者我說是人為大丈夫若有女
人能知自身定有佛性當知是等即為男子
善男子是大乘典大涅槃經无量无邊不可
思議功德之聚何以故以說如來秘密藏故
是故善男子善女人若欲速知如來密藏應
當方便勤脩此經迦葉菩薩白佛言世尊如
如是如是如佛所說我今已有丈夫之相得入
如來微密藏故如來今日始覺悟我因是即
得決定通達佛言善哉善哉善男子汝今隨
順世間之法而作是說迦葉復言我不隨順
世間法也佛讚迦葉善哉善哉汝今所知无
上法味甚深難知而能得知如蜂採味汝亦
如是
復次善男子如蚊子澤不能令此大地沾洽
當來之世是經流布亦復如是如彼蚊澤正

世間法也佛讚迦葉善哉善哉汝今所知无
上法味甚深難知而能得知如蜂採味汝亦
如是
復次善男子如蚊子滯不能令此大地沾洽
當來之世是經流布亦復如是如彼蚊滯正
法欲滅是經先當沒於此地當知即是正法
衰相復次善男子譬如過夏初月名秋秋雨
連注此大乘典大涅槃經亦復如是為彼南
方諸菩薩故當廣流布降注法雨弥滿其處
正法欲滅當至罽賓具足无缺潛沒地中或
有信者或不信者如是大乘方等經典甘露
法味悉沒於地是經沒已一切諸餘大乘經
典皆悉滅沒若得是經具足无缺人中象王
諸菩薩等當知如來无上正法將滅不久
尒時文殊師利白佛言世尊今此純陁猶有疑
心唯願如來重為分別令得除斷佛言善男
子云何疑心汝當說之當為除斷文殊師利
言純陁心疑如來常住以得知見佛性力故
若見佛性而為常者本未見時應是无常若
本无常後亦應尒何以故如世間物本无今
有已有還无如是等物悉是无常以是義故
諸佛菩薩聲聞緣覺无有差別尒時世尊
即說偈言
本有今无　本无今有　三世有法　无有是處
善男子以是義故諸佛菩薩聲聞緣覺亦
有差別亦无差別文殊師利讚言善哉誠如
聖言我今始解諸佛菩薩聲聞緣覺亦有
差別亦无差別迦葉菩薩白佛言世尊如佛

善男子以是義故諸佛菩薩聲聞緣覺亦
有差別亦无差別文殊師利讚言善哉誠如
聖言我今始解諸佛菩薩聲聞緣覺亦有
差別亦无差別迦葉菩薩白佛言世尊如佛
所說諸菩薩聲聞緣覺性无差別唯願如
來分別廣說利益安樂一切衆生佛言善男
子諦聽諦聽當為汝說善男子譬如長者多
畜乳牛有種種色常令一人守護將養是人
有時為祠祀故盡攎諸牛著一器中見諸牛
乳同一白色尋便驚怪牛色各異其乳云何
皆同一色是人思惟如此一切皆是衆生業報
因緣令乳色一善男子聲聞緣覺菩薩亦尒
同一佛性猶如彼乳所以者何同盡漏故而
諸衆生言佛菩薩聲聞緣覺而有差別有諸
聲聞凡夫之人疑於三乘云何无別是諸衆
生久後自解一切三乘同一佛性猶如彼人
解悟乳相由業因緣復次善男子譬如金卝
淘練滓穢然後消融成金之後價直无量善男
子聲聞緣覺菩薩亦尒皆得成就同一佛性
何以故除煩惱故如彼金卝除諸滓穢以是
義故一切衆生同一佛性无有差別以其先
聞如來密藏後成佛時自然得知如彼長者
知乳一相何以故斷无量億煩惱故
迦葉菩薩白佛言世尊若一切衆生有佛性
者佛與衆生有何差別如是說者多有過咎
若諸衆生皆有佛性何因緣故舍利弗等以

迦葉菩薩白佛言世尊若一切衆生有佛性
者佛與衆生有何差別如是說者多有過咎
若諸衆生皆有佛性何因緣故舍利弗等以
小涅槃而般涅槃緣覺之人於中涅槃而般
涅槃菩薩之人於大涅槃而般涅槃如是等
人若同佛性何故不同如來涅槃不般涅槃
善男子諸佛世尊所得涅槃非諸聲聞緣覺
所得以是義故大般涅槃名為善有世若无
佛非无二乘得二涅槃迦葉復言是義云何
佛言无量无邊阿僧祇劫乃有一佛出現於
世開示三乘善男子如汝所言菩薩二乘无
差別者我先於此如來密藏大涅槃中以說
其義諸阿羅漢无有善有何以故諸阿羅漢
悉當得是大涅槃故以是義故大般涅槃有
畢竟樂是故名為大般涅槃迦葉言如佛說
者我今始知差別之義无差別義何以故一
切菩薩聲聞緣覺未來之世皆當歸於大般
涅槃譬如衆流歸於大海是故聲聞緣覺之
人悉名為常非是无常以是義故亦有差別
亦无差別
迦葉言云何性差別佛言善男子聲聞如乳
緣覺如酪菩薩之人如生熟蘇諸佛世尊猶
如醍醐以是義故大涅槃中說四種性而有
差別迦葉復言一切衆生性相云何佛言善
男子如牛新生乳血未別凡夫之性雜諸煩
惱亦復如是迦葉復言拘尸城有栴陁羅名
曰歡喜佛記是人由一發心當於此界千

差別迦葉復言一切衆生性相云何佛言善
男子如牛新生乳血未別凡夫之性雜諸煩
惱亦復如是迦葉復言拘尸城有栴陀羅名
曰歡喜佛記是人由一發心當於此界千
佛數中速成无上正真之道以何等故如來
不記尊者舍利弗目揵連等速成佛道佛言善
男子或有聲聞緣覺菩薩作誓願言我當久
久護持正法然後乃成无上佛道以發速願
故與速記復次善男子譬如商人有无價寶
詣市賣之愚人見已不識輕咲寶主唱言

我此寶珠賈直无數聞已復咲各各相謂此
非真寶是頗梨珠善男子聲聞緣覺亦復如是
若聞速記則便懈怠輕咲薄賤如彼愚人不
識真寶於未來世有諸比丘不能精勤脩集
善法貧窮困苦飢餓所逼因是出家長養其
身心志輕躁邪命諂曲若聞如來攝諸聲聞
速疾記者便當大咲輕慢毀呰當知是等即
是破戒自言已得過人之法以是義故隨發
速願故與速記護正法者爲授遠記
迦葉菩薩復白佛言世尊菩薩摩訶薩云何
當得不壞眷屬佛告迦葉若諸菩薩勤加精
進誠護正法以是因緣所得眷屬不可沮壞
迦葉菩薩復白佛言世尊何因緣故衆生得
此脣口乾燋佛告迦葉若有不識三寶常存
以是因緣脣口乾燋如人口爽不知苦辛
酢醎淡六味差別一切衆生愚癡无智不識
三寶是長存法故名爲脣口乾燋復次善男

迦葉菩薩復白佛言世尊何因緣故衆生浮
叫脣口乾燋佛告迦葉若有不識三寶常存
以是因緣脣口乾燋如人口爽不知恬苦辛
酢鹹淡六味美别一切衆生愚癡无智不識
三寶是長存法故名爲脣口乾燋復次善男
子若有衆生不知如来是常住者當知是人則
爲生盲若知如来是常住者如是之人雖有
肉眼我說是等名爲天眼復次善男子若有
能知如来是常當知是人久已脩習如是經
典我說是等亦名天眼雖有天眼而不能知
如来是常我說斯等名爲肉眼是人乃至不
識自身手足支節亦復不能令他識知以是
是義故名爲肉眼

復次善男子如来常爲一切衆生而作父母
所以者何一切衆生種種形類二足四足多
足无足佛以一音而爲說法彼彼異類各各
得解悲啼嘆言如来今日爲我說法以是義
故名爲父母復次善男子如人生子始十六
月雖復語言未可解了而彼父母欲教其語
先同其音漸漸教之是父母語可不正耶不
也世尊善男子諸佛如来亦復如是隨諸衆
生種種音聲而爲說法爲令安住佛正法故
隨所應見而爲示現種種形像如来如是同
彼語言可不正耶不也世尊何以故如来所
說如師子吼隨順世間種種音聲而爲衆生
嘆說妙法

足无足佛以一音而爲説法彼彼異類各各
得解恚皆嘆言如来今日爲我説法以是義
故名爲父母復次善男子如人生子始十六
月雖復語言未可解了而彼父母欲教其語
先同其音漸漸教之是父母語可不正耶不
也世尊善男子諸佛如来亦復如是隨諸衆
生種種音聲而爲説法爲令安住佛正法故
隨所應見而爲示現種種形像如来如是同
彼語言可不正耶不也世尊何以故如来所
説如師子吼隨順世間種種音聲而爲衆生
嘆説妙法

大般涅槃經卷第九
天和元年歲在辰巳十二月七日比丘法定敬顗造涅槃經一部
上爲天帝釋四天大王龍王八神部軍王國主七世父母現在所
生父母師僧眷屬下及三塗地獄一切衆生普同此福
又願法定捨身之後不經三塗不經八難不生惡國不生
邊地不生耶見不見惡王不生貧窮不生醜陋生生世世
治化開法聰明生生世世遇善知識所作從心

尒時四部衆比丘比丘尼優婆塞優婆夷天
龍夜叉乾闥婆阿脩羅迦樓羅緊那羅摩睺
羅伽等大衆見舍利弗於佛前受阿耨多羅
三藐三菩提記心大歡喜踊躍无量各各脫
身所著上衣以供養佛釋提桓因梵天王等
與无數天子亦以天妙衣天曼陁羅華摩訶
曼陁羅華等供養於佛所散天衣住虛空中
而自迴轉諸天伎樂百千万種於虛空中一
時俱作而雨天華而作是言佛昔於波羅柰
初轉法輪今乃復轉无上最大法輪尒時諸
天子欲重宣此義而說偈言
昔於波羅柰　轉四諦法輪　分別說諸法　五衆之生滅
今復轉最妙　无上大法輪　是法甚深奧　少有能信者
我等從昔來　數聞世尊說　未曾聞如是　深妙之上法
世尊說是法　我等皆隨喜　大智舍利弗　今得受尊記
我等亦如是　必當得作佛　於一切世間　最尊无有上

BD15079 號　妙法蓮華經卷二　（26–1）

昔於波羅柰　轉四諦法輪　分別說諸法　五衆之生滅
今復轉最妙　无上大法輪　是法甚深奧　少有能信者
我等從昔來　數聞世尊說　未曾聞如是　深妙之上法
世尊說是法　我等皆隨喜　大智舍利弗　今得受尊記
我等亦如是　必當得作佛　於一切世間　最尊无有上
佛道叵思議　方便隨宜說　我所有福業　今世若過世
及見佛功德　盡迴向佛道
尒時舍利弗白佛言世尊我今无復疑悔親
於佛前得受阿耨多羅三藐三菩提記是諸
千二百心自在者昔住學地佛常教化言我
法能離生老病死究竟涅槃是學无學人亦
各自以離我見及有无見等謂得涅槃而今
於世尊前聞所未聞皆墮疑惑善哉世尊願
為四衆說其因緣令離疑悔尒時佛告舍利
弗我先不言諸佛世尊以種種因緣譬喻言
辭方便說法皆為阿耨多羅三藐三菩提耶
是諸所說皆為化菩薩故然舍利弗今當復
以譬喻更明此義諸有智者以譬喻得解舍
利弗若國邑聚落有大長者其年衰邁財富
无量多有田宅及諸僮僕其家廣大唯有一
門多諸人衆一百二百乃至五百人止住其
中堂閣朽故墻壁頹落柱根腐敗梁棟傾危
周帀俱時欻然火起焚燒舍宅長者諸子若
十二十或至三十在此宅中長者見是大火
從四面起即大驚怖而作是念我雖能於此

BD15079 號　妙法蓮華經卷二　（26–2）

門多諸人衆一百二百乃至五百人止住其
中堂閣朽故墻壁頹落柱根腐敗梁棟傾危
周帀俱時欻然火起焚燒舍宅長者諸子若
十二十或至三十在此宅中長者見是大火
從四面起即大驚怖而作是念我雖能於此
所燒之門安隱得出而諸子等於火宅內樂
著嬉戲不覺不知不驚不怖火來逼身苦痛
切己心不猒患无求出意舍利弗是長者作
是思惟我身手有力當以衣裓若以几案從
舍出之復更思惟是舍唯有一門而復狹小
諸子幼稚未有所識戀著戲處或當墮落爲
火所燒我當爲說怖畏之事此舍已燒宜時
疾出无令爲火之所燒害作是念已如所思
惟具告諸子汝等速出父雖憐愍善言誘喻
而諸子等樂著嬉戲不肯信受不驚不畏了
无出心亦復不知何者是火何者爲舍云何
爲失但東西走戲視父而已尒時長者即作
是念此舍已爲大火所燒我及諸子若不時
出必爲所焚我今當設方便令諸子等得免
斯害父知諸子先心各有所好種種珎玩奇
異之物情必樂著而告之言汝等所可玩好
希有難得汝若不取後必憂悔如此種種羊
車鹿車牛車今在門外可以遊戲汝等於此
火宅宜速出來隨汝所欲皆當與汝尒時諸
子聞父所說珎玩之物適其願故心各勇鋭

BD15079號　妙法蓮華經卷二　（26–3）

希有難得汝若不取後必憂悔如此種種羊
車鹿車牛車今在門外可以遊戲汝等於此
火宅宜速出來隨汝所欲皆當與汝尒時諸
子聞父所說珎玩之物適其願故心各勇鋭
手相推排競共馳走爭出火宅是時長者見
諸子等安隱得出皆於四衢道中露地而坐
无復障礙其心泰然歡喜踊躍時諸子等各
白父言父先所許玩好之具羊車鹿車牛車
願時賜與舍利弗尒時長者各賜諸子等一
大車其車高廣衆寶莊校周帀欄楯四面懸
鈴又於其上張設幰蓋亦以珎奇雜寶而嚴
飾之寶繩絞絡垂諸華纓重敷綩綖安置丹
枕駕以白牛膚色充潔形體姝好有大筋力
行步平正其疾如風又多僕從而侍衛之所
以者何是大長者財富无量種種諸藏悉皆
充溢而作是念我財物无極不應以下劣小
車與諸子等今此幼童皆是吾子愛无偏黨
我有如是七寶大車其數无量應當等心各
各與之不宜差別所以者何以我此物周給
一國猶尚不匱何況諸子是時諸子各乘大
車得未曾有非本所望舍利弗於汝意云何
是長者等與諸子珎寶大車寧有虛妄不舍
利弗言不也世尊是長者但令諸子得免火
難全其軀命非爲虛妄何以故若全身命便
爲已得玩好之具況復方便於彼火宅而拔

BD15079號　妙法蓮華經卷二　（26–4）

是長者等與諸子珎寶大車寧有虛妄不舍
利弗言不也世尊是長者但令諸子得免火
難全其軀命非為虛妄何以故若全身命便
為已得玩好之具況復方便於彼火宅而拔
濟之世尊若是長者乃至不與最小一車猶
不虛妄何以故是長者先作是意我以方便
令子得出以是因緣无虛妄也何況長者自
知財富无量欲饒益諸子等與大車佛告舍
利弗善哉善哉如汝所言舍利弗如来亦復
如是則為一切世間之父於諸怖畏衰惱憂
患无明暗蔽永盡无餘而悉成就无量知見
力无所畏有大神力及智慧力具足方便智
慧波羅蜜大慈大悲常无懈惓恒求善事利
益一切而生三界朽故火宅為度衆生生老
病死憂悲苦惱愚癡暗蔽三毒之火教化令
得阿耨多羅三藐三菩提見諸衆生為生老
病死憂悲苦惱之所燒煑亦以五欲財利故
受種種苦又以貪著追求故現受衆苦後受
地獄畜生餓鬼之苦若生天上及在人間貧
窮困苦愛別離苦怨憎會苦如是等種種諸
苦衆生没在其中歡喜遊戲不覺不知不驚
不怖亦不生猒不求解脫於此三界火宅東
西馳走雖遭大苦不以為患舍利弗佛見此
已便作是念我為衆生之父應拔其苦難與
无量无邊佛智慧樂令其遊戲舍利弗如来

不怖亦不生猒不求解脫於此三界火宅東
西馳走雖遭大苦不以為患舍利弗佛見此
已便作是念我為衆生之父應拔其苦難與
无量无邊佛智慧樂令其遊戲舍利弗如来
復作是念若我但以神力及智慧力捨於方
便為諸衆生讚如来知見力无所畏者衆生
不能以是得度所以者何是諸衆生未免生
老病死憂悲苦惱而為三界火宅所燒何由
能解佛之智慧舍利弗如彼長者雖復身手
有力而不用之但以慇懃方便免濟諸子火
宅之難然後各與珎寶大車如来亦復如是
雖有力无所畏而不用之但以智慧方便於
三界火宅拔濟衆生為說三乘聲聞辟支佛
佛乘而作是言汝等莫得樂住三界火宅勿
貪麁弊色聲香味觸也若貪著生愛則為所
燒汝速出三界當得三乘聲聞辟支佛佛乘
我今為汝保任此事終不虛也汝等但當勤
脩精進如来以是方便誘進衆生復作是言
汝等當知此三乘法皆是聖所稱歎自在无
繫无所依求乘是三乘以无漏根力覺道禪
定解脫三昧等而自娛樂便得无量安隱快
樂舍利弗若有衆生内有智性從佛世尊聞
法信受慇懃精進欲速出三界自求涅槃是
名聲聞乘如彼諸子為求羊車出於火宅若

定解脫三昧等而自娛樂便得无量安隱快
樂舍利弗若有衆生内有智性從佛世尊聞
法信受慇懃精進欲速出三界自求涅槃是
名聲聞乘如彼諸子為求羊車出於火宅若
有衆生從佛世尊聞法信受慇懃精進求自
然慧樂獨善寂深知諸法因緣是名辟支佛
乘如彼諸子為求鹿車出於火宅若有衆生
從佛世尊聞法信受勤修精進求一切智佛
智自然智无師智如來知見力无所畏愍念
安樂无量衆生利益天人度脫一切是名大
乘菩薩求此乘故名為摩訶薩如彼諸子為
求牛車出於火宅舍利弗如彼長者見諸子
等安隱得出火宅到无畏處自惟財富无量
等以大車而賜諸子如來亦復如是為一切
衆生之父若見无量億千衆生以佛教門出
三界苦怖畏險道得涅槃樂如來尒時便作
是念我有无量无邊智慧力无畏等諸佛法
藏是諸衆生皆是我子等與大乘不令有人
獨得滅度皆以如來滅度而滅度之是諸衆
生脫三界者悉與諸佛禪定解脫等娛樂之
具皆是一相一種聖所稱歎能生淨妙第一
之樂舍利弗如彼長者初以三車誘引諸子
然後但與大車寶物莊嚴安隱第一然彼長
者无虛妄之咎如來亦復如是无有虛妄初

BD15079號　妙法蓮華經卷二　（26–7）

具皆是一相一種聖所稱歎能生淨妙第一
之樂舍利弗如彼長者初以三車誘引諸子
然後但與大車寶物莊嚴安隱第一然彼長
者无虛妄之咎如來亦復如是无有虛妄初
說三乘引導衆生然後但以大乘而度脫之
何以故如來有无量智慧力无所畏諸法之
藏能與一切衆生大乘之法但不盡能受舍
利弗以是因緣當知諸佛方便力故於一佛
乘分別說三佛欲重宣此義而說偈言
譬如長者　有一大宅　其宅久故　而復頓弊
堂舍高危　柱根摧朽　梁棟傾斜　基陛頹毀
墻壁圮坼　泥塗褫落　覆苫亂墜　椽梠差脫
周障屈曲　雜穢充遍　有五百人　止住其中
鵄梟鵰鷲　烏鵲鳩鴿　蚖蛇蝮蠍　蜈蚣蚰蜒
守宮百足　鼬狸鼷鼠　諸惡虫輩　交橫馳走
屎尿臭處　不淨流溢　蜣蜋諸虫　而集其上
狐狼野干　咀嚼踐蹋　嚌齧死屍　骨肉狼藉
由是群狗　競來搏撮　飢羸慞惶　處處求食
鬬諍摣掣　啀喍嘷吠　其舍恐怖　變狀如是
處處皆有　魑魅魍魎　夜叉惡鬼　食噉人肉
毒虫之屬　諸惡禽獸　孚乳產生　各自藏護
夜叉競來　爭取食之　食之既飽　惡心轉熾
鬬諍之聲　甚可怖畏　鳩槃荼鬼　蹲踞土埵
或時離地　一尺二寸　往返遊行　縱逸嬉戲

BD15079號　妙法蓮華經卷二　（26–8）

夜叉競来 争取食之 食之既飽 悪心轉熾
闘諍之聲 甚可怖畏 鳩槃荼鬼 蹲踞土埵
或時離地 一尺二寸 往返遊行 縱逸嬉戲
捉狗兩足 撲令失聲 以脚加頸 怖狗自樂
復有諸鬼 其身長大 裸形黒痩 常住其中
發大悪聲 叫呼求食 復有諸鬼 其咽如針
復有諸鬼 首如牛頭 或食人肉 或復噉狗
頭髮蓬亂 残害兇険 飢渇所逼 叫喚馳走
夜叉餓鬼 諸悪鳥獸 飢急四向 窺看窓牖
如是諸難 恐畏无量 是朽故宅 属于一人
其人近出 未久之間 於後舍宅 欻然火起
四面一時 其焔倶熾 棟梁椽柱 爆聲震裂
摧折堕落 墻壁崩倒 諸鬼神等 揚聲大叫
鵰鷲諸鳥 鳩槃荼等 周慞惶怖 不能自出
悪獸毒虫 藏竄孔穴 毗舍闍鬼 亦住其中
薄福徳故 為火所逼 共相殘害 飲血噉肉
野干之屬 並已前死 諸大悪獸 競来食噉
臭烟熢㶿 四面充塞 蜈蚣蚰蜒 毒蛇之類
為火所燒 争走出穴 鳩槃荼鬼 隨取而食
又諸餓鬼 頭上火然 飢渇熱悩 周慞悶走
其宅如是 甚可怖畏 毒害火災 衆難非一
是時宅主 在門外立 聞有人言 汝諸子等
先因遊戲 来入此宅 稚小无知 歡娯樂著
長者聞已 驚入火宅 方宜救濟 令无燒害

BD15079 號　妙法蓮華經卷二　（26–9）

其宅如是 甚可怖畏 毒害火災 衆難非一
是時宅主 在門外立 聞有人言 汝諸子等
先因遊戲 来入此宅 稚小无知 歡娯樂著
長者聞已 驚入火宅 方宜救濟 令无燒害
告喻諸子 説衆患難 悪鬼毒虫 災火蔓莚
衆苦次第 相續不絶 毒蛇蚖蝮 及諸夜叉
鳩槃荼鬼 野干狐狗 鵰鷲鵄梟 百足之屬
飢渇悩急 甚可怖畏 此苦難處 况復大火
諸子无知 雖聞父誨 猶故樂著 嬉戲不已
是時長者 而作是念 諸子如此 益我愁悩
今此舍宅 无一可樂 而諸子等 耽湎嬉戲
不受我教 將為火害 即便思惟 設諸方便
告諸子等 我有種種 珎玩之具 妙寶好車
羊車鹿車 大牛之車 今在門外 汝等出来
吾為汝等 造作此車 隨意所樂 可以遊戲
諸子聞説 如此諸車 即時奔競 馳走而出
到於空地 離諸苦難 長者見子 得出火宅
住於四衢 坐師子座 而自慶言 我今快樂
此諸子等 生育甚難 愚小无知 而入険宅
多諸毒虫 魑魅可畏 大火猛焔 四面倶起
而此諸子 貪樂嬉戲 我已救之 令得脱難
是故諸人 我今快樂 尒時諸子 知父安坐
皆詣父所 而白父言 願賜我等 三種寶車
如前所許 諸子出来 當以三車 隨汝所欲

BD15079 號　妙法蓮華經卷二　（26–10）

而此諸子　貪樂嬉戲　我已救之　令得脫難
是故諸人　我今快樂　爾時諸子　知父安坐
皆詣父所　而白父言　願賜我等　三種寶車
如前所許　諸子出來　當以三車　隨汝所欲
今正是時　唯垂給與　長者大富　庫藏眾多
金銀琉璃　車𤦲馬瑙　以眾寶物　造諸大車
莊校嚴飾　周帀欄楯　四面懸鈴　金繩交絡
真珠羅網　張施其上　金華諸瓔　處處垂下
眾綵雜飾　周帀圍繞　柔軟繒纊　以為茵蓐
上妙細疊　價直千億　鮮白淨潔　以覆其上
有大白牛　肥壯多力　形體姝好　以駕寶車
多諸儐從　而侍衛之　以是妙車　等賜諸子
諸子是時　歡喜踊躍　乘是寶車　遊於四方
嬉戲快樂　自在无礙　告舍利弗　我亦如是
眾聖中尊　世間之父　一切眾生　皆是吾子
深著世樂　无有慧心　三界无安　猶如火宅
眾苦充滿　甚可怖畏　常有生老　病死憂患
如是等火　熾然不息　如來已離　三界火宅
寂然閑居　安處林野　今此三界　皆是我有
其中眾生　悉是吾子　而今此處　多諸患難
唯我一人　能為救護　雖復教詔　而不信受
於諸欲染　貪著深故　是以方便　為說三乘
令諸眾生　知三界苦　開示演說　出世間道
是諸子等　若心決定　具足三明　及六神通
有得緣覺　不退菩薩　汝舍利弗　我為眾生

BD15079 號　妙法蓮華經卷二　（26–11）

於諸欲染　貪著深故
令諸眾生　知三界苦　開示演說　出世間道
是諸子等　若心決定　具足三明　及六神通
有得緣覺　不退菩薩　汝舍利弗　我為眾生
以喻　說一佛乘　汝等若能　信受是語
一切皆當　得成佛道　是乘微妙　清淨第一
於諸世間　為无有上　佛所悅可　一切眾生
所應稱讚　供養禮拜　无量億千　諸力解脫
禪定智慧　及佛餘法　得如是乘　令諸子等
日夜劫數　常得遊戲　與諸菩薩　及聲聞眾
乘此寶乘　直至道場　以是因緣　十方諦求
更无餘乘　除佛方便　告舍利弗　汝諸人等
皆是吾子　我則是父　汝等累劫　眾苦所燒
我皆濟拔　令出三界　我雖先說　汝等滅度
但盡生死　而實不滅　今所應作　唯佛智慧
若有菩薩　於是眾中　能一心聽　諸佛實法
諸佛世尊　雖以方便　所化眾生　皆是菩薩
若人小智　深著愛欲　為此等故　說於苦諦
眾生心喜　得未曾有　佛說苦諦　真實无異
若有眾生　不知苦本　深著苦因　不能暫捨
為是等故　方便說道　諸苦所因　貪欲為本
若滅貪欲　无所依止　滅盡諸苦　名第三諦
為滅諦故　修行於道　離諸苦縛　名得解脫
是人於何　而得解脫　但離虛妄　名為解脫
其實未得　一切解脫　佛說是人　未實滅度

BD15079 號　妙法蓮華經卷二　（26–12）

為是等故　說[illegible]道[illegible]　諸苦所因　貪欲為本
若滅貪欲　无所依止　滅盡諸苦　名第三諦
為滅諦故　脩行於道　離諸苦縛　名得解脫
是人於何　而得解脫　但離虛妄　名為解脫
其實未得　一切解脫　佛說是人　未實滅度
斯人未得　无上道故　我意不欲　令至滅度
我為法王　於法自在　安隱衆生　故現於世
汝舍利弗　我此法印　為欲利益　世間故說
在所遊方　勿妄宣傳　若有聞者　隨喜頂受
當知是人　阿鞞跋致　若有信受　此經法者
是人已曾　見過去佛　恭敬供養　亦聞是法
若人有能　信汝所說　則為見我　亦見於汝
及比丘僧　并諸菩薩　斯法華經　為深智說
淺識聞之　迷惑不解　一切聲聞　及辟支佛
於此經中　力所不及　汝舍利弗　尚於此經
以信得入　況餘聲聞　其餘聲聞　信佛語故
隨順此經　非己智分　又舍利弗　憍慢懈怠
計我見者　莫說此經　凡夫淺識　深著五欲
聞不能解　亦勿為說　若人不信　毀謗此經
則斷一切　世間佛種　或復顰蹙　而懷疑惑
汝當聽說　此人罪報　若佛在世　若滅度後
其有誹謗　如斯經典　見有讀誦　書持經者
輕賤憎嫉　而懷結恨　此人罪報　汝今復聽
其人命終　入阿鼻獄　具足一劫　劫盡更生
如是展轉　至无數劫　從地獄出　當墮畜生

BD15079號　妙法蓮華經卷二　（26–13）

其有誹謗　如斯經典　見有讀誦　書持經者
輕賤憎嫉　而懷結恨　此人罪報　汝今復聽
其人命終　入阿鼻獄　具足一劫　劫盡更生
如是展轉　至无數劫　從地獄出　當墮畜生
若狗野干　其形頞瘦　黧黮疥癩　人所觸嬈
又復為人　之所惡賤　常困飢渴　骨肉枯竭
生受楚毒　死被瓦石　斷佛種故　受斯罪報
若作駱駝　或生驢中　身常負重　加諸杖捶
但念水草　餘无所知　謗斯經故　獲罪如是
有作野干　來入聚落　身體疥癩　又无一目
為諸童子　之所打擲　受諸苦痛　或時致死
於此死已　更受蟒身　其形長大　五百由旬
聾騃无足　宛轉腹行　為諸小虫　之所唼食
晝夜受苦　无有休息　謗斯經故　獲罪如是
若得為人　諸根闇鈍　矬陋攣躄　盲聾背傴
有所言說　人不信受　口氣常臭　鬼魅所著
貧窮下賤　為人所使　多病痟瘦　无所依怙
雖親附人　人不在意　若有所得　尋復忘失
若脩醫道　順方治病　更增他疾　或復致死
若自有病　无人救療　設服良藥　而復增劇
若他反逆　抄劫竊盜　如是等罪　橫羅其殃
如斯罪人　永不見佛　衆聖之王　說法教化
如斯罪人　常生難處　狂聾心亂　永不聞法
於无數劫　如恒河沙　生輒聾瘂　諸根不具

BD15079號　妙法蓮華經卷二　（26–14）

若他反逆 抄劫竊盜 如是等罪 横羅其殃
如斯罪人 永不見佛 衆聖之王 說法教化
如斯罪人 常生難處 狂聾心亂 永不聞法
於无數劫 如恒河沙 生輒聾瘂 諸根不具
常處地獄 如遊園觀 在餘惡道 如己舍宅
駝驢猪狗 是其行處 謗斯經故 獲罪如是
若得爲人 聾盲瘖瘂 貧窮諸衰 以自莊嚴
水腫乾痟 疥癩癰疽 如是等病 以爲衣服
身常臭處 垢穢不淨 深著我見 增益瞋恚
婬欲熾盛 不擇禽獸 謗斯經故 獲罪如是
告舍利弗 謗斯經者 若說其罪 窮劫不盡
以是因緣 我故語汝 无智人中 莫說此經
若有利根 智慧明了 多聞強識 求佛道者
如是之人 乃可爲說 若人曾見 億百千佛
植諸善本 深心堅固 如是之人 乃可爲說
若人精進 常脩慈心 不惜身命 乃可爲說
若人恭敬 无有異心 離諸凡愚 獨處山澤
如是之人 乃可爲說 又舍利弗 若見有人
捨惡知識 親近善友 如是之人 乃可爲說
若見佛子 持戒清潔 如淨明珠 求大乘經
如是之人 乃可爲說 若人无瞋 質直柔軟
常愍一切 恭敬諸佛 如是之人 乃可爲說
復有佛子 於大衆中 以清淨心 種種因緣
譬喻言辭 說法无礙 如是之人 乃可爲說
若有比丘 爲一切智 四方求法 合掌頂受

BD15079號 妙法蓮華經卷二 (26-15)

常愍一切 恭敬諸佛 如是之人 乃可爲說
復有佛子 於大衆中 以清淨心 種種因緣
譬喻言辭 說法无礙 如是之人 乃可爲說
若有比丘 爲一切智 四方求法 合掌頂受
但樂受持 大乘經典 乃至不受 餘經一偈
如是之人 乃可爲說 如人至心 求佛舍利
如是求經 得已頂受 其人不復 志求餘經
亦未曾念 外道典籍 如是之人 乃可爲說
告舍利弗 我說是相 求佛道者 窮劫不盡
如是等人 則能信解 汝當爲說 妙法華經

妙法蓮華經信解品第四

尒時慧命須菩提摩訶迦旃延摩訶迦葉摩
訶目揵連從佛所聞未曾有法世尊授舍利
弗阿耨多羅三藐三菩提記發希有心歡喜
踊躍即從座起整衣服偏袒右肩右膝著地
一心合掌曲躬恭敬瞻仰尊顏而白佛言我
等居僧之首年並朽邁自謂已得涅槃无所
堪任不復進求阿耨多羅三藐三菩提世尊
往昔說法既久我時在座身體疲懈但念空
无相无作於菩薩法遊戲神通淨佛國土成
就衆生心不喜樂所以者何世尊令我等出
於三界得涅槃證又今我等年已朽邁於佛
教化菩薩阿耨多羅三藐三菩提不生一念
好樂之心我等今於佛前聞授聲聞阿耨多
羅[illegible]

BD15079號 妙法蓮華經卷二 (26-16)

於三界得涅槃證又今我等年已朽邁於佛
教化菩薩阿耨多羅三藐三菩提不生一念
好樂之心我等今於佛前聞授聲聞阿耨多
羅三藐三菩提記心甚歡喜得未曾有不謂
於今忽然得聞希有之法深自慶幸獲大善
利无量珎寶不求自得世尊我等今者樂說
譬喻以明斯義譬若有人年既幼稚捨父逃
逝久住他國或十二十至五十歲年既長大
加復窮困馳騁四方以求衣食漸漸遊行遇
向本國其父先來求子不得中止一城其家
大富財寶无量金銀琉璃珊瑚虎珀頗梨珠
等其諸倉庫悉皆盈溢多有僮僕臣佐吏民
象馬車乘牛羊无數出入息利乃遍他國商
估賈客亦甚衆多時貧窮子遊諸聚落經歷
國邑遂到其父所止之城父每念子與子離
別五十餘年而未曾向人說如此事但自思
惟心懷悔恨自念老朽多有財物金銀珎寶
倉庫盈溢无有子息一旦終沒財物散失无
所委付是以慇懃每憶其子復作是念我若
得子委付財物坦然快樂无復憂慮世尊尒
時窮子傭賃展轉遇到父舍住立門側遙見
其父踞師子床寶几承足諸婆羅門剎利居
士皆恭敬圍繞以真珠瓔珞價直千万莊嚴
其身吏民僮僕手執白拂侍立左右覆以寶

時窮子傭賃展轉遇到父舍住立門側遙見
其父踞師子床寶几承足諸婆羅門剎利居
士皆恭敬圍繞以真珠瓔珞價直千万莊嚴
其身吏民僮僕手執白拂侍立左右覆以寶
帳垂諸華幡香水灑地散衆名華羅列寶物
出內取與有如是等種種嚴飾威德特尊窮
子見父有大力勢即懷恐怖悔來至此竊作
是念此或是王或是王等非我傭力得物之
處不如往至貧里肆力有地衣食易得若久
住此或見逼迫強使我作作是念已疾走而
去時富長者於師子座見子便識心大歡喜
即作是念我財物庫藏今有所付我常思念
此子无由見之而忽自來甚適我願我雖年
朽猶故貪惜即遣傍人急追將還尒時使者
疾走往捉窮子驚愕稱怨大喚我不相犯何
為見捉使者執之愈急強牽將還于時窮子
自念无罪而被囚執此必定死轉更惶怖悶
絕躃地父遙見之而語使言不須此人勿強
將來以冷水灑面令得醒悟莫復與語所以
者何父知其子志意下劣自知豪貴為子所
難審知是子而以方便不語他人云是我子
使者語之我今放汝隨意所趣窮子歡喜得
未曾有從地而起往至貧里以求衣食尒時
長者將欲誘引其子而設方便密遣二人形
色憔悴无威德者汝可詣彼徐語窮子此有

使者語之我今放汝隨意所趣窮子歡喜得
未曾有從地而起往至貧里以求衣食尒時
長者將欲誘引其子而設方便密遣二人形
色憔悴无威德者汝可詣彼徐語窮子此有
作處倍與汝直窮子若許將來使作若言欲
何所作便可語之雇汝除糞我等二人亦共
汝作時二使人即求窮子既已得之具陳上
事尒時窮子先取其價尋與除糞其父見子
愍而怪之又以他日於窗牖中遥見子身羸
瘦憔悴糞土塵坌汙穢不淨即脫瓔珞細軟
上服嚴飾之具更著麁弊垢膩之衣塵土坌
身右手執持除糞之器狀有所畏語諸作人
汝等勤作勿得懈息以方便故得近其子後
復告言咄男子汝常此作勿復餘去當加汝
價諸有所須瓫器米麵鹽酢之屬莫自疑難
亦有老弊使人須者相給好自安意我如汝
父勿復憂慮所以者何我年老大而汝少壯
汝常作時无有欺怠瞋恨怨言都不見汝有
此諸惡如餘作人自今已後如所生子即時
長者更與作字名之為兒尒時窮子雖欣此
遇猶故自謂客作賤人由是之故於二十年
中常令除糞過是已後心相體信入出无難
然其所止猶在本處世尊尒時長者有疾自
知將死不久語窮子言我今多有金銀珎寶

遇猶故自謂客作賤人由是之故於二十年
中常令除糞過是已後心相體信入出无難
然其所止猶在本處世尊尒時長者有疾自
知將死不久語窮子言我今多有金銀珎寶
倉庫盈溢其中多少所應取與汝悉知之我
心如是當體此意所以者何今我與汝便為
不異宜加用心无令漏失尒時窮子即受教
勅領知衆物金銀珎寶及諸庫藏而无悕取
一飡之意然其所止故在本處下劣之心亦
未能捨復經少時父知子意漸已通泰成就
大志自鄙先心臨欲終時而命其子并會親
族國王大臣剎利居士皆悉已集即自宣言
諸君當知此是我子我之所生於某城中捨
吾逃走跉跰辛苦五十餘年其本字某我名
某甲昔在本城懷憂推覓忽於此間遇會得
之此實我子我實其父今我所有一切財物
皆是子有先所出內是子所知世尊是時窮
子聞父此言即大歡喜得未曾有而作是念
我本无心有所悕求今此寶藏自然而至世
尊大富長者則是如來我等皆似佛子如來
常說等我為子世尊我等以三苦故於生死
中受諸熱惱迷惑无知樂著小法今日世尊
令我等思惟蠲除諸法戲論之糞我等於中
勤加精進得至涅槃一日之價既得此已心

中受諸熱惱迷惑无知樂著小法今日世尊
令我等思惟蠲除諸法戲論之糞我等於中
勤加精進得至涅槃一日之價既得此已心
大歡喜自以為足便自謂於佛法中勤精進
故所得弘多然世尊先知我等心著弊欲樂
於小法便見縱捨不為分別汝等當有如來
知見寶藏之分世尊以方便力說如來智慧
我等從佛得涅槃一日之價以為大得於此
大乘无有志求我等又因如來智慧為諸菩
薩開示演說而自於此无有志願所以者何
佛知我等心樂小法以方便力隨我等說而
我等不知真是佛子今我等方知世尊於佛
智慧无所悋惜所以者何我等昔來真是佛
子而但樂小法若我等有樂大之心佛則為
我說大乘法於此經中唯說一乘而昔於菩薩
前毀呰聲聞樂小法者然佛實以大乘教化
是故我等說本无心有所悕求今法王大寶
自然而至如佛子所應得者皆已得之尒時
摩訶迦葉欲重宣此義而說偈言
我等今日　聞佛音教　歡喜踊躍　得未曾有
佛說聲聞　當得作佛　无上寶聚　不求自得
譬如童子　幼稚无識　捨父逃逝　遠到他土
周流諸國　五十餘年　其父憂念　四方推求
求之既疲　頓止一城　造立舍宅　五欲自娛

BD15079號　妙法蓮華經卷二　（26–21）

佛說聲聞　當得作佛　无上寶聚　不求自得
譬如童子　幼稚无識　捨父逃逝　遠到他土
周流諸國　五十餘年　其父憂念　四方推求
求之既疲　頓止一城　造立舍宅　五欲自娛
其家巨富　多諸金銀　車璩馬瑙　真珠琉璃
象馬牛羊　輦輿車乘　田業僮僕　人民衆多
出入息利　乃遍他國　商估賈人　无處不有
千万億衆　圍繞恭敬　常為王者　之所愛念
群臣豪族　皆共宗重　以諸緣故　往來者衆
豪富如是　有大力勢　而年朽邁　益憂念子
夙夜惟念　死時將至　癡子捨我　五十餘年
庫藏諸物　當如之何　尒時窮子　求索衣食
從邑至邑　從國至國　或有所得　或无所得
飢餓羸瘦　體生瘡癬　漸次經歷　到父住城
傭賃展轉　遂至父舍　尒時長者　於其門內
施大寶帳　處師子座　眷屬圍繞　諸人侍衛
或有計算　金銀寶物　出內財產　注記券疏
窮子見父　豪貴尊嚴　謂是國王　若是王等
驚怖自怪　何故至此　覆自念言　我若久住
或見逼迫　強驅使作　思惟是已　馳走而去
借問貧里　欲往傭作　長者是時　在師子座
遙見其子　嘿而識之　即勅使者　追捉將來
窮子驚喚　迷悶躄地　是人執我　必當見殺
何用衣食　使我至此　長者知子　愚癡狹劣

BD15079號　妙法蓮華經卷二　（26–22）

遥見其子 嘿而識之 即勑使者 追捉將来
窮子驚喚 迷悶躄地 是人執我 必當見煞
何用衣食 使我至此 長者知子 愚癡狹劣
不信我言 不信是父 即以方便 更遣餘人
眇目矬陋 无威德者 汝可語之 云當相雇
除諸糞穢 倍與汝價 窮子聞之 歡喜隨来
爲除糞穢 樂爲鄙事 於是長者 著弊垢衣
執除糞器 往到子所 方便附近 語令勤作
既益汝價 并塗足油 飲食充足 薦席厚暖
如是苦言 汝當勤作 又以軟語 若如我子
長者有智 漸令入出 經二十年 執作家事
示其金銀 真珠頗梨 諸物出入 皆使令知
猶處門外 止宿草菴 自念貧事 我无此物
父知子心 漸已曠大 欲與財物 即聚親族
國王大臣 刹利居士 於此大衆 說是我子
捨我他行 經五十歲 自見子来 已二十年
昔於其城 而失是子 周行求索 遂来至此
凡我所有 舍宅人民 悉以付之 恣其所用
子念昔貧 志意下劣 今於父所 大獲珎寶
并及舍宅 一切財物 甚大歡喜 得未曾有
佛亦如是 知我樂小 未曾說言 汝等作佛
而說我等 得諸无漏 成就小乘 聲聞弟子
佛勑我等 說冣上道 脩習此者 當得成佛
我承佛教 爲大菩薩 以諸因緣 種種譬喻

BD15079號　妙法蓮華經卷二

(26–23)

而說我等 得諸无漏 成就小乘 聲聞弟子
佛勑我等 說冣上道 脩習此者 當得成佛
我承佛教 爲大菩薩 以諸因緣 種種譬喻
若干言辭 說无上道 諸佛子等 從我聞法
日夜思惟 精勤脩習 是時諸佛 即授其記
汝於来世 當得作佛 一切諸佛 秘藏之法
但爲菩薩 演其實事 而不爲我 說斯真要
如彼窮子 得近其父 雖知諸物 心不悕取
我等雖說 佛法寶藏 自无志願 亦復如是
我等內滅 自謂爲足 唯了此事 更无餘事
我等若聞 淨佛國土 教化衆生 都无欣樂
所以者何 一切諸法 皆悉空寂 无生无滅
无大无小 无漏无爲 如是思惟 不生喜樂
我等長夜 於佛智慧 无貪无著 无復志願
而自於法 謂是究竟 我等長夜 脩習空法
得脫三界 苦惱之患 住冣後身 有餘涅槃
佛所教化 得道不虛 則爲已得 報佛之恩
我等雖爲 諸佛子等 說菩薩法 以求佛道
而於是法 永无願樂 導師見捨 觀我心故
初不勸進 說有實利 如富長者 知子志劣
以方便力 柔伏其心 然後乃付 一切財物
佛亦如是 現希有事 知樂小者 以方便力
調伏其心 乃教大智 我等今日 得未曾有
非先所望 而今自得 如彼窮子 得无量寶

BD15079號　妙法蓮華經卷二

(26–24)

而於是法 永无願樂 導師見捨 觀我心故
初不勸進 說有實利 如富長者 知子志劣
以方便力 柔伏其心 然後乃付 一切財物
佛亦如是 現希有事 知樂小者 以方便力
調伏其心 乃教大智 我等今日 得未曾有
非先所望 而今自得 如彼窮子 得无量寶
世尊我今 得道得果 於无漏法 得清淨眼
我等長夜 持佛淨戒 始於今日 得其果報
法王法中 久脩梵行 今得无漏 无上大果
我等今者 真是聲聞 以佛道聲 令一切聞
我等今者 真阿羅漢 於諸世間 天人魔梵
普於其中 應受供養 世尊大恩 以希有事
憐愍教化 利益我等 无量億劫 誰能報者
手足供給 頭頂礼敬 一切供養 皆不能報
若以頂戴 兩肩荷負 於恒沙劫 盡心恭敬
又以美饍 无量寶衣 及諸卧具 種種湯藥
牛頭栴檀 及諸珎寶 以起塔廟 寶衣布地
如斯等事 以用供養 於恒沙劫 亦不能報
諸佛希有 无量无邊 不可思議 大神通力
无漏无為 諸法之王 能為下劣 忍於斯事
取相凡夫 隨宜為說 諸佛於法 得最自在
知諸衆生 種種欲樂 及其志力 隨所堪任
以无量喻 而為說法 隨諸衆生 宿世善根
又知成熟 未成熟者 種種籌量 分別知已
於一乘道 隨宜說三

BD15079號　妙法蓮華經卷二 （26–25）

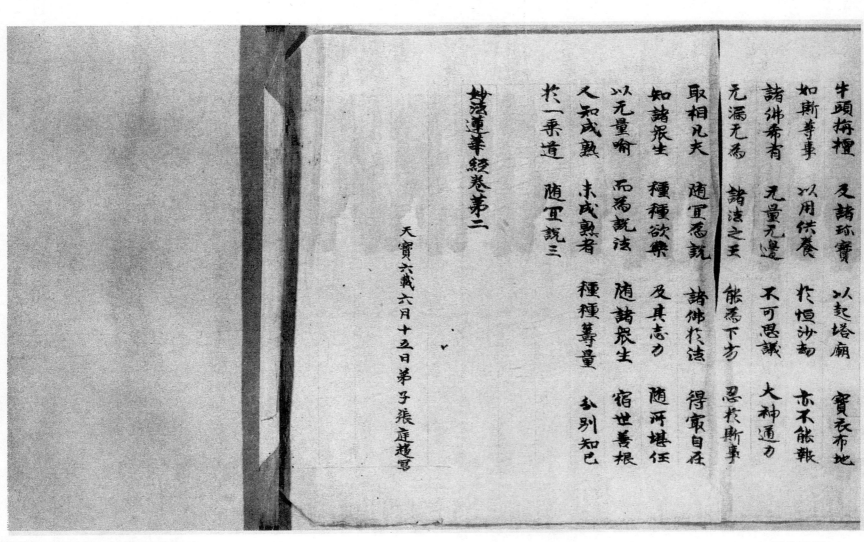

牛頭栴檀 及諸珎寶 以起塔廟 寶衣布地
如斯等事 以用供養 於恒沙劫 亦不能報
諸佛希有 无量无邊 不可思議 大神通力
无漏无為 諸法之王 能為下劣 忍於斯事
取相凡夫 隨宜為說 諸佛於法 得最自在
知諸衆生 種種欲樂 及其志力 隨所堪任
以无量喻 而為說法 隨諸衆生 宿世善根
又知成熟 未成熟者 種種籌量 分別知已
於一乘道 隨宜說三

妙法蓮華經卷第二

天寶六載六月十五日弟子張庭越寫

BD15079號　妙法蓮華經卷二 （26–26）

BD15079 號背　勘記　　　　（1–1）

尒時等行菩薩白佛言未曾有也世尊諸
佛菩提爲大饒益如所說行精進衆生世尊
其懈怠不能如說行者雖直百千万諸佛无
能爲也當知從勤精進得出菩提尒時文殊師
利謂等行菩薩善男子汝知菩薩云何行名
勤精進答言若菩薩能得聖道名勤精進
又問云何行能得聖道答言若於諸法无所
分别如是行者能得聖道又問云何名得聖道
已答言若行者於平等中見諸法等是名得
聖道已又問平等可得見耶答言不也所以者
何若平等可見則非平等思益梵天謂文殊
師利若行者於平等中不見諸法是名得聖道
已文殊師利言何故不見思益言離二相故不見
不見即是正見又問誰能正見世間答言不壞
世間相者又問云何爲不壞世間相答言色

BD15080 號　思益梵天所問經（聖本）卷三　　　　（7–1）

何[illegible]
師利若行者於平等中不見諸法是名得聖道
已文殊師利言何故不見思益言離二相故不見
不見即是正見又問誰能正見世間答言不壞
世間相者又問云何爲不壞世間相答言色
如无別无異受想行識如无別无異若行者
見五陰平等如相是名正見世間又問何等
是世間相答言滅盡是世間相又問滅盡相
可復盡耶答言滅盡相者不可盡也又問何
故說言世間是盡相答言世間畢竟盡相是
相不可盡所以者何已盡者不可復盡也又問
佛不說一切有爲法是盡相耶答言世間是
盡相終不可盡是故佛說一切有爲法是盡
相又問何故數名有爲法答言以盡相故名
有爲法又問有爲法者爲住何所答言无爲
性中住又問有爲法无爲法有何差別答言
何以文字言說有爲法无爲法文字言說有差別耳所以者
有爲法无爲法文字言說是有爲若求有
爲无爲實相則无差別以實相无差別故又問
何等是諸法實相義答言一切法平等无有
差別是諸法實相義又問何等爲義答言以
文字說令人得解故名爲義所以者何實相
義者不如文字所說諸佛雖以文字有所言
說而於實法无所增减文殊師利一切言說皆
非言說是故佛語名不可說諸佛不可以言相
說故又問云何得說佛相答言諸佛如來不可
以色身說相不可以卅二相說相不以可諸功

義者不如文字所說諸佛雖以文字有所言
說而於實法无所增减文殊師利一切言說皆
非言說是故佛語名不可說諸佛不可以言相
說故又問云何得說佛相答言諸佛如來不可
以色身說相不可以卅二相說相不以可諸功
德法說相又問諸佛可離色身卅二相諸功德
法而說相耶答言不也所以者何色身如卅二相
如諸功德法如諸佛不即是如亦不離是如如是
可說佛相不失如故又問諸佛世尊得何等故号
名爲佛答言諸佛世尊通達諸法性相如故說
名爲佛正遍知者於是等行善薩白佛言世
尊何謂菩薩菱行大乘尒時世尊以偈答言
菩薩不壞色　發行菩提心　知色即菩提　是名行菩提
如色菩提然　等入於如相　不壞諸法性　是名行菩提
不壞諸法性　則爲菩提義　是菩提義中　亦无有菩提
丘行第一義　是名行菩提
愚於陰界入　而欲求菩提　陰界入即是　離是无菩提
若有諸菩薩　於上中下法　不取亦不捨　是名行菩提
若法及非法　不分別爲二　亦不得不二　是名行菩提
若二則有爲　非二則无爲　離是二邊者　是名行菩提
是人過凡夫　亦不入法位　未得果而聖　是世間福田
行於世間法　處中若蓮花　遵備最上道　是名行菩提
世間所行處　悉於是中行　世間所貪著　於中得解脫
菩薩无所畏　不沒生死淵　无憂无疲惓　而行菩提道
斯人能知善　法性真實相　是故不分別　是法是非法
行於佛道時　无法可捨離　亦无法可受　是名行菩提
一切法无相　猶如若虛空　終不作是念　是相是何相

菩薩无所畏 不沒生死淵 无憂无疲惓 而行菩提道
斯人能知善 法性真實相 是故不分別 是法是非法
行於佛道時 无法可捨離 亦无法可受 是名行菩提
一切法无相 猶如若虛空 終不作是念 是相是何相
善知世所行 遍知方便力 能充滿一切 眾生之所須
常住於平等 護持佛正法 一切无所念 是則如來法
若有佛无佛 是法常住世 能通達此相 是名護持法
諸法之實相 了達知其義 安住於此中 而為人演說
行於甚深法 魔所不能測 是人於諸法 无所貪著故
願求諸佛慧 亦不著願求 是慧於十方 求之不可得
諸佛慧尸羅 不以法非法 若能不著此 究竟得佛道
其諸樂著人 布施轉高尊 捨一切所有 而心不傾動
諸法不可捨 亦復不可取 一切世間法 根本不可得
能知一切法 非施非捨相 是名大施主 於法无所見
是等諸菩薩 不計我我所 是故行施時 不生貪惜心
諸所有布施 皆迴向佛道 布施及菩提 不住是二相
无作无起我 常住於此中 亦不作念言 我住是持戒
智者知戒相 不生亦不住 是故戒清淨 猶若如虛空
觀身如鏡像 言說如響聲 心則如幻化 不以戒自高
其心常柔耎 安住寂滅性 恚滅一切惡 通達於善法
持戒及毀戒 不得此二相 如是見法性 則持无漏戒
已度忍辱岸 能忍一切惡 於諸眾生類 其心常平等
諸法念念滅 其性常不住 於中无罵辱 亦无有恭敬
若節節解身 其心終不動 知心不在內 亦復不在外
身怨及刀杖 皆從四大起 於地水火風 未曾有傷損
通達於此事 常行忍辱法 菩薩行如是 眾生不動能

BD15080號　思益梵天所問經（聖本）卷三　（7–4）

諸法念念滅 其性常不住 於中无罵辱 亦无有恭敬
若節節解身 其心終不動 知心不在內 亦復不在外
身怨及刀杖 皆從四大起 於地水火風 未曾有傷損
通達於此事 常行忍辱法 菩薩行如是 眾生不動能
勇猛勤精進 堅住於大乘 是人於身心 而无所依止
雖知生死本 其際不可得 為諸眾生故 莊嚴大誓鎧
法无決定生 何許有滅相 本際不可得 為顛倒故說
法世不可議 常住於世間 菩薩知如是 不生亦不滅
菩薩念眾生 不解是法相 為定勤精進 令得離顛倒
諸佛常不得 眾生決定相 而彼孤本願 常觀精進力
思惟一切法 知皆如幻化 不得堅牢相 觀之如虛空
從虛妄分別 貪著生苦惱 為斷斯法門 令得入涅槃
為彼行精進 而不壞於法 離法非法故 常行真精進
是等行遠離 了達无諍訟 獨處无憒鬧 常畏於生死
樂住於閑居 猶如犀一角 遊戲眾禪定 明達諸神通
心常住平等 等定閑暴虐 威儀无變異 恒樂於禪定
信解常定法 及寂滅无漏 其心得解脫 故說常定者
自住平等法 以此道眾生 不遠平等行 故說常定者
志念常堅固 不忘菩提心 亦能化眾生 故說常定者
常念於諸佛 真實法性身 遠離色身相 故說常定者
常脩念於法 如諸法實相 亦无有憶念 故說常定者
常脩念於僧 僧即是无為 離數及非數 常入如是定
悉見十方國 一切群生類 而於眼色中 終不生二相
諸佛所說法 一切能聽受 而於耳聲中 亦不生二相
能於一心中 知諸眾生心 自心及彼心 此二不分別
憶念過去世 如恒河沙劫 是先及是後 亦彼不分別
[illegible]見諸神通力 而於身心中 无所[illegible]

BD15080號　思益梵天所問經（聖本）卷三　（7–5）

諸佛所說法　一切能聽受　而於耳聲中　亦不生二相
能於一心中　知諸眾生心　自心及彼心　此二不分別
憶念過去世　如恒河沙劫　是先及是後　亦復不分別
能至无量土　現諸神通力　而於身心中　无有疲惓相
分別知諸法　能說辯无盡　於无數劫　開示法性相
智慧度彼岸　善解陰界入　常為眾生說　无取无戲論
善知因緣法　遠離二邊相　知是煩惱因　亦知是淨因
信解因緣法　則无諸邪見　法皆屬因緣　无有定根本
我見與佛見　空見生死見　涅槃之見等　皆无是諸見
无量智慧光　知諸法實相　无闇无鄣导　是行菩提道
是乘名大乘　不可思議乘　悉容諸眾生　猶不盡其量
一切諸乘中　是乘為第一　如此大乘者　能出生餘乘
餘乘有限量　不能受一切　唯此无上乘　能悉受眾生
若行此无量　虛空之大乘　於一切眾生　无有慳惜心
虛空无有量　亦无有形色　大乘亦如是　无量无鄣导
若一切眾生　乘於此大乘　當觀是乘相　寬博多所容
无量无數劫　說大乘功德　及乘此乘者　不可得窮盡
若人聞是經　及於持一偈　永脫於諸難　得到安隱處
欲念此經者　捨是身已後　終不隨惡道　常生天人中
於後惡世時　若得聞是經　我皆與授記　究竟成佛道
若信此經者　佛法在是人　是人在佛法　亦能轉法輪
若能持是經　能轉无量劫　生死諸往來　得近於佛道
若能持是義　精進大智慧　是名極勇猛　能破魔軍眾
若於燃燈佛　住得忍授記　若有樂是經　我授記亦然
若人於佛後　能解說是經　佛雖不在世　為能作佛事
佛說是偈時　五千天人皆發阿耨多羅三藐三

BD15080 號　思益梵天所問經（聖本）卷三　（7–6）

无量无數劫　說大乘功德　及乘此乘者　不可得窮盡
若人聞是經　及於持一偈　永脫於諸難　得到安隱處
欲念此經者　捨是身已後　終不隨惡道　常生天人中
於後惡世時　若得聞是經　我皆與授記　究竟成佛道
若信此經者　佛法在是人　是人在佛法　亦能轉法輪
若能持是經　能轉无量劫　生死諸往來　得近於佛道
若能持是義　精進大智慧　是名極勇猛　能破魔軍眾
若於燃燈佛　住得忍授記　若有樂是經　我授記亦然
若人於佛後　能解說是經　佛雖不在世　為能作佛事
佛說是偈時　五千天人皆發阿耨多羅三藐三
菩提心　二千菩薩得无生法忍　五千比丘不
不受諸法漏盡心得解脫　三万二千人遠塵
離垢　於諸法中得法眼淨

思益經卷第三

大曆九年歲次甲寅九月五日
沙門法淨寫記

BD15080 號　思益梵天所問經（聖本）卷三　（7–7）

來密因修證了義諸菩薩萬行首楞嚴經第七
名中印度那蘭陀大道場經於灌頂部錄出別行
汝問攝心我今先說入三摩地修學妙門求
菩薩道要先持此四種律儀皎如冰霜自不能
生一切枝葉心三口四生必無因阿難如是四事
若不遺失心尚不緣色香味觸一切魔事云
何發生若有宿習不能滅除汝教是人一心誦
我佛頂光明摩訶薩怛多般怛囉無上神呪
斯是如來無見頂相無為心佛從頂發輝坐
寶蓮花所說心呪且汝宿世與摩登伽歷劫因
緣恩愛習氣非是一生及與一劫我一宣揚愛
心永脫成阿羅漢彼尚婬女無心修行神力
冥資速證無學云何汝等在會聲聞求最上
乘決定成佛譬如以塵揚于順風有何可艱難
險若有末世欲坐道場先持比丘清淨禁戒要
當選擇戒清淨者第一沙門以為其師若其不
遇真清淨僧汝戒律儀必不成就戒成已後

BD15081 號　大佛頂如來密因修證了義諸菩薩萬行首楞嚴經卷七　（19–1）

冥資速證無學云何汝等在會聲聞求最上
乘決定成佛譬如以塵揚于順風有何可艱難
險若有末世欲坐道場先持比丘清淨禁戒要
當選擇戒清淨者第一沙門以為其師若其不
遇真清淨僧汝戒律儀必不成就戒成已後
著新淨衣然香閑居誦此心佛所說神呪一百
八遍然後結界建立道場求於十方現住國土
無上如來放大悲光來灌其頂阿難如是末
世清淨比丘若比丘尼白衣檀越心滅貪婬持
佛淨戒於道場中發菩薩願出入澡浴六時
行道如是不寐經三七日我自現身至其人
前摩頂安慰令其開悟
阿難白佛言世尊我蒙如來無上悲誨心已
開悟自知修證無學道成末法修行建立道
場云何結界合佛世尊清淨軌則
佛告阿難若末世人願立道場先取雪山大力
白牛食其山中肥膩香草此牛唯飲雪山清
水其糞微細可取其糞和合栴檀以泥其
地若非雪山其牛臭穢不堪塗地別於平
原穿去地皮五尺已下取其黃土和上栴檀
沉水蘇合薰陸鬱金白膠青木零陵甘松
及雞舌香以此十種細羅為粉合土成泥以塗
場地方圓丈六為八角壇壇心置一金銀銅木
所造蓮花花中安鉢鉢中先盛八月露水水中
隨安所有花葉取八圓鏡各安其方圍繞花
鉢鏡外建立十六蓮花十六香鑪間花鋪設
莊嚴香鑪純燒沉水無令見火取白牛乳

BD15081 號　大佛頂如來密因修證了義諸菩薩萬行首楞嚴經卷七　（19–2）

場地方圓丈六為八角壇壇心置一金銀銅木
所造蓮花花中安鉢鉢中先盛八月露水水中
隨安所有花葉取八圓鏡各安其方圍繞花
鉢鏡外建立十六蓮花十六香鑪間花鋪設
莊嚴香鑪純燒沉水无令見火取白牛乳
置十六器乳為煎餅并諸沙糖油餅乳糜
蘇合蜜薑純蘇純蜜於蓮花外十六圍繞
花外以奉諸佛及大菩薩每以食時若於
中夜取蜜半升用蘇三合壇前別安一小火鑪
以兜樓婆香煎取香水沐浴其炭然令猛熾
投是蘇蜜於炎鑪內燒令煙盡饗佛菩薩令
其四外遍懸幡花於壇室中四壁敷設十方
如來及諸菩薩所有形像應於當陽張盧舍
那釋迦彌勒阿閦彌陀諸大變化觀音形像
兼金剛藏安其左右帝釋梵王烏芻瑟摩
并藍地迦諸軍荼利與毗俱知四天王等頻那
夜迦張於門側左右安置又取八鏡覆懸虛
空與壇場中所安之鏡方面相對使其形影
重重相涉於初七日中至誠頂礼十方如來諸
大菩薩阿羅漢号恒於六時誦呪圍壇至心行
道一時常行一百八遍第二七中一向專心發菩
薩願心无間斷我毗奈耶先有願教第三七日
於十二時一向持佛般怛羅呪至第七日十方如
來一時出現鏡交光處承佛摩頂即於道場修
三摩地能令如是末世修學身心明淨猶如瑠璃
阿難若此比丘本受戒師及同會中十比丘等
其中有一不清淨者如是道場多不成就從三七

BD15081號　大佛頂如來密因修證了義諸菩薩萬行首楞嚴經卷七　（19–3）

來一時出現鏡交光處承佛摩頂即於道場修
三摩地能令如是末世修學身心明淨猶如瑠璃
阿難若此比丘本受戒師及同會中十比丘等
其中有一不清淨者如是道場多不成就從三七
後端坐安居一百日有利根者不起于座得須陀
洹縱其身心聖果未成決定自知成佛不謬汝問
道場建立如是
阿難頂礼佛足而白佛言自我出家恃佛憍愛
求多聞故未證无為遭彼梵天邪術所禁心
雖明了力不自由賴遇文殊令我解脫雖蒙
如來佛頂神呪冥獲其力尚未親聞唯願大
慈重為宣說悲救此會諸修行輩末及當來
在輪迴者承佛密音身意解脫于時會中一
切大眾普皆作礼佇聞如來秘密章句尒時
世尊從肉髻中涌百寶光光中涌出千葉寶
蓮有化如來坐寶花中頂放十道百寶光明
一一光明皆遍示現十恒河沙金剛密跡擎
山持杵遍虛空界大眾仰觀畏愛兼抱求佛
特祐一心聽佛无見頂相放光如來宣說神呪
南无薩怛他蘇伽多耶阿羅訶帝三藐三菩陀
寫一薩怛他佛陀俱知瑟尼釤二南无薩婆勃陀
勃地薩跢鞞弊迦叉三毗南无薩多南三藐三菩陀俱
知南四娑舍羅婆迦僧伽南五南无盧雞阿羅漢
跢南南无蘇盧多波那南六南无娑羯唎陀伽彌
南七南无盧雞三藐伽跢南八三藐伽波羅底波多
那南九南无提婆離瑟赧十南无悉陀耶毗地耶陀
羅離瑟赧十一舍波奴羯羅訶娑訶羅摩他南十二南无
[illegible]

BD15081號　大佛頂如來密因修證了義諸菩薩萬行首楞嚴經卷七　（19–4）

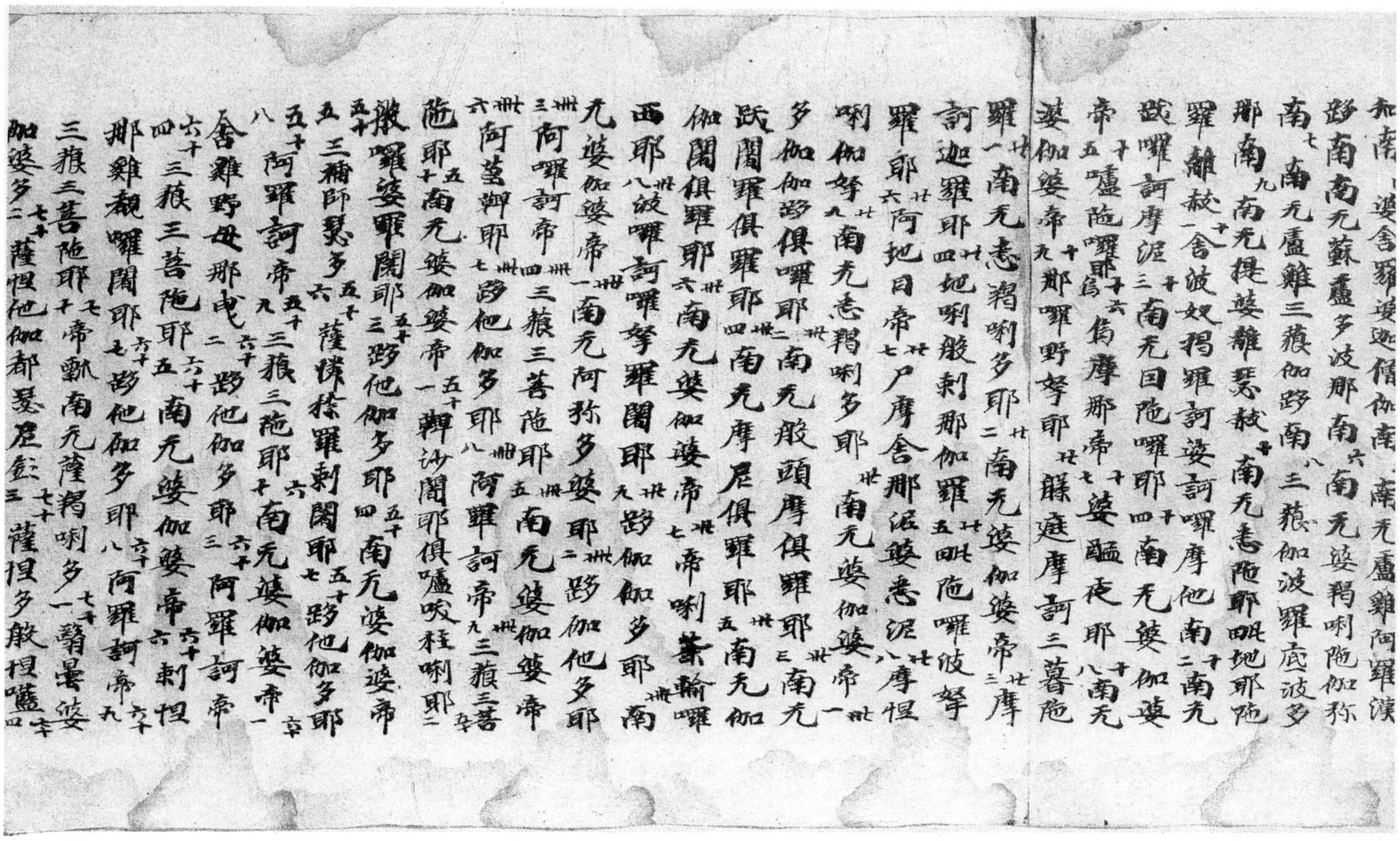

BD15081 號　大佛頂如來密因修證了義諸菩薩萬行首楞嚴經卷七　　（19–5）

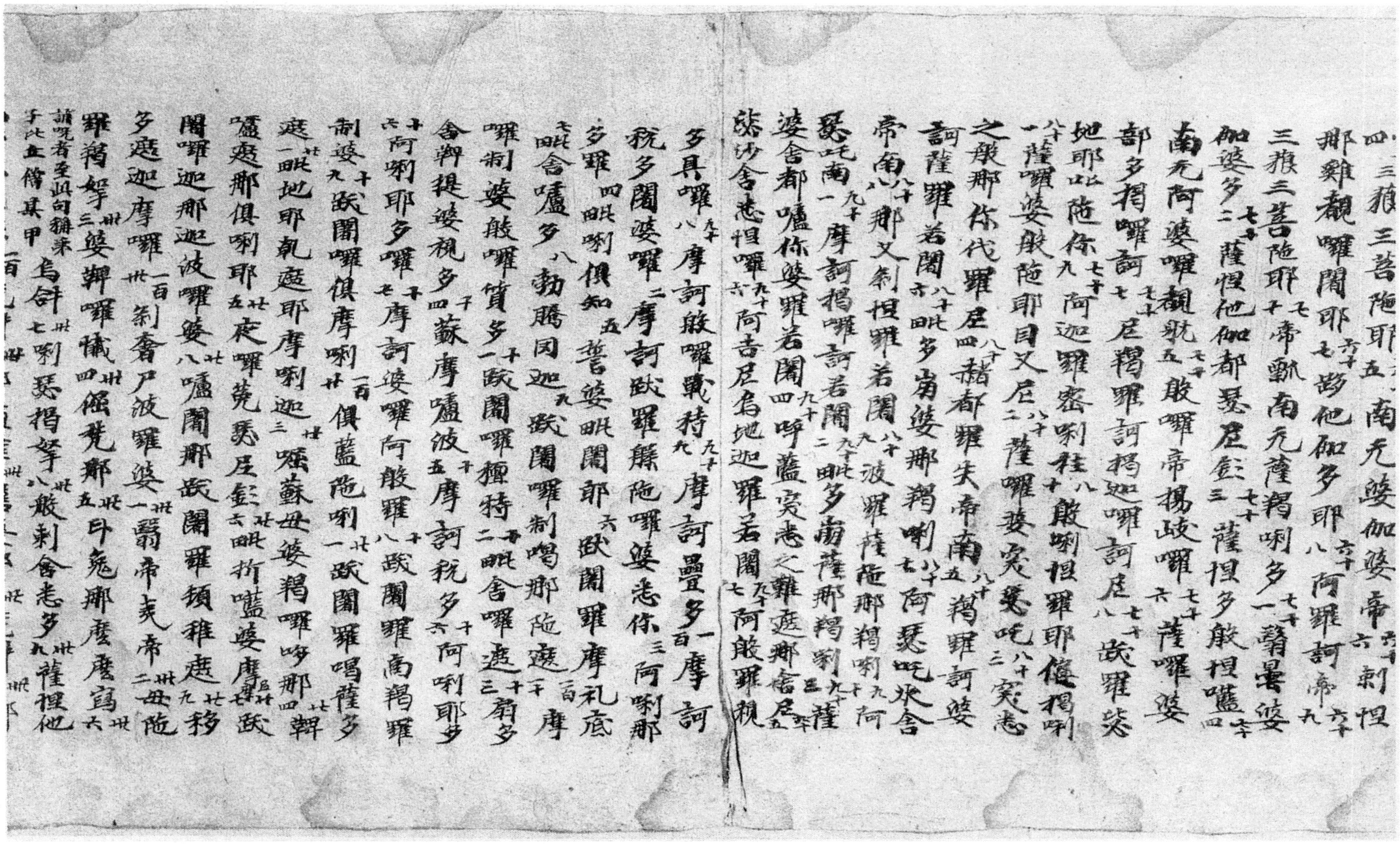

BD15081 號　大佛頂如來密因修證了義諸菩薩萬行首楞嚴經卷七　　（19–6）

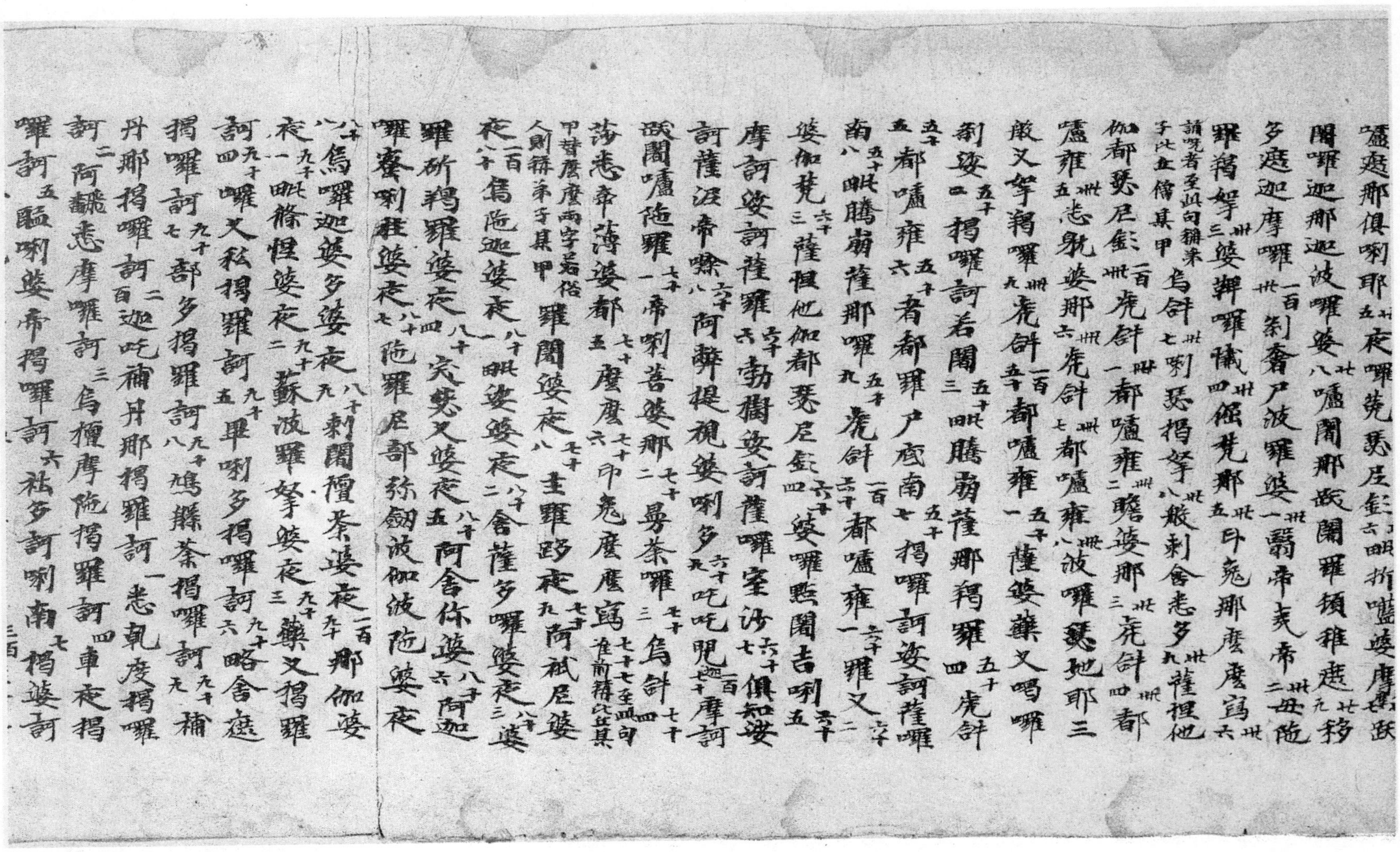

BD15081號　大佛頂如來密因修證了義諸菩薩萬行首楞嚴經卷七　（19–7）

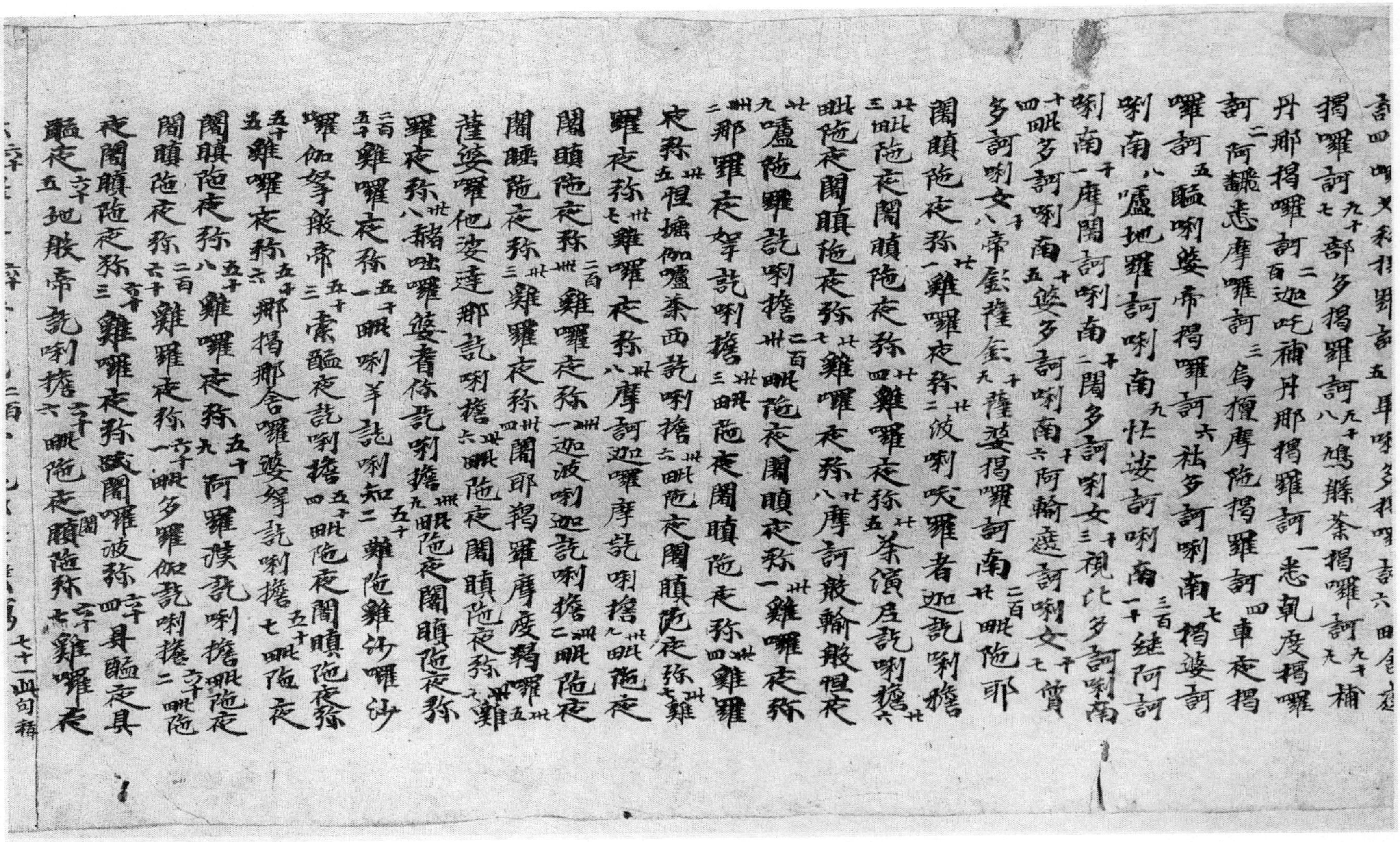

BD15081號　大佛頂如來密因修證了義諸菩薩萬行首楞嚴經卷七　（19–8）

闍贉陁夜弥八五十 雞囉夜弥九五十 阿羅漢訖唎捲 眠陁夜
闍贉陁夜弥二百六十 雞羅夜弥一六十 眠多羅伽訖唎捲二六十 眠陁
夜闍贉陁夜弥三六十 雞囉夜弥 試闍囉波弥四六十 畀臨夜畀
臨夜五六十 地般帝訖唎捲六六十 眠陁夜闍贉陁弥七六十 雞囉夜
弥八六十 羅叉罔九六十 婆伽梵二百七十 印兔那麼麼寫七十一 此句稱某甲代之
婆伽梵二七十 薩怛多般怛羅三七十 南无粹都帝四七十 阿悉多那
羅剌迦五七十 波羅婆悉普吒六七十 毗迦薩怛多鉢帝唎七七十 什佛
羅什佛羅八七十 陁羅陁羅九七十 頻陁羅陁羅嗔陁嗔陁八十 虎
鉾一八十 虎鉾二八十 泮吒三八十 泮吒泮吒泮吒泮吒四八十 娑訶五八十 醯醯泮六八十 阿
牟迦耶泮七八十 阿婆羅提訶多泮八八十 婆囉波羅陁泮九八十 阿素羅
毗多羅波迦泮二百九十 薩婆提鞞弊泮一九十 薩婆那伽弊泮二九十 薩婆
藥叉弊泮三九十 薩婆乾闥婆弊泮四九十 薩婆補丹那弊泮
五九十 迦吒補丹那弊泮六九十 薩婆突狼枳帝弊泮七九十 薩婆
突比唎訖瑟帝弊泮八九十 薩婆什婆唎弊泮九九十 薩婆阿播
悉摩唎弊泮三百 薩婆舍羅婆拏弊泮一 薩婆地帝雞弊
泮二 薩婆怛摩陁繼弊泮三 薩婆毗陁耶囉誓遮唎弊泮
四 闍夜羯羅摩度羯羅五 薩婆囉他娑陁雞弊泮六 眠
地夜遮唎弊泮七 者都囉縛耆你弊泮八 跋闍羅俱摩
唎九 眠陁夜羅誓弊泮一十四百 摩訶波囉丁羊叉二合耆唎弊
泮一十 跋闍囉商羯羅夜二十 波羅丈二合耆羅闍耶泮三十 摩
訶迦羅夜四十 摩訶末怛唎迦拏五十 南无娑羯
唎多夜泮六十 毖瑟拏婢曳泮七十 勃羅訶牟尼曳泮八十 阿
耆尼曳泮九十 摩訶羯唎曳五百二十 羯羅檀遲曳泮一廿 蔑怛唎曳
泮二廿 嘮怛唎曳泮三廿 遮文荼曳泮四廿 羯邏羅怛唎曳泮五廿 迦
般唎曳泮六廿 阿地目質多迦尸摩舍那七廿 婆私你曳泮八廿 演
吉質九廿 薩埵婆寫卅 四百 麼麼印兔那麼麼寫一卅 至此句准前某甲 突瑟吒質
多二卅 阿末怛唎質多三卅 烏闍訶囉四卅 伽婆訶囉五卅 嚧地囉六卅

BD15081 號　大佛頂如來密因修證了義諸菩薩萬行首楞嚴經卷七　（19–9）

耆尼曳泮九十 摩訶羯唎曳五百二十 羯羅檀遲曳泮一廿 蔑怛唎曳
泮二廿 嘮怛唎曳泮三廿 遮文荼曳泮四廿 羯邏羅怛唎曳泮五廿 迦
般唎曳泮六廿 阿地目質多迦尸摩舍那七廿 婆私你曳泮八廿 演
吉質九廿 薩埵婆寫卅 四百 麼麼印兔那麼麼寫一卅 至此句准前某甲 突瑟吒質
多二卅 阿末怛唎質多三卅 烏闍訶囉四卅 伽婆訶囉五卅 嚧地囉六卅
婆娑訶羅七卅 摩闍訶羅八卅 闍多訶羅九卅 視毖多訶羅卅 耆 跋
路夜訶羅一卌 乾陁訶羅二卌 布史波訶羅三卌 頗羅訶囉四卌 婆寫
訶羅五卌 般波質多六卌 突瑟吒質多七卌 嘮陁羅質多八卌 藥叉揭
羅訶三百五十 閉隸多揭羅訶一五十 毗舍遮揭
羅訶二五十 部多揭羅訶三五十 鳩槃荼揭羅訶四五十 悉乾陁揭
羅訶五五十 烏怛摩陁揭羅訶六五十 車夜揭羅訶七五十 阿播薩摩
羅揭羅訶八五十 宅祛革荼耆尼
揭羅訶九五十 唎佛帝揭羅訶三百六十 闍弥迦揭羅訶一六十 舍俱尼
揭羅訶二六十 老陁羅難地迦揭羅訶三六十 阿藍婆揭羅訶四六十 乾
度波尼揭羅訶五六十 什代羅堙迦醯迦六六十 墜帝藥迦七六十 怛
隸帝藥迦八六十 者突託迦九六十 眤提什代羅毖釤摩什代羅
三百七十 薄底迦一七十 鼻底迦二七十 室隸瑟蜜迦三七十 娑你般帝迦四七十
薩婆什代羅五七十 室嚧吉帝六七十 末陁鞞達嚧制劍七七十 阿
綺嚧鉗八七十 目佉嚧鉗九七十 羯唎突嚧劍三百八十 羅訶揭藍
羯藍一八十 羯拏輸藍二八十 憚多輸藍三八十 迄唎夜輸藍四八十 末
麼輸藍五八十 跋唎室婆輸藍六八十 毖栗瑟吒輸藍七八十 烏陁
羅輸藍八八十 羯知輸藍三百九十 鄔嚧輸藍一九十 常伽輸藍二九十
羯悉多輸藍三九十 跋陁輸藍四九十 娑房盎伽般羅丈伽
輸藍五九十 部多毖跢荼六九十 荼耆尼什婆羅七九十 陁突嚧
迦建咄嚧吉知婆路多八九十 毗薩般嚧訶淩伽九九十 輸沙怛
囉娑那羯羅四百 毗沙喻迦一 阿耆尼烏陁迦二 末羅鞞羅建

BD15081 號　大佛頂如來密因修證了義諸菩薩萬行首楞嚴經卷七　（19–10）

羯志多輸蓋 九十三 敵陁輸蓋 九十四 娑房盎伽般羅丈伽
輸蘆 九十五 部多癹跢荼 九十六 荼耆尼什婆羅 九十七 陁突嚧
迦建咄嚧吉知婆路多 九十八 眠薩般嚧訶淩伽 九十九 輸沙怛
囉娑那羯羅 四百 毗沙喻迦 一 阿耆尼烏陁迦 二 末羅鞞建
跢羅 三 阿迦羅蜜刹咄匈部迦 四 地栗剌吒 五 癹唎毖
質迦 六 薩婆那俱羅 七 肆引伽弊揭羅唎藥叉怛蒭
羅 八 末羅視吠帝釤娑鞞釤 九 志怛多鉢怛羅 十四百 摩
訶跋闍嚧瑟尼釤 一十 摩訶般賴丈耆藍 二十 夜波突陁舍
喻闍那 三十 辮怛隸拏 四十 毗陁耶槃曇迦嚧彌 五十 帝殊槃
曇迦嚧彌 六十 般羅毗陁槃曇迦嚧彌 七十 跢姪他 八十 唵 九十 阿
那隸 廿 毗舍提 廿一 鞞羅跋闍羅陁唎 廿二 槃陁槃陁儞 廿三 跋闍
羅謗尼泮 廿四 虎𤙖都嚧甕泮 廿五 莎婆訶 廿六
阿難是佛頂光聚悉怛多般怛羅秘密伽陁微妙章
句出生十方一切諸佛十方如來因此呪心得成
无上正遍知覺十方如來執此呪心降伏諸魔制諸
外道十方如來乘此呪心坐寶蓮花應微塵國十方
含此呪心於微塵國轉大法輪十方如來持此呪心能
於十方摩佛授記十方如來依此呪心能於十方拔
濟群苦所謂地獄餓鬼畜生盲聾瘖瘂怨憎會
苦愛別離苦求不得苦五陰熾盛大小諸橫同時
解脫賊難兵難王難獄難飢渴貧窮應念銷散十
方如來隨此呪心能於十方事善知識四威儀中
供養如意恒沙如來會中推為大法王子十方如來
行此呪心能於十方攝受親因令諸小乘聞秘密藏不
生驚怖十方如來誦此呪心成无上覺坐菩提樹入
大涅槃十方如來傳此呪心於滅度後付佛法事
究竟住持嚴淨戒律悉得清淨若我說是佛頂

BD15081 號　大佛頂如來密因修證了義諸菩薩萬行首楞嚴經卷七　（19–11）

供養如意恒沙如來會中推為大法王子十方如來
行此呪心能於十方攝受親因令諸小乘聞秘密藏不
生驚怖十方如來誦此呪心成无上覺坐菩提樹入
大涅槃十方如來傳此呪心於滅度後付佛法事
究竟住持嚴淨戒律悉得清淨若我說是佛頂
光聚般怛羅呪從旦至暮音聲相連字句中間亦
不重疊經恒沙劫終不能盡亦說此呪名如來頂
汝等有學未盡輪迴發心至誠取阿羅漢不持此呪
而坐道場令其身心遠諸魔事无有是處
阿難若諸世界隨所國土所有衆生隨國所生樺皮
貝葉紙素白㲲書寫此呪貯於香囊是人心惛
未能誦憶或帶身上或書宅中當知是人盡其生年
一切諸毒所不能害阿難我今為汝更說此呪救護世
間得大无畏成就衆生出世間智若我滅後末世衆
生有能自誦若教他誦當知如是誦持衆生火不能
燒水不能溺大毒小毒所不能害如是乃至龍天
鬼神精祇魔魅所有惡呪皆不能着心得正受一
切呪詛厭蠱毒藥金毒銀毒草木虫虵萬物毒氣
入此人口成甘露味一切惡星并諸鬼神磣心毒人於
如是人不能起惡頻那夜迦諸惡鬼王并其眷屬皆
領深恩常加守護阿難當知是呪常有八万四千那
由他恒河沙俱知金剛藏王菩薩種族一一皆有諸
金剛衆而為眷屬設有衆生於散亂心非三摩地
心憶口持是金剛王常隨從彼諸善男子何況決定
菩提心者此諸金剛菩薩藏王精心陰速發彼神識是
人應時心能記憶八万四千恒沙劫周遍了知得无
疑惑從第一劫乃至後身生生不生藥叉羅剎及富
單那迦吒富單那鳩槃荼毗舍遮等并諸餓鬼有

BD15081 號　大佛頂如來密因修證了義諸菩薩萬行首楞嚴經卷七　（19–12）

菩提心者與諸金剛菩薩藏王精心陰速發彼神識是
人應時心能記憶八万四千恒沙劫周遍了知得无
疑惑從第一劫乃至後身生生不生藥叉羅刹及富
單那迦吒富單那鳩槃荼毗舍遮等并諸餓鬼有
形无形有想无想如是惡處是善男子若讀若
誦若書若寫若帶若藏諸色供養劫劫不生貧
窮下賤不可樂處此諸衆生縱其自身不作福業十
方如來所有功德悉與此人由是得於恒河沙阿僧
祇不可說不可說劫常與諸佛同生一處无量功德
如惡叉聚同處熏修永无分散是故能令破戒之
人戒根清淨未得戒者令其得戒未精進者令得
精進无智慧者令得智慧不清淨者速得清淨不
持齋戒自成齋戒阿難是善男子持此呪時設
犯禁戒於未受時持呪之後衆破戒罪无問輕重
一時銷滅縱經飲酒食噉五辛種種不淨一切諸佛
菩薩金剛天仙鬼神不將為過設着不淨破弊衣
服一行一住悉同清淨縱不作壇不入道場亦不行道
誦持此呪還同入壇行道功德若造五逆无間重罪
及諸比丘比丘尼四棄八棄誦此呪已如是重業猶如
猛風吹散沙聚悉皆除滅更无毫髮阿難若有衆
生從无量无數劫來所有一切輕重罪障從前世來
未及懺悔若能讀誦書寫此呪身上帶持若安住處
莊宅園舘如是積業猶湯銷雪不久皆得悟无生忍
復次阿難若有女人未生男女欲求生者若能至心
憶念斯呪或能身上帶此悉怛多般怛羅者便生
福德智慧男女求長命者速得長命欲求果報速
圓滿者速得圓滿身命色力亦復如是命終之後隨
[illegible]

BD15081 號　大佛頂如來密因修證了義諸菩薩萬行首楞嚴經卷七　　（19–13）

憶念斯呪或能身上帶此悉怛多般怛羅者便生
福德智慧男女求長命者速得長命欲求果報速
圓滿者速得圓滿身命色力亦復如是命終之後隨
願往生十方國土必定不生邊地下賤何況雜形阿
難若諸國土州縣聚落飢荒疫癘或復刀兵賊難
鬪諍兼餘一切厄難之地寫此神呪安城四門并諸
支提或脫闍上令其國土所有衆生奉迎斯呪礼拜
恭敬一心供養令其人民各各身佩或各各安所居宅
地一切灾厄悉皆銷滅阿難在在處處國土衆生隨有此
呪天龍歡喜風雨順時五穀豐殷兆庶安樂亦復能鎮
一切惡星隨方變怪灾障不起人无橫夭杻械枷鎖不
著其身晝夜安眠常无惡夢阿難是娑婆界有八
万四千灾變惡星廿八大惡星而為上首復有八大惡
星以為其主作種種形出現世時能生衆生種種灾異
有此呪地悉皆銷滅十二由旬成結界地諸惡灾祥永
不能入是故如來宣示此呪於未來世保護初學諸
脩行者入三摩提身心泰然得大安隱更无一切諸魔
鬼神及无始來冤橫宿殃舊業陳債來相惱害汝
及衆中諸有學人及未來世諸脩行者依我壇場
如法持戒所受戒主逢清淨僧持此呪心不生疑悔是
善男子於此父母所生之身不得心通十方如來便為妄
語說是語已會中无量百千金剛一時佛前合掌
頂礼而白佛言如佛所說我當誠心保護如是脩
菩提者
尒時梵王并天帝釋四天大王亦於佛前同時頂礼
而白佛言審有如是脩學善人我當盡心至誠保
護令其一生所作如願
復有无量藥叉大將諸羅刹王富單那王鳩槃荼

BD15081 號　大佛頂如來密因修證了義諸菩薩萬行首楞嚴經卷七　　（19–14）

尒時梵王并天帝釋四天大王亦於佛前同時頂礼
而白佛言審有如是修學善人我當盡心至誠保
護令其一生所作如願
復有无量藥叉大將諸羅刹王富單那王鳩槃荼
王毗舍遮王頻那夜迦諸大鬼王及諸鬼師亦於
佛前合掌頂礼我亦誓願護持是人令菩提心速
得圓滿
復有无量日月天子風師雨師雲師雷師并電伯
等年歲巡官諸星眷屬亦於會中頂礼佛足而
白佛言我亦保護是修行人安立道場得无所畏
復有无量山神海神一切土地水陸空行萬物精
祇并風神王无色界天於如來前同時稽首而白
佛言我亦保護是修行人得成菩提永无魔事
尒時八万四千那由他恒河沙俱知金剛藏王菩薩
在大會中即從座起頂礼佛足而白佛言世尊
如我等輩所修功業久成菩提不取涅槃常隨
此呪救護末世修三摩提正修行者世尊如是修
心求正定人若在道場及餘經行乃至散心遊戲
聚落我等徒衆常當隨從侍衛此人縱令魔王天
自在天求其方便終不可得諸小鬼神去此善人十由
旬外除彼發心樂修禪者世尊如是惡魔若魔眷
屬欲來侵擾是善人者我以寶杵殞碎其首猶如
微塵恒令此人所作如願
阿難即從座起頂礼佛足而白佛言我輩愚鈍
好為多聞於諸漏心未求出離蒙佛慈誨得正
薰修身心快然獲大饒益世尊如是修證佛三摩
提未到涅槃云何名為乾慧之地卌四心至何漸次
自詣何方所名入地中云何名為等覺菩薩作是語

BD15081號　大佛頂如來密因修證了義諸菩薩萬行首楞嚴經卷七　（19–15）

阿難即從座起頂礼佛足而白佛言我輩愚鈍
好為多聞於諸漏心未求出離蒙佛慈誨得正
薰修身心快然獲大饒益世尊如是修證佛三摩
提未到涅槃云何名為乾慧之地卌四心至何漸次
自詣何方所名入地中云何名為等覺菩薩作是語
已五體投地大衆一心佇佛慈音瞪瞢瞻仰
尒時世尊讚阿難言善哉善哉汝等乃能普為
大衆及諸末世一切衆生修三摩提求大乘者從於
凡夫終大涅槃懸示无上正修行路汝今諦聽當
為汝說阿難大衆合掌刳心默然受教
佛言阿難當知妙性圓明離諸名相本來无
有世界衆生因妄有生因生有滅生滅名妄滅妄
名真是稱如來无上菩提及大涅槃二轉依号阿
難汝今欲修真三摩地直詣如來大涅槃者先當
識此衆生世界二顛倒因顛倒不生斯則如來真
三摩地阿難云何名為衆生顛倒阿難由性明心
性明圓故因明發性性妄見生從畢竟无成究
竟有此有所有非因所因住所住相了无根本本
此无住建立世界及諸衆生迷本圓明是生虛妄妄
性无體非有所依將欲復真欲真已非真真如性非
真求復宛成非相非生非住非心非法展轉發生生
力發明薰以成業同業相感因有感業相滅相生由
是故有衆生顛倒
阿難云何名為世界顛倒是有所有分段妄生因此
界立非因所因无住所住遷流不住因此世成三世
四方和合相涉變化衆生成十二類是故世界因動有
聲因聲有色因色有香因香有觸因觸有味因味
知法六亂妄想成業性故十二區分由此輪轉是故
世間聲香味觸窮十二變為一旋復乘此輪轉顛

BD15081號　大佛頂如來密因修證了義諸菩薩萬行首楞嚴經卷七　（19–16）

四方和合相涉變化衆生成十二類是故世界因動有
聲因聲有色因色有香因香有觸因觸有味因味
知法六亂妄想成業性故十二區分由此輪轉是故
世間聲香味觸窮十二變爲一旋復乘此輪轉顛倒
相故是有世界卵生胎生濕生化生有色无色有想
无想若非有色若非无色若非有想若非无想阿
難由因世界虛妄輪迴動顛倒故和合氣成八万
四千飛沉亂想如是故有卵羯邏藍流轉國土魚
鳥龜蛇其類充塞由因世界雜染輪迴欲顛倒故
和合滋成八万四千横竪亂想如是故有胎遏蒲曇
流轉國土人畜龍仙其類充塞
由因世界執著輪迴趣顛倒故和合煖成八万四千
翻覆亂想如是故有濕相蔽尸流轉國土含蠢蠕
動其類充塞
由因世界變易輪迴假顛倒故和合觸成八万四千
新故亂想如是故有化相羯南流轉國土轉蛻
飛行其類充塞
由因世界留礙輪迴障顛倒故和合著成八万四千
精耀亂想如是故有色相羯南流轉國土休咎精明
其類充塞
由因世界銷散輪迴惑顛倒故和合暗成八万四千
陰隱亂想如是故有无色羯南流轉國土空散
銷沈其類充塞
由因世界罔象輪[illegible]

BD15081 號　大佛頂如來密因修證了義諸菩薩萬行首楞嚴經卷七　（19–17）

由因世界銷散輪迴惑顛倒故和合暗成八万四千
陰隱亂想如是故有无色羯南流轉國土空散
銷沈其類充塞
由因世界銷散輪迴惑顛倒故和合暗成八万四千
陰隱亂想如是故有无色羯南流轉國土空散
銷沈其類充塞
由因世界罔象輪迴影顛倒故和合憶成八万四
千潛結亂想如是故有想相羯南流轉國土神鬼
精靈其類充塞
由因世界愚鈍輪迴癡顛倒故和合頑成八万四千
枯槁亂想如是故有无想羯南流轉國土精神化
爲土木金石其類充塞
由因世界相待輪迴僞顛倒故和合染成八万四千呼
召亂想由是故有非无色想无色羯南流轉國土
呪咀厭生其類充塞
由因世界合妄輪迴罔顛倒故和合異成八万四千
迴互亂想如是故有非有想相成想羯南流轉
國土彼蒲盧等異質相成其類充塞
由因世界怨害輪迴殺顛倒故和合怪成八万四千
食父母想如是故有非无想相无想羯南流轉國土
如土梟等附塊爲兒及破鏡鳥以毒樹菓抱爲其
子子成父母皆遭其食其類充塞是名衆生十二
種類

大佛頂萬行首楞嚴經卷第七

BD15081 號　大佛頂如來密因修證了義諸菩薩萬行首楞嚴經卷七　（19–18）

由因世界相待輪迴為顛倒故和合染成八万四千呼
召亂想由是故有非无色想无色羯南流轉國土
呪咀厭魅生其類充塞
由因世界合妄輪迴罔顛倒故和合異成八万四千
迴互亂想如是故有非有想相成想羯南流轉
國土彼蒲盧等異質相成其類充塞
由因世界怨害輪迴煞顛倒故和合怪成八万四千
食父母想如是故有非无想相无相羯南流轉國土
如土梟等附塊為兒及破鏡鳥以毒樹菓抱為其
子子成父母皆遭其食其類充塞是名衆生十二
種類

大佛頂萬行首楞嚴經卷第七

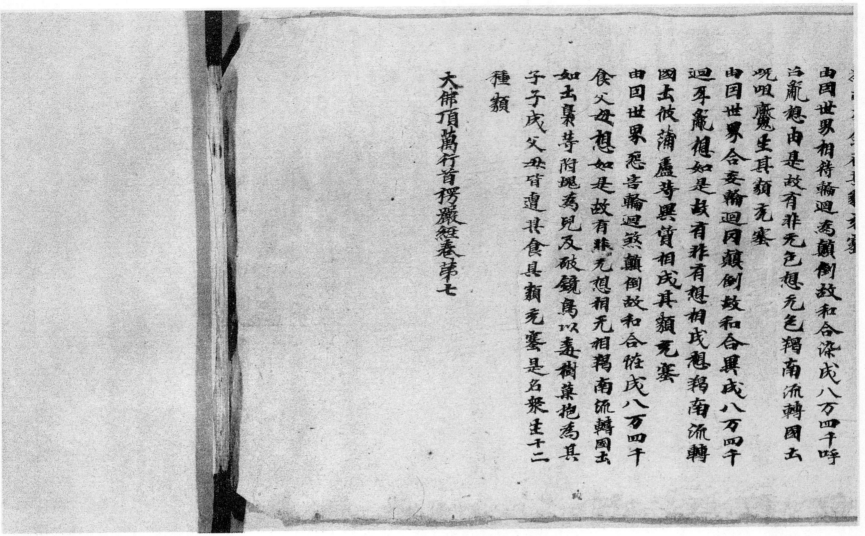

BD15081 號　大佛頂如來密因修證了義諸菩薩萬行首楞嚴經卷七　（19–19）

尒時世尊知諸大弟子心之所念告諸比丘
是須菩提於當來世奉覲三百萬億那由他
佛供養恭敬尊重讚嘆常脩梵行具菩薩道
於最後身得成為佛号曰名相如来應供正
遍知明行足善逝世間解無上士調御丈夫
天人師佛世尊劫名有寶國名寶生其土平
正頗梨為地寶樹莊嚴無諸丘坑沙礫荊棘
便利之穢寶華覆地周遍清淨其土人民皆
處寶臺珎妙樓閣聲聞弟子無量無邊筭數
譬喻所不能知諸菩薩衆無數千萬億那由
他佛壽十二小劫正法住世二十小劫像法
亦住二十小劫其佛常處虛空為衆說法度
脫無量菩薩及聲聞衆尒時世尊欲重宣此
義而說偈言
諸比丘衆　今告汝等　皆當一心　聽我所說
我大弟子　須菩提者　當得作佛　号曰名相
當供無數　萬億諸佛　隨佛所行　漸具大道

BD15082 號　妙法蓮華經卷三　（19–1）

脫無量菩薩及聲聞衆尒時世尊欲重宣此
義而說偈言
諸比丘衆　今告汝等　皆當一心　聽我所說
我大弟子　須菩提者　當得作佛　号曰名相
當供無數　萬億諸佛　隨佛所行　漸具大道
冣後身得　三十二相　端正姝妙　猶如寶山
其佛國土　嚴淨第一　衆生見者　無不愛樂
佛於其中　度無量衆　其佛法中　多諸菩薩
皆悉利根　轉不退輪　彼國常以　菩薩莊嚴
諸聲聞衆　不可稱數　皆得三明　具六神通
住八解脫　有大威德　其佛說法　現於無量
神通變化　不可思議　諸天人民　數如恒沙
皆共合掌　聽受佛語　其佛當壽　十二小劫
正法住世　二十小劫　像法亦住　二十小劫
尒時世尊復告諸比丘衆我今語汝是大迦
旃延於當来世以諸供具供養奉事八千億
佛恭敬尊重諸佛滅後各起塔廟高千由旬
縱廣正等五百由旬以金銀琉璃車𤦲馬瑙
真珠玫瑰七寶合成衆華瓔珞塗香抹香燒
香繒蓋幢幡供養塔廟過是已後當復供養
二萬億佛亦復如是供養是諸佛已具菩薩
道當得作佛号曰閻浮那提金光如来應供
正遍知明行足善逝世間解無上士調御丈
夫天人師佛世尊其土平正頗梨為地寶樹
莊嚴黃金為繩以界道側妙華覆地周遍清
淨見者歡喜無四惡道地獄餓鬼畜生阿脩
羅道多有天人諸聲聞衆及諸菩薩無量萬

BD15082 號　妙法蓮華經卷三　（19–2）

夫天人師佛世尊其土平正頗梨為地寶樹
莊嚴黃金為繩以界道側妙華覆地周遍清
淨見者歡喜無四惡道地獄餓鬼畜生阿脩
羅道多有天人諸聲聞衆及諸菩薩無量萬
億莊嚴其國佛壽十二小劫正法住世二十
小劫像法亦住二十小劫尒時世尊欲重宣
此義而說偈言
諸比丘衆　皆一心聽　如我所說　真實無異
是迦旃延　當以種種　妙好供具　供養諸佛
諸佛滅後　起七寶塔　亦以華香　供養舍利
其冣後身　得佛智慧　成等正覺　國土清淨
度脫無量　萬億衆生　皆為十方　之所供養
佛之光明　無能勝者　其佛号曰　閻浮金色
菩薩聲聞　斷一切有　無量無數　莊嚴其國
尒時世尊復告大衆我今語汝是大目揵連
當以種種供具供養八千諸佛恭敬尊重諸
佛滅後各起塔廟高千由旬縱廣正等五百
由旬以金銀琉璃車𤦲馬瑙真珠玫瑰七寶
合成衆華瓔珞塗香抹香燒香繒蓋幢幡以
用供養過是已後當復供養二百萬億諸佛
亦復如是當得成佛号曰多摩羅跋栴檀香
如来應供正遍知明行足善逝世間解無上
士調御丈夫天人師佛世尊劫名喜滿國名
意樂其土平正頗梨為地寶樹莊嚴散真珠
華周遍清淨見者歡喜多諸天人菩薩聲聞
其數無量佛壽二十四小劫正法住世四十
小劫像法亦住卌小劫尒時世尊欲重宣此
義而說偈言

BD15082 號　妙法蓮華經卷三　（19–3）

華周遍清淨見者歡喜多諸天人菩薩聲聞
其數無量佛壽二十四小劫正法住世四十
小劫像法亦住卌小劫尒時世尊欲重宣此
義而說偈言
我此弟子　大目揵連　捨是身已　得見八千
二百萬億　諸佛世尊　為佛道故　供養恭敬
於諸佛所　常脩梵行　於無量劫　奉持佛法
諸佛滅後　起七寶塔　長表金刹　華香伎樂
而以供養　諸佛塔廟　漸漸具足　菩薩道已
於意樂國　而得作佛　号多摩羅　栴檀之香
其佛壽命　二十四劫　常為天人　演說佛道
聲聞無量　如恒河沙　三明六通　有大威德
菩薩無數　志固精進　於佛智慧　皆不退轉
佛滅度後　正法當住　四十小劫　像法亦尒
我諸弟子　威德具足　其數五百　皆當授記
於未来世　咸得成佛
我及汝等　宿世因緣　吾今當說　汝等善聽
妙法蓮華經化城喻品第七
佛告諸比丘乃往過去無量無邊不可思議
阿僧秪劫尒時有佛名大通智勝如来應供
正遍知明行足善逝世間解無上士調御丈
夫天人師佛世尊其國名好成劫名大相諸
比丘彼佛滅度已来甚大久遠辟如三千大
千世界所有地種假使有人磨以為墨過於
東方千國土乃下一點大如微塵又過千國
土復下一點如是展轉盡地種墨於汝等過
云何是諸國土若筭師若筭師弟子能得邊

比丘彼佛滅度已来甚大久遠辟如三千大
千世界所有地種假使有人磨以為墨過於
東方千國土乃下一點大如微塵又過千國
土復下一點如是展轉盡地種墨於汝等過
云何是諸國土若筭師若筭師弟子能得邊
際知其數不不也世尊諸比丘是人所經國
土若點不點盡抹為塵一塵一劫彼佛滅度
已来復過是數無量無邊百千萬億阿僧秪
劫我以如来知見力故觀彼久遠猶若今日
尒時世尊欲重宣此義而說偈言
我念過去世　無量無邊劫　有佛兩足尊　名大通智勝
如人以力磨　三千大千土　盡此諸地種　皆悉以為墨
過於千國土　乃下一塵點　如是展轉點　盡此諸塵墨
如是諸國土　點與不點等　復盡抹為塵　一塵為一劫
此諸微塵數　其劫復過是　彼佛滅度来　如是無量劫
如来無㝵智　知彼佛滅度　及聲聞菩薩　如見今滅度
諸比丘當知　佛智淨微妙　無漏無所㝵　通達無量劫
佛告諸比丘大通智勝佛壽五百四十萬億
那由他劫其佛本坐道場破魔軍已垂得阿
耨多羅三藐三菩提而諸佛法不現在前如
是一小劫乃至十小劫結跏趺坐身心不動
而諸佛法猶不在前尒時忉利諸天先為彼
佛於菩提樹下敷師子座高一由旬佛於此
坐當得阿耨多羅三藐三菩提適坐此座時
諸梵天王雨衆天華面百由旬香風時来吹
去萎華更雨新者如是不絕滿十小劫供養
於佛乃至滅度常雨此華四王諸天為供養
佛常擊天鼓其餘諸天作天伎樂滿十小劫

諸梵天王雨衆天華面百由旬香風時來吹
去萎華更雨新者如是不絕滿十小劫供養
於佛乃至滅度常雨此華四王諸天為供養
佛常擊天鼓其餘諸天作天伎樂滿十小劫
至于滅度亦復如是諸比丘大通智勝佛過
十小劫諸佛之法乃現在前成阿耨多羅三
藐三菩提其佛未出家時有十六子其第一
者名曰智積諸子各有種種珎異玩好之具
聞父得成阿耨多羅三藐三菩提皆捨所珎
往詣佛所諸母涕泣而隨送之其祖轉輪聖
王與一百大臣及餘百千萬億人民皆共圍
繞隨至道場咸欲親近大通智勝如來供養
恭敬尊重讚嘆到已頭面礼足繞佛畢已一
心合掌瞻仰世尊以偈頌曰
大威德世尊　為度衆生故　於無量億歲　尒乃得成佛
諸願已具足　善哉吉無上　世尊甚希有　一坐十小劫
身體及手足　靜然安不動　其心常惔怕　未曾有散亂
究竟永寂滅　安住無漏法　今者見世尊　安隱成佛道
我等得善利　稱慶大歡喜　衆生常苦惱　盲瞑無導師
不識苦盡道　不知求解脫　長夜增惡趣　減損諸天衆
從瞑入於瞑　永不聞佛名　今佛得寂上　安隱無漏道
我等及天人　為得寂大利　是故咸稽首　歸命無上尊
尒時十六王子偈讚佛已勸請世尊轉於法
輪咸作是言世尊說法多所安隱憐愍饒益
諸天人民重說偈言
世雄無等倫　百福自莊嚴　得無上智慧　願為世間說
度脫於我等　及諸衆生類　為分別顯示　令得是智慧

BD15082號　妙法蓮華經卷三　（19–6）

尒時十六王子偈讚佛已勸請世尊轉於法
輪咸作是言世尊說法多所安隱憐愍饒益
諸天人民重說偈言
世雄無等倫　百福自莊嚴　得無上智慧　願為世間說
度脫於我等　及諸衆生類　為分別顯示　令得是智慧
若我等得佛　衆生亦復然　世尊知衆生　深心之所念
亦知所行道　又知智慧力　欲樂及脩福　宿命所行業
世尊悉知已　當轉無上輪
佛告諸比丘大通智勝佛得阿耨多羅三藐
三菩提時十方各五百萬億諸佛世界六種
震動其國中間幽瞑之處日月威光所不能
照而皆大明其中衆生各得相見咸作是言
此中云何忽生衆生又其國界諸天宮殿乃
至梵宮六種震動大光普照遍滿世界勝諸
天光尒時東方五百萬億諸國土中梵天宮
殿光明照曜倍於常明諸梵天王各作是念
今者宮殿光明昔所未有以何因緣而現此
相是時諸梵天王即各相詣共議此事時彼
衆中有一大梵天王名救一切為諸梵衆而
說偈言
我等諸宮殿　光明昔未有　此是何因緣　宜各共求之
為大德天生　為佛出世間　而此大光明　遍照於十方
尒時五百萬億國土諸梵天王與宮殿俱各
以衣祴盛諸天華共詣西方推尋是相見大
通智勝如來處于道場菩提樹下坐師子座
諸天龍王乹闥婆緊那羅摩睺羅伽人非人
等恭敬圍繞及見十六王子請佛轉法輪即
時諸梵天王頭面礼佛繞百千帀即以天華

BD15082號　妙法蓮華經卷三　（19–7）

以衣裓盛諸天華共詣西方推尋是相見大
通智勝如來處于道場菩提樹下坐師子座
諸天龍王乾闥婆緊那羅摩睺羅伽人非人
等恭敬圍繞及見十六王子請佛轉法輪即
時諸梵天王頭面礼佛繞百千帀即以天華
而散佛上其所散華如須弥山并以供養佛
菩提樹其菩提樹高十由旬華供養已各以
宮殿奉上彼佛而作是言唯見哀愍饒益我
等所獻宮殿願垂納處時諸梵天王即於佛
前一心同聲以偈頌曰
世尊甚希有　難可得值遇　具無量功德　能救護一切
天人之大師　哀愍於世間　十方諸衆生　普皆蒙饒益
我等所從來　五百萬億國　捨深禪定樂　為供養佛故
我等先世福　宮殿甚嚴飾　今以奉世尊　唯願哀納受
尒時諸梵天王偈讚佛已各作是言唯願世
尊轉於法輪度脫衆生開涅槃道時諸梵天
王一心同聲而說偈言
世雄兩足尊　唯願演說法　以大慈悲力　度苦惱衆生
尒時大通智勝如來默然許之又諸比丘東
南方五百萬億國土諸大梵王各自見宮殿
光明照曜昔所未有歡喜踊躍生希有心即
各相詣共議此事時彼衆中有一大梵天王
名曰大悲為諸梵衆而說偈言
是事何因緣　而現如此相　我等諸宮殿　光明昔未有
為大德天生　為佛出世間　未曾見此相　當共一心求
過千萬億土　尋光共推之　多是佛出世　度脫苦衆生
尒時五百萬億諸梵天王與宮殿俱各以衣

BD15082 號　妙法蓮華經卷三　（19–8）

是事何因緣　而現如此相　我等諸宮殿　光明昔未有
為大德天生　為佛出世間　未曾見此相　當共一心求
過千萬億土　尋光共推之　多是佛出世　度脫苦衆生
尒時五百萬億諸梵天王與宮殿俱各以衣
裓盛諸天華共詣西北方推尋是相見大通
智勝如來處于道場菩提樹下坐師子座諸
天龍王乾闥婆緊那羅摩睺羅伽人非人等
恭敬圍繞及見十六王子請佛轉法輪時諸
梵天王頭面礼佛繞百千帀即以天華而散
佛上所散之華如須弥山并以供養佛菩提
樹華供養已各以宮殿奉上彼佛而作是言
唯見哀愍饒益我等所獻宮殿願垂納受尒
時諸梵天王即於佛前一心同聲以偈頌曰
聖主天中王　迦陵頻伽聲　哀愍衆生者　我等今敬礼
世尊甚希有　久遠乃一現　一百八十劫　空過無有佛
三惡道充滿　諸天衆減少　今佛出於世　為衆生作眼
世間所歸趣　救護於一切　為衆生之父　哀愍饒益者
我等宿福慶　今得值世尊
尒時諸梵天王偈讚佛已各作是言唯願世
尊哀愍一切轉於法輪度脫衆生時諸梵天
王一心同聲而說偈言
大聖轉法輪　顯示諸法相　度苦惱衆生　令得大歡喜
衆生聞此法　得道若生天　諸惡道減少　忍善者增益
尒時大通智勝如來默然許之又諸比丘南
方五百萬億國土諸大梵王各自見宮殿光
明照曜昔所未有歡喜踊躍生希有心即各
相詣共議此事以何因緣我等宮殿有此光

BD15082 號　妙法蓮華經卷三　（19–9）

衆生聞此法　得道若生天　諸惡道減少　忍善者增益
尒時大通智勝如来嘿然許之又諸比丘南
方五百萬億國土諸大梵王各自見宮殿光
明照曜昔所未有歡喜踊躍生希有心即各
相詣共議此事以何因緣我等宮殿有此光
曜而彼衆中有一大梵天王名曰妙法為諸
梵衆而說偈言
我等諸宮殿　光明甚威曜　此非無因緣　是相宜求之
過於百千劫　未曾見是相　為大德天生　為佛出世間
尒時五百萬億諸梵天王與宮殿俱各以衣
裓盛諸天華共詣北方推尋是相見大通智
勝如来處于道場菩提樹下坐師子座諸天
龍王乹闥婆緊那羅摩睺羅伽人非人等恭
敬圍繞及見十六王子請佛轉法輪時諸梵
天王頭面礼佛繞百千帀即以天華而散佛
上所散之華如須弥山并以供養佛菩提樹
華供養已各以宮殿奉上彼佛而作是言唯
見哀愍饒益我等所獻宮殿願垂納受尒時
諸梵天王即於佛前一心同聲以偈頌曰
世尊甚難見　破諸煩惱者　過百三十劫　今乃得一見
諸飢渴衆生　以法雨充滿　昔所未曾見　無量智慧者
如優曇鉢羅　今日乃值遇　我等諸宮殿　蒙光故嚴飾
世尊大慈愍　唯願垂納受
尒時諸梵天王偈讚佛已各作是言唯願世
尊轉於法輪令一切世間諸天魔梵沙門婆
羅門皆獲安隱而得度脫時諸梵天王一心
同聲以偈頌曰

BD15082號　妙法蓮華經卷三　（19–10）

尊轉於法輪令一切世間諸天魔梵沙門婆
羅門皆獲安隱而得度脫時諸梵天王一心
同聲以偈頌曰
唯願天人尊　轉無上法輪　擊于大法鼓　而吹大法螺
普雨大法雨　度無量衆生　我等咸歸請　當演深遠音
尒時大通智勝如来嘿然許之西南方乃至
下方亦復如是尒時上方五百萬億國土諸
大梵王皆悉自覩所止宮殿光明威曜昔所
未有歡喜踊躍生希有心即各相詣共議此
事以何因緣我等宮殿有斯光明時彼衆中
有一大梵天王名曰尸棄為諸梵衆而說偈
言
今以何因緣　我等諸宮殿　威德光明曜　嚴飾未曾有
如是之妙相　昔所未聞見　為大德天生　為佛出世間
尒時五百萬億諸梵天王與宮殿俱各以衣
裓盛諸天華共詣下方推尋是相見大通智
勝如来處于道場菩提樹下坐師子座諸天
龍王乹闥婆緊那羅摩睺羅伽人非人等恭
敬圍繞及見十六王子請佛轉法輪時諸梵
天王頭面礼佛繞百千帀即以天華而散佛
上所散之華如須弥山并以供養佛菩提樹
華供養已各以宮殿奉上彼佛而作是言唯
見哀愍饒益我等所獻宮殿願垂納處時諸
梵天王即於佛前一心同聲以偈頌曰
善哉見諸佛　救世之聖尊　能於三界獄　勉出諸衆生
普智天人尊　愍哀羣萌類　能開甘露門　廣度於一切
於昔無量劫　空過無有佛　世尊未出時　十方常暗瞑

BD15082號　妙法蓮華經卷三　（19–11）

見哀愍饒益我等所獻宮殿願垂納處時諸
梵天王即於佛前一心同聲以偈頌曰
善哉見諸佛 救世之聖尊 能於三界獄 勉出諸衆生
普智天人尊 愍哀群萌類 能開甘露門 廣度於一切
於昔無量劫 空過無有佛 世尊未出時 十方常闇瞑
三惡道增長 阿脩羅亦盛 諸天衆轉減 死多墮惡道
不從佛聞法 常行不善事 色力及智慧 斯等皆減少
罪業因緣故 失樂及樂想 住於邪見法 不識善儀則
不蒙佛所化 常墮於惡道 佛為世間眼 久遠時乃出
哀愍諸衆生 故現於世間 超出成正覺 我等甚欣慶
及餘一切衆 喜歎未曾有 我等諸宮殿 蒙光故嚴飾
今以奉世尊 唯垂哀納受 願以此功德 普及於一切
我等與衆生 皆共成佛道
尒時五百萬億諸梵天王偈讚佛已各白佛
言唯願世尊轉於法輪多所安隱多所度脫
時諸梵天王而說偈言
世尊轉法輪 擊甘露法鼓 度苦惱衆生 開示涅槃道
唯願受我請 以大微妙音 哀愍而敷演 無量劫習法
尒時大通智勝如來受十方諸梵天王及十
六王子請即時三轉十二行法輪若沙門婆
羅門若天魔梵及餘世間所不能轉謂是苦
是苦集是苦滅是苦滅道及廣說十二因緣
法無明緣行行緣識識緣名色名色緣六入
六入緣觸觸緣受受緣愛愛緣取取緣有有
緣生生緣老死憂悲苦惱無明滅則行滅行
滅則識滅識滅則名色滅名色滅則六入滅
六入滅則觸滅觸滅則受滅受滅則愛滅愛

BD15082號　妙法蓮華經卷三　（19–12）

法無明緣行行緣識識緣名色名色緣六入
六入緣觸觸緣受受緣愛愛緣取取緣有有
緣生生緣老死憂悲苦惱無明滅則行滅行
滅則識滅識滅則名色滅名色滅則六入滅
六入滅則觸滅觸滅則受滅受滅則愛滅愛
滅則取滅取滅則有滅有滅則生滅生滅則
老死憂悲苦惱滅佛於天人大衆之中說是
法時六百萬億那由他人以不受一切法故
而於諸漏心得解脫皆得深妙禪定三明六
通具八解脫第二第三第四說法時千萬億
恒河沙那由他等衆生亦以不受一切法故
而於諸漏心得解脫從是已後諸聲聞衆無
量無邊不可稱數尒時十六王子皆以童子
出家而為沙弥諸根通利智慧明了已曾供
養百千萬億諸佛淨脩梵行求阿耨多羅三
藐三菩提俱白佛言世尊是諸無量千萬億
大德聲聞皆已成就世尊亦當為我等說阿
耨多羅三藐三菩提法我等聞已皆共脩學
世尊我等志願如來知見深心所念佛自證
知尒時轉輪聖王所將衆中八萬億人見十
六王子出家亦求出家王即聽許尒時彼佛
受沙弥請過二萬劫已乃於四衆之中說是
大乘經名妙法蓮華教菩薩法佛所護念說
是經已十六沙弥為阿耨多羅三藐三菩提
故皆共受持諷誦通利說是經時十六菩薩
沙弥皆悉信受聲聞衆中亦有信解其餘衆
生千萬億種皆生疑惑佛說是經於八千劫

BD15082號　妙法蓮華經卷三　（19–13）

是經已十六沙弥為阿耨多羅三藐三菩提
故皆共受持諷誦通利說是經時十六菩薩
沙弥皆悉信受聲聞衆中亦有信解其餘衆
生千萬億種皆生疑惑佛說是經於八千劫
未曾休廢說此經已即入靜室住於禪定八
萬四千劫是時十六菩薩沙弥知佛入室寂
然禪定各昇法座亦於八萬四千劫為四部
衆廣說分別妙法華經一一皆度六百萬億
那由他恒河沙等衆生示教利喜令發阿耨
多羅三藐三菩提心大通智勝佛過八萬四
千劫已從三昧起往詣法座安詳而坐普告
大衆是十六菩薩沙弥甚為希有諸根通利
智慧明了已曾供養無量千萬億數諸佛於
諸佛所常脩梵行受持佛智開示衆生令入
其中汝等皆當數數親近而供養之所以者
何若聲聞辟支佛及諸菩薩能信是十六菩
薩所說經法受持不毀者是人皆當得阿耨
多羅三藐三菩提如來之慧佛告諸比丘是
十六菩薩常樂說是妙法蓮華經一一菩薩
所化六百萬億那由他恒河沙等衆生世世
所生與菩薩俱從其聞法悉皆信解以此因
緣得值四萬億諸佛世尊于今不盡諸比丘
我今語汝彼佛弟子十六沙弥今皆得阿耨
多羅三藐三菩提於十方國土現在說法有
無量百千萬億菩薩聲聞以為眷屬其二沙
弥東方作佛一名阿閦在歡喜國二名須弥
頂東南方二佛一名師子音二名師子相南

多羅三藐三菩提於十方國土現在說法有
無量百千萬億菩薩聲聞以為眷屬其二沙
弥東方作佛一名阿閦在歡喜國二名須弥
頂東南方二佛一名師子音二名師子相南
方二佛一名虛空住二名常滅西南方二佛
一名帝相二名梵相西方二佛一名阿弥陀
二名度一切世間苦惱西北方二佛一名多
摩羅跋栴檀香神通二名須弥相北方二佛
一名雲自在二名雲自在王東北方佛名壞
一切世間怖畏第十六我釋迦牟尼佛於娑
婆國土成阿耨多羅三藐三菩提諸比丘我
等為沙弥時各各教化無量百千萬億恒河
沙等衆生從我聞法為阿耨多羅三藐三菩
提此諸衆生于今有住聲聞地者我常教化
阿耨多羅三藐三菩提是諸人等應以是法
漸入佛道所以者何如來智慧難信難解尒
時所化無量恒河沙等衆生者汝等諸比丘
及我滅度後未來世中聲聞弟子是也我滅
度後復有弟子不聞是經不知不覺菩薩所
行自於所得功德生滅度想當入涅槃我於
餘國作佛更有異名是人雖生滅度之想入
於涅槃而於彼土求佛智慧得聞是經唯以
佛乘而得滅度更無餘乘除諸如來方便說
法諸比丘若如來自知涅槃時到衆又清淨
信解堅固了達空法深入禪定便集諸菩薩
及聲聞衆為說是經世間無有二乘而得滅
度唯一佛乘得滅度耳比丘當知如來方便

信解堅固了達空法深入禪定便集諸菩薩
及聲聞衆為說是經世間無有二乘而得滅
度唯一佛乘得滅度耳比丘當知如來方便
深入衆生之性知其志樂小法深著五欲為
是等故說於涅槃是人若聞則便信受譬如
五百由旬險難惡道曠絕無人怖畏之處若
有多衆欲過此道至珎寶處有一導師聰慧
明達善知險道通塞之相將導衆人欲過此
難所將人衆中路懈退白導師言我等疲極
而復怖畏不能復進前路猶遠今欲退還導
師多諸方便而作是念此等可愍云何捨大
珎寶而欲退還作是念已以方便力於險道
中過三百由旬化作一城告衆人言汝等勿
怖莫得退還今此大城可於中止隨意所作
若入是城快得安隱若能前至寶所亦可得
去是時疲極之衆心大歡喜歎未曾有我等
今者免斯惡道快得安隱於是衆人前入化
城生已度想生安隱想尒時導師知此人衆
既得止息無復疲惓即滅化城語衆人言汝
等去來寶處在近向者大城我所化作為止
息耳諸比丘如來亦復如是今為汝等作大
導師知諸生死煩惱惡道險難長遠應去應
度若衆生但聞一佛乘者則不欲見佛不欲
親近便作是念佛道長遠久受勤苦乃可得
成佛知是心怯弱下劣以方便力而於中道
為止息故說二涅槃若衆生住於二地如來

度若衆生但聞一佛乘者則不欲見佛不欲
親近便作是念佛道長遠久受勤苦乃可得
成佛知是心怯弱下劣以方便力而於中道
為止息故說二涅槃若衆生住於二地如來
尒時即便為說汝等所作未辦汝所住地近
於佛慧當觀察籌量所得涅槃非真實也但
是如來方便之力於一佛乘分別說三如彼
導師為止息故化作大城既知息已而告之
言寶處在近此城非實我化作耳尒時世尊
欲重宣此義而說偈言

大通智勝佛　十劫坐道場　佛法不現前　不得成佛道
諸天神龍王　阿脩羅衆等　常雨於天華　以供養彼佛
諸天擊天鼓　并作衆伎樂　香風吹萎華　更雨新好者
過十小劫已　乃得成佛道　諸天及世人　心皆懷踊躍
彼佛十六子　皆與其眷屬　千萬億圍繞　俱行至佛所
頭面禮佛足　而請轉法輪　聖師子法雨　充我及一切
世尊甚難值　久遠時一現　為覺悟群生　震動於一切
東方諸世界　五百萬億國　梵宮殿光曜　昔所未曾有
諸梵見此相　尋來至佛所　散華以供養　并奉上宮殿
請佛轉法輪　以偈而讚歎　佛知時未至　受請嘿然坐
三方及四維　上下亦復尒　散華奉宮殿　請佛轉法輪
世尊甚難值　願以本慈悲　廣開甘露門　轉無上法輪
無量慧世尊　受彼衆人請　為宣種種法　四諦十二緣
無明至老死　皆從生緣有　如是衆過患　汝等應當知
宣暢是法時　六百萬億姟　得盡諸苦際　皆成阿羅漢
第二說法時　千萬恒沙衆　於諸法不受　亦得阿羅漢
從是後得道　其數無有量　萬億劫筭數　不能得其邊

無明至老死　皆從生緣有　如是衆過患　汝等應當知
宣暢是法時　六百萬億姟　得盡諸苦際　皆成阿羅漢
第二說法時　千萬恒沙衆　於諸法不受　亦得阿羅漢
從是後得道　其數無有量　萬億劫筭數　不能得其邊
時十六王子　出家作沙弥　皆共請彼佛　演說大乘法
我等及營從　皆當成佛道　願得如世尊　慧眼第一淨
佛知童子心　宿世之所行　以無量因緣　種種諸譬喩
說六波羅蜜　及諸神通事　分別真實法　菩薩所行道
說是法華經　如恒河沙偈　彼佛說經已　靜室入禪定
一心一處坐　八萬四千劫　是諸沙弥等　知佛禪未出
為無量億衆　說佛無上慧　各各坐法座　說是大乘經
於佛宴寂後　宣揚助法化　一一沙弥等　所度諸衆生
有六百萬億　恒河沙等衆　彼佛滅度後　是諸聞法者
在在諸佛土　常與師俱生　是十六沙弥　具足行佛道
今現在十方　各得成正覺　尒時聞法者　各在諸佛所
其有住聲聞　漸教以佛道　我在十六數　曾亦為汝說
是故以方便　引汝趣佛慧　以是本因緣　今說法華經
令汝入佛道　慎勿懷驚懼　譬如險惡道　迥絶多毒獸
又復無水草　人所怖畏處　無數千萬衆　欲過此險道
其路甚曠遠　經五百由旬　時有一道師　強識有智慧
明了心決定　在險濟衆難　衆人皆疲惓　而白導師言
我等今頓乏　於此欲退還　導師作是念　此輩甚可愍
如何欲退還　而失大珎寶　尋時思方便　當設神通力
化作大城郭　莊嚴諸舍宅　周帀有園林　渠流及浴池
重門高樓閣　男女皆充滿　即作是化已　慰衆言勿懼
汝等入此城　各可隨所樂　諸人既入城　心皆大歡喜

BD15082 號　妙法蓮華經卷三　（19-18）

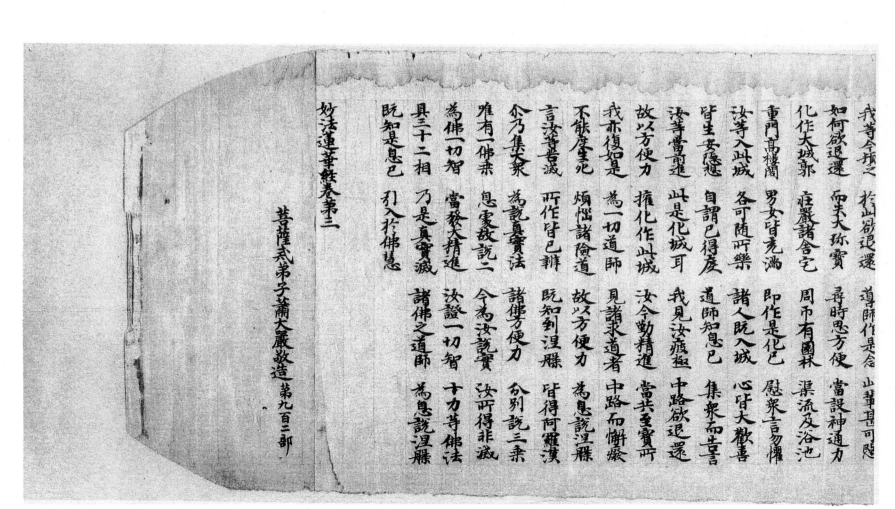

我等今頓乏　於此欲退還　導師作是念　此輩甚可愍
如何欲退還　而失大珎寶　尋時思方便　當設神通力
化作大城郭　莊嚴諸舍宅　周帀有園林　渠流及浴池
重門高樓閣　男女皆充滿　即作是化已　慰衆言勿懼
汝等入此城　各可隨所樂　諸人既入城　心皆大歡喜
皆生安隱想　自謂已得度　導師知息已　集衆而告言
汝等當前進　此是化城耳　我見汝疲極　中路欲退還
故以方便力　權化作此城　汝今勤精進　當共至寶所
我亦復如是　為一切導師　見諸求道者　中路而懈廢
不能度生死　煩惱諸險道　故以方便力　為息說涅槃
言汝等苦滅　所作皆已辦　既知到涅槃　皆得阿羅漢
尒乃集大衆　為說真實法　諸佛方便力　分別說三乘
唯有一佛乘　息處故說二　今為汝說實　汝所得非滅
為佛一切智　當發大精進　汝證一切智　十力等佛法
具三十二相　乃是真實滅　諸佛之道師　為息說涅槃
既知是息已　引入於佛慧

妙法蓮華經卷第三

菩薩戒弟子蕭大嚴敬造　第九百二部

BD15082 號　妙法蓮華經卷三　（19-19）

妙法蓮華經譬喻品第
尒時舍利弗踊躍　　　合
而白佛言今從世尊　此法音心懷踊躍
未曾有所以者何我昔從佛聞如是法見
菩薩受記作佛而我等不預斯事甚自感傷
失於如來無量知見世尊我常獨處山林樹
下若坐若行每作是念我等同入法性云何
如來以小乘法而見濟度是我等咎非世尊
也所以者何若我等待說所因成就阿耨多
羅三藐三菩提者必以大乘而得度脫然我
等不解方便隨宜所說初聞佛法遇便信受
思惟取證世尊我從昔來終日竟夜每自剋
責而今從佛聞所未聞未曾有法斷諸疑悔
身意泰然快得安隱今日乃知真是佛子從
佛口生從法化生得佛法分尒時舍利弗欲
重宣此義而說言
我聞是法音　得所未曾有　心懷大歡喜　疑網皆已除
昔來蒙佛教　不失於大乘　佛音甚希有　能除衆生惱
我已得漏盡　聞亦除憂惱　我處於山谷　或在林樹下
若坐若經行　常思惟是事　嗚呼深自責　云何而自欺

BD15083 號　妙法蓮華經卷二　（28–1）

佛口生從法化生得佛法分尒時舍利弗欲
重宣此義而說言
我聞是法音　得所未曾有　心懷大歡喜　疑網皆已除
昔來蒙佛教　不失於大乘　佛音甚希有　能除衆生惱
我已得漏盡　聞亦除憂惱　我處於山谷　或在林樹下
若坐若經行　常思惟是事　嗚呼深自責　云何而自欺
我等亦佛子　同入無漏法　不能於未來　演說無上道
金色三十二　十力諸解脫　同共一法中　而不得此事
八十種妙好　十八不共法　如是等功德　而我皆已失
我獨經行時　見佛在大衆　名聞滿十方　廣饒益衆生
自惟失此利　我為自欺誑　我常於日夜　每思惟是事
欲以問世尊　為失為不失　我常見世尊　稱讚諸菩薩
以是於日夜　籌量如此事　今聞佛音聲　隨宜而說法
無漏難思議　令衆至道場　我本著邪見　為諸梵志師
世尊知我心　拔邪說涅槃　我悉除邪見　於空法得證
尒時心自謂　得至於滅度　而今乃自覺　非是實滅度
若得作佛時　具三十二相　天人夜叉衆　龍神等恭敬
是時乃可謂　永盡滅無餘
佛於大衆中　說我當作佛　聞如是法音　疑悔悉已除
初聞佛所說　心中大驚疑　將非魔作佛　惱亂我心耶
佛以種種緣　譬喻巧言說　其心安如海　我聞疑網斷
佛說過去世　無量滅度佛　安住方便中　亦皆說是法
現在未來佛　其數無有量　亦以諸方便　演說如是法
如今者世尊　從生及出家　得道轉法輪　亦以方便說
世尊說實道　波旬無此事　以是我定知　非是魔作佛
我墮疑網故　謂是魔所為　聞佛柔軟音　深遠甚微妙
演暢清淨法　我心大歡喜　疑悔永已盡　安住實智中
我定當作佛　為天人所敬　轉無上法輪　教化諸菩薩

BD15083 號　妙法蓮華經卷二　（28–2）

現在未來佛　其數無有量　亦以諸方便　演說如是法
如今者世尊　從生及出家　得道轉法輪　亦以方便說
世尊說實道　波旬無此事　以是我定知　非是魔作佛
我墮疑網故　謂是魔所為　聞佛柔軟音　深遠甚微妙
演暢清淨法　我心大歡喜　疑悔永已盡　安住實智中
我定當作佛　為天人所敬　轉無上法輪　教化諸菩薩
尒時佛告舍利弗吾今於天人沙門婆羅門
等大眾中說我昔曾於二萬億佛所為無
上道故常教化汝汝亦長夜隨我受學我以
方便引導汝故生我法中舍利弗我昔教汝
志願佛道汝今悉忘而自謂已得滅度我今還
欲令汝憶念本願所行道故為諸聲聞說是
大乘經名妙法蓮華教菩薩法佛所護念舍
利弗汝於未來世過無量無邊不可思議劫
供養若干千萬億佛奉持正法具足菩薩所
行之道當得作佛号曰華光如來應供正
遍知明行足善逝世間解無上士調御丈夫
天人師佛世尊國名離垢其土平政清淨嚴
飾安隱豊樂天人熾盛瑠璃為地有八交道
黃金為繩以界其側其傍各有七寶行樹
樹有華菓華光如來亦以三乘教化眾生舍
利弗彼佛出時雖非惡世以本願故說三乘
法其劫名大寶莊嚴何故名曰大寶莊嚴其
國中以菩薩為大寶故彼諸菩薩无量无邊
不可思議筭數譬喻所不能及非佛智力无
能知者若欲行時寶華承足此諸菩薩非初
發意皆久殖德本於无量百千萬億佛所淨

BD15083號　妙法蓮華經卷二　（28-3）

國中以菩薩為大寶故彼諸菩薩无量无邊
不可思議筭數譬喻所不能及非佛智力无
能知者若欲行時寶華承足此諸菩薩非初
發意皆久殖德本於无量百千萬億佛所淨
脩梵行恒為諸佛之所稱歎常脩佛慧具
大神通善知一切諸法之門質直无偽志念
堅固如是菩薩充滿其國舍利弗華光佛壽
十二小劫除為王子未作佛時其國人民壽八
小劫華光如來過十二小劫授堅滿菩薩阿耨
多羅三藐三菩提記告諸比丘是堅滿菩薩
次當作佛号曰華足安行多陁阿伽度阿羅
訶三藐三佛陁其佛國土亦復如是舍利弗
是華光佛滅度之後正法住世三十二小
劫像法住世亦三十小劫尒時世尊欲重宣
此義而說偈言
舍利弗來世　成佛普智尊　号名曰華光　當度無量眾
供養無數佛　具足菩薩行　十力等功德　證於無上道
過無量劫已　劫名大寶嚴　世界名離垢　清淨無瑕穢
以瑠璃為地　金繩界其道　七寶雜色樹　常有華菓實
彼國諸菩薩　志念常堅固　神通波羅蜜　皆已悉具足
於無數佛所　善學菩薩道　如是等大士　華光佛所化
佛為王子時　棄國捨世榮　於最末後身　出家成佛道
華光佛住世　壽十二小劫　其國人民眾　壽命八小劫
佛滅度之後　正法住於世　三十二小劫　廣度諸眾生
正法滅盡已　像法三十二　舍利廣流布　天人普供養
華光佛所為　其事皆如是　其兩足聖尊　最勝無倫匹
彼即是汝身　宜應自欣慶

BD15083號　妙法蓮華經卷二　（28-4）

佛滅度之後　正法住於世　三十二小劫　廣度諸衆生
正法滅盡已　像法三十二　舍利廣流布　天人普供養
華光佛所為　其事皆如是　其兩足聖尊　最勝無倫匹
彼即是汝身　宜應自欣慶
尒時四部衆比丘比丘尼優婆塞優婆夷天
龍夜叉乾闥婆阿脩羅迦樓羅緊那羅摩睺
羅伽等大衆見舍利弗於佛前受阿耨多羅
三藐三菩提記心大歡喜踊躍無量各各脫身
所著上衣以供養佛釋提桓因梵天王等與
無數天子亦以天妙衣天曼陁羅華摩訶曼
陁羅華等供養於佛所散天衣住虛空中
而自迴轉諸天伎樂百千萬種於虛空中一
時俱作雨衆天華而作是言佛昔於波羅柰
初轉法輪今乃復轉無上最大法輪尒時諸
天子欲重宣此義而說偈言
昔於波羅柰　轉四諦法輪　分別說諸法　五衆之生滅
今復轉最妙　無上大法輪　是法甚深奧　少有能信者
我等從昔來　數聞世尊說　未曾聞如是　深妙之上法
世尊說是法　我等皆隨喜　大智舍利弗　今得受尊記
我等亦如是　必當得作佛　於一切世間　最尊無有上
佛道叵思議　方便隨宜說　我所有福業　今世若過世
及見佛功德　盡迴向佛道
尒時舍利弗白佛言世尊我今無復疑悔親
於佛前得受阿耨多羅三藐三菩提記是諸
千二百心自在者昔住學地佛常教化言我
法能離生老病死究竟涅槃是學無學人亦

BD15083號　妙法蓮華經卷二　（28–5）

及見佛功德　盡迴向佛道
尒時舍利弗白佛言世尊我今無復疑悔親
於佛前得受阿耨多羅三藐三菩提記是諸
千二百心自在者昔住學地佛常教化言我
法能離生老病死究竟涅槃是學無學人亦
各自以離我見及有無見等謂得涅槃而今於
世尊前聞所未聞皆墮疑惑善哉世尊願為
四衆說其因緣令離疑悔尒時佛告舍利弗
我先不言諸佛世尊以種種因緣譬喻言辭
方便說法皆為阿耨多羅三藐三菩提耶是
諸所說皆為化菩薩故然舍利弗今當復
以譬喻更明此義諸有智者以譬喻得解舍
利弗若國邑聚落有大長者其年衰邁財
富無量多有田宅及諸僮僕其家廣大唯有
一門多諸人衆一百二百乃至五百人止住其
中堂閣朽故牆壁隤落柱根腐敗梁棟傾危
周帀俱時欻然火起焚燒舍宅長者諸子若
十二十或至三十在此宅中長者見是大火
從四面起即大驚怖而作是念我雖能於此
所燒之門安隱得出而諸子等於火宅內樂
著嬉戲不覺不知不驚不怖火來逼身苦痛
切己心不猒患無求出意舍利弗是長者作
是思惟我身手有力當以衣裓若以几案從
舍出之復更思惟是舍唯有一門而復陿小
諸子幼稚未有所識戀著戲處或當墮落為
火所燒我當為說怖畏之事此舍已燒宜時
疾出無令為火之所燒害作是念已如所思

BD15083號　妙法蓮華經卷二　（28–6）

舍出之復更思惟是舍唯有一門而復陜小
諸子幼稚未有所識戀著戲處或當墮落爲
火所燒我當爲說怖畏之事此舍已燒宜時
疾出無令爲火之所燒害作是念已如所思
惟具告諸子汝等速出父雖憐愍善言誘喻
而諸子等樂著嬉戲不肯信受不驚不畏
了無出心亦復不知何者是火何者爲舍云何
爲失但東西走戲視父而已尒時長者即作是
念此舍已爲大火所燒我及諸子若不時出
必爲所焚我今當設方便令諸子等得免斯
害父知諸子先心各有所好種種珍玩奇異
之物情必樂著而告之言汝等所可玩好希
有難得汝若不取後必憂悔如此種種羊車
鹿車牛車今在門外可以遊戲汝等於此火
宅宜速出來隨汝所欲皆當與汝尒時諸子
聞父所說珍玩之物適其願故心各勇銳互
相推排競共馳走爭出火宅是時長者見諸
子等安隱得出皆於四衢道中露地而坐
無復障礙其心泰然歡喜踊躍時諸子等各
白父言父先所許玩好之具羊車鹿車牛車
願時賜與舍利弗尒時長者各賜諸子等一大
車其車高廣衆寶莊校周帀欄楯四面懸鈴
又於其上張設幰蓋亦以珍奇雜寶而嚴飾
之寶繩交絡垂諸華瓔重敷綩綖安置丹枕
駕以白牛膚色充潔形體姝好有大筋力
行步平正其疾如風又多僕從而侍衛之所以
者何是大長者財富無量種種諸藏悉皆充

BD15083號　妙法蓮華經卷二　（28–7）

車其車高廣衆寶莊校周帀欄楯四面懸鈴
又於其上張設幰蓋亦以珍奇雜寶而嚴飾
之寶繩交絡垂諸華瓔重敷綩綖安置丹枕
駕以白牛膚色充潔形體姝好有大筋力
行步平正其疾如風又多僕從而侍衛之所以
者何是大長者財富無量種種諸藏悉皆充
溢而作是念我財物無極不應以下劣小車
與諸子等今此幼童皆是吾子愛無偏黨
我有如是七寶大車其數無量應當等心各
各與之不宜差別所以者何以我此物周給一
國猶尚不匱何況諸子是時諸子各乘大車
得未曾有非本所望舍利弗於汝意云何是
長者等與諸子珍寶大車寧有虛妄不
舍利弗言不也世尊是長者但令諸子得
免火難全其軀命非爲虛妄何以故若全身
命便爲已得玩好之具況復方便於彼火宅
而拔濟之世尊若是長者乃至不與最小一
車猶不虛妄何以故長者先作是意我以方
便令子得出以是因緣無虛妄也何況長者
自知財富無量欲饒益諸子等與大車佛告
舍利弗善哉善哉如汝所言舍利弗如來亦
復如是則爲一切世間之父於諸怖畏衰惱憂
患無明闇蔽永盡無餘而悉成就無量知見
力無所畏有大神力及智慧力具足方便智
慧波羅蜜大慈大悲常無懈惓恒求善事
利益一切而生三界朽故火宅爲度衆生生
老病死憂悲苦惱愚癡闇蔽三毒之火教化

BD15083號　妙法蓮華經卷二　（28–8）

患無明闇蔽永盡無餘而悉成就無量知見
力無所畏有大神力及智慧力具足方便智
慧波羅蜜大慈大悲常無懈惓恒求善事
利益一切而生三界朽故火宅為度衆生生
老病死憂悲苦惱愚癡闇蔽三毒之火教化
令得阿耨多羅三藐三菩提見諸衆生為生
老病死憂悲苦惱之所燒煑亦以五欲財利故
受種種苦又以貪著追求故現受衆苦後受
地獄畜生餓鬼之苦若生天上及在人間貧
窮困苦愛別離苦怨憎會苦如是等種種諸
苦衆生沒在其中歡喜遊戲不覺不知不驚
不怖亦不生猒不求解脫於此三界火宅東
西馳走雖遭大苦不以為患舍利弗佛見此
已便作是念我為衆生之父應拔其苦難與
無量無邊佛智慧樂令其遊戲舍利弗如来
復作是念若我但以神力及智慧力捨於方便
為諸衆生讚如来知見力無所畏者衆生
不能以是得度所以者何是諸衆生未免生
老病死憂悲苦惱而為三界火宅所燒何由
能解佛之智慧舍利弗如彼長者雖復身手
有力而不用之但以慇懃方便免濟諸子火
宅之難然後各與珎寶大車如来亦復如是
雖有力無所畏而不用之但以智慧方便於
三界火宅拔濟衆生為說三乘聲聞辟支佛
佛乘而作是言汝等莫得樂住三界火宅勿
貪麁弊色聲香味觸也若貪著生愛則為
所燒汝速出三界當得三乘聲聞辟支佛佛

三界火宅拔濟衆生為說三乘聲聞辟支佛
佛乘而作是言汝等莫得樂住三界火宅勿
貪麁弊色聲香味觸也若貪著生愛則為
所燒汝速出三界當得三乘聲聞辟支佛佛
乘我今為汝保任此事終不虛也汝等但當勤
脩精進如来以是方便誘進衆生復作是言
汝等當知此三乘法皆是聖所稱歎自在無
繫無所依求乘是三乘以無漏根力覺道禪
定解脫三昧等而自娛樂便得無量安隱快樂
舍利弗若有衆生內有智性從佛世尊聞
法信受慇懃精進欲速出三界自求涅槃是
名聲聞乘如彼諸子為求羊車出於火宅若有
衆生從佛世尊聞法信受慇懃精進求自
然慧樂獨善寂深知諸法因緣是名辟支佛
乘如彼諸子為求鹿車出於火宅若有衆生
從佛世尊聞法信受懃脩精進求一切智
佛智自然智無師智如来知見力無所畏愍
念安樂無量衆生利益天人度脫一切是名
大乘菩薩求此乘故名為摩訶薩如彼諸子
為求牛車出於火宅舍利弗如彼長者見諸
子等安隱得出火宅到無畏處自惟財富無
量等以大車而賜諸子如来亦復如是為一切
衆生之父若見無量億千衆生以佛教門出
三界苦怖畏險道得涅槃樂如来尒時便作
是念我有無量無邊智慧力無畏等諸佛法
藏是諸衆生皆是我子等與大乘不令有人

量業以大車而賜諸子如來亦復如是爲一切
衆生之父若見無量億千衆生以佛教門出
三界苦怖畏險道得涅槃樂如來尒時便作
是念我有無量無邊智慧力無畏等諸佛法
藏是諸衆生皆是我子等與大乘不令有人
獨得滅度皆以如來滅度而滅度之是諸衆
生脫三界者悉與諸佛禪定解脫等娛樂之
具皆是一相一種聖所稱歎能生淨妙第一
之樂舍利弗如彼長者初以三車誘引諸子
然後但與大車寶物莊嚴安隱第一然後長
者無虛妄之咎如來亦復如是無有虛妄初
說三乘引導衆生然後但以大乘而度脫之
何以故如來有無量智慧力無所畏諸法之
藏能與一切衆生大乘之法但不盡能受舍
利弗以是因緣當知諸佛方便力故於一佛乘
分別說三佛欲重宣此義而說偈言
譬如長者 有一大宅 其宅久故 而復頓弊
堂舍高危 柱根摧朽 梁棟傾斜 基陛隤毀
牆壁圮坼 泥塗褫落 覆苫亂墜 椽梠差脫
周障屈曲 雜穢充遍 有五百人 止住其中
鵄梟鵰鷲 烏鵲鳩鴿 蚖蛇蝮蠍 蜈蚣蚰蜒
守宮百足 狖狸鼷鼠 諸惡虫輩 交横馳走
屎尿臭處 不淨流溢 蜣蜋諸虫 而集其上
狐狼野干 咀嚼踐蹋 嚌齧死屍 骨肉狼藉
由是羣狗 競來搏撮 飢羸慞惶 處處求食
鬪諍摣掣 啀喍嘷吠 其舍恐怖 變狀如是

BD15083號　妙法蓮華經卷二　（28–11）

守宮百足 狖狸鼷鼠 諸惡虫輩 交横馳走
屎尿臭處 不淨流溢 蜣蜋諸虫 而集其上
狐狼野干 咀嚼踐蹋 嚌齧死屍 骨肉狼藉
由是羣狗 競來搏撮 飢羸慞惶 處處求食
鬪諍摣掣 啀喍嘷吠 其舍恐怖 變狀如是
處處皆有 魑魅魍魎 夜叉惡鬼 食噉人肉
毒虫之屬 諸惡禽獸 孚乳產生 各自藏護
夜叉競來 爭取食之 食之既飽 惡心轉熾
鬪諍之聲 甚可怖畏 鳩槃荼鬼 蹲踞土埵
或時離地 一尺二尺 往返遊行 縱逸嬉戲
捉狗兩足 撲令失聲 以脚加頸 怖狗自樂
復有諸鬼 其身長大 裸形黑瘦 常住其中
發大惡聲 叫呼求食 復有諸鬼 其咽如針
復有諸鬼 首如牛頭 或食人肉 或復噉狗
頭髮蓬亂 殘害兇險 飢渴所逼 叫喚馳走
夜叉餓鬼 諸惡鳥獸 飢急四向 窺看窻牖
如是諸難 恐畏無量 是朽故宅 屬于一人
其人近出 未久之間 於後宅舍 忽然火起
四面一時 其焰俱熾 梁棟椽柱 爆聲震裂
摧折墮落 牆壁崩倒 諸鬼神等 揚聲大叫
鵰鷲諸鳥 鳩槃荼等 周慞惶怖 不能自出
惡獸毒虫 藏竄孔穴 毗舍闍鬼 亦住其中
薄福德故 爲火所逼 共相殘害 飲血噉肉
野干之屬 並已前死 諸大惡獸 競來食噉
臭烟熢㶿 四面充塞 蜈蚣蚰蜒 毒蛇之類
爲火所燒 爭走出穴 鳩槃荼鬼 隨取而食
又諸餓鬼 頭上火然 飢渴熱惱 周章悶走

BD15083號　妙法蓮華經卷二　（28–12）

薄福德故 為火所逼 共相殘害 飲血噉肉
野干之屬 並已前死 諸大惡獸 競來食噉
臭烟烽㶿 四面充塞 蜈蚣蚰蜒 毒蛇之類
為火所燒 爭走出穴 鳩槃荼鬼 隨取而食
又諸餓鬼 頭上火然 飢渴熱惱 周慞悶走
其宅如是 甚可怖畏 毒害火災 衆難非一
是時宅主 在門外立 聞有人言 汝諸子等
先因遊戲 來入此宅 稚小無知 歡娛樂著
長者聞已 驚入火宅 方宜救濟 令無燒害
告喻諸子 說衆患難 惡鬼毒虫 災火蔓莚
衆苦次第 相續不絶 毒蛇蚖蝮 及諸夜叉
鳩槃荼鬼 野干狐狗 鵰鷲鵄梟 百足之屬
飢渴惱急 甚可怖畏 此苦難處 況復大火
諸子無知 雖聞父誨 猶故樂著 嬉戲不已
是時長者 而作是念 諸子如此 益我愁惱
今此舍宅 無一可樂 而諸子等 耽湎嬉戲
不受我教 將為火害 即便思惟 設諸方便
告諸子等 我有種種 珍玩之具 妙寶好車
羊車鹿車 大牛之車 今在門外 汝等出來
吾為汝等 造作此車 隨意所樂 可以遊戲
諸子聞說 如此諸車 即時奔競 馳走而出
到於空地 離諸苦難 長者見子 得出火宅
住於四衢 坐師子座 而自慶言 我今快樂
此諸子等 生育甚難 愚小無知 而入險宅
多諸毒虫 魑魅可畏 大火猛焰 四面俱起
而此諸子 貪樂嬉戲 我已救之 令得脫難

BD15083號 妙法蓮華經卷二 （28–13）

至於空地 離諸苦難 長者見子 得出火宅
住於四衢 坐師子座 而自慶言 我今快樂
此諸子等 生育甚難 愚小無知 而入險宅
多諸毒虫 魑魅可畏 大火猛焰 四面俱起
而此諸子 貪樂嬉戲 我已救之 令得脫難
是故諸人 我今快樂
尒時諸子 知父安坐 皆詣父所 而白父言
願賜我等 三種寶車 如前所許 諸子出來
當以三車 隨汝所欲 今正是時 唯垂給與
長者大富 庫藏衆多 金銀琉璃 車𤦲馬瑙
以衆寶物 造諸大車 莊校嚴飾 周迊欄楯
四面懸鈴 金繩絞絡 真珠羅網 張施其上
金華諸瓔 處處垂下 衆綵雜飾 周迊圍繞
柔軟繒纊 以為茵蓐 上妙細疊 價直千億
鮮白淨潔 以覆其上 有大白牛 肥壯多力
形體姝好 以駕寶車 多諸儐從 而侍衛之
如是妙車 等賜諸子 諸子是時 歡喜踊躍
乘是寶車 遊於四方 嬉戲快樂 自在無礙
告舍利弗 我亦如是 衆聖中尊 世間之父
一切衆生 皆是吾子 深著世樂 无有慧心
三界无安 猶如火宅 衆苦充滿 甚可怖畏
常有生老 病死憂患 如是等火 熾然不息
如來已離 三界火宅 寂然閑居 安處林野
今此三界 皆是我有 其中衆生 悉是吾子
而今此處 多諸患難 唯我一人 能為救護
雖復教詔 而不信受 於諸欲染 貪著深故
以是方便 為說三乘 令諸衆生 知三界苦

BD15083號 妙法蓮華經卷二 （28–14）

常有生老 病死憂患 如是等火 熾然不息
如來已離 三界火宅 寂然閑居 安處林野
今此三界 皆是我有 其中衆生 悉是吾子
而今此處 多諸患難 唯我一人 能為救護
雖復教詔 而不信受 於諸欲染 貪著深故
以是方便 為說三乘 令諸衆生 知三界苦
開示演說 出世間道 是諸子等 若心決定
具足三明 及六神通 有得緣覺 不退菩薩
汝舍利弗 我為衆生 以此譬喻 說一佛乘
汝等若能 信受是語 一切皆當 成得佛道
是乘微妙 清淨第一 於諸世間 為無有上
佛所悅可 一切衆生 所應稱讚 供養禮拜
無量億千 諸力解脫 禪定智慧 及佛餘法
得如是乘 令諸子等 日夜劫數 常得遊戲
與諸菩薩 及聲聞衆 乘此寶乘 直至道場
以是因緣 十方諦求 更無餘乘 除佛方便
告舍利弗 汝諸人等 皆是吾子 我則是父
汝等累劫 衆苦所燒 我皆濟拔 令出三界
我雖先說 汝等滅度 但盡生死 而實不滅
今所應作 唯佛智慧
若有菩薩 於是衆中 能一心聽 諸佛實法
諸佛世尊 雖以方便 所化衆生 皆是菩薩
若人小智 深著愛欲 為此等故 說於苦諦
衆生心喜 得未曾有 佛說苦諦 真實無異
若有衆生 不知苦本 深著苦因 不能暫捨
為是等故 方便說道 諸苦所因 貪欲為本
若滅貪欲 无所依止 滅盡諸苦 名第三諦

BD15083號 妙法蓮華經卷二 （28–15）

諸佛世尊 雖以方便 所化衆生 皆是菩薩
若人小智 深著愛欲 為此等故 說於苦諦
衆生心喜 得未曾有 佛說苦諦 真實無異
若有衆生 不知苦本 深著苦因 不能暫捨
為是等故 方便說道 諸苦所因 貪欲為本
若滅貪欲 无所依止 滅盡諸苦 名第三諦
為滅諦故 脩行於道 離諸苦縛 名得解脫
是人於何 而得解脫 但離虛妄 名為解脫
其實未得 一切解脫 佛說是人 未實滅度
斯人未得 无上道故 我意不欲 令至滅度
我為法王 於法自在 安隱衆生 故現於世
汝舍利弗 我此法印 為欲利益 世間故說
在所遊方 勿妄宣傳 若有聞者 隨喜頂受
當知是人 阿鞞跋致 若有信受 此經法者
是人已曾 見過去佛 恭敬供養 亦聞是法
若人有能 信汝所說 則為見我 亦見於汝
及比丘僧 并諸菩薩
斯法華經 為深智說 淺識聞之 迷惑不解
一切聲聞 及辟支佛 於此經中 力所不及
汝舍利弗 尚於此經 以信得入 況餘聲聞
其餘聲聞 信佛語故 隨順此經 非己智分
又舍利弗 憍慢懈怠 計我見者 莫說此經
凡夫淺識 深著五欲 聞不能解 亦勿為說
若人不信 毀謗此經 則斷一切 世間佛種
或復頻蹙 而懷疑惑 汝當聽說 此人罪報
若佛在世 若滅度後 其有誹謗 如斯經典

BD15083號 妙法蓮華經卷二 （28–16）

又舍利弗 憍慢懈怠 計我見者 莫說此經
凡夫淺識 深著五欲 聞不能解 亦勿為說
若人不信 毀謗此經 則斷一切 世間佛種
或復顰蹙 而懷疑惑 汝當聽說 此人罪報
若佛在世 若滅度後 其有誹謗 如斯經典
見有讀誦 書持經者 輕賤憎嫉 而懷結恨
此人罪報 汝今復聽
其人命終 入阿鼻獄 具足一劫 劫盡更生
如是展轉 至無數劫 從地獄出 當墮畜生
若狗野干 其形頊瘦 黧黮疥癩 人所觸嬈
又復為人 之所惡賤 常困飢渴 骨肉枯竭
生受楚毒 死被瓦石 斷佛種故 受斯罪報
若作駱駝 或生驢中 身常負重 加諸杖捶
但念水草 餘无所知 謗斯經故 獲罪如是
有作野干 來入聚落 身體疥癩 又无一目
為諸童子 之所打擲 受諸苦痛 或時致死
於此死已 更受蟒身 其形長大 五百由旬
聾騃無足 蜿轉腹行 為諸小蟲 之所唼食
晝夜受苦 無有休息 謗斯經故 獲罪如是
若得為人 諸根闇鈍 矬陋攣躄 盲聾背傴
有所言說 人不信受 口氣常臭 鬼魅所著
貧窮下賤 為人所使 多病痟瘦 无所依怙
雖親附人 人不在意 若有所得 尋復忘失
若修醫道 順方治病 更增他疾 或復致死
若自有病 无人救療 設服良藥 而復增劇
若他反逆 抄劫竊盜 如是等罪 橫羅其殃

BD15083號　妙法蓮華經卷二　（28–17）

貧窮下賤 為人所使 多病痟瘦 无所依怙
雖親附人 人不在意 若有所得 尋復忘失
若修醫道 順方治病 更增他疾 或復致死
若自有病 无人救療 設服良藥 而復增劇
若他反逆 抄劫竊盜 如是等罪 橫羅其殃
如斯罪人 永不見佛 眾聖之王 說法教化
如斯罪人 常生難處 狂聾心亂 永不聞法
於無量劫 如恒河沙 生輒聾瘂 諸根不具
常處地獄 如遊園觀 在餘惡道 如己舍宅
駝驢猪狗 是其行處 謗斯經故 獲罪如是
若得為人 聾盲瘖瘂 貧窮諸衰 以自莊嚴
水腫乾痟 疥癩癰疽 如是等病 以為衣服
身常臭處 垢穢不淨 深著我見 增益瞋恚
婬欲熾盛 不擇禽獸 謗斯經故 獲罪如是
告舍利弗 謗斯經者 若說其罪 窮劫不盡
以是因緣 我故語汝 无智人中 莫說此經
若有利根 智慧明了 多聞強識 求佛道者
如是之人 乃可為說
若人曾見 億百千佛 殖諸善本 深心堅固
如是之人 乃可為說 若人精進 常修慈心
不惜身命 乃可為說
若人恭敬 無有異心 離諸凡愚 獨處山澤
如是之人 乃可為說 又舍利弗 若見有人
捨惡知識 親近善友 如是之人 乃可為說
若見佛子 持戒清淨 如淨明珠 求大乘經
如是之人 乃可為說 若人無瞋 質直柔軟
常愍一切 恭敬諸佛 如是之人 乃可為說

BD15083號　妙法蓮華經卷二　（28–18）

捨惡知識　親近善友　如是之人　乃可爲說
若見佛子　持戒清淨　如淨明珠　求大乘經
如是之人　乃可爲說　若人無瞋　質直柔軟
常愍一切　恭敬諸佛　如是之人　乃可爲說
復有佛子　於大衆中　以清淨心　種種因緣
譬喻言辭　說法無礙　如是之人　乃可爲說
若有比丘　爲一切智　四方求法　合掌頂受
但樂受持　大乘經典　乃至不受　餘經一偈
如是之人　乃可爲說　如人至心　求佛舍利
如是求經　得已頂受　其人不復　志求餘經
亦未曾念　外道典籍　如是之人　乃可爲說
告舍利弗　我說是相　求佛道者　窮劫不盡
如是等人　則能信解　汝當爲說　妙法華經
妙法蓮華經信解品第四
尒時慧命須菩提摩訶迦旃延摩訶迦葉摩
訶目揵連從佛所聞未曾有法世尊授舍利
弗阿耨多羅三藐三菩提記發希有心歡喜
踊躍即從座起整衣服偏袒右肩右膝著地
一心合掌曲躬恭敬瞻仰尊顏而白佛言我
等居僧之首年並朽邁自謂已得涅槃無所
堪任不復進求阿耨多羅三藐三菩提世尊
往昔說法既久我時在座身體疲懈但念空
無相無作於菩薩法遊戲神通淨佛國土成
就衆生心不喜樂所以者何世尊令我等出
於三界得涅槃證又今我等年已朽邁於佛
教化菩薩阿耨多羅三藐三菩提不生一念

BD15083號　妙法蓮華經卷二　（28–19）

無相無作於菩薩法遊戲神通淨佛國土成
就衆生心不喜樂所以者何世尊令我等出
於三界得涅槃證又今我等年已朽邁於佛
教化菩薩阿耨多羅三藐三菩提不生一念
好樂之心我等今於佛前聞授聲聞阿耨多
羅三藐三菩提記心甚歡喜得未曾有不謂
於今忽然得聞希有之法深自慶幸獲大善
利無量珍寶不求自得世尊我等今者樂說
譬喻以明斯義譬若有人年既幼稚捨父逃
逝久住他國或十二十至五十歲年既長大加
復窮困馳騁四方以求衣食漸漸遊行遇向
本國其父先來求子不得中止一城其家大
富財寶無量金銀瑠璃珊瑚虎珀頗梨珠等
其諸倉庫悉皆盈溢多有僮僕臣佐吏民
象馬車乘牛羊無數出入息利乃遍他國商
估賈客亦甚衆多時貧窮子遊諸聚落經歷
國邑遂到其父所止之城父每念子與子離
別五十餘年而未曾向人說如此事但自思
惟心懷悔恨自念老朽多有財物金銀珍寶
倉庫盈溢無有子息一旦終沒財物散失無
所委付是以慇懃每憶其子復作是念我若得
子委付財物坦然快樂無復憂慮世尊尒時
窮子傭賃展轉遇到父舍住立門側遥見其
父踞師子牀寶几承足諸婆羅門剎利居士
皆恭敬圍繞以真珠瓔珞價直千萬莊嚴其
身吏民僮僕手執白拂侍立左右覆以寶帳

BD15083號　妙法蓮華經卷二　（28–20）

窮子傭賃展轉遇到父舍住立門側遙見其
父踞師子牀寶几承足諸婆羅門剎利居士
皆恭敬圍繞以真珠瓔珞價直千萬莊嚴其
身吏民僮僕手執白拂侍立左右覆以寶帳
垂諸華幡香水灑地散衆名華羅列寶物
出內取與有如是等種種嚴飾威德特尊窮
子見父有大力勢即懷恐怖悔來至此竊作
是念此或是王或是王等非我傭力得物之
處不如往至貧里肆力有地衣食易得若久
住此或見逼迫強使我作作是念已疾走而
去時富長者於師子座見子便識心大歡喜
即作是念我財物庫藏今有所付我常思念
此子無由見之而忽自來甚適我願我雖年朽
猶故貪惜即遣傍人急追將還尒時使者疾
走往捉窮子驚愕稱怨大喚我不相犯何為
見捉使者執之逾急強牽將還于時　窮
子自念無罪而被囚執此必定死轉更惶怖
悶絕躄地父遙見之而語使言不須此人勿強
將來以冷水灑面令得醒悟莫復與語所以
者何父知其子志意下劣自知豪貴為子所
難審知是子而以方便不語他人云是我子
使者語之我今放汝隨意所趣窮子歡喜得
未曾有從地而起往至貧里以求衣食尒時
長者將欲誘引其子而設方便密遣二人形
色憔悴無威德者汝可詣彼徐語窮子此有
作處倍與汝直窮子若許將來使作若言

BD15083 號　妙法蓮華經卷二　（28–21）

長者將欲誘引其子而設方便密遣二人形
色憔悴無威德者汝可詣彼徐語窮子此有
作處倍與汝直窮子若許將來使作若言
欲何所作便可語之雇汝除糞我等二人亦
共汝作時二使人即求窮子既已得之具陳上
事尒時窮子先取其價尋與除糞其父見子
愍而怪之又以他日於窗牖中遙見子身羸瘦
憔悴糞土塵坌污穢不淨即脫瓔珞細軟上
服嚴飾之具更著麤弊垢膩之衣塵土坌身
右手執持除糞之器狀有所畏語諸作人汝
等勤作勿得懈息以方便故得近其子後
復告言咄男子汝常此作勿復餘去當加汝
價諸有所須瓫器米麵鹽醋之屬莫自疑難
亦有老弊使人須者相給好自安意我如汝
父勿復憂慮所以者何我年老大而汝少壯
汝常作時無有欺怠瞋恨怨言都不見汝有
此諸惡如餘作人自今已後如所生子即時
長者更與作字名之為兒尒時窮子雖欣此
遇猶故自謂客作賤人由是之故於二十年
中常令除糞過是已後心相體信入出無難
然其所止猶在本處世尊尒時長者有疾自
知將死不久語窮子言我今多有金銀珍
寶倉庫盈溢其中多少所應取與汝悉知之
我心如是當體此意所以者何今我與汝便
為不異宜加用心無令漏失尒時窮子即受
教勅領知衆物金銀珍寶及諸庫藏而無希

BD15083 號　妙法蓮華經卷二　（28–22）

知將死不久語窮子言我今多有金銀珎
寶倉庫盈溢其中多少所應取與汝悉知之
我心如是當體此意所以者何今我與汝便
為不異宜加用心無令漏失尒時窮子即受
教勅領知衆物金銀珎寶及諸庫藏而無希
取一飡之意然其所止故在本處下劣之心亦
未能捨復經少時父知子意漸已通泰成就
大志自鄙先心臨欲終時而命其子并會親
族國王大臣刹利居士皆悉已集即自宣言
諸君當知此是我子我之所生於其城中捨
吾逃走跉跰辛苦五十餘年其本字某我名
某甲昔在本城懷憂推覓忽於此間遇會
得之此實我子我實其父今我所有一切財
物皆是子有先所出内是子所知世尊是時窮
子聞父此言即大歡喜得未曾有而作是念
我本無心有所希求今此寶藏自然而至世
尊大富長者則是如來我等皆似佛子如來
常說我等為子世尊我等以三苦故於生死
中受諸熱惱迷惑無知樂著小法今日世尊
令我等思惟蠲除諸法戲論之糞我等於中
懃加精進得至涅槃一日之價既得此已心大
歡喜自以為足而便自謂於佛法中懃精進
故所得弘多然世尊先知我等心著弊欲樂
於小法便見縱捨不為分別汝等當有如來
知見寶藏之分世尊以方便力說如來智慧
我等從佛得涅槃一日之價以為大得於此
大乘無有志求我等又因如來智慧為諸菩

BD15083號　妙法蓮華經卷二　（28–23）

故所得弘多然世尊先知我等心著弊欲樂
於小法便見縱捨不為分別汝等當有如來
知見寶藏之分世尊以方便力說如來智慧
我等從佛得涅槃一日之價以為大得於此
大乘無有志求我等又因如來智慧為諸菩
薩開示演說而自於此無有志願所以者何
佛知我等心樂小法以方便力隨我等說而
我等不知真是佛子今我等方知世尊於佛
智慧無所悋惜所以者何我等昔來真是佛
子而但樂小法若我等有樂大之心佛則為
我說大乘法於此經中唯說一乘而昔於菩薩
前毀呰聲聞樂小法者然佛實以大乘教
化是故我等說本無有心有所希求今法王
大寶自然而至如佛子所應得者皆已得之尒
時摩訶迦葉欲重宣此義而說偈言
我等今日　聞佛音教　歡喜踊躍　得未曾有
佛說聲聞　當得作佛　無上寶聚　不求自得
譬如童子　幼稚無識　捨父逃逝　遠到他土
周流諸國　五十餘年　其父憂念　四方推求
求之既疲　頓止一城　造立舍宅　五欲自娛
其家巨富　多諸金銀　車𤦲馬瑙　真珠琉璃
象馬牛羊　輦輿車乘　田業僮僕　人民衆多
出入息利　乃遍他國　商估賈人　無處不有
千萬億衆　圍繞恭敬　常為王者　之所愛念
羣臣豪族　皆共宗重　以諸緣故　往來者衆
豪富如是　有大力勢　而年朽邁　益憂念子
夙夜惟念　死時將至　癡子捨我　五十餘年

BD15083號　妙法蓮華經卷二　（28–24）

出入息利　乃遍他國　商估賈人　無處不有
千萬億衆　圍繞恭敬　常爲王者　之所愛念
羣臣豪族　皆共宗重　以諸緣故　往來者衆
豪富如是　有大力勢　而年朽邁　益憂念子
夙夜惟念　死時將至　癡子捨我　五十餘年
庫藏諸物　當如之何　尒時窮子　求索衣食
從邑至邑　從國至國　或有所得　或無所得
飢餓羸瘦　體生瘡癬　漸次經歷　到父住城
傭賃展轉　遂至父舍　尒時長者　於其門內
施大寶帳　處師子座　眷屬圍繞　諸人侍衛
或有計筭　金銀寶物　出內財產　注記券疏
窮子見父　豪貴尊嚴　謂是國王　若國王等
驚怖自恠　何故至此　覆自念言　我若久住
或見逼迫　強驅使作　思惟是已　馳走而去
借問貧里　欲往傭作　長者是時　在師子座
遙見其子　嘿而識之　即勅使者　追捉將來
窮子驚喚　迷悶躃地　是人執我　必當見殺
何用衣食　使我至此　長者知子　愚癡狹劣
不信我言　不信是父　即以方便　更遣餘人
眇目矬陋　無威德者　汝可語之　云當相雇
除諸糞穢　倍與汝價　窮子聞之　歡喜隨來
爲除糞穢　淨諸房舍　長者於牖　常見其子
念子愚劣　樂爲鄙事　於是長者　著弊垢衣
執除糞器　往到子所　方便附近　語令懃作
既益汝價　并塗足油　飲食充足　薦席厚煖
如是苦言　汝當懃作　又以軟語　若如我子
長者有智　漸令入出　經二十年　執作家事

BD15083號　妙法蓮華經卷二　（28–25）

執除糞器　往到子所　方便附近　語令懃作
既益汝價　并塗足油　飲食充足　薦席厚煖
如是苦言　汝當懃作　又以軟語　若如我子
長者有智　漸令入出　經二十年　執作家事
示其金銀　真珠頗梨　諸物出入　皆使令知
猶處門外　止宿草庵　自念貧事　我無此物
父知子心　漸已曠大　欲與財物　即聚親族
國王大臣　刹利居士　於此大衆　說是我子
捨我他行　經五十歲　自見子來　已二十年
昔於某城　而失是子　周行求索　遂來至此
凡我所有　舍宅人民　悉以付之　恣其所用
子念昔貧　志意下劣　今於父所　大獲珍寶
并及舍宅　一切財物　甚大歡喜　得未曾有
佛亦如是　知我樂小　未曾說言　汝等作佛
而說我等　得諸無漏　成就小乘　聲聞弟子
佛勅我等　說最上道　脩習此者　當得成佛
我承佛教　爲大菩薩　以諸因緣　種種譬喻
若干言辭　說無上道　諸佛子等　從我聞法
日夜思惟　精懃脩習　是時諸佛　即授其記
汝於來世　當得作佛　一切諸佛　祕藏之法
但爲菩薩　演其實事　而不爲我　說斯真要
如彼窮子　得近其父　雖知諸物　心不希取
我等雖說　佛法寶藏　自無志願　亦復如是
我等內滅　自謂爲足　唯了此事　更無餘事
我等若聞　淨佛國土　教化衆生　都無欣樂
無大無小　無漏無爲　如是思惟　不生喜樂

BD15083號　妙法蓮華經卷二　（28–26）

我等雖說　佛法寶藏　自無志願　亦復如是
我等內滅　自謂為足　唯了此事　更無餘事
我等若聞　淨佛國土　教化眾生　都無欣樂
無大無小　無漏無為　如是思惟　不生喜樂
我等長夜　於佛智慧　無貪無著　無復志願
而自於法　謂是究竟　我等長夜　修習空法
得脫三界　苦惱之患　住最後身　有餘涅槃
佛所教化　得道不虛　則為已得　報佛之恩
我等雖為　諸佛子等　說菩薩法　以求佛道
而於是法　永無願樂　導師見捨　觀我心故
初不勸進　說有實利　如富長者　知子志劣
以方便力　柔伏其心　然後乃付　一切財物
佛亦如是　現希有事　知樂小者　以方便力
調伏其心　乃教大智　我等今日　得未曾有
非先所望　而今自得　如彼窮子　得無量寶
世尊我今　得道得果　於無漏法　得清淨眼
我等長夜　持佛淨戒　始於今日　得其果報
法王法中　久修梵行　今得無漏　無上大果
我等今者　真是聲聞　以佛道聲　令一切聞
我等今者　真阿羅漢　於諸世間　天人魔梵
普於其中　應受供養　世尊大恩　以希有事
憐愍教化　利益我等　無量億劫　誰能報者
手足供給　頭頂禮敬　一切供養　皆不能報
若以頂戴　兩肩荷負　於恒沙劫　盡心恭敬
又以美膳　無量寶衣　及諸臥具　種種湯藥
牛頭栴檀　及諸珍寶　以起塔廟　寶衣布地

BD15083 號　妙法蓮華經卷二

(28–27)

我等長夜　持佛淨戒　始於今日　得其果報
法王法中　久修梵行　今得無漏　無上大果
我等今者　真是聲聞　以佛道聲　令一切聞
我等今者　真阿羅漢　於諸世間　天人魔梵
普於其中　應受供養　世尊大恩　以希有事
憐愍教化　利益我等　無量億劫　誰能報者
手足供給　頭頂禮敬　一切供養　皆不能報
若以頂戴　兩肩荷負　於恒沙劫　盡心恭敬
又以美膳　無量寶衣　及諸臥具　種種湯藥
牛頭栴檀　及諸珍寶　以起塔廟　寶衣布地
如斯等事　以用供養　於恒沙劫　亦不能報
諸佛希有　無量無邊　不可思議　大神通力
無漏無為　諸法之王　能為下劣　忍于斯事
取相凡夫　隨宜而說　諸佛於法　得最自在
知諸眾生　種種欲樂　及其志力　隨所堪任
以無量喻　而為說法　隨諸眾生　宿世善根
又知成熟　未成熟者　種種籌量　分別知已
於一乘道　隨宜說三

妙法蓮華經卷第二

BD15083 號　妙法蓮華經卷二

(28–28)

文殊師利問疾品第五
尒時佛告文殊師利汝行詣維摩詰問疾文殊
師利白佛言世尊彼上人者難爲訓對深
達實相善說法要辯才无滯智慧无礙一
切菩薩法式悉知諸佛祕藏无不得入降伏
衆魔遊戲神通其慧方便皆已得度雖然當
承佛聖旨詣彼問疾於是衆中諸菩薩大弟
子釋梵四天王咸作是念今二大士文殊師
利維摩詰共談必說妙法即時八千菩薩五
百聲聞百千天人皆欲隨從於是文殊師利
與諸菩薩大弟子衆及諸天人恭敬圍繞入
毗耶離大城尒時長者維摩詰心念今文殊
師利與大衆俱來即以神力空其室內除去

BD15084號　維摩詰所說經卷中　（28–1）

利維摩詰共談必說妙法即時八千菩薩五
百聲聞百千天人皆欲隨從於是文殊師利
與諸菩薩大弟子衆及諸天人恭敬圍繞入
毗耶離大城尒時長者維摩詰心念今文殊
師利與大衆俱來即以神力空其室內除去
所有及諸侍者唯置一床以疾而臥文殊師利
既入其舍見其室空无諸所有獨寢一床時
維摩詰言善來文殊師利不來相而來不見
相而見文殊師利言如是居士若來已更不
來若去已更不去所以者何來者无所從來
去者无所至所可見者更不可見且置是事
居士是疾寧可忍不療治有損不至增乎世
尊慇懃致問无量居士是疾何所因起其生
久如當云何滅維摩詰言從癡有愛則我病
生以一切衆生病是故我病若一切衆生得
不病者則我病滅所以者何菩薩爲衆生故
入生死有生死則有病若衆生得離病者則
菩薩无復病譬如長者唯有一子其子得病
父母亦病若子病愈父母亦愈菩薩如是於
諸衆生愛之若子衆生病則菩薩病衆生病
愈菩薩亦愈又言是病何所因起菩薩疾者
以大悲起文殊師利言居士此室何以空无
侍者維摩詰言諸佛國土亦復皆空又問以
何爲空答曰以空空又問空何用空答曰以无
分別空故空又問空可分別耶答曰分別亦
空又問空當於何求答曰當於六十二見
中求又問六十二見當於何求答曰當於諸

BD15084號　維摩詰所說經卷中　（28–2）

侍者維摩詰言諸佛國土亦復皆空又問以
何為空荅曰以空空又問空何用空荅曰以无
分別空故空又問空可分別耶荅曰分別亦
空又問空當於何求荅曰當於六十二見
中求又問六十二見當於何求荅曰當於諸
佛解脫中求又問諸佛解脫當於何求荅曰
當於一切衆生心行中求又仁所問何无侍
者一切衆魔及諸外道皆吾侍也所以者何
衆魔者樂生死菩薩於生死而不捨外道者
樂諸見菩薩於諸見而不動文殊師利言居
士所疾為何等相維摩詰言我病无形不可
見又問此病身合耶心合耶荅曰非身合身
相離故亦非心合心如幻故又問地大水大
火大風大於此四大何大之病荅曰是病非
地大亦不離地大水火風大亦復如是而衆
生病從四大起以其有病是故我病尒時文
殊師利問維摩詰言菩薩應云何慰喻有疾
菩薩維摩詰言說身无常不說猒離於身說
身有苦不說樂於涅槃說身无我而說教道
衆生說身空寂不說畢竟寂滅說悔先罪而
不說入於過去以己之疾愍於彼疾當識宿
世无數劫苦常念饒益一切衆生憶所脩福
念於淨命勿生憂惱常起精進當作醫王療
治衆病菩薩應如是慰喻有疾菩薩令其歡
喜文殊師利言居士有疾菩薩云何調伏其
心維摩詰言有疾菩薩應作是念今我此病
皆從前世妄想顛倒諸煩惱生无有實法誰

念於淨命勿生憂惱常起精進當作醫王療
治衆病菩薩應如是慰喻有疾菩薩令其歡
喜文殊師利言居士有疾菩薩云何調伏其
心維摩詰言有疾菩薩應作是念今我此病
皆從前世妄想顛倒諸煩惱生无有實法誰
受病者所以者何四大合故假名為身四大无
主身亦无我又此病起皆由著我是故於
我不應生著既知病本即除我想及衆生想
當起法想應作是念但以衆法合成此身起
唯法起滅唯法滅又此法者各不相知起時
不言我起滅時不言我滅彼有疾菩薩為滅
法想當作是念此法想者亦是顛倒顛倒者
是即大患我應離之云何為離離我我所云
何離我我所謂離二法云何離二法謂不念
內外諸法行於平等云何平等謂我等涅槃
等所以者何我及涅槃此二皆空以何為空
但以名字故空如此二法无決定性得是平
等无有餘病唯有空病空病亦空是有疾
菩薩以无所受而受諸受未具佛法亦不滅受
而取證也設身有苦念惡趣衆生起大悲心
我既調伏亦當調伏一切衆生但除其病而
不除法為斷病本而教導之何謂病本謂有
攀緣從有攀緣則為病本何所攀緣謂之
三界云何斷攀緣以无所得若无所得則无攀
緣何謂无所得謂二見何謂二見謂內見外
見是无所得文殊師利是為有疾菩薩調伏

攀緣從有攀緣則為病本何所攀緣謂之
三界云何斷攀緣以无所得若无所得則无攀
緣何謂无所得謂二見何謂二見謂内見外
見是无所得文殊師利是為有疾菩薩調伏
其心為斷老病死苦是菩薩菩提若不如是
已所脩治為无慧利譬如勝怨乃可為勇如
是兼除老病死者菩薩之謂也彼有疾菩薩
應復作是念如我此病非真非有衆生病亦
非真非有作是觀時於諸衆生若起愛見大
悲即應捨離所以者何菩薩斷除客塵煩惱
而起大悲愛見悲者則於生死有疲厭心若能
離此无有疲厭在在所生不為愛見之所
覆世所生无縛能為衆生說法解縛如佛所
說若自有縛能解彼縛无有是處若自无縛
能解彼縛斯有是處是故菩薩不應起縛何
謂縛何謂解貪著禪味是菩薩縛以方便生
是菩薩解又无方便慧縛有方便慧解无慧
方便縛有慧方便解何謂无方便慧縛謂菩
薩以愛見心莊嚴佛土成就衆生於空无相
无作法中而自調伏是名无方便慧縛何謂有
方便慧解謂不以愛見心莊嚴佛土成就衆
生於空无相无作法中以自調伏而不疲厭
是名有方便慧解何謂无慧方便縛謂菩薩
住貪欲瞋恚邪見等諸煩惱而植衆德本是
名无慧方便縛何謂有慧方便解謂離諸貪
欲瞋恚邪見等諸煩惱而植衆德本迴向阿
耨多羅三藐三菩提是名有慧方便解文殊

BD15084號　維摩詰所說經卷中　（28–5）

住貪欲瞋恚邪見等諸煩惱而植衆德本是
名无慧方便縛何謂有慧方便解謂離諸貪
欲瞋恚邪見等諸煩惱而植衆德本迴向阿
耨多羅三藐三菩提是名有慧方便解文殊
師利彼有疾菩薩應如是觀諸法又復觀身
无常苦空非我是名為慧雖身有疾常在生
死饒益一切而不厭惓是名方便又復觀身
身不離病病不離身是病是身非新非故是
名為慧設身有疾而不永滅是名方便文殊
師利有疾菩薩應如是調伏其心不住其中
亦復不住不調伏心所以者何若住不調伏心
是愚人法若住調伏心是聲聞法是故菩薩
不當住於調伏不調伏心離此二法是菩
薩行在於生死不為汙行住於涅槃不永滅
度是菩薩行非凡夫行非賢聖行是菩薩行
非垢行非淨行是菩薩行雖過魔行而現降
衆魔是菩薩行求一切智无非時求是菩薩
行雖觀諸法不生而不入正位是菩薩行雖
觀十二緣起而入諸邪見是菩薩行雖攝一
切衆生而不愛著是菩薩行雖樂遠離而不
依身心盡是菩薩行雖行三界而不壞法性
是菩薩行雖行於空而植衆德本是菩薩行
雖行无相而度衆生是菩薩行雖行无作而
現受身是菩薩行雖行无起而起一切善行
是菩薩行雖行六波羅蜜而遍知衆生心心
數法是菩薩行雖行六通而不盡漏是菩薩

BD15084號　維摩詰所說經卷中　（28–6）

是菩薩行難行於空而植衆德本是菩薩行
難行无相而度衆生是菩薩行難行无作而
現受身是菩薩行難行无起而起一切善行
是菩薩行難行六波羅蜜而遍知衆生心心
數法是菩薩行難行六通而不盡漏是菩薩
行難行四无量心而不貪着生於梵世是菩
薩行難行禪定解脫三昧而不隨禪生是菩
薩行難行四念處而不永離身受心法是菩
薩行難行四正勤而不捨身心精進是菩薩
行難行四如意足而得自在神通是菩薩行
難行五根而分別衆生諸根利鈍是菩薩行
難行五力而樂求佛十力是菩薩行難行七
覺分而分別佛之智慧是菩薩行難行八正
道而樂行无量佛道是菩薩行難行正觀助
道之法而不畢竟墮於寂滅是菩薩行難行
諸法不生不滅而以相好莊嚴其身是菩薩
行難現聲聞辟支佛威儀而不捨佛法是菩
薩行難隨諸法究竟淨相而隨所應為現
其身是菩薩行難觀諸佛國土永寂如空
而現種種清淨佛土是菩薩行難得佛道轉
于法輪入於涅槃而不捨於菩薩之道是菩
薩行說是語時文殊師利所將大衆其中八
千天子皆發阿耨多羅三藐三菩提心
不可思議品第六
尒時舍利弗見此室中无有床坐作是念斯
諸菩薩大弟子衆當於何坐長者維摩詰知
其意語舍利弗言云何仁者為法來耶求床

BD15084號　維摩詰所說經卷中

（28–7）

不可思議品第六
尒時舍利弗見此室中无有床坐作是念斯
諸菩薩大弟子衆當於何坐長者維摩詰知
其意語舍利弗言云何仁者為法來耶求床
坐耶舍利弗言我為法來非為床坐維摩
詰言唯舍利弗夫求法者不貪軀命何况床
坐夫求法者非有色受想行識之求非有界
入之求非有欲色无色之求唯舍利弗夫求法
者不著佛求不著法求不著衆求夫求法者
无見苦求无斷集求无造盡證脩道之求所
以者何法无戲論若言我當見苦斷集滅證
脩道是則戲論非求法也唯舍利弗法名寂
滅若行生滅是求生滅非求法也法名无染
若染於法乃至涅槃是則染着非求法也法
无行處若行於法是則行處非求法也法无
取捨若取捨法是則取捨非求法也法无處
所若著處所是則著處非求法也法名无相
若隨相識是則求相非求法也法不可住若
住於法是則住法非求法也法不可見聞覺
知若行見聞覺知是則見聞覺知非求法也
法名无為若行有為是求有為非求法也是
故舍利弗若求法者於一切法應无所求說
是語時五百天子於諸法中得法眼淨
尒時長者維摩詰問文殊師利仁者遊於无
量千万億阿僧祇國何等佛土有好上妙功
德成就師子之坐文殊師利言居士東方度
三十六恒河沙國有世界名須彌相其佛號須

BD15084號　維摩詰所說經卷中

（28–8）

是語時五百天子於諸法中得法眼淨
尒時長者維摩詰問文殊師利仁者遊於无
量千万億阿僧祇國何等𡈽有好上妙功
德成就師子之坐文殊師利言居士東方度
三十六恒河沙國有世界名須弥相其佛號須
弥燈王今現在彼佛身長八万四千由旬其
師子座高八万四千由旬嚴餝第一於是長
者維摩詰現神通力即時彼佛遣三万二千
師子座高廣嚴淨来入維摩詰室諸菩薩大
弟子釋梵四天王等昔所未見其室廣博悉
苞容三万二千師子座无所妨礙於毗耶離
城及閻浮提四天下亦不迫迮悉見如故尒
時維摩詰語文殊師利就師子座與諸菩薩
上人俱坐當自立身如彼座像其得神通菩
薩即自變形為四万二千由旬坐師子座諸
新發意菩薩及大弟子皆不能昇尒時維摩
詰語舍利弗就師子座舍利弗言居士此座
高廣吾不能昇維摩詰言唯舍利弗為須弥
燈王如来作礼乃可得坐於是新發意菩薩
及大弟子即為須弥燈王如来作礼便得坐
師子座舍利弗言居士未曾有也如是小室
乃容受此高廣之座於毗耶離城无所妨礙
又於閻浮提聚落城邑及四天下諸天龍王
鬼神宮殿亦不迫迮維摩詰言唯舍利弗諸
佛菩薩有解脫名不可思議若菩薩住是解
脫者以須弥之高廣內芥子中无所增減須
弥山王本相如故而四天王忉利諸天不覺

BD15084號　維摩詰所說經卷中　（28–9）

又於閻浮提聚落城邑及四天下諸天龍王
鬼神宮殿亦不迫迮維摩詰言唯舍利弗諸
佛菩薩有解脫名不可思議若菩薩住是解
脫者以須弥之高廣內芥子中无所增減須
弥山王本相如故而四天王忉利諸天不覺
不知己之所入唯應度者乃見須弥入芥子
中是名不可思議解脫法門又以四大海水
入一毛孔不嬈魚鼈黿鼉水性之屬而彼大
海本相如故諸龍鬼神阿脩羅等不覺不知
己之所入於此衆生亦无所嬈又舍利弗住不
可思議解脫菩薩斷取三千大千世界如
陶家輪著右掌中擲過恒沙世界之外其中
衆生不覺不知己之所往又復還置本處都
不使人有往来想而此世界本相如故又舍
利弗或有衆生樂久住世而可度者菩薩即
演七日以為一劫令彼衆生謂之一劫或有
衆生不樂久住而可度者菩薩即促一劫以
為七日令彼衆生謂之七日又舍利弗住不
可思議解脫菩薩以一切佛土嚴餝之事集
在一國示於衆生又菩薩以一佛土衆生置
之右掌飛到十方遍示一切而不動本處又
舍利弗十方衆生供養諸佛之具菩薩於一
毛孔皆令得見又十方國土所有日月星宿
於一毛孔普使見之又舍利弗十方世界所
有諸風菩薩悉能吸著口中而身无損外諸
樹木亦不摧折又十方世界劫盡燒時以一
切火內於腹中火事如故而不為害又於下

BD15084號　維摩詰所說經卷中　（28–10）

於一毛孔普使見之又舍利弗十方世界所
有諸風菩薩悉能吸著口中而身无損外諸
樹木亦不摧折又十方世界劫盡燒時以一
切火內於腹中火事如故而不為害又於下
方過恒河沙等諸佛世界取一佛土舉著上
方過恒河沙无數世界如持鍼鋒舉一棗葉
而无所嬈又舍利弗住不可思議解脫菩薩
能以神通現作佛身或現辟支佛身或現聲
聞身或現帝釋身或現梵王身或現世主身
或現轉輪王身又十方世界所有衆聲上中
下音皆能變之令作佛聲演出无常苦空无
我之音及十方諸佛所說種種之法皆於其
中普令得聞舍利弗我今略說菩薩不可思
議解脫之力若廣說者窮劫不盡是時大迦
葉聞說菩薩不可思議解脫法門歎未曾有
謂舍利弗譬如有人於盲者前現衆色像
非彼所見一切聲聞聞是不可思議解脫法門
不能解了為若此也智者聞是其誰不發阿
耨多羅三藐三菩提心我等何為永絶其根
於此大乘已如敗種一切聲聞聞是不可思
議解脫法門皆應號泣聲震三千大千世界
一切菩薩應大欣慶頂受此法若有菩薩信
解不可思議解脫門者一切魔衆无如之何
大迦葉說是語時三万二千天子皆發阿耨
多羅三藐三菩提心
尒時維摩詰語大迦葉仁者十方无量阿僧
祇世界中作魔王者多是住不可思議解脫

BD15084號　維摩詰所說經卷中　（28-11）

大迦葉說是語時三万二千天子皆發阿耨
多羅三藐三菩提心
尒時維摩詰語大迦葉仁者十方无量阿僧
祇世界中作魔王者多是住不可思議解脫
菩薩以方便力教化衆生現作魔王又迦葉
十方无量菩薩或有人從乞手足耳鼻頭目
髓腦血肉皮骨聚落城邑妻子奴婢象馬車
乘金銀瑠璃車𤦲馬瑙珊瑚虎珀真珠珂貝
衣服飲食如此乞者多是住不可思議解脫
菩薩以方便力而往試之令其堅固所以者何
住不可思議解脫菩薩有威德力故行逼
迫示諸衆生如是難事凡夫下劣无有力勢
不能如是逼迫菩薩譬如龍象蹴踏非驢所
堪是名住不可思議解脫菩薩智慧方便之
門
觀衆生品第七
尒時文殊師利問維摩詰言菩薩云何觀於
衆生維摩詰言譬如幻師見所幻人菩薩觀
衆生為若此如智者見水中月如鏡中見其
面像如熱時炎如呼聲響如空中雲如水聚
沫如水上泡如芭蕉堅如電久住如第五大如
第六陰如第七情如十三入如十九界菩薩
觀衆生為若此如无色界色如焦穀牙如須
陀洹身見如阿那含入胎如阿羅漢三毒如
得忍菩薩貪恚毀禁如佛煩惱習如盲者
見色如入滅定出入息如空中鳥跡如石女
兒如化人煩惱如夢所見已寤如滅度者受

BD15084號　維摩詰所說經卷中　（28-12）

觀衆生為若此如无色界色如焦穀牙如須
陁洹身見如阿那含入胎如阿羅漢三毒如
得忍菩薩貪恚毀禁如佛煩惱習如盲者
見色如入滅定出入息如空中鳥跡如石女
兒如化人煩惱如夢所見已寤如滅度者受
身如无烟之火菩薩觀衆生為若此文殊師
利言若菩薩作是觀者云何行慈維摩詰言
菩薩作是觀已自念我當為衆生說如斯法
是即真實慈也行寂滅慈无所生故行不熱
慈无煩惱故行等之慈等三世故行无諍慈
无所起故行不二慈内外不合故行不壞慈
畢竟盡故行堅固慈心无毀故行清淨慈諸
法性淨故行无邊慈如虚空故行阿羅漢慈
破結賊故行菩薩慈安衆生故行如来慈得
如相故行佛之慈覺衆生故行自然慈无因
得故行菩提慈等一味故行无比慈斷諸愛
故行大悲慈導以大乘故行无猒慈觀空无
我故行法施慈无遺惜故行持戒慈化毀禁
故行忍辱慈護彼我故行精進慈荷負衆生
故行禪定慈不受味故行智慧慈无不知時
故行方便慈一切示現故行无隱慈直心清
淨故行深心慈无雜行故行无誑慈不虚假
故行安樂慈令得佛樂故菩薩之慈為若此
也文殊師利又問何謂為悲答曰菩薩所作功
德皆與一切衆生共之何謂為喜答曰有所
饒益歡喜无悔何謂為捨答曰所作福祐无
所希望文殊師利又問生死有畏菩薩當何

BD15084號　維摩詰所說經卷中　（28–13）

故行安樂慈令得佛樂故菩薩之慈為若此
也文殊師利又問何謂為悲答曰菩薩所作功
德皆與一切衆生共之何謂為喜答曰有所
饒益歡喜无悔何謂為捨答曰所作福祐无
所希望文殊師利又問生死有畏菩薩當何
所依維摩詰言菩薩於生死畏中當依如来
功德之力文殊師利又問菩薩欲依如来功
德之力當於何住答曰菩薩欲依如来功德
力者當住度脫一切衆生又問欲度衆生當
何所除答曰欲度衆生除其煩惱又問欲除
煩惱當何所行答曰當行正念又問云何行
於正念答曰當行不生不滅又問何法不生
何法不滅答曰不善不生善法不滅又問善
不善孰為本答曰身為本又問身孰為本答
曰欲貪為本又問欲貪孰為本答曰虚妄分
別為本又問虚妄分別孰為本答曰顛倒想
為本又問顛倒想孰為本答曰无住為本又
問无住孰為本答曰无住則无本文殊師利
從无住本立一切法
時維摩詰室有一天女見諸大人聞所說法
便現其身即以天華散諸菩薩大弟子上華
至諸菩薩即皆墮落至大弟子便著不墮一
切弟子神力去華不能令去尒時天問舍利
弗何故去華答曰此華不如法是以去之天
曰勿謂此華為不如法所以者何是華无所
分別仁者自生分別想耳若於佛法出家有
所分別為不如法若无所分別是則如法觀

BD15084號　維摩詰所說經卷中　（28–14）

切弟子神力去華不能令去尒時天問舍利
弗何故去華荅曰此華不如法是以去之天
曰勿謂此華為不如法所以者何是華无所
分别仁者自生分别想耳若於佛法出家有
所分别為不如法若无所分别是則如法觀
諸菩薩華不著者已斷一切分别想故譬如
人畏時非人得其便如是弟子畏生死故色聲
香味觸得其便已離畏者一切五欲无能為
也結習未盡華著身耳結習盡者華不著
也舍利弗言天止此室其已久如荅曰我止此
室如耆年解脫舍利弗言止此久耶天曰耆
年解脫亦何如久舍利弗嘿然不荅天曰如
何耆舊大智而嘿荅曰解脫者无所言說
故吾於是不知所云天曰言說文字皆解脫
相所以者何解脫者不内不外不在兩閒文
字亦不内不外不在兩閒是故舍利弗无離
文字說解脫也所以者何一切諸法是解脫
相舍利弗言不復以離婬怒癡為解脫乎天
曰佛為增上慢人說離婬怒癡為解脫耳若
无增上慢者佛說婬怒癡性即是解脫舍利
弗言善哉善哉天女汝何所得以何為證辯
乃如是天曰我无得无證故辯如是所以者何
若有得有證者則於佛法為增上慢舍利弗
問天汝於三乘為何志求天曰以聲聞法化
衆生故我為聲聞以因緣法化衆生故我為
辟支佛以大悲化衆生故我為大乘舍利弗
如人入瞻蔔林唯嗅瞻蔔不嗅餘香如是若

BD15084號　維摩詰所說經卷中　（28–15）

問天汝於三乘為何志求天曰以聲聞法化
衆生故我為聲聞以因緣法化衆生故我為
辟支佛以大悲化衆生故我為大乘舍利弗
如人入瞻蔔林唯嗅瞻蔔不嗅餘香如是若
入此室但聞佛功德之香不樂聞聲聞辟支
佛功德香也舍利弗其有釋梵四天王諸天
龍鬼神等入此室者聞斯上人講說正法皆
樂佛功德之香發心而出舍利弗吾止此室十
有二年初不聞說聲聞辟支佛法但聞菩薩
大慈大悲不可思議諸佛之法舍利弗此
室常現八未曾有難得之法何等為八此室
常以金色光照晝夜无異不以日月所照為
明是為一未曾有難得之法此室入者不為
諸垢之所惱也是二未曾有難得之法此
室常有釋梵四天王他方菩薩來會不絶是
為三未曾有難得之法此室常說六波羅蜜
不退轉法是為四未曾有難得之法此室常
作天人第一之樂絃出无量法化之聲是為
五未曾有難得之法此室有四大藏衆寶積
滿周窮濟乏求得无盡是為六未曾有難得
之法此室釋迦牟尼佛阿弥陁佛阿閦佛寶
德寶炎寶月寶嚴難勝師子響一切利成
如是等十方无量諸佛是上人念時即皆為來
廣說諸佛祕要法藏說已還去是為七未曾
有難得之法此室一切諸天嚴飾宮殿諸佛
淨土皆於中現是為八未曾有難得之法舍

BD15084號　維摩詰所說經卷中　（28–16）

如是等十方无量諸佛是上人念時即皆為来
廣說諸佛祕要法藏說已還去是為七未曾
有難得之法此室一切諸天嚴飾宮殿諸佛
淨土皆於中現是為八未曾有難得之法舍
利弗此室常現八未曾有難得之法誰有見
斯不思議事而復樂於聲聞法乎
舍利弗言汝何以不轉女身天曰我從十二
年来求女人相了不可得當何所轉譬如幻
師化作幻女若有人問何以不轉女身是人
為正問不舍利弗言不也幻无定相當何所
轉天曰一切諸法亦復如是无有定相云何
乃問不轉女身即時天女以神通力變舍利
弗令如天女天自化身如舍利弗而問言何
以不轉女身舍利弗以天女像而答言我今
不知何轉而變為女身天曰舍利弗若能轉
此女身則一切女人亦當能轉如舍利弗非
女而現女身一切女人亦復如是雖現女身
而非女也是故佛說一切諸法非男非女即
時天女還攝神力舍利弗身還復如故天問
舍利弗女身色相今何所在舍利弗言女身
色相无在无不在天曰一切諸法亦復如是
无在无不在夫无在无不在者佛所說也
舍利弗問天汝於此沒當生何所天曰佛化所
生吾如彼生曰佛化所生非沒生也天曰衆
生猶然无沒生也舍利弗問天汝久如當得
阿耨多羅三藐三菩提天曰如舍利弗還為
凡夫我乃當成阿耨多羅三藐三菩提舍利

BD15084號　維摩詰所說經卷中　（28–17）

生吾如彼生曰佛化所生非沒生也天曰衆
生猶然无沒生也舍利弗問天汝久如當得
阿耨多羅三藐三菩提天曰如舍利弗還為
凡夫我乃當成阿耨多羅三藐三菩提舍利
弗言我作凡夫无有是處天曰我得阿耨
多羅三藐三菩提亦无是處所以者何菩
提无住處是故无有得者舍利弗言今諸佛得
阿耨多羅三藐三菩提已得當得如恒河沙
皆謂何乎天曰皆以世俗文字數故說有三
世非謂菩提有去来今天曰舍利弗汝得阿
羅漢道耶曰无所得故而得天曰諸佛菩薩
亦復如是无所得故而得尒時維摩詰語舍
利弗是天女曾已供養九十二億佛已能遊
戲菩薩神通所願具足得无生忍住不退轉
以本願故隨意能現教化衆生
佛道品第八
尒時文殊師利問維摩詰言菩薩云何通達
佛道維摩詰言若菩薩行於非道是為通達
佛道又問云何菩薩行於非道答曰若菩薩
行五无間而无惱恚至于地獄无諸罪垢至
于畜生无有无明憍慢等過至于餓鬼而具
足功德行色无色界道不以為勝示行貪欲
離諸染著示行瞋恚於諸衆生无有恚礙示
行愚癡而以智慧調伏其心示行慳貪而捨
内外所有不惜身命示行毀禁而安住淨戒
乃至小罪猶懷大懼示行瞋恚而常慈忍示

BD15084號　維摩詰所說經卷中　（28–18）

離諸染著亦行瞋恚於諸衆生无有恚礙亦
行愚癡而以智慧調伏其心亦行慳貪而捨
內外所有不惜身命亦行毀禁而安住淨戒
乃至小罪猶懷大懼亦行瞋恚而常慈忍亦
行懈怠而勤脩功德亦行亂意而常念定亦
行愚癡而通達世間出世間慧亦行諂偽而
善方便隨諸經義亦行憍慢而於衆生猶如
橋梁亦行諸煩惱而常清淨亦入於魔而
順佛智慧不隨他教亦聲聞而為衆生說
未聞法亦入辟支佛而成就大悲教化衆生
亦入貧窮而有寶手功德无盡亦入形殘而
具諸相好以自莊嚴亦入下賤而生佛種姓
中具諸功德亦入羸劣醜陋而得那羅延身
一切衆生之所樂見亦入老病而永斷病根超
越死畏亦有資生而恒觀无常實无所貪亦
有妻妾綵女而常遠離五欲淤泥現於訥鈍
而成就辯才摠持无失亦入邪際而以正際度
諸衆生現遍入諸道而斷其因緣現於涅槃
而不斷生死文殊師利菩薩能如是行於非
道是為通達佛道
於是維摩詰問文殊師利何等為如來種文
殊師利言有身為種无明有愛為種貪恚癡
為種四顛倒為種五蓋為種六入為種七識
處為種八邪法為種九惱處為種十不善道
為種以要言之六十二見及一切煩惱皆是佛
種曰何謂也答曰若見无為入正位者不能

為種四顛倒為種五蓋為種六入為種七識
處為種八邪法為種九惱處為種十不善道
為種以要言之六十二見及一切煩惱皆是佛
種曰何謂也答曰若見无為入正位者不能
復發阿耨多羅三藐三菩提心譬如高原
陸地不生蓮華卑濕汙泥乃生此華如是見
无為法入正位者終不復能生於佛法煩惱
泥中乃有衆生起佛法耳又如殖種於空終
不得生糞壤之地乃能滋茂如是入无為正
位者不生佛法起於我見如須弥山猶能發
于阿耨多羅三藐三菩提心生佛法矣是故
當知一切煩惱為如來種譬如不下巨海不
能得无價寶珠如是不入煩惱大海則不能
得一切智寶
尒時大迦葉歎言善哉善哉文殊師利快說
此語誠如所言塵勞之疇為如來種我等今
者不復堪任發阿耨多羅三藐三菩提心乃
至五无間罪猶能發意生於佛法而今我等
永不能發譬如根敗之士其於五欲不能復
利如是聲聞諸結斷者於佛法中无所復益
永不志願是故文殊師利凡夫於佛法有反
復而聲聞无也所以者何凡夫聞佛法能起
无上道心不斷三寶正使聲聞終身聞佛法
力无畏等永不能發无上道意
尒時會中有菩薩名普現色身問維摩詰
言居士父母妻子親戚眷屬吏民知識悉為
是誰奴婢僮僕象馬車乘皆何所在於是維

无上道心不斷三寶匠使聲聞終身聞佛法
力无畏等永不能發无上道意
尒時會中有菩薩名普現色身問維摩詰
言居士父母妻子親戚眷屬吏民知識悉為
是誰奴婢僮僕象馬車乘皆何所在於是維
摩詰以偈答曰
智度菩薩母　方便以為父　一切衆道師　无不由是生
法喜以為妻　慈悲心為女　善心誠實男　畢竟空寂舍
弟子衆塵勞　随意之所轉　道品善知識　由是成正覺
諸度法等侶　四攝為伎女　歌詠誦法言　以此為音樂
揔持之園苑　无漏法林樹　覺意淨妙華　解脫智慧果
八解之浴池　定水湛然滿　布以七淨華　浴此无垢人
象馬五通馳　大乘以為車　調御以一心　遊於八正路
相具以嚴容　衆好飾其姿　慚愧之上服　深心為華鬘
富有七財寶　教授以滋息　如所說脩行　迴向為大利
四禪為床坐　從於淨命生　多聞增智慧　以為自覺音
甘露法之食　解脫味為漿　淨心以澡浴　戒品為塗香
摧滅煩惱賊　勇健无能踰　降伏四種魔　勝幡建道場
雖知无起滅　示彼故有生　悉現諸國土　如日无不見
供養於十方　无量億如來　諸佛及己身　无有分別想
雖知諸佛國　及與衆生空　而常脩淨土　教化於群生
諸有衆生類　形聲及威儀　无畏力菩薩　一時能盡現
覺知衆魔事　而示隨其行　以善方便智　随意皆能現
或示老病死　成就諸群生　了知如幻化　通達无有礙
或現劫盡燒　天地皆洞然　衆人有常想　照令知无常
无數億衆生　俱來請菩薩　一時到其舍　化令向佛道
經書禁呪術　工巧諸伎藝　盡現行此事　饒益諸群生

BD15084 號　維摩詰所說經卷中　（28–21）

或示老病死　成就諸群生　了知如幻化　通達无有礙
或現劫盡燒　天地皆洞然　衆人有常想　照令知无常
无數億衆生　俱來請菩薩　一時到其舍　化令向佛道
經書禁呪術　工巧諸伎藝　盡現行此事　饒益諸群生
世間衆道法　悉於中出家　因以解人惑　而不墮邪見
或作日月天　梵王世界主　或時作地水　或復作風火
劫中有疾疫　現作諸藥草　若有服之者　除病消衆毒
劫中有飢饉　現身作飲食　先救彼飢渴　却以法語人
劫中有刀兵　為之起慈悲　化彼諸衆生　令住无諍地
若有大戰陣　立之以等力　菩薩現威勢　降伏使和安
一切國土中　諸有地獄處　輙往到于彼　勉濟其苦惱
一切國土中　畜生相食噉　皆現生於彼　為之作利益
示受於五欲　亦復現行禪　令魔心憒亂　不能得其便
火中生蓮華　是可謂希有　在欲而行禪　希有亦如是
或現作婬女　引諸好色者　先以欲鈎牽　後令入佛智
或為邑中主　或作商人導　國師及大臣　以祐利衆生
諸有貧窮者　現作无盡藏　因以勸導之　令發菩提心
我心憍慢者　為現大力士　消伏諸貢高　令住无上道
其有恐懼衆　居前而慰安　先施以无畏　後令發道心
或現離婬欲　為五通仙人　開導諸群生　令住戒忍慈
見須供事者　現為作僮僕　既悅可其意　乃發以道心
随彼之所須　得入於佛道　以善方便力　皆能給足之
如是道无量　所行无有崖　智慧无邊際　度脫无數衆
假令一切佛　於无數億劫　讚歎其功德　猶尚不能盡
誰聞如是法　不發菩提心　除彼不肖人　癡冥不智者
入不二法門品第九
尒時維摩詰謂衆菩薩言諸仁者云何菩薩

BD15084 號　維摩詰所說經卷中　（28–22）

假令一切佛　於无數億劫　讚歎其功德　猶尚不能盡
誰聞如是法　不發菩提心　除彼不肖人　癡冥不智者
入不二法門品第九
尒時維摩詰謂衆菩薩言諸仁者云何菩薩
入不二法門各隨所樂說之會中有菩薩名
法自在說言諸仁者生滅為二法本不生今
則无滅得此无生法忍是為入不二法門
德守菩薩曰我我所為二因有我故便有我
所若无有我則无我所是為入不二法門
不眴菩薩曰受不受為二若法不受則不可得
以不可得故无取无捨无作无行是為入不
二法門
德頂菩薩曰垢淨為二見垢實性則无淨相
順於滅相是為入不二法門
善宿菩薩曰是動是念為二不動則无念无
念即无分別通達此者是為入不二法門
善眼菩薩曰一相无相為二若知一相即是
无相亦不取无相入於平等是為入不二法
門
妙臂菩薩曰菩薩心聲聞心為二觀心相空
如幻化者无菩薩心无聲聞心是為入不二
法門
弗沙菩薩曰善不善為二若不起善不善入
无相際而通達者是為入不二法門
師子菩薩曰福罪為二若達罪性則與福无異
以金剛慧決了此相无縛无解者是為入不
二法門

弗沙菩薩曰善不善為二若不起善不善入
无相際而通達者是為入不二法門
師子菩薩曰福罪為二若達罪性則與福无異
以金剛慧決了此相无縛无解者是為入不
二法門
師子意菩薩曰有漏无漏為二若得諸法等
則不起漏不漏想不著於相亦不住无相是
為入不二法門
淨解菩薩曰有為无為為二若離一切數則
心如虛空以清淨慧无所礙者是為入不二
法門
那羅延菩薩曰世間出世間為二世間性空即
是出世間於其中不入不出不溢不散是
為入不二法門
善意菩薩曰生死涅槃為二若見生死性則
无生死无縛无解不然不滅如是解者是為
入不二法門
現見菩薩曰盡不盡為二法若究竟盡若不
盡皆是无盡相无盡相即是空空則无有盡
不盡相如是入者是為入不二法門
普守菩薩曰我无我為二我尚不可得非我何
可得見我實性者不復起二是為入不二法
門
電天菩薩曰明无明為二无明實性即是明
明亦不可取離一切數於其中平等无二者
是為入不二法門
喜見菩薩曰色色空為二色即是空非色滅

電天菩薩曰明无明為二无明實性即是明
明亦不可取離一切數於其中平等无二者
是為入不二法門
喜見菩薩曰色色空為二色即是空非色滅
空色性自空如是受想行識識空為二識即
是空非識滅空識性自空於其中而通達者是
為入不二法門
明相菩薩曰四種異空種異為二四種性即是
空種性如前際後際空故中際亦空若能如
是知諸種性者是為入不二法門
妙意菩薩曰眼色為二若知眼性於色不貪
不恚不癡是名寂滅如是耳聲鼻香舌味身
觸意法為二若知意性於法不貪不恚不癡
是名寂滅安住其中是為入不二法門
无盡意菩薩曰布施迴向一切智為二布施性
即是迴向一切智性如是持戒忍辱精進禪
定智慧迴向一切智為二智慧性即是迴向
一切智性於其中入一相者是為入不二法
門
深慧菩薩曰是空是无相是无作為二空即
无相无相即无作若空无相无作則无心意識
於一解脫門即是三解脫門者是為入不二
法門
寂根菩薩曰佛法衆為二佛即是法法即是
衆是三寶皆无為相與虛空等一切法亦尒
能隨此行者是為入不二法門
心无𢙣菩薩曰身身滅為二

寂根菩薩曰佛法衆為二佛即是法法即是
衆是三寶皆无為相與虛空等一切法亦尒
能隨此行者是為入不二法門
心无𢙣菩薩曰身身滅為二身即是身滅所
以者何見身實相者不起見身及見滅身身
與滅身无二无分別於其中不驚不懼者是
為入不二法門
上善菩薩曰身口意善為二是三業皆无作
相身无作相即口无作相口无作相即意无作
相是三業无作相即一切法无作相能如是
隨无作慧者是為入不二法門
福田菩薩曰福行罪行不動行為二三行實
性即是空空則无福行无罪行无不動行
於此三行而不起者是為入不二法門
華嚴菩薩曰從我起二為二見我實相者不
起二法若不住二法則无有識无所識者是
為入不二法門
德藏菩薩曰有所得相為二若无所得則无
取捨无取捨者是為入不二法門
月上菩薩曰闇與明為二无闇无明則无有
二所以者何如入滅受想定无闇无明一切
法相亦復如是於其中平等入者是為入不
二法門
寶印手菩薩曰樂涅槃不樂世間為二若不
樂涅槃不厭世間則无有二所以者何若有
縛則有解若本无縛其誰求解无縛无解則
无樂猒是為入不二法門

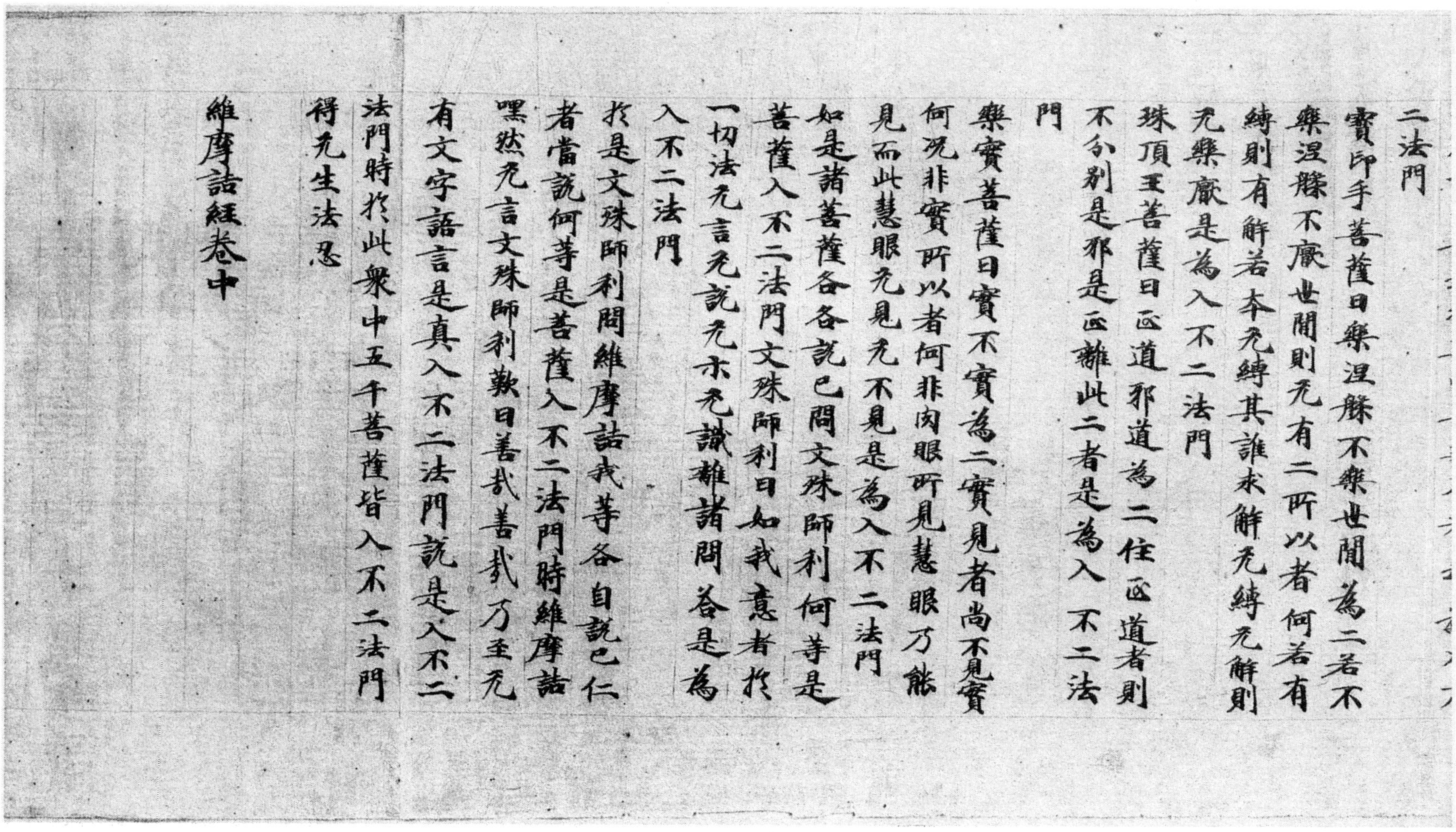

二法門
實印手菩薩曰樂涅槃不樂世間為二若不
樂涅槃不厭世間則无有二所以者何若有
縛則有解若本无縛其誰求解无縛无解則
无樂厭是為入不二法門
珠頂王菩薩曰正道邪道為二住正道者則
不分別是邪是正離此二者是為入不二法
門
樂實菩薩曰實不實為二實見者尚不見實
何況非實所以者何非肉眼所見慧眼乃能
見而此慧眼无見无不見是為入不二法門
如是諸菩薩各各說已問文殊師利何等是
菩薩入不二法門文殊師利曰如我意者於
一切法无言无說无示无識離諸問荅是為
入不二法門
於是文殊師利問維摩詰我等各自說已仁
者當說何等是菩薩入不二法門時維摩詰
嘿然无言文殊師利歎曰善哉善哉乃至无
有文字語言是真入不二法門說是入不二
法門時於此衆中五千菩薩皆入不二法門
得无生法忍
維摩詰經卷中

BD15084號　維摩詰所說經卷中　（28–27）

一切法无言无說无示无識離諸問荅是為
入不二法門
於是文殊師利問維摩詰我等各自說已仁
者當說何等是菩薩入不二法門時維摩詰
嘿然无言文殊師利歎曰善哉善哉乃至无
有文字語言是真入不二法門說是入不二
法門時於此衆中五千菩薩皆入不二法門
得无生法忍
維摩詰經卷中

BD15084號　維摩詰所說經卷中　（28–28）

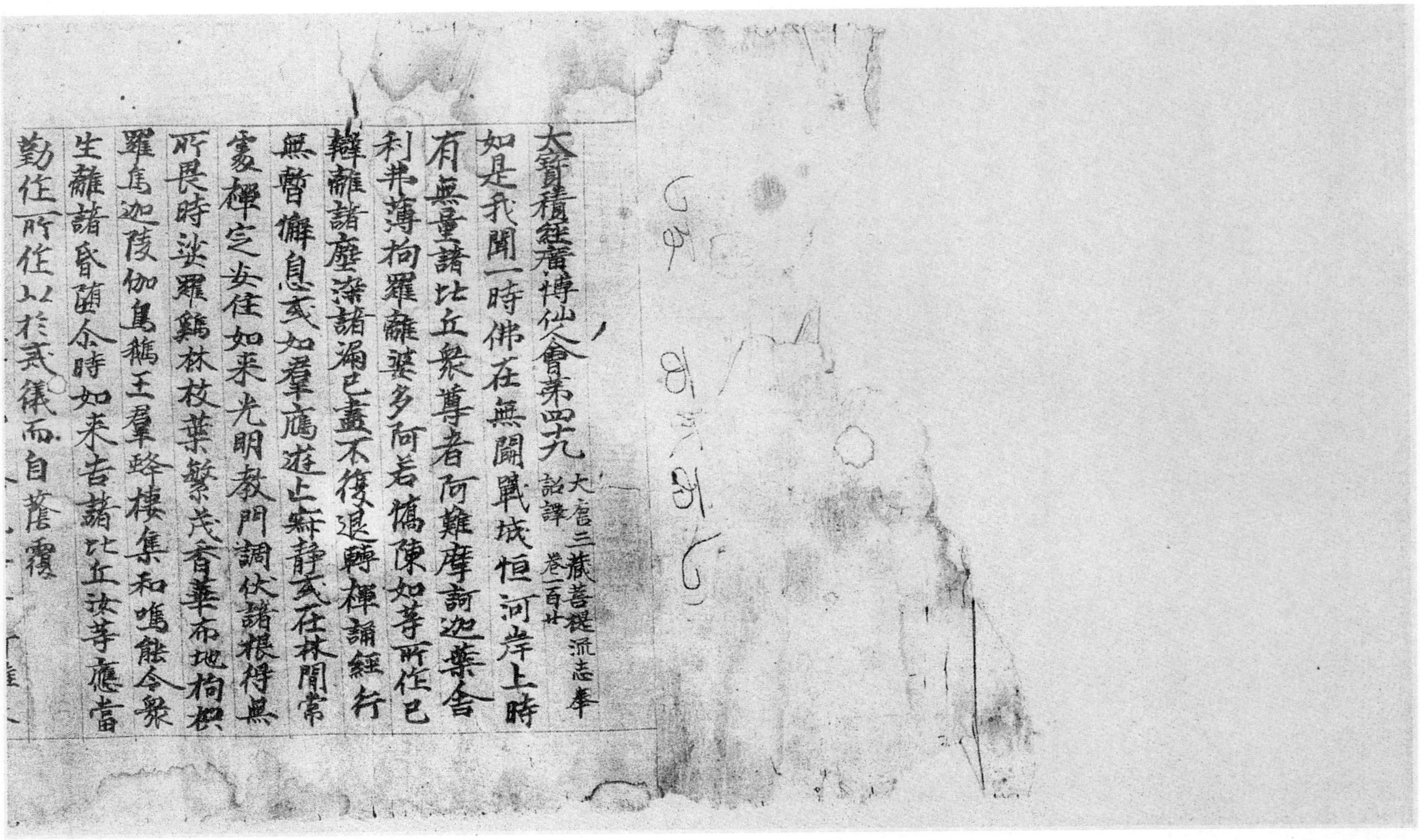

大寶積經廣博仙人會第四九 大唐三藏菩提流志奉詔譯 卷一百廿
如是我聞一時佛在無鬪戰城恒河岸上時
有無量諸比丘衆尊者阿難摩訶迦葉舍
利弗薄拘羅離婆多阿若憍陳如等所作已
辦離諸塵染諸漏已盡不復退轉禪誦經行
無暫懈息或如群鹿遊止寂靜或在林間常
處禪定安住如來光明教門調伏諸根得無
所畏時娑羅雞林枝葉繁茂香華布地拘枳
羅烏迦陵伽鳥鵝王群聚棲集和鳴能令衆
生離諸昏隨尒時如來告諸比丘汝等應當
勤住所住以於威儀而自覆護

BD15085 號　大寶積經卷一二〇　（26–1）

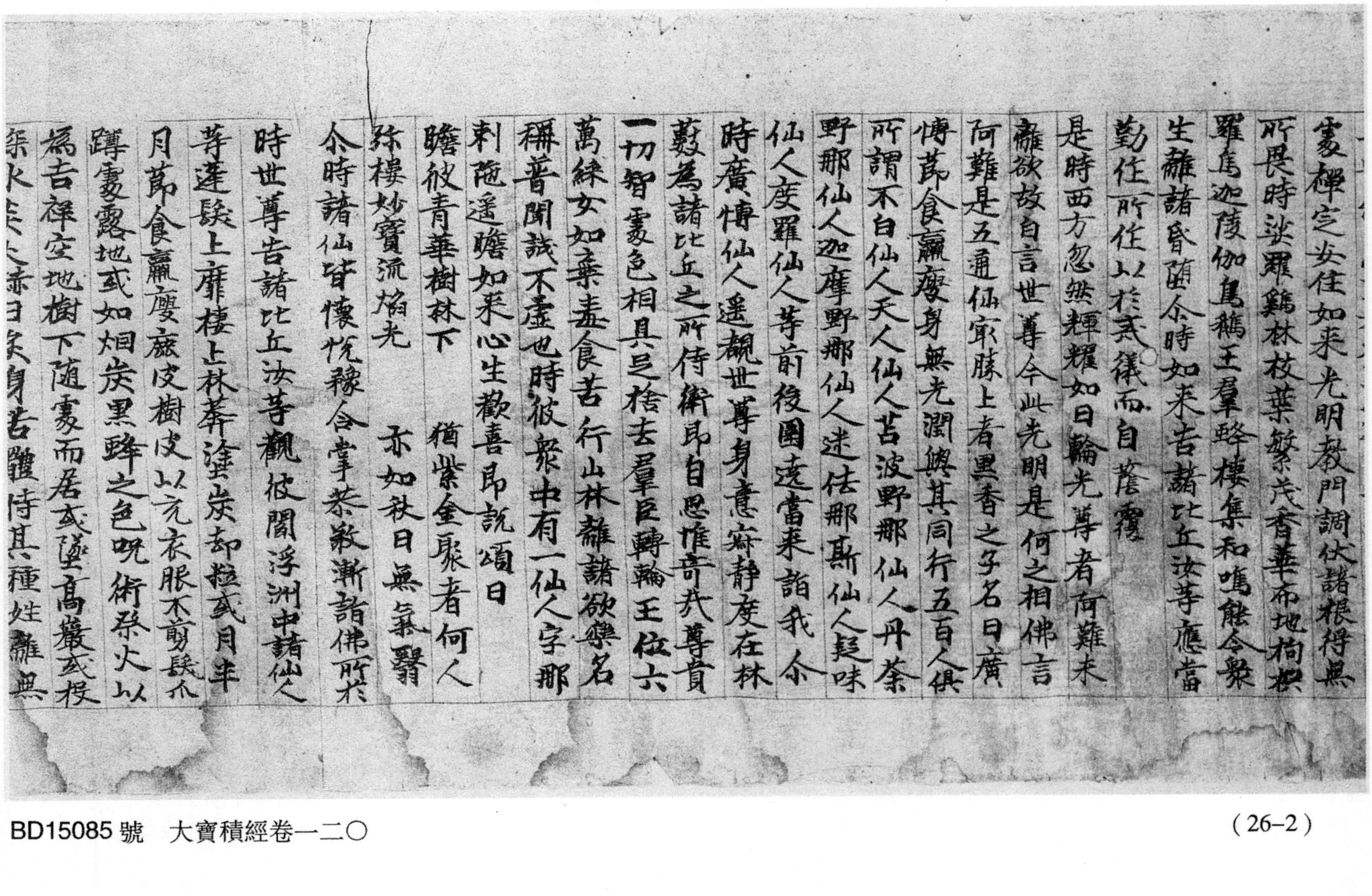

處禪定安住如來光明教門調伏諸根得無
所畏時娑羅雞林枝葉繁茂香華布地拘枳
羅烏迦陵伽鳥鵝王群聚棲集和鳴能令衆
生離諸昏隨尒時如來告諸比丘汝等應當
勤住所住以於威儀而自覆護
是時西方忽然輝耀如日輪光尊者阿難未
離欲故白言世尊今此光明是何之相佛言
阿難是五通仙家膝上者黑香之子名曰廣
博節食羸瘦身無光潤與其同行五百人俱
所謂不白仙人天人仙人苫波野那仙人丹荼
野那仙人迦摩野那仙人迷佉那斯仙人起味
仙人度羅仙人等前後圍遶當來詣我尒
時廣博仙人遥覩世尊身意寂靜度在林
藪爲諸比丘之所侍衛即自思惟奇哉尊貴
一切智處色相具足捨去群臣轉輪王位六
萬婇女如棄毒食苦行山林離諸欲樂名
稱普聞誠不虛也時彼衆中有一仙人字那
剌陁遥瞻如來心生歡喜即說頌曰
瞻彼青華樹林下　猶紫金聚者何人
殊標妙寶流焰光　亦如秋日無氛翳
尒時諸仙皆懷悅豫合掌恭敬漸詣佛所於
時世尊告諸比丘汝等觀彼閻浮洲中諸仙人
等蓬髮上靡棲止林莽塗炭劫粒或月半
月節食羸瘦麻皮樹皮以充衣服不剪髮爪
蹲處露地或如烟炭黑醉之色呪術祭火以
爲吉祥空地樹下隨處而居或墜高巖或投
[illegible]火[illegible]赤日炙身苦體恃其種姓離無

BD15085 號　大寶積經卷一二〇　（26–2）

者遠髮[illegible]
月節食羸瘦麁皮樹皮以充衣服不剪髮爪
蹲處露地或如烟炭黑醉之色呪術祭火以
為吉祥空地樹下隨處而居或墜高巖或投
深水炙大赫日灸身苦體恃其種姓離無
上智比丘當知此諸仙人見不清淨執着諸
有輪迴生死不能出離時諸比丘聞佛世尊作
是說已同聲白言我等今者由依如來勤修
梵行於諸有中永當出離
尒時廣博仙人與其同類漸至佛所覩諸羅
漢威德尊嚴內懷傾悚曲躬佇視各結散髮
身佩白繩顏容黑闇兩目黃綠頭髮枯燥執
三杖木身形卑漏或行虛空或談俗典至如
來前白言世尊今此衆會願佛知時佛言廣
博我已了知諸有受生及於自性時阿難陁白
言世尊此何仙人衆所圍遶調惠通敏頂髮
上靡佛言阿難此是廣博仙圍陁典奉持習
行睮羯羅教造諸種種世俗文字尒時諸羅
漢等共相謂言而此仙人有何所得苦行如
是於生死中而不解脫復自思惟此仙人衆
今來佛所當何所問為因緣耶為無我耶
尒時廣博仙人合掌向佛白言世尊佛出現
難衆會亦難我於今者有少疑問願垂哀
愍佛言大仙恣汝所問當為解說廣博仙言
云何為施何者施義云何施主施主何義云何
施者不名施主云何施主不名施者云何行施於
受施者而獲福報云何施已若現在世若命
終後施福隨行為積為聚世尊如來滅後供

BD15085號　大寶積經卷一二〇　（26-3）

愍佛言大仙恣汝所問當為解說廣博仙言
云何為施何者施義云何施主施主何義云何
施者不名施主云何施主不名施者云何行施於
受施者而獲福報云何施已若現在世若命
終後施福隨行為積為聚世尊如來滅後供
養塔廟誰為受者獲於福報佛言大仙汝今
所問甚為希有為欲覺悟新發意者時舍
利弗在於衆中髮白面皺以其右手攆眉
顧視久而言曰我昔曾聞廣博仙人世所稱讚
云何今者不知言問如小童子云何不問因緣
無我深妙之善而乃問於施之果報尊者
阿難前礼佛足白言世尊彼之仙人於施會
著我願為彼解說施義佛言阿難若問如
來聲聞荅者非如來教時舍利弗復白佛言
今此仙人有彼彼疑我願解說佛言不尒汝
於聲聞家為上首若於我前有所解說令
諸衆生隨於惡起謗云如來非決定智或云
如來覺性了已猶有我慢
尒時諸比丘聞佛世尊作是說已生淨信心
白言世尊廣博仙人有所疑問願為除斷
尒時佛告廣博仙人言汝今諦聽施之果報
及業差別若諸受者能令施主生於果報
是為施義若有衆生發清淨心以己財寶令
執事人隨所施者其財寶主名為施主其執
事人名為施者若復有人自持己物淨心施者
得為施主亦名施者復次大仙三十二種不淨之施
汝今諦聽[illegible]復有人[illegible]見施者不名淨施因

BD15085號　大寶積經卷一二〇　（26-4）

是為施義若有衆生發清淨心以己財寶令
執事人隨所施者其財寶主名為施主其執
事人名為施者若復有人自持己物淨心施者
得為施主亦名施者復次大仙三十二種不淨之施
汝今諦聽若復有人倒見施者不名淨施曰
報恩者不名淨施不衷慇者不名淨施為色
欲者不名淨施若施火中不名淨施擲水中
者不名淨施恐怖施者不名淨施施五家者
不名淨施以毒施者不名淨施施刀杖者不
名淨施教害施者不名淨施為攝他故不
名淨施為稱譽者不名淨施為倡伎者不名
淨施回古相者不名淨施求餘好者不名淨
施結明友者不名淨施於莊宅中鳥獸來噉
不歡欣者不名淨施學工巧者不名淨施
回病施毉不名淨施先回打罵後施財物不
名淨施若懷疑惑言我今施為有報耶為
無報耶如此施者不名淨施若捨施已內懷懟
惱慳悋悔恨不名淨施若言受者後當為衰
作牛畜者不名淨施若言福報我自受者
不名淨施若人少壯無淨信心後遭病苦或臨
死路楚毒在身支節分解閻羅使者調弄於
前親屬平生悲泣相視如此之時方始施者
不名淨施或有念言今餘城邑知我施者不名
淨施若懷嫉妬增上施者不名淨施慕他豪
施為求婚姻持諸金銀繒綵衣服而施與者
不名淨施若求男女及餘雜緣而施與者不

不名淨施或有念言今餘城邑知我施者不名
淨施若懷嫉妬增上施者不名淨施慕他豪
施為求婚姻持諸金銀繒綵衣服而施與者
不名淨施若求男女及餘雜緣而施與者不
名淨施若有念言我於今施來世受報不名
淨施見貧窮者不生哀愍翻持錢財施富
貴人不名淨施或貪華果而施與者不名淨
施善男子此三十二愛染之施猶如有人携持
種子於荒穢田隨所種植然彼種子依不地
界遇天雨潤決定生芽至於華實少得收
穫尒時廣博仙人復白佛言如何施與持戒
毀戒而不滅壞佛言大仙若復有人淨信回
果發歡喜心為諸衆生無有悔悋亦不分別
持戒破戒復次善男子有五種施名為大施
何等為五一者時施二者道行之者三者病
人及看病者四者說正法人五者詣他國者
復有五種一者法施二者食施三者居住四
者燈明五者香華賓博復言何等清淨佛
言若發信心為諸衆生內懷哀愍迴向菩
提遍淨解脫得為清淨復有五種無上之施
何者為五一者施於如來其施無上二者施於衆
僧其施無上三者施說法者其施無上四者施
父其施無上五者施母其施無上復有施者
名為大施所謂失位國王名為大施若為縣
官之所逼迫無所依怙及為疾病之所痛惱
施如此人名為大施若為王者所棄臨刑

[illegible]
父其施無上五者施毋其施無上復有施者
名為大施所謂失位國王名為大施若為縣
官之所逼迫無所依怙及為疾病之所痛惱
施如此人名為大施若為王者所棄臨刑
之時及餘命難捨已之命救於彼命名為大
施或於疾病之人施與醫藥亦名大施或於
具戒衆僧以時而施亦名大施或施求智慧
者亦名大施或於傍生之儔鰕蟆蛭烏及餘
禽獸而施與者亦名大施或於乏劣之者施
令充足亦名大施若復有人勸他淨施及能
隨喜亦名大施復次大仙汝先所問於我滅
後云何種植獲福報者善男子諸如來者
皆是法身非是色身若復在世或復滅後
所有供養福無有異如轉輪王於其大地唱如
是言我之國界不應有人殺害衆生及於妄語
其國之人雖未見王無親侍衛但聞教勅即
便遵奉王於是人必生歡喜是人由王不殺
害故獲生天報其有違者墮於惡趣如是大
仙雖有衆生見我色身不獲其戒何所得耶
如提婆達多雖遇於我猶墮地獄若復有
人於未來世中勤修我教則為希有如見我
身無有異也
復次大仙如汝所問福得因緣為積聚者如
荻葦中因燒出燄而此光燄不可得言為積
為聚如是施主積集資糧猶影隨形而無
見者亦如蒲萄日萎未押之時汁不可見彼

BD15085號　大寶積經卷一二〇　（26–7）

[illegible]
復次大仙如汝所問福得因緣為積聚者如
荻葦中因燒出燄而此光燄不可得言為積
為聚如是施主積集資糧猶影隨形而無
見者亦如蒲萄日萎未押之時汁不可見彼
於一節二節之中求汁積聚了無見者然於彼汁
不從外得福得果報亦復如是不在施主手
中心中及於身中亦不相離亦如尼拘陀子未成
熟時牙不可見譬於商人持少財物往詣大
城有所貿易廣獲財利福報亦尒如蘖株
華不積其色雲滋雨潤誰見積聚於其出
生必自成辦
尒時廣博仙人白言世尊施之差別我已了知
云何此識住於身中有所愛著佛言大仙猶
如國王住於城中懼他軍來預作壕塹積聚
糧貯教養戰士建諸幡旗調習醉象
嚴誡兵衆唱言警備著於衣甲專情闘戰
執利刀仗露刃而住王福盡故他軍強盛逐即
滅壞如是識王住於身城見於六處無常侵害
究信壕塹被正念甲御醉法象調習意馬告
六處云今有無常威力軍來宜應速疾被
於施甲持於智刃鞬慚愧弩安戒隄防時彼
六處為無常軍漸相逼迫尒時彼識如福盡
王棄城而走別住城國廣博仙人復白佛言云何
了知是福德城非福德城我當捨之佛言大仙
猶如有人乘大舟船欲渡大海時遇風濤鼓涌
飄蕩黿鼉鯨鯢身為嶮害是人回船遂達
[illegible]

BD15085號　大寶積經卷一二〇　（26–8）

王棄城而走別住城園廣博仙人復白佛言高
了知是福德城非福德城我當捨之佛言大仙
猶如有人乘大舟船欲渡大海時遇風濤鼓涌
飄蕩奔龍鼉鯨鯢牙為嶮害是人回船遂達
彼岸既得無畏遶船三帀恭敬祀祭唱言
善哉我由此船得渡大海如是大仙有福衆
生命終之後作是思惟我今此身善趣天上
所得人身為不空過乘此身船渡惡趣海善
哉前生甚可恭敬若復有人墮惡趣者猶
如渡海乘朽爛船於大海中或沉或浮搖颺傾
覆是人殘命雖至岸上復遇師子虎狼充滿
罵詈唯我此朽故船倒行大海令我怖畏見
如此若墮惡趣識亦復如是毀罵其身我從
養育遭此惡報我久於世擔負穢草如蠶蠱
作蠒徒自纏縛如何令我沉溺若此
爾時彼識於第二身適住母胎纔七日中能作
是念我從彼滅而來生此由善業者其心
歡喜能令彼母有三種相所謂母面熈怡顏
容端妙無諸斑䵟右腳履地倍重常時　復
以其手數摩右脇被白色衣增加姝麗造惡
業識亦七日中作是憶念我從其曾作其罪
作是念已便生悲惱能令其母現諸惡相所謂
身體皃穢羸瘦萎黃常懷悲愁數數變
吐禍橫盈門哭難遍迫饒諸疾病將産
之時或損母命或復自死爾時廣博仙人
復白佛言世尊彼識初入胎時得念惠佛

BD15085號　大寶積經卷一二〇　（26–9）

身體皃穢羸瘦萎黃常懷悲愁數數變
吐禍橫盈門哭難遍迫饒諸疾病將産
之時或損母命或復自死爾時廣博仙人
復白佛言世尊彼識初入胎時得念惠佛
言而此之識亦入胎已見閻浮洲園苑樹林宮
殿池沼遍滿莊飾親族聚會情操樂復
以天惠光明隨念憶知無量百千彼彼生處彼
是我母曾五百世生育於我作是念已生厭離
心唱言唯我於此世間生死足矣劬勞諸有永
願息時廣博仙人復白佛言世尊彼識既能如
是厭離豈不出離生死中耶佛言不也大仙
彼識無出離之相能得解脫無有是處而
彼識界於生死中雖爾厭離能出離者不
應受生若不爾者或有修福及於造罪一切
皆應趣向涅槃如汝所言識思惟者是識增
上非智增上所以者何識能分別智能了知
識智和合乃如汝說爾時世尊欲重此義
而說偈言

能防諸惡賊　積習煩惱者　了智與無智　及惠及愚癡
見慢并無明　如是等一切　無有出離者　由識能了知
識智不相離　和合我常說
一輪不為車　二輪亦不成　亦不由於餘　要假人與牛
并具於轄轄　二輞相資備　轅軛無絡繩　爾乃得名車
身車亦如是　諸界和合生　諸根悉具備　由識能牽挽
枝節相綴連　觔脈恒遍滿　髑髏及髮覆　傷肺并心脾
肝腸衆和合　建立假為身　識王處其中　非身為調御
了知諸體性　是名智識俱

BD15085號　大寶積經卷一二〇　（26–10）

并具於轄　二輞相資　輻輳與絡綆　尒乃得名車
身車亦如是　諸界和合生　諸根悉具足　由識能牽挽
枝節相綴連　筋脉遍滿　髑髏及髮覆　傷肺并心脾
肝腸衆和合　建立假爲身　識王處其中　非身爲調御
了知諸體性　是名智識俱
復次大仙此識微細不可色見無有諸根亦
不相離若諸丈夫有所怯弱或生恐怖或起
尋思皆識增上非智住用尒時廣博仙人復
白佛言世尊云何觀察一切衆生從地獄趣
而來生者乃至天趣而來生者何業差别
生於天民傍生餓鬼及於地獄佛言大仙衆生
本性没此生彼是佛境界非五通仙之所能
知亦非天人魔梵色究竟等并餘聲聞之所
覺了大仙若於我法獲離三垢得初果時所有
境界尚非帝釋那羅延天汝諸仙等之所
能知尒時如來作是説已廣博仙人便自思
惟此輪迴中聖智境界未曾會遇礼佛雙足
白言世尊我於今者衰朽失念不能獲果
無任負荷住持菩提歸依佛法及離垢僧我
從今日與諸弟子及於眷屬歸佛法僧唯願世
尊亦教利喜以聖智日常住世間除煩惱翳
善哉世尊願爲演説一切衆生從天墮者佛
言諦聽今正是時若有衆生堅固成就施
香花鬘此人必當生持鬘天臨終之時身發妙香
及感鮮華而復自見種種色華來散其上
或有見於樓閣宮殿懸諸鈴綵雜華嚴飾

言諦聽今正是時若有衆生堅固成就施
香花鬘此人必當生持鬘天臨終之時身發妙香
及感鮮華而復自見種種色華來散其上
或有見於樓閣宮殿懸諸鈴綵雜華嚴飾
百千天女而處其中命終之後見持鬘天衆
和合如贍部人便爲愛風飄入胎藏時彼天
母懷妊七日於右脇下遂誕其子彼適生已
於其胸前天悦意華自然爲鬘具七種色
所謂白黑黄赤天紺紅蓮及如火銅光明炫耀
香氣四風遍一由旬故號彼天謂爲持鬘宮
中有樹其汁香美猶如甘露園苑果實有八
上味如頻螺彼天所食皆是甘果非餘穢
食凡有飢想果自現樹所履之地無諸荊棘
鮮華柔草周帀清淨或有宮殿如白華聚
或以黄金爲屋雞吻彼之天女光容藻飾眺望
斬攜相與娛樂其所壽命天二百年將終殁
時有二種相所居之樹其葉彫顇枝條垂下
其華香氣自然隱没所著華鬘忽然萎黄
清涼之風變爲毒熱衆賒天城棄捨而去時諸
天女見此衰相圍遶悲號歎言咄哉何彼無
常無少慈悲令於我等愛重之者制不由已將
捨我等在於須臾時彼天子漸爲熱病之所
逼迫遍體火現夫酥雖加而無熱惱心猶快
樂從彼而没人間受生在於胎中能令其母愛
香華鬘及諸果實又於夢中常見城邑場
肆嚴飾遍垂華纓亦既生已形容光潤白服

樂從彼而沒人間受生在於胎中能令其母受
香華鬘及諸果實又於夢中常見城邑塲
肆嚴飾遍垂華纓亦既生已形容光潤白服
華鬘常所眷愛好遊親屬躭著欲樂情意
女人往來輕躡名衣上服及諸園林靡不貪
樂見富貴者倍生喜悅
復次大仙四天王天趣向之者若有衆生以憐
愍心見貧窮者施於衣食及諸病人隨與
醫藥或造井泉或施池沼其人將終形不羸
瘦容色無變身無垢汗髮不散破亦不遺
溺大小便利六塵充足諸根無損能見自身
在天衆中命既終已色如紅蓮口出妙香復有
清風吹妙華香拂其屍上於是彼識見四天
界父母歡遊躭醉情欲時彼天父以其右手
摩天母背即於母膝而得受胎經七日已遂
即誕生天飾具足大仙當知四天王天所居之
地縱廣八萬四千由旬黃金白銀雌黃雄黃間
錯莊飾百千天女充滿其中百千華葉如
人形像於彼園苑天摩尼光常所照樹林
枝葉垂劫波衣及妙繒綵其樹滑潤見者
欣悅於其龕室常懸樂具簫笛之儔自
然發聲彼天童子持食爲力香美就稱色
如紅蓮味逾甘露其所食器具於二種一者
金器二者銀器隨意所樂色香美味皆於
中現復有天漿名爲華酒香冷殊持設有嗅
者亦自然醉彼之天人各有寢殿名日初秋遍垂
華絛金銀雜寶娑蘭鷄樹數有百千合覆其

如紅蓮味逾甘露其所食器具於二種一者
金器二者銀器隨意所樂色香美味皆於
中現復有天漿名爲華酒香冷殊持設有嗅
者亦自然醉彼之天人各有寢殿名日初秋遍垂
華絛金銀雜寶娑蘭鷄樹數有百千合覆其
上復有種種坐臥敷具六萬天人顏容殊妙被服
光鮮其聲寥亮韻合天樂爲諸欲神之所造
化歌舞倡妓言笑往來能令見者增其染
愛宮殿前樹以刹柱金鐶間錯繒綵莊嚴懸
諸寶幡隨風搖颺
有四天王一日持國二日增長三日威目四日多
聞此四天王於彼天界吟嘯歌儛讌會嬉
遊具足安樂時彼衆中諸天童子力勢殊
勝具天妙身垂辮往來猶如醉鳥身香郁
烈遍一由旬其所壽命天五百年無中夭
者園苑林樹榮色光潔迦譚婆花而以莊嚴咸
悉芬馥無諸臭穢四面階道雜寶所成百千
天女常爲歌伎諸寶器中出妙音聲善男子
彼等天人壽欲盡時有三種相一者身光隱
沒二者華無香氣三者不聞天女奏諸歌伎
常所歡遊園林宮苑鳥聲和雅是善好處皆
不愛樂華鬘萎瘁天女悲啼衣生垢穢瞻視
昔來欣翫之具復增悶絶身上汗流眼瘦枯
燥如取水魚置夏日中熱惱所逼宛轉于地時
諸女等見彼天男愁苦如此皆來圍遶同聲
啼哭唱言苦哉苦哉我所愛者柰何如是所
子甚事用爲悲苦今之忽可捨我等輩及

昔來欣戲之具復增悶絕身上汗流眼變枯
燥如取水魚置夏日中熱惱所逼宛轉于地時
諸女等見彼天男愁苦如此皆來圍遶同聲
號哭唱言苦哉苦哉我所愛者柰何如是所
好惠事翻為愁苦今之去何捨我等輩及
遊戲處時天女等以偈歎曰
種種妙莊嚴　仁者所遊戲　宮上福德城　四面具樓閣
天女恒充滿　園林鎮榮茂　去何捨歡愛　苦哉此無常
尒時諸天女等說此偈已相視哽咽各以右手
取諸雜華遙散其上復作是言仁者汝具福
故當生人間彼是福地應以信心植諸善種
尒時彼天見諸女等皆已捨重增熱惱
身心燋然如以蘇滴置炎鐵上欻自銷滅餘
微灰盡復為業風之宜吹散如隣虛塵為千
億分更不可見於是彼識從天降下見受生
處父母和合心懷喜悅便入胎藏纏處胎時母
即相現飲食增多不嗽血肉樂著緋衣愛聚
會處於諸親屬倍加眷念雖懷其子曾無
痛惱口無流涎身不沉重亦既生已人相端嚴
其眼紺色如天青寶衆所樂見聞於上界四
天王事自然欣悅常樂捨施愛妙香衣性好
數食常憙歌舞園林女色靡不留戀
復次大仙若有衆生以淨信心遠離教宮
及於偷盜持諸飲食上妙資具衣服財寶而
行捨施勤識散華礼拜佛塔壽命盡時身無
疾苦掐臟臭穢念所習業曾不忘失面如金
色鼻不隔曲心不驚惱喉不閉塞亦無喘息不

BD15085 號　大寶積經卷一二〇　（26–15）

復次大仙若有衆生以淨信心遠離教宮
及於偷盜持諸飲食上妙資具衣服財寶而
行捨施勤識散華礼拜佛塔壽命盡時身無
疾苦掐臟臭穢念所習業曾不忘失面如金
色鼻不隔曲心不驚惱喉不閉塞亦無喘息不
為風刀之所解截聲不覺破寢膳安寧大仙
當知如斯之人壽不能宮飲食消化析傷支柱
皆所遠離其人命終以天識故見三十三天百
千樓閣金摩竭魚莊飾門柱虵膝楯欄香
水塗灑其地柔潔白逾霜雪淨如頸珠黃
種香樹天寶燈燭雜錯行列天諸男女遊戲
園林躭染狂醉既覩斯已遂生歡樂猶如貫
珠為人將取入天母手以為胎藏時母手掌曰
即生華持亦天父共相慶悅復以兩手摩棲
其華子即誕孕時彼天母告天父曰我於今者
誕一童子增長勝種便會親族以為歡賀
生滿七日天相具足憶念前生從某處滅
今來生此某是我父某是何母曾於某善作
是念時貸然歡欣便於諸欲而生癡愛於天
界中宮苑園林自然了見貪憙愛着尒時童
子垂髯䯇長猶醉烏鼻其胸峻實如師子膽
膂腹圓細無有垂皺背脊端平無高下骨
兩髀圓相如芭蕉莖肥肉光潔無諸黶奸無
有耏毛及雜臭穢上妙香氣從身流出瓔華瓔
絡天衣輕密不假外求自然被體時宮殿中
所有天女無天男者見此童子共來圍遶咸
作是言善來仁者此之宮殿皆是汝有我

BD15085 號　大寶積經卷一二〇　（26–16）

有耏毛及雜皃織上妙香氣從身流出瓔瓔
絡天衣輕密不假外求自然被體時宮殿中
所有天女無天男者見此童子共來圍遶咸
作是言善来仁者此之宮殿皆是汝有我
等諸女先無依怙願相侍從其中或出此輩
或年乳如今瓶面猶紅蓮此園苑中如是天樹
枸毗羅林垂覆榮好六萬天女前後周遍善
哉仁者可與我等求以娛樂如雲中電不常
而有或有宮殿簫鼓琵琶諸雜天樂自然
發聲上妙敷具及師子座嚴飾珠瓔垂以繒
綵而諸繒綵非是蠶𧏙之所作者時彼童子覩
斯珎飾如灌頂王昇座而坐既昇坐已諸所
珎玩咸出聲言此善業人從閻浮洲終天福
故而來生此諸人應當來此承事歌舞娛樂
令此福人歡喜無猒出此聲已園林宮殿
六萬綵女捧持天華被服光曜身所發香
如蒱桃酒蜜酒華酒聞其香者令人民醉同
讚唱言汝積天福願時充奉於是童子與彼天
女遊歡喜林及雜華林黃毯石林極光嚴林
日宮園苑泉聲園苑音樂園苑聚華園苑
遊如是等上妙林苑悅樂清涼無諸惡風花香
芬馥青摩尼寶以為燈明諸蜂鳥王出微妙
音其鳥毛羽猶如雜寶天吠瑠璃以為其觜飛
翔群嬉遍滿林樹
復次大仙彼界有池隨月增減具八功德悅意
無垢清泠澄澈百葉香華開敷其兩岸樹行

翔群嬉遍滿林樹
復次大仙彼界有池隨月增減具八功德悅意
無垢清泠澄澈百葉香華開敷其兩岸樹行
列雜華充遍而彼池中眾多天女遊戲娛
樂諸寶器等隨意而現色香妙食名天甘
露如枸摩華白逾珂雪甘香具足亦易消
化無苦澁雜惡等味
復次大仙有諸天人報不純者雖同器食或
感赤色或感蒼色乃至黃黑諸雜等色天
容無別唯食有異大仙當知彼諸衆生先雖
捨施後復悔恨由斯報故獲果如是復有園苑
名曰合𣘻枝條華葉雜糅莊飾百千藂林清
淨柔軟猶如水精華果常茂其林樹間諸舞
靜身離欲卑居是所樓集天之男女常所入
者皆不為於貪愛欲樂
大仙當知我之弟子冣上聲聞驕梵鉢提是
婆羅門清淨族子住於禪定慈悲之心以彼
等持開敷慈眼入三摩地無經七日方乃一度
現出入息彼入定時隨意風應念而至假
使劫火燒於大地成一炎燄於彼禪身無能
損害如芥子分而彼丈體如弥樓山常所鎮
壓難陀龍王及跋難陀有大力勢鼓氣
猛烈弥樓山王為之搖動鼓作呼噏四大海水變
為醎味驕梵鉢提入定之時彼二龍王盡其
威力無能嬈乱我此弟子在合昏林而諸天
女雖耽欲愛覩斯尊者發清淨心以憂陀

猛烈弥樓山王爲之搖動敲作吼喻四大海水變
爲酥味騰梵舒捷入定之時彼二龍王盡其
威力無能嬈亂我此弟子在合昏林而諸天
女雖躭欲愛覩斯尊者發清淨心以曼陁
華及諸蓮華而散其上合掌恭敬三十三天
諸童子等亦來圍遶持天甘露資給供養
而此尊者常爲諸天於合昏林說彼多羅
及未曾有無問自說本事本生因緣方廣
諷誦論議重頌授記譬喻等經時諸天人聞
斯法要莫不殷勤恭敬尊重
復次大仙三十三天有聚會堂其堂有柱八
萬四千皆以金銀跋闍羅寶碼碯美玉并梅
檀心結構所成懸鈴垂鐸出微妙聲列爲天
衣違諸幡幢簫笛琵琶箜篌琴瑟鞞鐃
鼗鼓妙聲振發天之男女共相愛敬和顏慈
悅恒所聚會於彼堂中以摩尼寶而嚴飾之緣
閣瑠璃清滑如鏡塗香末香雜花周遍亦無
飄風及諸炎熱毒䖦蚊蛀皆所遠離其所居者無
有惛睡懈怠之想微風清和遍入林觀其諸
樓閣憶綱垂覆懸妙寶瓔散諸華香百千
天女雖則愛染而無嫉妬及於鬪諍面貌端
正猶 如滿月華鬘寶珠嚴飾身首妙歌
清淨往來不輟
復次大仙彼天會堂周迴方整長廊寬廣高
樹周密猶如陰雲其堂四面復有園苑皆百
由旬間錯種種金蓮雜華出妙歌聲聞者欣

清淨往來不輟
復次大仙彼天會堂周迴方整長廊寬廣高
樹周密猶如陰雲其堂四面復有園苑皆百
由旬間錯種種金蓮雜華出妙歌聲聞者欣
悅拘迦那陁樹波梨野多樹拘毗陁羅樹以爲
叢林大仙善法會堂資玩之具皆是金銀諸
寶玉等積聚瑠璃以爲臺榭珍奇寶物充
滿庫藏宮殿百千莊飾園苑樓臺遠近常
聞安樂無諸疾苦及餘禍患彼之天人於諸園
林遊戲既已還集此堂受於娛樂
復次大仙三十三天復有別殿名曰善見皎如
白日淨猶明鏡四面周帀皆以華綵懸布莊
嚴有千天女藻綴雜華耀（輝）珠鐸金翠綱
旒以爲冠飾象馬車乘踐蹈往來飄颻金塵
靄靄黄色而於彼殿有六萬柱欂栱重疊遞
相耀（暉）暎間諸奇珍繪以丹彩栴檀沉水及諸合
香氛氳郁烈用塗其地釋提桓因持金剛
杵與百千女前後圍遶來昇寶殿娛戲歡樂
大仙當知三十三天中有天王名曰隨羅其力
勇健敵九千象垂髀纖好如天象鼻體如淨
金筋肉堅密骨脉不露臆如師子胜不亞垂
其膂束細金線貫瓔以爲頭飾珠璫晃耀
天眼脩委天之聲明久已通達撰造書論
飲食甘露往來常乘伊鉢羅象
復次大仙彼之天帝娑其色身非諸骨肉純華
所成唯聲清美身香殊特假令林鳥聞其
香氣皆自調善[illegible]貌端嚴猶如佛身其所

飲食甘露往来常業伊然羅焉
復次大仙彼之天帝雖其色身非諸骨肉然華
所成唯聲清美身香殊特假令在焉闇其
香氣皆自調善形貌端嚴猶如佛身其所
輝艶暎諸金聚奪其精光皆令黒闇廣博仙
言如来今者讃美天帝甚爲希有
尒時世尊告廣博曰彼天帝者是無常身下
劣之身如脆草器如假剪華亦如畫師圖飾
綵繪亦如工人刻木形像又如結華不久敗滅
何足稱歎
復次大仙我之弟子有神通者名阿那律但以
父母所生之身節節支體一分之力猶過帝釋時
阿那律在於座中聞於如来說如是言便作
是念今在世尊覺悟於我即入三昧身光赫
亦如天新金戴殊勝冠珠光輝暎其面潤澤
過於醍醐其眼紺青如吠瑠璃摩尼碼碯及日
光珠以爲辟飾身光香薰普遍輝耀
時廣博仙既覩斯相心大驚愕即從坐起合
掌瞻仰生希有心高聲唱言奇哉善哉我得
人身爲不唐捐今遇世尊發輝聚會昔所未
覩今乃得見尒時世尊告廣博言彼帝釋身
與阿那律誰爲勝劣廣博仙言彼帝釋身比阿
那律假使百分不及其一乃至千分亦不及一佛
言大仙於如是身不足希有饒福德者隨其
所願身相成就
尒時衆會生歡喜心咸白佛言唯願世尊更爲
我等說於天趣佛言三十三天彼之天帝宰大

那律假使百分不及其一乃至千分亦不及一佛
言大仙於如是身不足希有饒福德者隨其
所願身相成就
尒時衆會生歡喜心咸白佛言唯願世尊更爲
我等說於天趣佛言三十三天彼之天帝宰大
夫人名曰舍支住歡喜園天之綵女百千圍遶
容色姝好猶花開敷顔如紅蓮面如金色着
諸鮮明細軟衣服嬉遊園苑天妙寶花以爲首
飾珠瓔環珮動出妙聲額廣平正垂金掭鎖
其眼纖長如花將開堅誠傾注在於天帝曾
無嗔恚鬪諍嫉妬亦復離諸懷胎之患大仙
當知彼之夫人躭愛垢重倍餘天女志意驕倨
猶於孫樓及漫陁山幽邃難仰不肥不瘦不
長不短體質香潔無諸穢惡風送妙華結
而成蓋而此夫人常能發揮如来種性
復次大仙三十三天無離患累而恒遊戲樓閣宮
殿其所壽命天一千歲壽將終時有五惡相
一者清冷池治淨如頗胝有所觸者令人欣悅
幾風輕揺雜華暉暎如此池中將欲洗沐變
成脂膩時彼天人見此相已心生怖懼從水跳
出奔走林中時諸天女見彼惶遽亦疾隨
從上一樹下心生憂惱唯中哽噎同聲告言
仁者如何遠捨我等孤居若此時彼天男聲
漸衰切作如是言我從昔来未曾有此垢膩
現身作是言已其兩腋下忽然流汗彼諸天女
見此衰相皆即遠離於是彼天見諸女去憂

漸衰朽作如是言我從昔來未覺有此垢穢
現身作是言已其兩腋下忽然流汗彼諸天女
見此衰相皆即遠離於是彼天見諸女去憂
惱喘息內增熱毒頭上華鬘飈便萎頓所著天衣忽復垢膩天之牀敷雜玩等物皆不
愛樂
彼諸天女覩如是相知必定死惡聞穢氣但遙
相視發聲慟泣哽噎酸楚歎言苦哉此細
軟身昔與我等遊行讌樂於天池中猶如鴛
鴦於善法堂猶如鴈王歡喜園中如迦蘭鳥
遊漫陁河同於香象在波耶園及枸羅園猶
如婇王處雜樹林如天華冠令者去何為五
衰相之所加害棄離我等將何處去時彼天
人聞是悲難復增恚惱生大怖畏便為熱病
之所纏逼舉身枯悴眼目章惶如高人失其徒
侶猶如涉海舟舡破壞亦如有人失如意珠又如
危峯朽壞之樹為彼猛風搖動吹擊復如
龍子為金翅鳥之所銜啄迴遑戰懼合掌
告彼諸婇女言汝等進來願能以手摩觸於
我令少蘇息雖作是語而諸女等但遙悲
泣無有進者各執樹枝遙擲心上作如是言
汝天福盡當速生彼閻浮提中
於是彼天聞是言已知被棄捨發聲悲唱
奇哉柰何我於此中種種資具園苑宮殿與
諸女等眷屬愛纏縛令時命終將行死路乃
何遙立但謂我言當於閻浮而受生耶尒時復
作是語已復覩常時所遊之處念念思惟桃

BD15085號　大寶積經卷一二〇　（26–23）

奇哉柰何我於此中種種資具園苑宮殿與
諸女等眷屬愛纏縛令時命終將行死路乃
何遙立但謂我言當於閻浮而受生耶尒時復
作是語已復覩常時所遊之處念念思惟桃
擧衰歎發大聲言嗚呼善法堂嗚呼歎憙園
嗚呼雜樹園嗚呼黃毯石園嗚呼波露沙園嗚
呼波梨耶園嗚呼光膝園等嗚呼縵陁天河
及諸宮殿臺室樓閣我於今時剎不由己
奄相捨離從此墜落憂歎未終復見諸女
驚惶去來以手拭淚歔欷咨嗟容顏怖懼復
復惡言嗚呼愛者嗚呼親者如何見我將行
死路曾不與語我今臨慈生死長路不善執
別我與汝曹不復見矣嗚呼我今福業盡故
見此住居謂如黑暗颯然空曠嗚呼天樂為
不奏耶如何我今獨無所聞嗚呼天中家為悅
樂一切諸天及乾闥婆所侍衛處妙色堅固
持金剛者嗚呼我今豈復得見千眼之相在
衆中耶嗚呼波利耶華枸毗羅華在我頭上
何故萎頓時諸天衆覩此天人悲惱如是
悉皆憂歎
尒時妙耳瑞者釋提桓因與諸天衆百千圍
遶并舍支夫人諸餘婇女及乾闥婆等奏
美音樂隨從遊行見於彼天為五衰相之所
逼害將趣死路皆生哀憐同聲歎言嗚呼
奇哉彼之無常無少悲愍暴惡毒害釋提
桓因以梵音聲告彼天言止止天子我等皆當
同歸斯路勿生戀著墮於惡趣時諸天衆亦

BD15085號　大寶積經卷一二〇　（26–24）

尒時妙耳瓉者釋提桓因與諸天衆百千圍
遶并舍叉夫人諸餘綵女及乾闥婆等奏
美音樂隨從遊行見於彼天為五衰相之所
逼害將趣死路皆生哀憐同聲歎言嗚呼
奇哉彼之無常無少悲愍暴惡毒害釋提
桓因以梵音聲告彼天言止止天子我等皆當
同歸斯路勿生戀著隨於惡趣時諸天衆亦
同告言仁者應當具往諸善往生人間一切衆
生修福業地於是彼天聞如是言便自思惟
我於今時決定墮落合掌向彼諸來天言
汝等諸人往天中者與我歡喜而我於今墮
落時至作是言已長歎瞻視復現二相一者
眼如赤蓮華二者身莊嚴具忽皆隱沒其
餘諸天見此之相各持天花而散其上及奏
天樂時臨死者見餘天衆鼓樂幡華以為
贈送并相勸往即便樂生閻浮提中涕淚
哀慼自此而絕

大寶積經卷第一百二十

BD15085號　大寶積經卷一二〇　（26–25）

我於今時決定墮落合掌向彼諸來天言
汝等諸人往天中者與我歡喜而我於今墮
落時至作是言已長歎瞻視復現二相一者
眼如赤蓮華二者身莊嚴具忽皆隱沒其
餘諸天見此之相各持天花而散其上及奏
天樂時臨死者見餘天衆鼓樂幡華以為
贈送并相勸往即便樂生閻浮提中涕淚
哀慼自此而絕

大寶積經卷第一百二十

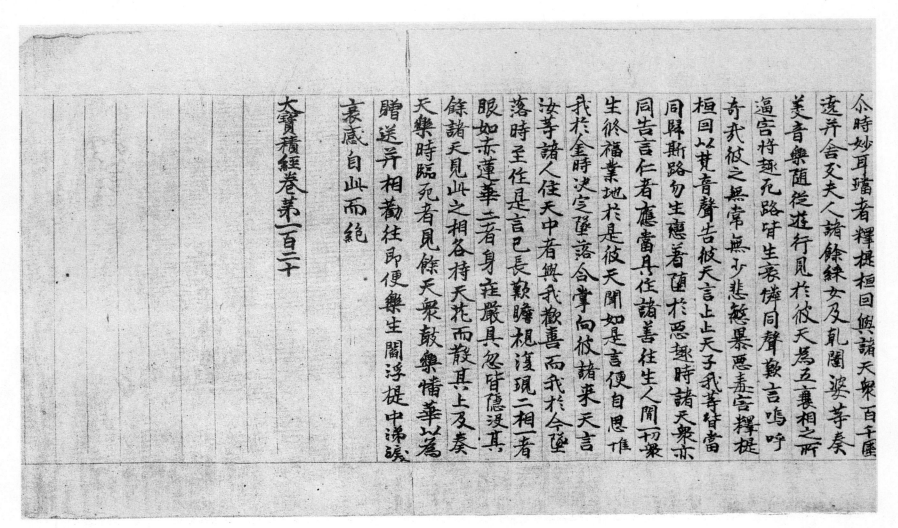

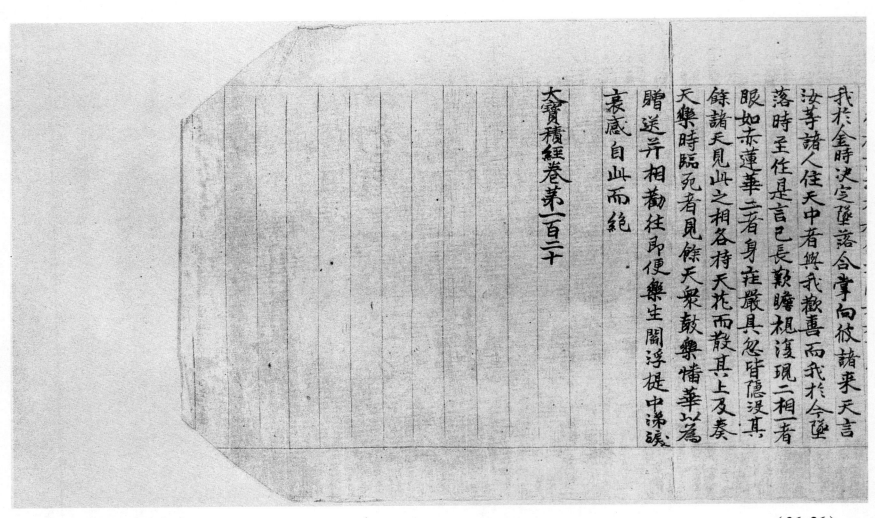

BD15085號　大寶積經卷一二〇　（26–26）

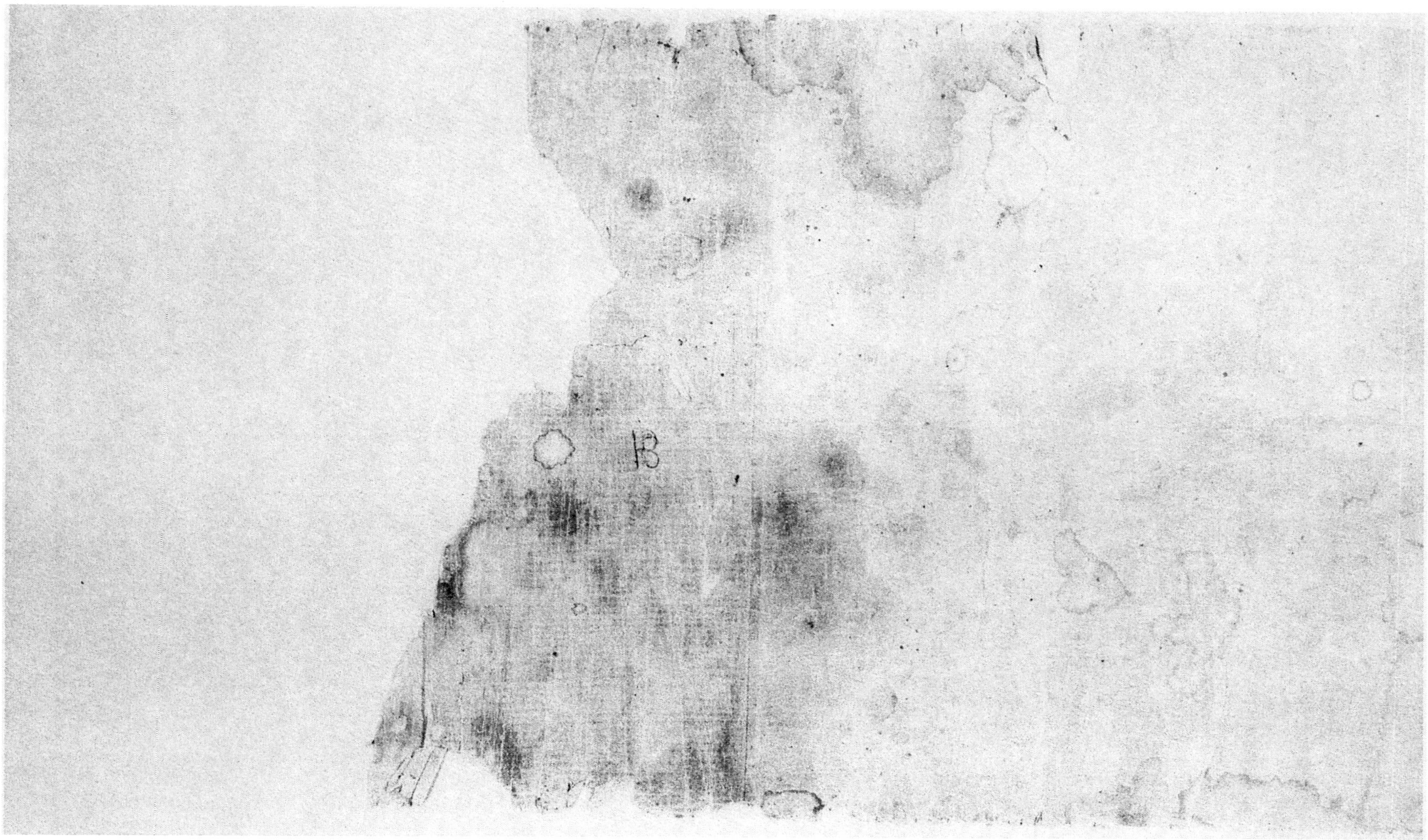

BD15085 號背　雜寫　（1–1）

文殊師利問疾品第五
尒時佛告文殊師利汝行詣維摩詰問疾文
殊師利白佛言世尊彼上人者難為酬對深
達實相善說法要辯才无滯智慧无礙一切
菩薩法式悉知諸佛秘藏无不得入降伏衆
魔遊戲神通其慧方便皆已得度雖然當
承佛聖旨詣彼問疾於是衆中諸菩薩大弟

維摩詰經

BD15086 號　維摩詰所說經卷中　（29–1）

殊師利白佛言世尊彼上人者難為詶對深
達實相善說法要辯才无滯智慧无礙一切
菩薩法式悉知諸佛秘藏无不得入降伏衆
魔遊戲神通其慧方便皆已得度雖然當
承佛聖旨詣彼問疾於是衆中諸菩薩大弟
子釋梵四天王咸作是念今二大士文殊師利
維摩詰共談必說妙法即時八千菩薩五百聲
聞百千天人皆欲隨從於是文殊師利與諸菩
薩大弟子衆及諸天人恭敬圍遶入毗耶
離大城
尒時長者維摩詰心念今文殊師利與大衆
俱來即以神力空其室內除去所有及諸侍
者唯置一床以疾而卧文殊師利既入其舍
見其室空无諸所有獨寢一床時維摩詰
言善來文殊師利不來相而來不見相而見文
殊師利言如是居士若來已更不來若去已
更不去所以者何來者无所從來去者无所至
所可見者更不可見且置是事居士是疾寧
可忍不療治有損不至增乎世尊慇懃致
問无量居士是疾何所因起其生久如當云何
滅維摩詰言從癡有愛則我病生以一切衆生
病是故我病若一切衆生得離病者則我病
滅所以者何菩薩為衆生故入生死有生死則
有病若衆生得離病者則菩薩无復病辟
如長者唯有一子其子得病父母亦病若子病
愈父母亦愈菩薩如是於諸衆生愛之若子
衆生病則菩薩病衆生病愈菩薩亦愈又言

BD15086號　維摩詰所說經卷中　（29–2）

滅所以者何菩薩為衆生故入生死有生死則
有病若衆生得離病者則菩薩无復病辟
如長者唯有一子其子得病父母亦病若子病
愈父母亦愈菩薩如是於諸衆生愛之若子
衆生病則菩薩病衆生病愈菩薩亦愈又言
是病何所因起菩薩疾者以大悲起文殊師
利言居士此室何以空无侍者維摩詰言諸
佛國土亦復皆空又問以何為空答曰以空
空又問空何用空答曰以无分別空故空又問
空可分別耶答曰分別亦空又問空當於何
求答曰當於六十二見中求又問六十二見
當於何求答曰當於諸佛解脫中求又問諸
佛解脫當於何求答曰當於一切衆生心行
中求又仁所問何无侍者一切衆魔及諸外
道皆吾侍也所以者何衆魔者樂生死菩薩
於生死而不捨外道者樂諸見菩薩於諸見
而不動文殊師利言居士所疾為何等相維摩
詰言我病无形不可見又問此病身合耶心合
耶答曰非身合身相離故亦非心合心如幻故
又問地大水大火大風大於此四大何大之病
答曰是病非地大亦不離地大水火風大亦復
如是而衆生病從四大起以其有病是故我病
尒時文殊師利問維摩詰言菩薩應云何慰喻
有疾菩薩維摩詰言說身无常不說猒離於
身說身有苦不說樂於涅槃說身无我而說
教導衆生說身空寂不說畢竟寂滅說悔先
罪而不說入於過去以己之疾愍於彼疾當識

BD15086號　維摩詰所說經卷中　（29–3）

尒時文殊師利問維摩詰言菩薩應云何慰喻
有疾菩薩維摩詰言說身无常不說猒離於
身說身有苦不說樂於涅槃說身无我而說
教導衆生說身空寂不說畢竟寂滅說悔先
罪而不說入於過去以己之疾愍於彼疾當識
宿世无數劫苦當念饒益一切衆生憶所脩
福念於淨命勿生憂惱常起精進當作醫
王療治衆病菩薩應如是慰喻有疾菩薩
令其歡喜
文殊師利言居士有疾菩薩云何調伏其心
維摩詰言有疾菩薩應作是念今我此病
皆從前世妄想顛倒諸煩惱生无有實法誰
受病者所以者何四大合故假名為身四大无
主身亦无我又此病起皆由著我是故於我
不應生著既知病本即除我想及衆生想當
起法想應作是念但以衆法合成此身起唯
法起滅唯法滅又此法者各不相知起時不言
我起滅時不言我滅彼有疾菩薩為滅法
想當作是念此法想者亦是顛倒顛倒者是
即大患我應離之云何為離離我我所云何
離我我所謂離二法云何離二法謂不念內外
諸法行於平等云何平等謂我等涅槃等
所以者何我及涅槃此二皆空以何為空但
以名字故空如此二法无決定性得是平等
无有餘病唯有空病空病亦空是有疾菩
薩以无所受而受諸受未具佛法亦不滅受而

諸法行於平等云何平等謂我等涅槃等
所以者何我及涅槃此二皆空以何為空但
以名字故空如此二法无決定性得是平等
无有餘病唯有空病空病亦空是有疾菩
薩以无所受而受諸受未具佛法亦不滅受而
取證也設身有苦念惡趣衆生起大悲心我既
調伏亦當調伏一切衆生但除其病而不除
法為斷病本而教導之何謂病本謂有攀緣
從有攀緣則有病本何謂攀緣謂之三界云
何斷攀緣以无所得若无所得則无攀緣何
謂无所得謂二見何謂二見謂內見外見是
无所得文殊師利是為有疾菩薩調伏其心
為斷老病死苦是菩薩菩提若不如是已所
脩治為无惠利譬如勝怨乃可為勇如是兼
除老病死者菩薩之謂也彼有疾菩薩令復
作是念如我此病非真非有衆生病亦非真
非有作是觀時於諸衆生若起愛見大悲即
應捨離所以者何菩薩斷除客塵煩惱而起
大悲愛見悲者則於生死有疲猒心若能離
此无有疲猒在在所生不為愛見之所覆也所
生无縛能為衆生說法解縛如佛所說若自
有縛能解彼縛无有是處若自无縛能解彼
縛斯有是處是故菩薩不應起縛何謂縛何
謂解貪著禪味是菩薩縛以方便生是菩薩
解又无方便慧縛有方便慧解无慧方便縛
有慧方便解何謂无方便慧縛謂菩薩以愛

縛斯有是處是故菩薩不應起縛何謂縛何
謂解貪著禪味是菩薩縛以方便生是菩薩
解无方便慧縛有方便慧解无慧方便縛
有慧方便解何謂无方便慧縛謂菩薩以愛
見心莊嚴佛土成就衆生於空无相无作法中
而自調伏是名无方便慧縛何謂有方便慧
解謂不以愛見心莊嚴佛土成就衆生於空
无相无作法中以自調伏而不疲厭是名有
方便慧解何謂无慧方便縛謂菩薩住貪
欲瞋恚耶見等諸煩惱而殖衆德本是名无
慧方便縛何謂有慧方便解謂離諸貪欲瞋
恚耶見等諸煩惱而殖德本迴向阿耨多羅三
藐三菩提是名有慧方便解
文殊師利彼有疾菩薩應如是觀諸法又復
觀身无常苦空非我是名為慧雖身有疾
常在生死饒益一切而不厭倦是名方便又復
觀身身不離病病不離身是病是身非新非
故是名為慧設身有疾而不永滅是名方便
文殊師利有疾菩薩應如是調伏其心不住其
中亦復不住不調伏心所以者何若住不調伏
心是愚人法若住調伏心是聲聞法是故
菩薩不當住於調伏心不調伏心離此二法
是菩薩行在於生死不為汙行住於涅槃不
永滅度是菩薩行非凡夫行非賢聖行是菩
薩行非垢行非淨行是菩薩行雖過魔行而
現降衆魔是菩薩行求一切智无非時求是菩

菩薩不當住於調伏心不調伏心離此二法
是菩薩行在於生死不為汙行住於涅槃不
永滅度是菩薩行非凡夫行非賢聖行是菩
薩行非垢行非淨行是菩薩行雖過魔行而
現降衆魔是菩薩行求一切智无非時求是菩
薩行雖觀諸法不生而不入正位是菩薩行雖
觀十二緣起而入諸耶見是菩薩行雖攝一切
衆生而不愛著是菩薩行雖樂遠離而不依
身心盡是菩薩行雖行三界而不壞法性是菩
薩行雖行於空而殖衆德本是菩薩行雖
行无相而度衆生是菩薩行雖行无作而現
受身是菩薩行雖行无起而起一切善行是
菩薩行雖行六波羅蜜而遍知衆生心心數
法是菩薩行雖行六通而不盡漏是菩薩
行雖行四无量心而不貪著生於梵世是菩
薩行雖行禪定解脫三昧而不隨禪生是菩
薩行雖行四念處而不畢竟離身受心法是
菩薩行雖行四正勤而不捨身心精進是菩
薩行雖行四如意足而得自在神通是菩薩
行雖行五根而分別衆生諸根利鈍是菩薩
行雖行五力而樂求佛十力是菩薩行雖行
七覺分而分別佛之智慧是菩薩行雖行八
正道而樂行无量佛法是菩薩行雖行止觀
助道之法而不畢竟墮於寂滅是菩薩行雖
行諸法不生不滅而自相好莊嚴其身是菩
薩行雖現聲聞辟支佛威儀而不捨佛法是

正道而樂行无量佛法是菩薩行雖行上觀
助道之法而不畢竟墮於寂滅是菩薩行雖
行諸法不生不滅而以相好莊嚴其身是菩
薩行雖現聲聞辟支佛威儀而不捨佛法是
菩薩行雖隨諸法究竟淨相而隨所應為
現其身是菩薩行雖觀諸佛國土永寂如
空而現種種清淨佛土是菩薩行雖得佛道
轉于法輪入於涅槃而不捨於菩薩之道是
菩薩行說是語時文殊師利所將大衆其
中八千天子皆發阿耨多羅三藐三菩提心

不思議品第六

尒時舍利弗見此室中无有床坐作是念斯
諸菩薩大弟子衆當於何坐長者維摩詰知
其意語舍利弗言云何仁者為法来耶求床
座耶舍利弗言我為法来非為床座維摩詰
言唯舍利弗夫求法者不貪軀命何况床座
夫求法者非有色受想行識之求非有界入
之求非有欲色无色之求唯舍利弗夫求法
者不著佛求不著法求不著衆求夫求法者
无見苦求无斷集求无造盡證脩道之求所
以者何法无戲論若言我當見苦斷集證滅
脩道是則戲論非求法也唯舍利弗法名寂
滅若行生滅是求生滅非求法也法名无染
若染於法乃至涅槃是則染著非求法也法
无行處若行於法是則行處非求法也法无
處所若著處所是則著處非求法也法名无

BD15086號　維摩詰所說經卷中　（29–8）

脩道是則戲論非求法也唯舍利弗法名寂
滅若行生滅是求生滅非求法也法名无染
若染於法乃至涅槃是則染著非求法也法
无行處若行於法是則行處非求法也法无
處所若著處所是則著處非求法也法名无
相若隨相識是則求相非求法也法不可住若
住於法是則住法非求法也法不可見聞覺
知若行見聞覺知是則見聞覺知非求法也法
名无為若行有為是求有為非求法也是故
舍利弗若求法者於一切法應无所求說是
語時五百天子於諸法中得法眼淨

尒時長者維摩詰問文殊師利仁者遊於无
量千万億阿僧祇國何等佛土有好上妙功
德成就師子之座文殊師利言居士東方度
卅六恒河沙國有世界名須彌相其佛号須
彌燈王今現在彼佛身長八万四千由旬其
師子座高八万四千由旬嚴飾第一於是長
者維摩詰現神通力即時彼佛遣三万二千
師子座高廣嚴好来入維摩詰室諸菩薩
大弟子釋梵四天王等昔所未見其室廣
博悉苞容受三万二千師子座无所妨礙於毗
耶離城及閻浮提四天下亦不迫迮悉見如
故尒時維摩詰語文殊師利就師子座與諸
菩薩上人俱坐當自立身如彼坐像其得神
通菩薩即自變身為四万二千由旬坐師子
座諸新發意菩薩及大弟子皆不能昇尒

BD15086號　維摩詰所說經卷中　（29–9）

故尒時維摩詰語文殊師利就師子座與諸
菩薩上人俱坐當自立身如彼坐像其得神
通菩薩即自變身為四万二千由旬坐師子
座諸新發意菩薩及大弟子皆不能昇尒
時維摩詰語舍利弗就師子座舍利弗言居士
此座高廣吾不能昇維摩詰言唯舍利弗為
須弥燈王如來作礼乃可得坐於是新發意
菩薩及大弟子即為須弥燈王如來作礼便
得坐師子座舍利弗言居士未曾有也如是
小室乃容受此高廣之座於毗耶離城无所
妨礙又於閻浮提聚落城邑及四天下諸天龍王
鬼神宮殿亦不迫迮維摩詰言唯舍利弗諸
佛菩薩有解脫名不可思議若菩薩住是
解脫者以須弥之高廣內芥子中无所增減
須弥山王本相如故而四天王忉利諸天不覺
不知己之所入唯應度者乃見須弥入芥子中
是名不可思議解脫法門又以四大海水入一
毛孔不嬈魚鱉黿鼉水性之屬而彼大海本
相如故諸龍鬼神阿脩羅等不覺不知己之
所入於此衆生亦无所嬈又舍利弗住不可思
議解脫菩薩斷取三千大千世界如陶家
輪着右掌中擲過恒河沙世界之外其中衆
生不覺不知己之所往又復還置本處都不
使人有往來想而此世界本相如故又舍利
弗或有衆生樂久住世而可度者菩薩即演
七日以為一劫令彼衆生謂之一劫或有衆

BD15086號　維摩詰所說經卷中　（29–10）

輪着右掌中擲過恒河沙世界之外其中衆
生不覺不知己之所往又復還置本處都不
使人有往來想而此世界本相如故又舍利
弗或有衆生樂久住世而可度者菩薩即演
七日以為一劫令彼衆生謂之一劫或有衆
生不樂久住而可度者菩薩即促一劫以為
七日令彼衆生謂之七日又舍利弗住不可
思議解脫菩薩以一切佛土嚴飾之事集在
一國示於衆生又菩薩以一佛土衆生置之右
掌飛到十方遍示一切而不動本處又舍利
弗十方衆生供養諸佛之具菩薩於一毛
孔皆令得見又十方國土所有日月星宿
於一毛孔普使見之又舍利弗十方世界所有
諸風菩薩悉能吸着口中而身无損外諸樹
木亦不摧折又十方世界劫盡燒時以一切火
內於腹中火事如故而不為害又於下方過恒
河沙等諸佛世界取一佛土舉着上方過恒河
沙无數世界如持針鋒舉一棗葉而无所嬈
又舍利弗住不可思議解脫菩薩能以神通現
作佛身或現辟支佛身或現聲聞身或現帝
釋身或現梵王身或現世主身或現轉輪王
身又十方世界所有衆聲上中下音皆能變
之令作佛聲演出无常苦空无我之音及十
方諸佛所說種種之法皆於其中普令得
聞舍利弗我今略說菩薩不可思議解脫之
力若廣說者窮劫不盡是時大迦葉聞說
菩薩不可思議解脫法門歎未曾有謂舍

BD15086號　維摩詰所說經卷中　（29–11）

之令作佛聲演出无常苦空无我之音及十
方諸佛所説種種之法皆於其中普令得
聞舍利弗我今略説菩薩不可思議解脫之
力若廣説者窮劫不盡是時大迦葉聞説
菩薩不可思議解脫法門歎未曾有謂舍
利弗譬如有人於盲者前現衆色像非彼
所見一切聲聞聞是不可思議解脫法門不
能解了爲若此也智者聞是其誰不發阿
耨多羅三藐三菩提心我等何爲永絶其
根於此大乘已如敗種一切聲聞聞是不可思
議解脫法門皆應號泣聲震三千大千世界
一切菩薩應大欣慶頂受此法若有菩薩
信解不可思議解脫法門者一切魔衆无如
之何大迦葉説是語時三万二千天子皆發阿
耨多羅三藐三菩提心
尒時維摩詰語大迦葉仁者十方无量阿僧
祇世界中作魔王者多是住不可思議解脫
菩薩以方便力教化衆生現作魔王又迦葉
十方无量菩薩或有人從乞手足耳鼻頭目
髓腦血肉皮骨聚落城邑妻子奴婢象馬車
乘金銀瑠璃車𤦲馬瑙珊瑚虎珀真珠珂
貝衣服飲食如此乞者多是住不可思議解
脫菩薩以方便力而往試之令其堅固所以者
何住不可思議解脫菩薩有威德力故行逼
迫示諸衆生如是難事凡夫下劣无有力勢不
能如是逼迫菩薩譬如龍象蹴踏非驢所堪
是名住不可思議解脫菩薩智慧方便之門

何住不可思議解脫菩薩有威德力故行逼
迫示諸衆生如是難事凡夫下劣无有力勢不
能如是逼迫菩薩譬如龍象蹴踏非驢所堪
是名住不可思議解脫菩薩智慧方便之門
觀衆生品第七
尒時文殊師利問維摩詰言菩薩云何觀於
衆生維摩詰言譬如幻師見所幻人菩薩觀
衆生爲若此如智者見水中月如鏡中見其
面像如熱時焰如呼聲響如空中雲如水聚
沫如水上泡如芭蕉堅如電久住如第五大如
第六陰如第七情如十三入如十九界菩薩觀
衆生爲若此如无色界色如燋穀牙如須陀
洹身見如阿那含入胎如阿羅漢三毒如得
忍菩薩貪恚毀禁如佛煩惱習如盲者見
色如入滅盡定出入息如空中鳥跡如石女兒
如化人煩惱如夢所見已悟如滅度者受身
如无烟之火菩薩觀衆生爲若此
文殊師利言若菩薩作是觀者云何行慈維
摩詰言菩薩作是觀已自念我當爲衆生説
如斯法是即真實慈也行寂滅慈无所生故
行不熱慈无煩惱故行等之慈等三世故行
无諍慈无所起故行不二慈内外不合故行不
壞慈畢竟盡故行堅固慈心无毀故行清淨
慈諸法性淨故行无邊慈如虚空故行阿羅
漢慈破結賊故行菩薩慈安衆生故行如來
慈得如相故行佛之慈覺衆生故行自然慈

壞慧畢竟盡故行堅固慧心无毀故行清淨
慧諸法性淨故行无邊慧如虛空故行阿羅
漢慧破結賊故行菩薩慧安衆生故行如來
慧得如相故行佛之慧覺衆生故行自然慧
无因得故行菩提慧等一味故行无等慧斷
諸愛故行大悲慧導以大乘故行无猒慧觀
空无我故行法施慧无遺惜故行持戒慧化
毀禁故行忍辱慧護彼我故行精進慧荷負
衆生故行禪定慧不受味故行智慧慧无不
知時故行方便慧一切示現故行无隱慧直
心清淨故行深心慧无雜行故行无誑慧不
虛假故行安樂慧令得佛樂故菩薩之慧爲
若此也
文殊師利又問何謂爲悲答曰菩薩所作功德
皆與一切衆生共之何謂爲喜答曰有所饒
益歡喜无悔何謂爲捨答曰所作福祐无
所悕望文殊師利又問生死有畏菩薩當何
所依維摩詰言菩薩於生死畏中當依如來
功德之力文殊師利又問菩薩欲依如來功德
之力當於何住答曰菩薩欲依如來功德力
者當住度脫一切衆生又問欲度衆生當
何所除答曰欲度衆生除其煩惱又問欲除
煩惱當何所行答曰當行正念又問云何行於
正念答曰當行不生不滅又問何法不生何法
不滅答曰不善不生善法不滅又問善不善
孰爲本答曰身爲本又問身孰爲本答曰欲

BD15086 號　維摩詰所說經卷中　（29–14）

何所除答曰欲度衆生除其煩惱又問欲除
煩惱當何所行答曰當行正念又問云何行於
正念答曰當行不生不滅又問何法不生何法
不滅答曰不善不生善法不滅又問善不善
孰爲本答曰身爲本又問身孰爲本答曰欲
貪爲本又問欲貪孰爲本答曰虛妄分別
爲本又問虛妄分別孰爲本答曰顛倒想
爲本又問顛倒想孰爲本答曰无住爲本又
問无住孰爲本答曰无住則无本文殊師利
從无住本立一切法
時維摩詰室有一天女見諸大人聞所說法
便現其身即以天華散諸菩薩大弟子上華
至諸菩薩即皆墮落至大弟子便著不墮一
切弟子神力去華不能令去尒時天問舍利弗
何故去華答曰此華不如法是以去之天曰勿
謂此華爲不如法所以者何是華无所分別
仁者自生分別想耳若於佛法出家有所分
別爲不如法若无分別是則如法觀諸菩薩
華不著者以斷一切分別想故譬如人畏時非
人得其便如是弟子畏生死故色聲香味
觸得其便已離畏者一切五欲无能爲也結
習未盡華著身耳結習盡者華不著也舍
利弗言天止此室其已久如答曰我止此室如
耆年解脫舍利弗言止此久耶天曰耆年解
脫亦何如久舍利弗默然不答天曰如何耆
舊大智而默答曰解脫者无所言說故吾
於是不知所云天曰言說文字皆解脫相所

BD15086 號　維摩詰所說經卷中　（29–15）

利弗言天止此室其已久如答曰我止此室如
耆年解脫舍利弗言止此久耶天曰耆年解
脫亦何如久舍利弗默然不荅天曰如何耆
舊大智而默荅曰解脫者无所言說故吾
於是不知所云天曰言說文字皆解脫相所
以者何解脫者不內不外不在兩間文字亦
不內不外不在兩間是故舍利弗无離文字
說解脫也所以者何一切諸法皆解脫相舍
利弗言不復以離婬怒癡為解脫乎天曰佛
為增上慢人說離婬怒癡為解脫耳若无
增上慢者佛說婬怒癡性即是解脫舍利弗
言善哉善哉天女汝何所得以何為證辯乃
如是天曰我无得无證故辯如是所以者何
若有得有證者則於佛法為增上慢
舍利弗問天汝於三乘為何志求天曰以聲
聞法化眾生故我為聲聞以因緣法化眾生
故我為辟支佛以大悲化眾生故我為大乘
舍利弗如人入瞻蔔林唯嗅瞻蔔不嗅餘香
如是若入此室但聞佛法功德之香不樂聲
聞辟支佛功德香也舍利弗其有釋梵四天
王諸天龍鬼神等入此室者聞斯上人講說
正法皆樂佛功德之香發心而出舍利弗吾
止此室十有二年初不聞說聲聞辟支佛法但
聞菩薩大慈大悲不可思議諸佛之法舍利
弗此室常現八未曾有難得之法何等為八
此室常以金色光照晝夜无異不以日月所
照為明是為一未曾有難得之法此室入者

BD15086號　維摩詰所說經卷中　（29–16）

聞菩薩大慈大悲不可思議諸佛之法舍利
弗此室常現八未曾有難得之法何等為八
此室常以金色光照晝夜无異不以日月所
照為明是為一未曾有難得之法此室入者
不為諸垢之所惱也是為二未曾有難得之
法此室常有釋梵四天王他方菩薩來會
不絕是為三未曾有難得之法此室常說
六波羅蜜不退轉法是為四未曾有難得之
法此室常作天人第一之樂絃出无量法化之
聲是為五未曾有難得之法此室有四大
藏眾寶積滿周窮濟乏求得无盡是為六未
曾有難得之法此室釋迦牟尼佛阿彌陀佛阿
閦佛寶德寶炎寶月寶嚴難勝師子響一
切利成如是等十方无量諸佛是上人念時即
皆為來廣說諸佛秘要法藏說已還去是為
七未曾有難得之法此室一切諸天嚴飾宮殿
諸佛淨土皆於中現是為八未曾有難得之
法舍利弗此室常現八未曾有難得之法誰
有見斯不思議事而復樂於聲聞法乎舍
利弗言汝何以不轉女身天曰我從十二年來
求女人相了不可得當何所轉譬如幻師化作
幻女若有人問言何以不轉女身是人為正問不
舍利弗言不也幻无定相當何所轉天曰一切
諸法亦復如是无有定相云何乃問不轉女身
即時天女以神通力變舍利弗身令如天女天自
化身如舍利弗而問言何以不轉女身舍利

BD15086號　維摩詰所說經卷中　（29–17）

幻女若有人問言何以不轉女身是人為正問不
舍利弗言不也幻无定相當何所轉天曰一切
諸法亦復如是无有定相云何乃問不轉女身
即時天女以神通力變舍利弗身令如天女天自
化身如舍利弗而問言何以不轉女身舍利
弗以天女像而荅言我今不知何轉而變為
女身天曰舍利弗若能轉此女身則一切女人
亦當能轉如舍利弗非女而現女身一切女
人亦復如是雖現女身而非女也是故佛說
一切諸法非男非女即時天女還攝神力令
舍利弗身還復如故天問舍利弗女身色
相今何所在舍利弗言女身色相无在无
不在天曰一切諸法亦復如是无在无不在
夫无在无不在者佛所說也舍利弗問天
汝於此沒當生何所天曰佛化所生吾如
彼生曰佛化所生非沒生也天曰衆生猶
然无沒生也舍利弗問天汝久如當得阿
耨多羅三藐三菩提天曰如舍利弗還為
凡夫我乃當成阿耨多羅三藐三菩提舍利
弗言我作凡夫无有是處天曰我得阿耨
多羅三藐三菩提亦无是處所以者何菩
提无住處是故无有得者舍利弗言今諸佛
得阿耨多羅三藐三菩提已得當得今得如
恒河沙皆何謂乎天曰皆以世俗文字數故說
有三世非謂菩提有去來今天曰舍利弗汝得
阿羅漢道耶曰无所得故而得天曰諸佛菩薩
亦復如是无所得故而得尒時維摩詰語舍

得阿耨多羅三藐三菩提當得今得如
恒河沙皆何謂乎天曰皆以世俗文字數故說
有三世非謂菩提有去來今天曰舍利弗汝得
阿羅漢道耶曰无所得故而得天曰諸佛菩薩
亦復如是无所得故而得尒時維摩詰語舍
利弗是天女曾已供養九十二億佛已能遊
戲菩薩神通所願具足得无生忍住不退
轉以本願故隨意能現教化衆生

佛道品第八

尒時文殊師利問維摩詰言菩薩云何通達
佛道維摩詰言若菩薩行於非道是為通
達佛道又問云何菩薩行於非道荅曰若菩
薩行五无間而无惱恚至于地獄无諸罪垢
至于畜生无有无明憍慢等過至于餓鬼
而具足功德行色无色界道不以為勝亦行
貪欲離諸染著亦行瞋恚於諸衆生无有恚
礙亦行愚癡而以智慧調伏其心亦行慳貪而
捨內外所有不惜身命亦行毀禁而安住淨
戒乃至小罪猶懷大懼亦行瞋恚而常慈忍
亦行懈怠而勤脩功德亦行亂意而常念定
亦行愚癡而通達世間出世間慧亦行諂偽
而善方便隨諸經義亦行憍慢而於衆生猶
如橋梁亦行諸煩惱而心常清淨亦入於魔
而順佛智慧不隨他教亦入聲聞而為衆生
說未聞法亦入辟支佛而成就大悲教化衆
生亦入貧窮而有寶手功德无盡亦入形殘而
具諸相好以自莊嚴亦入下賤而生佛種姓中

如橋梁示行諸煩惱而心常清淨示入於魔
而順佛智慧不隨他教示入聲聞而為眾生
說未聞法示入辟支佛而成就大悲教化眾
生示入貧窮而有寶手功德无盡示入形殘而
具諸相好以自莊嚴示入下賤而生佛種性中
具諸功德示入羸劣醜陋而現那羅延身一切
眾生之所樂見示入老病而永斷病根超越
死畏示有資生而恒觀无常无所貪著示
有妻妾婇女而常遠離五欲淤泥現於訥鈍
而成就辯才總持无失示入邪濟而以正濟度
諸眾生現遍入諸道而斷其因緣現於涅槃
而不斷生死文殊師利菩薩能如是行於非
道是為通達佛道
於是維摩詰問文殊師利何等為如來種文
殊師利言有身為種无明有愛為種貪恚
癡為種四顛倒為種五蓋為種六入為種七識
處為種八邪法為種九惱處為種十不善道
為種以要言之六十二見及一切煩惱皆是
佛種曰何謂也答曰若見无為入正位者不
能復發阿耨多羅三藐三菩提心譬如高原
陸地不生蓮華卑濕淤泥乃生此華如是見
无為法入正位者終不復能生於佛法煩惱
泥中乃有眾生起佛法身又如殖種於空終
不得生糞壤之地乃能滋茂如是入无為正
位者不生佛法起於我見如須彌山猶能發
于阿耨多羅三藐三菩提心生佛法矣是故

泥中乃有眾生起佛法身又如殖種於空終
不得生糞壤之地乃能滋茂如是入无為正
位者不生佛法起於我見如須彌山猶能發
于阿耨多羅三藐三菩提心生佛法矣是故
當知一切煩惱為如來種譬如不入巨海不能
得无價寶珠如是不入煩惱大海則不能
生一切智寶之心
尒時大迦葉歎言善哉善哉文殊師利快說
此語誠如所言塵勞之疇為如來種我等今
者不復堪任發阿耨多羅三藐三菩提心乃
至五无間罪猶能發意生於佛法而今我等
永不能發譬如根敗之士其於五欲不能復
利如是聲聞諸結斷者於佛法中无所復益
永不志願是故文殊師利凡夫於佛法有反
復而聲聞无也所以者何凡夫聞佛法能起无
上道心不斷三寶正使聲聞終身聞佛法力
无畏等永不能發无上道意尒時會中有
菩薩名普現色身問維摩詰言居士父母妻
子親戚眷屬吏民知識悉為是誰奴婢僮僕
象馬車乘皆何所在於是維摩詰以偈答曰
智度菩薩母　方便以為父　一切眾導師　无不由是生
法喜以為妻　慈悲心為女　善心誠實男　畢竟空寂舍
弟子眾塵勞　隨意之所轉　道品善知識　由是成正覺
諸度法等侶　四攝為伎女　歌詠誦法言　以此為音樂
總持之園苑　无漏法林樹　覺意淨妙華　解脫智慧果
八解之浴池　定水湛然滿　布以七淨華　浴此无垢人

法喜以為妻 慈悲心為女 善心誠實男 畢竟空寂舍
弟子衆塵勞 隨意之所轉 道品善知識 由是成正覺
諸度法等侶 四攝為伎女 歌詠誦法言 以此為音樂
揔持之園苑 无漏法林樹 覺意淨妙華 解脫智慧果
八解之浴池 定水湛然滿 布以七淨華 浴此无垢人
象馬五通馳 大乘以為車 調御以一心 遊於八正路
相具以嚴容 衆好飾其姿 慚愧之上服 深心為華鬘
富有七財寶 教授以滋息 如所說脩行 迴向為大利
四禪為床座 從於淨命生 多聞增智慧 以為自覺音
甘露法之食 解脫味為漿 淨心以澡浴 戒品為塗香
摧滅煩惱賊 勇健无能踰 降伏四種魔 勝幡建道場
雖知无起滅 示彼故有生 悉現諸國土 如日无不現
供養於十方 无量億如來 諸佛及己身 无有分別想
雖知諸佛國 及與衆生空 而常脩淨土 教化於群生
諸有衆生類 形聲及威儀 无畏力菩薩 一時能盡現
覺知衆魔事 而示隨其行 以善方便智 隨意皆能現
或示老病死 成就諸群生 了知如幻化 通達无有礙
或現劫盡燒 天地皆洞然 衆人有常想 照令知无常
无數億衆生 俱來請菩薩 一時到其舍 化令向佛道
經書禁呪術 工巧諸伎藝 盡現行此事 饒益諸群生
世間衆道法 悉於中出家 因以解人惑 而不墮邪見
或作日月天 梵王世界主 或時作地水 或復作風火
劫中有疾疫 現作諸藥草 若有服之者 除病消衆毒
劫中有飢饉 現身作飲食 先救彼飢渴 却以法語人
劫中有刀兵 為之起慈悲 化彼諸衆生 令住无諍地
若有大戰陣 立之以等力 菩薩現威勢 降伏使和安
一切國土中 諸有地獄處 輒往到于彼 勉濟諸苦惱

劫中有飢饉 現身作飲食 先救彼飢渴 却以法語人
劫中有刀兵 為之起慈悲 化彼諸衆生 令住无諍地
若有大戰陣 立之以等力 菩薩現威勢 降伏使和安
一切國土中 諸有地獄處 輒往到于彼 勉濟諸苦惱
一切國土中 畜生相食噉 皆現生於彼 為之作利益
示受於五欲 亦復現行禪 令魔心憒亂 不能得其便
火中生蓮華 是可謂希有 在欲而行禪 希有亦如是
或現作婬女 引諸好色者 先以欲鉤牽 後令入佛智
或為邑中主 或作商人導 國師及大臣 以祐利衆生
諸有貧窮者 現作无盡藏 因以勸導之 令發菩提心
我心憍慢者 為現大力士 消伏諸貢高 令住佛上道
其有恐懼者 居前而慰安 先施以无畏 後令發道心
或現離婬欲 為五通仙人 開導諸群生 令住戒忍慈
其須供事者 現為作僮僕 既悅可其意 乃發以道心
隨彼之所須 得入於佛道 以善方便力 皆能給足之
如是道无量 所行无有崖 智慧无邊際 度脫无數衆
假令一切佛 於无數億劫 讚歎其功德 猶尚不能盡
誰聞如是法 不發菩提心 除彼不肖人 癡冥无智者

入不二法門品第九

尒時維摩詰謂衆菩薩言諸仁者云何菩薩
入不二法門各隨所樂說之會中有菩薩名法
自在說言諸仁者生滅為二法本不生今則
无滅得此无生法忍是為入不二法門
德首菩薩曰我我所為二因有我故便有我
所若无有我則无我所是為入不二法門
不瞬菩薩曰受不受為二若法不受則不可

无滅得此无生法忍是爲入不二法門
德首菩薩曰我我所爲二因有我故便有我
所若无有我則无我所是爲入不二法門
不瞬菩薩曰受不受爲二若法不受則不可
得以不可得故无取无捨无作无行是爲入
不二法門
德頂菩薩曰垢淨爲二見垢實性則无淨相
順於滅相是爲入不二法門
善宿菩薩曰是動是念爲二不動則无念无
念則无分別通達此者是爲入不二法門
善眼菩薩曰一相无相爲二若知一相即是无
相亦不取无相入於平等是爲入不二法門
妙臂菩薩曰菩薩心聲聞心爲二觀心相空
如幻化者无菩薩心无聲聞心是爲入不二
法門
弗沙菩薩曰善不善爲二若不起善不善入
无相際而通達者是爲入不二法門
師子菩薩曰罪福爲二若達罪性則與福无
異以金剛慧決了此相无縛无解者是爲
入不二法門
師子意菩薩曰有漏无漏爲二若得諸法等
則不起漏不漏想不着於想亦不住无相是
爲入不二法門
淨解菩薩曰有爲无爲爲二若離一切數則
心如虛空以清淨慧无所礙者是爲入不
二法門
那羅延菩薩曰世間出世間爲二世間性空

BD15086號　維摩詰所說經卷中　（29–24）

爲入不二法門
淨解菩薩曰有爲无爲爲二若離一切數則
心如虛空以清淨慧无所礙者是爲入不
二法門
那羅延菩薩曰世間出世間爲二世間性空
即是出世間於其中不入不出不溢不散是
爲入不二法門
善意菩薩曰生死涅槃爲二若見生死性則
无生死无縛无解不然不滅如是解者是爲
入不二法門
現見菩薩曰盡不盡爲二法若究竟盡若
不盡皆是无盡相即是空空則无有盡不
盡相如是入者是爲入不二法門
普首菩薩曰我无我爲二我尚不可得非我
何可得見我實性者不復起二是爲入不二
法門
電天菩薩曰明无明爲二无明實性即是明
明亦不可取離一切數於其中平等无二者
是爲入不二法門
喜見菩薩曰色色空爲二色即是空非色
滅空色性自空如是受想行識識空爲二識
即是空非識滅空識性自空於其中而通達
者是爲入不二法門
明相菩薩曰四種異空種異爲二四種性即是
空種性如前際後際空故中際亦空若能如
是知諸種性者是爲入不二法門
妙意菩薩曰眼色爲二若知眼性於色不貪

BD15086號　維摩詰所說經卷中　（29–25）

明相菩薩曰四種異空種異為二四種性即是
空種性如前際後際空故中際亦空若能如
是知諸種性者是為入不二法門
妙意菩薩曰眼色為二若知眼性於色不貪
不恚不癡是名寂滅如是耳聲鼻香舌味身
觸意法為二若知意性於法不貪不恚不癡
是名寂滅安住其中是為入不二法門
无盡意菩薩曰布施迴向一切智為二布施性
即是迴向一切智性如是持戒忍辱精進禪
定智慧迴向一切智為二智慧性即是迴
向一切智性於其中入一相者是為入不二法
門
深慧菩薩曰是空是无相无作為二空即
是无相无相即是无作若空无相无作則
无心意識於一解脫門即是三解脫門者
是為入不二法門
寂根菩薩曰佛法衆為二佛即是法法即
是衆是三寶皆无為相與虛空等一切法
亦尒能隨此行者是為入不二法門
心无礙菩薩曰身身滅為二身即是身滅所
以者何見身實相者不起見身及見滅身
身與滅身无二无分別於其中不驚不懼
者是為入不二法門
上善菩薩曰身口意善為二是三業皆无
作相身无作相即口无作相口无作相即意
无作相是三業无作相即一切法无作相能如

身與滅身无二无分別於其中不驚不懼
者是為入不二法門
上善菩薩曰身口意善為二是三業皆无
作相身无作相即口无作相口无作相即意
无作相是三業无作相即一切法无作相能如
是隨无作慧者是為入不二法門
福田菩薩曰福行罪行不動行為二三行實
性即是空空則无福行无罪行无不動行於
此三行而不起者是為入不二法門
華嚴菩薩曰從我起二為二見我實相者不
起二法若不住二法則无有識无所識者是
為入不二法門
德藏菩薩曰有所得相為二若无所得則无
取捨无取捨者是為入不二法門
月上菩薩曰闇與明為二无闇无明則无有
二所以者何如入滅受想定无闇无明一切法
亦復如是於其中平等入者是為入不二法
門
寶印手菩薩曰樂涅槃不樂世間為二若
不樂涅槃不猒世間則无有二所以者何若有
縛則有解若本无縛其誰求解无縛无解
則无樂猒是為入不二法門
珠頂王菩薩曰正道耶道為二住正道者則
不分別是耶是正離此二法是為入不二法
門
樂實菩薩曰實不實為二實見者尚不見
實何况非實所以者何非肉眼所見慧眼乃

則无樂猒是爲入不二法門
珠頂王菩薩曰正道耶道爲二住正道者則
不分別是耶是正離此二法是爲入不二法
門
樂實菩薩曰實不實爲二實見者尚不見
實何况非實所以者何非肉眼所見慧眼乃
能見而此慧眼无見无不見是爲入不二法門
如是諸菩薩各各說已問文殊師利何等是
菩薩入不二法門文殊師利曰如我意者於一
切法无言无說无示无識離諸問荅是爲
入不二法門
於是文殊師利問維摩詰言我等各自說
已仁者當說何等是菩薩入不二法門時維
摩詰默然无言文殊師利歎言善哉善哉
乃至无有文字語言是真入不二法門說是
不二法門時於此衆中五千菩薩皆入不二
法門得无生法忍

維摩詰經卷中

BD15086號　維摩詰所說經卷中　（29–28）

如是諸菩薩各各說已問文殊師利何等是
菩薩入不二法門文殊師利曰如我意者於一
切法无言无說无示无識離諸問荅是爲
入不二法門
於是文殊師利問維摩詰言我等各自說
已仁者當說何等是菩薩入不二法門時維
摩詰默然无言文殊師利歎言善哉善哉
乃至无有文字語言是真入不二法門說是
不二法門時於此衆中五千菩薩皆入不二
法門得无生法忍

維摩詰經卷中

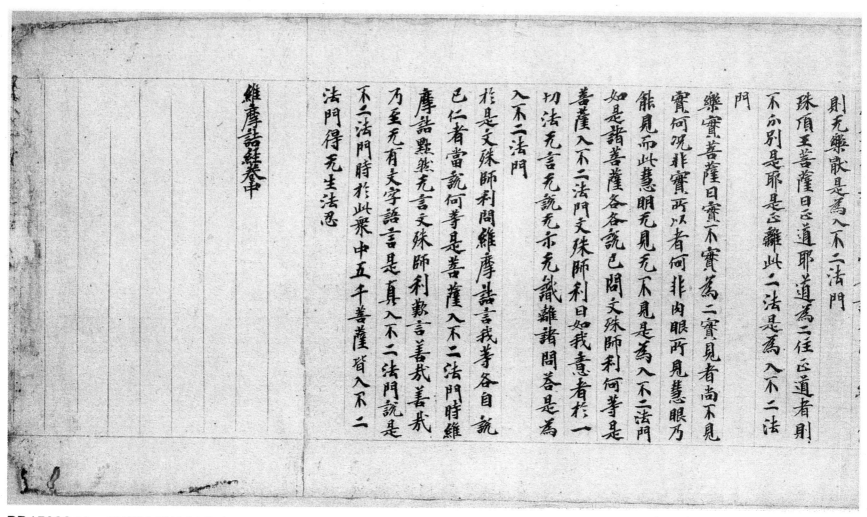

BD15086號　維摩詰所說經卷中　（29–29）

金光明最勝王經大吉祥天女品第十六
爾時大吉祥天女即從座起前礼佛足合掌
恭敬白佛言世尊我若見有苾芻苾芻尼
鄔波索迦鄔波斯迦受持讀誦為人解說
是金光明最勝王經者我當專心恭敬
供養此等法師所謂飲食衣服卧具醫
藥及餘一切所須資具皆令圓滿無有乏
少若晝若夜於此經王所有句義觀察思
量安樂而住令此經典於贍部洲廣行流
布為彼有情已於無量百千佛所種善
根者常使得聞不速隱沒復於無量百
千億劫當受人天種種勝樂常得豐稔
永除飢饉一切有情恒受安樂亦得值遇
諸佛世尊於未來世速證無上大菩提果
永絕三塗輪迴苦難世尊我念過去有瑠
璃金山寶花光照吉祥功德海如來應正
等覺十号具足我於彼所種諸善根由彼
如來慈悲愍念威神力故令我今日隨所念處

BD15087號　金光明最勝王經卷八

（17-1）

諸佛世尊於未來世速證無上大菩提果
永絕三塗輪迴苦難世尊我念過去有瑠
璃金山寶花光照吉祥功德海如來應正
等覺十号具足我於彼所種諸善根由彼
如來慈悲愍念威神力故令我今日隨所念處
隨所視方隨所至國能令無量百千万億衆生
受諸快樂乃至所須衣服飲食資生之具金
銀瑠璃車𤦲馬瑙珊瑚虎珀真珠等寶悉令充
足若復有人至心讀誦是金光明最勝王
經亦當日日燒衆名香及諸妙花為我供養
彼瑠璃金山寶花光照吉祥功德海如來應
正等覺復當每日於三時中稱念我名別以
香花及諸美食供養於我亦常聽受此妙經
王得如是福而說頌曰
由能如是持經故　自身眷屬離諸衰
所須衣食無乏時　威光壽命難窮盡
能使地味常增長　諸天降雨隨時節
令彼天衆咸歡悅　及以園林穀菓神
叢林菓樹並滋榮　所有苗稼咸成就
欲求珎財皆滿願　隨所念者遂其心
佛告大吉祥天女善哉善哉汝能如是憶念
昔因報恩供養利益安樂無邊衆生流布是
經功德無盡
金光明最勝王經大吉祥天女增長財物品第十七
爾時大吉祥天女復白佛言世尊北方薜室
囉末拏天王城名有財去城不遠有園名曰
妙花福光中有勝殿

BD15087號　金光明最勝王經卷八

（17-2）

經功德無盡
金光明最勝王經大吉祥天女增長財物品第十七
爾時大吉祥天女復白佛言世尊北方薜室
羅末拏天王城名有財去城不遠有園名曰
妙華福光中有勝殿七寶所成世尊我常住
彼若復有人欲求五穀日日增多倉庫盈溢
者應當發起敬信之心淨治一室瞿摩塗地
應畫我像種種瓔珞周匝莊嚴當洗浴身
著淨衣服塗以名香入淨室內發心為我每
日三時稱彼佛名及此經名號而申禮敬南謨
琉璃金山寶華光照吉祥功德海如來持諸
香華及以種種甘美飲食至心奉獻亦以香
華及諸飲食供養我像復持飲食散擲餘
方施諸神等實言邀請大吉祥天發所求願
若如所言是不虛者於我所請勿令空令于
時吉祥天女知是事已便生愍念令其宅中
財穀增長即當誦呪請召於我先稱佛名及
菩薩名字一心敬禮
南謨一切十方三世諸佛　南謨寶髻佛
南謨無垢光明寶幢佛　南謨金幢光佛
南謨百金光藏佛　南謨金蓋寶積佛
南謨金華光幢佛　南謨大燈光佛
南謨大寶幢佛　南謨東方不動佛
南謨南方寶幢佛　南謨西方无量壽佛
南謨北方天鼓音佛　南謨妙幢菩薩
南謨金光菩薩　南謨金藏菩薩

BD15087 號　金光明最勝王經卷八　（17-3）

南謨大寶幢佛　南謨東方不動佛
南謨南方寶幢佛　南謨西方无量壽佛
南謨北方天鼓音佛　南謨妙幢菩薩
南謨金光菩薩　南謨金藏菩薩
南謨常啼菩薩　南謨法上菩薩
南謨善安菩薩
敬禮如是佛菩薩已次當誦呪請召我大
吉祥天女由此呪力所求之事皆得成就即
說呪曰
南謨室唎莫訶天女　怛姪他
鉢唎脯㖑拏折囇　三曼頞
達喇設泥（去下皆同）　莫訶毘訶囉揭帝
三曼多毘曇末泥　莫訶迦哩也
鉢喇底瑟侘鉢泥　薩婆頞他娑彈泥
蘇鉢喇底脯囇　痾耶娜達摩多
莫訶毘俱比帝　莫訶迷咄嚕
鄔波僧呬羝　莫訶頡唎使
蘇僧近（入里四羝）　三曼多頞他
阿奴波喇泥　莎訶
世尊若人誦持如是神呪請召我時我聞
請已即至其所令願得遂世尊是灌頂法句
定成就句真實之句無虛誑句是平等行於諸
眾生是正善根若有受持讀誦呪者應七日
七夜受八支戒於晨朝時先嚼齒木淨澡漱
已及於晡後香華供養一切諸佛自陳其罪
當為己身及諸含識迴向發願令所希求速

BD15087 號　金光明最勝王經卷八　（17-4）

七夜受八支戒於晨朝時先嚼齒木淨澡漱
已及於晡後香花供養一切諸佛自陳其罪
當為己身及諸含識迴向發願令所希求速
得成就淨治一室或在空閑阿蘭若處瞿摩
為壇燒旃檀香而為供養置一勝座幡蓋莊
嚴以諸名花布列壇內應當至心誦持前呪
希望我至我於尒時即便護念觀察是人
來入其室就座而坐受其供養從是以後當
令彼人於睡夢中得見於我隨所求事以實
告知若聚落空澤及僧住處隨求所者皆令
圓滿金銀財寶牛羊穀麥飲食衣服皆得隨
心受諸快樂既得如是勝妙果報當以上分供
養三寶及施於我廣修法會設諸飲食布列
香花既供養已所有供養貨之取直復為供
養我當終身常住於此擁護是人令无闕乏
隨所希求悉皆稱意亦當時時給濟貧之
不應慳惜獨為己身常讀是經供養不絕當
以此福普施一切迴向菩提願出生死速得解
脫尒時世尊讚言善哉吉祥天女汝能如是
流布此經不可思議自他俱益

金光明最勝王經堅牢地神品第十八

尒時堅牢地神即於眾中從座而起合掌恭
敬而白佛言世尊是金光明最勝王經若現
在世若未來世若在城邑聚落王宮樓觀
及阿蘭若山澤空林有此經王流布之處世
尊我當往詣其所供養恭敬擁護流通
若有方處為說法師敷置高座演說經者

敬而白佛言世尊是金光明最勝王經若現
在世若未來世若在城邑聚落王宮樓觀
及阿蘭若山澤空林有此經王流布之處世
尊我當往詣其所供養恭敬擁護流通
若有方處為說法師敷置高座演說經者
我以神力不現本身在於座所頂戴其足我
得聞法深心歡喜得飡法味增益威光慶
悅無量自身既得如是利益亦令大地深十六
万八千踰繕那至金剛輪際令其地味悉皆增益
乃至四海所有土地亦使肥濃田疇沃壤倍勝
常日亦復令此贍部洲中江河池沼所有諸樹
藥草叢林種種花菓根莖枝葉及諸苗稼
形相可愛眾所樂觀色香具足皆堪受用若
諸有情受用如是勝飲食已長命色力諸根
安隱增益光輝无諸痛惱心慧勇健无不堪
能又此大地凡有所須百千事業悉皆周備
世尊以是因緣諸贍部洲安隱豐樂人民熾
盛无諸衰惱所有眾生皆受安樂既受如是
身心快樂於此經王深加愛敬所在之處皆
願受持供養恭敬尊重讚歎又復於彼說
法大師法座之處悉皆往彼為諸眾生勸請說
是最勝經王何以故世尊由說此經我之自身
并諸眷屬咸蒙利益光輝氣力勇猛威勢
顏容端正倍勝於常世尊我堅牢地神蒙法
味已令贍部洲縱廣七千踰繕那地皆沃壤
乃至如前所有眾生皆受安樂是故世尊時彼
眾生為報我恩應作是念我當必定聽受是

[illegible]
顏容端正倍勝於常世尊我堅牢地神蒙法
味已令贍部洲縱廣七千踰繕那地皆沃壤
乃至如前所有衆生皆受安樂是故世尊時彼
衆生爲報我恩應作是念我當必定聽受是
經恭敬供養尊重讚歎作是念已即從住處
城邑聚落舍宅空地詣法會所頂礼法師聽
受是經既聽受已各還本處心生慶喜共作
是言我等今者得聞甚深無上妙法即是
攝受不可思議功德之聚由經力故我等
當值无量无邊百千俱胝那庾多佛承事供
養永離三塗極苦之處復於來世百千生中
常生天上及在人間受諸勝樂時彼諸人各還
本處爲諸人衆說是經王若一喻一品一昔因
緣一如來名一菩薩名一四句頌或復一句爲
諸衆生說是經典乃至首題名字世尊隨
諸衆生所住之處其地悉皆沃壤肥濃過
於餘處凡是土地所生之物悉得增長滋茂
廣大令諸衆生受於快樂多饒珍財好行惠
施心常堅固深信三寶作是語已尒時世尊
告堅牢地神曰若有衆生聞是金光明最勝經
王乃至一句命終之後當得往生三十三天
及餘天處若有衆生爲欲供養是經王故莊
嚴宅宇乃至張一傘蓋懸一繒幡由是因緣
六天之上如念受生七寶妙宮隨意受用各
各自然有七千天女共相娛樂日夜常受不
可思議殊勝之樂作是語已尒時堅牢地神

BD15087號　金光明最勝王經卷八

(17–7)

及餘天處若有衆生爲欲供養是經王故莊
嚴宅宇乃至張一傘蓋懸一繒幡由是因緣
六天之上如念受生七寶妙宮隨意受用各
各自然有七千天女共相娛樂日夜常受不
可思議殊勝之樂作是語已尒時堅牢地神
白佛言世尊以是因緣若有四衆昇於法座
說是法時我當晝夜擁護是人自隱其身
在於座所頂戴其足世尊如是經典爲彼衆
生已於百千佛所種善根者於贍部洲流布
不滅是諸衆生聽斯經者於未來世无量百
千俱胝那庾多劫天上人中常受勝樂得遇諸
佛速成阿耨多羅三藐三菩提不歷三塗生
死之苦尒時堅牢地神白佛言世尊我有心
呪能利人天安樂一切若有男子女人及諸
四衆欲得親見我真身者應當至心持此陀
羅尼隨其所願皆悉遂心所謂資財珍寶伏
藏及求神通長年妙藥并療衆病降伏怨
敵制諸異論當於淨室安置道場洗浴身已
著鮮潔衣踞草座上於有舍利尊像之前或
有舍利底之所燒香散花飲食供養於白月
八日布灑星合即可誦此請召之呪
怛姪他　只里只里　主嚕主嚕　句嚕句嚕
拘柱拘柱　覩柱覩柱　縛訶上　縛訶　伐捨
伐捨　莎訶
世尊此之神呪若有四衆誦一百八遍請召
於我我爲是人即來赴請又復世尊若有
衆生欲得見我現身共語者亦應如前安

BD15087號　金光明最勝王經卷八

(17–8)

枸祛句枳都枳都枳　緤訶　緤訶　代捨
代捨　莎訶
世尊此之神呪若有四衆誦一百八遍請告
於我我爲是人即来赴請又復世尊若有
衆生欲得見我現身共語者亦應如前安
置法式誦此神呪
怛姪他　頞祈泥去　頡力煞泥室尸達哩　訶訶
呬呬　區　嚕　代囉莎訶
世尊若人特此呪時應誦一百八遍并誦前
呪我必現身隨其所願悉得成就終不虛然
若欲誦此呪時先誦護身呪曰
怛姪他　珠室里　末捨偈摭揺㩖娜㩖　勃地上
勃地囉　㾑㩖婢㩖娜句㩖　佉婆上　只里莎訶
世尊誦此呪時取五色線誦呪二十一遍作
二十一結繫在左臂肘後即便護身無有
所懼若有至心誦此呪者所求必遂我不妄
語我以佛法僧寶而爲要契證知是實
尒時世尊告地神曰善哉善哉汝能以是實
語神呪護此經王及說法者以是因緣令汝
獲得無量福報
金光明最勝王經僧慎尒耶藥叉大将品第十九
尒時僧慎尒耶藥叉大将并與二十八部藥
叉諸神於大衆中皆從座起偏袒右肩右
膝著地合掌向佛白言世尊此金光明最勝
經王若現在世及未来世所在宣揚流布之
處若於城邑聚落山澤空林或王宮殿或僧
住處世尊我僧慎尒耶藥叉大将并與二十

膝著地合掌向佛白言世尊此金光明最勝
經王若現在世及未来世所在宣揚流布之
處若於城邑聚落山澤空林或王宮殿或僧
住處世尊我僧慎尒耶藥叉大将并與二十
八部藥叉諸神俱詣其所各自隱形隨處擁
護彼說法師令離衰惱常受安樂及聽法者
若男若女童男童女於此經中乃至受持一
四句頌或持一句或此經王首題名号及此經
中一如来名一菩薩名發心稱念恭敬供養
者我當救護攝受令無災横離苦得樂世
尊何故我名正了知此之因緣是佛親證我
知諸法我曉一切法隨所有一切法如所有一
法諸法種類體性差別世尊如是諸法我
能了知我有難思智光我有難思智炬我有
難思智行我有難思智聚我於難思智境而
能通達世尊如我於一切法正知正曉正覺能
正觀察世尊以是因緣我藥叉大将名正了
知以是義故我能令彼說法之師言詞辯了
具足莊嚴亦令精氣從毛孔入身力充足威
光勇健難思智光皆得成就得正憶念无有
退屈增益彼身令無衰減諸根安樂常生歡
喜以是因緣爲彼有情已於百千佛所種諸
善根脩福業者於贍部洲廣宣流布不速
隱没彼諸有情聞是經已得不可思議大智
光明及以無量福智之聚於未来世當受无
量俱胝那庾多劫不可思量人天勝樂常與
諸佛共相值遇速證無上正等菩提閻羅之

隱沒彼諸有情聞是經已得不可思議大智
光明及以無量福智之聚於未來世當受無
量俱胝那庾多劫不可思量人天勝樂常與
諸佛共相值遇速證無上正等菩提閻羅之
界三塗極苦不復經過
尒時正了知藥叉大將白佛言世尊我有陀
羅尼今對佛前親自陳說為欲饒益憐愍諸
有情故即說呪曰
南謨佛陀引也 南謨達摩也
南謨僧伽引也 南謨跋囉蚶火合摩也
南謨因達囉也 南謨折咄喃
莫訶囉闍喃 怛姪他 呬里呬里
弭里弭里瞿里 莫訶瞿里健陀里
莫訶健陀里 達囉弭雉
莫訶達囉弭雉 單茶曲勸同臨茶去
訶訶訶訶訶 呬呬呬呬呬
呼呼呼呼呼 漢曾贊謎瞿曇謎
者者者者 只只只只主主主主
旃茶攞涉之鉢攞 尸揭囉上尸揭囉
嗢底瑟侘呬 薄伽梵僧慎尒耶
莎訶
若復有人於此明呪能受持者我當給與
資生樂具飲食衣服花菓異珍或求男女童
男童女金銀珎寶諸瓔珞具我皆供給隨所
願求令無闕乏此之明呪有大威力若誦呪
時我當速至其所令無障礙隨意成就若持
此呪時應知其法先畫一鋪僧慎尒耶藥叉形

男童女金銀珎寶諸瓔珞具我皆供給隨所
願求令無闕乏此之明呪有大威力若誦呪
時我當速至其所令無障礙隨意成就若持
此呪時應知其法先畫一鋪僧慎尒耶藥叉形
像高四五尺手執鉾鑹於此像前作四方壇
安四滿瓶蜜水或沙糖水塗香抹香燒香
及諸花鬘又於壇前作地火爐中安炭火
以蘇摩芥子燒於爐中口誦前呪一百八遍一
遍一燒乃至我藥叉大將自來現身問呪人曰
尒何所須意所求者即以事荅我即隨言於
所求事皆令滿足或須金銀及諸伏藏或欲
神仙乘空而去或求天眼通或知他心事於
一切有情隨意自在令斷煩惱速得解脫皆
得成就
尒時世尊告正了知藥叉大將曰善哉善哉
汝能如是利益一切衆生說此神呪擁護
正法福利無邊
金光明最勝王經王法正論品第廿
尒時此大地神女名曰堅牢於大衆中從座
而起頂礼佛足合掌恭敬白佛言世尊於諸
國中為人王者若無正法不能治國安養衆
生及以自身長居勝位唯願世尊慈悲哀愍
當為我說王法正論治國之要令諸人王得
聞法已如說修行正化於世能令勝位永保
安寧國內人民咸蒙利益
尒時世尊於大衆中告堅牢地神曰汝當諦
聽過去有王名力尊幢其王有子名曰妙幢

聞法已如說脩行正化於世能令勝位永保
安寧國內居人咸蒙利益
尒時世尊於大衆中告堅牢地神曰汝當諦
聽過去有王名力尊幢其王有子名曰妙幢
受灌頂位未久之頃尒時父王告妙幢言有
王法正論名天主教法我於昔時受灌頂位
而為國主我之父王名智力尊幢為我說是
王法正論我依此論於二万歲善治國土我
不曾憶起一念心行於非法汝於今日亦應
如是勿以非法而治於國云何名為王法正
論汝今善聽當為汝說尒時力尊幢王即為
其子以妙伽陁說正論曰
我說王法論　利安諸有情　為斷世間疑　滅除衆過失
一切諸天王　及以人中王　當生歡喜心　合掌聽我說
往昔諸天衆　集在金剛山　四王從座起　請問於大梵
梵王衆勝尊　天中大自在　願哀愍我等　為斷諸疑惑
云何處人世　而得名為天　復以何因緣　號名曰天子
云何生人間　獨得為人主　云何在天上　復得作天主
如是護世間　問彼梵王已　尒時梵天王　即便為彼說
護世汝當知　為利有情故　問我治國法　我說應善聽
由先善業力　生天得作王　若在於人中　統領為人主
諸天共加護　然後入母胎　既至母胎中　諸天復守護
雖生在人世　尊勝故名天　由諸天護持　亦得名天子
三十三天主　分力助人王　及一切諸天　亦資自在力
除滅諸非法　惡業令不生　教有情脩善　使得生天上
人及蘇羅衆　并揵闥婆等　羅刹旃荼羅　悉皆資半力

BD15087 號　金光明最勝王經卷八　（17–13）

三十三天主　分力助人王　及一切諸天　亦資自在力
除滅諸非法　惡業令不生　教有情脩善　使得生天上
人及蘇羅衆　并揵闥婆等　羅刹旃荼羅　悉皆資半力
父母資半力　令捨惡脩善　諸天共護持　示其善惡報
若造善惡業　令於現世中　諸天共護持　示其善惡報
國人造惡業　王捨不禁制　斯非順正理　治擯當如法
若見惡不遮　非法便滋長　遂令王國內　姧詐日增多
王見國中人　造惡不遮止　三十三天衆　咸生忿怒心
因此損國政　諂偽行世間　被他怨敵侵　破壞其國土
居家及資具　積財皆散失　種種諂誑生　更互相侵奪
由正法得王　而不行其法　國人皆破散　如象踏蓮池
惡風起無恒　暴雨非時下　妖星多變怪　日月蝕無光
五穀衆花菓　苗實皆不成　國土遭飢饉　由王捨正法
若王捨正法　以惡法化人　諸天處本宮　見已生憂惱
彼諸天王衆　共作如是言　此王作非法　惡黨相親附
王位不久安　諸天皆忿恨　由彼懷忿故　其國當敗亡
以非法教人　流行於國內　鬪諍多姧偽　疾疫生衆苦
天主不護念　餘天咸捨棄　國土當滅亡　王身受苦厄
父母及妻子　兄弟并姊妹　俱遭愛別離　乃至身亡歿
變怪流星墮　二日俱時出　他方怨賊來　國人遭喪亂
國所重大臣　枉横而身死　所愛象馬等　亦復皆散失
處處有兵戈　人多非法死　惡鬼來入國　疾疫遍流行
國中最大臣　及以諸輔相　其心懷諂佞　並悉行非法
見行非法者　而生於愛敬　於行善法人　苦楚而治罰
由愛敬惡人　治罰善人故　星宿及風雨　皆不以時行
有三種過生　正法當隱沒　衆生無光色　地肥皆下沉
由敬惡輕善　復有三種過　非時降霜雹　飢疫苦流行

BD15087 號　金光明最勝王經卷八　（17–14）

國中眾大臣　及以諸輔相　其心懷諂佞　並悉行非法
見行非法者　而生於愛敬　於行善法人　苦楚而治罰
由愛敬惡人　治罰善人故　星宿及風雨　皆不以時行
有三種過生　正法當隱沒　眾生無光色　地肥皆下沉
由敬惡輕善　復有三種過　非時降霜雹　飢疫苦流行
穀稼諸果實　滋味皆損減　於其國土中　眾生多疾疫
國中諸樹林　先生甘美果　由斯皆損減　苦澀無滋味
先有妙園林　可愛遊戲處　忽然皆枯悴　見者生憂惱
稻麥諸果實　美味漸消亡　食時心不喜　何能長諸大
眾生光色滅　勢力盡衰微　食噉雖復多　不能令飽足
於其國界中　所有眾生類　少力無勇勢　所作不堪能
國人多疾患　眾苦逼其身　鬼魅遍流行　隨處生羅剎
若王作非法　親近於惡人　令三種世間　因斯受衰損
如是無邊過　出在於國中　皆由見惡人　棄捨不治擯
由諸天加護　得作於國王　而不以正法　守護於國界
若人修善行　當得生天上　若造惡業者　死必墮三塗
若王見國人　縱其造過失　三十三天眾　皆生熱惱心
不順諸天教　及以父母言　此是非法人　非王非孝子
若於自國中　見行非法者　如法當治罰　不應生捨棄
是故諸天眾　皆護持此王　以滅諸惡法　能修善根故
王於此世中　必招於現報　由於善惡業　行捨勸眾生
為示善惡報　故得作人王　諸天共護持　一切咸隨喜
由自利利他　治國以正法　見有諂佞者　應當如法治
假使失王位　及以害命緣　終不行惡法　見惡而捨棄
害中極重者　無過失國位　皆因諂佞人　為此當治罰
若有諂誑人　當失於國位　由斯損王政　如象入花園
天主皆瞋恨　阿蘇羅亦然　以彼為人王　不以法治國

BD15087號　金光明最勝王經卷八　（17–15）

由自利利他　治國以正法　見有諂佞者　應當如法治
假使失王位　及以害命緣　終不行惡法　見惡而捨棄
害中極重者　無過失國位　皆因諂佞人　為此當治罰
若有諂誑人　當失於國位　由斯損王政　如象入花園
天主皆瞋恨　阿蘇羅亦然　以彼為人王　不以法治國
是故應如法　治罰於惡人　以善化眾生　不順於非法
寧捨於身命　不隨非法友　於親及非親　平等觀一切
若為正法王　國內無偏黨　法王有名稱　普聞三界中
三十三天眾　歡喜作是言　贍部洲法王　彼即是我子
以善化眾生　正法治於國　勸行於正法　當令生我宮
天及諸天子　及以蘇羅眾　因王正法化　常得心歡喜
天眾皆歡喜　共護於人王　眾星依位行　日月無乖度
和風常應節　甘雨順時行　苗實皆善成　人無飢饉者
一切諸天眾　充滿於自宮　是故汝人王　忘身弘正法
應尊重法寶　由斯眾安樂　常當親正法　功德自莊嚴
眷屬常歡喜　能遠離諸惡　以法化眾生　恒令得安隱
令彼一切人　修行於十善　率土常豐樂　國土得安寧
王以法化人　善調於惡行　當得好名稱　安樂諸眾生
爾時大地一切人王及諸大眾聞佛說此古昔
人王治國要法得未曾有皆大歡喜信受奉
持

金光明最勝王經卷第八

檝及涉反　柱誅主

BD15087號　金光明最勝王經卷八　（17–16）

王以法化人　善調於惡行　當得好名稱　安樂諸衆生
尒時大地一切人王及諸大衆聞佛說此古昔
人王治國要法得未曾有皆大歡喜信受奉
持
金光明最勝王經卷第八
擻陟履反　桂誅圭

BD15087 號　金光明最勝王經卷八　　(17–17)

勘

BD15087 號背　勘記　　(1–1)

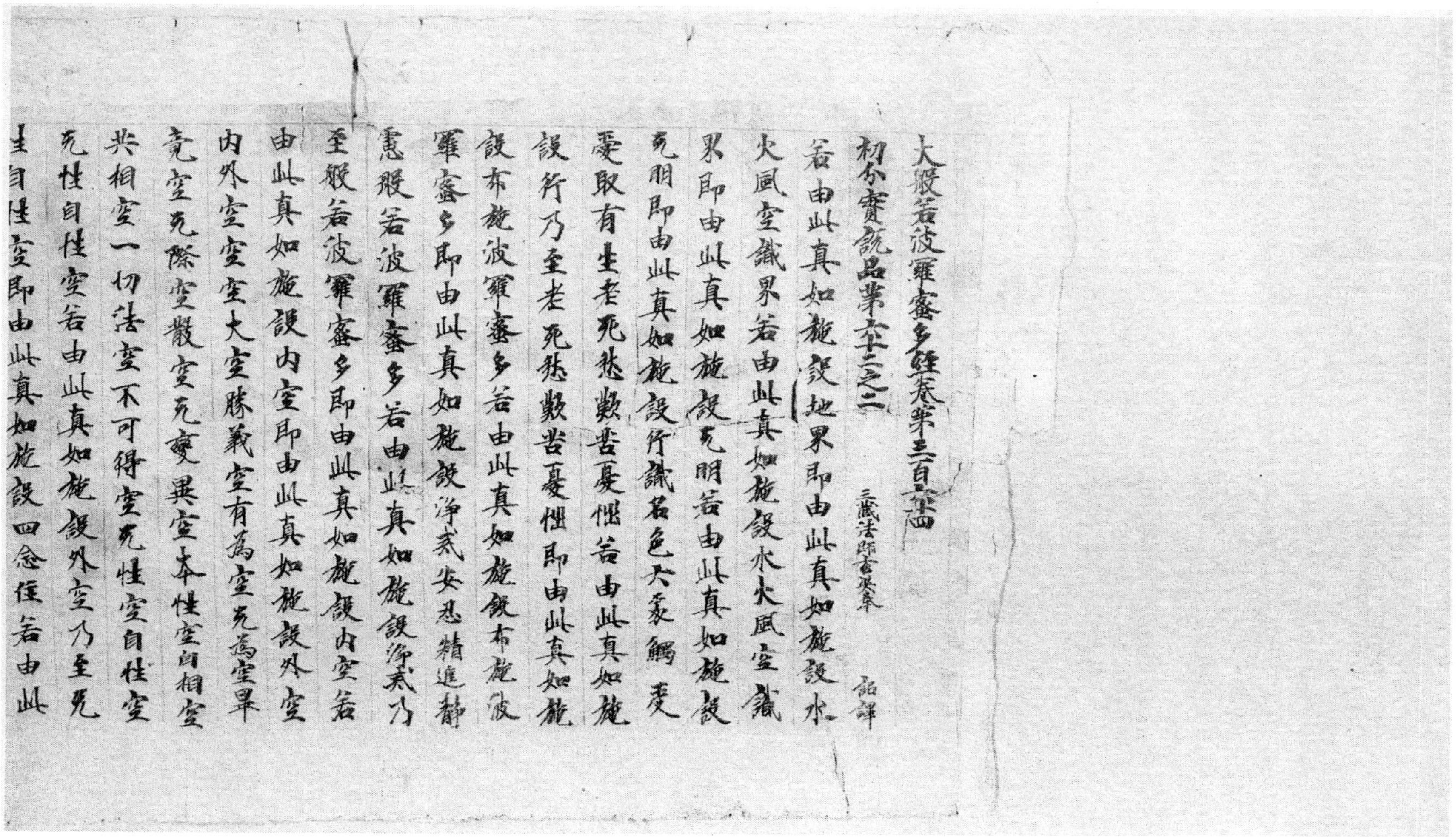

大般若波羅蜜多經卷第三百六十四
初分實說品第六十二之二　三藏法師玄奘奉　詔譯
若由此真如施設地界即由此真如施設水
火風空識界若由此真如施設水火風空識
界即由此真如施設无明若由此真如施設
无明即由此真如施設行識名色六處觸受
愛取有生老死愁歎苦憂惱若由此真如施
設行乃至老死愁歎苦憂惱即由此真如施
設布施波羅蜜多若由此真如施設布施波
羅蜜多即由此真如施設淨戒安忍精進靜
慮般若波羅蜜多若由此真如施設淨戒乃
至般若波羅蜜多即由此真如施設內空若
由此真如施設內空即由此真如施設外空
內外空空空大空勝義空有為空无為空畢
竟空无際空散空无變異空本性空自相空
共相空一切法空不可得空无性空自性空
无性自性空若由此真如施設外空乃至无
性自性空即由此真如施設四念住若由此

BD15088 號　大般若波羅蜜多經卷三六四　（21–1）

內外空空空大空勝義空有為空无為空畢
竟空无際空散空无變異空本性空自相空
共相空一切法空不可得空无性空自性空
无性自性空若由此真如施設外空乃至无
性自性空即由此真如施設四念住若由此
真如施設四念住即由此真如施設四正斷
四神足五根五力七等覺支八聖道支若由
此真如施設四正斷乃至八聖道支即由此
真如施設苦聖諦若由此真如施設苦聖諦
即由此真如施設集滅道聖諦若由此真如
施設集滅道聖諦即由此真如施設四靜慮
若由此真如施設四靜慮即由此真如施設
四无量四无色定若由此真如施設四无量
四无色定即由此真如施設八解脫若由此真
如施設八解脫即由此真如施設八勝處九
次第定十遍處若由此真如施設八勝處九
次第定十遍處即由此真如施設一切三摩
地門若由此真如施設一切三摩地門即由
此真如施設一切陀羅尼門若由此真如施
設一切陀羅尼門即由此真如施設空解脫
門若由此真如施設空解脫門即由此真如
施設无相无願解脫門若由此真如施設无
相无願解脫門即由此真如施設五眼若由
此真如施設五眼即由此真如施設六神通
若由此真如施設六神通即由此真如施設
佛十力若由此真如施設佛十力即由此真

BD15088 號　大般若波羅蜜多經卷三六四　（21–2）

相無願解脫門即由此真如施設五眼若由
此真如施設五眼即由此真如施設六神通
若由此真如施設六神通即由此真如施設
佛十力若由此真如施設佛十力即由此真
如施設四無所畏四無礙解大慈大悲大喜
大捨十八佛不共法若由此真如施設四無
所畏乃至十八佛不共法即由此真如施設
無忘失法若由此真如施設無忘失法即由
此真如施設恒住捨性若由此真如施設恒住
捨性即由此真如施設一切智若由此真如
施設一切智即由此真如施設道相智一切
相智若由此真如施設道相智一切相智即
由此真如施設一切菩薩摩訶薩行若由此
真如施設一切菩薩摩訶薩行即由此真如
施設諸佛無上正等菩提若由此真如施設
諸佛無上正等菩提即由此真如施設有為
果若由此真如施設有為果即由此真如施
設無為果若由此真如施設無為果即由此真
如施設一切如來應正等覺若由此真如施
設一切如來應正等覺即由此真如施設一
切菩薩摩訶薩若由此真如施設一切菩薩
摩訶薩即由此真如施設一切有情若由此
真如施設一切有情即由此真如施設一切
法如是善現一切法真如一切有情真如一
切如來應正等覺真如一切菩薩摩訶薩真
如實皆無異由無異故說名真如諸菩薩摩

BD15088號　大般若波羅蜜多經卷三六四　（21–3）

真如施設一切有情即由此真如施設一切
法如是善現一切法真如一切有情真如一
切如來應正等覺真如一切菩薩摩訶薩真
如實皆無異由無異故說名真如諸菩薩摩
訶薩於此真如脩學圓滿證得無上正等菩
提故名如來應正等覺是故善現應知菩薩
摩訶薩即是如來應正等覺以一切法一切
有情皆以真如為定量故
如是善現菩薩摩訶薩應學真如甚深般若
波羅蜜多善現諸菩薩摩訶薩若學真如甚
深般若波羅蜜多則能學一切法真如若能
學一切法真如則能圓滿一切法真如若能
圓滿一切法真如則於一切法真如得自在
住若於一切法真如得自在住則能善知一
切有情根性勝劣若能善知一切有情根性
勝劣則能具知一切有情勝解若能具
知一切有情勝解差別則知有情自業受果
若知有情自業受果則能具足願智若能具
足願智則能淨脩三世妙智若能淨脩三世
妙智則能無倒行菩薩行若能無倒行菩薩
行則能如實成熟有情若能如實成熟有情
則能如實嚴淨佛土若能如實嚴淨佛土則
能證得一切智智若能證得一切智智則能
轉妙法輪若能轉妙法輪則能安立有情於
三乘道若能安立有情於三乘道則令有情
入無餘依般涅槃界善現諸菩薩摩訶薩見

BD15088號　大般若波羅蜜多經卷三六四　（21–4）

能證得一切智智若能證得一切智智則能
轉妙法輪若能轉妙法輪則能安立有情於
三乘道若能安立有情於三乘道則令有情
入无餘依般涅槃界善現諸菩薩摩訶薩見
如是等自利利他一切功德應發无上正等
覺心勇猛精進脩行般若波羅蜜多堅固无
退具壽善現白佛言世尊若菩薩摩訶薩能
發无上正等覺心如說脩行甚深般若波羅
蜜多世間天人阿素洛等皆應稽首恭敬供
養佛言善現如是如是如汝所說若菩薩摩
訶薩能發无上正等覺心如說脩行甚深般
若波羅蜜多世間天人阿素洛等皆應稽首
恭敬供養
尒時具壽善現白佛言世尊若菩薩摩訶薩
普為度脫諸有情故初發无上正等覺心獲
幾所福佛言善現若菩薩摩訶薩普為度脫
諸有情故初發无上正等覺心其所獲福无
量无邊筭數譬喻所不能及善現假使充滿
小千世界一切有情皆趣聲聞或獨覺地於
意云何是諸有情其福多不善現荅言甚多
世尊甚多善逝彼所獲福无量无邊佛言善
現彼所獲福於為度脫一切有情初發无上
正等覺心一菩薩摩訶薩所獲福聚百分不
及一千分不及一百千分不及一俱胝分不
及一百俱胝分不及一千俱胝分不及一百
千俱胝那庾多分亦不及一何以故善現聲

現彼所獲福於為度脫一切有情初發无上
正等覺心一菩薩摩訶薩所獲福聚百分不
及一千分不及一百千分不及一俱胝分不
及一百俱胝分不及一千俱胝分不及一百
千俱胝那庾多分亦不及一何以故善現聲
聞獨覺皆因菩薩摩訶薩有非菩薩摩訶薩
因諸聲聞獨覺而有善現置小千界一切有
情皆趣聲聞或獨覺地所獲福聚假使充滿
中千世界一切有情皆趣聲聞或獨覺地於
意云何是諸有情其福多不善現荅言甚多
世尊甚多善逝彼所獲福无量无邊佛言善現
彼所獲福於為度脫一切有情初發无上正
等覺心一菩薩摩訶薩所獲福聚百分不及
一千分不及一百千分不及一俱胝分不及
一百俱胝分不及一千俱胝分不及一百千
俱胝那庾多分亦不及一善現置中千界一
切有情皆趣聲聞或獨覺地所獲福聚假使
充滿三千大千世界一切有情皆趣聲聞或
獨覺地於意云何是諸有情其福多不善現
荅言甚多世尊甚多善逝彼所獲福无量无
邊佛言善現彼所獲福於為度脫一切有情
初發无上正等覺心一菩薩摩訶薩所獲福
聚百分不及一千分不及一百千分不及一
俱胝分不及一百俱胝分不及一千俱胝分
不及一百千俱胝那庾多分亦不及一善現
置大千界一切有情皆趣聲聞或獨覺地所
[illegible]使充滿三千大千世界一切有情

聚百分不及一千分不及一百千分不及一
俱胝分不及一百俱胝分不及一千俱胝分
不及一百千俱胝那庾多分亦不及一善現
置大千界一切有情皆趣聲聞或獨覺地所
獲福聚假使充滿三千大千世界一切有情
皆住淨觀地於意云何是諸有情其福多不
善現荅言甚多世尊甚多善逝彼所獲福无
量无邊佛言善現彼所獲福於爲度脫一切
有情初發无上正等覺心一菩薩摩訶薩所
獲福聚百分不及一千分不及一百千分不
及一俱胝分不及一百俱胝分不及一千俱胝
分不及一百千俱胝那庾多分亦不及一善現置大
千界一切有情皆住淨觀地所獲福聚假使充
滿三千大千世界一切有情皆住種姓地於意
云何是諸有情其福多不善現荅言甚多世尊
甚多善逝彼所獲福无量无邊佛言善現彼所
獲福於爲度脫一切有情初發无上正等覺心
一菩薩摩訶薩所獲福聚百分不及一千分不及一
百千分不及一俱胝分不及一百俱胝分不及
一千俱胝分不及一百千俱胝那庾多分亦不及一
善現置大千界一切有情皆住種姓地所獲
福聚假使充滿三千大千世界一切有情皆
住第八地於意云何是諸有情其福多不善
現荅言甚多世尊甚多善逝彼所獲福无量
无邊佛言善現彼所獲福於爲度脫一切有
情初發无上正等覺心一菩薩摩訶薩所獲
福聚百分不及一千分不及一百千分不及

BD15088號　大般若波羅蜜多經卷三六四　（21–7）

福聚假使充滿三千大千世界一切有情皆
住第八地於意云何是諸有情其福多不善
現荅言甚多世尊甚多善逝彼所獲福无量
无邊佛言善現彼所獲福於爲度脫一切有
情初發无上正等覺心一菩薩摩訶薩所獲
福聚百分不及一千分不及一百千分不及
一俱胝分不及一百俱胝分不及一千俱胝
分不及一百千俱胝那庾多分亦不及一善
現置大千界一切有情皆住第八地所獲福
聚假使充滿三千大千世界一切有情皆住
見地於意云何是諸有情其福多不善現荅
言甚多世尊甚多善逝彼所獲福无量无邊
佛言善現彼所獲福於爲度脫一切有情初
發无上正等覺心一菩薩摩訶薩所獲福聚
百分不及一千分不及一百千分不及一俱
胝分不及一百俱胝分不及一千俱胝分不
及一百千俱胝那庾多分亦不及一善現置
大千界一切有情皆住見地所獲福聚假使
充滿三千大千世界一切有情皆住薄地於
意云何是諸有情其福多不善現荅言甚多
世尊甚多善逝彼所獲福无量无邊佛言善
現彼所獲福於爲度脫一切有情初發无上
正等覺心一菩薩摩訶薩所獲福聚百分不
及一千分不及一百千分不及一俱胝分不
及一百俱胝分不及一千俱胝分不及一百
千俱胝那庾多分亦不及一善現置大千界
一切有情皆住薄地所獲福聚假使充滿三

BD15088號　大般若波羅蜜多經卷三六四　（21–8）

正等覺心一菩薩摩訶薩所獲福聚百分
及一千分不及一百千分不及一俱胝分不
及一百俱胝分不及一千俱胝分不及一百
千俱胝那庾多分亦不及一善現置大千界
一切有情皆住薄地所獲福聚假使充滿三
千大千世界一切有情皆住離欲地於意云
何是諸有情其福多不善現荅言甚多世尊
甚多善逝彼所獲福无量无邊佛言善現彼
所獲福於爲度脫一切有情初發无上正等
覺心一菩薩摩訶薩所獲福聚百分不及一
千分不及一百千分不及一俱胝分不及一
百俱胝分不及一千俱胝分不及一百千俱
胝那庾多分亦不及一善現置大千界一切
有情皆住離欲地所獲福聚假使充滿三千
大千世界一切有情皆住已辦地於意云何
是諸有情其福多不善現荅言甚多世尊甚
多善逝彼所獲福无量无邊佛言善現彼所
獲福於爲度脫一切有情初發无上正等覺
心一菩薩摩訶薩所獲福聚百分不及一千分
不及一百千分不及一俱胝分不及一百俱胝分
不及一千俱胝分不及一百千俱胝那庾多分
亦不及一善現置大千界一切有情皆住
以辦地所獲福聚假使充滿三千大千世界
一切有情皆住獨覺地於意云何是諸有情
其福多不善現荅言甚多世尊甚多善逝彼
所獲福无量无邊佛言善現彼所獲福於
爲度脫一切有情初發无上正等覺心一菩

BD15088號　大般若波羅蜜多經卷三六四　（21–9）

以辦地所獲福聚假使充滿三千大千世界
一切有情皆住獨覺地於意云何是諸有情
其福多不善現荅言甚多世尊甚多善逝彼
所獲福无量无邊佛言善現彼所獲福於
爲度脫一切有情初發无上正等覺心一菩
薩摩訶薩所獲福聚百分不及一千分不及
一百千分不及一俱胝分不及一百俱胝分
不及一千俱胝分不及一百千俱胝那庾多分
亦不及一善現假使充滿三千大千世界一
切有情皆爲度脫諸有情故初發无上正等
覺心是諸菩薩摩訶薩所獲福聚於入菩薩
正性離生一菩薩摩訶薩所獲福聚百分不
及一千分不及一百千分不及一俱胝分不
及一百俱胝分不及一千俱胝分不及一百
千俱胝那庾多分亦不及一善現假使充滿
三千大千世界一切有情皆入菩薩正性離
生是諸菩薩摩訶薩所獲福聚於行菩提向一
菩薩摩訶薩所獲福聚百分不及一千分不及
一百千分不及一俱胝分不及一百俱胝分不
及一千俱胝分不及一百千俱胝那庾多分
亦不及一善現假使充滿三千大千世界一
切有情皆行菩薩向是諸菩薩摩訶薩所獲
福聚於一如來應正等覺所獲福聚百分不
及一千分不不及一百千分不及一俱胝分不
及一百俱胝分不及一千俱胝分不及一百
千俱胝那庾多分亦不及一

BD15088號　大般若波羅蜜多經卷三六四　（21–10）

復聚於一如來應[illegible]
及一千分不及一百千分不及一俱胝分不
及一百俱胝分不及一千俱胝分不及一百
千俱胝那庾多分亦不及一
尒時具壽善現白佛言世尊初發无上正等
覺心菩薩摩訶薩何所思惟佛言善現初發
无上正等覺心菩薩摩訶薩恒正思惟一切
相智具壽善現復白佛言世尊一切相智有
何性一切相智何所緣何增上何行相有何
相佛言善現一切相智无性為性无相无因
无所警覺无生无現文汝所聞一切相智何
所緣何增上何行相有何相者善現一切相
智无性為所緣正念為增上寂靜為行相无
相為相善現一切相智如是所緣如是增上
如是行相如是相具壽善現復白佛言世尊
為但一切相智无性為性為色受想行識亦
无性為性為眼處耳鼻舌身意處亦无性為
性為色處聲香味觸法處亦无性為性為眼
界耳鼻舌身意界亦无性為性為色界聲香
味觸法界亦无性為性為眼識界耳鼻舌身
意識界亦无性為性為眼觸耳鼻舌身意觸
亦无性為性為眼觸為緣所生諸受耳鼻舌
身意觸為緣所生諸受亦无性為性為地界
水火風空識界亦无性為性為无明行識名
色六處觸受愛取有生老死愁歎苦憂惱亦
无性為性為內法外法亦无性為性為四靜
慮四无量四无色定亦无性為性為四念住

BD15088號　大般若波羅蜜多經卷三六四　（21–11）

身意觸為緣所生諸受亦[illegible]
水火風空識界亦无性為性為无明行識名
色六處觸受愛取有生老死愁歎苦憂惱亦
无性為性為內法外法亦无性為性為四靜
慮四无量四无色定亦无性為性為四念住
四正斷四神足五根五力七等覺支八聖道
支亦无性為性為空解脫門无相无願解脫
門亦无性為性為八解脫八勝處九次第定
十遍處亦无性為性為布施波羅蜜多淨戒
安忍精進靜慮般若波羅蜜多亦无性為性
為內空外空內外空空空大空勝義空有為
空无為空畢竟空无際空散空无變異空本
性空自相空共相空一切法空不可得空无
性空自性空无性自性空亦无性為性為苦
聖諦集滅道聖諦亦无性為性為一切三摩
地門一切陀羅尼門亦无性為性為佛十力四
无所畏四无礙解十八佛不共法亦无性為
性為大慈大悲大喜大捨亦无性為性為无
忘失法恒住捨性亦无性為性為一切智道
相智亦无性為性為初眼業二業三業四業
五眼亦无性為性為初神通業二業三業四
業五業六神通亦无性為性為有為果无為
果亦无性為性
佛言善現非但一切相智无性為性色受想
行識亦无性為性眼處耳鼻舌身意處亦无
性為性色處聲香味觸法處亦无性為性眼
界耳鼻舌身意界亦无性為性色界聲香味

BD15088號　大般若波羅蜜多經卷三六四　（21–12）

佛言善現非但一切相智无性為性色受想
行識亦无性為性眼處耳鼻舌身意處亦无
性為性色處聲香味觸法處亦无性為性眼
界耳鼻舌身意界亦无性為性色界聲香味
觸法界亦无性為性眼識界耳鼻舌身意識
界亦无性為性眼觸耳鼻舌身意觸亦无性
為性眼觸為緣所生諸受耳鼻舌身意觸為
緣所生諸受亦无性為性地界水火風空識
界亦无性為性无明行識名色六處觸受愛
取有生老死愁歎苦憂惱亦无性為性内法外
法亦无性為性四靜慮四无量四无色定亦无性
為性四念住四正斷四神足五根五力七等
覺支八聖道支亦无性為性空解脫門无相
无願解脫門亦无性為性八解脫八勝處九
次第定十遍處亦无性為性布施波羅蜜多
淨戒安忍精進靜慮般若波羅蜜多亦无性
為性内空外空内外空空空大空勝義空有
為空无為空畢竟空无際空散空无變異空
本性空自相空共相空一切法空不可得空
无性空自性空无性自性空亦无性為性苦
聖諦集滅道聖諦亦无性為性一切三摩地
門一切陁羅尼門亦无性為性佛十力四无
所畏四无礙解十八佛不共法亦无性為性
大慈大悲大喜大捨亦无性為性无忘失法
恒住捨性亦无性為性一切智道相智亦无
性為性初眼第二第三第四第五眼亦无性

BD15088號　大般若波羅蜜多經卷三六四　（21–13）

所畏四无礙解十八佛不共法亦无性為性
大慈大悲大喜大捨亦无性為性无忘失法
恒住捨性亦无性為性一切智道相智亦无
性為性初眼第二第三第四第五眼亦无性
為性初神通第二第三第四第五第六神通
亦无性為性有為界无為界亦无性為性
具壽善現白佛言世尊何緣一切相智无性
為性何緣色受想行識亦无性為性何緣眼
處耳鼻舌身意處亦无性為性何緣色處聲
香味觸法處亦无性為性何緣眼界耳鼻舌
身意界亦无性為性何緣色界聲香味觸法
界亦无性為性何緣眼識界耳鼻舌身意識
界亦无性為性何緣眼觸耳鼻舌身意觸亦
无性為性何緣眼觸為緣所生諸受耳鼻舌
身意觸為緣所生諸受亦无性為性何緣地
界水火風空識界亦无性為性何緣无明行
識名色六處觸受愛取有生老死愁歎苦憂
惱亦无性為性何緣内法外法亦无性為性
何緣四靜慮四无量四无色定亦无性為性
何緣四念住四正斷四神足五根五力七等
覺支八聖道支亦无性為性何緣空解脫門
无相无願解脫門亦无性為性何緣八解脫
八勝處九次第定十遍處亦无性為性何緣
布施波羅蜜多淨戒安忍精進靜慮般若波
羅蜜多亦无性為性何緣内空外空内外空
空空大空勝義空有為空无為空畢竟空无

BD15088號　大般若波羅蜜多經卷三六四　（21–14）

无相无願解脫門亦无性爲性何緣八解
八勝處九次第定十遍處亦无性爲性何緣
布施波羅蜜多淨戒安忍精進靜慮般若波
羅蜜多亦无性爲性何緣內空外空內外空
空空大空勝義空有爲空无爲空畢竟空无
際空散空无變異空本性空自相空共相空
一切法空不可得空无性空自性空无性自
性空亦无性爲性何緣苦聖諦集滅道聖諦
亦无性爲性何緣一切三摩地門一切陁羅
尼門亦无性爲性何緣佛十力四无所畏四
无礙解十八佛不共法亦无性爲性何緣大
慈大悲大喜大捨亦无性爲性何緣无忘失
法恒住捨性亦无性爲性何緣一切智道相
智亦无性爲性何緣初眼第二第三第四第
五眼亦无性爲性何緣初神通第二第三第
四第五第六神通亦无性爲性何緣有爲界
无爲界亦无性爲性
佛言善現一切相智自性无故若法自性无
是法无性爲性色受想行識自性无故若法
自性无是法无性爲性眼處耳鼻舌身意處
自性无故若法自性无是法无性爲性色處
聲香味觸法處自性无故若法自性无是法
无性爲性眼界耳鼻舌身意界自性无故若
法自性无是法无性爲性色界聲香味觸法
界自性无故若法自性无是法无性爲性眼
識界耳鼻舌身意識界自性无故若法自性
无是法无性爲性眼觸耳鼻舌身意觸自性

BD15088 號　大般若波羅蜜多經卷三六四　（21–15）

无性爲性眼界耳鼻舌身
法自性无是法无性爲性色界聲香味觸法
界自性无故若法自性无是法无性爲性眼
識界耳鼻舌身意識界自性无故若法自性
无是法无性爲性眼觸耳鼻舌身意觸自性
无故若法自性无是法无性爲性眼觸爲緣
所生諸受耳鼻舌身意觸爲緣所生諸受自
性无故若法自性无是法无性爲性地界水
火風空識界自性无故若法自性无是法无
性爲性无明行識名色六處觸受愛取有生
老死愁歎苦憂惱自性无故若法自性无是
法无性爲性內法外法自性无故若法自性
无是法无性爲性四靜慮四无量四无色定
自性无故若法自性无是法无性爲性四念
住四正斷四神足五根五力七等覺支八聖
道支自性无故若法自性无是法无性爲性空
解脫門无相无願解脫門自性无故若法自
性无是法无性爲性八解脫八勝處九次第
定十遍處自性无故若法自性无是法无性
爲性布施波羅蜜多淨戒安忍精進靜慮般
若波羅蜜多自性无故若法自性无是法无
性爲性內空外空內外空空空大空勝義空
有爲空无爲空畢竟空无際空散空无變異
空本性空自相空共相空一切法空不可得
空无性空自性空无性自性空自性无故若
法自性无是法无性爲性苦聖諦集滅道聖
諦自性无故若法自性无是法无性爲性一

BD15088 號　大般若波羅蜜多經卷三六四　（21–16）

空本性空自相空共相空一切法空不可得
空无性空自性空无性自性空自性无故若
法自性无是法无性為性苦聖諦集滅道聖
諦自性无故若法自性无是法无性為性一
切三摩地門一切陁羅尼門自性无故若法
自性无是法无性為性佛十力四无所畏四
无礙解十八佛不共法自性无故若法自性
无是法无性為性大慈大悲大喜大捨自性
无故若法自性无是法无性為性无忘失法
恒住捨性自性无故若法自性无是法无性
為性一切智道相智自性无故若法自性无
是法无性為性初眼業二業三業四業五眼
自性无故若法自性无是法无性為性初神
通業二業三業四業五業六神通自性无故
若法自性无是法无性為性有為界无為界
自性无故若法自性无是法无性為性
具壽善現白佛言世尊何緣一切智自性
无佛言善現一切相智无和合自性故若法
无和合自性是法則以无性為性世尊何緣
色受想行識自性无善現色受想行識无和
合自性故若法无和合自性是法則以无性
為性世尊何緣眼處耳鼻舌身意處自性无
善現眼處耳鼻舌身意處无和合自性故若
法无和合自性是法則以无性為性世尊何
緣色處聲香味觸法處自性无善現色處聲
香味觸法處无和合自性故若法无和合自

BD15088號　大般若波羅蜜多經卷三六四　（21–17）

善現眼處耳鼻舌身意處无和合自性故若
法无和合自性是法則以无性為性世尊何
緣色處聲香味觸法處自性无善現色處聲
香味觸法處无和合自性故若法无和合自
性是法則以无性為性世尊何緣眼界耳鼻
舌身意界自性无善現眼界耳鼻舌身意界
无和合自性故若法无和合自性是法則以
无性為性世尊何緣色界聲香味觸法界自
性无善現色界聲香味觸法界无和合自性
故若法无和合自性是法則以无性為性世
尊何緣眼識界耳鼻舌身意識界自性无善
現眼識界耳鼻舌身意識界无和合自性故
若法无和合自性是法則以无性為性世尊
何緣眼觸耳鼻舌身意觸自性无善現眼觸
耳鼻舌身意觸无和合自性故若法无和合自
性是法則以无性為性世尊何緣眼觸為
緣所生諸受耳鼻舌身意觸為緣所生諸受
自性无善現眼觸為緣所生諸受耳鼻舌身
意觸為緣所生諸受无和合自性故若法无
和合自性是法則以无性為性世尊何緣地
界水火風空識界自性无善現地界水火風
空識界无和合自性故若法无和合自性是
法則以无性為性世尊何緣无明行識名色
六處觸受愛取有生老死愁歎苦憂惱自性
无善現无明乃至老死愁歎苦憂惱无和合
自性故若法无和合自性是法則以无性為

BD15088號　大般若波羅蜜多經卷三六四　（21–18）

法則以无性為性世尊何緣无明行識名色
六處觸受愛取有生老死愁歎苦憂惱自性
无善現无明乃至老死愁歎苦憂惱无和合
自性故若法无和合自性是法則以无性為
性世尊何緣內法外法自性无善現內法外
法无和合自性故若法无和合自性是法則
以无性為性世尊何緣四靜慮四无量四无
色定自性无善現四靜慮四无量四无色定
无和合自性故若法无和合自性是法則以
无性為性世尊何緣四念住四正斷四神足
五根五力七等覺支八聖道支自性无善現
四念住乃至八聖道支无和合自性故若法
无和合自性是法則以无性為性世尊何緣
空解脫門无相无願解脫門自性无善現空
解脫門无相无願解脫門无和合自性故若
法无和合自性是法則以无性為性世尊何
緣八解脫八勝處九次第定十遍處自性无
善現八解脫乃至十遍處无和合自性故若法
无和合自性是法則以无性為性世尊何緣
布施波羅蜜多淨戒安忍精進靜慮般若波
羅蜜多自性无善現布施波羅蜜多乃至般
若波羅蜜多无和合自性故若法无和合自
性是法則以无性為性世尊何緣內空外空
內外空空空大空勝義空有為空无為空畢
竟空无際空散空无變異空本性空自相空
共相空一切法空不可得空无性空自性空

BD15088 號　大般若波羅蜜多經卷三六四　（21–19）

性是法則以无性為性世尊何
內外空空空大空勝義空有為空无為空畢
竟空无際空散空无變異空本性空自相空
共相空一切法空不可得空无性空自性空
无性自性空自性无善現內空乃至无性自
性空无和合自性故若法无和合自性是法
則以无性為性世尊何緣苦聖諦集滅道聖
諦自性无善現苦聖諦集滅道聖諦无和合
自性故若法无和合自性是法則以无性為
性世尊何緣一切三摩地門一切陁羅尼門
自性无善現一切三摩地門一切陁羅尼門无
和合自性故若法无和合自性是法則以无
性為性世尊何緣佛十力四无所畏四无礙
解十八佛不共法自性无善現佛十力乃至
十八佛不共法无和合自性故若法无和合
自性是法則以无性為性世尊何緣大慈大
悲大喜大捨自性无善現大慈大悲大喜大
捨无和合自性故若法无和合自性是法則
以无性為性世尊何緣无忘失法恒住捨性
自性无善現无忘失法恒住捨性无和合自
性故若法无和合自性是法則以无性為性
世尊何緣一切智道相智自性无善現一切
智道相智无和合自性故若法无和合自性
是法則以无性為性世尊何緣初眼業二業
三業四業五眼自性无善現初眼業二業三
業四業五眼无和合自性故若法无和合自
性是法則以无性為性世尊何緣初神通業

BD15088 號　大般若波羅蜜多經卷三六四　（21–20）

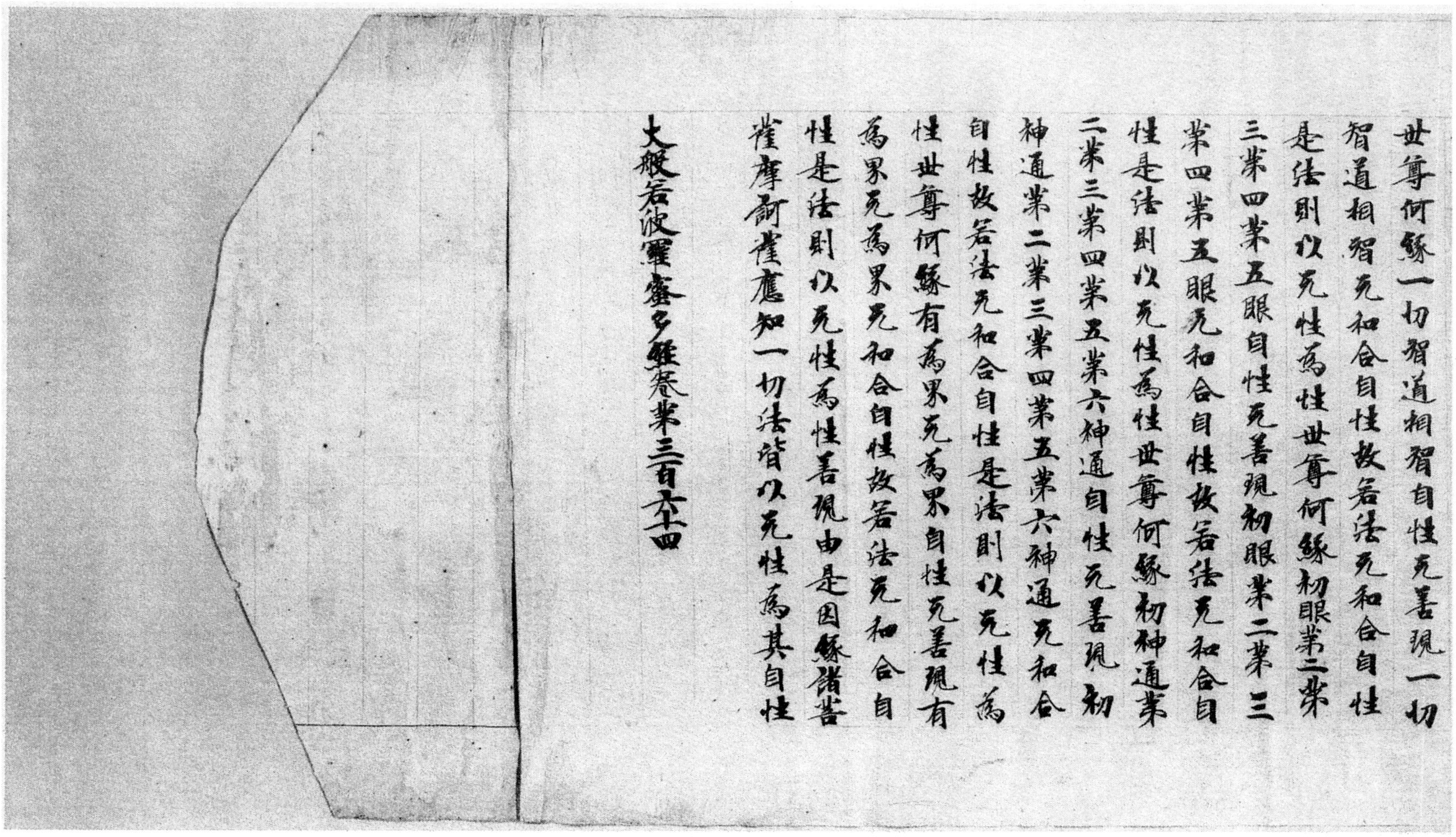
世尊何緣一切智道相智自性无善現一切
智道相智无和合自性故若法无和合自性
是法則以无性為性世尊何緣初眼第二第
三第四第五眼自性无善現初眼第二第三
第四第五眼无和合自性故若法无和合自
性是法則以无性為性世尊何緣初神通第
二第三第四第五第六神通自性无善現初
神通第二第三第四第五第六神通无和合
自性故若法无和合自性是法則以无性為
性世尊何緣有為界无為界自性无善現有
為界无為界无和合自性故若法无和合自
性是法則以无性為性善現由是因緣諸菩
薩摩訶薩應知一切法皆以无性為其自性

大般若波羅蜜多經卷第三百六十四

BD15088號　大般若波羅蜜多經卷三六四　（21–21）

大般若波羅蜜多經卷三百六十四

BD15088號背　勘記　（1–1）

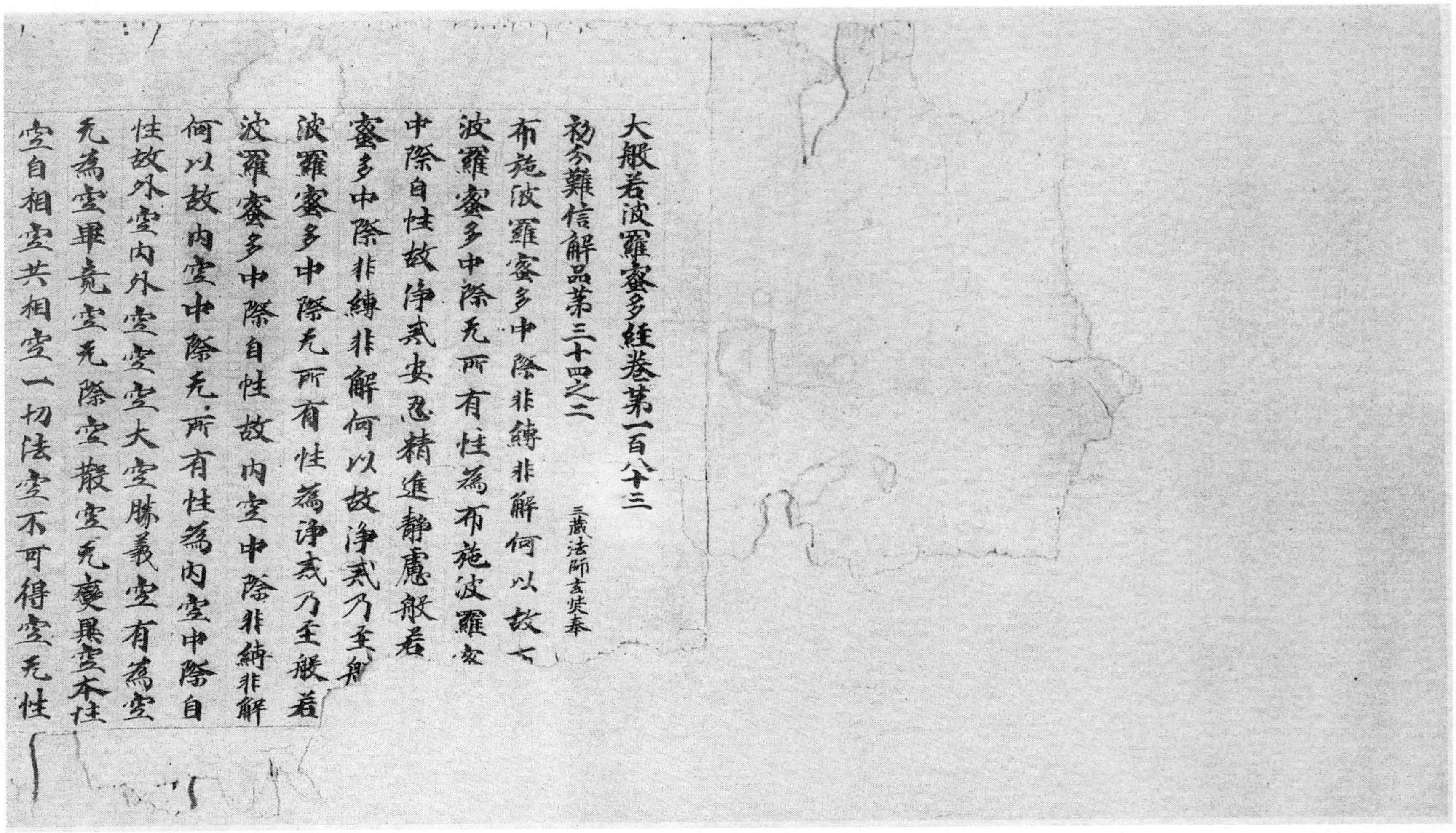

大般若波羅蜜多經卷第一百八十三
初分難信解品第三十四之二　三藏法師玄奘奉
布施波羅蜜多中除非縛非解何以故布
波羅蜜多中除无所有性為布施波羅蜜
中除自性故淨戒安忍精進靜慮般若
蜜多中除非縛非解何以故淨戒乃至般
波羅蜜多中除无所有性為淨戒乃至般若
波羅蜜多中除自性故內空中除非縛非解
何以故內空中除无所有性為內空中除自
性故外空內外空空空大空勝義空有為空
无為空畢竟空无際空散空无變異空本性
空自相空共相空一切法空不可得空无性

BD15089 號　大般若波羅蜜多經卷一八三　　（20–1）

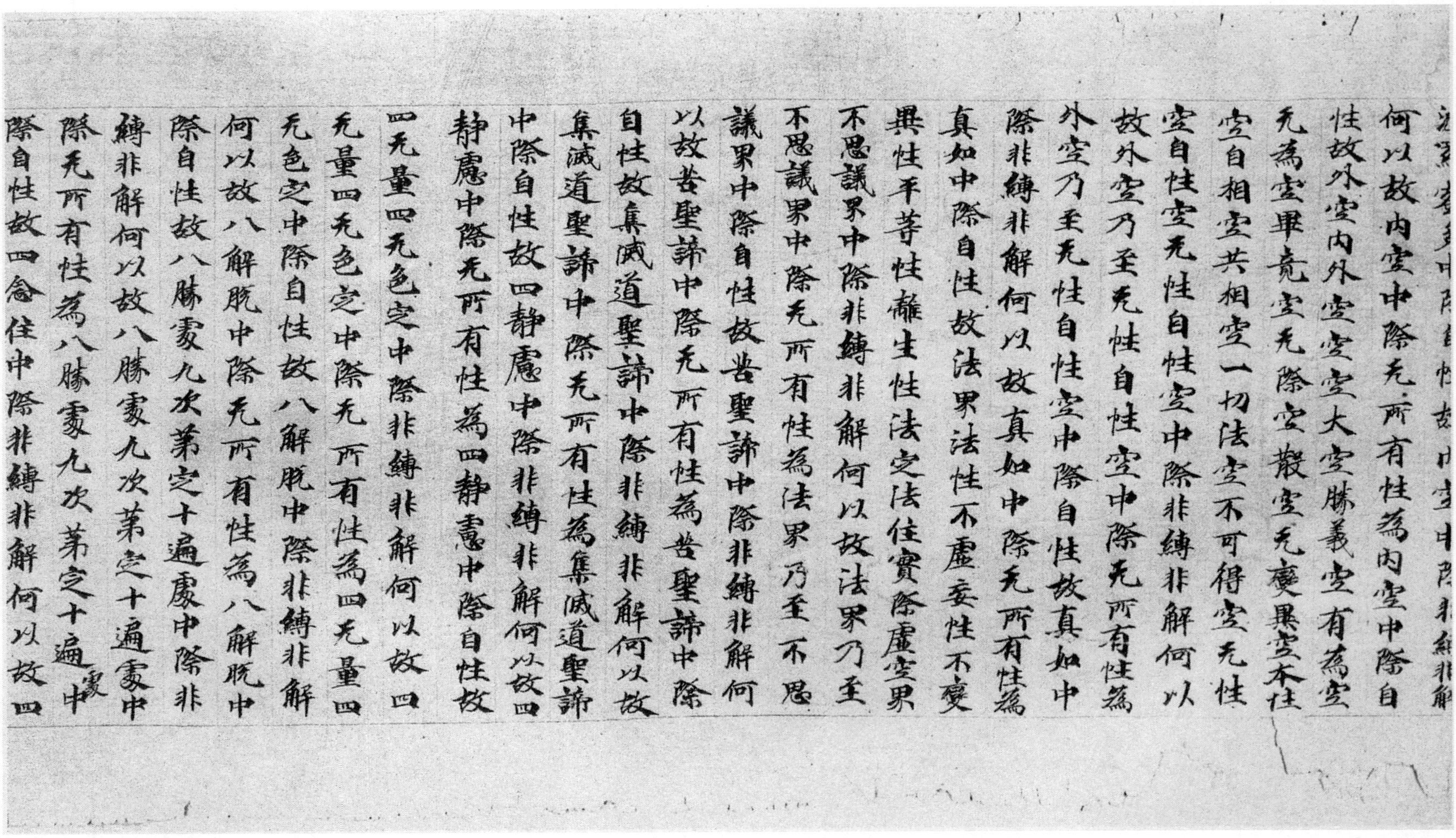

波羅蜜多中除自性故內空中除非縛非解
何以故內空中除无所有性為內空中除自
性故外空內外空空空大空勝義空有為空
无為空畢竟空无際空散空无變異空本性
空自相空共相空一切法空不可得空无性
空自性空无性自性空中除非縛非解何以
故外空乃至无性自性空中除无所有性為
外空乃至无性自性空中除自性故真如中
除非縛非解何以故真如中除无所有性為
真如中除自性故法界法性不虛妄性不變
異性平等性離生性法定法住實際虛空界
不思議界中除非縛非解何以故法界乃至
不思議界中除无所有性為法界乃至不思
議界中除自性故苦聖諦中除非縛非解何
以故苦聖諦中除无所有性為苦聖諦中除
自性故集滅道聖諦中除非縛非解何以故
集滅道聖諦中除无所有性為集滅道聖諦
中除自性故四靜慮中除非縛非解何以故四
靜慮中除无所有性為四靜慮中除自性故
四无量四无色定中除非縛非解何以故四
无量四无色定中除无所有性為四无量四
无色定中除自性故八解脫中除非縛非解
何以故八解脫中除无所有性為八解脫中
除自性故八勝處九次第定十遍處中除非
縛非解何以故八勝處九次第定十遍處中
除无所有性為八勝處九次第定十遍處中
除自性故四念住中除非縛非解何以故四

BD15089 號　大般若波羅蜜多經卷一八三　　（20–2）

何以故八解脫中際无所有性爲八解脫中
際自性故八勝處九次第定十遍處中際非
縛非解何以故八勝處九次第定十遍處中
際无所有性爲八勝處九次第定十遍處中
際自性故四念住中際非縛非解何以故四
念住中際无所有性爲四念住中際自性故
四正斷四神足五根五力七等覺支八聖道
支中際非縛非解何以故四正斷乃至八聖
道支中際无所有性爲四正斷乃至八聖道
支中際自性故空解脫門中際非縛非解何
以故空解脫門中際无所有性爲空解脫門
中際自性故无相无願解脫門中際非縛非
解何以故无相无願解脫門中際无所有性
爲无相无願解脫門中際自性故菩薩十地
中際非縛非解何以故菩薩十地中際无所
有性爲菩薩十地中際自性故五眼中際非
縛非解何以故五眼中際无所有性爲五眼
中際自性故六神通中際非縛非解何以故
六神通中際无所有性爲六神通中際自性
故佛十力中際非縛非解何以故佛十力中
際无所有性爲佛十力中際自性故四无所
畏四无礙解大慈大悲大喜大捨十八佛不
共法中際非縛非解何以故四无所畏乃至
十八佛不共法中際无所有性爲四无所畏
乃至十八佛不共法中際自性故无忘失法
中際非縛非解何以故无忘失法中際无所

BD15089號　大般若波羅蜜多經卷一八三　（20–3）

共法中際非縛非解何以故四无所畏乃至
十八佛不共法中際无所有性爲四无所畏
乃至十八佛不共法中際自性故无忘失法
中際非縛非解何以故无忘失法中際无所
有性爲无忘失法中際自性故恒住捨性中
際非縛非解何以故恒住捨性中際无所有
性爲恒住捨性中際自性故一切智中際非
縛非解何以故一切智中際无所有性爲一
切智中際自性故道相智一切相智中際非
縛非解何以故道相智一切相智中際无所
有性爲道相智一切相智中際自性故一切
陁羅尼門中際非縛非解何以故一切陁羅
尼門中際无所有性爲一切陁羅尼門中際
自性故一切三摩地門中際非縛非解何以
故一切三摩地門中際无所有性爲一切三
摩地門中際自性故預流果中際非縛非解
何以故預流果中際无所有性爲預流果中
際自性故一來不還阿羅漢果中際非縛非
解何以故一來不還阿羅漢果中際无所有
性爲一來不還阿羅漢果中際自性故獨覺
菩提中際非縛非解何以故獨覺菩提中際
无所有性爲獨覺菩提中際自性故一切菩
薩摩訶薩行中際非縛非解何以故一切菩
薩摩訶薩行中際无所有性爲一切菩薩摩
訶薩行中際自性故諸佛无上正等菩提中
際非縛非解何以故諸佛无上正等菩提中

BD15089號　大般若波羅蜜多經卷一八三　（20–4）

无所有性為獨覺菩提中際自性故一切菩
薩摩訶薩行中際非縛非解何以故一切菩
薩摩訶薩行中際无所有性為一切菩薩摩
訶薩行中際自性故諸佛无上正等菩提中
際非縛非解何以故諸佛无上正等菩提中
際无所有性為諸佛无上正等菩提中際自
性故
具壽善現復白佛言世尊諸有不勤精進未
種善根具不善根惡友所攝隨魔力行懈怠
增上精進微劣失念惡慧補特伽羅於此般
若波羅蜜多實難信解佛言善現如是如是
如汝所說不勤精進未種善根具不善根惡
友所攝隨魔力行懈怠增上精進微劣失念
惡慧補特伽羅於此般若波羅蜜多實難信
解所以者何善現色清淨即果清淨果清淨
即色清淨何以故是色清淨與果清淨无二
无二分无別无斷故受想行識清淨即果清
淨果清淨即受想行識清淨何以故是受想
行識清淨與果清淨无二无二分无別无斷
故善現眼處清淨即果清淨果清淨即眼處
清淨何以故是眼處清淨與果清淨无二无
二分无別无斷故耳鼻舌身意處清淨即果
清淨果清淨即耳鼻舌身意處清淨何以故
是耳鼻舌身意處清淨與果清淨无二无二
分无別无斷故善現色處清淨即果清淨果
清淨即色處清淨何以故是色處清淨與果
清淨无二无二分无別无斷故聲香味觸法

清淨果清淨即耳鼻舌身意處清淨何以故
是耳鼻舌身意處清淨與果清淨无二无二
分无別无斷故善現色處清淨即果清淨果
清淨即色處清淨何以故是色處清淨與果
清淨无二无二分无別无斷故聲香味觸法
處清淨即果清淨果清淨即聲香味觸法處
清淨何以故是聲香味觸法處清淨與果清
淨无二无二分无別无斷故善現眼界清淨
即果清淨果清淨即眼界清淨何以故是眼
界清淨與果清淨无二无二分无別无斷故
色界眼識界及眼觸眼觸為緣所生諸受清
淨即果清淨果清淨即色界乃至眼觸為緣
所生諸受清淨何以故是色界乃至眼觸為
緣所生諸受清淨與果清淨无二无二分无
別无斷故善現耳界清淨即果清淨果清淨
即耳界清淨何以故是耳界清淨與果清淨
无二无二分无別无斷故聲界耳識界及耳
觸耳觸為緣所生諸受清淨即果清淨果清
淨即聲界乃至耳觸為緣所生諸受清淨何
以故是聲界乃至耳觸為緣所生諸受清淨
與果清淨无二无二分无別无斷故善現鼻
界清淨即果清淨果清淨即鼻界清淨何以
故是鼻界清淨與果清淨无二无二分无別
无斷故香界鼻識界及鼻觸鼻觸為緣所生
諸受清淨即果清淨果清淨即香界乃至鼻
觸為緣所生諸受清淨何以故是香界乃至
鼻觸為緣所生諸受清淨與果清淨无二无

无斷故香界鼻識界及鼻觸鼻觸爲緣所生
諸受清淨即界清淨界清淨即香界乃至鼻
觸爲緣所生諸受清淨何以故是香界乃至
鼻觸爲緣所生諸受清淨與界清淨无二无
二分无別无斷故善現舌界清淨即界清淨
界清淨即舌界清淨何以故是舌界清淨與
界清淨无二无二分无別无斷故味界舌識
界及舌觸舌觸爲緣所生諸受清淨即界清
淨界清淨即味界乃至舌觸爲緣所生諸受
清淨何以故是味界乃至舌觸爲緣所生諸
受清淨與界清淨无二无二分无別无斷故
善現身界清淨即界清淨界清淨即身界清
淨何以故是身界清淨與界清淨无二无二
分无別无斷故觸界身識界及身觸身觸爲
緣所生諸受清淨即界清淨界清淨即觸界
乃至身觸爲緣所生諸受清淨何以故是觸
界乃至身觸爲緣所生諸受清淨與界清淨
无二无二分无別无斷故善現意界清淨即
界清淨界清淨即意界清淨何以故是意界
清淨與界清淨无二无二分无別无斷故法
界意識界及意觸意觸爲緣所生諸受清淨
即界清淨界清淨即法界乃至意觸爲緣所
生諸受清淨何以故是法界乃至意觸爲緣
所生諸受清淨與界清淨无二无二分无別
无斷故善現地界清淨即界清淨界清淨即
地界清淨何以故是地界清淨與界清淨无

BD15089號　大般若波羅蜜多經卷一八三　（20–7）

生諸受清淨何以故是法界乃至意觸爲緣
所生諸受清淨與界清淨无二无二分无別
无斷故善現地界清淨即界清淨界清淨即
地界清淨何以故是地界清淨與界清淨无
二无二分无別无斷故水火風空識界清淨
即界清淨界清淨即水火風空識界清淨何
以故是水火風空識界清淨與界清淨无二
无二分无別无斷故善現无明清淨即界清
淨界清淨即无明清淨何以故是无明清淨
與界清淨无二无二分无別无斷故行識名
色六處觸受愛取有生老死愁歎苦憂惱清
淨即界清淨界清淨即行乃至老死愁歎苦
憂惱清淨何以故是行乃至老死愁歎苦憂
惱清淨與界清淨无二无二分无別无斷故
善現布施波羅蜜多清淨即界清淨界清淨
即布施波羅蜜多清淨何以故是布施波羅
蜜多清淨與界清淨无二无二分无別无斷
故淨戒安忍精進靜慮般若波羅蜜多清淨
即界清淨界清淨即淨戒乃至般若波羅蜜
多清淨何以故是淨戒乃至般若波羅蜜多
清淨與界清淨无二无二分无別无斷故善
現內空清淨即界清淨界清淨即內空清淨
何以故是內空清淨與界清淨无二无二分
无別无斷故外空內外空空空大空勝義空
有爲空无爲空畢竟空无際空散空无變異
空本性空自相空共相空一切法空不可得

BD15089號　大般若波羅蜜多經卷一八三　（20–8）

何以故是內空清淨與果清淨无二无二分
无別无斷故外空內外空空空大空勝義空
有為空无為空畢竟空无際空散空无變異
空本性空自相空共相空一切法空不可得
空无性空自性空无性自性空清淨即果清
淨果清淨即外空乃至无性自性空清淨何
以故是外空乃至无性自性空清淨與果清
淨无二无二分无別无斷故善現真如清淨
即果清淨果清淨即真如清淨何以故是真
如清淨與果清淨无二无二分无別无斷故
法界法性不虛妄性不變異性平等性離生
性法定法住實際虛空界不思議界清淨即
果清淨果清淨即法界乃至不思議界清淨
何以故是法界乃至不思議界清淨與果清
淨无二无二分无別无斷故善現苦聖諦清
淨即果清淨果清淨即苦聖諦清淨何以故
是苦聖諦清淨與果清淨无二无二分无別
无斷故集滅道聖諦清淨即果清淨果清淨
即集滅道聖諦清淨何以故是集滅道聖諦
清淨與果清淨无二无二分无別无斷故善
現四靜慮清淨即果清淨果清淨即四靜慮
清淨何以故是四靜慮清淨與果清淨无二
无二分无別无斷故四无量四无色定清淨
即果清淨果清淨即四无量四无色定清淨
何以故是四无量四无色定清淨與果清淨
无二无二分无別无斷故善現八解脫清淨
即果清淨果清淨即八解脫清清何以故是

BD15089號　大般若波羅蜜多經卷一八三　（20–9）

即果清淨即四无量四无色定清淨
何以故是四无量四无色定清淨與果清淨
无二无二分无別无斷故善現八解脫清淨
即果清淨果清淨即八解脫清清何以故是
八解脫清淨與果清淨无二无二分无別无
斷故八勝處九次第定十遍處清淨即果清
淨果清淨即八勝處九次第定十遍處清淨
何以故是八勝處九次第定十遍處清淨與
果清淨无二无二分无別无斷故善現四念
住清淨即果清淨果清淨即四念住清淨何
以故是四念住清淨與果清淨无二无二分
無別無斷故四正斷四神足五根五力七等
覺支八聖道支清淨即果清淨果清淨即四
正斷乃至八聖道支清淨何以故是四正斷
乃至八聖道支清淨與果清淨无二无二分
无別无斷故善現空解脫門清淨即果清淨
果清淨即空解脫門清淨何以故是空解脫
門清淨與果清淨无二无二分无別无斷故
无相无願解脫門清淨即果清淨果清淨即
无相无願解脫門清淨何以故是无相无願
解脫門清淨與果清淨无二无二分无別无
斷故善現菩薩十地清淨即果清淨果清淨
即菩薩十地清淨何以故是菩薩十地清淨
與果清淨无二无二分无別无斷故
善現五眼清淨即果清淨果清淨即五眼清
淨何以故是五眼清淨與果清淨无二无二

BD15089號　大般若波羅蜜多經卷一八三　（20–10）

即菩薩十地清淨何以故是菩薩十地清淨
與果清淨无二无二分无別无斷故
善現五眼清淨即果清淨果清淨即五眼清
淨何以故是五眼清淨與果清淨无二无二
分无別无斷故六神通清淨即果清淨果清
淨即六神通清淨何以故是六神通清淨與
果清淨无二无二分无別无斷故善現佛十
力清淨即果清淨果清淨即佛十力清淨何
以故是佛十力清淨與果清淨无二无二分
无別无斷故四无所畏四无礙解大慈大悲
大喜大捨十八佛不共法清淨即果清淨果
清淨即四无所畏乃至十八佛不共法清淨
何以故是四无所畏乃至十八佛不共法清
淨與果清淨无二无二分无別无斷故善現
无忘失法清淨即果清淨果清淨即无忘失
法清淨何以故是无忘失法清淨與果清淨
无二无二分无別无斷故恒住捨性清淨即
果清淨果清淨即恒住捨性清淨何以故是
恒住捨性清淨與果清淨无二无二分无別
无斷故善現一切智清淨即果清淨果清淨
即一切智清淨何以故是一切智清淨與果
清淨无二无二分无別无斷故道相智一切
相智清淨即果清淨果清淨即道相智一切
相智清淨何以故是道相智一切相智清淨
與果清淨无二无二分无別无斷故善現一
切陀羅尼門清淨即果清淨果清淨即一切

BD15089 號　大般若波羅蜜多經卷一八三　（20–11）

相智清淨即果清淨果清淨即道相智一切
相智清淨何以故是道相智一切相智清淨
與果清淨无二无二分无別无斷故善現一
切陀羅尼門清淨即果清淨果清淨即一切
陀羅尼門清淨何以故是一切陀羅尼門清
淨與果清淨无二无二分无別无斷故一切
三摩地門清淨即果清淨果清淨即一切三
摩地門清淨何以故是一切三摩地門清淨
與果清淨无二无二分无別无斷故善現預
流果清淨即果清淨果清淨即預流果清淨
何以故是預流果清淨與果清淨无二无二
分无別无斷故一來不還阿羅漢果清淨即
果清淨果清淨即一來不還阿羅漢果清淨
何以故是一來不還阿羅漢果清淨與果清
淨无二无二分无別无斷故善現獨覺菩提
清淨即果清淨果清淨即獨覺菩提清淨何
以故是獨覺菩提清淨與果清淨无二无二
分无別无斷故善現一切菩薩摩訶薩行清
淨即果清淨果清淨即一切菩薩摩訶薩行
清淨何以故是一切菩薩摩訶薩行清淨與
果清淨无二无二分无別无斷故善現諸佛
无上正等菩提清淨即果清淨果清淨即諸
佛无上正等菩提清淨何以故是諸佛无上
正等菩提清淨與果清淨无二无二分无別
无斷故
復次善現色清淨即般若波羅蜜多清淨般

BD15089 號　大般若波羅蜜多經卷一八三　（20–12）

佛无上正等菩提清淨何以故是諸佛无上
正等菩提清淨與果清淨无二无二分无別
无斷故
復次善現色清淨即般若波羅蜜多清淨般
若波羅蜜多清淨即色清淨何以故是色清
淨與般若波羅蜜多清淨无二无二分无別
无斷故受想行識清淨即般若波羅蜜多清
淨般若波羅蜜多清淨即受想行識清淨何
以故是受想行識清淨與般若波羅蜜多清
淨无二无二分无別无斷故善現眼處清淨
即般若波羅蜜多清淨般若波羅蜜多清淨
即眼處清淨何以故是眼處清淨與般若波
羅蜜多清淨无二无二分无別无斷故耳鼻
舌身意處清淨即般若波羅蜜多清淨般若
波羅蜜多清淨即耳鼻舌身意處清淨何以
故是耳鼻舌身意處清淨與般若波羅蜜多
清淨无二无二分无別无斷故善現色處清
淨即般若波羅蜜多清淨般若波羅蜜多清
淨即色處清淨何以故是色處清淨與般若
波羅蜜多清淨无二无二分无別无斷故聲
香味觸法處清淨即般若波羅蜜多清淨般
若波羅蜜多清淨即聲香味觸法處清淨何
以故是聲香味觸法處清淨與般若波羅蜜
多清淨无二无二分无別无斷故善現眼界
清淨即般若波羅蜜多清淨般若波羅蜜多
清淨即眼界清淨何以故是眼界清淨與般

BD15089 號　大般若波羅蜜多經卷一八三　（20–13）

多清淨无二无二分无別无斷故善現眼界
清淨即般若波羅蜜多清淨般若波羅蜜多
清淨即眼界清淨何以故是眼界清淨與般
若波羅蜜多清淨无二无二分无別无斷故
色界眼識界及眼觸眼觸為緣所生諸受清
淨即般若波羅蜜多清淨般若波羅蜜多清
淨即色界乃至眼觸為緣所生諸受清淨何
以故是色界乃至眼觸為緣所生諸受清淨
與般若波羅蜜多清淨无二无二分无別无
斷故善現耳界清淨即般若波羅蜜多清淨
般若波羅蜜多清淨即耳界清淨何以故是
耳界清淨與般若波羅蜜多清淨无二无二
分无別无斷故聲界耳識界及耳觸耳觸為
緣所生諸受清淨即般若波羅蜜多清淨般
若波羅蜜多清淨即聲界乃至耳觸為緣所
生諸受清淨何以故是聲界乃至耳觸為緣
所生諸受清淨與般若波羅蜜多清淨无二
无二分无別无斷故善現鼻界清淨即般若
波羅蜜多清淨般若波羅蜜多清淨即鼻界
清淨何以故是鼻界清淨與般若波羅蜜多
清淨无二无二分无別无斷故香界鼻識界
及鼻觸鼻觸為緣所生諸受清淨即般若
波羅蜜多清淨般若波羅蜜多清淨即香界乃
至鼻觸為緣所生諸受清淨何以故是香界
乃至鼻觸為緣所生諸受清淨與般若波羅
蜜多清淨无二无二分无別无斷故善現香

BD15089 號　大般若波羅蜜多經卷一八三　（20–14）

及鼻觸鼻觸為緣所生諸受清淨即般若
波羅蜜多清淨般若波羅蜜多清淨即香界乃
至鼻觸為緣所生諸受清淨何以故是香界
乃至鼻觸為緣所生諸受清淨與般若波羅
蜜多清淨无二无二分无別无斷故善現舌
界清淨即般若波羅蜜多清淨般若波羅蜜
多清淨即舌界清淨何以故是舌界清淨與
般若波羅蜜多清淨无二无二分无別无斷
故味界舌識界及舌觸舌觸為緣所生諸受
清淨即般若波羅蜜多清淨般若波羅蜜多
清淨即味界乃至舌觸為緣所生諸受清淨
何以故是味界乃至舌觸為緣所生諸受清
淨與般若波羅蜜多清淨无二无二分无別
无斷故善現身界清淨即般若波羅蜜多清
淨般若波羅蜜多清淨即身界清淨何以故
是身界清淨與般若波羅蜜多清淨无二无
二分无別无斷故觸界身識界及身觸身觸
為緣所生諸受清淨即般若波羅蜜多清淨
般若波羅蜜多清淨即觸界乃至身觸為緣
所生諸受清淨何以故是觸界乃至身觸為
緣所生諸受清淨與般若波羅蜜多清淨无
二无二分无別无斷故善現意界清淨即般
若波羅蜜多清淨般若波羅蜜多清淨即意
界清淨何以故是意界清淨與般若波羅蜜
多清淨无二无二分无別无斷故法界意識
界及意觸意觸為緣所生諸受清淨即般若
波羅蜜多清淨般若波羅蜜多清淨即法界

BD15089號　大般若波羅蜜多經卷一八三　（20–15）

界清淨何以故是意界清淨與般若波羅蜜
多清淨无二无二分无別无斷故法界意識
界及意觸意觸為緣所生諸受清淨即般若
波羅蜜多清淨般若波羅蜜多清淨即法界
乃至意觸為緣所生諸受清淨何以故是法
界乃至意觸為緣所生諸受清淨與般若波
羅蜜多清淨无二无二分无別无斷故善現
地界清淨即般若波羅蜜多清淨般若波羅
蜜多清淨即地界清淨何以故是地界清淨
與般若波羅蜜多清淨无二无二分无別无
斷故水火風空識界清淨即般若波羅蜜多
清淨般若波羅蜜多清淨即水火風空識界
清淨何以故是水火風空識界清淨與般若
波羅蜜多清淨无二无二分无別无斷故善
現无明清淨即般若波羅蜜多清淨般若波
羅蜜多清淨即无明清淨何以故是无明清
淨與般若波羅蜜多清淨无二无二分无別
无斷故行識名色六處觸受愛取有生老死
愁歎苦憂惱清淨即般若波羅蜜多清淨般
若波羅蜜多清淨即行乃至老死愁歎苦憂
惱清淨何以故是行乃至老死愁歎苦憂惱
清淨與般若波羅蜜多清淨无二无二分无
別无斷故
善現布施波羅蜜多清淨即般若波羅蜜多
清淨般若波羅蜜多清淨即布施波羅蜜多
清淨何以故是布施波羅蜜多清淨與般若

BD15089號　大般若波羅蜜多經卷一八三　（20–16）

別无斷故
善現布施波羅蜜多清淨即般若波羅蜜多
清淨般若波羅蜜多清淨即布施波羅蜜多
清淨何以故是布施波羅蜜多清淨與般若
波羅蜜多清淨无二无二分无別无斷故淨
戒安忍精進靜慮波羅蜜多清淨即般若波
羅蜜多清淨般若波羅蜜多清淨即淨戒乃
至靜慮波羅蜜多清淨何以故是淨戒乃至
靜慮波羅蜜多清淨與般若波羅蜜多清淨
无二无二分无別无斷故善現内空清淨即
般若波羅蜜多清淨般若波羅蜜多清淨即
内空清淨何以故是内空清淨與般若波羅
蜜多清淨无二无二分无別无斷故外空内外
空空空大空勝義空有為空无為空畢竟空
无際空散空无變異空本性空自相空共相空
一切法空不可得空无性空自性空无性自性空
清淨即般若波羅蜜多清淨般若波羅蜜多清
淨即外空乃至无性自性空清淨何以故是外
空乃至无性自性空清淨與般若波羅蜜多
清淨无二无二分无別无斷故善現真如清
淨即般若波羅蜜多清淨般若波羅蜜多清
淨即真如清淨何以故是真如清淨與般若
波羅蜜多清淨无二无二分无別无斷故法
界法性不虛妄性不變異性平等性離生性
法定法住實際虛空界不思議界清淨即般
若波羅蜜多清淨般若波羅蜜多清淨即法

BD15089號　大般若波羅蜜多經卷一八三　（20–17）

波羅蜜多清淨无二无二分无別无斷故法
界法性不虛妄性不變異性平等性離生性
法定法住實際虛空界不思議界清淨即般
若波羅蜜多清淨般若波羅蜜多清淨即法
界乃至不思議界清淨何以故是法界乃至
不思議界清淨與般若波羅蜜多清淨无二
无二分无別无斷故善現苦聖諦清淨即般
若波羅蜜多清淨般若波羅蜜多清淨即苦
聖諦清淨何以故是苦聖諦清淨與般若波
羅蜜多清淨无二无二分无別无斷故集滅
道聖諦清淨即般若波羅蜜多清淨般若
波羅蜜多清淨即集滅道聖諦清淨何以故是
集滅道聖諦清淨與般若波羅蜜多清淨无
二无二分无別无斷故善現四靜慮清淨即
般若波羅蜜多清淨般若波羅蜜多清淨即
四靜慮清淨何以故是四靜慮清淨與般若
波羅蜜多清淨无二无二分无別无斷故四
无量四无色定清淨即般若波羅蜜多清淨
般若波羅蜜多清淨即四无量四无色定清
淨何以故是四无量四无色定清淨與般若
波羅蜜多清淨无二无二分无別无斷故善
現八解脫清淨即般若波羅蜜多清淨般若
波羅蜜多清淨即八解脫清淨何以故是八
解脫清淨與般若波羅蜜多清淨无二无二
分无別无斷故八勝處九次第定十遍處清
淨即般若波羅蜜多清淨般若波羅蜜多清

BD15089號　大般若波羅蜜多經卷一八三　（20–18）

現八解脫清淨即般若波羅蜜多清淨般若
波羅蜜多清淨即八解脫清淨何以故是八
解脫清淨與般若波羅蜜多清淨无二无二
分无別无斷故八勝處九次第定十遍處清
淨即般若波羅蜜多清淨般若波羅蜜多清
淨即八勝處九次第定十遍處清淨何以故
是八勝處九次第定十遍處清淨與般若波
羅蜜多清淨无二无二分无別无斷故善現
四念住清淨即般若波羅蜜多清淨般若波
羅蜜多清淨即四念住清淨何以故是四念
住清淨與般若波羅蜜多清淨无二无二分
无別无斷故四正斷四神足五根五力七等
覺支八聖道支清淨即般若波羅蜜多清淨
般若波羅蜜多清淨即四正斷乃至八聖道
支清淨何以故是四正斷乃至八聖道支清淨
與般若波羅蜜多清淨无二无二分无別无
斷故善現空解脫門清淨即般若波羅蜜多
清淨般若波羅蜜多清淨即空解脫門清淨
何以故是空解脫門清淨與般若波羅蜜多
清淨无二无二分无別无斷故无相无願解
脫門清淨即般若波羅蜜多清淨般若波羅
蜜多清淨即无相无願解脫門清淨何以故
是无相无願解脫門清淨與般若波羅蜜多
清淨无二无二分无別无斷故善現菩薩十
地清淨即般若波羅蜜多清淨般若波羅蜜
多清淨即菩薩十地清淨何以故是菩薩十
地清淨與般若波羅蜜多請淨无二无二分

覺支八聖道支清淨即般若波羅蜜多清淨
般若波羅蜜多清淨即四正斷乃至八聖道
支清淨何以故是四正斷乃至八聖道支清淨
與般若波羅蜜多清淨无二无二分无別无
斷故善現空解脫門清淨即般若波羅蜜多
清淨般若波羅蜜多清淨即空解脫門清淨
何以故是空解脫門清淨與般若波羅蜜多
清淨无二无二分无別无斷故无相无願解
脫門清淨即般若波羅蜜多清淨般若波羅
蜜多清淨即无相无願解脫門清淨何以故
是无相无願解脫門清淨與般若波羅蜜多
清淨无二无二分无別无斷故善現菩薩十
地清淨即般若波羅蜜多清淨般若波羅蜜
多清淨即菩薩十地清淨何以故是菩薩十
地清淨與般若波羅蜜多請淨无二无二分
无別无斷故

大般若波羅蜜多經卷第一百八十三

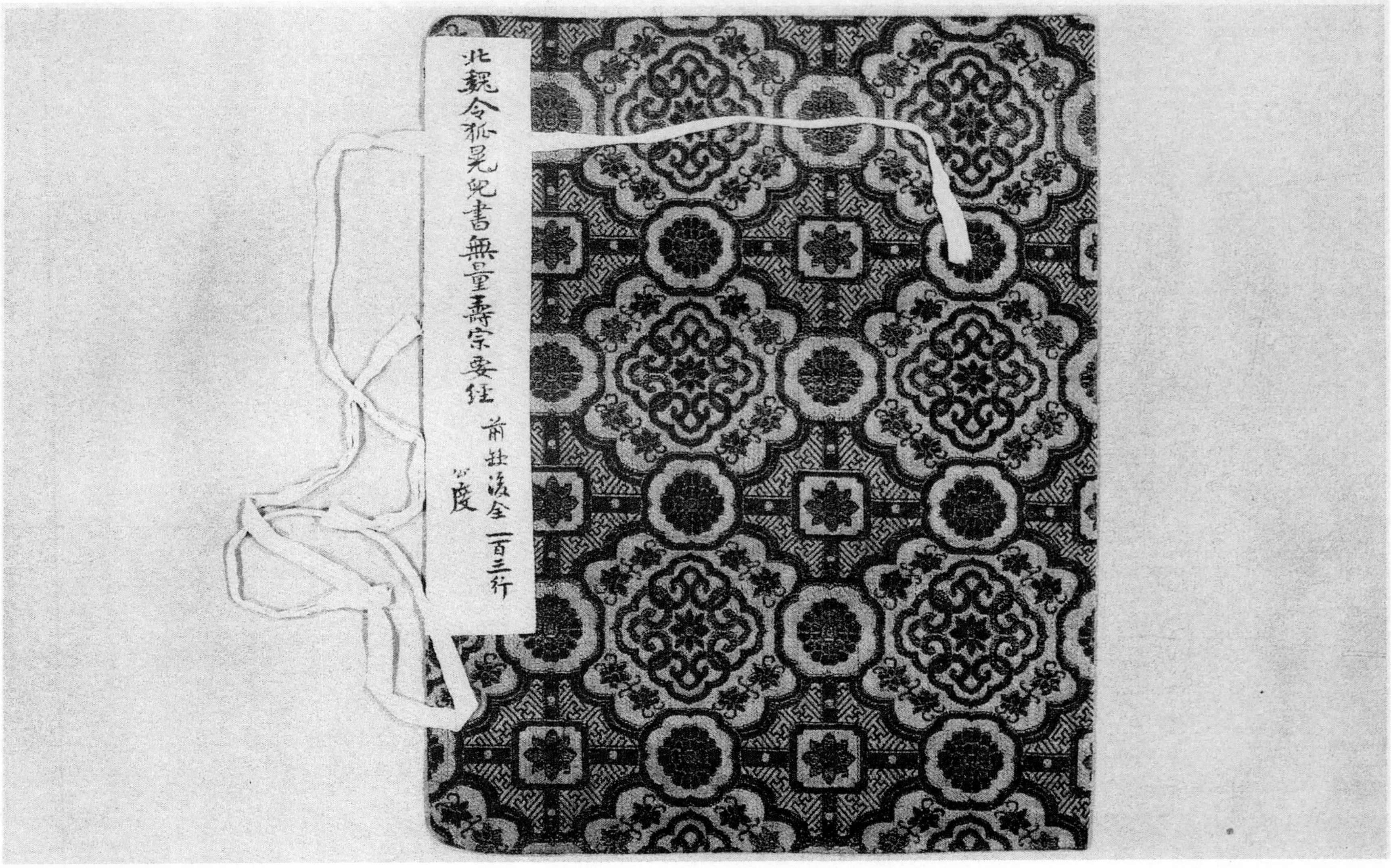

BD15090號背　護首　　　　（2–1）

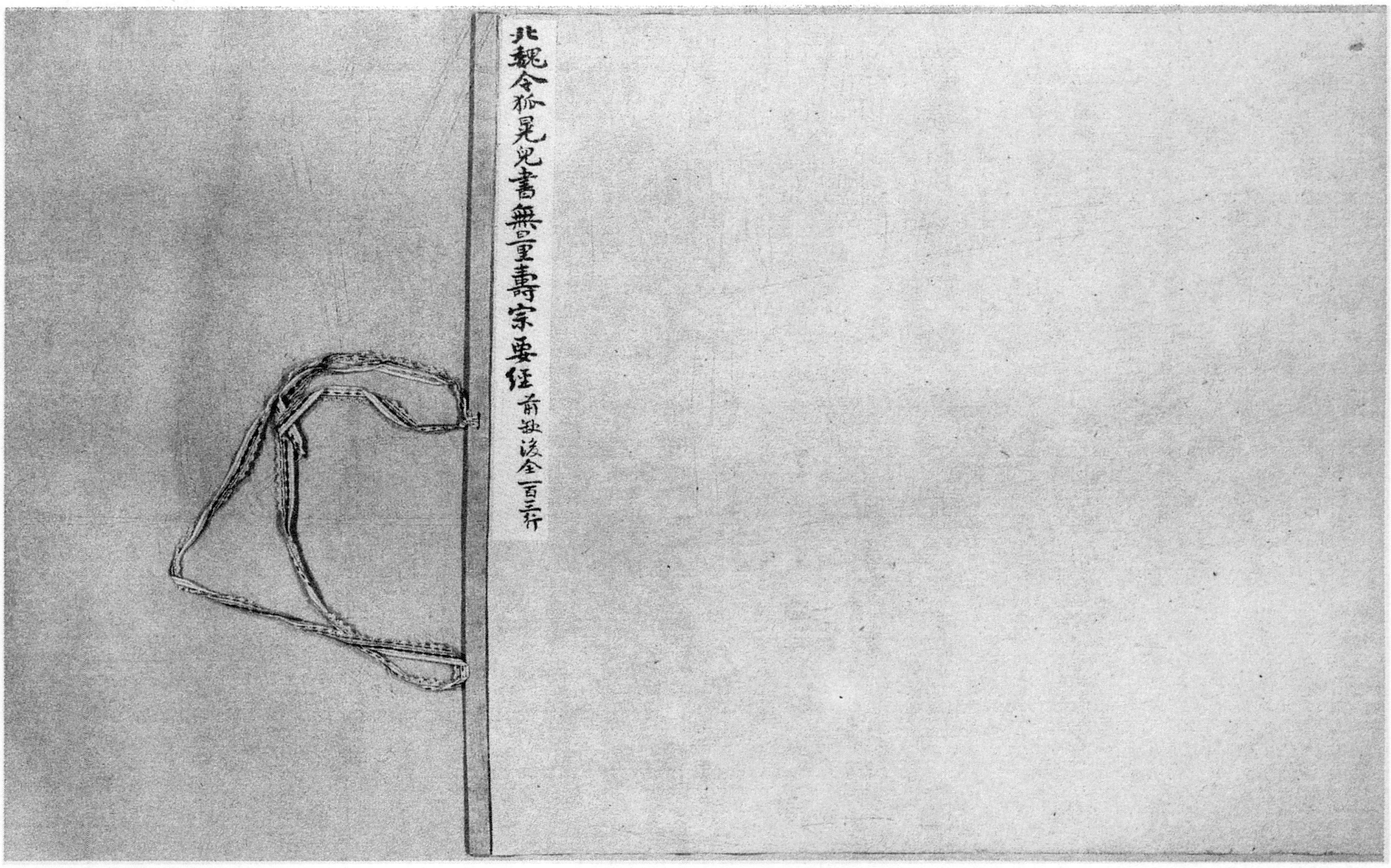

BD15090號背　護首　　　　（2–2）

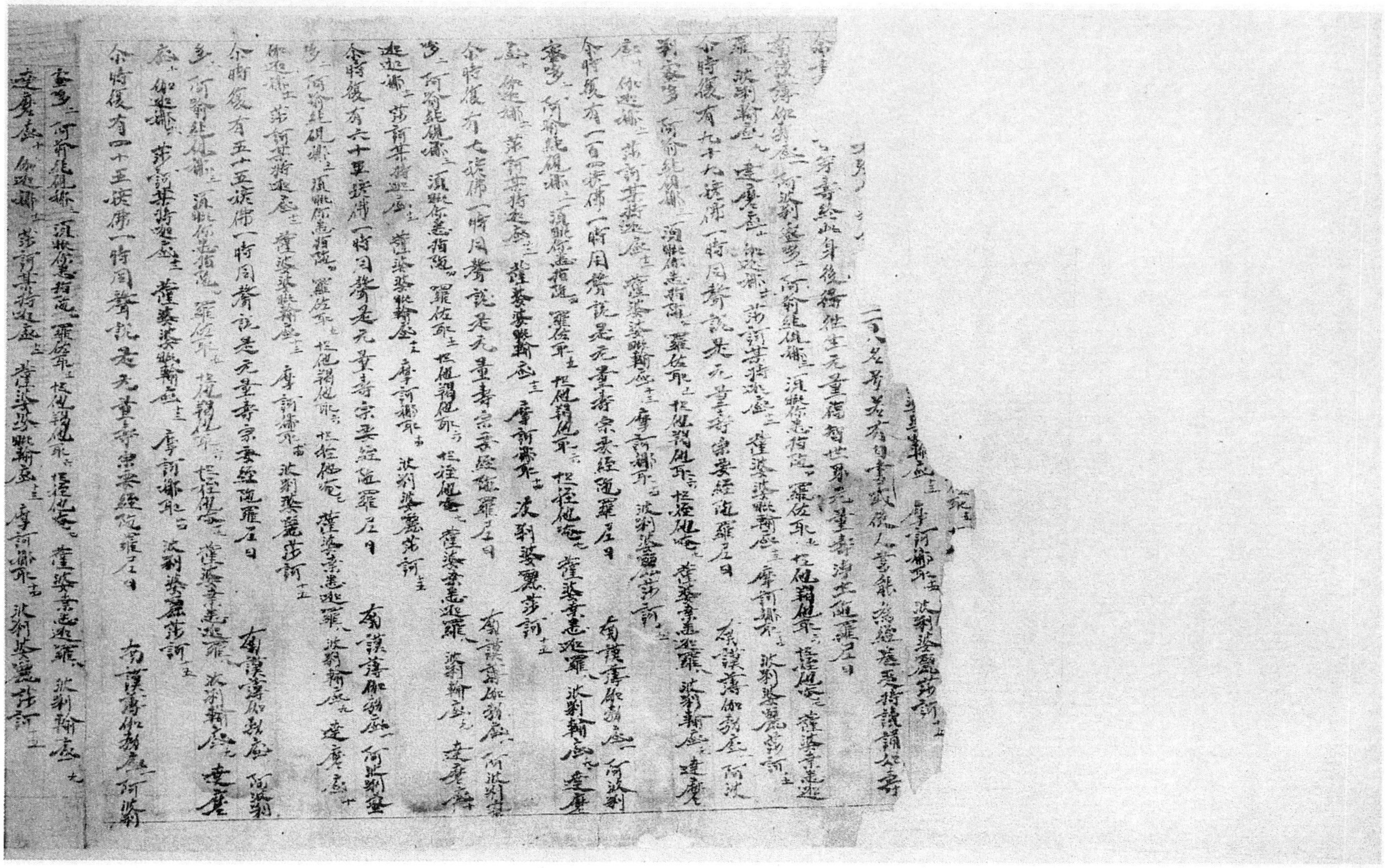

BD15090號　無量壽宗要經　（5–1）

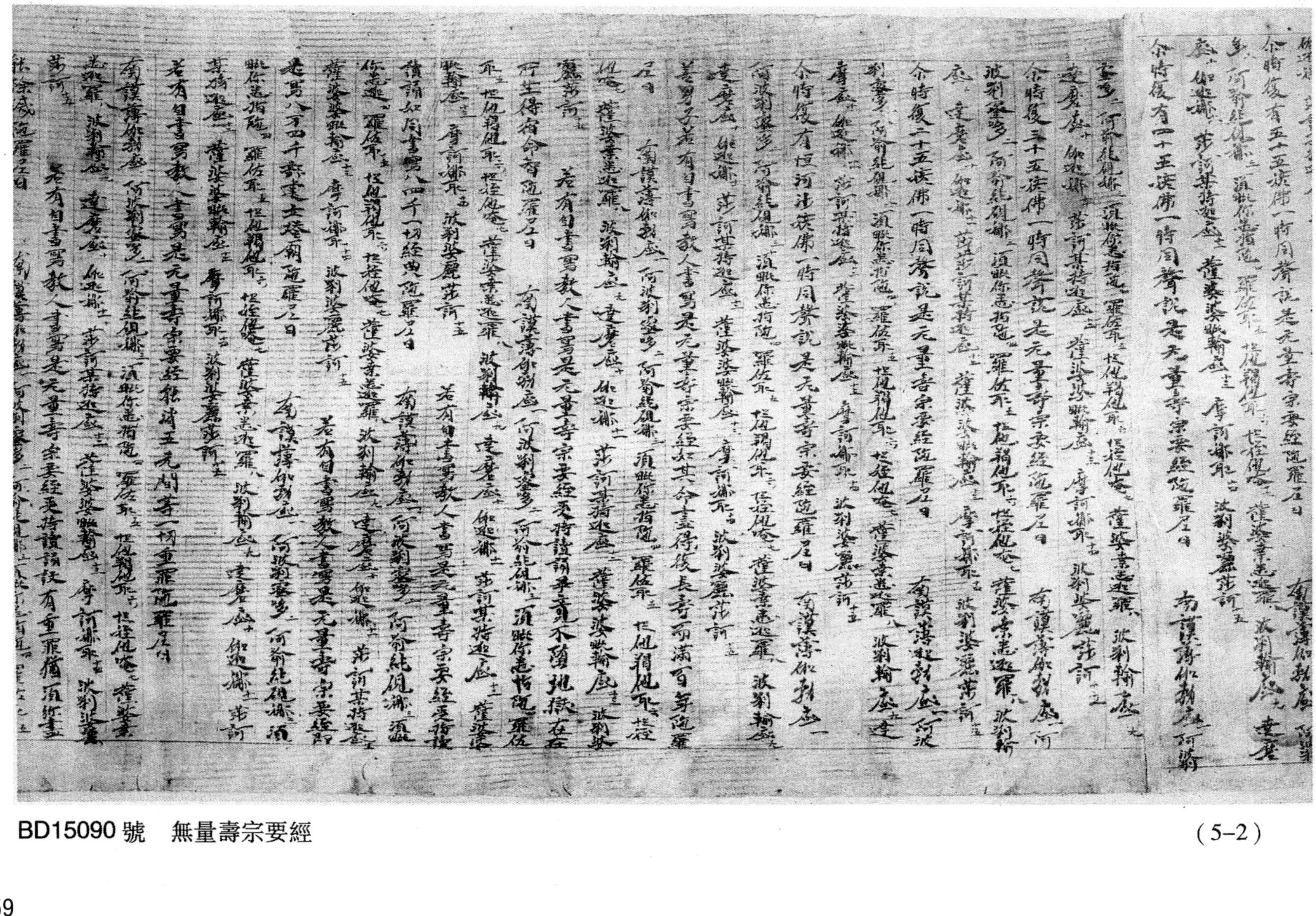

BD15090號　無量壽宗要經　（5–2）

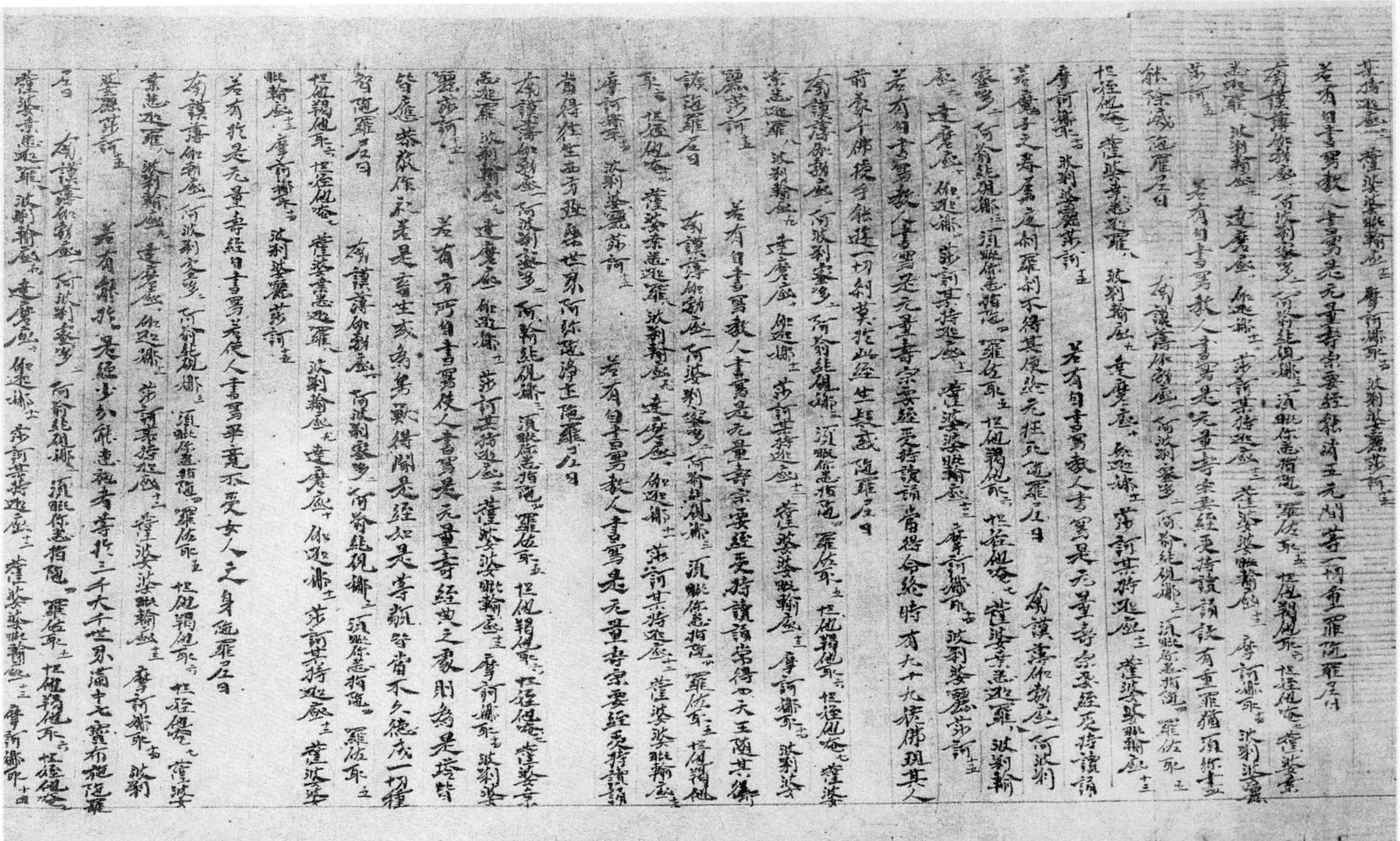

BD15090 號　無量壽宗要經　（5–3）

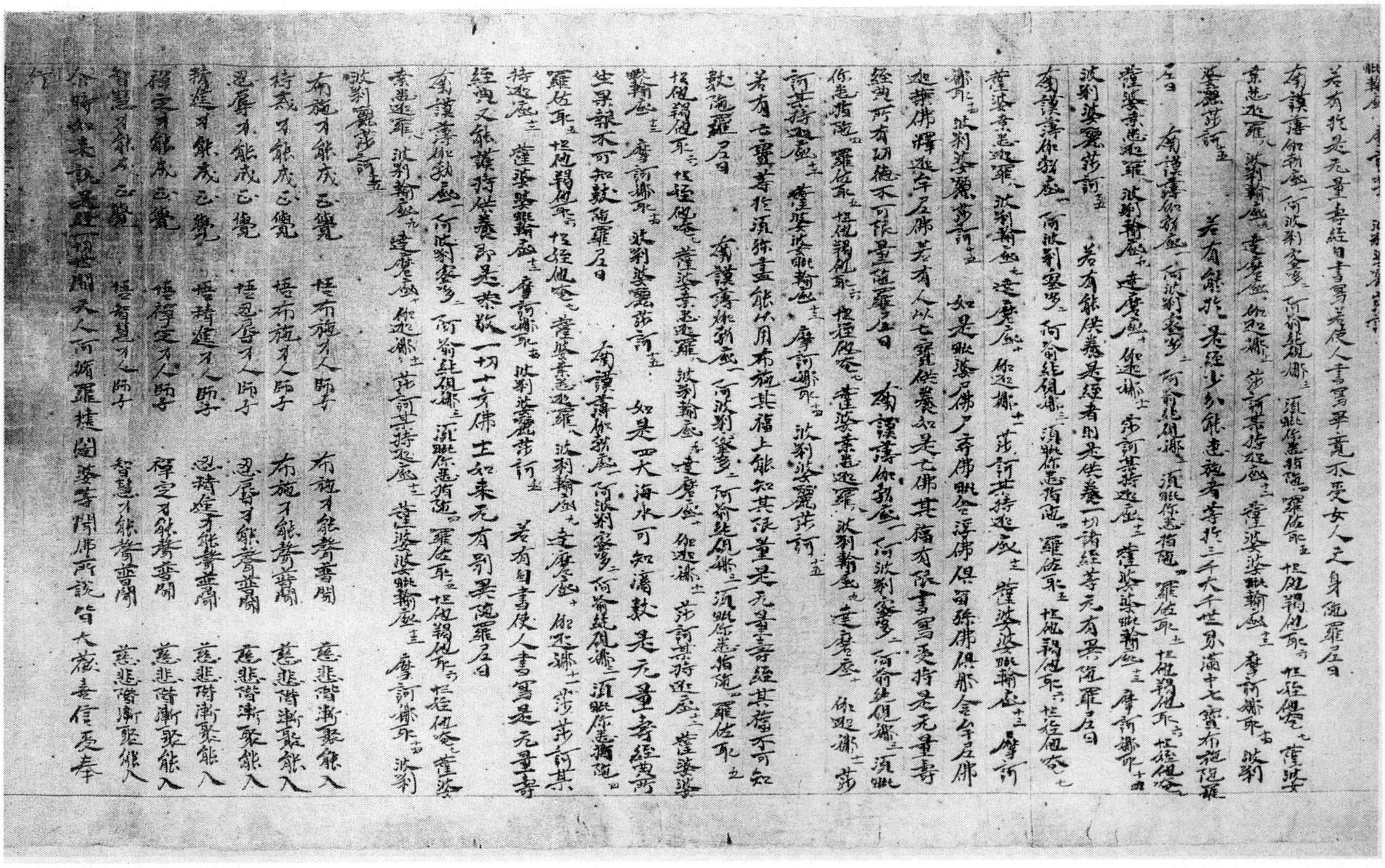

BD15090 號　無量壽宗要經　（5–4）

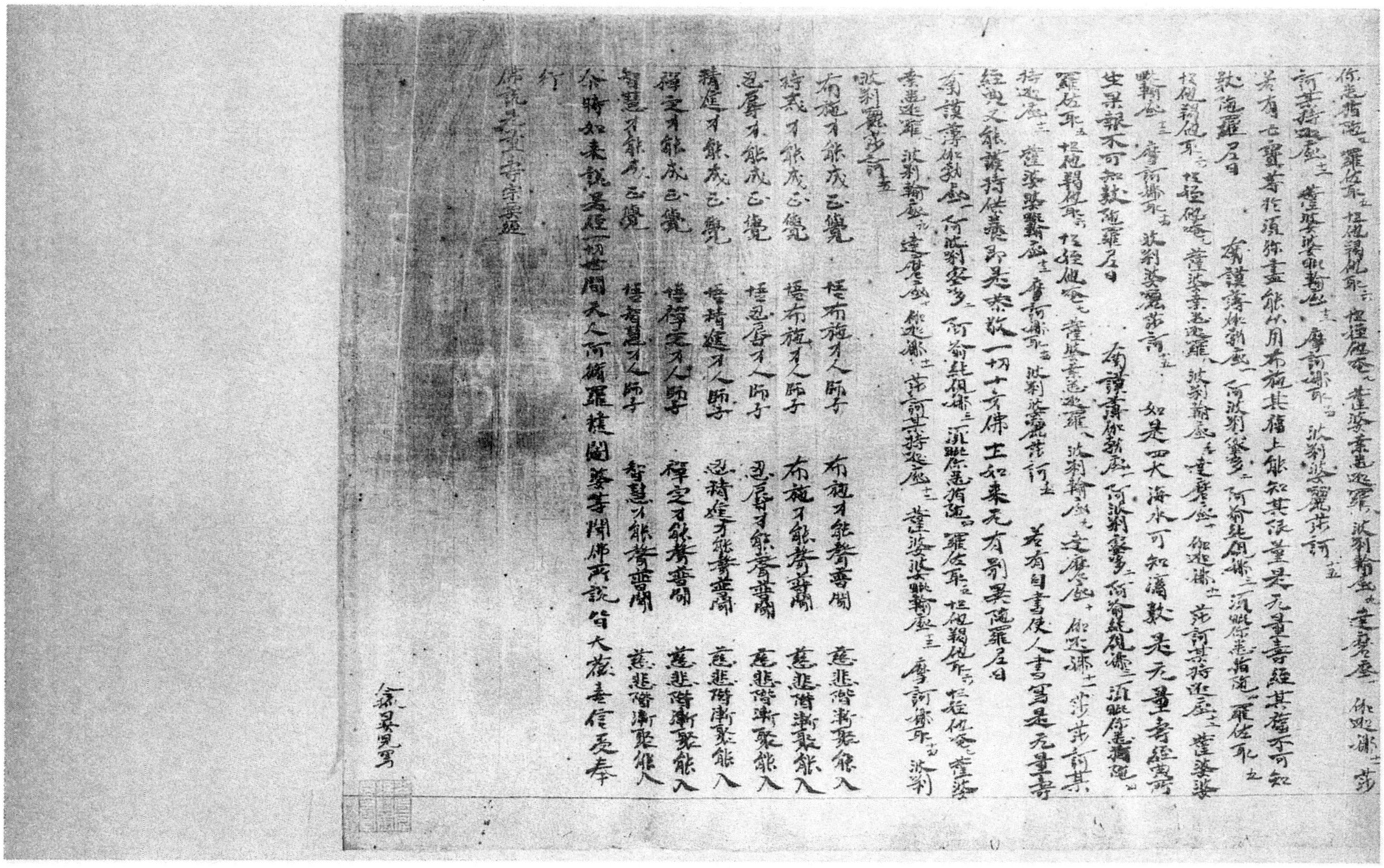

你悉指陀四 羅佐耶五 怛他羯他耶六 怛姪他唵七 薩婆桑悉迦羅八 波唎輸徒九 達磨底十 伽伽那十一 莎
訶其持迦底十二 薩婆婆娑毗輸底十三 摩訶娜耶十四 波唎婆羅莎訶十五
若有七寶等於須弥盡能以用布施其福上能知其限量是无量壽經其福不可知
數陀羅尼曰 南謨薄伽勃底一 阿波唎蜜多二 阿喻紇硯那三 須毗你悉指陀四 羅佐耶五
怛他羯他耶六 怛姪他唵七 薩婆桑悉迦羅八 波唎輸徒九 達磨底十 伽伽那十一 莎訶其持迦底十二 薩婆婆
毗輸底十三 摩訶娜耶十四 波唎婆羅莎訶十五 如是四大海水可知滴數是无量壽經其福
生果報不可知數陀羅尼曰 南謨薄伽勃底一 阿波唎蜜多二 阿喻紇硯那三 須毗你悉指陀四
羅佐耶五 怛他羯他耶六 怛姪他唵七 薩婆桑悉迦羅八 波唎輸徒九 達磨底十 伽伽那十一 莎訶其
持迦底十二 薩婆婆娑毗輸底十三 摩訶娜耶十四 波唎婆羅莎訶十五 若有自書使人書寫是无量壽
經典之能護持供養即是恭敬一切十方佛土如來无有別異陀羅尼曰
南謨薄伽勃底一 阿波唎蜜多二 阿喻紇硯那三 須毗你悉指陀四 羅佐耶五 怛他羯他耶六 怛姪他唵七 薩婆
桑悉迦羅八 波唎輸徒九 達磨底十 伽伽那十一 莎訶其持迦底十二 薩婆婆娑毗輸底十三 摩訶娜耶十四 波唎
婆羅莎訶十五
布施力能成正覺 悟布施力人師子 布施力能聲響聞 慈悲階漸聚能入
持戒力能成正覺 悟持戒力人師子 持戒力能聲響聞 慈悲階漸聚能入
忍辱力能成正覺 悟忍辱力人師子 忍辱力能聲響聞 慈悲階漸聚能入
精進力能成正覺 悟精進力人師子 精進力能聲響聞 慈悲階漸聚能入
禪定力能成正覺 悟禪定力人師子 禪定力能聲響聞 慈悲階漸聚能入
智慧力能成正覺 悟智慧力人師子 智慧力能聲響聞 慈悲階漸聚能入
尒時如來說是經已一切世間天人阿脩羅揵闥婆等聞佛所說皆大歡喜信受奉
行
佛說无量壽宗要經
令狐晏兒寫

BD15090 號　無量壽宗要經　（5–5）

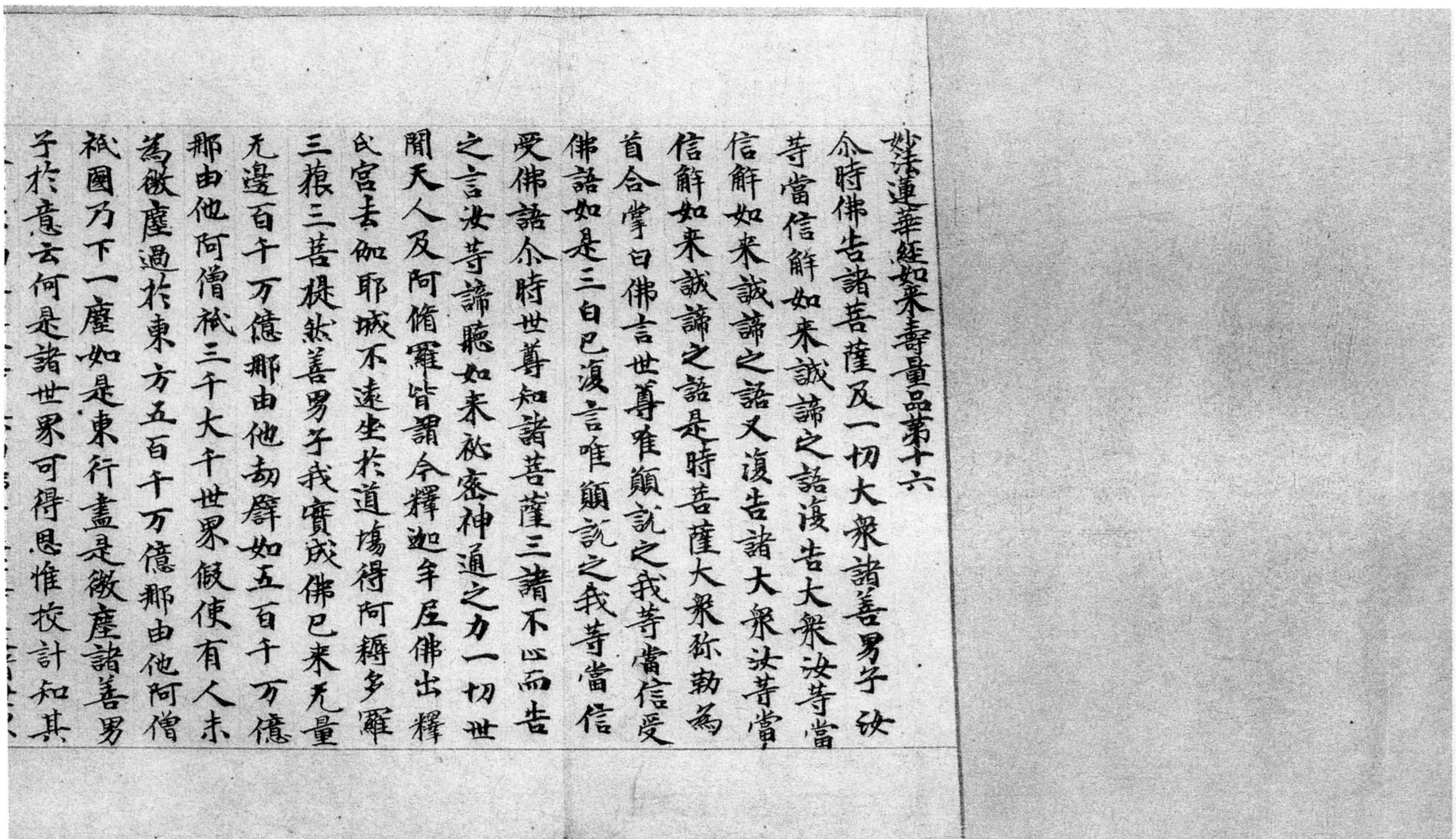

妙法蓮華經如來壽量品第十六
尒時佛告諸菩薩及一切大衆諸善男子汝
等當信解如來誠諦之語復告大衆汝等當
信解如來誠諦之語又復告諸大衆汝等當
信解如來誠諦之語是時菩薩大衆弥勒為
首合掌白佛言世尊唯願說之我等當信受
佛語如是三白已復言唯願說之我等當信
受佛語尒時世尊知諸菩薩三請不止而告
之言汝等諦聽如來祕密神通之力一切世
間天人及阿脩羅皆謂今釋迦牟尼佛出釋
氏宮去伽耶城不遠坐於道場得阿耨多羅
三藐三菩提然善男子我實成佛已來无量
无邊百千万億那由他劫譬如五百千万億
那由他阿僧祇三千大千世界假使有人抹
為微塵過於東方五百千万億那由他阿僧
祇國乃下一塵如是東行盡是微塵諸善男
子於意云何是諸世界可得思惟校計知其

BD15091 號 1　妙法蓮華經卷五　（13–1）

那由他阿僧祇三千大千世界，假使有人抹
為微塵，過於東方五百千万億那由他阿僧
祇國乃下一塵，如是東行，盡是微塵。諸善男
子，於意云何？是諸世界可得思惟校計知其
數不？」弥勒菩薩等俱白佛言：「世尊！是諸世界
无量无邊，非筭數所知，亦非心力所及。一切
聲聞、辟支佛以无漏智，不能思惟知其限數；
我等住阿惟越致地，於是事中亦所不達。世
尊！如是諸世界无量无邊。」尒時，佛告大菩薩
衆：「諸善男子！今當分明宣語汝等。是諸世界，
若著微塵及不著者，盡以為塵，一塵一劫，我
成佛已來，復過於此百千万億那由他阿僧
祇劫。自從是來，我常在此娑婆世界說法教
化，亦於餘處百千万億那由他阿僧祇國導
利衆生。諸善男子！於是中間，我說然燈佛等，
又復言其入於涅槃，如是皆以方便分別。諸善
男子！若有衆生來至我所，我以佛眼觀其信
等諸根利鈍，隨所應度，處處自說名字不同、
年紀大小，亦復現言當入涅槃，又以種種方
便說微妙法，能令衆生發歡喜心。諸善男子！
如來見諸衆生樂於小法、德薄垢重者，為是
人說：『我少出家，得阿耨多羅三藐三菩提。』然
我實成佛已來久遠若斯，但以方便教化衆
生，令入佛道，作如是說。諸善男子！如來所演
經典，皆為度脫衆生，或說己身，或說他身，或
示己身，或示他身，或示己事，或示他事，諸所
言說，皆實不虛。所以者何？如來如實知見三

生，令入佛道，作如是說。諸善男子！如來所演
經典，皆為度脫衆生，或說己身，或說他身，或
示己身，或示他身，或示己事，或示他事，諸所
言說，皆實不虛。所以者何？如來如實知見三
界之相，无有生死，若退若出，亦无在世及滅
度者，非實非虛，非如非異，不如三界見於三
界。如斯之事，如來明見，无有錯謬。以諸衆生
有種種性、種種欲、種種行、種種憶想分別故，
欲令生諸善根，以若干因緣、譬喻、言辭，種種
說法，所作佛事，未曾暫廢。如是，我成佛已來，
甚大久遠，壽命无量阿僧祇劫，常住不滅。諸
善男子！我本行菩薩道所成壽命，今猶未盡，
復倍上數。然今非實滅度，而便唱言當取滅
度。如來以是方便教化衆生。所以者何？若佛
久住於世，薄德之人不種善根，貧窮下賤，貪
著五欲，入於憶想妄見網中。若見如來常在
不滅，便起憍恣，而懷猒怠，不能生難遭之想、
恭敬之心。是故如來以方便說：比丘當知，諸
佛出世，難可值遇。所以者何？諸薄德人，過无
量百千万億劫，或有見佛，或不見者。以此事
故，我作是言：『諸比丘！如來難可得見。』斯衆生
等聞如是語，必當生於難遭之想，心懷戀慕，
渴仰於佛，便種善根。是故如來雖不實滅，而
言滅度。又，善男子！諸佛如來法皆如是，為度
衆生，皆實不虛。譬如良醫，智慧聽達，明練方
藥，善治衆病。其人多諸子息，若十、二十，乃至
百數，以有事緣，遠至餘國。諸子於後，飲他毒藥

渴仰於佛便種善根是故如來雖不實滅而
言滅度又善男子諸佛如來法皆如是為度
衆生皆實不虛譬如良醫智慧聰達明練方
藥善治衆病其人多諸子息若十二十乃至
百數以有事緣遠至餘國諸子於後飲他毒
藥藥發悶亂宛轉于地是時其父還來歸家
諸子飲毒或失本心或不失者遙見其父皆
大歡喜拜跪問訊善安隱歸我等愚癡誤
服毒藥願見救療更賜壽命父見子等苦
惱如是依諸經方求好藥草色香美味皆悉
具足擣篩和合與子令服而作是言此大良
藥色香美味皆悉具足汝等可服速除苦惱
无復衆患其諸子中不失心者見此良藥色
香俱好即便服之病盡除愈餘失心者見其
父來雖亦歡喜問訊求索治病然與其藥而
不肯服所以者何毒氣深入失本心故於此好
色香藥而謂不美父作是念此子可愍為毒
所中心皆顛倒雖見我喜求索救療如是好
藥而不肯服我今當設方便令服此藥即作
是言汝等當知我今衰老死時已至是好良
藥今留在此汝可取服勿憂不差作是教已
復至他國遣使還告汝父已死是時諸子聞
父背喪心大憂惱而作是念若父在者慈愍
我等能見救護今者捨我遠喪他國自惟孤
露无復恃怙常懷悲感心遂醒悟乃知此藥
色味香美即取服之毒病皆愈其父聞子
悉已得差尋便來歸咸使見之諸善男子於

BD15091 號 1　妙法蓮華經卷五　（13–4）

露无復恃怙常懷悲感心遂醒悟乃知此藥
色味香美即取服之毒病皆愈其父聞子
悉已得差尋便來歸咸使見之諸善男子於
意云何頗有人能說此良醫虛妄罪不不也世
尊佛言我亦如是成佛已來无量无邊百千
万億那由他阿僧祇劫為衆生故以方便力
言當滅度亦无有能如法說我虛妄過者尒
時世尊欲重宣此義而說偈言
自我得佛來　所經諸劫數　无量百千万　億載阿僧祇
常說法教化　无數億衆生　令入於佛道　尒來无量劫
為度衆生故　方便現涅槃　而實不滅度　常住此說法
我常住於此　以諸神通力　令顛倒衆生　雖近而不見
衆見我滅度　廣供養舍利　咸皆懷戀慕　而生渴仰心
衆生既信伏　質直意柔軟　一心欲見佛　不自惜身命
時我及衆僧　俱出靈鷲山　我時語衆生　常在此不滅
以方便力故　現有滅不滅　餘國有衆生　恭敬信樂者
我復於彼中　為說无上法　汝等不聞此　但謂我滅度
我見諸衆生　沒在於苦惱　故不為現身　令其生渴仰
因其心戀慕　乃出為說法　神通力如是　於阿僧祇劫
常在靈鷲山　及餘諸住處　衆生見劫盡　大火所燒時
我此土安隱　天人常充滿　園林諸堂閣　種種寶莊嚴
寶樹多華菓　衆生所遊樂　諸天擊天鼓　常作衆伎樂
雨曼陁羅華　散佛及大衆　我淨土不毀　而衆見燒盡
憂怖諸苦惱　如是悉充滿　是諸罪衆生　以惡業因緣
過阿僧祇劫　不聞三寶名　諸有脩功德　柔和質直者
則皆見我身　在此而說法　或時為此衆　說佛壽无量
久乃見佛者　為說佛難值　我智力如是　慧光照无量

BD15091 號 1　妙法蓮華經卷五　（13–5）

我此土安隱 天人常充滿 園林諸堂閣 種種寶莊嚴
寶樹多華菓 衆生所遊樂 諸天擊天鼓 常作衆伎樂
雨曼陁羅華 散佛及大衆 我淨土不毀 而衆見燒盡
憂怖諸苦惱 如是悉充滿 是諸罪衆生 以惡業因緣
過阿僧祇劫 不聞三寶名 諸有脩功德 柔和質直者
則皆見我身 在此而說法 或時為此衆 說佛壽无量
久乃見佛者 為說佛難值 我智力如是 慧光照无量
壽命无數劫 久脩業所得 汝等有智者 勿於此生疑
當斷令永盡 佛語實不虛 如醫善方便 為治狂子故
實在而言死 无能說虛妄 我亦為世父 救諸苦患者
為凡夫顛倒 實在而言滅 以常見我故 而生憍恣心
放逸著五欲 墮於惡道中 我常知衆生 行道不行道
隨應所可度 為說種種法 每自作是意 以何令衆生
得入无上道 速成就佛身

妙法蓮華經分別功德品第十七

尒時大會聞佛說壽命劫數長遠如是无量
无邊阿僧祇衆生得大饒益於時世尊告弥
勒菩薩摩訶薩阿逸多我說是如來壽命長
遠時六百八十万億那由他恒河沙衆生得
无生法忍復有千倍菩薩摩訶薩得聞持陁
羅尼門復有一世界微塵數菩薩摩訶薩得
樂說无礙辯才復有一世界微塵數菩薩摩
訶薩得百千万億无量旋陁羅尼復有三千
大千世界微塵數菩薩摩訶薩能轉不退法輪
復有二千中國土微塵數菩薩摩訶薩能轉
清淨法輪復有小千國土微塵數菩薩摩訶
薩八生當得阿耨多羅三藐三菩提復有四四

BD15091 號 1　妙法蓮華經卷五　（13–6）

訶薩得百千万億无量旋陁羅尼復有三千
大千世界微塵數菩薩摩訶薩能轉不退法輪
復有二千中國土微塵數菩薩摩訶薩能轉
清淨法輪復有小千國土微塵數菩薩摩訶
薩八生當得阿耨多羅三藐三菩提復有四四
天下微塵數菩薩摩訶薩四生當得阿耨多
羅三藐三菩提復有三四天下微塵數菩薩
摩訶薩三生當得阿耨多羅三藐三菩提復
有二四天下微塵數菩薩摩訶薩二生當得
阿耨多羅三藐三菩提復有一四天下微塵
數菩薩摩訶薩一生當得阿耨多羅三藐三
菩提復有八世界微塵數衆生皆發阿耨多
羅三藐三菩提心佛說是諸菩薩摩訶薩得
大法利時於虛空中雨曼陁羅華摩訶曼陁
羅華以散无量百千万億寶樹下師子座上
諸佛并散七寶塔中師子座上釋迦牟尼佛
及久滅度多寶如來亦散一切諸大菩薩及
四部衆又雨細末栴檀沈水香等於虛空中
天鼓自鳴妙聲深遠又雨千種天衣垂諸纓
絡真珠纓絡摩尼珠瓔珞如意珠瓔珞遍於
九方衆寶香爐燒无價香自然周至供養大
會一一佛上有諸菩薩執持幡蓋次第而上
至于梵天是諸菩薩以妙音聲歌无量頌讚
歎諸佛尒時弥勒菩薩從座而起偏袒右肩
合掌向佛而說偈言
佛說希有法 昔所未曾聞 世尊有大力 壽命不可量
无數諸佛子 聞世尊分別 說得法利者 歡喜充遍身

BD15091 號 1　妙法蓮華經卷五　（13–7）

至于梵天是諸菩薩以妙音聲歌无量頌讚
歎諸佛尒時弥勒菩薩從座而起偏袒右肩
合掌向佛而說偈言
佛說希有法 昔所未曾聞 世尊有大力 壽命不可量
无數諸佛子 聞世尊分別 說得法利者 歡喜充遍身
或住不退地 或得陁羅尼 或无礙樂說 万億旋總持
或有大千界 微塵數菩薩 各各皆能轉 不退之法輪
或有中千界 微塵數菩薩 各各皆能轉 清淨之法輪
復有小千界 微塵數菩薩 餘各八生在 當得成佛道
復有四三二 如是四天下 微塵諸菩薩 隨數生成佛
或一四天下 微塵數菩薩 餘有一生在 當成一切智
如是等衆生 聞佛壽長遠 得无量无漏 清淨之果報
復有八世界 微塵數衆生 聞佛說壽命 皆發无上心
世尊說无量 不可思議法 多有所饒益 如虚空无邊
雨天曼陁羅 摩訶曼陁羅 釋梵如恒沙 无數佛土來
雨栴檀沈水 繽紛而亂墜 如鳥飛空下 供散於諸佛
天鼓虚空中 自然出妙聲 天衣千万種 旋轉而來下
衆寶妙香爐 燒无價之香 自然悉周遍 供養諸世尊
其大菩薩衆 執七寶幡蓋 高妙万億種 次第至梵天
一一諸佛前 寶幢懸勝幡 亦以千万偈 歌詠諸如來
如是種種事 昔所未曾有 聞佛壽无量 一切皆歡喜
佛名聞十方 廣饒益衆生 一切具善根 以助无上心
尒時佛告弥勒菩薩摩訶薩阿逸多其有衆
生聞佛壽命長遠如是乃至能生一念信解
所得功德无有限量若有善男子善女人為
阿耨多羅三藐三菩提故於八十万億那由他
劫行五波羅蜜檀波羅蜜尸羅波羅蜜羼提

BD15091 號 1　妙法蓮華經卷五　（13–8）

生聞佛壽命長遠如是乃至能生一念信解
所得功德无有限量若有善男子善女人為
阿耨多羅三藐三菩提故於八十万億那由他
劫行五波羅蜜檀波羅蜜尸羅波羅蜜羼提
波羅蜜毗梨耶波羅蜜禪波羅蜜除般若波
羅蜜以是功德比前功德百分千分百千万
億分不及其一乃至筭數譬喻所不能知若
善男子有如是功德於阿耨多羅三藐三菩
提退者无有是處尒時世尊欲重宣此義而
說偈言
若人求佛慧 於八十万億 那由他劫數 行五波羅蜜
於是諸劫中 布施供養佛 及緣覺弟子 并諸菩薩衆
珎異之飲食 上服與臥具 栴檀立精舍 以園林莊嚴
如是等布施 種種皆微妙 盡此諸劫數 以迴向佛道
若復持禁戒 清淨无缺漏 求於无上道 諸佛之所歎
若復行忍辱 住於調柔地 設衆惡來加 其心不傾動
諸有得法者 懷於增上慢 為此所輕惱 如是亦能忍
若復勤精進 志念常堅固 於无量億劫 一心不懈息
又於无數劫 住於空閑處 若坐若經行 除睡常攝心
以是因緣故 能生諸禪定 八十億万劫 安住心不亂
持此一心福 願求无上道 我得一切智 盡諸禪定際
是人於百千 万億劫數中 行此諸功德 如上之所說
有善男女等 聞我說壽命 乃至一念信 其福過於彼
若人悉无有 一切諸疑悔 深心須臾信 其福為如此
其有諸菩薩 无量劫行道 聞我說壽命 是則能信受
如是諸人等 頂受此經典 願我於未來 長壽度衆生

BD15091 號 1　妙法蓮華經卷五　（13–9）

有善男女等　聞我說壽命　乃至一念信　其福過於彼
若人悉无有　一切諸疑悔　深心須臾信　其福為如此
其有諸菩薩　无量劫行道　聞我說壽命　是則能信受
如是諸人等　頂受此經典　願我於未來　長壽度眾生
如今日世尊　諸釋中之王　道場師子吼　說法无所畏
我等未來世　一切所尊敬　坐於道場時　說壽亦如是
若有深心者　清淨而質直　多聞能總持　隨義解佛語
如是諸人等　於此无有疑
又阿逸多若有聞佛壽命長遠解其言趣是
人所得功德无有限量能起如來无上之慧
何況廣聞是經若教人聞若自持若教人持
若自書若教人書若以華香瓔珞幢幡繒蓋
香油蘇燈供養經卷是人功德无量无邊能
生一切種智阿逸多若善男子善女人聞我
說壽命長遠深心信解則為見佛常在耆闍
崛山共大菩薩諸聲聞眾圍繞說法又見此
娑婆世界其地瑠璃坦然平正閻浮檀金以
界八道寶樹行列諸臺樓觀皆悉寶成其菩
薩眾咸處其中若有能如是觀者當知為
深信解相又復如來滅後若聞是經而不毀
呰起隨喜心當知已為深信解相何況讀誦
受持之者斯人則為頂戴如來阿逸多是善
男子善女人不須為我復起塔寺及作僧坊
以四事供養眾僧所以者何是善男子善女
人受持讀誦是經典者為已起塔造立僧坊
供養眾僧則為以佛舍利起七寶塔高廣漸

BD15091號1　妙法蓮華經卷五　（13–10）

以四事供養眾僧所以者何是善男子善女
人受持讀誦是經典者為已起塔造立僧坊
供養眾僧則為以佛舍利起七寶塔高廣漸
小至于梵天懸諸幡蓋及眾寶鈴華香瓔珞
末香塗香燒香眾鼓伎樂簫笛箜篌種種儛
戲以妙音聲歌唄讚頌則為於无量千万億
劫作是供養已阿逸多若我滅後聞是經典
有能受持若自書若教人書則為起立僧坊
以赤栴檀作諸殿堂三十有二高八多羅樹
高廣嚴好百千比丘於其中止園林浴池經
行禪窟衣服飲食床褥湯藥一切樂具充滿
其中如是僧坊堂閣若干百千万億其數无
量以此現前供養於我及比丘僧是故我說
如來滅後若有受持讀誦為他人說若自書
若教人書供養經卷不須復起塔寺及造僧
坊供養眾僧況復有人能持是經兼行布施
持戒忍辱精進一心智慧其德最勝无量无
邊譬如虛空東西南北四維上下无量无邊
是人功德亦復如是无量无邊疾至一切種
智若人讀誦受持是經為他人說若自書若
教人書復能起塔及造僧坊供養讚歎聲聞
眾僧亦以百千万億讚歎之法讚歎菩薩功
德又為他人種種因緣隨義解說此法華經
復能清淨持戒與柔和者而共同止忍辱无
瞋志念堅固常貴坐禪得諸深定精進勇猛
攝諸善法利根智慧善答問難阿逸多若我

BD15091號1　妙法蓮華經卷五　（13–11）

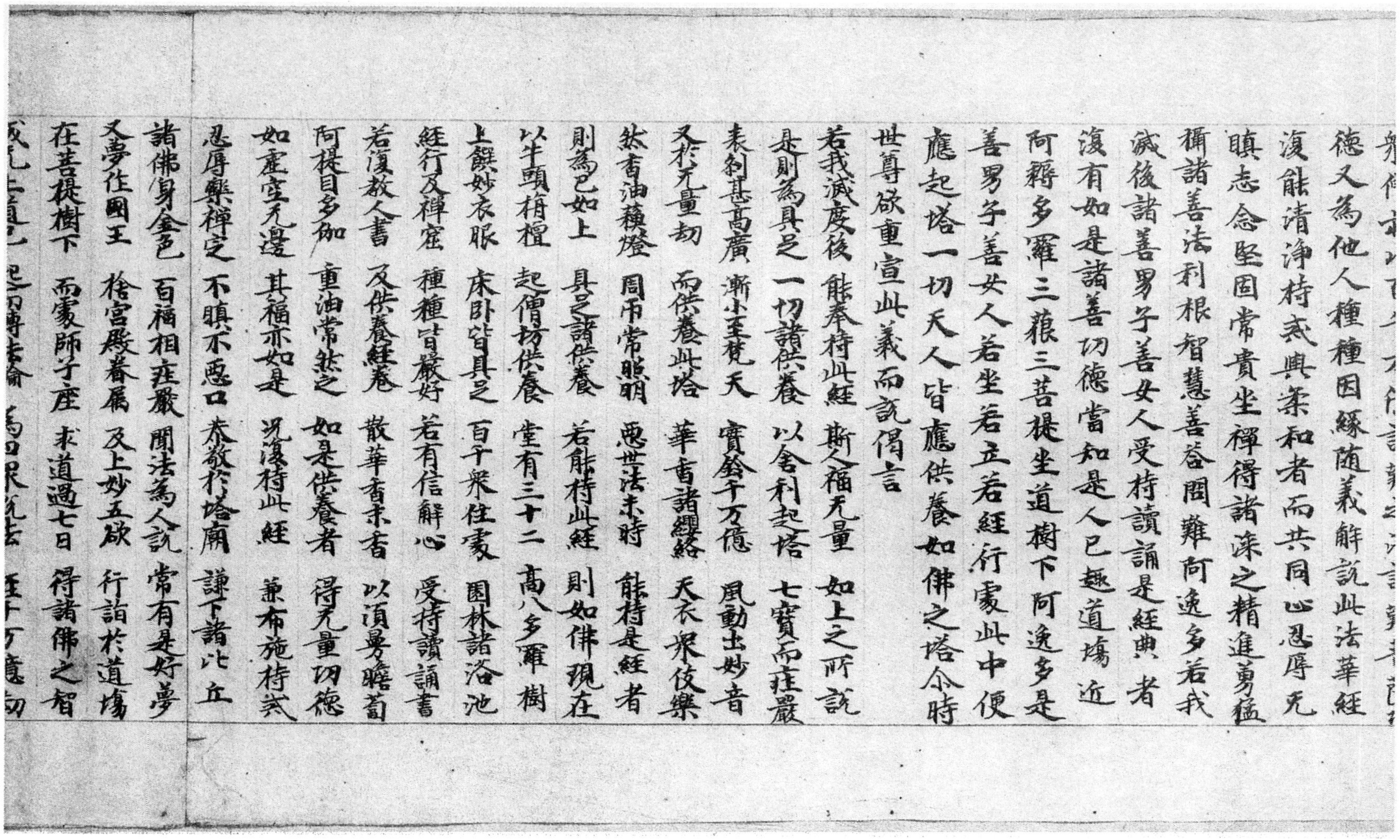

德又為他人種種因緣隨義解說此法華經
復能清淨持戒與柔和者而共同止忍辱无
瞋志念堅固常貴坐禪得諸深定精進勇猛
攝諸善法利根智慧善答問難阿逸多若我
滅後諸善男子善女人受持讀誦是經典者
復有如是諸善功德當知是人已趣道場近
阿耨多羅三藐三菩提坐道樹下阿逸多是
善男子善女人若坐若立若經行處此中便
應起塔一切天人皆應供養如佛之塔尒時
世尊欲重宣此義而說偈言
若我滅度後　能奉持此經　斯人福无量　如上之所說
是則為具足　一切諸供養　以舍利起塔　七寶而莊嚴
表剎甚高廣　漸小至梵天　寶鈴千万億　風動出妙音
又於无量劫　而供養此塔　華香諸瓔珞　天衣眾伎樂
然香油蘇燈　周帀常照明　惡世法末時　能持是經者
則為已如上　具足諸供養　若能持此經　則如佛現在
以牛頭栴檀　起僧坊供養　堂有三十二　高八多羅樹
上饌妙衣服　床臥皆具足　百千眾住處　園林諸浴池
經行及禪窟　種種皆嚴好　若有信解心　受持讀誦書
若復教人書　及供養經卷　散華香末香　以須曼瞻蔔
阿提目多伽　熏油常然之　如是供養者　得无量功德
如虛空无邊　其福亦如是　況復持此經　兼布施持戒
忍辱樂禪定　不瞋不惡口　恭敬於塔廟　謙下諸比丘
諸佛身金色　百福相莊嚴　聞法為人說　常有是好夢
又夢作國王　捨宮殿眷屬　及上妙五欲　行詣於道場
在菩提樹下　而處師子座　求道過七日　得諸佛之智
成无上道已　起而轉法輪　為四眾說法　經千万億劫

BD15091 號 1　妙法蓮華經卷五　（13–12）

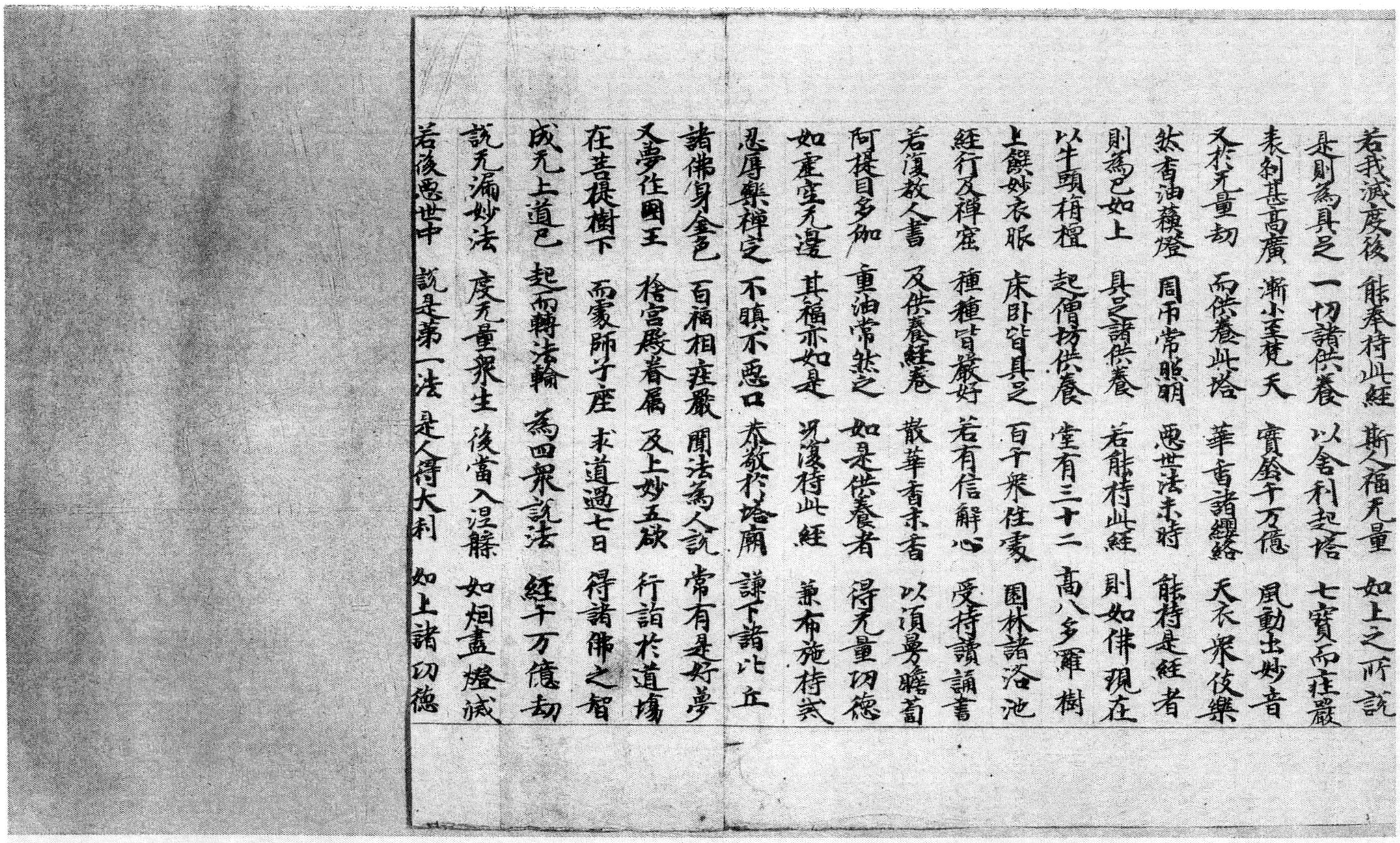

若我滅度後　能奉持此經　斯人福无量　如上之所說
是則為具足　一切諸供養　以舍利起塔　七寶而莊嚴
表剎甚高廣　漸小至梵天　寶鈴千万億　風動出妙音
又於无量劫　而供養此塔　華香諸瓔珞　天衣眾伎樂
然香油蘇燈　周帀常照明　惡世法末時　能持是經者
則為已如上　具足諸供養　若能持此經　則如佛現在
以牛頭栴檀　起僧坊供養　堂有三十二　高八多羅樹
上饌妙衣服　床臥皆具足　百千眾住處　園林諸浴池
經行及禪窟　種種皆嚴好　若有信解心　受持讀誦書
若復教人書　及供養經卷　散華香末香　以須曼瞻蔔
阿提目多伽　熏油常然之　如是供養者　得无量功德
如虛空无邊　其福亦如是　況復持此經　兼布施持戒
忍辱樂禪定　不瞋不惡口　恭敬於塔廟　謙下諸比丘
諸佛身金色　百福相莊嚴　聞法為人說　常有是好夢
又夢作國王　捨宮殿眷屬　及上妙五欲　行詣於道場
在菩提樹下　而處師子座　求道過七日　得諸佛之智
成无上道已　起而轉法輪　為四眾說法　經千万億劫
說无漏妙法　度无量眾生　後當入涅槃　如烟盡燈滅
若後惡世中　說是第一法　是人得大利　如上諸功德

BD15091 號 1　妙法蓮華經卷五　（13–13）
BD15091 號 2　妙法蓮華經卷五

BD15091 號背　雜寫　　（2–1）

BD15091 號背　雜寫　　（2–2）

妙法蓮華經安樂行品第十四　五
尒時文殊師利法王子菩薩摩訶薩白佛言
世尊是諸菩薩甚為難有敬順佛故發大誓
願於後惡世護持讀誦是法華經世尊菩薩
摩訶薩於後惡世云何能說是經佛告文殊
師利若菩薩摩訶薩於後惡世欲說是經當
安住四法一者安住菩薩行處親近處能為
衆生演說是經文殊師利云何名菩薩摩訶
薩行處若菩薩摩訶薩住忍辱地柔和善順
而不卒暴心亦不驚又復於法无所行而觀諸
法如實相亦不行不分別是名菩薩摩訶薩
行處云何名菩薩摩訶薩親近處菩薩摩訶
薩不親近國王王子大臣官長不親近諸外
道梵志尼揵子等及造世俗文筆讚詠外書
及路伽耶陁逆路伽耶陁者亦不親近諸有
凶戲相扠相撲及那羅等種種變現之戲又

BD15092號　妙法蓮華經卷五　（4-1）

法如實相亦不行不分別是名菩薩摩訶薩
行處云何名菩薩摩訶薩親近處菩薩摩訶
薩不親近國王王子大臣官長不親近諸外
道梵志尼揵子等及造世俗文筆讚詠外書
及路伽耶陁逆路伽耶陁者亦不親近諸有
凶戲相扠相撲及那羅等種種變現之戲又
不親近旃陁羅及畜猪羊雞狗田獵魚捕諸
惡律儀如是人等或時來者則為說法无所
悕望又不親近求聲聞比丘比丘尼優婆塞
優婆夷亦不問訊若於房中若經行處若在
講堂中不共住止或時來者隨宜說法无所
悕求文殊師利又菩薩摩訶薩不應於女人
身取能生欲想相而為說法亦不樂見若入
他家不與小女處女寡女等共語亦復不近
五種不男之人以為親厚不獨入他家若有
因緣須獨入時但一心念佛若為女人說法
不露齒笑不現胸臆乃至為法猶不親厚況
復餘事不樂畜年少弟子沙弥小兒亦不樂
與同師常好坐禪在於閑處修攝其心文殊
師利是名初親近處復次菩薩摩訶薩觀一
切法空如實相不顛倒不動不退不轉如虛
空无所有性一切語言道斷不生不出不起
无名无相實无所有无量无邊无导无鄣
但以因緣有從顛倒生故說常樂觀如是法相
是名菩薩摩訶薩第二親近處尒時世尊
欲重宣此義而說偈言
若有菩薩　於後惡世　无怖畏心　欲說是經
應入行處　及親近處　常離國王　及國王子

BD15092號　妙法蓮華經卷五　（4-2）

但以因緣有從顛倒生故說常樂觀如是法相
是名菩薩摩訶薩第二親近處尒時世尊
欲重宣此義而說偈言
若有菩薩 於後惡世 无怖畏心 欲說是經
應入行處 及親近處 常離國王 及國王子
大臣官長 凶險戲者 及旃陀羅 外道梵志
亦不親近 增上慢人 貪着小乘 三藏學者
破戒比丘 名字羅漢 及比丘尼 好戲咲者
深着五欲 求現滅度 諸優婆夷 皆勿親近
若是人等 以好心來 到菩薩所 為聞佛道
菩薩則以 无所畏心 不懷悕望 而為說法
寡女處女 及諸不男 皆勿親近 以為親厚
亦莫親近 屠兒魁膾 畋獵魚捕 為利煞害
販肉自活 衒賣女色 如是之人 皆勿親近
凶險相撲 種種嬉戲 諸婬女等 盡勿親近
莫獨屏處 為女說法 若說法時 无得戲咲
入里乞食 將一比丘 若无比丘 一心念佛
是則名為 行處近處 以此二處 能安樂說
又復不行 上中下法 有為无為 實不實法
亦不分別 是男是女 不得諸法 不知不見
是則名為 菩薩行處 一切諸法 空无所有
无有常住 亦无起滅 是名智者 所親近處
顛倒分別 諸法有无 是實非實 是生非生
在於閑處 脩攝其心 安住不動 如須弥山
觀一切法 皆无所有 猶如虛空 无有堅固
不生不出 不動不退 常住一相 是名近處
若有比丘 於我滅後 入是行處 及親近處
[illegible]

BD15092號　妙法蓮華經卷五　　（4–3）

亦莫親近 屠兒魁膾 畋獵魚捕 為利煞害
販肉自活 衒賣女色 如是之人 皆勿親近
凶險相撲 種種嬉戲 諸婬女等 盡勿親近
莫獨屏處 為女說法 若說法時 无得戲咲
入里乞食 將一比丘 若无比丘 一心念佛
是則名為 行處近處 以此二處 能安樂說
又復不行 上中下法 有為无為 實不實法
亦不分別 是男是女 不得諸法 不知不見
是則名為 菩薩行處 一切諸法 空无所有
无有常住 亦无起滅 是名智者 所親近處
顛倒分別 諸法有无 是實非實 是生非生
在於閑處 脩攝其心 安住不動 如須弥山
觀一切法 皆无所有 猶如虛空 无有堅固
不生不出 不動不退 常住一相 是名近處
若有比丘 於我滅後 入是行處 及親近處
說斯經時 无有怯弱 菩薩有時 入於靜室
以正憶念 隨義觀法 從禪定起 為諸國王
王子臣民 婆羅門等 開化演暢 說斯經典
其心安隱 无有怯弱 文殊師利 是名 菩薩
安住初法 能於後世 說法華經

BD15092號　妙法蓮華經卷五　　（4–4）

因緣譬喻　敷演分別　以是方便　皆使發心
漸漸增益　入於佛道　除嬾惰意　及懈怠想
離諸憂惱　慈心說法　晝夜常說　无上道教
以諸因緣　无量譬喻　開示衆生　咸令歡喜
衣服卧具　飲食醫藥　而於其中　无所悕望
但一心念　說法因緣　願成佛道　令衆亦尒
是則大利　安樂供養　我滅度後　若有比丘
能演說斯　妙法華經　心无嫉恚　諸惱鄣礙
亦无憂愁　及罵詈者　又无怖畏　加刀杖等
亦无擯出　安住忍故　智者如是　善脩其心
能住安樂　如我上說　其人功德　千万億劫
筭數譬喻　說不能盡
又文殊師利菩薩摩訶薩於後末世法欲滅
時受持讀誦斯經典者无懷嫉妬諂誑之心
亦勿輕罵學佛道者求其長短若比丘比丘
尼優婆塞優婆夷求聲聞者求辟支佛者求

BD15093號　妙法蓮華經卷五　（6–1）

筭數譬喻　說不能盡
又文殊師利菩薩摩訶薩於後末世法欲滅
時受持讀誦斯經典者无懷嫉妬諂誑之心
亦勿輕罵學佛道者求其長短若比丘比丘
尼優婆塞優婆夷求聲聞者求辟支佛者求
菩薩道者无得惱之令其疑悔語其人言汝
等去道甚遠終不能得一切種智所以者何
汝是放逸之人於道懈怠故又亦不應戲論
諸法有所諍競當於一切衆生起大悲想於
諸如來起慈父想於諸菩薩起大師想於十
方諸大菩薩常應深心恭敬礼拜於一切衆
生平等說法以順法故不多不少乃至深愛
法者亦不為多說文殊師利是菩薩摩訶薩
於後末世法欲滅時有成就是第三安樂行
者說是法時无能惱亂得好同學共讀誦是
經亦得大衆而來聽受聽已能持持已能誦
誦已能說說已能書若使人書供養經卷恭
敬尊重讚歎尒時世尊欲重宣此義而說
偈言
若欲說是經　當捨嫉恚慢　諂誑邪偽心　常脩質直行
不輕蔑於人　亦不戲論法　不令他疑悔　云汝不得佛
是佛子說法　常柔和能忍　慈悲於一切　不生懈怠心
十方大菩薩　愍衆故行道　應生恭敬心　是則我大師
於諸佛世尊　生无上父想　破於憍慢心　說法无鄣礙
第三法如是　智者應守護　一心安樂行　无量衆所敬

BD15093號　妙法蓮華經卷五　（6–2）

是佛子說法　常柔和能忍　慈悲於一切　不生懈怠心
十方大菩薩　愍衆故行道　應生恭敬心　是則我大師
於諸佛世尊　生无上父想　破於憍慢心　說法无鄣礙
第三法如是　智者應守護　一心安樂行　无量衆所敬
又文殊師利菩薩摩訶薩於後末世法欲滅
時有持法華經者於在家出家人中生大慈
心於非菩薩人中生大悲心應作是念如是
之人則為大失如來方便隨宜說法不聞不
知不覺不問不信不解其人雖不問不信不
解是經我得阿耨多羅三藐三菩提時隨在
何地以神通力智慧力引之令得住是法中
文殊師利是菩薩摩訶薩於如來滅後有成
就此第四法者說是法時无有過失常為比
丘比丘尼優婆塞優婆夷國王王子大臣人
民婆羅門居士等供養恭敬尊重讚歎虛空
諸天為聽法故亦常隨侍若在聚落城邑空
閑林中有人來欲難問者諸天晝夜常為法
故而衛護之能令聽者皆得歡喜所以者何
此經是一切過去未來現在諸佛神力所護
故文殊師利是法華經於无量國中乃至名
字不可得聞何況得見受持讀誦文殊師利
譬如強力轉輪聖王欲以威勢降伏諸國而
諸小王不順其命時轉輪王起種種兵而往
討代王見兵衆戰有功者即大歡喜隨功賞
賜或與田宅聚落城邑或與衣服嚴身之具

BD15093號　妙法蓮華經卷五　（6–3）

譬如強力轉輪聖王欲以威勢降伏諸國而
諸小王不順其命時轉輪王起種種兵而往
討代王見兵衆戰有功者即大歡喜隨功賞
賜或與田宅聚落城邑或與衣服嚴身之具
或與種種珍寶金銀瑠璃車璖馬瑙珊瑚虎
珀象馬車乘奴婢人民唯髻中明珠不以與
之所以者何獨王頂上有此一珠若以與之
王諸眷屬必大驚怪文殊師利如來亦復如
是以禪定智慧力得法國土王於三界而諸
魔王不肯順伏如來賢聖諸將與之共戰其
有功者心亦歡喜於四衆中為說諸經令其
心悅賜以禪定解脫无漏根力諸法之財又
復賜與涅槃之城言得滅度引導其心令皆
歡喜而不為說是法華經文殊師利如轉輪
王見諸兵衆有大功者心甚歡喜以此難信
之珠久在髻中不妄與人而今與之如來亦
復如是於三界中為大法王以法教化一切
衆生見賢聖軍與五陰魔煩惱魔死魔共戰
有大功勳滅三毒出三界破魔網尒時如來
亦大歡喜此法華經能令衆生至一切智一
切世間多怨難信先所未說而今說之文殊
師利此法華經是諸如來第一之說於諸說
中最為甚深末後賜與如彼強力之王久護
明珠今乃與之文殊師利此法華經諸佛如
來秘密之藏於諸經中最在其上長夜守護

BD15093號　妙法蓮華經卷五　（6–4）

師利此法華經是諸如來第一之說於諸說
中最為甚深末後賜與如彼強力之王久護
明珠今乃與之文殊師利此法華經諸佛如
來秘密之藏於諸經中最在其上長夜守護
不妄宣說始於今日乃與汝等而敷演之尒
時世尊欲重宣此義而說偈言
常行忍辱　哀愍一切　乃能演說　佛所讚經
後末世時　持此經者　於家出家　及非菩薩
應生慈悲　斯等不聞　不信是經　則為大失
我得佛道　以諸方便　為說此法　令住其中
譬如強力　轉輪之王　兵戰有功　賞賜諸物
象馬車乘　嚴身之具　及諸田宅　聚落城邑
或與衣服　種種珍寶　奴婢財物　歡喜賜與
如有勇健　能為難事　王解髻中　明珠賜之
如來亦尒　為諸法王　忍辱大力　智慧寶藏
以大慈悲　如法化世　見一切人　受諸苦惱
欲求解脫　與諸魔戰　為是衆生　說種種法
以大方便　說此諸經　既知衆生　得其力已
末後乃為　說是法華　如王解髻　明珠與之
此經為尊　衆經中上　我常守護　不妄開示
今正是時　為汝等說　我滅度後　求佛道者
欲得安隱　演說斯經　應當親近　如是四法
讀是經者　常无憂惱　又无病痛　顏色鮮白
不生貧窮　卑賤醜陋　衆生樂見　如慕賢聖
天諸童子　以為給使　刀杖不加　毒不能害

BD15093號　妙法蓮華經卷五　（6–5）

今正是時　為汝等說　我滅度後　求佛道者
欲得安隱　演說斯經　應當親近　如是四法
讀是經者　常无憂惱　又无病痛　顏色鮮白
不生貧窮　卑賤醜陋　衆生樂見　如慕賢聖
天諸童子　以為給使　刀杖不加　毒不能害
若人惡罵　口則閉塞　遊行无畏　如師子王
智慧光明　如日之照　若於夢中　但見妙事
見諸如來　坐師子座　諸比丘衆　圍繞說法
又見龍神　阿脩羅等　數如恒沙　恭敬合掌
自見其身　而為說法　又見諸佛　身相金色
放无量光　照於一切　以梵音聲　演說諸法
佛為四衆　說无上法　見身處中　合掌讚佛
聞法歡喜　而為供養　得陁羅尼　證不退智
佛知其心　深入佛道　即為授記　成最正覺
汝善男子　當於來世　得无量智　佛之大道
國土嚴淨　廣大无比　亦有四衆　合掌聽法
又見自身　在山林中　脩習善法　證諸實相
深入禪定　見十方佛
諸佛身金色　百福相莊嚴　聞法為人說　常有是好夢
又夢作國王　捨宮殿眷屬　及上妙五欲　行詣於道場
在菩提樹下　而處師子座　求道過七日　得諸佛之智
成无上道已　起而轉法輪　為四衆說法　經千万億劫

BD15093號　妙法蓮華經卷五　（6–6）

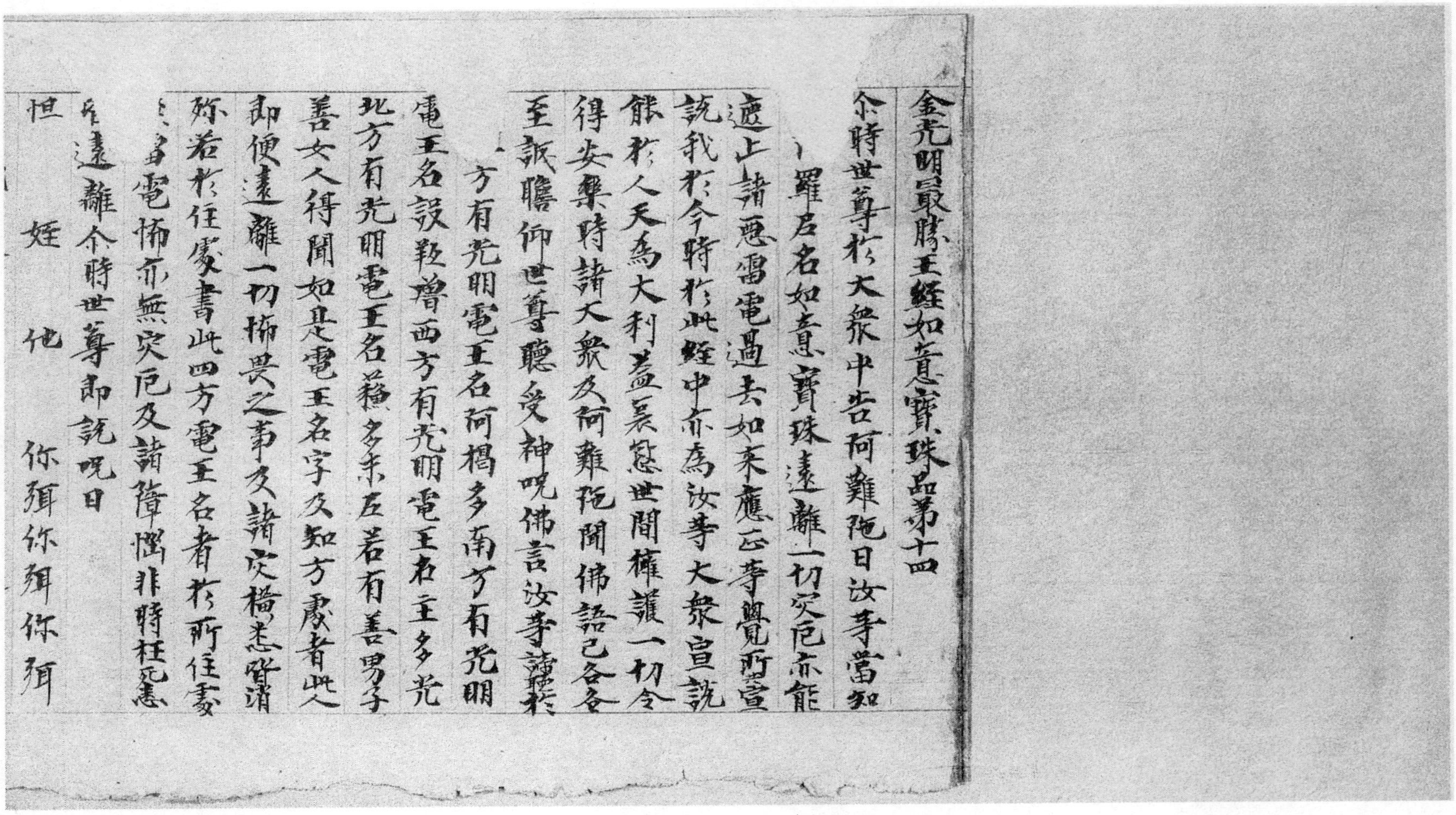

金光明最勝王經如意寶珠品第十四

尒時世尊於大衆中告阿難陁曰汝等當知

陁羅尼名如意寶珠遠離一切灾厄亦能

遮止諸惡雷電過去如來應正等覺所共宣

說我於今時於此經中亦為汝等大衆宣說

能於人天為大利益哀愍世間擁護一切令

得安樂時諸大衆及阿難陁聞佛語已各各

至誠瞻仰世尊聽受神呪佛言汝等諦聽於

方有光明電王名阿揭多南方有光明

電王名設羝嚕西方有光明電王名主多光

北方有光明電王名蘇多末尼若有善男子

善女人得聞如是電王名字及知方處者此人

即便遠離一切怖畏之事及諸灾橫悉皆消

殄若於住處書此四方電王名者於所住處

無有電怖亦無灾厄及諸障惱非時枉死悉

皆遠離尒時世尊即說呪曰

怛 姪 他 你弭你弭你弭

BD15094 號　金光明最勝王經卷七　（18-1）

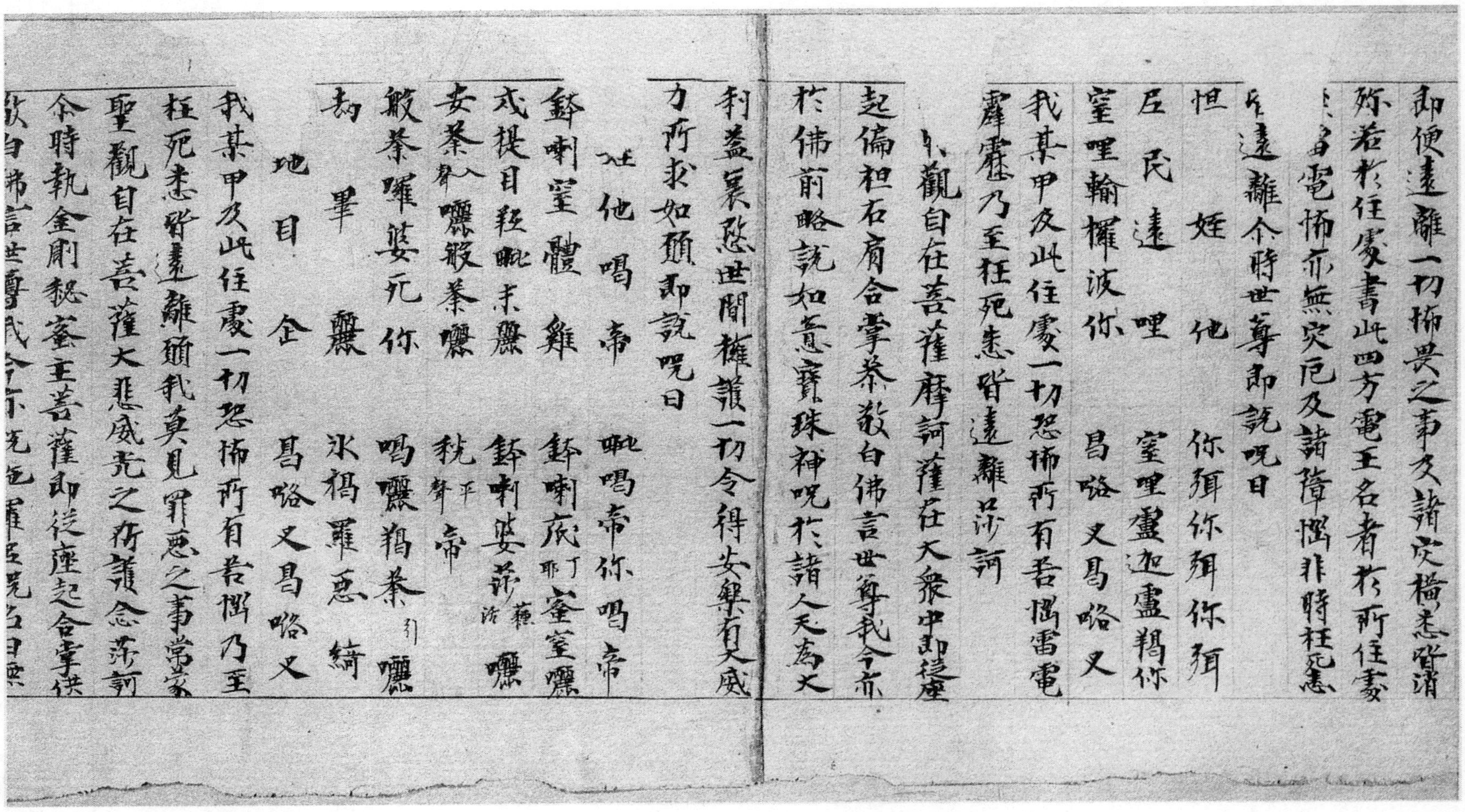

即便遠離一切怖畏之事及諸灾橫悉皆消

殄若於住處書此四方電王名者於所住處

無有電怖亦無灾厄及諸障惱非時枉死悉

皆遠離尒時世尊即說呪曰

怛 姪 他 你弭你弭你弭你弭

尼 民 達 哩 窒哩盧迦盧羯你

窒哩輸擺波你 昌 咯 叉 昌 咯 叉

我某甲及此住處一切恐怖所有苦惱雷電

霹靂乃至枉死悉皆遠離莎訶

尒時觀自在菩薩摩訶薩在大衆中即從座

起偏袒右肩合掌恭敬白佛言世尊我今亦

於佛前略說如意寶珠神呪於諸人天為大

利益哀愍世間擁護一切令得安樂有大威

力所求如願即說呪曰

姪 他 嗚 帝 毗嗚帝你嗚帝

鉢喇窒 體 雞 鉢喇底耶丁窒窒嚟

式提目羝 毗末麗 鉢喇婆莎蘇活嚟

安荼聲入嚟般荼嚟 稅平聲帝

般荼囉婆死你 嗚嚟羯荼引嚟

畢 麗 冰揭羅惡 綺

地 目 企 昌 咯 叉 昌 咯 叉

我某甲及此住處一切恐怖所有苦惱乃至

枉死悉皆遠離願我莫見罪惡之事常蒙

聖觀自在菩薩大悲威光之所護念莎訶

尒時執金剛秘密主菩薩即從座起合掌恭

敬白佛言世尊我今亦說陁羅尼名曰無

BD15094 號　金光明最勝王經卷七　（18-2）

我某甲及山住處一切怖所有苦惱乃至
枉死悉皆遠離願我莫見罪惡之事常蒙
聖觀自在菩薩大悲威光之所護念莎訶
尒時執金剛秘密主菩薩即從座起合掌恭
敬白佛言世尊我今亦說陀羅尼呪名曰無
勝於諸人天為大利益哀愍世間擁護一切
有大威力所求如願即說呪曰
怛姪他　毋你毋你　毋尼曬末底末底
蘇末底莫訶末底　呵呵呵麼婆以
那悉底帝引波跛　跋析攞波你
惡鉗金火姪嘌綦上　莎訶
尊我此神呪名曰無勝擁護若有男女一
心受持書寫讀誦憶念不忘我於晝夜常
護是人於一切怖乃至枉死悉皆遠離
尒時索訶世界主梵天王即從座起合掌恭
敬白佛言世尊我亦有陀羅尼微妙法門於
諸人天為大利益哀愍世間擁護一切有大
威力所求如願即說呪曰
怛　姪　他　臨里弭里地里莎訶
跋羅鉗魔布嚟　跋羅鉗末注
跋羅鉗麼揭鞞　補澀跋僧悉怛嚟莎訶
世尊我此神呪名曰梵治悉能擁護持是呪
者令離憂惱及諸罪業乃至枉死悉皆遠離
尒時帝釋天主即從座起合掌恭敬白佛言
世尊我亦有陀羅尼名跋折羅扇你是大明
呪能除一切怖厄難乃至枉死悉皆遠離

者令離憂惱及諸罪業乃至枉死悉皆遠離
尒時帝釋天主即從座起合掌恭敬白佛言
世尊我亦有陀羅尼名跋折羅扇你是大明
呪能除一切怖厄難乃至枉死悉皆遠離
拔苦與樂利益人天即說呪曰
怛姪他毗你婆喇你　畔稚麼弭滞
膩你徵尒羅哩　健陀哩旃綦哩
羶登耆上丁羯死　薩羅吠喇鄞許去
呬娜末任咨麼嗢多囉你　莫呼賴你達賴你許
斫羯羅婆　枳　捨代哩奢代哩莎訶
尒時多聞天王持國天王增長天王廣目天
王俱從座起合掌恭敬白佛言世尊我今亦
有神呪名施一切衆生無畏於諸苦惱常為
擁護令得安樂增益壽命無諸患苦乃至枉
死悉皆遠離即說呪曰
怛姪他補澀閉　蘇補澀閉
度麼鉢喇呵嚟　阿嚟取鉢喇設悉帝
帝涅自帝　怚揭例窣覩帝
悉哆鼻帝　莎訶
尒時復有諸大龍王所謂末那斯龍王電光
龍王無熱池龍王電舌龍王妙光龍王俱從座
起合掌恭敬白佛言世尊我亦有如意寶
朱陀羅尼能遮惡電除諸怖畏能於人天
為大利益哀愍世間擁護一切有大威力所
求如願乃至枉死悉皆遠離一切毒藥皆令
止息一切造作蠱道呪術不祥事悉令除滅我

起合掌恭敬白佛言世尊我亦有如意寶
朱陀羅尼能遮惡電除諸恐怖能於人天
為大利益哀愍世間擁護一切有大威力所
求如願乃至枉死悉皆遠離一切毒藥皆令
止息一切造作蠱道呪術不祥事悉令除滅我
今以此神呪奉獻世尊唯願哀愍慈悲納受
當令我等離此龍趣永捨慳貪何以故由
慳貪於生死中受諸苦惱我等願斷慳
貪種子即說呪曰
怛姪他 阿折嚟 阿末嚟 阿蜜㗚帝
惡叉賽 阿弊賽 奔尼 鉢喇耶法帝
薩婆 波跛 鉢喇苫摩尼賽莎訶
阿 雞 賽 薮豆蘇波尼賽莎訶
世尊若有善男子善女人口中說此陁羅尼
明呪或書經卷持讀誦恭敬供養者終無
雷電霹靂及諸恐怖苦惱憂患乃至枉死
悉皆遠離所有毒藥蠱魅厭禱害至虎狼
師子毒虵之類乃至蚊虻悉不為害
爾時世尊普告大衆善哉善哉此等神呪皆
有大力能隨衆生心所求事悉令圓滿為大
利益除不至心汝等勿疑時諸大衆聞佛語
已歡喜信受
金光明最勝王經大辯才天女品第十五
爾時大辯才天女於大衆中即從座起頂礼佛
足白佛言世尊若有法師說是金光明最勝
王經者我當益其智慧具足莊嚴言說之

金光明最勝王經大辯才天女品第十五
爾時大辯才天女於大衆中即從座起頂礼佛
足白佛言世尊若有法師說是金光明最勝
王經者我當益其智慧具足莊嚴言說之
辯若彼法師於此經中文字句義所有忘失
皆令憶持能善開悟復與陁羅尼揔持無
礙又此金光明最勝王經為彼有情已於百千
佛所種諸善根當受持者於贍部洲廣行流
布不速隱沒復令無量有情聞是經典皆得
不可思議捷利辯才無盡大慧善根衆論及
諸伎術能出生死速趣無上正等菩提於現
世中增益壽命資身之具悉令圓滿世尊我
當為彼持經法師及餘有情於此經典樂聽
聞者說其呪藥洗浴之法彼人所有惡日生尖
變與初生時日星屬相違疫病之苦鬪諍戰
陣惡夢鬼神蠱毒厭魅呪術起屍如是諸惡
為障難者悉令除滅諸有智者應作如是洗
浴之法當取香藥三十二味所謂
昌蒲 跋者　牛黃 瞿嚧折娜　苜蓿香 塞畢力迦
麝香 莫訶婆伽　雄黃 末捺眵羅　合昏樹 尸利灑
白皮 因達羅喝悉哆　芎藭 闍莫迦　苟杞根 苫弭
松脂 室利薜瑟得迦　桂皮 咄者　香附子 目窣哆
沈香 惡揭嚕　栴檀 栴檀娜　零凌香 多揭羅
丁子 索瞿者　鬱金 茶矩麼　婆律膏 曷羅婆
葦香 捺剌柁　竹黃 𧂐路戰娜　細豆蔲 蘇泣迷羅
甘松 苫弭哆　藿香 鉢怛羅　茅根香 嗢尸羅

松脂 悉得迦 桂皮 香附子 哆
沉香 惡揭嚕 旃檀 旃檀娜 零淩香 多揭羅
丁子 索瞿者 鬱金 茶矩麼 婆律膏 曷羅娑
葦香 捺剌柁 竹黃 鵝路戰娜 細豆蔻 蘇泣迷羅
甘松 苫弭哆 藿香 缽怛羅 茅根香 嗢尸羅
叱脂 薩洛計 艾納 世黎也 安息香 窶具攞
芥子 薩利殺跛 馬芹 葉婆你 龍花鬚 那伽雞薩羅
白膠 薩折羅婆 青木 矩瑟侘 皆等分
以布灑日月一處擣篩取其香末當以此呪
呪一百八遍呪曰
怛姪他蘇訖栗帝 訖栗帝訖栗計
劫摩怛里 繕怒羯囉滯
郝羯囉滯 因達囉闍利膩
鑠羯囉滯 鉢設姪囇
阿伐底羯細 計娜矩覩矩覩
脚迦鼻囇 劫鼻囇劫鼻囇
劫毗羅末底 丁里 尸羅末底
那底度羅末底里 波伐雉畔稚囇
室囇室囇 薩底悉體羝莎訶
若樂如法洗浴時 應作壇場方八肘
可於寂靜安隱處 念所求事不離心
應塗牛糞作其壇 於上普散諸花彩
當以淨潔金銀器 盛滿美味并乳蜜
於彼壇場四門所 四人守護法如常
令四童子好嚴身 各於一角持瓶水
於此常燒安息香 五音之樂聲不絕

應塗牛糞作其壇 於上普散諸花彩
當以淨潔金銀器 盛滿美味并乳蜜
於彼壇場四門所 四人守護法如常
令四童子好嚴身 各於一角持瓶水
於此常燒安息香 五音之樂聲不絕
幡蓋莊嚴懸繒綵 安在壇場之四邊
復於場內置明鏡 利刀兼箭各四枚
於壇中心埋大盆 應以漏版安其上
用前香末以和湯 亦復安在於壇內
既作如斯布置已 然後誦呪結其壇
結界呪曰
怛姪他 頞喇計 娜也泥 去 呬囇
頞囇 秖囇 企企囇 莎訶
如是結界已 方入於壇內 呪水三七遍 散灑於四方
次可呪香湯 滿一百八遍 四邊安幔障 然後洗浴身
呪水呪湯呪曰
怛姪他 一 索揭智 貞勵反下同 二 毗揭智 三 毗揭荼
伐底 四 莎訶
若洗浴訖 其洗浴湯及壇場中供養飲食棄
河池內 餘皆收攝 如是浴已 方著淨衣 既出
壇場 入淨室內 呪師教其發弘誓願 永斷眾
惡 常修諸善 於諸有情 興大悲心 以是因
緣 當獲無量隨心福報 復說頌曰
若有病苦諸眾生 種種方藥治不差
若依如是洗浴法 并復讀誦斯經典
常於日夜念不散 專想慇懃生信心

緣當獲無量隨心福報復說頌曰
若有病苦諸衆生　種種方藥治不差
若依如是洗浴法　并復讀誦斯經典
常於日夜念不散　專想慇懃生信心
所有患苦盡消殄　解脫貧窮足財寶
四方星辰及日月　威神擁護得延年
吉祥安隱福德增　災變厄難皆除遣
次誦護身呪三七遍呪曰
怛姪他　三謎　毗三謎　莎訶
索揭滯　毗揭滯　莎訶
毗揭茶亭耶反　代底　莎訶
娑揭囉　三步多也　莎訶
塞建陀　摩多也　莎訶
尼攞建佗也　莎訶
阿鉢羅市哆　毗梨耶也　莎訶
呬摩槃哆　三步多也　莎訶
阿你蘗攞　薄怛羅也　莎訶
南謨薄伽代都　跋羅蚶摩寫　莎訶
南謨薩羅酸蘇活反底　莫訶提鼻裔　莎訶
悉甸覩漫　曼怛囉鉢陀　莎訶
怛喇覩毗姪哆　跋囉蚶摩奴末覩　莎訶
尒時大辯才天女說洗浴法壇場呪已前礼
佛足白佛言世尊若有苾芻苾芻尼鄔波索
迦鄔波斯迦受持讀誦書寫流布是妙經王
如說行者若在城邑聚落曠野山林僧尼住

BD15094 號　金光明最勝王經卷七　（18–9）

尒時大辯才天女說洗浴法壇場呪已前礼
佛足白佛言世尊若有苾芻苾芻尼鄔波索
迦鄔波斯迦受持讀誦書寫流布是妙經王
如說行者若在城邑聚落曠野山林僧尼住
處我為是人將諸眷屬作天伎樂來詣其所
而為擁護除諸病苦流星變怪疫疾鬪諍王
法所拘惡夢惡神為障礙者蠱道厭術悉
皆除殄饒益是等持經之人苾芻等衆及諸
聽者皆令速渡生死大海不退菩提
尒時世尊聞是說已讚辯才天女言善哉善
哉天女汝能安樂利益無量無邊有情說此
神呪及以香水壇場法式果報難思汝當擁
護最勝經王勿令隱沒常得流通尒時大辯
才天女礼佛足已還復本座
尒時法師受記憍陳如婆羅門承佛威力
於大衆前讚辯才天女曰
聰明勇進辯才天　人天供養悉應受
名聞世間遍充滿　能與一切衆生願
依高山頂勝住處　葺茅為室在中居
恒結耎草以為衣　在處常翹於一足
諸天大衆皆來集　咸同一心申讚請
唯願智慧辯才天　以妙言詞施一切
尒時辯才天女即便受請為說呪曰
怛姪他　慕囇　只囇　阿伐帝貞娼　阿伐吒伐底丁里丁里
馨遏䊲名　具䊲名　具羅伐底

BD15094 號　金光明最勝王經卷七　（18–10）

爾時辯才天女即便受請為說呪曰
怛姪他 慕囇只囇 阿伐帝 阿伐吒伐底
馨遏㘑名具㘑 名具羅伐底
鴦具師末唎只三末底 毗三末底惡近唎
莫近唎怛囉只 怛囉者伐底
質質里室哩鋻里 末難地曇 去
末唎只 八羅拏畢剌囊
盧迦逝瑟跐 盧迦失囇瑟恥
盧迦畢唎囊 悉馱跋唎帝
阿鉢剌底羯帝 阿鉢剌底喝哆勒地
南母只南母只 莫訶提鼻
鉢唎底近喻甯 南摩窶迦囉
我其甲勃地 達哩奢 呬
勃地阿鉢唎底喝哆 婆 跋覩
市婆謎毗輸姪覩 舍悉怛囉輸路迦
㖿怛囉畢得迦 迦婢耶耶地數
怛姪他 莫訶鉢喇婆鼻
呬里蜜里呬里蜜里 毗折喇覩謎勃地
我其甲勃地輸提 薄伽伐點提毗餤
薩羅酸點 羯羅滞雞由𠿒
雞由羅末底 呬里蜜里呬里蜜里
阿婆訶耶須 莫訶提鼻
勃陁薩帝娜 達摩薩帝娜
僧伽薩帝娜 曰達羅薩帝娜
跋嘍拏薩帝娜 囊盧雞薩底婆地娜

BD15094號　金光明最勝王經卷七　（18–11）

阿婆訶耶須 莫訶提鼻
勃陁薩帝娜 達摩薩帝娜
僧伽薩帝娜 曰達羅薩帝娜
跋嘍拏薩帝娜 囊盧雞薩底婆地娜
粒彭薩帝娜 薩底代者泥娜
阿婆訶耶須 莫訶提鼻
呬里蜜里呬里蜜里 毗折剌覩
我其甲勃地 南謨薄伽代底
莫訶提鼻薩羅酸底 悉甸覩
㖿怛羅鉢陁你 莎訶
爾時辯才天女說是呪已告婆羅門言善哉
大士能為衆生求妙辯才及諸珍寶神通智
慧廣利一切速 菩提如是應知受持
法式即說頌曰
先可誦此陁羅尼　令使純熟無謬失
歸敬三寶諸天衆　請求加護願隨心
敬礼諸佛及法寶　菩薩獨覺聲聞衆
次礼梵王并帝釋　及護世者四天王
一切常修梵行人　悉可至誠慇重敬
可於寂靜蘭若處　大聲誦前呪讚法
應在佛像天龍前　隨其所有修供養
於彼一切衆生類　發起慈悲哀愍心
世尊妙相紫金身　繫想正念心無亂
世尊護念說教法　隨彼根機令習定
於其句義善思惟　復依空性而修習

BD15094號　金光明最勝王經卷七　（18–12）

應在佛像天龍前　隨其所有修供養
於彼一切眾生類　發起慈悲哀愍心
世尊妙相紫金身　繫想正念心無亂
世尊護念說教法　隨彼根機令習定
於其句義善思惟　復依空性而修習
應在世尊形像前　一心正念而安坐
即得妙智三摩地　并獲最勝陀羅尼
如來金口演說法　妙響調伏諸人天
舌相隨緣現希有　廣長能覆三千界
如是諸佛妙音聲　至誠憶念心無畏
諸佛皆由發弘願　得此舌相不思議
宣說諸法皆非有　譬如虛空無所著
諸佛音聲及舌相　繫念思量願圓滿
若見供養辯才天　或見弟子隨師教
受此秘法令修學　尊重隨心皆得成
若人欲得最上智　應當一心持此法
增長福智諸功德　必定成就勿生疑
若求財者得多財　求名稱者獲名稱
求出離者得解脫　必定成就勿生疑
無量無邊諸功德　隨其內心之所願
若能如是依行者　必定成就勿生疑
當於淨處著淨衣　應作壇塲隨大小
以四淨瓶盛美味　香花供養可隨時
懸諸繒綵并幡蓋　塗香末香遍嚴飾
供養佛及辯才天　求見天身皆遂願
應三七日誦前呪　可對大辯天神前

當於淨處著淨衣　應作壇塲隨大小
以四淨瓶盛美味　香花供養可隨時
懸諸繒綵并幡蓋　塗香末香遍嚴飾
供養佛及辯才天　求見天身皆遂願
應三七日誦前呪　可對大辯天神前
若其不見此天神　應更用心經九日
於後夜中猶不見　更求清淨勝妙處
如法應畫辯才天　供養受持心無捨
晝夜不生於懈怠　自利利他無窮盡
所獲果報施群生　於所求願皆成就
若不遂意經三月　六月九月或一年
慇懃求請心不移　天眼他心皆悉得
尒時憍陳如婆羅門聞是說已歡喜踊躍
歎未曾有告諸大眾作如是言汝等人天
一切大眾如是當知皆一心聽我今更欲依世
諦法讚彼勝辯才天女即說頌曰
敬礼天女那羅延　於世界中得自在
我今讚歎彼尊者　皆如往昔仙人說
吉祥成就心安隱　聰明慚愧有名聞
為母能生於世間　勇猛常行大精進
於軍陣處戰恒勝　長養調伏心慈忍
現為閻羅之長姊　常著青色野蠶衣
好醜容儀皆具有　眼目能令見者怖
無量勝行超世間　歸信之人咸攝受
或在山巖深險處　或居坎窟及河邊
或在大樹諸叢林　天女多依此中住

好醜容儀皆具有　眼目能令見者怖
無量勝行超世間　歸信之人咸攝受
或在山巖深險處　或居坎窟及河邊
或在大樹諸叢林　天女多依此中住
假使山林野人輩　亦常供養於天女
以孔雀羽作幢旗　於一切時常護世
師子虎狼恒圍遶　牛羊雞等亦相依
振大鈴鐸出音聲　頻陁山眾皆聞響
或執三戟頭圓髻　左右恒持日月旗
黑月九日十一日　於此時中當供養
或現婆藪大天妹　見有鬪戰心常愍
觀察一切有情中　天女最勝無過者
權現牧牛歡喜女　與天戰時常得勝
能久安住於世間　亦為和忍及暴惡
大婆羅門四明法　幻化呪等悉皆通
於天仙中得自在　能為種子及大地
諸天女等集會時　如大海潮必來應
於諸龍神藥叉眾　咸為上首能調伏
於諸女中最梵行　出言猶如世間主
於王住處如蓮花　若在河津喻橋栰
面貌猶如盛滿月　具足多聞作依處
辯才勝出若高峯　念者皆與為洲渚
阿蘇羅等諸天眾　咸共稱讚其功德
乃至千眼帝釋主　以殷重心而觀察
眾生若有希求事　悉能令欲速得成

BD15094 號　金光明最勝王經卷七　（18–15）

阿蘇羅等諸天眾　咸共稱讚其功德
乃至千眼帝釋主　以殷重心而觀察
眾生若有希求事　悉能令欲速得成
並令聰辯具聞持　於大地中為第一
於此十方世界中　如大燈明常普照
乃至神鬼諸禽獸　咸皆遂彼所求心
於諸女中若山峯　同昔仙至久住世
如少女天常離欲　實語猶如大世主
普見世間差別類　乃至欲界諸天宮
唯有天女獨稱尊　不見有情能勝者
若於戰陣恐怖處　或見墮在火坑中
河津險難賊盜時　悉能令彼除怖畏
或被王法所枷縛　或為怨讎行殺害
若能專注心不移　決定解脫諸憂苦
於善惡人皆擁護　慈悲愍念常現前
是故我以至誠心　稽首歸依大天女
爾時婆羅門復以呪讚天女曰
敬禮敬禮世間尊　於諸母中最為勝
三種世間咸供養　面貌容儀人樂觀
種種妙德以嚴身　目如脩廣青蓮葉
福智光明名稱滿　譬如無價末尼珠
我今讚歎最勝者　悉能令辦所求心
真實功德妙吉祥　譬如蓮花極清淨
身色端嚴皆樂見　眾相希有不思議
能放無垢智光明　於諸念中為最勝

BD15094 號　金光明最勝王經卷七　（18–16）

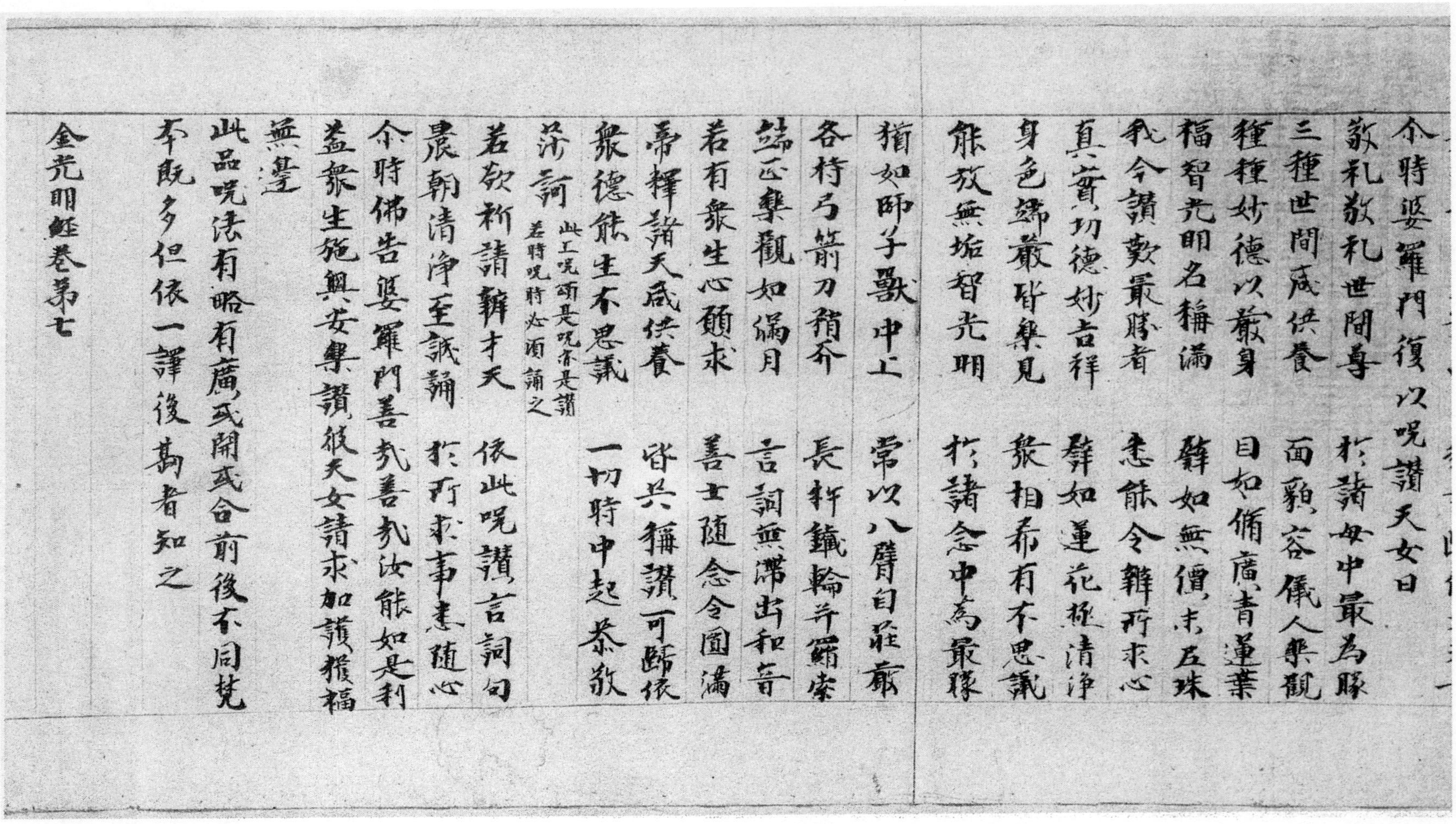

尒時婆羅門復以呪讚天女曰
敬礼敬礼世間尊　於諸母中最為勝
三種世間咸供養　面貌容儀人樂觀
種種妙德以嚴身　目如脩廣青蓮葉
福智光明名稱滿　譬如無價末尼珠
我今讚歎最勝者　悉能令辦所求心
真實功德妙吉祥　譬如蓮花極清淨
身色端嚴皆樂見　衆相希有不思議
能放無垢智光明　於諸念中為最勝
猶如師子獸中上　常以八臂自莊嚴
各持弓箭刀矟斧　長杵鐵輪并羂索
端正樂觀如滿月　言詞無滞出和音
若有衆生心願求　善士隨念令圓滿
帝釋諸天咸供養　皆共稱讚可歸依
衆德能生不思議　一切時中起恭敬
莎訶　此工呪兩是呪者是讚　若時呪時必兩誦之
若欲祈請辯才天　依此呪讚言詞句
晨朝清淨至誠誦　於所求事悉隨心
尒時佛告婆羅門善哉善哉汝能如是利
益衆生施與安樂讚彼天女請求加護獲福
無邊
此品呪法有略有廣或開或合前後不同梵
本既多但依一譯後高者知之
金光明經卷第七

BD15094 號　金光明最勝王經卷七　（18–17）

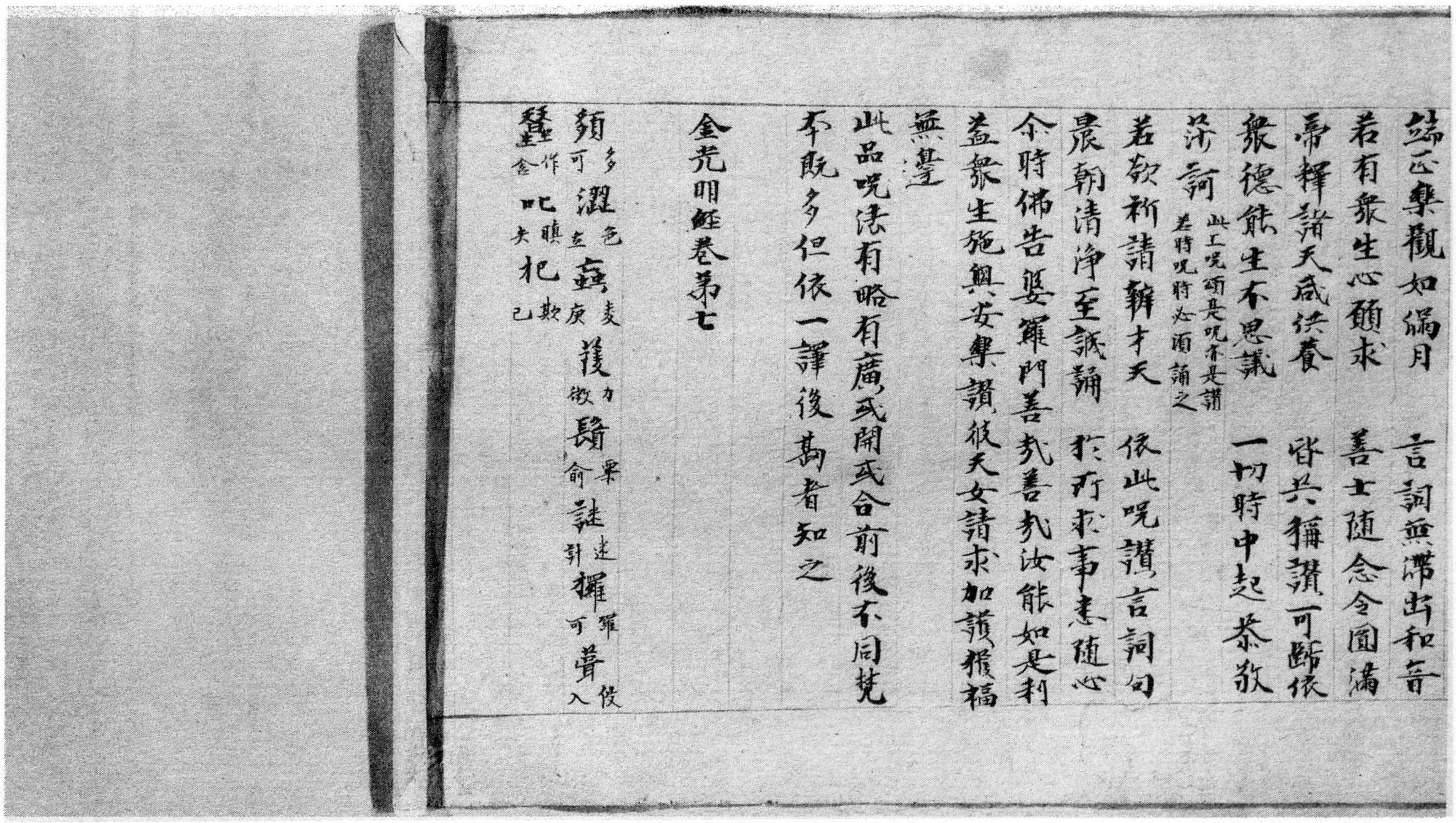

端正樂觀如滿月　言詞無滞出和音
若有衆生心願求　善士隨念令圓滿
帝釋諸天咸供養　皆共稱讚可歸依
衆德能生不思議　一切時中起恭敬
莎訶　此工呪兩是呪者是讚　若時呪時必兩誦之
若欲祈請辯才天　依此呪讚言詞句
晨朝清淨至誠誦　於所求事悉隨心
尒時佛告婆羅門善哉善哉汝能如是利
益衆生施與安樂讚彼天女請求加護獲福
無邊
此品呪法有略有廣或開或合前後不同梵
本既多但依一譯後高者知之
金光明經卷第七
頦可多　澀色立　㵟庚麦　䕶微力　䮷俞果　謎計迷　攞可羅　㗚入役
鬘金作　叱夫瞋　杞己欺

BD15094 號　金光明最勝王經卷七　（18–18）

BD15094號背　勘記、印章

（1–1）

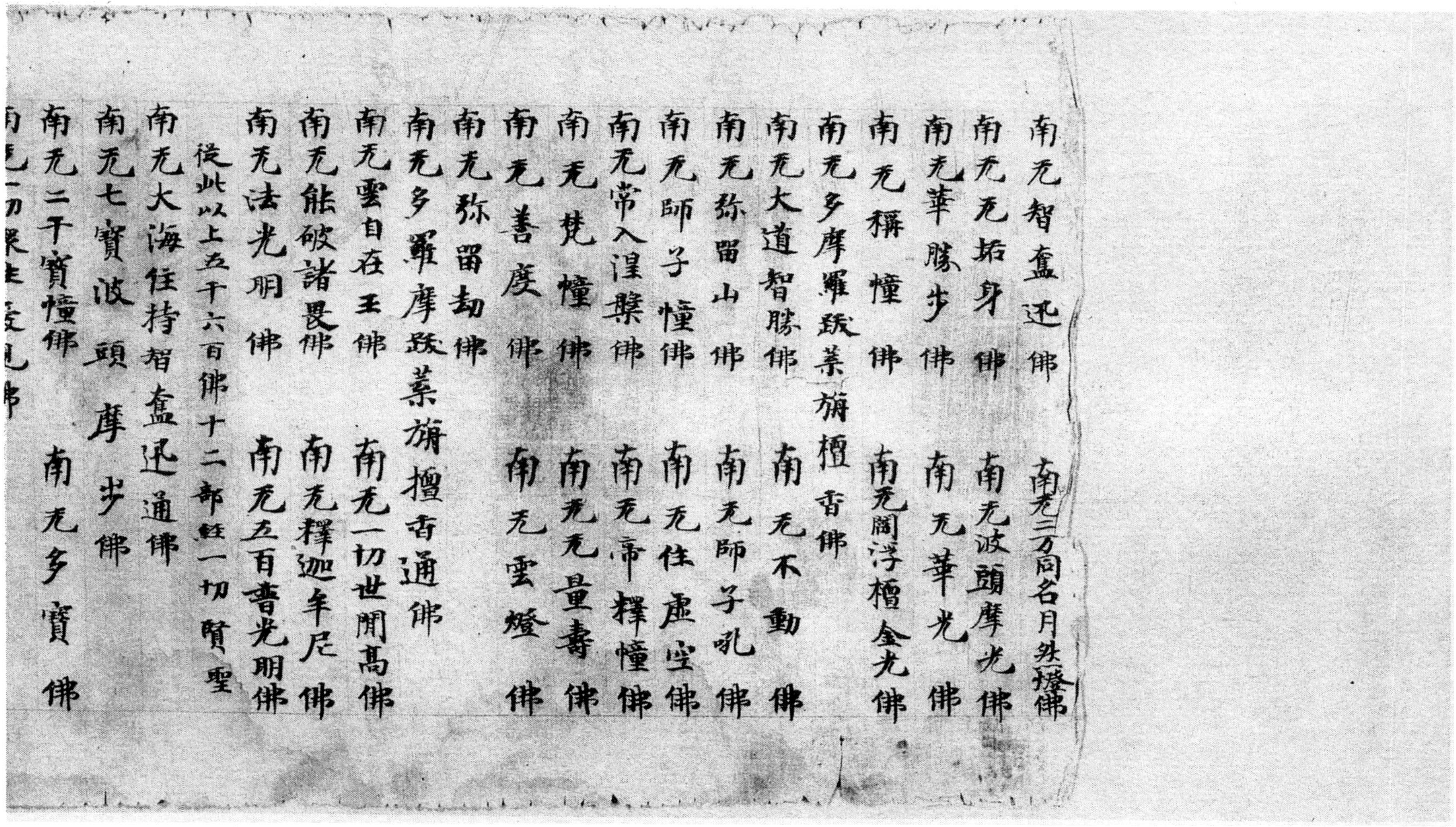

南无智奮迅佛　南无二万同名月然燈佛
南无无垢身佛　南无波頭摩光佛
南无華勝步佛　南无華光佛
南无稱幢佛　南无閻浮檀金光佛
南无多摩羅跋栴檀香佛
南无大道智勝佛　南无不動佛
南无弥留山佛　南无師子吼佛
南无師子幢佛　南无住虛空佛
南无常入涅槃佛　南无帝釋幢佛
南无梵幢佛　南无无量壽佛
南无善度佛　南无雲燈佛
南无弥留劫佛
南无多羅摩跋栴檀香通佛
南无雲自在王佛　南无一切世間高佛
南无能破諸畏佛　南无釋迦牟尼佛
南无法光明佛　南无五百普光明佛
從此以上五千六百佛十二部經一切賢聖
南无大海住持智奮迅通佛
南无七寶波頭摩步佛
南无二千寶幢佛　南无多寶佛
南无一切衆生愛見佛

BD15095號　佛名經（十六卷本）卷七

（28–1）

南无[illegible]佛　[illegible]
從此以上五千六百佛十二部經一切賢聖
南无大海住持智奮迅通佛
南无七寶波頭摩步佛
南无二千寶幢佛　南无多寶佛
南无一切衆生愛見佛
南无百千光明滿足幢佛
南无二千億千驚怖吼聲王佛
南无二十億百日月然燈佛
南无二十億百妙聲王佛
南无二十億百雲聲王佛
南无寶成德高王佛
南无月光垢日光明勝佛
南无蓮華葉星宿王華通佛
南无雲妙鼓聲王佛
南无住持水孔聲妙聲星宿王拘蘓摩通佛
南无莎羅樹王佛　南无无垢光明佛
南无寶炎佛　南无華鬘林王華通佛
南无日月寶作光明佛　南无功德寶光明佛
南无寶杖佛　南无雲王佛
南无寶善勝光明佛　南无普見佛
南无功德自在佛　南无師子聲作佛
南无寶積示現佛　南无樂堅佛
南无菩提意佛　南无量命佛
南无阿閦佛　南无香王佛
南无寶作佛　南无行法王佛
南无蓋王佛　南无摩尼王佛
南无月藏佛　南无日藏佛
[illegible]佛　南无善覺佛

[南无菩提意]佛　[illegible]
南无阿閦佛　南无香王佛
南无寶作佛　南无行法王佛
南无蓋王佛　南无摩尼王佛
南无月藏佛　南无日藏佛
南无聲身王佛　南无善覺佛
南无須弥劫佛　南无能聖佛
南无寶波頭摩月淨清勝王佛
南无不動佛　南无普滿佛
南无盡慧佛　南无寶幢佛
南无寶幢佛　南无奮迅恭敬稱佛
南无无垢光明藏佛
南无雲護佛　南无師子奮迅佛
南无勝高山王佛　南无波頭摩上佛
南无身上佛　南无多寶妙佛
南无勝藏山增上王佛
南无意勇猛仙行勝佛
南无甘露藏佛　南无妙鼓聲王佛
南无日月佛　南无雉寶蓋佛
南无普光明奮迅光明佛
南无能行成就聖佛　南无不動佛
南无无垢光明稱王佛
南无九十法莊嚴佛　南无摩尼金蓋佛
南无星宿佛　南无高山歡喜佛
南无菩提分華身佛　南无能循行佛
南无寶作佛　南无如寶佛
南无高聚佛　南无寶光明佛
南无寶來佛　南无寶高佛
南无阿閦佛　南无寶光明佛

南无喜樹分華身佛　南无能術行佛
南无寶作佛　南无如寶佛
南无高聚佛　南无寶光明佛
南无寶来佛　南无寶高佛
南无阿閦佛　南无寶光明佛
南无大光明佛　南无不可量聲佛
南无不可思議聲佛　南无大稱佛
南无寶照佛　南无得大无畏佛
南无寶聲佛　南无无邊清淨佛
南无月聲佛　南无无邊稱佛
南无月光清淨佛　南无清淨光佛
南无无垢光佛　南无无邊寶佛
南无波頭摩勝佛　南无身勝佛
南无金色佛　南无梵聲王佛
南无金光明佛
從此以上五千七百佛十二部經一切賢聖
南无金色作佛　南无龍自在王佛
南无金色華香自在王佛
南无堅固王佛　南无堅固勇仙行勝佛
南无勝藏摩尼光佛　南无无量香光佛
南无師子聲佛
南无至大勢精進脩行畢竟佛
南无堅固智佛　南无妙聲鼓王佛
南无月妙佛　南无華勝佛
南无世間燈佛　南无大佛
南无寶輪佛　南无无垢智佛
南无常舜滅佛　南无无邊化光明佛
南无須弥山奮迅佛　南无寶華佛

南无月妙佛　南无華勝佛
南无世間燈佛　南无大佛
南无寶輪佛　南无无垢智佛
南无常舜滅佛　南无无邊化光明佛
南无須弥山奮迅佛　南无寶華佛
南无集寶聚佛　南无不退輪寶住勝佛
南无德普虛舍那清淨佛
南无日月燈佛　南无走留佛
南无大弥留佛　南无須弥劫佛
南无香面佛　南无成就香佛
南无弥留香佛　南无清淨光佛
南无法上佛　南无香莊王佛
南无大摩尼佛　南无香光佛
南无火光佛　南无甘露光佛
南无月光佛　南无月燈佛
南无月照佛　南无月聲佛
南无勝住佛　南无多寶佛
南无師子吼佛　南无師子聲佛
南无勇猛仙佛　南无金剛喜佛
南无護一切佛　南无離諸疑佛
南无寶炎眷屬佛　南无无憂佛
南无任持速力佛　南无妙喜佛
南无自在作佛　南无无邊聲佛
南无然燈作佛　南无寶光明佛
南无阿弥陁佛　南无釋說佛
南无擇聲佛　南无勝藏積吼王佛
南无降伏金剛堅佛　南无寶月光佛
南无寶火佛　南无賢上佛

南无然燈作佛　南无寶光明佛
南无阿弥陁佛　南无釋説佛
南无撣聲佛　南无勝藏積毗[illegible]
南无降伏金剛堅佛　南无寶月光佛
南无寶火佛　南无賢上佛
南无寶波頭摩步佛　南无寶勝佛
南无金寶光佛　南无怖喜快勝佛
南无不可量勝佛　南无善逝王佛
南无聖自在手佛　南无不可説分別佛
南无不空勝佛　南无月妙勝佛
南无樹提勝佛　南无虛空光明佛
南无善清淨无垢間錯幢佛
南无善住善根藏王佛　南无智功德清淨勝佛
南无成就一切勝佛　南无琉璃藏上勝佛
南无善説清淨幢佛
南无普功德盍还佛
南无善清淨功德寶王佛
南无寶光明清淨心勝佛
南无金上勝佛　南无勝月佛
南无波頭摩上盍迩勝佛
南无波頭摩上佛　南无寶成就勝佛
南无電光幢王佛　南无電光明高王佛
南无多羅王佛　南无妙勝佛
南无靈然燈佛　南无成就一切功德佛
南无賢高幢王佛
從此以上五千八百佛二十部一切賢聖
南无住持一切寶間錯莊嚴佛
南无寶光月莊嚴智威德聲自在王佛

BD15095 號　佛名經（十六卷本）卷七　（28–6）

南无靈然燈佛　南无成就一切功德佛
南无賢高幢王佛
從此以上五千八百佛二十部一切賢聖
南无住持一切寶間錯莊嚴佛
南无寶光明莊嚴智威德聲自在王佛
南无俱須摩火盍还通佛
南无數華莎羅王佛　南无月輪清淨佛
南无善稱智月聲自在王佛
南无阿祇僧精進住勝佛
南无彼心炎佛　南无山功德幢王佛
南无法幢上佛　南无須弥山佛
南无功德師子自在佛
南无稱王佛　南无淨王佛
南无稱王佛　南无功德須弥勝佛
南无日佛　南无月面佛
南无離虛空畏佛　南无普光佛
南无方成佛　南无住海面佛
南无寶光佛　南无雲勝佛
南无法炎佛　南无山功德佛
南无華生佛　南无悲佛
南无法界華佛　南无華幢佛
南无王意佛　南无王慧佛
南无智慧佛　南无心義佛
南无自在佛　南无勝天意佛
南无速為佛　南无光明幢勝佛
南无高威德去佛　南无華佛
南无寶炎佛　南无功德山佛
南无寶寶佛　南无功德海勝佛

BD15095 號　佛名經（十六卷本）卷七　（28–7）

南无自在佛　南无勝天意佛
南无速為佛　南无光明幢勝佛
南无高威德去佛　南无華佛
南无寶炎佛　南无功德山佛
南无寶寶佛　南无功德海勝佛
南无法光明佛　南无華藏勝佛
南无世間月佛　南无眼目佛
南无香光佛　南无摩尼須弥勝佛
南无乾闥婆王佛　南无光明命佛
南无摩尼藏王佛　南无山威德慧佛
南无𨞍色去佛　南无面輙佛
南无廣智佛　南无寶光明佛
南无虛空重勝佛　南无妙相光明佛
南无行佛　南无身自在佛
南无那羅延行佛　南无須弥勝佛
南无功德轉輪佛　南无山王佛
南无不可勝佛　南无快威德佛
南无樹山佛　南无莎羅王山藏佛
南无世自在身佛　南无鏡光佛
南无寶起佛　南无自在勝佛
南无功德光佛　南无地威德勝佛
南无身法光明佛　南无勝王佛
南无堅吼意佛　南无高幢勝佛
南无信意佛　南无寶光明佛
南无淨勝佛　南无虛空聲佛
南无法界鏡像勝佛　南无照輪光明佛
次礼十二部經大藏法輪

BD15095號　佛名經（十六卷本）卷七　（28–8）

南无堅吼意佛　南无高幢勝佛
南无信意佛　南无寶光明佛
南无淨勝佛　南无虛空聲佛
南无法界鏡像勝佛　南无照輪光明佛
次礼十二部經大藏法輪
南无𨞍賴經　南无解日臨神咒經
南无耶業自活經　南无八關齋經
南无八陽咒經　南无部佛名經
南无和利長者所問經　南无佛心摠持經
南无降棄魔菩薩經　南无難日經
南无釋魔男經　南无度護法經
南无分別經　南无相國阿羅訶公經
從此以上五千九百佛十二部經一切賢聖
南无咒時氣病經　南无迦旃延无常經
南无旋色力經　南无咒水經
南无咒小兒病經　南无馬有八能經
南无悔過經　南无三十七品經
南无長者子本意經　南无現山万守經
南无九十六種道神咒經　南无稱揚諸佛功德經
南无普明王經　南无木叉經
南无大方便經　南无三法度經
南无菩薩藏經　南无无垢施經
南无難陁女經　南无毗婆沙經
南无法王經　南无自護經
次礼十方諸大菩薩
南无不瞬菩薩　南无无言菩薩
南无寶勝菩薩　南无寶心菩薩

BD15095號　佛名經（十六卷本）卷七　（28–9）

南无法王經　南无白霞經
次礼十方諸大菩薩
南无不瞬菩薩　南无无言菩薩
南无寶勝菩薩　南无寶心菩薩
南无善思議菩薩　南无摩尼鋙菩薩
南无莊嚴王菩薩　南无國土莊嚴菩薩
南无因陁羅納菩薩　南无住持世間才菩薩
南无善眼菩薩　南无天山菩薩
南无大將菩薩　南无寂意菩薩
南无速行菩薩　南无善辟菩薩
南无山峯菩薩　南无曇无竭菩薩
南无勝頻菩薩　南无莊嚴相星宿山王菩薩
南无樂說无滯菩薩　南无无垢智菩薩
南无婆伽羅菩薩　南无斷一切憂菩薩
南无地藏菩薩　南无普現菩薩
南无教行成就菩薩　南无滌汙菩薩
南无清淨三輪菩薩　南无寂靜心菩薩
南无无邊功德菩薩　南无虛空平等智菩薩
南无波頭摩眼菩薩　南无金剛幢菩薩
次礼聲聞緣覺一切賢聖
南无直福德辟支佛　南无識辟支佛
南无香辟支佛　南无有香辟支佛
南无見人飛騰辟支佛　南无可波羅辟支佛
南无秦摩利辟支佛　南无月淨辟支佛
南无善智辟支佛　南无脩陁羅辟支佛
礼三寶已次復懺悔
已懺三塗等報今當復次稽顙懺悔人天餘報

南无見人飛騰辟支佛　南无可波羅辟支佛
南无秦摩利辟支佛　南无月淨辟支佛
南无善智辟支佛　南无脩陁羅辟支佛
礼三寶已次復懺悔
已懺三塗等報今當復次稽顙懺悔人天餘報
相與稟此閻浮壽命雖曰百年滿者无幾
於其中間盛年夭枉其數无量但有衆苦煎
迫形心愁憂怖懼未曾蹔離如此皆是善根
微弱惡業滋多致使現在心有所為皆不稱
意當知悉是過去已來惡業餘報是故弟子
今日至誠歸依佛
南无東方蓮華上佛　南无南方調伏佛
南无西方无量明佛　南无北方勝諸根佛
南无東南方蓮華尊佛
南无西南方无量華佛
南无西北方自在智佛
南无東北方赤蓮華德佛
南无下方別佛　南无上方伏怨智佛
如是十方虛空界一切三寶
弟子等无始以來至於今日所有現在及以
未來人天之中无量餘報流殃宿對隆殘百
疾六根不具罪報懺悔人間邊地邪見三惡
八難罪報懺悔人間多病消瘦促命夭枉罪
報懺悔人間六親眷屬不能得常相保守罪
報懺悔人間親友彫喪愛別離苦罪報懺悔
人間怨家聚會愁憂怖畏罪報懺悔人間水
火盜賊刀兵危險驚恐怯弱罪報懺悔人間
孤獨困苦流離波迸亡失國土罪報懺悔人

報懺悔人間親友彫喪愛別離苦罪報懺悔
人間怨家聚會愁憂怖畏罪報懺悔人間水
火盜賊刀兵危險驚恐怯弱罪報懺悔人間
孤獨困苦流離波迸亡失國土罪報懺悔人
間牢獄繫閉幽執倒立鞭撻搒楚罪報懺悔
人間公私口舌便相羅訡更相註謗罪報懺
悔人間惡病連年累月不差枕卧床廗不能
起居罪報懺悔人間冬溫夏疫毒厲傷寒罪
報懺悔人間賊風腫滿否塞罪報懺悔人間
為諸惡神伺求其便欲作禍祟罪報懺悔人
間有鳥鳴百恠飛屍耶鬼為作妖異罪報懺
悔人間為虎豹豺狼水陸一切諸惡禽獸所
傷罪報懺悔人間自經自剄自敍罪報懺悔
人間投塪赴火自沈自墜罪報懺悔人間无
有威德名聞罪報懺悔人間衣服資生不稱
心罪報懺悔人間行来出入有所云為值惡知
識為作留難罪報如是現在未来人天之中
无量禍撗災疫厄難衰惱罪報弟子今日
向十方佛尊法聖僧求哀懺悔
南无方差別佛　南无智无明佛
南无幢意佛　南无虛空然燈佛
南无病无勝佛　南无照佛
南无无明佛　南无福德光明勝佛
南无弃勝佛　南无火悲雲勝佛
南无刀光明意佛　南无現一切衆生色佛
南无過勝佛　南无循光明佛
南无曇无竭佛　南无風疾行勝佛
南无清淨幢佛　南无妙蓋勝佛

南无弃勝佛　南无火悲雲勝佛
南无刀光明意佛　南无現一切衆生色佛
南无過勝佛　南无循光明佛
南无曇无竭佛　南无風疾行勝佛
南无清淨幢佛　南无妙蓋勝佛
南无三世鏡像勝佛　南无敎像堅佛
南无鏡像勝佛　南无金剛勝佛
南无身堅莊嚴須弥勝佛
從此以上六千佛十二部經一切賢聖
南无念憶王佛　南无身法慧佛
南无智慧然燈光明勝佛
南无廣智勝佛　南无法行世智意佛
南无勝一切佛　南无高行佛
南无高稱佛　南无勝聖佛
從此以上六千一百佛二十部經一切賢聖
南无星宿佛　南无識佛
南无高佛　南无聞名佛
南无大悲訙佛　南无无量壽佛
南无无邊蓋光明勝佛
南无山積光明勝佛
南无无垢力三昧奮迅勝佛
南无一切德王光明佛
南无火衆佛　南无須弥劫佛
南无堅自在王佛　南无梵吼聲佛
南无弥樓聚佛　南无善眼佛
南无成就聚佛　南无離愚奮迅佛
南无无導眼佛　南无寶幢佛
南无[illegible]佛　南无一切德勝幢佛

南无火[illegible]佛　南无[illegible]去佛
南无堅自在王佛　南无梵吼聲佛
南无弥樓聚佛　南无善眼佛
南无成就聚佛　南无離愚奮迅佛
南无无㝵眼佛　南无寶幢佛
南无釋迦牟尼佛　南无功德勝藏佛
南无難勝佛　南无樂説莊嚴佛
南无勝藏積吼王佛
南无无邊功德寶莊嚴威德王劫佛
南无功德寶勝威德王劫佛
南无樂説一切法莊嚴勝佛
南无无邊樂説相佛
南无千雲吼聲王佛
南无金上光明勝佛
南无種種威德王光明勝佛
南无覺佛
南无清淨金虚空吼嚴光明佛
南无一切法行威德盡迅光明佛
南无東方无邊功德寶福德莊嚴廣世界
无垢清淨光明菩提分俱蘖摩不斷絶光明
莊嚴光佛
南无南方樂説佛世界无邊功德寶樂説佛
南无西方光明世界善佛
南无北方一切寶積種莊嚴世界无邊寶
功德自在佛
南无東南方无憂世界離一切憂闇佛
南无西南方善可見世界大悲觀一切衆生
佛

BD15095 號　佛名經（十六卷本）卷七　（28–14）

南无北方一切寶積種莊嚴世界无邊寶
功德自在佛
南无東南方无憂世界離一切憂闇佛
南无西南方善可見世界大悲觀一切衆生
佛
南无東北方住清淨无垢世界虚空无垢佛
南无西北方遠離闇世界光明莊嚴王佛
南无下方虚舍那光明世界寶憂波羅勝佛
南无上方莊嚴世界稱名聲佛
南无无垢劫无垢世界无垢光如來初成佛
彼世界塵沙諸佛出世
南无无垢廣世界名成就善就劫勝護如來
初成佛彼世界塵沙諸佛出世
南无東方阿閦佛　南无火不迷佛
南无香王佛　南无香上佛
南无南方寶佛　南无寶作佛
南无寶成佛　南无寶藏佛
南无寶月佛　南无金剛堅佛
南无金剛仙佛　南无金剛幢佛
南无東南方大弥留佛　南无弥留山佛
南无弥留王佛　南无弥留幢佛
南无弥留積佛　南无善弥留王佛
南无日藏佛　南无前後上佛
南无淨王佛　南无難中幢王佛
南无大難中佛　南无西方阿弥陁佛
南无阿弥幢佛　南无阿弥陁聲佛
南无阿弥稱佛　南无阿弥陁吼佛
南无阿弥稱佛　南无阿弥陁勝上佛

BD15095 號　佛名經（十六卷本）卷七　（28–15）

南无[illegible]佛
南无[illegible]佛
南无大難中佛
南无西方阿弥陀佛
南无阿弥幢佛
南无阿弥陀聲佛
南无阿弥稱佛
南无阿弥陀吼佛
南无阿弥稱佛
南无阿弥陀勝上佛
南无阿弥陀師子佛
南无阿弥陀住持佛
南无阿弥陀勝佛
南无西南方日藏佛
南无日光明佛
南无无憂佛
南无離一切畏佛
南无佛智清淨業佛
南无盡作佛
南无華佛
南无大華佛
南无華王佛
南无華聲佛
南无盧舍那佛
南无北方妙鼓聲佛
南无妙鼓王佛
南无妙吼聲佛
南无離諸畏佛
南无无畏佛
南无无畏憂佛
南无日香光明佛
南无募陀香佛
南无幢蓋佛
南无西北方上前精佛
從此以上六千二百佛十二部經一切賢聖
南无山勝積佛
南无勝積佛
南无日上佛
南无清淨王佛
南无淨勝佛
南无日面佛
南无智幢王佛
南无光明佛
南无光明王佛
南无光明光佛
南无上方師子佛
南无師子王佛
南无師子上王佛
南无師子積佛
南无師子仙佛
南无仙王佛
南无仙佛
南无仙光佛
南无仙捨教佛
南无仙仙覺佛
南无大燈佛
南无然燈王佛

BD15095號　佛名經（十六卷本）卷七　（28–16）

南无師子上王佛
南无師子積佛
南无師子仙佛
南无仙王佛
南无仙佛
南无仙光佛
南无仙捨教佛
南无仙仙覺佛
南无大燈佛
南无然燈王佛
南无藥說山佛
南无燈辟喻佛
南无對治仙佛
南无覺諍佛
南无對治佛
南无對恨佛
南无對治山佛
南无愛然燈佛
南无依山佛
南无東方阿閦佛
南无弥留幢佛
南无大弥留佛
南无弥留光佛
南无真聲佛
南无南方日月燈佛
南无大衆火佛
南无稱光佛
南无弥留燈佛
南无无邊精進佛
南无西方阿弥陀佛
南无阿弥陀幢佛
南无阿弥陀高佛
南无大大光明佛
南无大照佛
南无寶幢佛
南无香衆佛
南无上方大光炎聚佛
南无火聲佛
南无難勝成佛
南无日成就佛
南无羅網光佛
南无下方師子佛
南无稱佛
南无威德佛
南无法佛
南无法幢佛
南无法住持佛
南无東方梵聲佛
南无星宿王佛
南无香香佛
南无香光佛
南无大炎聚佛
南无寶種種華敷身佛
南无堅王佛
南无寶蓮華勝佛
南无見一切義佛

BD15095號　佛名經（十六卷本）卷七　（28–17）

南无法住持佛　南无[illegible]佛
南无星宿王佛　南无香香佛
南无香光佛　南无大炎聚佛
南无寶種種華數身佛　南无堅王佛
南无寶蓮華勝佛　南无見一切義佛
南无須弥劫佛　南无聲吼佛
南无智自在佛　南无威德自在佛
南无莎羅自在王佛　南无智勇猛佛
南无光自在佛　南无堅自在王佛
南无聲德佛　南无師子奮迅佛
南无須弥山然燈王佛　南无香山佛
南无不可動佛　南无藥王佛
南无尋光佛　南无大炎香佛
南无勝藏佛　南无无心光明佛
南无毗留離佛　南无蓮華佛
南无喜聚佛　南无旃檀佛
南无月光佛　南无鷲怖幢佛
南无大循行佛　南无波頭摩生佛
南无月勝佛　南无莎羅集佛
南无大莎羅集佛　南无幢佛
南无淨命佛　南无金臺佛
從此以上六千三百佛十二部經一切賢聖
南无愛見佛　南无金色色佛
南无須摩那光佛　南无妙蓮華劫億那由
他百千万佛同名一切菩提華佛
南无七百同名光莊嚴佛
南无三百同名大幢佛
南无十千同名莊嚴王佛

BD15095號　佛名經（十六卷本）卷七　（28–18）

南无須摩那光佛　南无妙蓮華劫億那由
他百千万佛同名一切菩提華佛
南无七百同名光莊嚴佛
南无三百同名大幢佛
南无十千同名莊嚴王佛
南无善發勝佛　南
南无日輪光明佛　南无普蓋佛
南无三昧奮迅佛　南无寶華勝佛
南无无邊足步佛　南无善香香王佛
南无善擇敵佛　南无須弥劫佛
南无功德王光明佛　南无普至光佛
南无金剛佛　南无尼弥佛
南无不可盡世界一色佛
南无袈裟幢世界山自在王佛
南无堅幢世界智勝山王佛
南无一切香舉世界勝華藏佛
南无金剛尼摩世界金剛藏光明勝佛
南无智成就世界智幢佛
南无意味世界普照佛
南无波頭摩首世界佛勝佛
南无鏡輪世界金明幢佛
南无光明清淨力世界日藏佛
南无安樂世界最力佛
南无阿閦佛　南无寶幢佛
南无无量光佛　南无妙聲佛
南无寶俱蘇摩功德海瑠璃歌那加山真金
光明勝佛
南无釋迦牟尼佛　南无寶炎佛

BD15095號　佛名經（十六卷本）卷七　（28–19）

南无无量光佛　南无妙聲佛
南无寶俱蕤摩功德海瑠璃歌𨚗加山真金
光明勝佛
南无釋迦牟尼佛　南无寶炎佛
次礼十二部尊經大藏法輪
南无明月童子三昧經　南无櫟狗經
南无本行經　南无迦棄惑經
南无阿含口解經　南无迦獮偈經
南无迦葉本經　南无般若道行經
南无興顯經　南无乡三昧經
南无人所從來如幻經
南无阿須輪子婆羅門經
南无殖衆德本經　南无阿惟越致遮經
南无進學經　南无菩薩法齊經
南无悲心邑經　南无菩薩道地經
南无阿毗曇七經　南无凡人三事愚癡不足經
南无惟羅善薩經　南无五十挍計經
南无爲身无反復經　南无惟留經
南无五陰事經　南无雜阿含舟童經
南无慧經　南无五母子經
南无救意伏疑經　南无慧上菩薩經
次礼十方諸大菩薩
南无波頭摩華嚴菩薩　南无寶莊嚴菩薩
南无寶路菩薩　南无功德王慧菩薩
南无莊嚴王菩薩　南无斷諸嚴王菩薩
南无清淨光明莊嚴菩薩　南无深聲菩薩
南无妙鼓聲菩薩　南无尼民陁羅菩薩
南无大自在菩薩　南无諸功德身菩薩

BD15095 號　佛名經（十六卷本）卷七　（28–20）

南无寶路菩薩　南无功德王慧菩薩
南无莊嚴王菩薩　南无斷諸嚴王菩薩
南无清淨光明莊嚴菩薩　南无深聲菩薩
南无妙鼓聲菩薩　南无尼民陁羅菩薩
南无大自在菩薩　南无諸功德身菩薩
南无光明意菩薩　南无善見菩薩
南无不取諸法菩薩　南无轉女根菩薩
南无思惟大悲菩薩　南无寶蓋山菩薩
南无雷山吼聲菩薩　南无羅網莊嚴菩薩
南无寶藏菩薩　南无法雞兜菩薩
次礼聲聞緣覺一切賢聖
南无善法辟支佛　南无應求辟支佛
南无語求辟支佛　南无大勢辟支佛
南无脩行不着辟支佛　南无難捨辟支佛
南无歡喜辟支佛　南无喜辟支佛
南无隨喜辟支佛　南无十二婆羅墮辟支佛
從此以上六千四百佛十二部經一切賢聖
礼三寶已次復懺悔
夫欲礼懺悔必須先敬三寶所以然者三寶即
是一切衆生良友福田若能歸向者則滅无
量罪長无量福能令行者離生死苦得解脫
樂是故弟子某甲等歸依十方盡虛空界一
切諸佛歸依十方盡虛空界一切尊法歸依
十方盡虛空界一切聖僧弟子今日所以懺
悔者正言无始以來在凡夫地不問貴賤罪
自无量或因三業而生罪或從六根而起過
或以內心自耶思惟或藉外境起於染著如
是乃至十惡增長八万四千諸塵勞門然其

BD15095 號　佛名經（十六卷本）卷七　（28–21）

切諸佛歸依十方盡虛空界一切尊法歸依
十方盡虛空界一切聖僧弟子今日所以懺
悔者正言无始以來在凡夫地不問貴賤罪
自无量或因三業而生罪或從六根而起過
或以內心自耶思惟或藉外境起於染著如
是乃至十惡增長八万四千諸塵勞門然其
罪相雖復无量大而爲語不出有三何等爲
三一者煩惱二者是業三者是果報此三種
法能障聖道及以人天勝妙好事是故經中
月爲三障所以諸佛菩薩教作方便懺悔除
滅此三滅者則六根十惡乃至八万四千諸
塵勞門皆悉清淨是故弟子今日運此增上
勝心懺悔三障欲滅此三罪者當用何等心
可令此罪滅先當興七種心以爲方便然後
此罪乃可得滅何等爲七一者慚愧二者恐
怖三者猒離四者發菩提心五者怨親平等
六者念報佛恩七者觀罪性空
第一慚愧者自惟我与釋迦如來同爲凡夫
而今世尊成道以來已經尒所塵沙劫數而
我等相与躭染六塵流浪生死永无出期此
實天下可慙可愧可羞可恥
第二恐怖者既是凡夫身口意業常与罪相
應以是因緣命終之後應墮地獄畜生餓鬼
受无量苦如此實爲可驚可恐可怖可懼
第三猒離者相与當觀生死之中唯有无常
苦空无我不淨虛假如水上泡速起速滅往
來流轉猶若車輪生老病死八苦交煎无時
憩息衆等相与但觀自身從頭至足其中但

受无量苦如此實爲可驚可恐可怖可懼
第三猒離者相与當觀生死之中唯有无常
苦空无我不淨虛假如水上泡速起速滅往
來流轉猶若車輪生老病死八苦交煎无時
憩息衆等相与但觀自身從頭至足其中但
有卅六物髮毛爪齒眵淚涕唾生熟二藏大
腸小腸脾腎心肺肝膽脾胃肪膏腦膜筋脈
骨髓大小便利九孔常流是故經言此身苦
所集一切皆不淨何有智慧者而當樂此身
生死既有如此種種惡法甚可患猒
第四發菩提心者經言當樂佛身佛身者
即法身也從无量功德智慧生從六波羅蜜生
從慈悲喜捨生從三十七助菩提法生從如
是等種種功德智慧生如來身欲得此身
者當發菩提心求一切種智常樂我淨薩
婆若果淨佛國土成就衆生於身命財无所
悋惜
第五怨親平等者於一切衆生起慈悲心无
彼我想何以故尒若見怨異親即是分別以
分別故起諸相着相着因緣生諸煩惱煩惱
因緣造諸惡業惡業因緣故得苦果
第六念報佛恩者如來往昔无量劫中捨頭
目髓腦支節手足國城妻子象馬珍寶爲我
等故脩諸苦行此恩此德實難酬報是故經
言若以頂戴兩肩荷負於恒沙劫亦不能報
我等欲報如來恩者當於此世勇猛精進捍
勞忍苦不惜身命建立三寶弘通大乘廣

目髓腦支節手足國城妻子象馬珍寶
等故脩諸苦行此恩此德實難酬報是故經
言若以頂戴兩肩荷負於恒沙劫亦不能報
我等欲報如來恩者當於此世勇猛精進捍
勞忍苦不惜身命建立三寶弘勇大乘廣
化衆生同入正道
第七觀罪性空者无有實相從因緣生顛倒
而有既從因緣而生則可從因緣而滅從因
緣而生者狎近惡友造作无端從因緣而滅
者即是今日洗心懺悔是故經言此罪相不
在內不在外不在中間故知此罪從本是空
生如是等七種心已緣想十方諸佛賢聖擎
拳合掌披陳至到慚愧改革舒曆心肝洗蕩
腸胃如此懺悔亦何罪而不滅亦何障而不消
若復正爾悠悠緩縱情慮徒自勞形於事
何益且復人命无常翕如轉燭一息不還便
向灰壤三塗苦報即身應受不可以錢財寶
貨囑託求脫窈窈冥冥恩赦无期獨嬰此苦
无代受者莫言我今生中无有此罪所以不
能懇到懺悔經中道言凡夫之人舉足動步
无非是罪又復過去生中皆悉成就无量惡
業追逐行者如影隨形若不懺悔罪惡日深
故苞藏瑕疵佛教不許說悔先罪淨名所尚
故知長淪苦海寔由隱覆是故弟子今日發
露懺悔不敢覆藏所言三障者一日煩惱二
名為業三是果報此三種法更相由藉因煩
惱故以起惡業因惡業故故得苦果是故弟
子今日至心弟一先應懺悔煩惱障又此煩

BD15095號　佛名經（十六卷本）卷七　（28–24）

故知長淪苦海寔由隱覆是故弟子今日發
露懺悔不敢覆藏所言三障者一日煩惱二
名為業三是果報此三種法更相由藉因煩
惱故以起惡業因惡業故故得苦果是故弟
子今日至心弟一先應懺悔煩惱障又此煩
惱諸佛菩薩入理聖人種種呵責亦語此煩
惱以為怨家何以故能斷衆生慧命根故亦
招此煩惱以之為賊能劫衆生諸善法故詺
此煩惱以為瀑河能漂衆生入於生死大苦
海故亦因此煩惱以為羈鎖能繫衆生於生
死獄不能得出故所以六道牽連四生不絕
惡業无窮苦果不息當知皆是煩惱過患
是故弟子今日運此增上善心歸依佛
南无東方善德佛　南无南方寶相佛
南无西方普光佛　南无北方相德佛
南无東南方綱明佛　南无西南方上智佛
南无西北方華德佛　南无東北方明智佛
南无下方明德佛　南无上方香積佛
如是十方盡虛界一切三寶
弟子從无始以來至于今日或在人天六道
受報有此心識常懷愚惑繁滿胸衿或因三
毒根造一切罪或因三漏造一切罪或因三覺
造一切罪或因三受造一切罪或因三苦造
一切罪或緣三假造一切罪或貪三有造一
切罪如是等罪无量无邊惱亂一切六道
四生今日慚愧皆悉懺悔
又復弟子无始以來至於今日或因四識住
造一切罪或因四流造一切罪或因四取造

BD15095號　佛名經（十六卷本）卷七　（28–25）

切罪如是等罪无量无邊惱乱一切六道
四生今日慙愧皆悉懺悔
又復弟子无始以来至於今日或因四識住
造一切罪或因四流造一切罪或因四取造
一切罪或因罪執造一切罪或因四緣造一
切罪或因四大造一切罪或因四縛造一切
罪或因四食造一切罪或因四生造一切罪
如是等罪无量无邊惱乱六道一切衆生今
日慙愧皆悉悔懺
又復弟子无始以来至於今日或因五住地
煩惱造一切罪或因五受根造一切罪或因
五蓋造一切罪或因五慳造一切罪或因五
見造一切罪或因五心造一切罪如是等煩
惱无量无邊惱乱六道一切四生今日發露
悉皆懺悔
又復弟子无始以来至于今日或因六情根
造一切罪或因六識造一切罪或因六想造
一切罪或因六受造一切罪或因六行造一
切罪或因六愛造一切罪或因六疑造一切
罪如是等煩惱无量无邊惱乱六道一切四生
今日慙愧發露皆悉懺悔
又復弟子无始以来至於今日或因七漏造
一切罪或因七使造一切罪或因八到造一切
罪或因八垢造一切罪或因八苦造一切罪
惱乱六道一切四生今日發露皆悉懺悔
又復无始以来至于今日或因九惱造一切
罪或因九結造一切罪或因九上緣造一切
罪或因十煩惱造一切罪或因十纏造一切

BD15095號　佛名經（十六卷本）卷七　（28–26）

罪或因八垢造一切罪或因八苦造一切
惱乱六道一切四生今日發露皆悉懺悔
又復无始以来至于今日或因九惱造一切
罪或因九結造一切罪或因九上緣造一切
罪或因十煩惱造一切罪或因十纏造一切
罪或因十一遍使造一切罪或因十二入造
一切罪或因十六知見造一切罪或因十八界
造一切罪或因廿五我造一切罪或因六十
二見造一切罪或因見諦思惟九十八使百
八煩惱晝夜熾然開諸漏門造一切罪惱亂
賢聖及以四生遍滿三界弥亘六道无處可
藏无處可避今日至到向十方佛尊法聖衆
慙愧發露皆悉懺悔
願弟子承是懺悔三毒一切煩惱生生世世
慧明三達朗三苦滅三願滿
弟子承是懺悔四識等一切煩惱所生功
生世世廣四等心立四信業四惡趣滅
无畏
子承是懺悔五蓋等諸煩惱度五道
五眼成五分懺悔六愛等諸煩惱
願生生世世具足六神通滿足六度
塵或常行六妙行
是懺悔七漏八垢九結十纏等
生功德生生世世坐七淨華洗
十地行願以懺悔十一
等一切諸煩惱所生
栖心自在能轉十二
里功德一切圓滿

BD15095號　佛名經（十六卷本）卷七　（28–27）

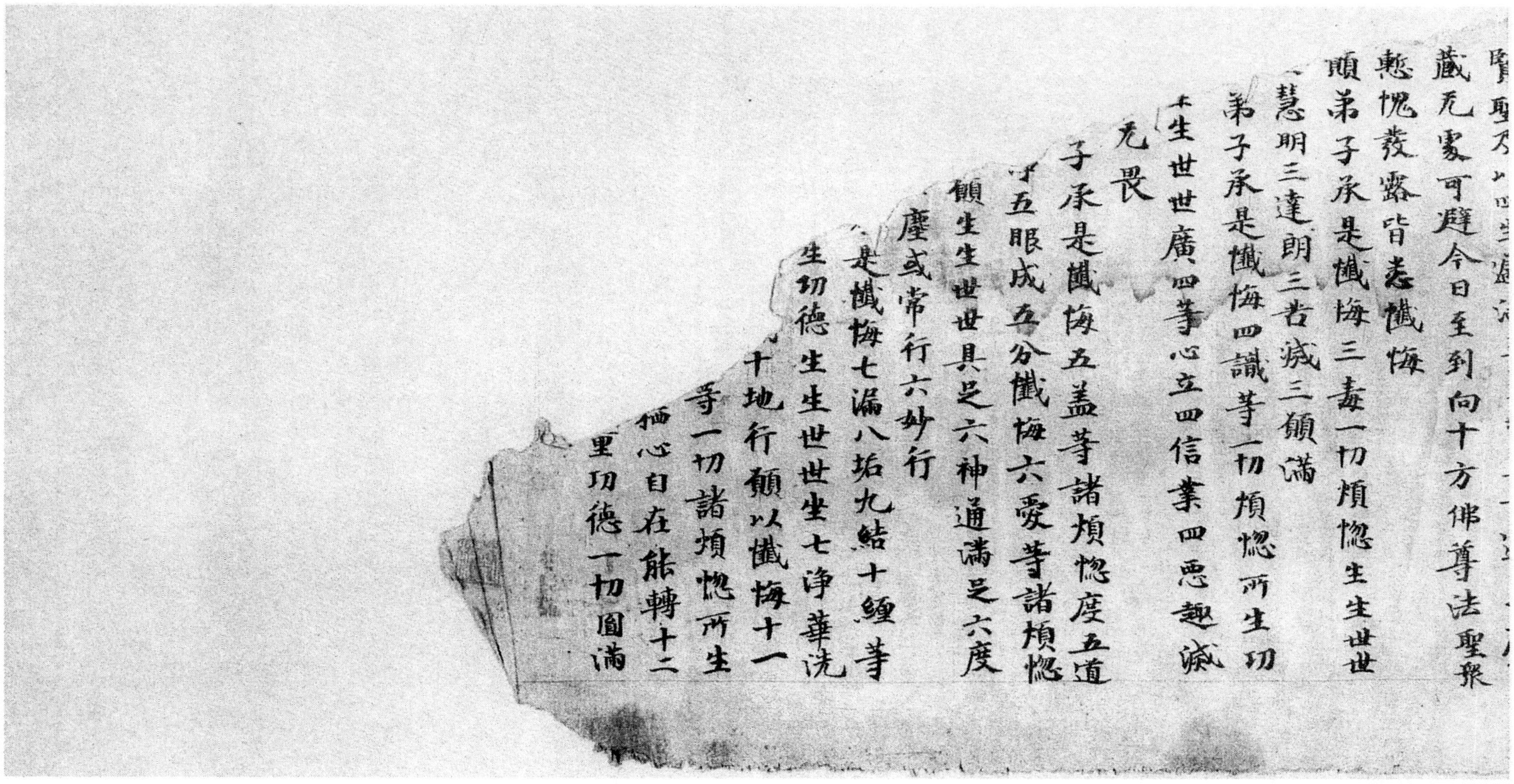

藏无處可避今日至到向十方佛尊法聖衆
慙愧發露皆悉懺悔
願弟子承是懺悔三毒一切煩惱生生世世
慧明三達朗三苦滅三願滿
弟子承是懺悔四識等一切煩惱所生功
生世世廣四等心立四信業四惡趣滅
无畏
子承是懺悔五蓋等諸煩惱度五道
五眼成五分懺悔六愛等諸煩惱
願生生世世具足六神通滿足六度
塵或常行六妙行
是懺悔七漏八垢九結十纏等
生功德生生世世坐七淨華洗
十地行願以懺悔十一
等一切諸煩惱所生
栖心自在能轉十二
里功德一切圓滿

BD15095 號　佛名經（十六卷本）卷七　　（28–28）

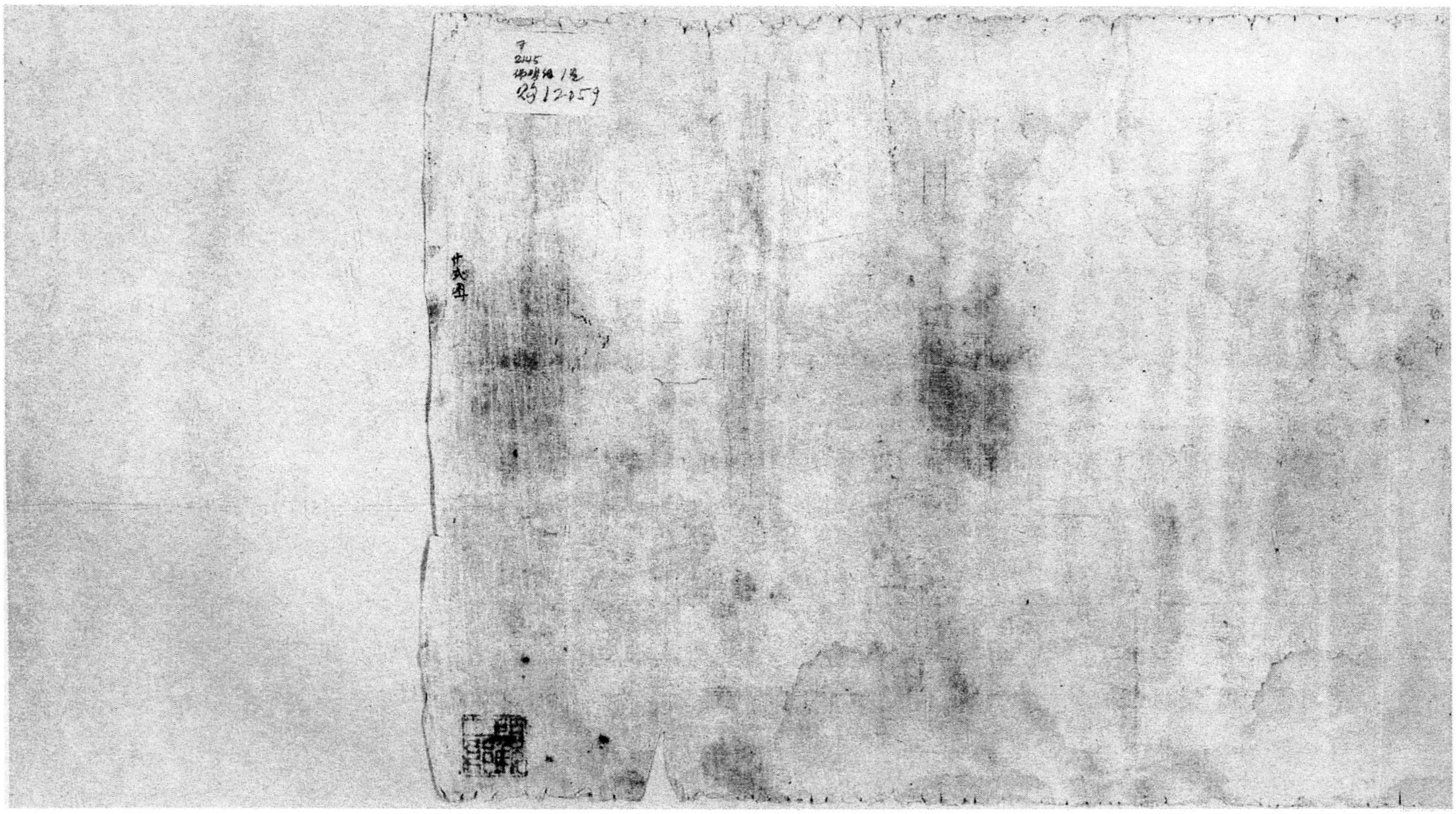

BD15095 號背　勘記、印章　　（2–1）

BD15095 號背　勘記、印章　（2–2）

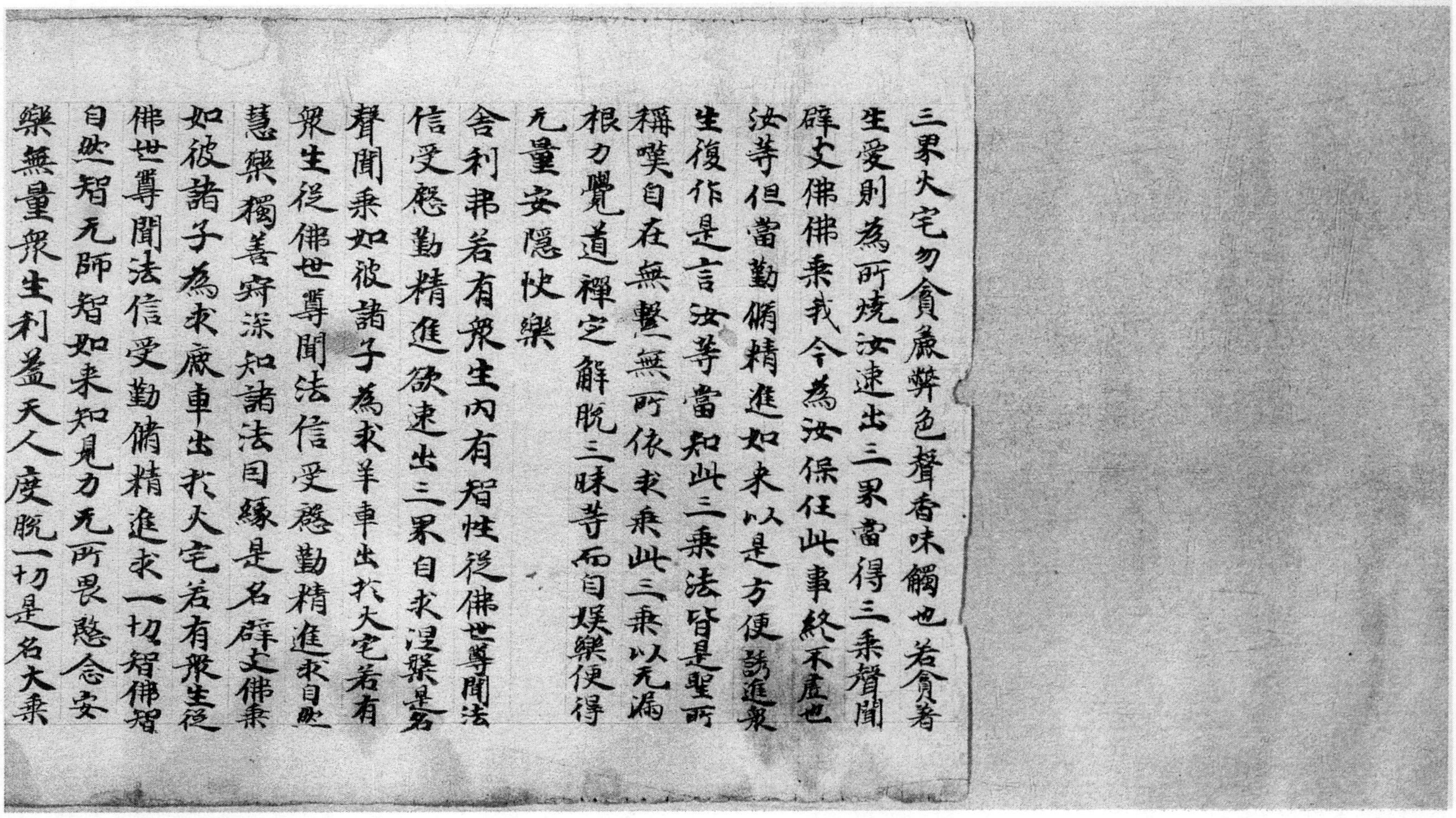

三界火宅勿貪麁弊色聲香味觸也若貪著
生愛則為所燒汝速出三界當得三乘聲聞
辟支佛佛乘我今為汝保任此事終不虛也
汝等但當勤脩精進如來以是方便誘進衆
生復作是言汝等當知此三乘法皆是聖所
稱歎自在無繫無所依求乘此三乘以无漏
根力覺道禪定解脫三昧等而自娛樂便得
无量安隱快樂
舍利弗若有衆生內有智性從佛世尊聞法
信受慇勤精進欲速出三界自求涅槃是名
聲聞乘如彼諸子為求羊車出於火宅若有
衆生從佛世尊聞法信受慇勤精進求自然
慧樂獨善寂深知諸法因緣是名辟支佛乘
如彼諸子為求鹿車出於火宅若有衆生從
佛世尊聞法信受勤脩精進求一切智佛智
自然智无師智如來知見力无所畏愍念安
樂無量衆生利益天人度脫一切是名大乘

BD15096 號　妙法蓮華經卷二　（20–1）

慧樂獨善寂深知諸法因緣是名辟支佛乘
如彼諸子為求鹿車出於火宅若有眾生從
佛世尊聞法信受勤脩精進求一切智佛智
自然智无師智如來知見力无所畏愍念安
樂無量眾生利益天人度脫一切是名大乘
菩薩求此乘故名為摩訶薩如彼諸子為
求牛車出於火宅舍利弗如彼長者見諸子等
安隱得出火宅到無畏處自惟財富无量等
以大車而賜諸子如來亦復如是為一切眾
生之父若見無量億千眾生以佛教門出三
界苦怖畏險道得涅槃樂
如來尒時便作是念我有无量无邊智慧力
無畏等諸佛法藏是諸眾生皆是我子等與
大乘不令有人獨得滅度皆以如來滅度而
滅度之是諸眾生脫三界者悉與諸佛禪定
解脫等娛樂之具皆是一相一種聖所稱歎
能生淨妙第一之樂舍利弗如彼長者以三
車誘引諸子然後但與大車寶物莊嚴安隱
第一然彼長者無虛妄之咎如來亦復如是
无有虛妄初說二乘引導眾生然後但以大
乘而度脫之何以故如來有无量智慧力无
所畏諸法之藏能與一切眾生大乘之法但
不盡能受舍利弗以是因緣當知諸佛方便
力故於一佛乘分別說三佛欲重宣此義而說
偈言

所畏諸法之藏能與一切眾生大乘之法但
不盡能受舍利弗以是因緣當知諸佛方便
力故於一佛乘分別說三佛欲重宣此義而說
偈言
譬如長者　有一大宅　其宅久故　而復頓弊
堂舍高危　柱根摧朽　梁棟傾斜　基陛頹毀
牆壁圮坼　泥塗褫落　覆苫亂墜　椽梠差脫
周郭屈曲　雜穢充遍　有五百人　止住其中
鵄梟鵰鷲　烏鵲鳩鴿　蚖蛇蝮蝎　蜈蚣蚰蜒
守宮百足　狖狸鼷鼠　諸惡蟲輩　交橫馳走
屎尿臭處　不淨流溢　蜣蜋諸蟲　而集其上
狐狼野干　咀嚼踐蹋　嚌齧死屍　骨肉狼藉
由是群狗　競來搏撮　飢羸慞惶　處處求食
鬪諍齟掣　嘊喍嘷吠　其舍恐怖　變狀如是
處處皆有　魑魅魍魎　夜叉惡鬼　食噉人肉
毒蟲之屬　諸惡禽獸　孚乳產生　各自藏護
夜叉競來　爭取食之　食之既飽　惡心轉熾
鬪諍之聲　甚可怖畏　鳩槃荼鬼　蹲踞土埵
或時離地　一尺二尺　往返遊行　縱逸嬉戲
捉狗兩足　撲令失聲　以腳加頸　怖狗自樂
復有諸鬼　其身長大　裸形黑瘦　常住其中
發大惡聲　叫呼求食　復有諸鬼　其咽如針
復有諸鬼　首如牛頭　或食人肉　或復噉狗
頭髮蓬亂　殘害兇險　飢渴所逼　叫喚馳走
夜叉餓鬼　諸惡鳥獸　飢急四向　窺看窗牖

發大惡聲　叫呼求食　復有諸鬼　其咽如針
復有諸鬼　首如牛頭　或食人肉　或復噉狗
頭髮蓬亂　殘害凶險　飢渴所逼　叫喚馳走
夜叉餓鬼　諸惡鳥獸　飢急四向　窺看窗牖
如是諸難　恐畏無量
是朽故宅　屬于一人　其人近出　未久之間
於後宅舍　忽然火起　四面一時　其炎俱熾
棟梁椽柱　爆聲震裂　摧折墮落　墻壁崩倒
諸鬼神等　揚聲大叫　鵰鷲諸鳥　鳩槃荼等
周章惶怖　不能自出　惡獸毒蟲　藏竄孔穴
毗舍闍鬼　亦住其中　薄福德故　為火所逼
共相殘害　飲血噉肉　野干之屬　並已前死
諸大惡獸　競來食噉　臭烟熢㶿　四面充塞
蜈蚣蚰蜒　毒蛇之類　為火所燒　爭走出穴
鳩槃荼鬼　隨取而食　又諸餓鬼　頭上火然
飢渴熱惱　周章悶走　其宅如是　甚可怖畏
毒害火災　眾難非一　是時宅主　在門外立
聞有人言　汝諸子等　先因遊戲　來入此宅
稚小無知　歡娛樂著　長者聞已　驚入火宅
方宜救濟　令無燒害　告喻諸子　說眾患難
惡鬼毒蟲　災火蔓延　眾苦次第　相續不絕
毒蛇蚖蝮　及諸夜叉　鳩槃荼鬼　野干狐狗
鵰鷲鵄梟　百足之屬　飢渴惱急　甚可怖畏
此苦難處　況復大火　諸子無知　雖聞父誨
猶故樂著　嬉戲不已
是時長者　而作是念　諸子如此　益我愁惱

BD15096 號　妙法蓮華經卷二　（20–4）

毒蛇蚖蝮　及諸夜叉　鳩槃荼鬼　野干狐狗
鵰鷲鵄梟　百足之屬　飢渴惱急　甚可怖畏
此苦難處　況復大火　諸子無知　雖聞父誨
猶故樂著　嬉戲不已
是時長者　而作是念　諸子如此　益我愁惱
今此舍宅　無一可樂　而諸子等　耽湎嬉戲
不受我教　將為火害　即便思惟　設諸方便
告諸子等　我有種種　珍玩之具　妙寶好車
羊車鹿車　大牛之車　今在門外　汝等出來
吾為汝等　造作此車　隨意所樂　可以遊戲
諸子聞說　如此諸車　即時奔競　馳走而出
到於空地　離諸苦難　長者見子　得出火宅
住於四衢　坐師子座　而自慶言　我今快樂
此諸子等　生育甚難　愚小無知　而入險宅
多諸毒蟲　魑魅可畏　大火猛炎　四面俱起
而此諸子　貪樂嬉戲　我已救之　令得脫難
是故諸人　我今快樂
爾時諸子　知父安坐　皆詣父所　而白父言
願賜我等　三種寶車　如前所許　諸子出來
當以三車　隨汝所欲　今正是時　唯垂給與
長者大富　庫藏眾多　金銀琉璃　硨磲碼碯
以眾寶物　造諸大車　莊校嚴飾　周匝欄楯
四面懸鈴　金繩交絡　真珠羅網　張施其上
金華諸瓔　處處垂下　眾綵雜飾　周匝圍繞
柔軟繒纊　以為茵蓐　上妙細疊　價直千億
鮮白淨潔　以覆其上　有大白牛　肥壯多力

BD15096 號　妙法蓮華經卷二　（20–5）

以衆寶物　造諸大車　莊校嚴飾　周匝欄楯
四面懸鈴　金繩交絡　真珠羅網　張施其上
金華諸瓔　處處垂下　衆綵雜飾　周匝圍繞
柔軟繒纊　以為茵蓐　上妙細㲲　價直千億
鮮白淨潔　以覆其上　有大白牛　肥壯多力
形體姝好　以駕寶車　多諸儐從　而侍衛之
如是妙車　等賜諸子　諸子是時　歡喜踊躍
乘是寶車　遊於四方　嬉戲快樂　自在无导
告舍利弗　我亦如是　衆聖中尊　世間之父
一切衆生　皆是吾子　深著世樂　无有慧心
三界无安　猶如火宅　衆苦充滿　甚可怖畏
常有生老　病死憂患　如是等火　熾然不息
如來已離　三界火宅　寂然閑居　安處林野
今此三界　皆是我有　其中衆生　悉是吾子
而今此處　多諸患難　唯我一人　能為救護
雖復教詔　而不信受　於諸欲染　貪著深故
是以方便　為說三乘　令諸衆生　知三界苦
開示演說　出世間道　是諸子等　若心決定
具足三明　及六神通　有得緣覺　不退菩薩
汝舍利弗　我為衆生　以此譬喻　說一佛乘
汝等若能　信受是語　一切皆當　成得佛道
是乘微妙　清淨第一　於諸世間　為无有上
佛所悅可　一切衆生　所應稱讚　供養禮拜
无量億千　諸力解脫　禪定智慧　及佛餘法
得如是乘　令諸子等　日夜劫數　常得遊戲
與諸菩薩　及聲聞衆　乘此寶乘　直至道場

BD15096 號　妙法蓮華經卷二　（20-6）

汝等若能　信受是語　一切皆當　成得佛道
是乘微妙　清淨第一　於諸世間　為无有上
佛所悅可　一切衆生　所應稱讚　供養禮拜
无量億千　諸力解脫　禪定智慧　及佛餘法
得如是乘　令諸子等　日夜劫數　常得遊戲
與諸菩薩　及聲聞衆　乘此寶乘　直至道場
以是因緣　十方諦求　更无餘乘　除佛方便
告舍利弗　汝諸人等　皆是吾子　我則是父
汝等累劫　衆苦所燒　我皆濟拔　令出三界
我雖先說　汝等滅度　但盡生死　而實不滅
今所應作　唯佛智慧
若有菩薩　於是衆中　能一心聽　諸佛實法
諸佛世尊　雖以方便　所化衆生　皆是菩薩
若人小智　深著愛欲　為此等故　說於苦諦
衆生心喜　得未曾有　佛說苦諦　真實无異
若有衆生　不知苦本　深著苦因　不能暫捨
為是等故　方便說道　諸苦所因　貪欲為本
若滅貪欲　无所依止　滅盡諸苦　名第三諦
為滅諦故　脩行於道　離諸苦縛　名得解脫
是人於何　而得解脫　但離虛妄　名為解脫
其實未得　一切解脫　佛說是人　未實滅度
斯人未得　无上道故　我意不欲　令至滅度
我為法王　於法自在　安隱衆生　故現於世
汝舍利弗　我此法印　為欲利益　世間故說
在所遊方　勿妄宣傳　若有聞者　隨喜頂受
當知是人　阿鞞跋致　若有信受　此經法者

BD15096 號　妙法蓮華經卷二　（20-7）

我為法王　於法自在　安隱衆生　故現於世
汝舍利弗　我此法印　為欲利益　世間故說
在所遊方　勿妄宣傳　若有聞者　隨喜頂受
當知是人　阿鞞跋致　若有信受　此經法者
是人已曾　見過去佛　恭敬供養　亦聞是法
若人有能　信汝所說　則為見我　亦見於汝
及比丘僧　并諸菩薩
斯法華經　為深智說　淺識聞之　迷惑不解
一切聲聞　及辟支佛　於此經中　力所不及
汝舍利弗　尚於此經　以信得入　況餘聲聞
其餘聲聞　信佛語故　隨順此經　非己智分
又舍利弗　憍慢懈怠　計我見者　莫說此經
凡夫淺識　深著五欲　聞不能解　亦勿為說
若人不信　毀謗此經　則斷一切　世間佛種
或復顰蹙　而懷疑惑　汝當聽說　此人罪報
若佛在世　若滅度後　其有誹謗　如斯經典
見有讀誦　書持經者　輕賤憎嫉　而懷結恨
此人罪報　汝今復聽
其人命終　入阿鼻獄　具足一劫　劫盡更生
如是展轉　至无數劫　從地獄出　當墮畜生
若狗野干　其形頓瘦　黧黮疥癩　人所觸嬈
又復為人　之所惡賤　常困飢渴　骨肉枯竭
生受楚毒　死被瓦石　斷佛種故　受斯罪報
若作駱駝　或生驢中　身常負重　加諸杖捶
但念水草　餘无所知　謗斯經故　獲罪如是
有作野干　來入聚落　身體疥癩　又无一目

BD15096 號　妙法蓮華經卷二　（20–8）

生受楚毒　死被瓦石　斷佛種故　受斯罪報
若作駱駝　或生驢中　身常負重　加諸杖捶
但念水草　餘无所知　謗斯經故　獲罪如是
有作野干　來入聚落　身體疥癩　又无一目
為諸童子　之所打擲　受諸苦痛　或時致死
於此死已　更受蟒身　其形長大　五百由旬
聾騃无足　蜿轉腹行　為諸小虫　之所唼食
晝夜受苦　無有休息　謗斯經故　獲罪如是
若得為人　諸根闇鈍　矬陋攣躄　盲聾背傴
有所言說　人不信受　口氣常臭　鬼魅所著
貧窮下賤　為人所使　多病痟瘦　无所依怙
雖親附人　人不在意　若有所得　尋復忘失
若脩醫道　順方治病　更增他疾　或復致死
若自有病　无人救療
設服良藥　而復增劇　若他反逆　抄劫竊盜
如是等罪　横羅其殃　如斯罪人　永不見佛
衆聖之王　說法教化　如斯罪人　常生難處
狂聾心亂　永不聞法　於无數劫　如恒河沙
生輒聾瘂　諸根不具　常處地獄　如遊園觀
在餘惡道　如己舍宅　駝驢猪狗　是其行處
謗斯經故　獲罪如是　若得為人　聾盲瘖瘂
貧窮諸衰　以自莊嚴　水腫乾痟　疥癩癰疽
如是等病　以為衣服　身常臭處　垢穢不淨
深著我見　增益瞋恚　婬欲熾盛　不擇禽獸
謗斯經故　獲罪如是　告舍利弗　謗斯經者

BD15096 號　妙法蓮華經卷二　（20–9）

貧窮諸衰　以自莊嚴　水腫乾消　疥癩癰疽
如是等病　以為衣服　身常臭處　垢穢不淨
深著我見　增益瞋恚　婬欲熾盛　不擇禽獸
謗斯經故　獲罪如是　告舍利弗　謗斯經者
若說其罪　窮劫不盡　以是因緣　我故語汝
无智人中　莫說此經　若有利根　智慧明了
多聞強識　求佛道者　如是之人　乃可為說
若人曾見　億百千佛　殖諸善本　深心堅固
如是之人　乃可為說　若人精進　常脩慈心
不惜身命　乃可為說　若人恭敬　无有異心
離諸凡愚　獨處山澤　如是之人　乃可為說
又舍利弗　若見有人　捨惡知識　親近善友
如是之人　乃可為說
若見佛子　持戒清潔　如淨明珠　求大乘經
如是之人　乃可為說　若人无瞋　質直柔軟
常愍一切　恭敬諸佛　如是之人　乃可為說
復有佛子　於大眾中　以清淨心　種種因緣
譬喻言辭　說法无㝵　如是之人　乃可為說
若有比丘　為一切智　四方求法　合掌頂受
但樂受持　大乘經典　乃至不受　餘經一偈
如是之人　乃可為說　如人至心　求佛舍利
如是求經　得已頂受　其人不復　志求餘經
亦未曾念　外道典籍　如是之人　乃可為說
告舍利弗　我說是相　求佛道者　窮劫不盡
如是等人　則能信解　汝當為說　妙法華經

BD15096 號　妙法蓮華經卷二　（20–10）

如是求經　得已頂受　其人不復　志求餘經
亦未曾念　外道典籍　如是之人　乃可為說
告舍利弗　我說是相　求佛道者　窮劫不盡
如是等人　則能信解　汝當為說　妙法華經

妙法蓮華經信解品第四

尒時慧命須菩提摩訶迦旃延摩訶迦葉摩
訶目揵連從佛所聞未曾有法世尊授舍
利弗阿耨多羅三藐三菩提記發希有心歡
喜踊躍即從座起整衣服偏袒右肩右膝著
地一心合掌曲躬恭敬瞻仰尊顏而白佛言我
等居僧之首年並朽邁自謂已得涅槃無所
堪任不復進求阿耨多羅三藐三菩提世尊
往昔說法既久我時在座身體疲懈但念空
無相無作於菩薩法遊戲神通淨佛國土成
就眾生心不喜樂所以者何世尊令我等出
於三界得涅槃證又今我等年已朽邁於佛
教化菩薩阿耨多羅三藐三菩提不生一念
好樂之心我等今於佛前聞授聲聞阿耨多
羅三藐三菩提記心甚歡喜得未曾有不謂
於今忽然得聞希有之法深自慶幸獲大善
利无量珍寶不求自得
世尊我等今者樂說譬喻以明斯義譬若
有人年既幼捨父逃逝久住他國或十二十至
十五歲年既長大加復窮困馳騁四方以
不得中止一城其家大富財寶無量金銀瑠

BD15096 號　妙法蓮華經卷二　（20–11）

世尊我等今者樂說譬喻以明斯義譬若
有人年既幼稚捨父逃逝久住他國或十二十至
十五歲年既長大加復窮困馳騁四方以
不得中止一城其家大富財寶無量金銀琉
璃珊瑚虎珀頗梨珠等其諸倉庫悉皆盈
溢多有僮僕臣佐吏民象馬車乘牛羊無數
出息利乃遍他國商估賈客亦甚衆多時貧
窮子遊諸聚落經歷國邑遂到其父所止之
城父每念子與子離別五十餘年而未曾向
人說如此事但自思惟心懷悔恨自念老朽
多有財物金銀珍寶倉庫盈溢无有子息一
旦終沒財物散失無所委付是以慇懃每憶
其子復作是念我若得子委付財物坦然快
樂无復憂慮世尊尒時窮子傭賃展轉遇
到父舍住立門側遙見其父踞師子床寶机
承足諸婆羅門剎利居士皆恭敬圍繞以真珠
瓔珞價直千万莊嚴其身吏民僮僕手執
拂持立左右覆以寶帳垂諸華幡香水灑地
散衆名華羅列寶物出內取與有如是等種
種嚴飾威德特尊窮子見父有大力勢即懷
恐怖悔來至此竊作是念此或是王或是王
等非我傭力得物之處不如往至貧里肆力
有地衣食易得若久住此或見逼迫強使我
作作是念已疾走而去時富長者於師子坐
見子便識心大歡喜即作是念我財物庫藏
今有所付我常思念此子无由見之而忽自

有地衣食易得若久住此或見逼迫強使我
作作是念已疾走而去時富長者於師子坐
見子便識心大歡喜即作是念我財物庫藏
今有所付我常思念此子无由見之而忽自
來甚適我願我雖年朽猶故貪惜即遣傍
急追將還
尒時使者疾走往捉窮子驚愕稱怨大喚我
不相犯何為見捉使者執之踰急強牽將還
于時窮子自念无罪而被囚執此必定死轉
更惶怖悶絕躃地父遙見之而語使言不須
此人勿強將來以冷水灑面令得醒悟莫復
與語所以者何父知其子志意下劣自知豪
貴為子所難審知是子而以方便不語他
云是我子使者語之我今放汝隨意所趣
窮子歡喜得未曾有從地而起往至貧里以求
衣食尒時長者將欲誘引其子而設方便密
遣二人形色憔悴无威德者汝可詣彼徐語
窮子此有作處倍與汝直窮子若許將來
作若言欲何所作便可語之雇汝除糞我等
二人亦共汝作時二使人即求窮子既已得
之具陳上事尒時窮子先取其價尋與除糞
其父見子愍而怪之又以他日於窗牖中遙
見子身羸瘦憔悴糞土塵坌汙穢不淨即脫
瓔珞細軟上服嚴飾之具更著麁弊垢膩之
衣塵土坌身右手執持除糞之器狀有所畏

之具陳上事尒時窮子先取其價尋與除糞
其父見子愍而怪之又以他日於窻牖中遥
見子身羸瘦憔悴糞土塵坌汙穢不淨即脫
瓔珞細軟上服嚴飾之具更著麁弊垢膩之
衣塵土坌身右手執持除糞之器狀有所畏
語諸作人汝等勤作勿得懈息以方便故得
近其子又復告言咄男子汝常此作勿復餘
去當加汝價諸有所須瓫器米麵塩酢之屬
莫自疑難亦有老弊使人須者相給好自安
意我如汝父勿復憂慮所以者何我年老大
而汝少壯汝常作時无有欺怠瞋恨怨言都
不見汝有此諸惡如餘作人自今已後如所
生子即時長者更與作字名之為兒
尒時窮子雖欣此遇猶故自謂客作賤人由
是之故於二十年中常令除糞過是已後心
相體信入出无難然其所止猶在本處世尊
尒時長者有疾自知將死不久語窮子言我
今多有金銀珎寶倉庫盈溢其中多少所應
取與汝悉知之我心如是當體此意所以者
何今我與汝便為不異宜加用心无令漏失
尒時窮子即受教勑領知衆物金銀珎寶及
諸庫藏而無悕取一飡之意然其所止故在
本處下劣之心亦未能捨復經少時父知子
意漸已通泰成就大志自鄙先心臨欲終時
而命其子并會親族國王大臣剎利居士皆
悉已集即自宣言諸君當知此是我子我

本處下劣之心亦未能捨復經少時父知子
意漸已通泰成就大志自鄙先心臨欲終時
而命其子并會親族國王大臣剎利居士皆
悉已集即自宣言諸君當知此是我子我
之所生於某城中捨吾逃走跉跰辛苦五十餘
年其本字某我名某甲昔在本城懷憂推覓
忽於此間遇會得之此實我子我實其父今
吾所有一切財物皆是子有先所出內是子
所知世尊是時窮子聞父此言即大歡喜得
未曾有而作是念我本無心有所悕求今此
寶藏自然而至
世尊大富長者則是如来我等皆似佛子如
来常說我等為子世尊我等以三苦故於生
死中受諸熱惱迷惑無知樂著小法今日世
尊令我等思惟蠲除諸法戲論之糞我等於
中勤加精進得至涅槃一日之價既得此已
心大歡喜自以為足便自謂言於佛法中懃精
進故所得弘多然世尊先知我等心著弊欲
樂於小法便見縱捨不為分別汝等當有如
来知見寶藏之分世尊以方便力說如来智
慧我等從佛得涅槃一日之價以為大得於
此大乘無有志求我等又因如来智慧為諸
菩薩開示演說而自於此无有志願所以者
何佛知我等心樂小法以方便力隨我等說
而我等不知真是佛子今我等方知世尊於
佛知慧無所悕昔所以者何我等昔来真是

菩薩開示演說而自於此无有志願所以者
何佛知我等心樂小法以方便力隨我等說
而我等不知真是佛子今我等方知世尊於
佛知慧無所悋惜所以者何我等昔來真是
佛子而但樂小法若我等有樂大之心佛則
為我說大乘法此經中唯說一乘而昔於菩
薩前毀呰聲聞樂小法者然佛實以大乘教
化是故我等說本无心有所悕求今法王大
寶自然而至如佛子所應得者皆已得之尒
時摩訶迦葉欲重宣此義而說偈言
我等今日 聞佛音教 歡喜踊躍 得未曾有
佛說聲聞 當得作佛 無上寶聚 不求自得
譬如童子 幼稚无識 捨父逃逝 遠到他土
周流諸國 五十餘年 其父憂念 四方推求
求之既疲 頓止一城 造立舍宅 五欲自娛
其家巨富 多諸金銀 硨磲馬瑙 真珠瑠璃
象馬牛羊 輦輿車乘 田業僮僕 人民衆多
出入息利 乃遍他國 商估賈人 无處不有
千万億衆 圍繞恭敬 常為王者 之所愛念
羣臣豪族 皆共宗重 以諸緣故 往来者衆
豪富如是 有大力勢 而年朽邁 益憂念子
夙夜惟念 死時將至 癡子捨我 五十餘年
庫藏諸物 當如之何
尒時窮子 求索衣食 從邑至邑 從國至國
或有所得 或無所得 飢餓羸瘦 體生瘡癬

BD15096 號　妙法蓮華經卷二　（20–16）

夙夜惟念 死時將至 癡子捨我 五十餘年
庫藏諸物 當如之何
尒時窮子 求索衣食 從邑至邑 從國至國
或有所得 或無所得 飢餓羸瘦 體生瘡癬
漸次經歷 到父住城 傭賃展轉 遂至父舍
尒時長者 於其門內 施大寶帳 處師子座
眷屬圍繞 諸人侍衛 或有計筭 金銀寶物
出內財產 注記券疏 窮子見父 豪貴尊嚴
謂是國王 若是王等 驚怖自怪 何故至此
覆自念言 我若久住 或見逼迫 彊驅使作
思惟是已 馳走而去 借問貧里 欲往傭作
長者是時 在師子座 遙見其子 嘿而識之
即勑使者 追捉將來 窮子驚喚 迷悶躄地
是人執我 必當見殺 何用衣食 使我至此
長者知子 愚癡狹劣 不信我言 不信是父
即以方便 更遣餘人 眇目矬陋 無威德者
汝可語之 云當相雇 除諸糞穢 倍與汝價
窮子聞之 歡喜隨來 為除糞穢 淨諸房舍
長者於牖 常見其子 念子愚劣 樂為鄙事
於是長者 著弊垢衣 執除糞器 往到子所
方便附近 語令勤作
既益汝價 并塗足油 飲食充足 薦席厚煖
如是苦言 汝當勤作 又以軟語 若如我子
長者有智 漸令入出 經二十年 執作家事
示其金銀 真珠頗梨 諸物出入 皆使令知

BD15096 號　妙法蓮華經卷二　（20–17）

既益汝價　并塗足油　飲食充足　薦席厚煖
如是苦言　汝當勤作　又以軟語　若如我子
長者有智　漸令入出　經二十年　執作家事
示其金銀　真珠頗梨　諸物出入　皆使令知
猶處門外　止宿草菴　自念貧事　我无此物
父知子心　漸已曠大　欲與財物　即聚親族
國王大臣　剎利居士　於此大眾　說是我子
捨我他行　經五十歲　自見子來　已二十年
昔於某城　而失是子　周行求索　遂來至此
凡我所有　舍宅人民　悉以付之　恣其所用
子念昔貧　志意下劣　今於父所　大獲珍寶
并及舍宅　一切財物　甚大歡喜　得未曾有
佛亦如是　知我樂小　未曾說言　汝等作佛
而說我等　得諸无漏　成就小乘　聲聞弟子
佛勑我等　說最上道　修習此者　當得成佛
我承佛教　為大菩薩　以諸因緣　種種譬喻
若干言辭　說無上道
是時諸佛　即授其記　汝於來世　當得作佛
一切諸佛　秘藏之法　但為菩薩　演其實事
而不為我　說斯真要　如彼窮子　得近其父
雖知諸物　心不悕取　我等雖說　佛法寶藏
自无志願　亦復如是　我等內滅　自謂為足
唯了此事　更無餘事　我等若聞　淨佛國土
教化眾生　都无欣樂　所以者何　一切諸法
皆悉空寂　無生無滅　無大無小　無漏無為
如是思惟　不生喜樂　我等長夜　於佛智慧

自无志願　亦復如是　我等內滅　自謂為足
唯了此事　更無餘事　我等若聞　淨佛國土
教化眾生　都无欣樂　所以者何　一切諸法
皆悉空寂　無生無滅　無大無小　無漏無為
如是思惟　不生喜樂　我等長夜　於佛智慧
无貪无著　无復志願　而自於法　謂是究竟
我等長夜　修習空法　得脫三界　苦惱之患
住最後身　有餘涅槃　佛所教化　得道不虛
則為已得　報佛之恩　我等雖為　諸佛子等
說菩薩法　以求佛道　而於是法　永无願樂
導師見捨　觀我心故　初不勸進　說有實利
如富長者　知子志劣　以方便力　柔伏其心
然後乃付　一切財寶
佛亦如是　現希有事　知樂小者　以方便力
調伏其心　乃教大智　我等今日　得未曾有
非先所望　而今自得　如彼窮子　得无量寶
世尊我今　得道得果　於无漏法　得清淨眼
我等長夜　持佛淨戒　始於今日　得其果報
法王法中　久修梵行　今得无漏　无上大果
我等今者　真是聲聞　以佛道聲　令一切聞
我等今者　真阿羅漢　於諸世間　天人魔梵
普於其中　應受供養　世尊大恩　以希有事
憐愍教化　利益我等　无量億劫　誰能報者
手足供給　頭頂禮敬　一切供養　皆不能報
若以頂戴　兩肩荷負　於恒沙劫　盡心恭敬
又以美饍　无量寶衣　及諸臥具　種種湯藥

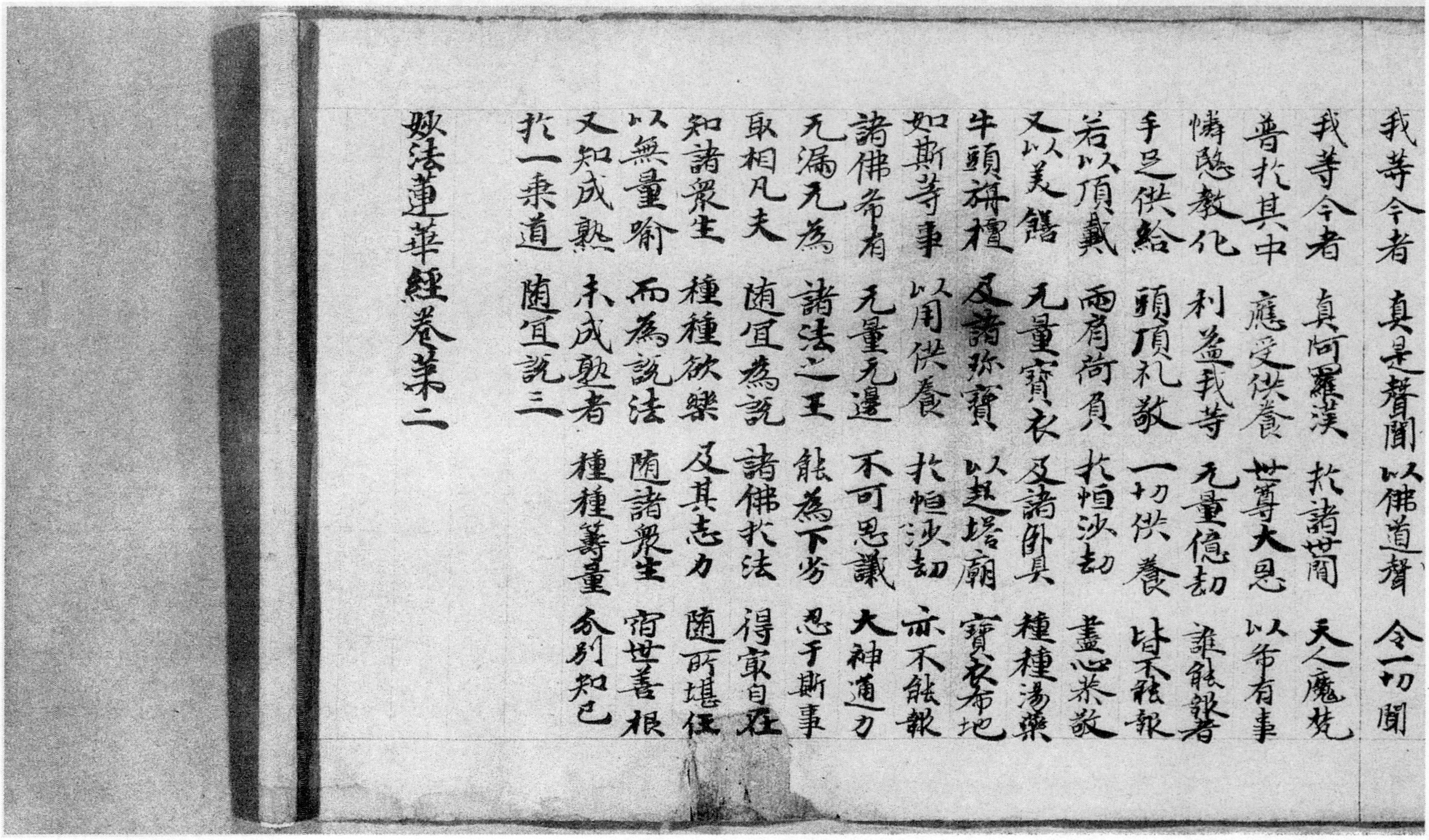
我等今者　真是聲聞　以佛道聲　令一切聞
我等今者　真阿羅漢　於諸世間　天人魔梵
普於其中　應受供養　世尊大恩　以希有事
憐愍教化　利益我等　无量億劫　誰能報者
手足供給　頭頂禮敬　一切供養　皆不能報
若以頂戴　兩肩荷負　於恒沙劫　盡心恭敬
又以美饍　无量寶衣　及諸臥具　種種湯藥
牛頭栴檀　及諸珍寶　以起塔廟　寶衣布地
如斯等事　以用供養　於恒沙劫　亦不能報
諸佛希有　无量无邊　不可思議　大神通力
无漏无為　諸法之王　能為下劣　忍于斯事
取相凡夫　隨宜為說　諸佛於法　得最自在
知諸眾生　種種欲樂　及其志力　隨所堪任
以無量喻　而為說法　隨諸眾生　宿世善根
又知成熟　未成熟者　種種籌量　分別知已
於一乘道　隨宜說三
妙法蓮華經卷第二

BD15096 號　妙法蓮華經卷二　（20–20）

BD15096 號背　勘記、印章　（1–1）

是時太微帝君及諸大衆聞是法音歎未
曾有於虚空中雨天妙花鼓天妙樂供養道
君而共齊聲說偈嘆曰
我等歸命太上尊　无上最勝真法王　巧說一種微妙身
如積善降甘露雨　三乘得悟有差別　道君所說皆圓普
猶如善與法舟航　免度生死大河苦　服與清淨真法藥
身心垢惱病皆愈　各蒙法利善无過　是故禮謝慈悲父
尒時太微帝君及諸大衆說是偈已白太上言
若諸神尊所說諸法同表一道无淺深者云
何而得有圓滿教及未具了差別趣耶道君
告曰若於大聖諸有所　皆是正觀一切智
心无非畢竟悉是了義隨衆生故半滿不同
為鈍根者或時說有或時說空或時說常
或說无常是名兩半前後異說不得一時隨病
發故偏示一義是名為半前病除已復顯藥
用具足故名之為滿了兩半已入一中　道乃名

BD15097號　太玄真一本際經卷九　（6–1）

為鈍根者或時說有或時說空或時說常
或說无常是名兩半前後異說不得一時隨病
發故偏示一義是名為半前病除已復顯藥
用具足故名之為滿了兩半已入一中　道乃名
具足圓滿之相若深智者聞說一邊即悉
了悟因緣假名即正中道所言中者離一切
著亦无所離不滯二邊故名為中能通衆生
至善竟處到解脫城故名為中若有了知
是中道者名為正觀是第一乘能運學者
出離三界過二生死了真法性成无上道是故
此經能破无邊无明暗室令見无上正法珎寶
猶如明燈破一切暗令有目者見諸寶物隨
意受用稱心快樂我今哀愍闇昔衆生然
此法燈照煩惱闇普令一切尋光見道得真
智慧自在安樂極无上果究竟昇玄太微帝
君曰太上曰若如是者唯當正解中道之要
便得成道何須更習諸餘經誡為繁勞耶太
上告曰若諸學人深殖德本了達正空中道
之相是即具足无俟更脩諸餘法術但為五
濁諸衆生等未了此經深妙之趣先示餘法調
伏其心遮斷煩惱四魔惡賊猶如帝王具足
无量珎寶樂具而須城含墉壍莊嚴防衛盜
賊遮諸寇難如是正觀始悟心王住中道城
以諸誡慧為法墉壍牢自莊嚴備諸魔試
是故十方天尊大聖具演經誡廣開法門太微

BD15097號　太玄真一本際經卷九　（6–2）

以一切種智照世間法色法非色法心法非心法
人天五道四大六家衆生想念果報因緣於一
念中明了无导善識根性隨宜所行世出世法
洞達究盡是名開演心秘密藏以是三種秘密
之法成真道身非是凡夫乃至九聖所能覺
知我於是經具開此義明說身相始方便門
令諸學者入重玄趣是故此經名為開演
秘密寶藏如是受持此經大乘衆經中最
若有至心堪能解了講宣其義審得其人
稽首而傳不須盟信何以故已受餘經知其
心故亦是平等无簡擇故
太微帝君拜手言曰善哉道君快說如是
深奧之義我於今日始知神尊審是衆生
真實父母能以大慈大悲之力於无相中示
真法相說此三種微密之趣令諸衆生悟一
乘道得妙法身證无上覺自能了知秘密
之藏亦當能為一切衆生開演甚深三種微
密我今始知无上大乘平等正法无擇貴賤
唯授能行有心之人輒當傳付令此妙教廣
得流通普令一切開正法眼紹繼道君无上
之位使三寶輪轉運用无輟太上告曰善哉
帝君乃能發心知宣此法來生男女當受斯慶
咸見正道得淨法身帝君當知使餘經不流
布者於諸世間无深損害若失此經一句一字
則為一切構諸災禍何以故此經明示真道正
身即是衆生終歸蜜宅若失此經永為孤露

真法相說此三種微密之趣令諸衆生悟一
乘道得妙法身證无上覺自能了知秘密
之藏亦當能為一切衆生開演甚深三種微
密我今始知无上大乘平等正法无擇貴賤
唯授能行有心之人輒當傳付令此妙教廣
得流通普令一切開正法眼紹繼道君无上
之位使三寶輪轉運用无輟太上告曰善哉
帝君乃能發心知宣此法來生男女當受斯慶
咸見正道得淨法身帝君當知使餘經不流
布者於諸世間无深損害若失此經一句一字
則為一切構諸災禍何以故此經明示真道正
身即是衆生終歸蜜宅若失此經永為孤露
流漂三塗五道之中沒於長苦无由解脫何
以故不得本源无所歸故是故帝君常當一心
知宣此法必使流通我昔受之於太帝太帝
受之於五帝上真高上玉皇玉皇之受於玉清
帝君消魔大王大王受之於八天虛皇帝君
皆口口相傳不記文字帝君今可書而錄之

著 錄 凡 例

本目錄採用條目式著錄法。諸條目意義如下：

1.1　著錄編號。用漢語拼音首字“BD”表示，意為“北京圖書館藏敦煌遺書”，簡稱“北敦號”。文獻寫在背面者，標註為“背”。一件遺書上抄有多個文獻者，用數字1、2、3等標示小號。一號中包括幾件遺書，且遺書形態各自獨立者，用字母A、B、C等區別。

1.2　著錄分類號。本條記目錄暫不分類，該項空缺。

1.3　著錄文獻的名稱、卷本、卷次。

1.4　著錄千字文編號。

1.5　著錄縮微膠卷號。

2.1　著錄遺書的總體數據。包括長度、寬度、紙數、正面抄寫總行數與每行字數、背面抄寫總行數與每行字數。如該遺書首尾有殘破，則對殘破部分單獨度量，用加號加在總長度上。凡屬這種情況，長度用括弧標註。

2.2　著錄每紙數據。包括每紙長度及抄寫行數或界欄數。

2.3　著錄遺書的外觀。包括：(1) 裝幀形式。(2) 首尾存況。(3) 護首、軸、軸頭、天竿、縹帶，經名是書寫還是貼簽，有無經名號，扉頁、扉畫。(4) 卷面殘破情況及其位置。(5) 尾部情況。(6) 有無附加物（蟲繭、油污、線繩及其他)。(7) 有無裱補及其年代。(8) 界欄。(9) 修整。(10) 其他需要交待的問題。

2.4　著錄一件遺書抄寫多個文獻的情況。

3.1　著錄文獻首部文字與對照本核對的結果。

3.2　著錄文獻尾部文字與對照本核對的結果。

3.3　著錄錄文。

3.4　著錄對文獻的說明。

4.1　著錄文獻首題。

4.2　著錄文獻尾題。

5　著錄本文獻與對照本的不同之處。

6.1　著錄本遺書首部可與另一遺書綴接的編號。

6.2　著錄本遺書尾部可與另一遺書綴接的編號。

7.1　著錄題記、題名、勘記等。

7.2　著錄印章。

7.3　著錄雜寫。

7.4　著錄護首及扉頁的內容。

8　著錄年代。

9.1　著錄字體。如有武周新字、合體字、避諱字等，予以說明。

9.2　著錄卷面二次加工的情況。包括句讀、點標、科分、間隔號、行間加行、行間加字、硃筆、墨塗、倒乙、刪除、兌廢等。

10　著錄敦煌遺書發現後，近現代人所加內容，裝裱、題記、印章等。

11　備註。著錄揭裱互見、圖版本出處及其他需要說明的問題。

上述諸條，有則著錄，無則空缺。

為避文繁，上述著錄中出現的各種參考、對照文獻，暫且不列版本說明。全目結束時，將統一編制本條記目錄出現的各種參考書目。

本條記目錄為農曆年份標註其公曆紀年時，未進行歲頭年末之換算，請讀者使用時注意自行換算。

條　記　目　錄

BD15052—BD15097

1.1　BD15052 號
1.3　大般若波羅蜜多經卷一三五
1.4　新 1252
2.1　661×26 厘米；15 紙；共 412 行，行 17 字。
2.2　01：41.0，26；　02：44.5，28；　03：44.5，28；
04：44.5，28；　05：44.5，28；　06：44.5，28；
07：44.5，28；　08：44.5，28；　09：44.5，28；
10：44.5，28；　11：44.5，28；　12：44.5，28；
13：44.5，28；　14：44.0，28；　15：42.0，22。
2.3　卷軸裝。首全尾全。打紙，砑光上蠟。尾有原軸，兩端塗黑漆。有烏絲欄。現代接出護首。
3.1　首全→大正 0220，05/0733C02。
3.2　尾全→大正 0220，05/0738B08。
4.1　大般若波羅蜜多經卷第一百卅五，/初分校量功德品第卅之卅三，三藏法師玄奘奉詔譯/（首）。
4.2　大般若波羅蜜多經卷第一百卅五（尾）。
8　8～9 世紀。吐蕃統治時期寫本。
9.1　楷書。
9.2　有刮改。
10　卷首有陰文硃印，1.8×1.8 厘米，印文為"抱殘翁壬戌歲所得敦煌古籍"。
　　卷首背下方貼有特藝公司宣武經營管理處紙簽："類別：雜，75。貨號：1472～4。品名：寫經 1 卷。備註：購 11944。"

1.1　BD15053 號
1.3　大般涅槃經（北本）卷三九
1.4　新 1253
2.1　1061.5×25.2 厘米；22 紙；共 588 行，行 17 字。
2.2　01：48.0，27；　02：50.4，28；　03：50.4，28；
04：50.3，28；　05：50.4，28；　06：50.5，28；
07：50.4，28；　08：50.3，28；　09：50.3，28；
10：50.4，28；　11：50.5，28；　12：50.4，28；
13：50.4，28；　14：50.4，28；　15：50.4，28；
16：50.4，28；　17：50.4，28；　18：50.4，28；
19：50.3，28；　20：50.4，28；　21：50.2，28；
22：05.9，01。
2.3　卷軸裝。首全尾全。打紙。卷面有水漬。有烏絲欄。現代接出護首及拖尾，後配木軸。
3.1　首全→大正 0374，12/0590C02。
3.2　尾全→大正 0374，12/0597B19。
4.1　大般涅槃經憍陳如品上第十三，三十九（首）。
4.2　大般涅槃經卷第三十九（尾）。
8　7～8 世紀。唐寫本。
9.1　楷書。有硃筆校改。
9.2　有硃、墨筆行間校加字及刮改。
10　現代接出護首，有羅振玉題"中唐寫本大般涅槃經卅九"。
　　品名下有陰文硃印，1.8×1.8 厘米，印文為"抱殘翁壬戌歲所得敦煌古籍"。
　　卷首背下方貼有特藝公司宣武經營管理處紙簽："類別：雜，76。貨號：1472～5。品名：寫經 1 卷。備註：購 11945。"

1.1　BD15054 號 1
1.3　天竺國菩提達摩禪師論
1.4　新 1254
2.1　（9.4＋260.2）×28.2 厘米；7 紙；共 198 行，行 18～21 字。
2.2　01：25.4，18；　02：43.2，30；　03：43.6，30；
04：43.6，30；　05：43.4，30；　06：43.4，30；
07：43.0，30。
2.3　卷軸裝。首殘尾脫。有烏絲欄。已修整，後配《趙城金藏》軸。
2.4　本遺書包括 3 個文獻：（一）《天竺國菩提達摩禪師論》，67 行，今編為 BD15054 號 1。（二）《禪策問答》，104 行，今編為 BD15054 號 2。（三）《息諍論》，17 行，今編為 BD15054 號 3。
3.1　首 7 行下殘→《藏外佛教文獻》，01/035A04～036A03。

3.2　尾全→《藏外佛教文獻》，01/044A05。
8　8世紀。唐寫本。
9.1　楷書。
9.2　有硃筆塗抹。
10　首頁下有陰文硃印，1.8×1.8厘米，印文為“抱殘翁壬戌歲所得敦煌古籍”。
卷背貼有特藝公司宣武經營管理處紙簽：“類別：雜。貨號：1472~6。品名：寫經1卷。購11946。”

1.1　BD15054號2
1.3　禪策問答
1.4　新1254
2.4　本遺書由3個文獻組成，本文獻為第2個，104行。餘參見BD15054號1。
3.1　首全→《藏外佛教文獻》，01/045A19。
3.2　尾全→《藏外佛教文獻》，01/052A06。
4.1　禪策問答一卷（首）。
8　8世紀。唐寫本。
9.1　楷書。
9.2　有硃筆塗抹。

1.1　BD15054號3
1.3　息諍論
1.4　新1254
2.4　本遺書由3個文獻組成，本文獻為第3個，17行。餘參見BD15054號1。
3.1　首全→《藏外佛教文獻》，01/054A02。
3.2　尾殘→《藏外佛教文獻》，01/054A17。
4.1　息諍論，達摩禪師作（首）。
6.2　尾→BD15055號。
8　8世紀。唐寫本。
9.1　楷書。
9.2　上邊有校改字。

1.1　BD15055號1
1.3　息諍論
1.4　新1255
2.1　(101.1+25.4)×28厘米；4紙；正面90行，行19~21字。背面37行；共127行。
2.2　01：43.0，30；　02：42.2，30；　03：15.2，11；
04：26.7，19。
2.3　卷軸裝。首殘尾殘。卷尾殘破嚴重。有烏絲欄。已修整。
2.4　本遺書包括4個文獻：（一）《息諍論》，74.5行，抄寫在正面，今編為BD15055號1。（二）《詩十首》（擬），15.5行，抄寫在正面，今編為BD15055號2。（三）《佛教陀羅尼》（待考），8行，抄寫在背面，今編為BD15055號背1。（四）《大青面忿怒嚴峻一切毒龍□□毒害縛一切□□□夜迦驅逐一切夜叉羅剎大法□陀羅尼》，29行，抄寫在背面，今編為BD15055號背2。
3.1　首殘→《藏外佛教文獻》，01/054A17。
3.2　尾18行上殘→《藏外佛教文獻》，01/058A02。
3.4　說明：
含《藏外佛教文獻》錄文本中的附錄一。
6.1　首→BD15054號。
8　8世紀。唐寫本。
9.1　楷書。

1.1　BD15055號2
1.3　詩十首（擬）
1.4　新1255
2.4　本遺書由4個文獻組成，本文獻為第2個，15.5行，抄寫在正面。餘參見BD15055號1。
3.1　首殘→《藏外佛教文獻》，01/058A04。
3.2　尾殘→《藏外佛教文獻》，01/059A13。
3.4　說明：
先後抄錄五言詩四首、七言詩四首、五言詩一首、五言詩一首。并各有“五言”、“七言”等題目。其中第一部分四首五言詩有作者題名，作“內詩（侍?）王質作”。
8　8世紀。唐寫本。
9.1　楷書。

1.1　BD15055號背1
1.3　佛教陀羅尼（待考）
1.4　新1255
2.4　本遺書由4個文獻組成，本文獻為第3個，8行，抄寫在背面。餘參見BD15055號1。
3.4　說明：
本文獻首殘尾殘。所抄為佛教真言，下標註“二合”等誦法及分詞數，共約三十詞。內容待考。
8　9~10世紀。歸義軍時期寫本。
9.1　楷書。

1.1　BD15055號背2
1.3　大青面忿怒嚴峻攝一切毒龍□□毒害禁縛一切□□□夜迦驅逐一切夜叉羅剎大法□陀羅尼
1.4　新1255
2.4　本遺書由4個文獻組成，本文獻為第4個，29行，抄寫在背面。餘參見BD15055號1。
3.4　說明：
本文先首全尾殘，為佛教真言。未為歷代大藏經所收。
4.1　大青面忿怒嚴峻攝一切毒龍□□毒害禁縛一切□□□夜迦驅逐一切夜叉羅剎大法□陀羅尼（首）。
8　9~10世紀。歸義軍時期寫本。
9.1　楷書。

1.1　BD15056 號
1.3　大般若波羅蜜多經卷六六
1.4　新 1256
2.1　802.5×24.5 厘米；18 紙；共 471 行，行 17 字。
2.2　01：44.0，26；　02：47.0，28；　03：47.0，28；
04：47.0，28；　05：47.0，28；　06：47.0，28；
07：47.0，28；　08：47.0，28；　09：47.0，28；
10：47.0，28；　11：47.0，28；　12：47.0，28；
13：47.0，28；　14：47.0，28；　15：47.0，28；
16：47.0，28；　17：47.0，24；　18：06.5，01。
2.3　卷軸裝。首全尾全。打紙。前 3 紙有破損及殘洞。有烏絲欄。通卷現代托裱，後配木軸。
3.1　首全→大正 0220，05/0371A10。
3.2　尾全→大正 0220，05/0376C03。
4.1　大般若波羅蜜多經卷第六十六，/初分無所得品第十八之六，三藏法師玄奘奉詔譯/（首）。
4.2　大般若波羅蜜多經卷第六十六（尾）。
7.1　尾題後有勘記“勘了”。
8　8～9 世紀。吐蕃統治時期寫本。
9.1　楷書。
9.2　有行間校加字。
10　卷首下方有陰文硃印，1.8×1.8 厘米，印文為“抱殘翁壬戌歲所得敦惶古籍”。
卷首背現代托裱紙上鋼筆寫“最後有勘了二字”。
下方粘有特藝公司宣武經營管理處紙簽，上有“類別：雜。貨號：1472～7。品名：寫經 1 卷。備註：購 11947。”

1.1　BD15057 號
1.3　維摩詰所說經卷下
1.4　新 1257
2.1　(17.5+789.7)×25.3 厘米；17 紙；共 454 行，行 17 字。
2.2　01：51.0，27；　02：49.5，28；　03：48.8，28；
04：48.8，28；　05：49.3，28；　06：49.0，28；
07：49.0，28；　08：48.6，28；　09：48.9，28；
10：49.0，28；　11：49.0，28；　12：49.5，28；
13：45.3，26；　14：49.0，28；　15：46.0，28；
16：49.0，28；　17：27.5，09。
2.3　卷軸裝。首殘尾全。卷首右下殘缺，有等距離殘洞。有烏絲欄。通卷現代托裱。
3.1　首 8 行下殘→大正 0475，14/0552A03～13。
3.2　尾全→大正 0475，14/0557B26。
4.1　維摩詰經香積佛品第十（首）。
4.2　維摩詰經卷下（尾）。
5　與《大正藏》本對照，本件尾多“作禮而去”四字。
8　8 世紀。唐寫本。
9.1　楷書。
9.2　有硃筆行間校加字。
10　本件卷尾下端有陰文硃印，1.9×1.9 厘米，印文為“抱殘翁壬戌歲得敦煌古籍”。
首紙上方有鉛筆寫“十七號”。
護首下方貼有特藝公司宣武經營管理處紙簽：“類別：雜。貨號：1472～8。品名：寫經 1 卷。備註：購 11948。”

1.1　BD15058 號
1.3　太子須大拏經
1.4　新 1258
2.1　578.3×25.1 厘米；18 紙；共 362 行，行 17 字。
2.2　01：07.0，04；　02：37.5，23；　03：37.7，24；
04：02.1，01；　05：34.5，22；　06：37.3，24；
07：37.5，24；　08：37.4，23；　09：37.5，23；
10：37.0，23；　11：37.3，23；　12：37.3，24；
13：37.4，24；　14：37.4，24；　15：37.2，24；
16：37.3，24；　17：37.5，24；　18：11.4，04。
2.3　卷軸裝。首殘尾全。卷面多水漬，有黴爛，各紙接縫處脫開。通卷現代托裱。已修整。
3.1　首殘→大正 0171，03/0420A11。
3.2　尾全→大正 0171，03/0424A24。
4.2　佛說太子須達拏經一卷（尾）。
5　與《大正藏》本對照，文字有不同。
7.1　卷尾有題記“比丘慧濟經”。
8　似 5～6 世紀。南北朝寫本。
9.1　楷書。
9.2　有行間校加字、點刪、刪除號、倒乙及重文號。
10　卷尾下有陰文硃印，1.8×1.8 厘米，印文為“抱殘翁壬戌歲所得敦煌古籍”。
卷首背有下方貼有特藝公司宣武經營管理處紙簽：“類別：雜，80。貨號：1472～9。品名：寫經 1 卷。備註：購 11949”。
卷背有鋼筆寫“佛說太子須大拏經一卷，後有比丘慧濟經。”
13　此卷真僞存疑。

1.1　BD15059 號
1.3　灌頂章句拔除過罪生死得度經
1.4　新 1259
2.1　545.1×25.1 厘米；13 紙；共 340 行，行 16～18 字。
2.2　01：43.0，26；　02：44.5，28；　03：44.5，28；
04：44.8，28；　05：44.6，28；　06：44.5，28；
07：44.6，28；　08：44.6，28；　09：44.5，28；
10：44.3，28；　11：44.2，28；　12：44.3，28；
13：12.7，06。
2.3　卷軸裝。首全尾全。有烏絲欄。通卷現代托裱。
3.1　首全→大正 1331，21/0532B07。
3.2　尾全→大正 1331，21/0536B05。
4.1　佛說灌頂章句拔除過罪生死得度經（首）。

4.2　佛說藥師經一卷（尾）。
8　8~9世紀。吐蕃統治時期寫本。
9.1　楷書。
10　首題下端有陽文硃印，1.8×1.8厘米，印文為“抱殘翁壬戌歲所得敦煌古籍”。現代接出護首裱紙中部殘缺，現僅存白絹。有天竿及尾軸。

護首背下方貼有特藝公司宣武經營管理處紙簽：“類別：雜，81。貨號：1472~10。品名：寫經1卷。備註：購11950。”

1.1　BD15060號
1.3　大方廣佛華嚴經（唐譯八十卷本）卷一〇
1.4　新1260
2.1　523.5×19厘米；17紙；共319行，行17字。
2.2　01：28.5，17；　02：31.0，19；　03：31.0，19；
04：31.0，19；　05：31.0，19；　06：31.0，19；
07：31.0，19；　08：31.0，19；　09：31.0，19；
10：31.0，19；　11：31.0，19；　12：31.0，19；
13：31.0，19；　14：31.0，19；　15：31.0，19；
16：31.0，19；　17：30.0，17。
2.3　卷軸裝。首全尾全。前2紙有蟲蛀殘洞。有烏絲欄。通卷現代托裱。
3.1　首全→大正0279，10/0048C20。
3.2　尾全→大正0279，10/0053C14。
4.1　大方廣佛華嚴經卷第十，/□□國三藏沙門實叉難陀譯，/華藏世界品第五之三/（首）。
4.2　大方廣佛華嚴經卷第十（尾）。
8　12~14世紀，日本平安晚期鎌倉時期寫經。
9.1　楷書。
9.2　有硃筆斷句。有刮改。
10　現代接出護首及拖尾。

護首背下方貼有特藝公司宣武經營管理處紙簽：“類別：雜。貨號：1472~12。品名：寫經1卷。備註：購11952。”

1.1　BD15061號1
1.3　觀世音經
1.4　新1261
2.1　223.5×24厘米；7紙；共120行，行17字。
2.2　01：20.6，07；　02：27.4，16；　03：42.5，24；
04：43.0，24；　05：43.0，24；　06：43.0，25；
07：04.0，00。
2.3　卷軸裝。首脫尾全。卷面有黴爛及殘洞，全卷斷為3截。首紙7行為歸義軍時期後補。有烏絲欄。通卷現代托裱。
2.4　本遺書包括2個文獻：（一）《觀世音經》，120行，今編為BD15061號1。（二）《白畫》（擬），2個，今編為BD15061號2。
3.1　首殘→大正0262，09/0056C02。
3.2　尾殘→大正0262，09/0058B07。
4.1　妙法蓮華經觀世音菩薩普門品第廿五（首）。
4.2　妙法蓮華經觀世音菩薩普門品第廿五（尾）。
7.3　第4紙空白處有一行“大”字雜寫。
8　7~8世紀。唐寫本。
9.1　楷書。
10　卷首下方有陽文硃印，1.8×1.8厘米，印文為“抱殘翁壬戌歲所得敦煌古籍”。

卷首上邊有“九號”2字。

卷首背貼有特藝公司宣武經營管理處紙簽：“類別：雜。貨號：1472~11。品名：寫經1卷，購11951。”

1.1　BD15061號2
1.3　白畫（擬）
1.4　新1261
2.4　本遺書由2個文獻組成，本文獻為第2個，2個白畫。餘參見BD15061號1。
3.4　說明：

尾題下有一個白描人像，似跪坐，不甚清晰。尾題後有一白描人像，站立，雙手捧物，似供養器，或為香爐。
8　9~10世紀。歸義軍時期寫本。

1.1　BD15062號
1.3　增壹阿含經（異卷）卷三七
1.4　新1262
2.1　（3.6+220.2+3.2）×24.1厘米；5紙；共127行，行17字。
2.2　01：3.6+23.5，15；　02：52.2，30；　03：52.3，30；
04：52.1，29；　05：40.1+3.2，23。
2.3　卷軸裝。首殘尾殘。通卷殘損嚴重，中部有等距離殘洞。有烏絲欄。通卷現代托裱。
3.1　首2行上殘→大正0125，02/0752A22~23。
3.2　尾行下殘→大正0125，02/0753C11。
4.2　增一阿含經□…□（尾）。
5　與《大正藏》本對照，此卷經文相當於卷三七之前部。原卷尾題卷次殘缺，暫按卷三七著錄。
8　6世紀。南北朝寫本。
9.1　楷書。
10　原卷前後附有現代裝裱，卷首上方有鉛筆寫“一號”2字。

卷尾下方有陰文硃印，1.8×1.8厘米，印文為“抱殘翁壬戌歲所得敦煌古籍”。

護首背下方貼有特藝公司宣武經營管理處紙簽：“類別：雜，84。貨號：1472~13，年代。品名：寫經1卷，定價。備註：購11953。”

1.1　BD15063號
1.3　大般若波羅蜜多經卷二九四
1.4　新1263

2.1　48.5×24 厘米；2 紙；共 26 行，行 17 字。
2.2　01：26.0，13；　　02：22.5，13。
2.3　卷軸裝。首全尾殘。第 1 紙為歸義軍時期寫本，第 2 紙為吐蕃統治時期寫本。兩紙紙色、字跡均不同。尾有餘空。有烏絲欄。通卷現代托裱，接出護首、拖尾。
3.1　首全→大正 0220，06/0493A13。
3.2　尾缺→大正 0220，06/0493B12。
4.1　大般若波羅蜜多經卷第二百九十四，/初分說般若相品第卌七之三，三藏法師玄奘奉詔譯/（首）。
8　8～9 世紀。吐蕃統治時期寫本。
9.1　楷書。
10　卷首下方有陰文硃印，1.8×1.8 厘米，印文為"抱殘翁壬戌歲所得敦煌古籍"。
　　卷首上邊有鋼筆字"廿四"。
　　護首下方貼有特藝公司宣武經營管理處紙簽："類別：雜，85。貨號：1472～14。品名：寫經 1 卷。備註：購 11954。"

1.1　BD15064 號
1.3　菩薩呵色欲法經
1.4　新 1264
2.1　（10.3+29.5）×25.9 厘米；1 紙；共 19 行，行 17 字。
2.3　卷軸裝。首殘尾全。有烏絲欄。通卷現代托裱。
3.1　首 6 行上下殘→大正 0615，15/0286A19～24。
3.2　尾全→大正 0615，15/0286B09。
4.2　菩薩呵色欲法（尾）。
8　8～9 世紀。吐蕃統治時期寫本。
9.1　楷書。
10　卷天頭有硬筆書"十一"。
　　尾部下方有陰文硃印，1.8×1.8 厘米，印文為"抱殘翁戌歲所得敦煌古籍"。
　　護首背下方貼有特藝公司宣武經營管理處紙簽："類別：雜，86。貨號：1472～15。品名：寫經 1 卷。備註：購 11955。"

1.1　BD15065 號 1
1.3　報行道第六
1.4　新 1265
2.1　68×28 厘米；1 紙；共 34 行，行 20 字左右。
2.3　卷軸裝。首斷尾斷。下邊有殘損，中間有橫豎向破裂和殘損。背有現代托裱。
2.4　本遺書包括 3 個文獻：(一)《報行道》第六，18.5 行，今編為 BD15065 號 1。(二)《臨曠文》，8 行，今編為 BD15065 號 2。(三)《燃燈文》，7.5 行，今編為 BD15065 號 3。
3.3　錄文：
　　（首全）
　　報行道第六
　　竊以法雄敷化，摠沙界以覃恩；/
　　善逝乘風，掩塵區而普被。於是三乘表迹，祛/
　　有涉而道迷情；六度宣慈，極幽明，諒無得/
　　祥也。東，但某奉使東夷，式敷皇澤，控/
　　星卸而趍萬里，策風□□□三□。□□□陸/
　　之勞，路阻滄溟之難。駕轉舟於巨浪，魂逐/
　　水而沉浮。縱飛棹於洪波，影隨流而去住。驚/
　　風忽起，擬投羅刹之鄉；迅舳時廻，謂入鯨鯢/
　　之口。於是披懺善逝，瀝想能仁。翼垂濟苦，漂/
　　極沉淪於彼岸。遂蒙慈開月面，燭豪焰於/
　　蒐城，悲起蓮眸，湛珠流於鴨水。故得綏邊有/
　　聲，敷奏無乖，内外安和，往來休吉。西，但某奉/
　　使西戎，遠敷名教。曜星卸而入天竺；竄影遐方，擊/
　　風騎而向月支。投身絕域，途阻萬重；山海路迷，千里/
　　煙塵。人蹤斷而連［□］，鳥道通而更塞。踐流沙而馬陷，心/ 以（與）足而俱［□］。復渡溺水以舟沉，影將帆而共沒。於是/虔城（誠）正覺，稽首大雄，惟□□嶺之花縱；遠披迷/徑，轉連河之葉座。遙矚窮途故得道，無處而不/
　　通，化無城而不伏。/
　　（錄文完）。
4.1　報行道第六（首）。
8　8～9 世紀。吐蕃統治時期寫本。
9.1　行楷。
10　卷首上方寫有"廿七"。
　　卷首有陰文硃印，1.8×1.8 厘米，印文為"抱殘翁壬戌歲所得敦煌古籍"。尾有軸。

1.1　BD15065 號 2
1.3　臨曠文
1.4　新 1265
2.4　本遺書由 3 個文獻組成，本文獻為第 2 個，8 行。餘參見 BD15065 號 1 之第 2 項。
3.3　錄文：
　　（首全）
　　臨曠文 無餘涅槃，金棺永謝；/
　　有為生死，火宅恒然。但世界無常，曆（歷）二時而運轉；光陰遷亦（易），除（馳）四相/
　　以奔流。電光非（飛）而暫曜，等風燭以俄消。然今亡者，壽盡今生，形隨/
　　物化，舍茲白日，奄就黃泉。至□（孝）等舉號擗踴，五內分崩。戀母慈顏，痛/
　　摧心髓。龍輀獻駕，送靈讖於郊荒；素蓋分行，引凶儀於亙道。存亡/
　　永隔，追念何依。悲叫號咷，哀聲滿路。於是兆地以安墳，澤（擇）吉詳（祥）而置/
　　墓。謹延清眾，就次（此）郊荒，奉為亡靈，臨曠追福。又持是福，此用莊/
　　嚴施主合門眷屬等，唯願三寶覆護，萬善護持。災障不侵，功/

德圓滿。摩訶般若，利樂無邊。大衆虔誠，一切普誦。/
(錄文完)。
4.1 臨曠文（首）。
8 8～9世紀。吐蕃統治時期寫本。
9.1 行楷。

1.1 BD15065號3
1.3 燃燈文
1.4 新1265
2.4 本遺書由3個文獻組成，本文獻為第3個，7.5行。餘參見BD15065號1之第2項。
3.3 錄文：
然（燃）燈文/
神燈破暗，實燭除昏。諸佛為次（之）院（剜）身，菩薩敢之然（燃）擘（臂）。遂乃千/
燈普照，百焰俱明。堅（賢）聖遙觀，逐光明之普集。鐵圍山內，賴次（此）光/
明；黑闇城中，蒙思（斯）光照。是以二億萬佛，周號然（燃）燭；三千定光，俱/
同一字。厥今時則有合邑諸公等，故能嚴持玉盞，並主（注）香油。照/
察遐黎，救諸生命。是以燈明焰耀，若空裏之分星；惠巨（炬）暉光，/
似天邊之布月。龍［仙］夜覩，浮梵影於飛來；堅（賢）聖遙瞻，逐光明/
如普集。天而資然（燃）燈功德，盡用莊嚴合邑諸功（公）等即體，唯願百神/
(錄文完)。
4.1 然（燃）燈文（首）。
8 8～9世紀。吐蕃統治時期寫本。
9.1 行楷。
9.2 有行間校加字及刮改。

1.1 BD15066號
1.3 賢愚經卷二
1.4 新1266
2.1 (7.4+67+5)×25厘米；3紙；共45行，行17字。
2.2 01：11.4，06； 02：42.0，24； 03：26.0，15。
2.3 卷軸裝。首殘尾殘。第2紙上方殘缺。有烏絲欄。已修整。
3.1 首4行上中殘→大正0202，04/0361B15～18。
3.2 尾3行下殘→大正0202，04/0362A03～05。
5 與《大正藏》本對照，文字略有不同。
8 8世紀。唐寫本。
9.1 楷書。

1.1 BD15067號
1.3 大般若波羅蜜多經卷一五〇
1.4 新1267
2.1 98.7×25厘米；2紙；共56行，行17字。
2.2 01：49.6，28； 02：49.1，28。
2.3 卷軸裝。首脱尾脱。卷面宿墨流漓。有烏絲欄。已修整。
3.1 首殘→大正0220，05/0810C09。
3.2 尾殘→大正0220，05/0811B07。
8 8～9世紀。吐蕃統治時期寫本。
9.1 楷書。
10 卷端下方有陰文硃印，1.8×1.8厘米，印文為“抱殘翁壬戌歲所得敦煌古籍”。

1.1 BD15068號
1.3 摩訶般若波羅蜜經卷七
1.4 新1268
2.1 (6+210.4)×24.6厘米；7紙；共136行，行17字。
2.2 01：04.0，02； 02：2+33.5，22； 03：35.2，22； 04：35.3，22； 05：35.5，22； 06：35.3，22； 07：35.6，24。
2.3 卷軸裝。首殘尾殘。第2紙上邊有殘缺及殘洞。有烏絲欄。已修整。
3.1 首3行上殘→大正0223，08/0274B06～08。
3.2 尾殘→大正0223，08/0276A07。
8 8世紀。唐寫本。
9.1 楷書。
10 卷首下方有陰文硃印，1.8×1.8厘米，印文為“抱殘翁壬戌歲所得敦煌古籍”。

1.1 BD15069號
1.3 金有陀羅尼經
1.4 新1269
2.1 38.5×26厘米；1紙；共19行；20～23字。
2.3 卷軸裝。首殘尾全。有烏絲欄。通卷現代托裱。
3.1 首殘→大正2910，85/1456B16。
3.2 尾全→大正2910，85/1456C10。
4.2 金有陀羅尼經一卷（尾）。
7.3 卷背有藏文。
8 9～10世紀。歸義軍時期寫本。
9.1 楷書。
10 卷尾有陰文硃印，1.8×1.8厘米，印文為“抱殘翁壬戌歲所得敦煌古籍”。

卷首上方有藍圓珠筆寫“十二”。卷首背貼有特藝公司宣武經營管理處紙簽，上有：“類別：雜，91。貨號：1472～20，年代。品名：寫經1卷，定價。備註：購11960。”

1.1 BD15070號
1.3 阿彌陀經
1.4 新1270

2.1　218.2×23.1 厘米；5 紙；共 115 行，行 17 字。

2.2　01：45.6，26；　02：47.6，28；　03：47.6，28；
04：47.5，28；　05：29.9，05。

2.3　卷軸裝。首全尾全。卷面有油污、黴爛及等距離殘破，接縫處脱開為 3 截。有烏絲欄。通卷現代托裱。

3.1　首全→大正 0366，12/0346B25。

3.2　尾全→大正 0366，12/0348A29。

4.1　佛說阿彌陁經（首）。

4.2　佛說阿彌陁經卷（尾）。

8　8 世紀。唐寫本。

9.1　楷書。

10　卷尾下有陰文硃印，1.8×1.8 厘米，印文為“抱殘翁壬戌歲所得敦煌古籍”。

卷上邊寫有“八號”。

背貼有特藝公司宣武經營管理處紙簽：“貨號：1472～21。購 11961。”

1.1　BD15071 號

1.3　天地八陽神咒經

1.4　新 1271

2.1　（392.1+3.2）×23.5 厘米；10 紙；共 202 行，行 17 字。

2.2　01：27.3，15；　02：43.0，22；　03：43.4，22；
04：43.0，22；　05：43.4，22；　06：43.5，22；
07：43.1，22；　08：43.2，22；　09：43.0，22；
10：22.4，11。

2.3　卷軸裝。首全尾全。卷面有油污及污穢，多有破損，卷尾有殘損。有烏絲欄。已修整。

3.1　首全→大正 2897，85/1422B14。

3.2　尾全→大正 2897，85/1425B03。

4.1　佛說八陽神咒經（首）。

4.2　佛說八陽神咒經（尾）。

5　與《大正藏》本對照，尾缺“此諸菩薩聖衆，天地神祇，皆歡喜奉行”。

8　9～10 世紀。歸義軍時期寫本。

9.1　楷書。

9.2　有行間加行及刮改。

10　天頭寫有“十五”。尾題下有陰文硃印，1.8×1.8 厘米，印文為“抱殘翁壬戌歲所得敦煌古籍”。

1.1　BD15072 號

1.3　七祖法寶記卷下

1.4　新 1272

2.1　（3+129.4）×28.6 厘米；4 紙；共 125 行，行 36～39 字。

2.2　01：3+22.8，25；　02：43.4，41；　03：43.2，44；
04：20.0，15。

2.3　卷軸裝。首殘尾全。已修整。

3.1　首 3 行上下殘→《藏外佛教文獻》，02/146A01～04。

3.2　尾全→《藏外佛教文獻》，02/165A07。

4.2　七祖法寶記下卷（尾）。

8　8 世紀。唐寫本。

9.1　楷書。

9.2　有行間校加字。

10　卷尾下有陰文硃印，1.8×1.8 厘米，印文為“抱殘翁壬戌歲所得敦煌古籍”。

卷背貼有特藝公司宣武經營管理處紙簽：“類别：雜。貨號：1472～24。品名：寫經 1 卷。購□…□。”

1.1　BD15073 號

1.3　佛名經（十二卷本）卷八

1.4　新 1273

2.1　（5.5+20）×25 厘米；1 紙；共 14 行，行 19 字。

2.3　卷軸裝。首殘尾脱。經黄打紙。中部有大殘洞。有烏絲欄。已修整。

3.1　首 3 行上中殘→大正 0440，14/0161C18。

3.2　尾殘→大正 0440，14/0162A05。

5　與《大正藏》本對照，文字略有不同。

8　7～8 世紀。唐寫本。

9.1　楷書。

10　卷首下有陰文硃印，1.8×1.8 厘米，印文為“抱殘翁壬戌歲所得敦煌古籍”。

1.1　BD15074 號

1.3　淨名經集解關中疏

1.4　新 1274

2.1　1368×28 厘米；36 紙；正面 923 行，行 25～28 字。背面 5 行，行 7～29 字。

2.2　01：15.5，12；　02：43.0，35；　03：43.0，35；
04：16.5，13；　05：16.0，10；　06：42.0，28；
07：42.0，28；　08：42.0，28；　09：42.0，29；
10：42.0，28；　11：07.0，04；　12：36.5，24；
13：42.5，28；　14：42.5，28；　15：42.5，27；
16：42.0，28；　17：42.0，28；　18：42.5，29；
19：42.5，28；　20：42.5，29；　21：42.5，29；
22：42.5，29；　23：41.5，28；　24：42.0，28；
25：42.5，28；　26：42.5，28；　27：42.5，28；
28：42.5，28；　29：42.5，28；　30：42.0，28；
31：42.5，28；　32：42.5，28；　33：42.5，28；
34：41.0，28；　35：42.0，28；　36：08.0，02。

2.3　卷軸裝。首脱尾殘。通卷上下邊有殘損。卷背有補註文字 5 行。有烏絲欄。已修整。背有現代裱補。

3.1　首殘→《藏外佛教文獻》，03/081A10。

3.2　尾殘→《藏外佛教文獻》，03/164A08。

3.4　說明：

背面有補註文字 5 行：

第14紙背有兩段4行：

"八對十二事：第一山海對，第二既還對，第三延劫對，第四智屯（?）對，智方對，風火對，/尚下對，第八形聲對。/"

"言八對者，一、山海對，二、往還對，三、延促對，四、彼此對，五、依正對，六、風火對，/七、上下對，八、形聲對。言十五事者，理合十六。上下對中闕一事故，但有十五。/"

第18紙背有："言八對、十五事者。/"

8　8～9世紀。吐蕃統治時期寫本。

9.1　行楷。

9.2　有硃筆斷句。有硃、墨筆行間校加字。有重文號、校改、刮改、倒乙及刪除號。

10　卷尾有紅墨水書寫，2行："大唐偈經壹百二十為五開元四年初八日偈經□…□/□…□。/"

卷背貼有特藝公司宣武經營管理處紙簽："類別：雜。貨號：1550。品名：唐人寫經1卷，11965。"

1.1　BD15075號

1.3　妙法蓮華經卷三

1.4　新1275

2.1　591.3×25厘米；13紙；共339行，行17字。

2.2　01：11.0，06；　02：48.5，28；　03：48.5，28；
04：48.5，28；　05：48.5，28；　06：48.5，28；
07：48.5，28；　08：48.5，28；　09：48.5，28；
10：48.5，28；　11：48.5，28；　12：48.5，28；
13：46.8，25。

2.3　卷軸裝。首斷尾全。經黃打紙。卷面有殘洞。有烏絲欄。通卷現代托裱。

3.1　首殘→大正0262，09/0022A18。

3.2　尾全→大正0262，09/0027B09。

4.2　妙法蓮華經卷第三（尾）。

8　7～8世紀。唐寫本。

9.1　楷書。

10　現代接出黑白卍字織錦護首，有玉別子。卷首背上方貼有特藝公司宣武經營管理處紙簽："類別：雜，96。貨號：1550。品名：寫經1卷。備註：購11966"。

卷首下方有橢圓形陽文硃印，1×1.5厘米，印文為"敏事"。

1.1　BD15076號

1.3　入楞伽經卷一

1.4　新1276

2.1　837×28厘米；21紙；共446行，行17字。

2.2　01：18.8，00；　02：40.1，22；　03：41.3，23；
04：39.3，23；　05：41.1，23；　06：41.3，23；
07：41.3，23；　08：41.3，23；　09：39.6，22；
10：40.9，23；　11：38.1，21；　12：41.6，23；
13：41.6，23；　14：41.6，23；　15：41.5，23；
16：41.4，23；　17：41.4，23；　18：41.3，23；
19：41.6，23；　20：41.4，23；　21：40.5，14。

2.3　卷軸裝。首全尾全。有護首，有殘損芨芨草天竿。卷面有殘洞及殘破。有烏絲欄。

3.1　首全→大正0671，16/0521C18。

3.2　尾全→大正0671，16/0527B21。

4.1　入楞伽經集一切佛法品第三，卷第二（首）。

4.2　入楞伽經卷第二（尾）。

7.1　尾題後有題記2條：

（一）"用紙十九張"。

（二）"夫至妙沖玄，則言辭莫表；惠深理函，則凝然常寂。淡泊/夷竫，隨緣敃（愍）化。凡夫想識，豈能窮達。推尋聖典，崇/善為先。是以比丘建暉既住（往）不因殖（植因），稟形女穢，嬰羅病疾，抱/難當今。仰惟此苦，無由可拔。述即減割衣資，為七世父/母、先死後亡，敬寫《入楞伽》一部，《法華》一部，《勝鬘》一部，《無量/壽》一部，《仁王》一部，《方廣》一部，《藥》二部，因此微善，使得/離女身，後成男子。法界衆生，一時成佛。/大代大魏永平二年（509）八月四日比丘建暉敬寫訖流通供養/"。

7.4　護首有經名"楞伽經卷第二"。

8　509年。南北朝寫本。

9.1　楷書。

10　卷尾題記後有3枚印章：

（一）正方形陽文硃印，1.15×1.15厘米，印文為"木齋真賞"。

（二）長方形陽文硃印，0.95×1.6厘米，印文為"咸康室藏"。

（三）正方形陽文硃印，2.9×2.9厘米，印文為"德化李氏凡將閣珍藏"。

1.1　BD15077號

1.3　佛名經（十六卷本）卷八

1.4　新1277

2.1　1629.7×30.6厘米；37紙；共648行，行17字。

2.2　01：33.5，00；　02：16.8，06；　03：36.0，15；
04：46.0，19；　05：46.0，19；　06：46.0，19；
07：46.0，19；　08：46.2，19；　09：46.2，19；
10：46.2，19；　11：45.2，18；　12：29.5，12；
13：46.3，19；　14：43.7，18；　15：44.0，18；
16：46.0，19；　17：46.0，19；　18：46.0，19；
19：46.0，19；　20：46.0，19；　21：46.0，19；
22：46.0，19；　23：46.0，19；　24：46.0，19；
25：46.0，19；　26：46.2，19；　27：46.2，19；
28：44.0，18；　29：46.4，19；　30：46.4，19；
31：46.4，19；　32：46.2，19；　33：46.2，19；
34：46.4，19；　35：46.4，19；　36：46.0，19；
37：43.5，10。

2.3　卷軸裝。首全尾全。有護首。扉頁有彩色佛像。第 7、10、14、17、24、28、32 紙佛名上各有一個小彩色畫像。第 3 紙上部破裂，第 10、11 紙接縫下部開裂，背有古代裱補。有烏絲欄。
3.1　首全→《七寺古逸經典研究叢書》，03/0380A01。
3.2　尾全→《七寺古逸經典研究叢書》，03/0427A05。
4.1　佛說佛名經卷第八（首）。
4.2　佛名經卷第八（尾）。
5　《七寺本》結尾作"作禮一拜"，本文獻結尾作"至心歸命常住三寶"。
7.1　卷尾有題記："敬寫《大佛名經》貳伯（佰）捌拾捌卷，惟願城隍/安泰，百姓康寧。/府主曹公已躬永壽，繼紹長年。合宅枝/羅，常然慶吉。于時大梁貞明陸年（920）歲/次庚辰伍月拾伍日寫記。/"
　　卷尾背面有勘記"勘訖"。勘記上有字跡，不清。
7.4　扉葉有彩色扉畫，為一佛結跏趺坐在束腰蓮花座上，手結印契。有背光、項光。上有天蓋。
8　920 年。歸義軍時期寫本。
9.1　楷書。
9.2　有行間校加字。
10　護首有現代人寫經名"佛說佛名經卷第八"。

1.1　BD15078 號
1.3　大般涅槃經（北本異卷）卷九
1.4　新 1278
2.1　（8.2＋1114.1）×25.8 厘米；27 紙；共 663 行，行 17 字。
2.2　01：31.0，18；　02：41.8，25；　03：41.9，25；
　04：41.9，25；　05：42.1，25；　06：42.1，25；
　07：42.1，25；　08：41.6，25；　09：41.9，25；
　10：42.0，25；　11：41.9，25；　12：42.0，25；
　13：42.0，25；　14：42.2，25；　15：42.1，25；
　16：42.2，25；　17：42.2，25；　18：42.2，25；
　19：41.7，25；　20：41.9，25；　21：42.0，25；
　22：42.0，25；　23：42.1，25；　24：42.1，25；
　25：42.3，25；　26：42.2，25；　27：40.8，20。
2.3　卷軸裝。首殘尾全。卷首右下殘缺。背有古代裱補。卷尾一段紙張未入潢。有烏絲欄。首紙前端有現代裱補，上有名題。
3.1　首 4 行下殘→大正 0374，12/0416A23～27。
3.2　尾全→大正 0374，12/0423C23。
4.2　大般涅槃經卷第九（尾）。
5　與《大正藏》本對照，分卷不同。此卷經文相當於卷第九與卷第十前部。與歷代大藏經分卷均不相同，屬於異卷。
7.1　卷尾有題記："天和元年（566）歲在辰巳十二月七日，比丘法定發願造《涅槃經》一部。/上為天帝釋、四天大王、龍王、八部、軍王、國主、七世父母、現在所/生父母、師僧、眷屬，下及三塗地獄、一切衆生，普同此福。/又願法定捨身之後，不經三塗，不經八難，不生惡國，不生/邊地，不生耶（邪）見，不見惡王，不生貧窮，不生醜陋。生生世世/治佛聞法聰明，生生世世遇善知識，所得（？）從心。/"
8　566 年。南北朝寫本。
9.1　楷書。
9.2　有行間校加字。
10　卷首有紅紙題寫經名"大涅槃經第二卷"。原卷被粘壓文字兩行。

1.1　BD15079 號
1.3　妙法蓮華經卷二
1.4　新 1279
2.1　955×26.2 厘米；19 紙；共 508 行，行 17 字。
2.2　01：46.0，25；　02：52.0，28；　03：52.0，28；
　04：52.0，28；　05：52.0，28；　06：52.0，28；
　07：52.0，28；　08：52.0，28；　09：52.0，28；
　10：52.0，28；　11：52.0，28；　12：52.0，28；
　13：52.0，28；　14：52.0，28；　15：52.0，28；
　16：52.0，28；　17：52.0，28；　18：52.0，28；
　19：25.0，07。
2.3　卷軸裝。首斷尾全。經黄打紙，砑光上蠟。卷面有水漬，首紙上邊有破裂，接縫處下部多有開裂，第 18、19 紙接縫處脫開。尾有原軸。有烏絲欄。
3.1　首殘→大正 0262，09/0012A07。
3.2　尾全→大正 0262，09/0019A12。
4.2　妙法蓮華經卷第二（尾）。
7.1　尾題後有題記："天寶六載（747）六月十五日弟子張庭趍寫。"
8　747 年。唐寫本。
9.1　楷書。
10　卷首背有題跋"天寶六載張庭趍寫"。

1.1　BD15080 號
1.3　思益梵天所問經（聖本）卷三
1.4　新 1280
2.1　231.5×26.2 厘米；6 紙；共 132 行，行 17 字。
2.2　01：12.2，07；　02：49.5，29；　03：49.4，29；
　04：49.4，29；　05：49.5，29；　06：21.5，09。
2.3　卷軸裝。首斷尾全。卷面多水漬，有油污，多有殘洞及破損。有烏絲欄。已修整。
3.1　首殘→大正 0586，15/0052A01。
3.2　尾全→大正 0586，15/0054B11。
4.2　思益經卷第三（尾）。
5　與《大正藏》本對照，卷此開合不同，此卷經文止於卷第 3 後部，與日本《聖語藏》本分卷相同。
7.1　卷尾有 2 行題記："大曆九年（774）歲次甲寅九月五日/沙門法經寫記。/"
8　774 世紀。唐寫本。
9.1　楷書。

10　卷首背有長方形陽文硃印，2×1.4厘米，印文不清。

1.1　BD15081號
1.3　大佛頂如來密因修證了義諸菩薩萬行首楞嚴經卷七
1.4　新1281
2.1　（5.8+665.7）×27厘米；14紙；共402行，行17~18字。
2.2　01：5.8+42.3，28；　02：49.5，29；　03：49.3，30；
04：49.4，30；　05：48.1，29；　06：49.0，29；
07：48.8，29；　08：48.8，28；　09：48.8，30；
10：48.7，30；　11：49.1，30；　12：47.7，30；
13：48.7，29；　14：37.5，20。
2.3　卷軸裝。首全尾全。卷首上部殘缺，卷面多水漬，有殘破，接縫處多有開裂。尾有原軸，兩端塗黑漆。
3.1　首3行上殘→大正0945，19/0133A03~07。
3.2　尾全→大正0945，19/0139A13。
4.1　□□□如來蜜因修證了義諸菩薩萬行首楞嚴經第七，/一名中印度那蘭陀大道場經於灌頂部錄出別行/（首）。
4.2　大佛頂萬行首楞嚴經卷第七（尾）。
5　本文獻中的咒語與《大正藏》本不同，相當於所附的明本，可見19/139A14~141B13。
8　8世紀。唐寫本。
9.1　楷書。
9.2　下邊有校改字。

1.1　BD15082號
1.3　妙法蓮華經卷三
1.4　新1282
2.1　717.5×25厘米；16紙；共417行，行17字。
2.2　01：42.0，25；　02：47.0，28；　03：47.0，28；
04：47.0，28；　05：47.0，28；　06：47.0，28；
07：47.5，28；　08：47.5，28；　09：47.5，28；
10：47.5，28；　11：47.5，28；　12：47.5，28；
13：48.5，28；　14：48.5，28；　15：48.5，27；
16：10.0，01。
2.3　卷軸裝。首斷尾全。經黄打紙，研光上蠟。卷面有殘洞，第3、4紙接縫處下部開裂，第7~11紙上下邊有等距離殘缺。有燕尾。有烏絲欄。
3.1　首殘→大正0262，09/0021A16。
3.2　尾全→大正0262，09/0027B09。
4.2　妙法蓮華經卷第三（尾）。
7.1　尾題後有題記："菩薩戒弟子蕭大嚴敬造第九百二部。"
8　7世紀。隋寫本。
9.1　楷書。

1.1　BD15083號
1.3　妙法蓮華經卷二
1.4　新1283
2.1　（11+1020）×28.3厘米；25紙；共596行，行17字。
2.2　01：38.5，22；　02：41.0，24；　03：41.0，24；
04：41.0，24；　05：41.0，24；　06：41.0，24；
07：41.0，24；　08：41.0，24；　09：41.5，24；
10：41.5，24；　11：41.5，24；　12：41.5，24；
13：41.5，24；　14：41.5，24；　15：41.5，24；
16：41.5，24；　17：41.5，24；　18：41.5，24；
19：41.5，24；　20：41.5，24；　21：41.5，24；
22：41.5，24；　23：41.5，24；　24：41.5，24；
25：41.5，21。
2.3　卷軸裝。首全尾全。卷首殘破嚴重，接縫處上下多有開裂。有燕尾。有烏絲欄。背有現代黄色紙裱補。
3.1　首6行中下殘→大正0262，09/0010B24~C04。
3.2　尾全→大正0262，09/0019A12。
4.1　妙法蓮華經譬喻品第□，二（首）。
4.2　妙法蓮華經卷第二（尾）。
8　8世紀。唐寫本。
9.1　楷書。

1.1　BD15084號
1.3　維摩詰所説經卷中
1.4　新1284
2.1　1034.5×26厘米；23紙；共589行，行17字。
2.2　01：09.0，00；　02：45.1，26；　03：47.5，28；
04：47.7，28；　05：47.6，28；　06：47.5，28；
07：47.8，28；　08：47.5，28；　09：47.5，28；
10：48.0，28；　11：48.0，28；　12：47.8，28；
13：48.0，28；　14：47.8，28；　15：47.5，28；
16：48.0，28；　17：48.0，28；　18：48.0，28；
19：48.0，28；　20：47.5，28；　21：47.8，28；
22：47.9，28；　23：25.0，03。
2.3　卷軸裝。首全尾全。打紙，研光上蠟。有護首，已殘。卷面多水漬。有燕尾。有烏絲欄。
3.1　首全→大正0475，14/0544A25。
3.2　尾全→大正0475，14/0551C27。
4.1　文殊師利問疾品第五（首）。
4.2　維摩詰經卷中（尾）。
8　8世紀。唐寫本。
9.1　楷書。

1.1　BD15085號
1.3　大寶積經卷一二〇
1.4　新1285
2.1　（12.7+928.4）×26.3厘米；21紙；共534行，行17字。
2.2　01：12.7，00；　02：46.9，27；　03：47.5，28；
04：47.5，28；　05：47.4，28；　06：47.5，28；

07：47.6，28；　08：47.3，28；　09：47.1，28；
10：47.7，28；　11：47.5，28；　12：47.7，28；
13：47.6，28；　14：47.5，28；　15：47.6，28；
16：47.6，28；　17：47.6，28；　18：47.6，28；
19：47.5，28；　20：47.5，28；　21：26.2，03。
2.3　卷軸裝。首殘尾全。打紙，砑光上蠟。有護首，已殘。卷面有水漬，前數紙上下有破損。有烏絲欄。背有現代裱補。
3.1　首全→大正 0310，11/0678C07。
3.2　尾全→大正 0310，11/0685A01。
4.1　大寶積廣博仙人會第四十九，大唐三藏菩提流志奉詔譯，卷一百廿（首）。
4.2　大寶積經卷第一百二十（尾）。
5　與《大正藏》本對照，此卷尾部少數行文字。
7.3　護首、扉頁有藏文雜寫。
8　8~9世紀。吐蕃統治時期寫本。
9.1　楷書。
9.2　有行間加行及行間校加字。有刮改。

1.1　BD15086 號
1.3　維摩詰所說經卷中
1.4　新 1286
2.1　1054.5×26.3 厘米；23 紙；共 587 行，行 17 字。
2.2　01：20.1，00；　02：44.4，26；　03：48.5，28；
04：48.5，28；　05：48.7，28；　06：48.6，28；
07：48.5，28；　08：48.5，28；　09：48.6，28；
10：48.7，28；　11：49.0，28；　12：48.5，28；
13：48.7，28；　14：48.7，28；　15：48.5，28；
16：48.6，28；　17：48.7，28；　18：48.8，28；
19：48.8，28；　20：48.9，28；　21：48.6，28；
22：48.6，28；　23：17.0，01。
2.3　卷軸裝。首全尾全。有護首。尾紙有殘破。卷尾有蟲繭。背有古代裱補。有烏絲欄。
3.1　首全→大正 0475，14/0544A25。
3.2　尾全→大正 0475，14/0551C27。
4.1　文殊師利問疾品第五（首）。
4.2　維摩詰經卷中（尾）。
8　8~9世紀。吐蕃統治時期寫本。
9.1　楷書。
9.2　有刮改。
10　卷背寫有鋼筆字，不清。扉葉前部有“結摩詰經”4字。

1.1　BD15087 號
1.3　金光明最勝王經卷八
1.4　新 1287
2.1　614.9×25.8 厘米；14 紙；共 350 行，行 17 字。
2.2　01：28.8，17；　02：47.6，28；　03：47.8，28；
04：47.6，28；　05：47.5，28；　06：47.5，28；
07：47.5，28；　08：47.5，28；　09：47.5，28；
10：47.5，28；　11：47.5，28；　12：47.3，28；
13：47.5，28；　14：15.5，00。
2.3　卷軸裝。首斷尾全。卷面有油污，多有破裂。有烏絲欄。
3.1　首殘→大正 0665，16/0438C24。
3.2　尾全→大正 0665，16/0444A09。
4.2　金光明最勝王經卷第八（尾）。
5　尾附音義。
8　8世紀。唐寫本。
9.1　楷書。
10　卷首背寫有“楨”。

1.1　BD15088 號
1.3　大般若波羅蜜多經卷三六四
1.4　新 1288
2.1　784.5×26.3 厘米；17 紙；共 443 行，行 17 字。
2.2　01：47.0，26；　02：48.5，28；　03：48.5，28；
04：48.5，28；　05：48.5，28；　06：48.5，28；
07：48.5，28；　08：48.5，28；　09：48.5，28；
10：48.5，28；　11：48.5，28；　12：48.5，28；
13：48.5，28；　14：48.5，28；　15：48.5，28；
16：48.5，25；　17：10.0，00。
2.3　卷軸裝。首全尾全。打紙，砑光上蠟。前2紙有破裂。有燕尾。有現代裱補。有烏絲欄。
3.1　首全→大正 0220，06/0875A02。
3.2　尾全→大正 0220，06/0880A14。
4.1　大般若波羅蜜多經卷第三百六十四，/初分實說品第六十二之二，三藏法師玄奘奉詔譯/（首）。
4.2　大般若波羅蜜多經卷第三百六十四（尾）。
8　8世紀。唐寫本。
9.1　楷書。
10　卷背補紙上寫有“大般若波羅密多經卷三百六十四”。

1.1　BD15089 號
1.3　大般若波羅蜜多經卷一八三
1.4　新 1289
2.1　（24+707.5）×26.5 厘米；16 紙；共 411 行，行 17 字。
2.2　01：12.0，00；　02：47.0，26；　03：48.5，28；
04：48.5，28；　05：48.5，28；　06：48.5，28；
07：48.5，28；　08：48.5，28；　09：48.5，28；
10：48.5，28；　11：48.5，28；　12：48.5，28；
13：48.5，28；　14：48.5，28；　15：48.5，28；
16：42.0，21。
2.3　卷軸裝。首全尾全。打紙，砑光上蠟。有護首，已殘。卷首右下殘缺，卷前部上下邊有破裂殘缺，接縫處多有開裂。有烏絲欄。
3.1　首6行中下殘→大正 0220，05/0984A15~23。

3.2　尾全→大正 0220，05/0988C24。
4.1　大般若波羅蜜多經卷第一百八十三，/初分難信解品第三十四之二，三藏法師玄奘奉□□/（首）。
4.2　大般若波羅蜜多經卷第一百八十三（尾）。
8　8～9 世紀。吐蕃統治時期寫本。
9.1　楷書。
9.2　有行間校加字。

1.1　BD15090 號
1.3　無量壽宗要經
1.4　新 1290
2.1　（5＋144.5）×29.5 厘米；4 紙；共 107 行，行 30 餘字。
2.2　01：29.5，22；　02：40.0，29；　03：40.0，29；
04：40.0，27。
2.3　卷軸裝。首殘尾全。卷面多油污。有烏絲欄。背有現代裱補。接出護首，尾有後配木軸。
3.1　首殘→大正 0936，19/0082A07～B04。
3.2　尾全→大正 0936，19/0084C29。
4.2　佛說無量壽宗要經（尾）。
7.1　尾題後有題記"令狐晏兒寫"。
8　8～9 世紀。吐蕃統治時期寫本。
9.1　行楷。
10　卷尾題名下有正方形陰文硃印，1.8×1.8 厘米，印文為"公度所藏隋唐墨竇"。
　　護首有題簽："北魏令狐晃兒書《無量壽宗要經》，前缺後全，一百三行。"
　　有格花織錦包皮，並有題簽："北魏令狐晃兒書《無量壽宗要經》，前缺後全，一百三行。公度。"
　　卷首下有陽文硃印，0.9×0.9 厘米，印文不清。

1.1　BD15091 號 1
1.3　妙法蓮華經卷五
1.4　新 1291
2.1　454.3×27.5 厘米；12 紙；共 265 行，行 17 字。
2.2　01：12.0，07；　02：48.0，28；　03：48.0，28；
04：48.0，28；　05：48.0，28；　06：48.0，28；
07：48.0，28；　08：48.0，28；　09：48.0，28；
10：48.0，28；　11：07.3，04；　12：03.0，02。
2.3　卷軸裝。首斷尾斷。從第 5 紙第 26 行"分別功德品第十七"品名處曾被剪斷。第 11、12 紙錯簡。有烏絲欄。
2.4　本遺書包括 2 個文獻：（一）《妙法蓮華經》卷五，259 行，今編為 BD15091 號 1。（二）《妙法蓮華經》卷五，6 行，今編為 BD15091 號 2。
3.1　首殘→大正 0262，09/0042A29。
3.2　尾殘→大正 0262，09/0046A29。
8　8 世紀。唐寫本。
9.1　楷書。
10　卷首背有鋼筆字"第 5"，卷尾背寫"第 9"。

1.1　BD15091 號 2
1.3　妙法蓮華經卷五
1.4　新 1291
2.4　本遺書由 2 個文獻組成，本文獻為第 2 個，6 行。餘參見 BD15091 號 1。
3.1　首殘→大正 0262，09/0039C06。
3.2　尾殘→大正 0262，09/0039C17。
8　8 世紀。唐寫本。
9.1　楷書。

1.1　BD15092 號
1.3　妙法蓮華經卷五
1.4　新 1292
2.1　112.5×28 厘米；3 紙；共 65 行，行 17 字。
2.2　01：47.0，26；　02：47.0，28；　03：18.5，11。
2.3　卷軸裝。首全尾斷。首紙下邊有殘缺。有烏絲欄。
3.1　首全→大正 0262，09/0037A05。
3.2　尾殘→大正 0262，09/0037C28。
4.1　妙法蓮華經安樂行品第十四，五（首）。
8　8 世紀。唐寫本。
9.1　楷書。

1.1　BD15093 號
1.3　妙法蓮華經卷五
1.4　新 1293
2.1　207.5×26 厘米；5 紙；共 116 行，行 17 字。
2.2　01：07.5，04；　02：50.0，28；　03：50.0，28；
04：50.0，28；　05：50.0，28。
2.3　卷軸裝。首斷尾脫。經黄打紙，砑光上蠟。卷面多油污，上下有破裂。有烏絲欄。
3.1　首殘→大正 0262，09/0038A15。
3.2　尾殘→大正 0262，09/0039C13。
8　7～8 世紀。唐寫本。
9.1　楷書。

1.1　BD15094 號
1.3　金光明最勝王經卷七
1.4　新 1294
2.1　631×25.3 厘米；15 紙；共 353 行，行 17 字。
2.2　01：43.0，24；　02：42.5，24；　03：42.5，24；
04：42.5，24；　05：42.5，24；　06：42.5，24；
07：42.5，24；　08：42.5，24；　09：42.5，24；
10：42.5，24；　11：42.5，24；　12：42.5，24；
13：42.5，24；　14：42.5，24；　15：35.5，17。
2.3　卷軸裝。首脫尾全。第 1～8 紙上方有等距離殘洞，通卷多

紙地腳不齊。有燕尾。有烏絲欄。背有現代裱補。尾有後配木軸。

3.1 首殘→大正 0665，16/0433B05。

3.2 尾全→大正 0665，16/0437C13。

4.2 金光明經卷第七（尾）。

5 尾附音義 2 行。

8 8～9 世紀。吐蕃統治時期寫本。

9.1 楷書。

10 卷首尾背下方有正方形陽文硃印，2×2 厘米，印文為“顧二郎”。

卷首背裱補紙上貼有特藝公司宣武經營管理處紙簽：“類別：雜。貨號：2144。品名：金光明最勝王經 1 卷，定價。備註：購 12058”。

卷首背貼 2 個紙簽上書蘇州碼子：“59 號”、“8 號”。

1.1 BD15095 號

1.3 佛名經（十六卷本）卷七

1.4 新 1295

2.1 985.9×25 厘米；23 紙；共 618 行，行 17 字。

2.2 01：46.0，28； 02：45.8，28； 03：45.8，28；
04：45.8，28； 05：45.8，28； 06：45.8，28；
07：45.8，28； 08：45.8，28； 09：45.8，28；
10：46.0，28； 11：14.7，09； 12：46.0，28；
13：45.8，28； 14：45.8，28； 15：45.8，28；
16：45.8，28； 17：46.0，28； 18：46.0，28；
19：46.0，28； 20：46.0，28； 21：45.8，28；
22：45.8，28； 23：38.5，21。

2.3 卷軸裝。首脫尾殘。打紙，研光上蠟。卷上下多有破裂，接縫處多有開裂。有烏絲欄。

3.1 首殘→《七寺古逸經典研究叢書》，03/0326A05。

3.2 尾 15 行上殘→《七寺古逸經典研究叢書》，03/0377A05～0378A07。

5 與七寺本對照，有缺文兩處，相當於：《七寺古逸經典研究叢書》，03/0346A12～0347A05；03/0348A09～0352A04。

8 7～8 世紀。唐寫本。

9.1 隸楷。

10 首、尾紙背下部有正方形陽文硃印，2×2 厘米，印文為“顧二郎”。

首紙背及多紙接縫處有圓形陽文硃印，直徑 0.9 厘米，印文為“鶴棲”。

尾下端有長方形陰文硃印，1.3×1.4 厘米，印文為“梅樹”。

卷首背圓印上有“廿貳圖”

卷尾背貼有白紙塊上書蘇州碼子“74 號”、“◇24 號”。

卷首背上方貼有特藝公司宣武經營管理處紙簽：“類別：雜。貨號：2145，年代。品名：佛明（名）經 1 卷。購 12059。”

1.1 BD15096 號

1.3 妙法蓮華經卷二

1.4 新 1296

2.1 736×25.5 厘米；15 紙；共 408 行，行 17 字。

2.2 01：50.0，28； 02：50.0，28； 03：50.0，28；
04：50.0，28； 05：50.0，28； 06：50.0，28；
07：50.0，28； 08：50.0，28； 09：50.0，28；
10：50.0，28； 11：50.0，28； 12：50.0，28；
13：50.0，28； 14：50.0，28； 15：36.0，16。

2.3 卷軸裝。首脫尾全。經黃打紙。尾紙下邊有破裂。有烏絲欄。尾有後配木軸。

3.1 首殘→大正 0262，09/0013B10。

3.2 尾全→大正 0262，09/0019A12。

4.2 妙法蓮華經卷第二（尾）。

8 7～8 世紀。唐寫本。

9.1 楷書。

10 卷首背下方有正方形陽文硃印，2×2 厘米，印文為“顧二郎”。

上方貼有特藝公司宣武經營管理處紙簽：“類別：雜。貨號：2146。品名：蓮華經 1 卷。購 12060。”

1.1 BD15097 號

1.3 太玄真一本際經卷九

1.4 新 1297

2.1 189.5×26.5 厘米；5 紙；共 108 行，行 17～19 字。

2.2 01：04.0，02； 02：49.0，28； 03：49.0，28；
04：49.5，28； 05：38.0，22。

2.3 卷軸裝。首斷尾斷。經黃打紙。有烏絲欄。

3.1 首斷→《中華道藏》，05/0258A03。

3.2 尾斷→《中華道藏》，05/0259C19。

8 7～8 世紀。唐寫本。

9.1 楷書。

9.2 有倒乙。

10 卷首尾背有正方形陽文硃印，2×2 厘米，印文為“顧二郎”。

卷首背上方貼有特藝公司宣武經營管理處紙簽：“類別：雜。貨號：2147。品名：殘經 1 卷。備註：購 12061”。

新舊編號對照表

新字頭號與北敦號對照表

新字頭號	北敦號
新 1252	BD15052 號
新 1253	BD15053 號
新 1254	BD15054 號 1
新 1254	BD15054 號 2
新 1254	BD15054 號 3
新 1255	BD15055 號 1
新 1255	BD15055 號 2
新 1255	BD15055 號背 1
新 1255	BD15055 號背 2
新 1256	BD15056 號
新 1257	BD15057 號
新 1258	BD15058 號
新 1259	BD15059 號
新 1260	BD15060 號
新 1261	BD15061 號 1
新 1261	BD15061 號 2
新 1262	BD15062 號
新 1263	BD15063 號
新 1264	BD15064 號
新 1265	BD15065 號 1
新 1265	BD15065 號 2
新 1265	BD15065 號 3
新 1266	BD15066 號
新 1267	BD15067 號
新 1268	BD15068 號
新 1269	BD15069 號
新 1270	BD15070 號
新 1271	BD15071 號
新 1272	BD15072 號
新 1273	BD15073 號
新 1274	BD15074 號
新 1275	BD15075 號
新 1276	BD15076 號
新 1277	BD15077 號
新 1278	BD15078 號
新 1279	BD15079 號
新 1280	BD15080 號
新 1281	BD15081 號
新 1282	BD15082 號
新 1283	BD15083 號
新 1284	BD15084 號
新 1285	BD15085 號
新 1286	BD15086 號
新 1287	BD15087 號
新 1288	BD15088 號
新 1289	BD15089 號
新 1290	BD15090 號
新 1291	BD15091 號 1
新 1291	BD15091 號 2
新 1292	BD15092 號
新 1293	BD15093 號
新 1294	BD15094 號
新 1295	BD15095 號
新 1296	BD15096 號
新 1297	BD15097 號